Heinrich Köppler
Politik aus christlicher Verantwortung

Forschungen und Quellen zur Zeitgeschichte

Im Auftrag der
Konrad-Adenauer-Stiftung
herausgegeben von Günter Buchstab,
Klaus Gotto, Hans Günter Hockerts,
Rudolf Morsey und Hans-Peter Schwarz

Band 51
Stefan Marx:
Heinrich Köppler
Politik aus christlicher Verantwortung

Droste

Stefan Marx

Heinrich Köppler

Politik aus christlicher Verantwortung

Droste

Die Deutsche Bibliothek verzeichnet diese Publikation
in der Deutschen Nationalbibliographie; detaillierte bibliographische Daten
sind im Internet über http://dnb.ddb.de abrufbar.

Gesamtherstellung: Verlag Franz Schmitt, Siegburg
ISBN 3-7700-1902-4

Vorwort

Es ist mir ein Anliegen, denjenigen zu danken, die das Entstehen des Buches gefördert haben.

Herr Dr. Günter Buchstab, Leiter der Hauptabteilung Wissenschaftliche Dienste der Konrad-Adenauer-Stiftung, hat dieses Forschungsprojekt seit seiner Entstehungsgeschichte im Sommer 2003 mit großem Interesse begleitet. Ihm gebührt mein erster Dank.

Ferner danke ich allen, die mir in Archiven bei dem oft mühsamen Zusammentragen der Quellen behilflich waren, besonders den Mitarbeiterinnen und Mitarbeitern des Archivs für Christlich-Demokratische Politik der Konrad-Adenauer-Stiftung für ihre stets kompetente wie freundliche Betreuung. Dieser Dank gilt auch Herrn Erich Schwarz von der Pressedokumentation der Konrad-Adenauer-Stiftung, der mir bei der Suche nach Pressedokumenten jederzeit behilflich war. In besonderer Weise habe ich an dieser Stelle auch Frau Dr. Monica Sinderhauf (Archiv des Katholischen Militärbischofs) und Herrn Heinz Terhorst (Archiv des Zentralkomitees der deutschen Katholiken) zu danken, die mir bei meinen Recherchen Unterstützung gewährten über das Maß hinaus, das der Besucher eines Archivs erwarten darf.

Zu dem Kreis der Personen, denen ich Dank schulde, gehören auch die Zeitzeugen, die sich für eine Befragung über den Politiker und Menschen Heinrich Köppler zur Verfügung stellten. Ihre Namen sind im Anhang dieses Buches festgehalten.

Dank sagen möchte ich darüber hinaus Herrn Dr. Guido Hitze (Konrad-Adenauer-Stiftung) und meinem Doktorvater, Herrn Prof. Dr. Jürgen Bellers, die durch Informationen und Hinweise oder durch anregende Fragen und Bemerkungen das Forschungsprojekt unterstützten.

Den Herausgebern der Reihe „Forschungen und Quellen zur Zeitgeschichte“, vor allem Herrn Prof. Dr. Rudolf Morsey, danke ich für die rasche Aufnahme meiner Untersuchung in ihre Reihe. Frau Dr. Brigitte Kaff ist für die Betreuung bei der Drucklegung des vorliegenden Buches zu danken.

Tief verbunden fühle ich mich meinen Eltern, Barb und Hans Marx, ohne deren vielfältige Unterstützung mir der schwierige Weg in die Wissenschaft nicht möglich gewesen wäre. Schließlich und ganz besonders danke ich meiner Frau. Mein Dank für ihre Liebe, Aufmerksamkeit und Fürsorge mag sich darin ausdrücken, daß ich ihr dieses Buch widme: Für Elena!

Berlin, im Juli 2006 Stefan Marx

Inhaltsverzeichnis

Anhang

Einleitung

1. Themenstellung und Gliederung

„Die 70er Jahre in Nordrhein-Westfalen: Dazu gehört auch Heinrich Köppler!“[1] Diese Aussage des langjährigen nordrhein-westfälischen Landtagspräsidenten Wilhelm Lenz unterstreicht, daß der Name Heinrich Köppler mit einem wesentlichen Abschnitt der Geschichte dieses Bundeslandes untrennbar verknüpft ist. Eine Biographie über Heinrich Köppler kann sich freilich nicht beschränken auf die Beschreibung seines landespolitischen Engagements als Vorsitzender der CDU-Landtagsfraktion, als Vorsitzender der rheinischen CDU sowie als Vorsitzender des gemeinsamen Präsidiums der beiden CDU-Landesverbände Rheinland und Westfalen-Lippe. Untersucht werden muß auch seine bundespolitische Rolle als stellvertretender Vorsitzender der CDU Deutschlands von 1973 bis 1980 und als Mitglied des Deutschen Bundestages in der zweiten Hälfte der 1960er Jahre. Schließlich ist sein Wirken als ein führender Repräsentant der katholischen Laienbewegung im Nachkriegsdeutschland ins Blickfeld zu nehmen, als Bundesführer des Bundes der Deutschen Katholischen Jugend, als Generalsekretär und Vizepräsident des Zentralkomitees der deutschen Katholiken sowie als langjähriger Vorsitzender der Katholischen Arbeitsgemeinschaft für Soldatenbetreuung.

Aufgabe und Ziel dieser Arbeit soll die Darstellung der Lebensgeschichte eines Politikers sein, der aus christlicher Verantwortung handelte. Wiederholt betonte der „überzeugte Katholik“, als der sich Köppler selbst bezeichnete,[2] die Weltverantwortung des Christen. In der Ausübung politischer Verantwortung erblickte er „eine Hochform christlicher Caritas“[3], nämlich die Sorge und den Einsatz für den anonymen Nächsten. Politische Mitverantwortung nahm Köppler bewußt in der CDU wahr. Das „C“ im Parteinamen war ihm wichtig.[4] Es sage nichts aus über das persönliche Verhältnis des einzelnen Mitglieds oder des einzelnen Anhängers zu seiner Kirche. Es sage aber etwas aus über die Grundsätze, aus denen heraus die CDU ihr Selbstverständnis und ihren politischen Auftrag sehe. Und dies seien eben die Grundsätze der christlichen Tradition und der katholischen Soziallehre.

Der Verfasser einer Biographie ist zunächst fest eingebunden in die Eckdaten des Lebens seines Protagonisten: Geburts- und Sterbedaten geben jenen Zeitraum an, in dem sich der Autor zu bewegen hat. Deshalb darf er aber nicht zu einem bloßen Nach-

1 Trauerakt des Landtags und der Landesregierung Nordrhein-Westfalen zu Ehren des verstorbenen Vorsitzenden der CDU-Fraktion Heinrich Köppler am 24. April 1980 in Düsseldorf, Haus des Landtags, hier: Ansprache Landtagspräsident Wilhelm Lenz, in: LTA NRW Biographisches Kompendium A 0208/406.

2 „Zu-Protokoll-Gespräch“ Karl Fischers mit Heinrich Köppler, 21.4.1977, S. 22, in: LTA NRW Biographisches Kompendium A 0208/406.

3 Heinrich Köppler: Berufen zu Freiheit und Mündigkeit, Rede in Fulda im April 1961, S. 6, in: ACDP 01-258-048/1.

4 Köppler 2, S. 17.

erzähler eines Lebensberichtes werden. Gerade bei einem Mann wie Heinrich Köppler, der die Geschichte der katholischen Laienbewegung in den 50er und 60er Jahren des 20. Jahrhunderts mitgeprägt hat und in den 1970er Jahren nachhaltig Einfluß nahm auf die nordrhein-westfälische Landespolitik, muß herausgearbeitet werden, wie er „den Verlauf der Geschichte reflektiert und beeinflußt“[5] hat. Vorliegende Arbeit versucht somit als eine „verstehend-kritische Biographie“[6] , sich der Gestalt Heinrich Köpplers zu nähern. „Verstehen zu wollen und verstehen zu können ist die eigentliche Tugend des Biographen“ – so formuliert es Hans-Peter Schwarz im ersten Band seiner Adenauer-Biographie[7], und er verweist zu Recht darauf, daß die zu porträtierende Person wenigstens den Anspruch auf „annähernde Gerechtigkeit“[8] hat. Folglich wird kein idealisiertes Bild Heinrich Köpplers entstehen, sondern ein Mensch vorgestellt mit seinen Höhepunkten und Erfolgen, aber auch mit seinen Fehlern und Widersprüchen. Dazu ist es erforderlich, jenes historische Umfeld sichtbar zu machen, das Köppler als Akteur durch seine Entscheidungen mitformte, das aber auch ihn mit seinen Kräften prägend umgab.

Ausgangspunkt der Biographie über Heinrich Köppler ist die Schilderung seines Lebensweges bis 1952, jenem Jahr also, in dem mit der Wahl zum Bundesführer des Bundes der Deutschen Katholischen Jugend seine „berufskatholische Laufbahn“ begann. In diesem ersten Kapitel wird zunächst auf seine familiären Wurzeln und prägende Einflüsse bis zum Ausgang des Zweiten Weltkrieges einzugehen sein. Es ist zu fragen, in welcher Weise sich die ablehnende Haltung des Elternhauses gegenüber dem Nationalsozialismus und seine eigenen Erfahrungen als junger Wehrmachtssoldat an der Ostfront auf seinen politischen Lebensweg nach 1945 auswirkten. Der Beginn seines Wirkens in der katholischen Jugendarbeit als Stadtjugendführer in Wiesbaden und als Diözesanjugendführer des Bistums Limburg sowie seine beruflichen Anfänge bei der amerikanischen Militärregierung in Hessen, beim Wirtschaftsrat der Bizone in Frankfurt am Main und beim Deutschen Bundestag in Bonn, hier vor allem seine Tätigkeit als Persönlicher Referent von Bundestagspräsident Erich Köhler 1949/50, sollen – soweit es die Quellenlage erlaubt – in einem zweiten Teil dieses Kapitels dargestellt werden.

Die folgenden drei Kapitel widmen sich Köpplers hauptberuflichem Engagement für den Bund der Deutschen Katholischen Jugend (BDKJ) und im Zentralkomitee der deutschen Katholiken (ZdK) zwischen 1952 und 1965 sowie seiner ehrenamtlichen Arbeit für die Katholische Arbeitsgemeinschaft für Soldatenbetreuung (KAS), die von der Gründung dieser Organisation im Jahre 1956 bis zu seinem Tode im April 1980 reichte. Seine Tätigkeit als „beamteter Berufskatholik“[9] übte er vor dem Hintergrund einer im Nachkriegsdeutschland zu beobachtenden „Tendenz zur Verkirchlichung des Katholi-

---

5 Schwarz, S. 966.
6 Ebd., S. 972.
7 Ebd.
8 Ebd.
9 Bewerunge, S. 9.

zismus“[10] aus. Mit dem Versuch des Episkopats, nach 1945 ein Wiederaufleben des Verbandskatholizismus von vor 1933 mit seinen mächtigen überdiözesanen Verbandszentralen und seiner im Vergleich zum Konzept der Katholischen Aktion strukturell schwächeren Anbindung an die kirchliche Hierarchie zu verhindern, sah sich Köppler gleich zu Beginn seiner berufskatholischen Laufbahn konfrontiert. Was Köppler in der Rückschau als „eine schwere Erschütterung“ beschrieben hat[11], war die Ablösung von Prälat Ludwig Wolker als Bundespräses der Mannesjugend im BDKJ, die im Herbst 1952 parallel zum Wechsel in der Bundesführung von Josef Rommerskirchen zu Köppler erfolgte. Wolker stand für das Selbstbewußtsein des Verbandskatholizismus, wie er sich vor 1933 gezeigt hatte, und wurde deshalb abberufen.[12] Diese „selbstbewußte Demonstration der deutschen Bischöfe“[13] stand also am Anfang der vierjährigen Amtszeit von Heinrich Köppler als Bundesführer des BDKJ.

Den Bund als den Zusammenschluß seiner Gliedgemeinschaften und seiner Diözesen zu festigen, beschreibt die eine große Aufgabe, deren Erfüllung er sich als Bundesführer des BDKJ zum Ziel gesetzt hatte.[14] Das Führerschaftstreffen 1953 in Augsburg und vor allem das erste Bundesfest 1954 in Dortmund werden in diesem Zusammenhang zu beleuchten sein. Als zweite große Aufgabe ist die Außenvertretung des BDKJ zu nennen. Dabei stellt der Deutsche Bundesjugendring (DBJR) den „Schwerpunkt der Vertretungsarbeit“[15] dar. In seine Amtszeit als Vorsitzender des DBJR 1954/55 fielen Bemühungen um gesamtdeutsche Jugendkontakte, die ebenso zu untersuchen sein werden wie die Mitarbeit des BDKJ beim Aufbau der Bundeswehr, nachdem die organisierte katholische Jugend unter Köpplers Amtsvorgänger Josef Rommerskirchen einer Wiederbewaffnung Deutschlands, zunächst im europäischen Rahmen, grundsätzlich zugestimmt hatte.

Nicht nur über die Wehrfrage gab es Berührungspunkte zum ZdK, in dessen Wehrausschuß er mitarbeitete. Seit 1952 gehörte Köppler als Vertreter des BDKJ auch der Vollversammlung des Zentralkomitees an. 1956 wechselte er schließlich vom BDKJ ins ZdK, wo er das Amt des Generalsekretärs übernahm. Mit seiner Berufung verband sich nicht weniger als die Erwartung, „einen dynamischen und einfallsreichen Generalsekretär zu bekommen, der dem noch jungen und etwas bläßlichen Zentralkomitee frische Farbe geben würde“[16]. Inwieweit es ihm gelang, dieser Erwartungshaltung gerecht zu werden, soll anhand ausgewählter Beispiele untersucht werden. Welche Rolle spielte Köppler beispielsweise bei der Annäherung zwischen Katholizismus und Sozialdemo-

10 Gotto, S. 224.

11 Vgl. Schreiben von Heinrich Köppler an Siegfried Baumgartner, Jugendhaus Düsseldorf, vom 2.1.1967, in: HStAD RWV 26-775/2.

12 Vgl. Doering-Manteuffel, S. 184.

13 Ebd.

14 Vgl. Schreiben von Heinrich Köppler an Siegfried Baumgartner, Jugendhaus Düsseldorf, vom 2.1.1967, in: HStAD RWV 26-775/2.

15 Schwab, S. 60.

16 Hanssler: Selbstverständnis, S. 69.

kratie? Wie sollte vor dem Hintergrund des Zweiten Vatikanischen Konzils die Ausgestaltung des Laienapostolats aussehen?

Parallel zu seiner Tätigkeit als Generalsekretär des ZdK engagierte sich Köppler ehrenamtlich in der Katholischen Arbeitsgemeinschaft für Soldatenbetreuung, zu deren Gründungsmitgliedern er 1956 zählte. Die Mitarbeit in der KAS war ihm, der als junger Soldat die Hölle der Ostfront erlebt hatte, außerordentlich wichtig; es ist keine Übertreibung, von einer Herzensangelegenheit zu sprechen.[17] Der wesentliche Beitrag Köpplers zur Entstehung und Entwicklung der KAS wird im dritten Abschnitt dieses Kapitels herausgearbeitet.

Das fünfte Kapitel behandelt seine Mitgliedschaft im Deutschen Bundestag von 1965 bis 1970 und damit den Beginn seiner politisch-parlamentarischen Laufbahn, die vor dem Hintergrund eines tiefgreifenden gesellschaftlichen Wertewandels in der Bundesrepublik Deutschland zu sehen ist, den Helmut Klages als eine Verschiebung „von Pflicht- und Akzeptanzwerten zu Selbstentfaltungswerten" beschreibt.[18] Hierbei handelt es sich – wie Andreas Rödder unterstreicht – „mehr um einen Vorgang der Entnormativierung, des Abbaus bzw. Akzeptanzverlustes vorhandener Normen, als um die Konstitution vergleichbar verbindlicher neuer Normen"[19]. Dabei markiert der Wechsel im Kanzleramt von Konrad Adenauer zu Ludwig Erhard im Jahre 1963 den Ausgangspunkt, „von dem her ein plötzlich ausbrechender Stimmungsumschwung und Mentalitätswandel in der Bundesrepublik verstanden werden kann"[20]. Hiervon blieben auch die beiden großen christlichen Kirchen in der Bundesrepublik nicht verschont. „In einer geradezu unglaublich kurzen Spanne", die Renate Köcher zwischen Mitte der 1960er Jahre und 1973 datiert, kam es zu einem beispiellosen Rückgang von Kirchlichkeit, eines „Zusammenbruchs an Kirchenbindung", wie es die Allensbacher Meinungsforscherin formuliert.[21] Zwischen 1967 und 1973 ging der Anteil der Katholiken, die regelmäßig den Gottesdienst besuchten, von 48 auf 35 Prozent zurück.[22] Was die Katholische Kirche innerhalb dieses Zeitraums erlebte, war ein „Erosionsprozeß"[23].

Vor dem Hintergrund dieser sozialkulturellen Entwicklung in der Bundesrepublik Deutschland seit Anfang der 1960er Jahre ist die parlamentarische Laufbahn Heinrich Köpplers auf der Bundes- und Landesebene zu sehen. In Bonn machte er eine Blitzkarriere: 1968 Berufung zum Parlamentarischen Staatssekretär beim Bundesminister des Innern, 1969 in der CDU/CSU-Bundestagsfraktion bei der Abstimmung über die Nachfolge Eugen Gerstenmaiers als Bundestagspräsident nur knapp dem langjährigen Bundesminister Kai-Uwe von Hassel unterlegen, nach der Bundestagswahl von 1969 Parla-

17 Vgl. Zeitzeugengespräche mit Friedrich Kronenberg (4.3.2004), Hans-Georg Marohl (10. 7. 2004) und Josef Schneider (31.7.2004).
18 Vgl. Klages, S. 26.
19 Rödder, S. 29.
20 Klages, S. 73.
21 Vgl. Köcher, S. 174.
22 Ebd., S. 175, Tab. 28.
23 Maier, S. 132.

mentarischer Geschäftsführer der CDU/CSU-Bundestagsfraktion. Wie ist dieser rasche politische Aufstieg zu erklären? Neben der Beantwortung dieser Frage geht es in dem Kapitel über Köpplers „Bonner Jahre" insbesondere um die Strafrechtsreform, die der Deutsche Bundestag im Mai 1969 verabschiedete. Bis zu seiner Ernennung zum Parlamentarischen Staatssekretär gehörte er im fünften Bundestag dem Sonderausschuß für die Strafrechtsreform an, in dem er für eine grundlegende Reform eintrat mit dem Ziel, „ein modernes, den ... gesellschaftlichen und politischen Bedürfnissen entsprechendes Strafrecht zu schaffen"[24]. Die Diskussion über die Strafrechtsreform stand im Schatten der erregten Debatte um die Verjährung nationalsozialistischer Gewaltverbrechen.[25] Die Verjährungsfrage war für Köppler – und dies brachte er in der politischen Debatte auch zum Ausdruck – keine rechtspolitische Frage, sondern „eine politische Grundsatzfrage schlechthin"[26]. Am Vorabend seines Wechsels von Bonn nach Düsseldorf in die nordrhein-westfälische Landespolitik war Heinrich Köppler zu einer festen Größe in der CDU/CSU-Bundestagsfraktion geworden.

Seine „Düsseldorfer Jahre" werden in dem sich anschließenden sechsten Kapitel, dem Kernstück der vorliegenden Arbeit, dargestellt. Dabei bilden die drei Landtagswahlen von 1970, 1975 und 1980 mit ihrer jeweiligen Vorgeschichte das Gerüst der Darstellung. Im Zusammenhang mit der Landtagswahl 1970 gehört die These von Friedhelm Geraedts auf den Prüfstand, daß es keinen Automatismus gegeben habe zwischen Köpplers Wahl zum rheinischen Landesparteivorsitzenden Mitte November 1969 und dessen Nominierung zum CDU-Spitzenkandidaten für diese Landtagswahl Ende Januar 1970.[27] Die knapp verlorene Landtagswahl von 1975 markiert einen tiefen Einschnitt in der politischen Biographie von Heinrich Köppler. Fortan war seine Führungsrolle innerhalb der CDU in Nordrhein-Westfalen nicht mehr unumstritten. Bereits am Wahlabend vernahm der Landtagskorrespondent der Bonner Rundschau, Klaus Simson, „leise Vorwürfe in Richtung Köppler"[28]. Das Gespräch über seine politische Zukunft habe noch an diesem Abend begonnen, „hinter vorgehaltener Hand freilich"[29]. In Kurt Biedenkopf, der 1977 Heinrich Windelen im Vorsitz der westfälisch-lippischen CDU ablöste, erwuchs ihm ein ernsthafter Konkurrent um die Führungsposition der CDU in Nordrhein-Westfalen. Aus dieser Auseinandersetzung ging Köppler offensichtlich als Sieger hervor, schließlich sollte er 1980 seine Partei wiederum in den Landtagswahlkampf führen.

Doch es bleibt die Frage, ob die erneute Spitzenkandidatur Köpplers nicht das Ergebnis eines politischen Kuhhandels gewesen ist, und zwar dergestalt, daß er mit der Forderung nach der personellen Trennung von Bundesparteivorsitz und Vorsitz der

---

24 Köppler 1, S. 27.

25 Vgl. Schmoeckel, S. 280f.

26 Köppler 1, S. 28.

27 Vgl. Geraedts, S. 13.

28 Klaus Simson: „Leise Vorwürfe in Richtung Köppler". In: „Bonner Rundschau" vom 5.5.1975.

29 Ebd.

Unionsfraktion im Bundestag Biedenkopfs „schweren Angriff gegen Kohl“[30] unterstützte, wofür der Vorsitzende der westfälisch-lippischen CDU zugunsten Köpplers auf die Spitzenkandidatur für die NRW-Wahl 1980 verzichtete. Zeitzeugen wie Helmut Kohl und der langjährige, einflußreiche Kölner Landtagsabgeordnete Heinz Soénius halten dies für wahrscheinlich.[31] Ähnlich die Einschätzung des Zeitzeugen Helmut Elfring, in den 1970er Jahren einer der führenden Repräsentanten der westfälisch-lippischen Landesgruppe in der Landtagsfraktion: „Wir waren in der Fraktion überrascht, als Köppler im Gegensatz zum eigenen Verständnis über Ämterkonzentration in seinem Bereich für Bonn etwas anderes anstrebte, und der Schlüssel konnte sehr wohl sein, daß das ein Preis war, den Köppler hat zahlen müssen für eine lästige Konkurrenz, die er loswerden mußte, wenn er nicht [1980] beschädigt Wahlkampf machen wollte.“[32] Bereits in der zeitgenössischen Presseberichterstattung wurde über ein politisches Tauschgeschäft spekuliert. Nach Bernd Kleffner war die abermalige Spitzenkandidatur Köpplers „das Resultat eines Geschäfts auf Gegenseitigkeit mit dem westfälisch-lippischen Unionschef Kurt Biedenkopf“[33]. Zur gleichen Einschätzung gelangte das Nachrichtenmagazin „Der Spiegel“,[34] und der Bonner Korrespondent der französischen Zeitung „Le Monde“ vermutete: „M. Biedenkopf a, semble-t-il, conclus un accord avec le chef de la C.D.U. en Rhénanie du Nord-Westphalie, M. Köppler, qui, après deux defaites, entend pour la troisième fois conduire son parti à la bataille contre le S.P.D. en 1980. En échange, M. Köppler aurait donc promis à M. Biedenkopf de le soutenir dans ses efforts.“[35]

Inwieweit solche Spekulationen zutreffend sind, es also eine Vereinbarung dieser Art zwischen Köppler und Biedenkopf gab, soll ebenso Gegenstand einer eingehenden Untersuchung sein wie Köpplers Beitrag zu drei großen Themen der nordrhein-westfälischen Landespolitik in den 1970er Jahren: Zunächst ist die kommunale Gebietsreform zu nennen, jener „Kraftakt“ also, der „die 7. Wahlperiode des Landtags (1970–1975) prägen sollte“[36]. Bei diesem Thema mußte Köppler in besonderer Weise den Spagat zwischen staatspolitischer Verantwortung und parteipolitischem Interesse üben. Das zweite große Thema der 7. Wahlperiode war der „Fall Götz“. Die Auseinandersetzung um die von dem damaligen Landesjustizminister Diether Posser beabsichtigte Ernennung des DKP-Mitglieds Volker Götz zum Richter bescherte dem nordrhein-westfälischen Landtag auf Betreiben Köpplers und der CDU-Fraktion die erste Sondersitzung in seiner Geschichte.[37] Im Zentrum der landespolitischen Debatten der 8. Wahlperiode

30 Wendt, S. 84.
31 Vgl. Zeitzeugengespräche mit Helmut Kohl (11.2.2004) und Heinz Soénius (4.2.2004).
32 Zeitzeugengespräch mit Helmut Elfring (27.3.2004).
33 Bernd Kleffner: „Rheinische Seilschaften“. In: „Deutsches Allgemeines Sonntagsblatt“ vom 21.1.1979.
34 Vgl. „Flinker Wechsler“. In: „Der Spiegel“ vom 4.6.1979.
35 Jean Wetz: „Offensive contre M. Helmut Kohl au sein de la C.D.U.“, In: „Le Monde“ vom 17.1.1979.
36 A. Vogel, S. 62.
37 Vgl. Andernach, S. 475; Pohl, S. 196.

stand der Streit um die Einführung der Kooperativen Schule. Mit der erfolgreichen Durchführung eines Volksbegehrens gegen die Einführung dieser neuen Schulform feierte Köppler nach Einschätzung von Bernhard Worms „seinen größten Erfolg als Oppositionsführer in Nordrhein-Westfalen"[38]. Wie zu zeigen sein wird, verfolgte er mit dem Volksbegehren nicht allein die Durchsetzung bildungspolitischer Ziele. Auch und vor allem erhoffte er sich von einem Erfolg dieser Initiative eine nachhaltige innerparteiliche Wirkung, nämlich die Stabilisierung seiner Führungsposition in Düsseldorf.

Der Wechsel von Bonn nach Düsseldorf im Jahre 1970 bedeutete keine Beschränkung auf die Landespolitik. Im Gegenteil, 1971 wurde Köppler in den Bundesvorstand der CDU gewählt und nur zwei Jahre später stieg er mit seiner Wahl zu einem der stellvertretenden Vorsitzenden der CDU Deutschlands in das Bundesparteipräsidium auf. Welchen Einfluß konnte er auf bedeutende Entscheidungen der Bundespartei in den 1970er Jahren nehmen? Zu untersuchen sein wird diese Frage im Zusammenhang mit der Wahl des Bundesparteivorsitzenden 1971 und 1973, dem Beschluß der CSU-Landesgruppe von Kreuth im November 1976 zur Aufkündigung der Fraktionsgemeinschaft von CDU und CSU im Bundestag und den sich daraus ergebenden Konsequenzen und schließlich der Auseinandersetzung um den Kanzlerkandidaten der Unionsparteien für die Bundestagswahl 1980.

2. Quellenlage

Eine Biographie über Heinrich Köppler stößt auf unterschiedliche Quellendichte. Der Zeitraum 1970–1980 bildet den Schwerpunkt der Überlieferung. Der für diesen zeitlichen Abschnitt grundlegende Bestand ist der Nachlaß Köppler im Archiv für Christlich-Demokratische Politik der Konrad-Adenauer-Stiftung.[39] Der Hauptanteil der Überlieferung entfällt auf seine Korrespondenz als Vorsitzender der CDU-Landtagsfraktion von 1970 bis 1980, die allerdings nicht lückenlos dokumentiert ist. Die Korrespondenz für die Jahre 1974/75 ist im Bestand der CDU-Landtagsfraktion im Hauptstaatsarchiv Düsseldorf überliefert. Weiterhin finden sich Unterlagen, die seine Parteiarbeit belegen, insbesondere seine Mitgliedschaft im Bundesvorstand und Präsidium der CDU. Auch enthält der Nachlaß Akten zu seinem Engagement im kirchlichen Bereich (u. a. BDKJ, ZdK, Deutsche Bischofskonferenz, Katholische Arbeitsgemeinschaft für Soldatenbetreuung). Dabei handelt es sich in erster Linie um Sitzungseinladungen und -protokolle, Rundschreiben, Gutachten, Analysen und sonstige Ausarbeitungen. Nur wenige Schriftstücke betreffen seinen Landtagswahlkreis Bergheim (1970) bzw. Essen (1975/80), kaum dokumentiert ist seine Tätigkeit als Mitglied des Deutschen Bundestages, als Parlamentarischer Staatssekretär beim Bundesminister des Innern und als Parlamentarischer Geschäftsführer der CDU/CSU-Bundestagsfraktion. Wie überhaupt sein Nachlaß

38 Worms, S. 182.
39 ACDP 01-258.

im Archiv für Christlich-Demokratische Politik nur einige Akten aus der Zeit vor 1970 umfaßt. Hierzu zählen Akten der Victor-Gollancz-Stiftung und des Komitees „Rettet die Freiheit“ sowie Reden zu politischen und kirchlichen Fragen, deren Überlieferung bis in die 1950er Jahre zurückreicht. Hingegen sind Teile eines privaten Briefwechsels mit seiner Frau oder Mitgliedern seiner engeren Familie im Nachlaß in Sankt Augustin nicht enthalten.

Eine unentbehrliche Ergänzung zu der Überlieferung für den Zeitraum 1970–1980 im Nachlaß Köppler stellen die Bestände der CDU-Landtagsfraktion, der beiden CDU-Landesverbände Rheinland und Westfalen-Lippe, des Präsidiums der CDU in Nordrhein-Westfalen sowie der CDU-Bundesvorstandsgremien und das Depositum Kurt Biedenkopf dar, welche sich im Archiv für Christlich-Demokratische Politik bzw. im Hauptstaatsarchiv Düsseldorf befinden. Um die Wirkungsweise Köpplers als nordrhein-westfälischer Oppositionsführer im Gesamtspiel des parlamentarischen Betriebs beurteilen zu können, bedarf es darüber hinaus der Auswertung der Akten der Landtagsfraktionen und Landesverbände von SPD und FDP sowie der Nachlässe Heinz Kühn und Willi Weyer, welche im Hauptstaatsarchiv Düsseldorf, im Archiv der sozialen Demokratie der Friedrich-Ebert-Stiftung und im Archiv des deutschen Liberalismus der Friedrich-Naumann-Stiftung archiviert sind.

Für seine „Bonner Jahre“ von 1965 bis 1970 sind insbesondere der Bestand der CDU/CSU-Bundestagsfraktion im Archiv für Christlich-Demokratische Politik, der Nachlaß Rainer Barzel im Bundesarchiv Koblenz und sein Schriftverkehr als Mitglied des Deutschen Bundestages und als Parlamentarischer Staatssekretär im Bestand des CDU-Landesverbandes Rheinland im Hauptstaatsarchiv Düsseldorf von Bedeutung.

Köpplers Tätigkeit als Generalsekretär des ZdK belegen die Aktenbestände im Archiv des Zentralkomitees der deutschen Katholiken. Die Unterlagen zu den Sitzungen des Geschäftsführenden Ausschusses und der Vollversammlungen des ZdK sowie zu einzelnen Sachthemen wie den Beziehungen zu den Unionsparteien, der Sozialdemokratie und dem DGB sind hier ebenso zu erwähnen wie die jährlichen Berichte des Generalsekretärs und der einzelnen Referenten seines Amtes zur politischen Entwicklung in der Bundesrepublik Deutschland für die deutschen Bischöfe und die Akten des Katholischen Arbeitskreises für zeitgeschichtliche Fragen, zu dessen Mitgründern Köppler gehörte. Ergänzt wird dieses Aktenmaterial durch Dokumente aus dem Nachlaß des langjährigen ZdK-Präsidenten Karl Fürst zu Löwenstein im Staatsarchiv Wertheim, Abteilung Rosenbergsches Archiv.

Bei der Darstellung der vierjährigen Amtszeit Köpplers als Bundesführer des BDKJ von 1952 bis 1956 kann auf die Bestände im Archiv des Bundes der Deutschen Katholischen Jugend zurückgegriffen werden, auf die Protokolle der Sitzungen der Bundesführung, die Tätigkeitsberichte des Bundesführers, die Unterlagen zur Wehrfrage und zu den Kontakten zwischen dem DBJR und der FDJ 1954/55. Die Überlieferung weist allerdings Lücken auf. So lassen sich Unterlagen zum Weltbund der Katholischen Jugend erst ab Ende der 1950er Jahre nachweisen. Daher ist es nicht möglich, näher auf seine Wahl zum Präsidenten des Weltbundes der Katholischen Jugend im Jahre 1954 einzugehen – ein Ereignis, das die katholische Jugend in Deutschland mit großem Stolz erfüllte.[40] Daß die Jugendorganisationen der Weltkirche nur neun Jahre nach Ende des Zweiten Weltkrieges einen Deutschen zu ihrem Sprecher bestimmten, war „eine wahrlich Aufsehen erregende Entscheidung“[41].

Ergänzt wird das Material aus dem Archiv des BDKJ im Jugendhaus Düsseldorf durch Akten aus dem Bestand des DBJR im Bundesarchiv Koblenz und einzelne Dokumente aus dem Bestand der FDJ in der Berliner Außenstelle des Bundesarchivs, der Stiftung Archiv der Parteien und Massenorganisationen der DDR. Die für diese Arbeit ausgewerteten Dokumente aus dem Bestand der FDJ bieten u. a. eine Einschätzung der Politik des BDKJ sowie die Analyse einer Rede Köpplers vor dem BDKJ der Diözese Berlin Anfang Januar 1955 aus der Sicht der Freien Deutschen Jugend.

Die Ausführungen zur Entstehung und Entwicklung der Katholischen Arbeitsgemeinschaft für Soldatenbetreuung können sich stützen auf Schriftgut aus dem Archiv des Katholischen Militärbischofs in Berlin, und zwar auf bislang noch nicht verzeichnete Bestände zur „Katholischen Arbeitsgemeinschaft für Soldatenbetreuung“, zur „Bundesarbeitsgemeinschaft für Soldatenbetreuung“ und zum „Bau von Soldatenheimen“ sowie auf die Akten Werthmann. Hinzu kommen Unterlagen aus den Beständen BW 1 (Bundesministerium der Verteidigung) und BW 35 (Evangelisches Kirchenamt für die Bundeswehr) im Militärarchiv Freiburg.

Die Schilderung des Lebensweges von Heinrich Köppler bis zum Jahre 1952 stellt ein besonderes Problem dar. Für diesen Zeitabschnitt liegt nur Quellenmaterial geringen Umfangs vor. Dies gilt insbesondere für den Zeitraum 1945–1952. Zu Köppler in seiner Eigenschaft als Stadtjugendführer in Wiesbaden und als Diözesanjugendführer des Bistums Limburg sind weder im Roncalli-Haus in Wiesbaden[42], dem Katholischen Jugendamt der hessischen Landeshauptstadt, noch im Diözesanarchiv Limburg[43] Unterlagen nachgewiesen. Gleiches trifft auf seine beruflichen Anfänge zu. Ohne Ergebnis blieb die Einsichtnahme des Nachlasses von Erich Köhler im Archiv für Christlich-Demokratische Politik.[44] Köppler ist der Persönliche Referent des ersten Bundestagspräsidenten gewesen, mit dem er bereits beim Wirtschaftsrat der Bizone zusammengearbeitet hatte. Ende der 1940er / Anfang der 1950er Jahre arbeitete er auch mit Franz Josef Strauß zusammen. Strauß war in der 1. Wahlperiode des Deutschen Bundestages Vorsitzender des Jugendausschusses und Köppler sein Ausschußassistent. Aktenmaterial hierzu läßt sich im Nachlaß Strauß im Archiv für Christlich-Soziale Politik der Hanns-Seidel-Stiftung nicht finden.[45] Immerhin liegt die Kopie eines staatsrechtlichen Grund-

---

40 Zeitzeugengespräch mit Felix Raabe (15.4.2004): „Das war für uns alle eine tolle Sache, unser Heini Köppler Führer der Katholischen Weltjugend.“

41 Hanssler: Selbstverständnis, S. 69.

42 Schriftliche Auskunft des Katholischen Jugendamtes Wiesbaden vom 7.9.2004.

43 Schriftliche Auskunft des Diözesanarchivs Limburg vom 11.12.2003.

44 ACDP 01-447.

45 Schriftliche Auskunft des Archivs für Christlich-Soziale Politik der Hanns-Seidel-Stiftung vom 7.1.2004.

lagenreferats zum Thema „Staatsformen" vor, das Köppler im Oktober 1946 vor der Katholischen Jugend Wiesbadens gehalten hat; mit dem Vortrag empfahl er sich für das Amt des Stadtjugendführers in Wiesbaden.[46] Die Kopie dieses Referates stammt aus dem Privatarchiv von Heinz Josef Massenkeil, einem Freund von ihm aus Wiesbadener Tagen. Aus Privathand stammen auch Studienunterlagen, und zwar von seinem Bruder Franz Josef Köppler[47], der darüber hinaus für den Lebensweg seines Bruders bis zum Ausgang des Zweiten Weltkrieges Schriftstücke zur Verfügung stellen konnte, u. a. einen Auszug aus der Personalakte seines Vaters, des Oberamtsrichters Josef Franz Köppler, vom November 1937, der aufschlußreich ist für die Einstellung seines Elternhauses zum Nationalsozialismus. Als weitere Quellen für diesen Zeitabschnitt sind zu nennen die Geburts- und Heiratsurkunde sowie Schulunterlagen, welche im Hessischen Hauptstaatsarchiv archiviert sind. Festzuhalten bleibt allerdings, daß für diesen Abschnitt nur wenige Primärquellen vorliegen. Es fehlt beispielsweise ein umfangreicher Briefwechsel mit der Familie, auf den Torsten Oppelland bei seiner Biographie über Gerhard Schröder zurückgreifen konnte.[48] Daher ist die Darstellung hier in besonderer Weise angewiesen auf Auskünfte von Zeitzeugen und Erinnerungen von Heinrich Köppler. Rückblicke auf seine Kindheit und Jugend, auf den Beginn seiner kirchlichen Jugendarbeit und seine beruflichen Anfänge enthalten die Gespräche, welche Karl Fischer, einer der markantesten Köpfe in der Geschichte der nordrhein-westfälischen Landespresse, mit ihm im April 1977 sowie im Juli 1978 führte. Hierbei handelt es sich um die sog. „Zu-Protokoll-Gespräche", die sich in dem Biographischen Kompendium von Heinrich Köppler im Archiv des Landtags von Nordrhein-Westfalen befinden.[49] Daneben sind die Interviews der Journalisten Paul Rohde und Heinzgünter Klein zu erwähnen, welche 1970 bzw. 1975 in der Reihe „gefragt" erschienen.[50] Diese Reihe dokumentiert Interviews politischer Persönlichkeiten zur Person und zur Sache.

Mit dem Verweis auf diese Journalistengespräche ist eine Überleitung zu der zweiten großen Quellengruppe hergestellt, auf welcher vorliegende Arbeit fußt. Ein nicht geringer Quellenwert muß der Presse zugeordnet werden. Eine eingehende Analyse von Pressedokumenten bezeichnet Arnulf Baring als „das Rückgrat jeder zeitgeschichtlichen Darstellung"[51]. Baring ist immer wieder „verblüfft, was alles in die Öffentlichkeit dringt und irgendwo publiziert wird"[52] – eine Verblüffung, die der Verfasser dieser Zeilen nur teilen kann. Ausgewertet wurden Pressedokumente im Archiv für Christlich-

46 Vgl. Zeitzeugengespräch mit Heinz Josef Massenkeil (27.4.2004).
47 Er ist der nächste noch lebende Verwandte. Heinrich Köpplers Ehefrau Erika ist 1996 verstorben. Kinder sind aus der Ehe nicht hervorgegangen.
48 Vgl. Oppelland, S. 19. Wie Oppelland unterstreicht, hätten die beiden Kapitel über die Geschichte seines Protagonisten bis 1945 ohne diesen Bestand „kaum geschrieben werden können".
49 „Zu-Protokoll-Gespräch" Karl Fischers mit Heinrich Köppler vom 21.4.1977 und 28.7.1978, in: LTA NRW Biographisches Kompendium A 0208/406.
50 Köppler 1; Köppler 2.
51 Baring, S. 16.
52 Ebd.

Demokratische Politik, das über eine ausgezeichnete Pressedokumentation zu Heinrich Köppler verfügt, im Archiv des Landtags von Nordrhein-Westfalen anhand der dortigen Presseausschnittssammlung sowie im Hauptstaatsarchiv Düsseldorf, wo im Bestand des Landespresse- und Informationsamtes 68 Akten mit Presseartikeln über Heinrich Köppler ausgewiesen sind.

Für eine zeitgeschichtliche Untersuchung reichen schriftliche Quellen allein nicht aus. Vielfach fehlen aussagekräftige schriftliche Quellen, die nicht nur ein politisches Ergebnis dokumentieren, sondern auch den Entscheidungsprozeß erkennen lassen, der dazu geführt hat. Der vermehrte Rückgriff auf neue, mündliche Kommunikationsmittel, vor allem der Gebrauch des Telefons, hat wesentlich zur Entstehung dieses Problems beigetragen. Daher wurde für diese Untersuchung ein neues, ein ergänzendes Quellenmaterial mit Hilfe von Zeitzeugenbefragungen schriftlicher und mündlicher Art geschaffen.

Um ein möglichst umfassendes Bild von Heinrich Köppler zu erhalten, sind mit insgesamt 47 Zeitzeugen Gespräche geführt worden, die ihn aus ihrer jeweils spezifischen Sicht (Verwandte, Freunde, Mitarbeiter, Journalisten sowie politische Freunde und Kontrahenten) beschreiben konnten.[53] Darüber hinaus kam es zu vier schriftlichen Zeitzeugenbefragungen.[54]

Die Ergebnisse von Zeitzeugenbefragungen sind für den Historiker freilich nur dann nutzbringend, wenn er bedenkt, daß sie „niemals ein Abbild, sondern immer zwangsläufig eine Rekonstruktion der Wirklichkeit zu Tage fördern“[55]. Auch muß er sich bewußt sein, daß Zeitzeugenbefragungen den Gang ins Archiv nicht ersetzen und damit nur eine – wenn auch nicht unwichtige – Ergänzung darstellen. An dieser Stelle – und darin ist Helga Bories-Sawala zuzustimmen – bedarf es ebenso einer grundsätzlichen Anmerkung zum Stellenwert schriftlicher Quellen, „denen gegenüber die mündlichen Quellen manchem als Hort der Subjektivität erscheinen“, denn „welche Quellen überliefert sind und welche nicht, was überhaupt Eingang in Archive findet und was nicht, ist aber schon für frühere historische Epochen in hohem Maße abhängig von der Überlieferungschance und dem – gleichzeitig blind und unproportional – selektierenden Zufall“.[56] Und Alexander von Plato erinnert daran, daß „nicht nur Zeitzeugen, sondern auch wir Angehörige der historischen Zunft Geschichte neu [rekonstruieren], sei es auf der Grundlage subjektiver Erinnerungsquellen, sei es auf der Grundlage von Akten“[57].

53 Die Liste der mündlich Befragten findet sich im Anhang. Mit Paul Mikat, dem nordrhein-westfälischen Kultusminister 1962–1966, fanden am 22.6.2004 und am 27.11.2004 zwei ausführliche, zwischen 60 und 75 Minuten dauernde Telefongespräche statt. Erstmals begegnete Köppler Mikat 1956 im Geschäftsführenden Ausschuß des ZdK. Später arbeiteten sie im Landesvorstand der rheinischen CDU zusammen und trafen sich regelmäßig während ihres Urlaubs im sauerländischen Nordenau.

54 Die Namen der schriftlich befragten Personen sind im Anhang aufgeführt.

55 Bories-Sawala, S. 122.

56 Ebd., S. 129.

57 Plato, S. 27.

3. Forschungsstand

Bisher sind zu Heinrich Köppler keine Monographien erschienen. Es liegen lediglich biographische Skizzen bzw. Studien über Abschnitte seiner politischen Biographie vor.

1987 erschien unter dem Titel „Die vergessenen Jahre. Heinrich Köppler und zehn Jahre Oppositionspolitik in Nordrhein-Westfalen" eine erste biographische Abhandlung über ihn, dic aus der Feder seines langjährigen Pressesprechers Friedhelm Geraedts stammt. Anhand ausgewählter Beispiele beschreibt er Köpplers politisches Wirken in Nordrhein-Westfalen in den 1970er Jahren. Dabei bleibt auch die – nach Meinung von Geraedts – bedeutende Rolle, die er seinerzeit innerhalb der Bundespartei ausfüllte, nicht unberücksichtigt. Als einer seiner engsten Mitarbeiter hatte er Kenntnis von informellen, nicht protokollierten Zusammenkünften, auf denen personal- und sachpolitische Weichenstellungen vorgenommen wurden wie im Vorfeld des CDU-Bundesparteitages von Saarbrücken im Herbst 1971, als der rheinische Landesparteivorsitzende Köppler in seiner Düsseldorfer Privatwohnung mit anderen Landesverbänden die Wahl Rainer Barzels zum neuen Vorsitzenden der CDU Deutschlands vereinbarte.[58] Geraedts würdigt Köppler als „eine Persönlichkeit, die für Integrität, Toleranz und Integrationsfähigkeit in der Politik stand, eine Persönlichkeit, für die die Sache immer über den eigenen Interessen stand und die sich in der Politik keinen gediegenen Wohlstand erarbeitete"[59]. Diese überaus positive Würdigung des Menschen und Politikers schließt kritische Anmerkungen nicht aus. So sei zu Beginn der 1970er Jahre Köpplers Position in der Deutschland- und Ostpolitik wie auch in der Mitbestimmungsfrage „nicht eindeutig"[60] gewesen.

Anläßlich des 10. Todestages von Heinrich Köppler 1990 brachten Friedrich Kronenberg und Bernhard Vogel einen Gedenkband heraus, in dem in siebzehn Beiträgen Weggefährten aus Kirche und Politik seine Persönlichkeit und seine Tätigkeitsfelder beschreiben. In diesem Sammelband wird ein durchweg positives Bild von dem Menschen, Christen und Politiker Köppler gezeichnet. Stellvertretend seien Willi Weiskirch, ein persönlicher Freund seit der Zusammenarbeit im BDKJ in den 1950er Jahren, Franz Hengsbach, mit dem vielfältige Kontakte über das ZdK, Gremien der Deutschen Bischofskonferenz und die KAS bestanden, und Heinrich Windelen, als Vorsitzender des CDU-Landesverbandes Westfalen-Lippe von 1970 bis 1977 ein wichtiger Partner in der nordrhein-westfälischen Politik, genannt. Weiskirch verband mit seinem Namen „Offenheit, Ehrlichkeit und Anständigkeit"[61]. Nach Hengsbach besaß er „die besondere Fähigkeit, Menschen zusammenzuführen und zu einer Gemeinschaft zu formen"[62].

58 Vgl. Geraedts, S. 24.
59 Ebd., S. 57.
60 Ebd., S. 23.
61 Weiskirch, S. 12.
62 Hengsbach, S. 105.

Und Windelen ist ihm dankbar „für lange Jahre gemeinsamer Arbeit, für sein Vertrauen und seine Unterstützung, für viel Übereinstimmung und manch klugen Rat“[63].

Insbesondere in den Beiträgen zu dem Politiker Heinrich Köppler werden Thesen aufgestellt, Behauptungen formuliert und Feststellungen getroffen, die einer Überprüfung bedürfen. Es ergeben sich weitere bzw. neue Fragestellungen. Insofern erweist sich der Gedenkband als wichtiger Beitrag für diese Forschungsarbeit. Exemplarisch sei der Aufsatz von Kurt Biedenkopf angeführt, und hier seine Aussage, daß für ihn mit dem Tode Heinrich Köpplers „eine politische Kameradschaft“ geendet habe, „wie ich sie vorher nicht erlebt hatte und wohl auch nicht mehr erfahren werde“[64]. Dieser Beschreibung widersprechen alle Zeitzeugen, die sich im Rahmen dieser Untersuchung zum Verhältnis Köppler – Biedenkopf geäußert haben. Nach Klaus Fenske gestalteten sich die Beziehungen zwischen diesen beiden Politikern als „sehr schwierig“[65] – eine Einschätzung, der auch Helmut Elfring und Franz Josef Köppler, nach dessen Auskunft sein Bruder zeitweise an der Loyalität Biedenkopfs gezweifelt habe, zustimmen können.[66] Daß sie eine politische Kameradschaft pflegten, haben Zeitzeugen nicht beobachten können. Hans-Ulrich Klose hatte „nie das Empfinden, daß Köppler und Biedenkopf sich menschlich gut verstanden, dafür waren sie aber auch zu unterschiedlich“[67]. Ähnlich sieht es Heinz Hardt: „Köppler und Biedenkopf – das war immer nur ein Gespann der Ratio, nie der menschlichen Nähe.“[68] Von Freundschaft zwischen Köppler und Biedenkopf konnte nach dem Urteil von Wilfried Heimes nicht gesprochen werden.[69] Immerhin hätten sich die beiden Politiker, deren Verhältnis durch Distanz gekennzeichnet gewesen sei, auf einen „modus vivendi der Zusammenarbeit“ verständigen können. Vor dem Hintergrund der hier zitierten Zeitzeugen – die Liste der befragten Personen, die zu der gleichen Einschätzung gelangen, ließe sich fortsetzen – stellt sich die Frage, ob nicht Kurt Biedenkopf seine politischen Beziehungen zu Köppler in der Rückschau verklärt.

Bei der Aufzählung der Forschungsbeiträge zu Heinrich Köppler darf die biographische Skizze von Brigitte Kaff nicht fehlen, die 2001 in der Reihe „Zeitgeschichte in Lebensbildern“ erschien.[70] Sie bietet einen ersten informativen Überblick über die einzelnen Abschnitte seiner politischen Lebensgeschichte. Dabei zeichnet Kaff ein überaus positives Bild von dem Menschen, Christen und Politiker Heinrich Köppler. U.a. beschreibt sie den selbstbewußt auftretenden katholischen Laien, weist hin auf sein Eintreten für ein modernes Strafrecht und betont sein Gewicht innerhalb der Bundespartei, in welcher er bei wichtigen Personalentscheidungen wie im Oktober 1971 bei der Wahl Rainer Barzels zum Bundesparteivorsitzenden die Rolle eines Königmachers ausgefüllt

---

63 Windelen, S. 162.
64 Biedenkopf: Energie, S. 163.
65 Erstes Zeitzeugengespräch mit Klaus Fenske (31.1.2004).
66 Zeitzeugengespräche mit Helmut Elfring (27.3.2004) und Franz Josef Köppler (8.11.2003).
67 Zeitzeugengespräch mit Hans-Ulrich Klose (6.2.2004).
68 Zeitzeugengespräch mit Heinz Hardt (23.3.2004).
69 Zeitzeugengespräch mit Wilfried Heimes (24.1.2004).
70 Vgl. Kaff, S. 211–224.

habe. Kritische Anmerkungen wie der Verweis auf das Scheitern seiner Pläne zur Fusion der beiden CDU-Landesverbände in Nordrhein-Westfalen oder die Erwähnung aufkommender Kritik an seinem Führungsstil nach der knapp verlorenen Landtagswahl von 1975 erscheinen vor diesem Hintergrund als Randbemerkungen. In ihrer Würdigung hebt Kaff die hohe menschliche Integrität Köpplers hervor, die dieser in die Politik eingebracht habe: „Mit Heinrich Köppler hat die CDU 1980 einen Politiker verloren, der weit über das eigene Lager hinaus bekannt und geschätzt war. Er war ein Fighter, der leidenschaftlich und wortgewandt seine Positionen vertrat, ohne den Gegner durch Gehässigkeit zu verletzen. Seine Freunde schätzten ihn, weil er eine jener Ausnahmeerscheinungen war, deren Ehrgeiz für die Politik ihrer Partei jedes persönlich Karrierestreben verbot. Seine politischen Gegner schätzten ihn wegen seiner Fairneß, seiner verblüffenden Ehrlichkeit und Menschlichkeit in der Politik.“[71]

---

71 Ebd. S. 223.

I. Der Lebensweg von Heinrich Köppler bis 1952

1. Familiärer Hintergrund und prägende Einflüsse

In Hattenheim im Rheingau kam Heinrich Theodor Köppler am 26. November 1925, einem Donnerstag „um ein einviertel Uhr“, wie es in der Geburtsurkunde heißt, auf die Welt.[1] Sein Geburtsort liegt also in einem klassischen Weinbaugebiet, bekannt für seinen vollmundigen Riesling und seinen roten Spätburgunder, den die aus Chairvaux gekommenen Zisterzienser in den Rheingau mitbrachten. Köppler ist, was den Alkohol betrifft, den er in Maßen genoß, „ein ausgesprochener Weintrinker“ gewesen.[2] Die Liebe zum Wein läßt seine Herkunft aus einer Region mit einer großen Tradition der Weinkultur erkennen, für die Namen bedeutender Güter stehen: Johannisberg und Eberbach, Vollrads und Langwerth. Seinen Schoppen Wein trank er am liebsten in geselliger Runde.[3] Insofern zeigte sich auch hier seine Herkunft aus dem Rheingau, gelten doch die Rheingauer als „ein fröhliches Völkchen“[4]. Hiervon vermittelt Carl Zuckmayer in seinem Lustspiel „Der fröhliche Weinberg“ einen Eindruck, das in Köpplers Geburtsjahr Theaterpremiere feierte.[5]

Köpplers Geburtsjahr 1925 markiert in der Geschichte der Weimarer Republik sowohl innen- wie außenpolitisch eine Zäsur. Als er am 26. November geboren wurde, debattierte der Reichstag über die Ratifikation der Verträge von Locarno[6], mit denen das Deutsche Reich „endgültig die moralische und politische Isolierung der ersten Nachkriegsjahre“ durchbrach und „wieder in den Kreis der führenden europäischen Mächte“ eintrat.[7] Im Vertragswerk von Locarno[8] erkannte das Deutsche Reich die Westgrenze an und sicherte die dauernde Entmilitarisierung des Rheinlands zu. Es entsprach damit dem Sicherheitsbedürfnis Frankreichs und Belgiens, schützte aber auch das Ruhrgebiet vor der Wiederholung französischer Schritte wie der Ruhrbesetzung von 1923, denn es garantierte den territorialen Status quo im Westen. Italien und Großbritannien garantierten den Vertrag, durch den das Deutsche Reich die Friedensrege-

1 Standesamt Hattenheim, Geburtsurkunde Nr. 22/1925. Hattenheim ist heute ein Stadtteil der Stadt Eltville am Rhein. Im Archiv des Standesamtes der Stadt Eltville am Rhein ist Köpplers Geburtsurkunde überliefert.
2 Köppler 2, S. 80.
3 Vgl. erstes Zeitzeugengespräch mit Klaus Fenske (31.1.2004) und Zeitzeugengespräche mit Franz Josef Köppler (8.11.2003), Gerd Ozimek (18.11.2003), Friedhelm Geraedts (19.11.2003), Friedhelm Görgens (9.1.2004) sowie Josef Schneider (31.7.2004).
4 Zeitzeugengespräch mit Franz Josef Köppler (8.11.2003).
5 Köppler 1, S. 7.
6 Schulthess' Geschichtskalender, S. 180.
7 Kolb, S. 67; vgl. Winkler, S. 469.
8 Wortlaut in Schulthess' Geschichtskalender, S. 436–444.

lung von Versailles freiwillig noch einmal akzeptierte, soweit sie sich auf die Westgrenze bezog. Für die Ostgrenze verpflichtete sich das Reich nur zum Verzicht auf jede gewaltsame Änderung, was eine friedliche Revision des Grenzverlaufs im Osten nicht ausschloß. Der Tod Friedrich Eberts am 28. Februar und die Wahl des königlich-preußischen Generalfeldmarschalls a. D. Paul von Hindenburg zum neuen Reichspräsidenten am 26. April waren innenpolitisch das herausragende Ereignis des Jahres 1925. Mit dem Übergang von Ebert zu Hindenburg vollzog sich „nichts Geringeres als ein stiller Verfassungswandel, eine konservative Umgründung der Republik"[9].

Die Wahl Hindenburgs dürfte im Hause Köppler keine Begeisterung ausgelöst haben. Heinrich Köpplers Vater Josef gehörte nämlich der Zentrumspartei an, deren Kandidat Wilhelm Marx im entscheidenden Wahlgang Hindenburg um rund 900.000 Stimmen unterlegen war.[10] Väterlicherseits war die Familie im Hessischen verwurzelt. In Hasselbach bei Camberg wurde sein Vater Josef Köppler im Jahre 1893 geboren, der zusammen mit zwei Brüdern, Heinrich und Theodor, aufwuchs, die beide im Ersten Weltkrieg fielen.[11] In Erinnerung an die beiden Brüder erhielt der erstgeborene Sohn von Josef Köppler den Doppelnamen Heinrich Theodor. Entgegen der Familientradition – die Köpplers waren eine Lehrerfamilie – entschied sich Josef Köppler für die Juristerei und übte das Amt eines Richters aus. Beruflich scheint er seinen Sohn bereits sehr früh und nachhaltig geprägt zu haben, denn es sei „von Jugend auf" sein Wunsch gewesen, schrieb Heinrich Köppler im August 1946, „wie mein Vater Jurist zu werden"[12]. Während der Vater bei ihm das Interesse für die Juristerei weckte, dürfte die Vorliebe für den Wein auf seine Mutter zurückzuführen sein. Maria Elisabeth Köppler, geb. Hieronimi, stammte aus Cochem an der Mosel, wo die Familie im Weinhandel tätig war. Sie wurde im Jahre 1894 geboren und hatte acht Geschwister. Zeitzeugen beschreiben sie als eine sehr gläubige Frau, die ihre Kinder nach den Grundsätzen der katholischen Glaubenslehre erzog.[13] Dies erfolgte in einem für die damalige Zeit als modern zu bezeichnenden Sinne. Im Hause Köppler war der Umgang zwischen Eltern und Kindern partnerschaftlich, nicht autoritär.[14] Seine Eltern scheinen ihm sehr viel Lebensfreude vermittelt zu haben. Zeitzeugen erinnern sich jedenfalls gerne an den lebenslustigen, geselligen Heinrich Köppler.[15] Gerd Ozimek und Helmut Elfring ist vor allem Köpplers herzhaftes Lachen in Erinnerung geblieben, das ihn sympathisch machte, das

9 Winkler, S. 461; vgl. Kolb, S. 81f.
10 Winkler, S. 459.
11 Zur Biographie der Eltern und Geschwister von Heinrich Köppler vgl. Zeitzeugengespräch mit Franz Josef Köppler (8.11.2003).
12 Handschriftlicher Lebenslauf Heinrich Köpplers vom 26.8.1946, in: Privatarchiv Franz Josef Köppler.
13 Vgl. Zeitzeugengespräche mit Heinz Josef Massenkeil (27.4.2004) und Günther Massenkeil (3.6.2004).
14 Zeitzeugengespräch mit Franz Josef Köppler (8.11.2003): „Unseren Cousinen und Vettern fiel immer wieder auf, wie kameradschaftlich und leger es bei uns zu Hause zuging."
15 Vgl. erstes Zeitzeugengespräch mit Klaus Fenske (31.1.2004) und Zeitzeugengespräche mit Gerd Ozimek (18.11.2003), Friedhelm Geraedts (19.11.2003), Friedhelm Görgens (9.1.

nicht ohne Wirkung blieb. „Wer ihn herzhaft lachen gehört hat", so Elfring in der Rückschau, „der wußte sofort, das ist ein Mensch, mit dem kann man, ohne kumpelhaft zu sein, warm werden, dem ist Vertrauen zu schenken, dem kann man sich anvertrauen."[16] Diese Fröhlichkeit darf allerdings – und darauf weist Heinrich Windelen ausdrücklich hin – nicht verwechselt werden mit jener Oberflächlichkeit, die für die viel zitierte „rheinische Frohnatur" kennzeichnend ist.[17]

Geboren wurde Heinrich Köppler – wie seine zwei Jahre jüngere Schwester Elisabeth – in Hattenheim; aufgewachsen ist er im rheinhessischen Oppenheim, wohin sein Vater im Jahre 1927 zur Leitung des dortigen Amtsgerichts versetzt wurde.[18] Dort kamen seine zwei jüngeren Brüder zur Welt, 1931 Franz Josef und 1937 Theodor Hubert. Seine Schwester, die an einer Hirnhautentzündung litt, wurde nur neun Jahre alt, und sein jüngster Bruder, Theodor Hubert, verstarb nur wenige Tage nach seiner Geburt.

In der rheinhessischen Kleinstadt begann auch seine Schullaufbahn. Seine Einschulung in die Volksschule in Oppenheim Ostern 1932 fiel in die Zeit der Wahl des Reichspräsidenten. Zwar konnte mit der Wiederwahl Hindenburgs und damit der Niederlage Hitlers „die Proklamation des ‚Dritten Reiches'"[19] verhindert werden, doch der Auflösungsprozeß der Weimarer Republik schritt unaufhaltsam voran bis hin zur Ernennung Adolf Hitlers zum Reichskanzler am 30. Januar 1933, jenem Tag, der nach der Einschätzung des Literaturwissenschaftlers und Schriftstellers Hans Mayer vielleicht als der „Wendetag" des 20. Jahrhunderts bezeichnet werden muß, denn „seitdem hat sich alles verändert. Es gibt kein Ereignis und kein Erinnern an menschliches Unglück, das nicht ursächlich zurückführte zu jenem Januartag."[20] Auch für die Familie Köppler blieb der 30. Januar 1933 nicht ohne Folgen. Josef Köppler war „ein ausgesprochener Gegner des Nationalsozialismus"[21]. Einen sehr anschaulichen Beleg für die Einstellung von Heinrich Köpplers Vater zum Nationalsozialismus liefert dessen Personalakte beim Oberlandesgerichtspräsidium Darmstadt. In einem Vermerk vom November 1937 brachte die Gauleitung Hessen-Nassau der NSDAP Zweifel an der politischen Zuverlässigkeit seines Vaters zum Ausdruck: „[Josef] Köppler habe vor der Machtübernahme dem Zentrum bis zu dessen Auflösung angehört und sei Gegner der Bewegung gewesen. Auch heute noch sei er kein Anhänger des Nationalsozialismus. Er habe den Bezug einer parteiamtlichen Zeitung als für ihn ‚unwirtschaftlich' abgelehnt, weil er den Völkischen Beobachter, der von seiner Behörde gehalten wird, auf seinem Amtszimmer lese. Das Angebot einer Sondernummer der NS-Schulungsbriefe durch den Fachschafts-

---

2004), Albert Falke (20.3.2004), Helmut Elfring (27.3.2004), Elisabeth Gies (1.5.2004) sowie Josef Schneider (31.7.2004).

16 Zeitzeugengespräch mit Helmut Elfring (27.3.2004).

17 Zeitzeugengespräch mit Heinrich Windelen (29.12.2003).

18 Handschriftlicher Lebenslauf Heinrich Köpplers vom 26.8.1946, in: Privatarchiv Franz Josef Köppler.

19 Winkler, S. 505.

20 Mayer, S. 429.

21 Zeitzeugengespräch mit Heinz Josef Massenkeil (27.4.2004).

leiter habe er als Belästigung bezeichnet. Er beteilige sich nur spärlich an Spenden und Sammlungen, dagegen eifrig bei Prozessionen."[22]

In der hier beschriebenen Verweigerungshaltung kommt eine bestimmte Form von Widerstand gegen das herrschende Regime zum Ausdruck. An dieser Stelle muß daran erinnert werden, daß das NS-Regime ein Unrechtsstaat war, der einen totalitären Charakter aufwies, was sich entscheidend auf das Wesen und die Formen des Widerstands auswirkte.[23] Widerstand gegen den Nationalsozialismus war antitotalitärer Widerstand, der nicht nur aktiver Widerstand sein konnte, sondern sich auch als innerer, als passiver Widerstand äußerte: „Im ‚Dritten Reich' war Passivität nicht nur eine Vorstufe, sie war selbst bereits eine Form des Widerstandes."[24] Dieser Erkenntnis Rechnung tragend, haben Klaus Gotto, Hans Günter Hockerts und Konrad Repgen mit dem *Widerstand im geringen Sinne*, der *Resistenz, Nicht-Anpassung* und *Selbstbewahrung*, dem *öffentlichen Protest* und dem *Widerstand im engeren Sinne* ein vierstufiges Widerstandsmodell entwickelt.[25] Widerstand im „geringen Sinn" habe sich auf der untersten Stufe der „punktuellen Unzufriedenheit" und der „Unmutshandlungen" geäußert. Die zweite Stufe der „Resistenz, Nicht-Anpassung, Selbstbewahrung", auch als „Verweigerung" zu bezeichnen und auf die Erhaltung der „Identität einer sozialen Einheit" zielend, habe dem totalen Herrschaftsanspruch bereits konkrete Grenzen gesetzt. Der Übergang zu einer offensiven, dritten Widerstandsstufe sei im öffentlichen Protest greifbar. Die vierte „aktive" Stufe des Widerstands, der „Widerstand im engeren Sinne", bestehe im „generellen Loyalitätsbruch" gegenüber dem Regime oder dessen „wesentlichen Erscheinungsformen" einschließlich „der auf politischen Umsturz des Regimes hin" orientierten Tätigkeiten. Auf Josef Köppler übertragen, könnte man sagen, daß sich sein Verhalten gegenüber der nationalsozialistischen Herrschaft mit der beschriebenen Widerstandsstufe der *Resistenz, Nicht-Anpassung* und *Selbstbewahrung* kennzeichnen ließe. Seine Verweigerungshaltung äußerte sich eben darin, daß er sich an Prozessionen beteiligte, anstatt Spendensammlungen für die NS-Bewegung durchzuführen. Und das Angebot einer Sondernummer einer NS-Publikation als Belästigung zu bezeichnen, unterstrich seine Resistenz, seine Nicht-Anpassung und Selbstbewahrung.

Die Einstellung seines Vaters zum Nationalsozialismus prägte Heinrich Köppler nachhaltig. Sie habe „wesentlich" dazu beigetragen, „daß ich von Anfang an nicht nur eine Distanz, sondern eine außerordentlich kritische Haltung gegenüber dem Nationalsozialismus einnahm", wie er in der Rückschau bekennt.[26] Diese Haltung blieb nicht ohne Konsequenzen für seinen weiteren Lebensweg. Sie sollte ihn 1943 veranlassen, sich freiwillig zur Wehrmacht zu melden und Berufssoldat zu werden, weil er hoffte,

22 Schreiben des Oberlandesgerichtspräsidenten von Darmstadt an den Landgerichtspräsidenten in Mainz vom 29.11.1937 („Betr.: Den Oberamtsrichter Köppler in Oppenheim"), in: Privatarchiv Franz Josef Köppler.

23 GOTTO/HOCKERTS/REPGEN, S. 173f.; EHLERS, S. 65.

24 EHLERS, S. 65.

25 GOTTO/HOCKERTS/REPGEN, S. 175f.

26 KÖPPLER 1, S. 13f.

auf diese Weise „die verhältnismäßig sicherste Distanz gegenüber dem Nationalsozialismus zu bewahren".[27]

An eine Laufbahn als Berufssoldat war noch nicht zu denken, als er – aus dem Mainzer Adam-Karillon-Gymnasium kommend – am 20. November 1939 in das damalige Staatliche Gymnasium Wiesbaden aufgenommen wurde.[28] Der Schulwechsel war Folge der Versetzung seines Vaters vom Amtsgericht Oppenheim, dem er als Behördenleiter vorgestanden hatte, an das Amtsgericht Wiesbaden, wo er die Tätigkeit eines einfachen Amtsrichters ausübte. Durch seine Verweigerungshaltung gegenüber dem Nationalsozialismus war Josef Köppler für die Herrschenden „politisch untragbar" geworden.[29] Politisch unerträglich wurde 1942/43 die Lage auch für Heinrich Köppler, der nach einer Möglichkeit suchte, sich den Nachstellungen der Hitlerjugend zu entziehen, die bereits bei seinem Vater vorstellig geworden war, um ihn zum Dienst in der HJ zu verpflichten.[30] Im Frühjahr 1943 verließ er vorzeitig das Staatliche Gymnasium Wiesbaden, um aus den oben genannten Gründen Berufssoldat zu werden. Zu Beginn des Jahres hatte er sich bei der Annahmestelle für Offiziersbewerber des Heeres beim Heeresamt Wiesbaden beworben, das daraufhin den Leiter seiner Schule um eine Beurteilung des Bewerbers bat.[31] Die richtige Auswahl des Offiziersnachwuchses sei für das Heer von entscheidender Bedeutung. Deshalb könne zur Beurteilung der jungen Anwärter „auf eine so wichtige Stellungnahme, wie sie gerade die Schule zu geben vermag, nicht verzichtet werden".

Die Beurteilung, die die Schulleitung abgab, fiel überaus positiv aus.[32] „Große stattliche Erscheinung von guter Haltung, einwandfreiem Anzug, gewandten Umgangsformen und tadellosem Benehmen" lautete die Antwort auf die Frage nach dem äußeren Eindruck. Zur Persönlichkeit hieß es: „Durchaus einwandfreier Charakter, gediegenes Wesen und lebhaftes Temperament." „Ideeller Art" waren nach Angaben der Schullei-

---

27 Ebd., S. 17.

28 Staatliches Gymnasium in Wiesbaden, Schülerhauptverzeichnis Nr. 959 (Köppler, Heinrich), in: HHStA, Abt. 429/5, Nr. 1877.

29 Vgl. Handschriftlicher Lebenslauf Heinrich Köpplers vom 26.8.1946, in: Privatarchiv Franz Josef Köppler; ferner Walter Henkels: „Bendas rechte Hand. Bonner Köpfe: Heinrich Köppler". In: FAZ vom 17.4.1968.

30 Zeitzeugengespräch mit Franz Josef Köppler (8.11.2003): „Ich erinnere mich noch sehr genau an den Tag, als die HJ bei uns erschien. Sie kam ausgerechnet zu einem Zeitpunkt, als unser Vater Mittagsruhe hielt, auf die er großen Wert legte. Nach dieser Störung seiner Mittagsruhe war er so erbost, daß er die Vertreter der HJ hinauswarf. Erst im nachhinein ist uns bewußt geworden, was sich hieraus hätte entwickeln können, nämlich eine Anklage wegen Beleidigung von Amtspersonen oder ähnliches. Glücklicherweise blieb dieser Vorfall ohne Konsequenzen für unseren Vater."

31 Schreiben der Annahmestelle XII für Offiziersbewerber des Heeres beim Heerespersonalamt Wiesbaden an den Leiter des Staatlichen Gymnasiums in Wiesbaden vom 29.1.1943, in: HHStA, Abt. 429/5, Nr. 1860.

32 Schreiben der Schulleitung des Staatlichen Gymnasiums in Wiesbaden an die Annahmestelle XII für Offiziersbewerber des Heeres beim Heerespersonalamt in Wiesbaden vom 3.2.1943, ebd.

tung die Gründe für Köpplers Berufswahl, weitergehende Angaben wurden hierzu nicht gemacht. Seine Beweggründe für den Eintritt in die Wehrmacht mußte Köppler natürlich verschleiern. Hinsichtlich seiner körperlichen Anlagen wurde darauf hingewiesen, daß seine sportlichen Leistungen in den Leibesübungen besser waren als im Turnen. Nicht unerwähnt blieb, daß er sich auch außerhalb der Schule sportlich betätigte. Zu seinen geistigen Anlagen erklärte die Schulleitung: „Seine Stärke liegt in den deutschkundlichen Fächern, für die er auch lebhaftes Interesse bewies. Jedoch erreichte er auch in den Fremdsprachen und in den naturwissenschaftlichen Fächern durch gewissenhaften Einsatz überall ein ausreichendes Prädikat."

Ein Musterschüler ist Heinrich Köppler nicht gewesen[33], woraus er auch kein Geheimnis machte.[34] „Ausgesprochene Schwächen", wie zum Beispiel in der Mathematik, in der „ich mich nur mit einiger Cleverneß über die Runden bringen konnte", gestand er offen ein.[35] So weist denn auch sein Abgangszeugnis vom 12. April 1943 im Fach Mathematik nur die Note „ausreichend" aus.[36] Zu ebenfalls nur ausreichenden Leistungen reichte es in den Fremdsprachen Latein, Griechisch und Englisch sowie in der Kunsterziehung. Dagegen wurden seine Leistungen in den Naturwissenschaften, Biologie, Chemie und Physik, sowie in den Fächern Geschichte und Erdkunde allesamt mit „befriedigend" bewertet. Allein im Fach Deutsch wurden seine Leistungen als „gut" befunden. Im Deutschunterricht fiel seine rhetorische Begabung sowie seine Fähigkeit zum logischen Aufbau von Referaten bzw. Aufsätzen auf, wie sein Mitschüler und Schulfreund Günther Massenkeil zu berichten weiß.[37]

Heinrich Köpplers Abgangszeugnis enthielt den Vermerk, daß ihm aufgrund seiner Einberufung zum Wehrdienst „die Reife zuerkannt" wurde. Seine Bewerbung um die Stelle eines Offiziersanwärters beim Heer war also erfolgreich. Die Einberufung zur Wehrmacht fiel in eine Zeit, in welcher in der deutschen Bevölkerung der Glaube an den fortwährend propagierten „Endsieg" zusehends schwand.[38] Spätestens seit der Katastrophe von Stalingrad befand sich die deutsche Kriegsführung in der Defensive. Mit dem Unternehmen „Zitadelle" im Juli 1943 wollte Hitler „das Blatt der Geschichte wenden"[39]. Mit einem Überraschungserfolg an der Ostfront sollte der Anti-Hitler-Koalition demonstriert werden, „daß mit Deutschland nach wie vor zu rechnen war"[40]. Doch nach nur wenigen Tagen scheiterte diese Operation bereits. Was sich daraufhin im Osten ereignete, erlebte Köppler, der nach kurzer Grundausbildung an die Ostfront ab-

33 Zeitzeugengespräche mit Franz Josef Köppler (8.11.2003) und Günther Massenkeil (3.6.2004).
34 Köppler 2, S. 51.
35 Ebd.
36 Staatliches Gymnasium in Wiesbaden, Abgangszeugnis Heinrich Köppler vom 12.4.1943, in: HHStA, Abt. 429/5, Nr. 2050.
37 Zeitzeugengespräch mit Günther Massenkeil (3.6.2004).
38 Hildebrand: Drittes Reich, S. 90.
39 Hildebrand: Außenpolitik, S. 781.
40 Ebd.

kommandiert wurde[41], aus unmittelbarer Nähe mit: „die bittere Rückzugsphase von einer Kesselschlacht in die andere“[42]. Kurzzeitig unterbrochen wurde sein Einsatz an der Front durch den Besuch der Kriegsschule in Millowitsch bei Prag 1944/45[43], am 1. März 1945 wurde er zum Leutnant befördert.[44]

Für seine Eltern und seinen Bruder Franz Josef waren die Jahre seines Kriegseinsatzes eine Zeit großer Ungewißheit, ein Leben zwischen Hoffen und Bangen. Zweimal wurde der Familie sein Tod gemeldet.[45] Wie groß muß daher die Erleichterung gewesen sein, wie unbeschreiblich die Freude, als Anfang Mai 1945 im Hause Köppler folgende schriftliche Nachricht aus Kaufbeuren in Bayern einging: „Meine Lieben! Seit 27. 4. bin ich in amerikanischer Gefangenschaft. Sonst bin ich noch gesund und munter. Ich hoffe nur, daß dasselbe auch bei Euch der Fall ist. Alles weitere muß eben abgewartet werden. Mit herzlichen Grüssen und auf Wiedersehn Euer Heini.“[46] Die Ungewißheit über das Schicksal seiner Familie quälte Heinrich Köppler. „Wenn man nur wüßte, was zu hause los ist“, schrieb er am 29. Mai 1945 voller Sorge in sein Tagebuch.[47] Doch er hatte Hoffnung, auf diese Frage schon sehr bald eine Antwort zu erhalten, denn „die gestrige Ausfüllung des ‚Fragebogens‘ hat dem Gedanken an Entlassung Flügel verliehen, wenigstens bei denen, die die einschlägigen Fragen mit ‚nein‘ beantworten konnten“[48]. Die Hoffnung trog allerdings, es sollten noch zwei Monate vergehen, bis er zu seiner Familie zurückkehren konnte. Zwischenzeitlich hatte er den Glauben an eine schnelle Entlassung aus der Kriegsgefangenschaft verloren. Am 12. Juni 1945 notierte er in sein Tagebuch: „Die Hoffnung auf eine baldige Entlassung habe ich nun aufgegeben. Vielmehr mache ich mich jetzt auf ein längeres Hiersein gefaßt. Offenbar hat man mit uns Offizieren doch noch besondere Sprünge vor.“ Die Lebensbedingungen in dem Kriegsgefangenenlager müssen schwierig gewesen sein. Das läßt jedenfalls der Tagebucheintrag vom 10. Juni 1945 vermuten: „Wieder ein Sonntag. Die Wochen in diesem elenden Gefängnis häufen sich. ... Das nächste große Fest ist die Stunde, in der ich mich nach Wochen wieder voll essen werde. Hoffentlich kann ich das in Bälde feiern!“ Es

41 Vgl. Handschriftlicher Lebenslauf Heinrich Köpplers vom 26.8.1946, in: Privatarchiv Franz Josef Köppler.

42 KÖPPLER 2, S. 10f.

43 Walter Henkels: „Bendas rechte Hand. Bonner Köpfe: Heinrich Köppler“. In: FAZ vom 17.4.1968.

44 Auszug aus dem Soldbuch für Heinrich Köppler, in: Privatarchiv Franz Josef Köppler.

45 Vgl. KÖPPLER 2, S. 11; Zeitzeugengespräch mit Franz Josef Köppler (8.11.2003).

46 Schreiben Heinrich Köpplers an Familie Josef Köppler vom 7.5.1945, in: Privatarchiv Franz Josef Köppler.

47 Aus dem Tagebuch, das er während seiner Kriegsgefangenschaft führte, sind lediglich Aufzeichnungen vom 29. Mai sowie vom 9. bis 12. Juni 1945 überliefert. Sie befinden sich in dem Privatarchiv von Franz Josef Köppler.

48 Hierbei dürfte es sich um Fragen nach einer Mitgliedschaft und Tätigkeit in NS-Organisationen gehandelt haben.

dauerte noch bis zum August 1945, bis er aus amerikanischer Kriegsgefangenschaft entlassen wurde.[49]

2. Anfänge in der katholischen Jugendarbeit und erste berufliche Schritte

In das zivile Leben kehrte Heinrich Köppler als ein neuer Mensch zurück; nach Kriegsende begann für ihn „ein neues Leben", wie es Günther Massenkeil formuliert hat.[50] Während der Kriegsjahre, in denen er „als noch sehr junger Mensch ... das Drama des militärischen Zusammenbruchs aus nächster Nähe miterlebt" hatte,[51] vollzog Köppler eine innere Wandlung. Die unmittelbare Konfrontation mit dem Tod – dreimal wurde er im Einsatz an der Ostfront verletzt[52] – ließ aus dem *Gelegenheitskatholiken* den *überzeugten Katholiken* Heinrich Köppler werden. Er ist zwar katholisch erzogen worden, bis 1945 aber kirchlich nicht aktiv gewesen.[53] Dies sollte sich mit seiner Rückkehr aus Krieg und Gefangenschaft ändern. Fortan engagierte er sich in der katholischen Jugendarbeit in Wiesbaden.

Wie sollte nach 1945 die katholische Jugendarbeit gestaltet werden? Eine Möglichkeit war die Wiederbelebung des Verbandswesens der Weimarer Zeit, das Martin Schwab als „ein blühendes katholisches Jugendverbandswesen mit begeisternden Großveranstaltungen, rund eineinhalb Millionen Mitgliedern und auflagenstarken wie selbstbewußten Zeitungen" beschreibt.[54] Die Bandbreite der katholischen Jugendverbände reichte von Massenorganisationen wie dem Katholischen Jungmännerverband mit 400.000 und dem Zentralverband der katholischen Jungfrauenvereinigung Deutschlands mit 800.000 Mitgliedern bis zu kleineren, jugendbewegten Bünden wie Quickborn oder die Kreuzfahrer. Die Alternative hierzu stellte die kirchengemeindlich orientierte Jugendarbeit während der NS-Zeit dar. Angesichts des massiven politischen Drucks, den die NS-Machthaber auf die katholischen Jugendverbände ausübten, die „zuerst aus dem öffentlichen Raum gedrängt und dann stückchenweise zerschlagen" wurden, richteten die Diözesen bischöfliche Jugendämter ein, die anstelle der einzelnen Verbände die Leitungs- und Bildungsarbeit übernahmen. Die Pfarrei wurde zum Zentrum der Jugendarbeit, und die Pfarrjugend entwickelte sich zum „Begriff für Distanz zum Nationalsozialismus". Denn Pfarrjugend bedeutete in jenen Jahren „nicht mehr alle katholischen Jugendlichen einer Pfarrei, sondern als Gemeinschaft bewußt zur Kirche zu stehen, auch wenn es persönlich Nachteile bringt".

---

49 Handschriftlicher Lebenslauf Heinrich Köpplers vom 26.8.1946, in: Privatarchiv Franz Josef Köppler.

50 Zeitzeugengespräch mit Günther Massenkeil (3.6.2004).

51 Köppler 1, S. 14.

52 Handschriftlicher Lebenslauf Heinrich Köpplers vom 26.8.1946, in: Privatarchiv Franz Josef Köppler.

53 Zeitzeugengespräch mit Günther Massenkeil (3.6.2004).

54 Schwab, S. 25f., auch folgende Zitate.

Hinsichtlich der Gestaltung der katholischen Jugendarbeit nach 1945 wurde ein Kompromiß gefunden, der Elemente der Jugendarbeit aus der Zeit vor und nach 1933 enthielt. Seinen Niederschlag fand dieser Kompromiß 1947 in der Gründung des Bundes der Deutschen Katholischen Jugend, für den die Doppelstruktur von Stamm und Gliederungen kennzeichnend ist.[55] Die Stammgruppen von Mannes- und Frauenjugend machen rund 90 Prozent der Mitglieder aus. Ihnen gehören alle männlichen und weiblichen katholischen Jugendlichen einer Pfarrei an, die sich in der Gruppenarbeit engagieren. Bei den Gliederungen handelt es sich um die Kolpingjugend, Neudeutschland, den Verband der Marianischen Congregation studierender Jugend, Quickborn, die Christliche Arbeiter-Jugend, die Deutsche Pfadfinderschaft St. Georg, die Schar, Heliand, den Jugendbund des katholischen deutschen Frauenbundes, die Kongregation studierender Mädchen und die Pfadfinderinnenschaft St. Georg. Die enge Zusammenarbeit von Frauenjugend und Mannesjugend in einer Organisation ist ein neues Element in der Geschichte der katholischen Jugendarbeit. Gemeinschaftsbildung, religiöse Formung und Apostolat im Sinne der Katholischen Aktion sind als Aufgaben des BDKJ definiert worden, dessen Aufbau sich am kirchenorganischen Prinzip orientiert. Anerkannt wird die Eigenständigkeit der Gliederungen, denen man den Aufbau einer überdiözesanen Struktur zugesteht.

Bei der Gründung des Bundes der Deutschen Katholischen Jugend mußten sowohl die Verfechter einer Wiederbelebung des Verbandswesens von vor 1933 als auch die Vertreter einer möglichst einheitlichen Jugendarbeit aus der Zeit des Nationalsozialismus Zugeständnisse machen.[56] So besteht eine enge kirchliche Anbindung des Bundes, wofür Martin Schwab die Personalunion „Bischöfliche Hauptstelle für Jugendseelsorge und Jugendorganisation in den Diözesen und BDKJ-Bundespräses" als markantes Beispiel anführt. Auch stellt der BDKJ keine (unverbindliche) Arbeitsgemeinschaft von Bünden und Verbänden dar, sondern eine Körperschaft im Sinne einer juristischen Einheit mit den Stammgruppen von Mannes- und Frauenjugend als unmittelbarem Mitgliederreservoir. Und durch das kirchenorganische Prinzip, an dem sich der Aufbau des BDKJ orientiert, erhalten die Diözesen und Pfarreien eine starke Stellung. Für diese Zugeständnisse seitens der Befürworter einer katholischen Jugendarbeit in der Tradition der Weimarer Zeit mußten die Verfechter einer Jugendarbeit, die anknüpfen sollte an die Erfahrungen während der NS-Zeit, hinnehmen, daß die Vielfalt der Verbände wieder aufblühte und zentrale Strukturen entstanden sind. Auch leidet die religiöse Dichte, die Rückbesinnung auf die Bibel und die Sakramente, wie sie für die katholische Jugendarbeit im Nationalsozialismus kennzeichnend war, unter der Menge der Mitglieder in einem Massenverband wie dem BDKJ zwangsläufig.

Als eigentlichen Vater des Bundes der Deutschen Katholischen Jugend hat Martin Schwab Prälat Ludwig Wolker, den ersten Bundespräses für die Mannesjugend im

55 Zur Entstehungsgeschichte des BDKJ vgl. Rommerskirchen: Neuorganisation, S. 33–37; Schwab, S. 33–37.

56 Schwab, S. 36.

BDKJ, ausgemacht.[57] Dieser Einschätzung kann die frühere Bundesführerin Heidi Carl-Neisinger nur zustimmen: „Ohne Ludwig Wolker ist das Werden des Bundes der Deutschen Katholischen Jugend nicht denkbar."[58] In der Tat setzte sich Wolker mit seinen Vorstellungen hinsichtlich der Gründung eines Dachverbandes für die organisierte katholische Jugend Deutschlands, wie er sie bereits Ende Juli 1945 formuliert hatte, durch: Beibehaltung der Einheit der katholischen Jugendarbeit aus der Zeit nach 1933 mit einer engen Bindung an die Kirche im Sinne des kirchenorganischen Aufbaus, Ablehnung einer Wiederbelebung des Verbandswesens der Weimarer Zeit, aber keine Beschränkung auf eine rein religiöse Arbeit, Forderung nach mehr Raum für die Laien im Sinne des Diakonates des Jungführers und einer engen Zusammenarbeit von Frauenjugend und Mannesjugend in einer Organisation.[59]

Mit Wolker sollte Heinrich Köppler in der Bundesführung nicht mehr zusammenarbeiten, da dieser nur wenige Monate vor der Wahl Köpplers an die Spitze des BDKJ im November 1952 von seinen Ämtern als Leiter der Bischöflichen Hauptstelle für die Katholische Jugendseelsorge und Bundespräses des BDKJ abberufen worden war.

Daß Köppler einmal zum „Oberhäuptling"[60] der katholischen Jugend in Deutschland gewählt werden würde, war im Sommer 1945 nicht abzusehen, als er aus amerikanischer Kriegsgefangenschaft heimkehrte. Zunächst verdingte er sich als Hilfsarbeiter in der Landwirtschaft.[61] Über welchen Zeitraum er dieser Tätigkeit nachging und wie die tägliche Arbeitszeit aussah, ist heute nicht mehr festzustellen. Er muß allerdings über Freiräume verfügt haben, die es ihm – das Ziel einer juristischen Ausbildung vor Augen – erlaubten, bis zur Eröffnung der Universität Erlangen im Dezember 1945 am Amtsgericht Wiesbaden zu hospitieren[62], an dem sein durch die NS-Zeit nicht belasteter Vater auch nach 1945 tätig war.[63] Daß er seine juristische Ausbildung nicht an einer ortsnahen Universität begann, sondern zum Studium nach Erlangen ging, wo er sich am 9. Januar 1946 als Student der Rechte immatrikulierte[64], ist damit zu erklären, daß er „keine regelrechte Abiturprüfung"[65] abgelegt hatte. Sein Abgangszeugnis enthielt lediglich einen Reifevermerk, der nicht zum Studium an allen Hochschulen in Deutschland berechtigte.[66] Daher besuchte er während seines Studiums in Erlangen einen für Inhaber

57 Ebd., S. 37.
58 Carl-Neisinger, S. 54.
59 Schwab, S. 27f.
60 Köppler 2, S. 13.
61 Köppler 1, S. 17.
62 Handschriftlicher Lebenslauf Heinrich Köpplers vom 26.8.1946, in: Privatarchiv Franz Josef Köppler.
63 Walter Henkels: „Bendas rechte Hand. Bonner Köpfe: Heinrich Köppler". In: FAZ vom 17.4.1968.
64 Schriftliche Auskunft des Archivs der Friedrich-Alexander-Universität Erlangen-Nürnberg vom 22.12.2003.
65 Köppler 2, S. 50.
66 Zeitzeugengespräche mit Heinz Josef Massenkeil (27.4.2004) und Günther Massenkeil (3.6.2004).

eines Reifevermerks eingerichteten Förderungskurs, durch den er die Qualifikation der allgemeinen Hochschulreife erwarb.[67] Dadurch wurde ihm ein Wechsel an die Johannes-Gutenberg-Universität in Mainz möglich, an der er ab dem Wintersemester 1946/47 sein Jurastudium fortsetzte.[68]

Erst mit dem Wechsel nach Mainz konnte Köppler Führungsaufgaben in der katholischen Jugendarbeit Wiesbadens wahrnehmen. Daß er seine Mitarbeit in der katholischen Jugend „nur sehr ungern wieder aufgeben" würde, führte er denn auch als einen Grund für seinen Studienortwechsel an.[69] Daneben nannte er handfeste materielle Gründe. Ein Studium in Mainz erlaube es ihm, „im Elternhaus [zu] wohnen und damit die finanziellen Schwierigkeiten sowie die Fragen der Wohnung und Ernährung, die ein weiteres Studium in Erlangen mit sich bringt, [zu] umgehen". Schließlich verwies er auf die familiäre Situation, die ein Studium in der Nähe des Wohnortes seiner „gesundheitlich sehr geschwächten Eltern", die „meiner Hilfe dringend bedürfen", erforderlich mache.[70]

Für sein Engagement in der katholischen Jugendarbeit fand er günstige Bedingungen vor. In den ersten Nachkriegsjahren war die religiöse Empfänglichkeit und Ansprechbarkeit groß, was die große Teilnahme an Jugendwallfahrten und religiösen Jugendkundgebungen zeigte. Zweifellos gab es „ein gewisses Nachholbedürfnis ..., endlich wieder ungehindert tun zu können, was vorher nur unter Schwierigkeiten möglich oder verboten war"[71]. In der amerikanischen Besatzungszone, in der auch Wiesbaden lag, waren Jugendgruppen bereits 1945 wieder zugelassen.[72] Voraussetzung für die Erteilung einer Lizenz war das Erziehungsziel Demokratie. Diesem Ziel diente auch das bereits erwähnte Referat über „Staatsformen", das Köppler im Oktober 1946 im Pfarrhaus seiner Wiesbadener Pfarrgemeinde „Maria Hilf" vor der sog. Jungen Mannschaft, der Gruppe der 20 bis 30 Jahre alten aktiven Gemeindemitglieder, hielt.[73] Aus heutiger Sicht handelt es sich hierbei um ein Grundlagenreferat, wie es in der politischen Bildungsarbeit verwendet wird. Ausgangspunkt seiner Ausführungen war ein knapper, als kursorisch zu bezeichnender Überblick über die „historische Entwicklung der Staatsformenlehre". Unter Berufung auf Aristoteles nannte er als Staatsformen bzw. Verfassungsgrundtypen das Königtum, die Aristokratie und die Politeia sowie als „Entartungsformen" die Tyrannis, die Oligarchie und die Ochlokratie. Weiterhin streifte er in diesem einer Einleitung ähnlichen Abschnitt Cicero, Machiavelli und Montesquieu. Im Zentrum des Referats stand der Vergleich zwischen Monarchie und Republik. Bei der

---

67 Handschriftlicher Lebenslauf Heinrich Köpplers vom 26.8.1946, in: Privatarchiv Franz Josef Köppler.

68 Anmeldung Heinrich Köpplers zur Immatrikulation an der Johannes-Gutenberg-Universität Mainz vom 31.10.1946, in: Privatarchiv Franz Josef Köppler.

69 Handschriftlicher Lebenslauf Heinrich Köpplers vom 26.8.1946, in: Privatarchiv Franz Josef Köppler.

70 Ebd.

71 Schwab, S. 14.

72 Ebd., S. 21.

73 Zeitzeugengespräch mit Heinz Josef Massenkeil (27.4.2004).

Vorstellung der monarchischen Staatsform differenzierte er zwischen der absoluten Monarchie („Sie ist die ursprüngliche und natürliche Form der Monarchie. Die volle Staatsgewalt liegt ungeteilt beim Monarchen.") und der beschränkten Monarchie, die er wiederum in den Typ der ständischen Monarchie („Kennzeichen der ständischen Monarchie ist der Dualismus der Staatsgewalt"), der konstitutionellen Monarchie („Das Schwergewicht der Staatsgewalt liegt beim Monarchen") und der parlamentarischen Monarchie („Das Schwergewicht der Staatsgewalt liegt bei der Volksvertretung") unterteilte. Interessant ist seine Zuordnung der Sowjetunion zum Typ der absoluten Monarchie. Er qualifizierte sie als „oligarchischen Absolutismus". Bei den Republiken unterschied er zwischen aristokratischen Republiken, die der Geschichte angehörten wie die Hansestädte, und demokratischen Republiken, die heute die Regel seien. Die Demokratie sei zumeist mittelbar, also eine parlamentarische Demokratie. Bei der präsidentiellen Demokratie müsse unterschieden werden zwischen einer selbständigen Präsidentschaft mit strenger Gewaltenteilung wie in den USA und einer unselbständigen Präsidentschaft in Abhängigkeit vom Parlament wie in Frankreich.

Mit diesem Vortrag steigerte Köppler seine Bekanntheit unter den Jugendlichen Wiesbadens, befanden sich doch unter den Zuhörern auch Jugendliche bzw. junge Männer anderer Pfarrgemeinden der Stadt. Aufmerksamkeit über die Grenzen seiner Heimatgemeinde „Maria Hilf" hinaus hatte er bereits wenige Wochen zuvor erlangt. Auf dem ersten Diözesansportfest am 29. September 1946 in Wiesbaden brillierte er als Stadionsprecher.[74] „Der Ansager Heinrich Köppler, schon erstaunlich routiniert wirkend, versetzte die Zuschauer in Stimmung und entfachte ihre Aufmerksamkeit", heißt es in einem Bericht über diese Sportveranstaltung.[75] Der Weg zu seiner Wahl als Stadtjugendführer der katholischen Mannesjugend Wiesbadens war geebnet. Aufgrund der angesprochenen Quellenlage läßt sich heute nicht mehr rekonstruieren, wie es im Oktober 1946 zu seiner Wahl kam, ob es etwa Gegenkandidaten gab usw. Die Übernahme von Verantwortung in der Jugendarbeit, insbesondere die politische Bildungsarbeit unter Jugendlichen, empfand er als Verpflichtung: „Wir haben ja als Kinder, als Jugendliche noch das Ende der Weimarer Zeit miterlebt. Wir haben die Nazizeit erlitten. Wir sind aus dem Krieg zurückgekommen, und wir haben uns geschworen, daß wir einen neuen und besseren Versuch des Aufbaus einer freiheitlichen Ordnung, einer freiheitlichen Demokratie und einer Ordnung, in der soziale Gerechtigkeit eine wichtige Leitlinie darstellt, schaffen. ... Es war ja sicher nicht so, daß nur in der Parteipolitik nach 1945 aufgebaut wurde, sondern daß damals die Jugendverbände eine ganz entscheidende Bedeutung für den Neuanfang und für unsere demokratische Gesellschaft hatten."[76]

Als Stadtjugendführer sah er sich also in einem politischen Amt, dessen Ausübung ihm neben seinem juristischen Studium keine Zeit mehr ließ für ein parteipolitisches

74 Zeitzeugengespräche mit Heinz Josef Massenkeil (27.4.2004) und Elisabeth Gies (1.5.2004).

75 Wolfgang Massenkeil: Eine Pionierleistung: Das erste Diözesansportfest 1946 in Wiesbaden, o.O. o.J., in: Privatarchiv Heinz Josef Massenkeil.

76 Köppler 2, S. 9f.

Engagement in der CDU, der er 1946 beitrat.[77] Als Mitglied der hessischen CDU gehörte er einer „heterogenen Partei" an, „die nicht eindeutig einem Links-Rechts-Schema einzuordnen war."[78] Das politische Spektrum reichte von konservativen Gruppen, die ihre Heimat vor allem im nordhessischen Raum hatten, bis zu Anhängern der Idee eines Sozialismus aus christlicher Verantwortung, die insbesondere in Frankfurt am Main anzutreffen waren.[79] Auch in der CDU Wiesbadens, die zu den mitgliederstärksten Kreisverbänden der hessischen CDU zählte[80], gingen die Meinungen über die inhaltliche Ausgestaltung der Partei, insbesondere über den wirtschaftspolitischen Kurs, auseinander.[81] Innerhalb der Landespartei konnte sich zunächst der „linke Flügel" um den Landesvorsitzenden Werner Hilpert, den Exponenten der Vorstellung eines „Christlichen Sozialismus", durchsetzen.[82] Welche Position der junge Heinrich Köppler in der Diskussion über die programmatische Ausrichtung der hessischen CDU einnahm, ist nicht bekannt; Stellungnahmen von ihm hierzu sind nicht überliefert. Sein Standort innerhalb der CDU, den er selbst als „links von der Mitte" beschrieben hat[83], spricht dafür, daß er mit den von dem „linken Flügel" der hessischen CDU vertretenen Positionen sympathisiert haben könnte. Weitere Indizien hierfür sind die Zugehörigkeit zur Arbeitnehmergruppe der CDU/CSU-Fraktion während seiner Zeit im Bundestag[84] und die Mitgliedschaft in der Deutschen Angestellten-Gewerkschaft[85].

Die Mitgliedschaft in einer Gewerkschaft verband ihn mit seinem jüngeren Bruder Franz Josef, der parteipolitisch in eine andere Richtung marschierte. Über die Gewerkschaftsbewegung kam Franz Josef Köppler zur Sozialdemokratie.[86] Er arbeitete hauptberuflich für die Gewerkschaft Handel, Banken und Versicherungen und engagierte sich ehrenamtlich für die SPD in der Kommunalpolitik. Daß sie unterschiedlichen Parteien angehörten, führte zu keinen Verwerfungen in der Familie Köppler; das gute Verhältnis zwischen Heinrich und Franz Josef Köppler wurde dadurch nicht getrübt.[87] Wann immer Franz Josef Köppler in den 1970er Jahren die Zentrale seiner Gewerkschaft in Düsseldorf aufsuchte, besuchte er stets seinen Bruder Heinrich, bei dem er in der Regel übernachtete.

---

77 „Zu-Protokoll-Gespräch" Karl Fischers mit Heinrich Köppler, 21.4.1977, S. 1, in: LTA NRW Biographisches Kompendium A 0208/406.

78 Rüschenschmidt, S. 219.

79 Ebd.

80 Ebd., S. 79.

81 Ebd., S. 78.

82 Ebd., S. 300–312.

83 Köppler 1, S. 46f.

84 Köppler 2, S. 54.

85 Ebd., S. 52.

86 Vgl. Köppler 1, S. 18–20; Zeitzeugengespräche mit Franz Josef Köppler (8.11.2003) und Josef Schneider (31.7.2004); Giselher Schmidt: „Links geboren, links geblieben. Gewerkschaftssekretär, SPD-Mitglied: F. J. Köppler". In: „Kölner Stadt-Anzeiger" vom 8./9.4.1978.

87 Vgl. Zeitzeugengespräch mit Franz Josef Köppler (8.11.2003); Köppler 1, S. 19.

Düsseldorf lag 1946/47 außerhalb der Wahrnehmung Heinrich Köpplers; die Stadt am Niederrhein, in der britischen Besatzungszone gelegen, war für ihn zu diesem Zeitpunkt weit weg. Sein Lebensmittelpunkt war die hessische Landeshauptstadt Wiesbaden. Die freie Zeit, die ihm als Jurastudent zur Verfügung stand, investierte er in die katholische Jugendarbeit seiner Heimatstadt. Als Stadtjugendführer zeigte er Organisationstalent – eine Gabe, die unter den schwierigen Bedingungen der ersten Nachkriegsjahre besonders gefragt war.[88] Auch fiel seine Fähigkeit auf, Jugendliche im besten Sinne des Wortes zu führen, sie für eine Mitarbeit im kirchlichen Raum zu begeistern, zu motivieren.[89] Und schließlich war bereits in diesem Amt zu beobachten, was später den Bundesführer des BDKJ sowie den Generalsekretär des ZdK auszeichnen sollte: ein selbstbewußtes Auftreten als katholischer Laie gegenüber der Geistlichkeit.[90] Mit den Worten „voller Respekt, aber bestimmt" hat der Zeitzeuge Heinz Josef Massenkeil das Auftreten des Stadtjugendführers Köppler gegenüber der Geistlichkeit beschrieben.[91]

Das Amt des Stadtjugendführers füllte er bis zum Oktober 1947 aus. Examensvorbereitungen zwangen ihn zur Amtsaufgabe.[92] Vor dem Landesprüfungsamt für Juristen des Landes Rheinland-Pfalz legte er am 16. Oktober 1948 die Erste juristische Staatsprüfung erfolgreich ab.[93] Nach dem Referendarexamen in Mainz war er zunächst für kurze Zeit als deutscher Berater für Jugendarbeit bei der amerikanischen Militärregierung in Hessen tätig[94], ehe er mit dem 1. Januar 1949 als Assistent des Rechtsausschusses beim Wirtschaftsrat der Bizone in Frankfurt am Main Beschäftigung fand.[95] Vorsitzender des Rechtsausschusses und damit sein Chef war der spätere SPD-Bundestagsabgeordnete Adolf Arndt.[96] Ihre Wege sollten sich in den folgenden Jahren noch mehrmals kreuzen. Zwischen dem Christdemokraten und dem Sozialdemokraten entwickelte sich eine von hohem gegenseitigen Respekt gekennzeichnete Beziehung. In dem Gespräch mit Paul Rohde sang Köppler ein Loblied auf Adolf Arndt: „Durch die enge Zusammenarbeit habe ich vieles von ihm gelernt, und ich hatte auch immer das Gefühl,

---

88 Zeitzeugengespräch mit Josef Schneider (31.7.2004).

89 Zeitzeugengespräche mit Elisabeth Gies (1.5.2004) und Josef Schneider (31.7.2004).

90 Zeitzeugengespräche mit Heinz Josef Massenkeil (27.4.2004) und Elisabeth Gies (1.5.2004).

91 Zeitzeugengespräch mit Heinz Josef Massenkeil (27.04.2004).

92 Ebd.

93 Schriftliche Auskunft des Landesprüfungsamtes für Juristen des Landes Rheinland-Pfalz vom 24.3.2004. Wegen seiner Zulassung als Rechtsreferendar im Land Hessen übersandte das Landesprüfungsamt für Juristen die Prüfungsakten am 7. April 1949 dem Präsidenten des Oberlandesgerichts in Frankfurt am Main. Von dort gelangten sie später in das Justizprüfungsamt des Hessischen Ministeriums für Justiz, wo diese Unterlagen heute nicht mehr aufzufinden sind. Vgl. Schriftliche Auskunft des Justizprüfungsamtes im Hessischen Ministerium der Justiz vom 8.4.2004.

94 Hierzu liegt keine Überlieferung vor. Durch seine Tätigkeit als Stadtjugendführer in Wiesbaden dürfte die amerikanische Militärregierung auf ihn aufmerksam geworden sein. Vgl. Zeitzeugengespräche mit Heinz Josef Massenkeil (27.4.2004) und Elisabeth Gies (1.5.2004).

95 Tabellarischer Lebenslauf Heinrich Köpplers, in: LTA NRW Biographisches Kompendium A 0208/406.

96 Köppler 1, S. 23.

daß er mit persönlichen Ratschlägen an meiner politischen Entwicklung, die doch nicht in seiner Partei verlief, Anteil nahm."[97] Ebenso positiv fiel das Urteil Adolf Arndts über Köppler aus. Sein Sohn Claus erinnerte sich anläßlich des Todes von Heinrich Köppler, „daß mein Vater ihn menschlich wie fachlich als Jurist sehr schätzte: Er hat stets lobend von ihm gesprochen."[98]

Die Stelle als Ausschußassistent beim Wirtschaftsrat der Bizone verdankte Köppler der Fürsprache von Elisabeth Gies, mit der er als Stadtjugendführer eng und vertrauensvoll zusammengearbeitet hatte.[99] Gies bekleidete von 1945 bis 1949 das Amt der Stadtjugendführerin der katholischen Frauenjugend Wiesbadens. Sie war Mitarbeiterin von Erich Köhler, dem Präsidenten des Wirtschaftsrates der Bizone, dem sie Köppler empfahl.[100] Mit Köhler ging er nach der Bundestagswahl im September 1949 nach Bonn. An der Vorbereitung und Durchführung dieser Wahl war er unmittelbar beteiligt. Da es noch keine Bundesinstitutionen gab, lag die Organisation der Wahl bei den Ländern, konkret beim Büro der Ministerpräsidentenkonferenz in Wiesbaden, wohin Köppler vom Wirtschaftsrat abgeordnet wurde.[101] Damit saß er in der „Schaltstelle der Bundestagswahlvorbereitung"[102]. Sein Engagement im ersten Bundestagswahlkampf blieb nicht auf diese amtliche Tätigkeit beschränkt. Als junges CDU-Mitglied habe er sich natürlich auch „parteipolitisch im Wahlkampf getummelt", erinnerte sich Köppler fast drei Jahrzehnte später im Gespräch mit Karl Fischer.[103] Dabei erlebte er seine erste Versammlung mit Konrad Adenauer, dem Vorsitzenden der CDU in der britischen Zone, dem er mit einer gewissen Zurückhaltung begegnete. Köppler gehörte ja einem Landesverband an, der zum damaligen Zeitpunkt innerhalb der CDU politisch „links" eingeordnet wurde. In entscheidenden politischen Fragen nahmen die hessische CDU um ihren Landesvorsitzenden Werner Hilpert und die CDU in der britischen Zone mit Konrad Adenauer an der Spitze unterschiedliche Positionen ein, was sich bereits im Vorfeld der Bundestagswahl gezeigt hatte und auch nach der Wahl bei der Bildung der ersten Bun-

---

97 Ebd.

98 Kopie eines handschriftlichen Schreibens von Claus Arndt an den CDU-Bundesvorsitzenden Helmut Kohl vom 21.4.1980, in: HStAD RW 360–254.

99 Zeitzeugengespräch mit Elisabeth Gies (1.5.2004).

100 Zeitzeugengespräch mit Elisabeth Gies (1.5.2004): „Im Spätherbst 1948 nahm ich an einem Gespräch zwischen Dr. Köhler und Dr. Dörr, dem Direktor der Hauptverwaltung, teil, in dem u.a. die Besetzung der Stelle eines Assistenten für den Rechtsausschuß erörtert wurde. Man suchte einen jungen Juristen. Plötzlich fragte mich Dr. Köhler, der von meinem Engagement in der katholischen Jugendarbeit wußte, ob es nicht unter unseren jungen Leuten einen fähigen Juristen gebe. Ich bejahte die Frage und empfahl Heini [so wurde Köppler in der Katholischen Jugend gerufen]. Dieser war natürlich interessiert und nach einem ausführlichen Gespräch mit Dr. Köhler stand seiner Anstellung beim Wirtschaftsrat nichts mehr im Wege.

101 „Zu-Protokoll-Gespräch" Karl Fischers mit Heinrich Köppler, 21.4.1977, S. 3, in: LTA NRW Biographisches Kompendium A 0208/406.

102 Ebd. .

103 „Zu-Protokoll-Gespräch" Karl Fischers mit Heinrich Köppler, 28.7.1978, S. 15, in: LTA NRW Biographisches Kompendium A 0208/406.

desregierung deutlich wurde.[104] Bekanntlich verfocht die Mehrheit in der hessischen CDU die Idee eines „Christlichen Sozialismus", dem die CDU in der britischen Zone das Konzept der „Sozialen Marktwirtschaft" entgegenstellte, wie es in den „Düsseldorfer Leitsätzen" ausformuliert worden war. Ein weiterer Streitpunkt war die Koalitionsfrage, in der Hilpert nach hessischem Vorbild für ein Regierungsbündnis mit der SPD plädierte, was Adenauer entschieden ablehnte, der mit Nachdruck für ein Bündnis der nichtsozialistischen Parteien auf der Bundesebene warb. Schließlich führte die Hauptstadtfrage, die Frage also, ob Bonn oder Frankfurt am Main Sitz von Parlament und Regierung sein sollte, zu heftigen Auseinandersetzungen.

Die Zugehörigkeit zum hessischen Landesverband der CDU mag ein Grund dafür gewesen sein, daß Köppler den Politiker Adenauer zunächst skeptisch beurteilte. Er hielt ihn für eine Übergangslösung. Das Auftreten Adenauers, insbesondere seine Rhetorik, entsprach so gar nicht Köpplers „Vorstellungen eines nach vorn stürmenden Parteiführers"[105]. Für ihn war Adenauer im Spätsommer 1949 „ein älterer Herr, der noch einmal aus seiner Weimarer Erfahrung Übergangshilfe in eine neue politische Ära gibt"[106]. Daß es sich bei Konrad Adenauer als Bundeskanzler um keine Übergangslösung handelte, stellte Köppler innerhalb kürzester Zeit fest. Nach der Bundestagswahl vom 14. August 1949 ernannte ihn Erich Köhler, der zum ersten Bundestagspräsidenten gewählt wurde, zu seinem Persönlichen Referenten.[107] In dieser Funktion konnte er den ersten Bundeskanzler aus nächster Nähe beobachten, „und da hat er mir dann von Woche zu Woche immer mehr imponiert", bekannte Köppler rückblickend.[108] Die Zielstrebigkeit und auch Schlitzohrigkeit Adenauers beeindruckten ihn besonders.[109] Persönliche Verbindungen zu Adenauer gab es zu diesem Zeitpunkt nicht; engere Kontakte ergaben sich erst in den 1960er Jahren, als Köppler im ZdK das Amt des Generalsekretärs ausübte.

Nicht zuletzt die ausführlichen Gespräche, die er Mitte der 1960er Jahre mit ihm führen durfte, verstärkten bei Köppler den Eindruck, „daß es sich bei Adenauer um eine einmalige große politische Persönlichkeit handelte"[110]. Als herausragende Beispiele seiner Politik als Bundeskanzler hat Köppler das außenpolitische Konzept der Westin-

---

104 Vgl. Rüschenschmidt, S. 473–488.

105 „Zu-Protokoll-Gespräch" Karl Fischers mit Heinrich Köppler, 28.7.1978, S. 16, in: LTA NRW Biographisches Kompendium A 0208/406.

106 Köppler 1, S. 25.

107 Die Quellenlage erlaubt keine Aussage zu den Hintergründen seiner Berufung. Sein sicheres, korrektes Auftreten, sein umgängliches Wesen und die Fähigkeit, auf Menschen zugehen zu können, gaben nach Einschätzung von Elisabeth Gies den Ausschlag für die Entscheidung Köhlers, Köppler zu seinem Persönlichen Referenten zu machen. Gies war ab 1949 in der Bundestagsverwaltung beschäftigt, zunächst im Büro des Bundestagspräsidenten. Vgl. Zeitzeugengespräch mit Elisabeth Gies (1.5.2004).

108 Köppler 1, S. 26.

109 „Zu-Protokoll-Gespräch" Karl Fischers mit Heinrich Köppler, 28.7.1978, S. 16, in: LTA NRW Biographisches Kompendium A 0208/406.

110 Köppler 1, S. 26.

tegration und die klaren, auf dem Programm der „Sozialen Marktwirtschaft" basierenden gesellschaftspolitischen Vorstellungen genannt.[111] Das Gesetz zur Montanmitbestimmung sei beispielhaft für Adenauers gesellschaftspolitisches Grundverständnis. Die betriebliche Mitbestimmung in der Montanindustrie habe er sich nicht vom damaligen DGB-Vorsitzenden Hans Böckler abringen lassen müssen. Vielmehr hätten der Bundeskanzler und der Gewerkschaftsvorsitzende hier an einem Strang gezogen. Das erste Mitbestimmungsgesetz in der Geschichte der neuen Bundesrepublik sei ein auf der katholischen Soziallehre aufbauendes partnerschaftliches Alternativkonzept zu Klassenkampfkonzeptionen gewesen. Und die Adenauersche Politik der Westintegration hielt Köppler für „die einzige Rettungsmöglichkeit Gesamtdeutschlands und der Aufrechterhaltung der deutschen Hoffnung in beiden Teilen Deutschlands"[112]. Wie Günter Buchstab in einem Beitrag zum 125. Geburtstag von Konrad Adenauer herausgearbeitet hat, ist es in der Tat diese Politik gewesen, die 1990 die Wiedervereinigung in Freiheit ermöglichte.[113]

Neben seiner Tätigkeit als Persönlicher Referent des Bundestagspräsidenten betreute Köppler in Bonn noch einige Parlamentsausschüsse.[114] Als Ausschußassistent arbeitete er im Innenausschuß, im Jugendausschuß, dessen Vorsitzender – wie an anderer Stelle erwähnt – Franz Josef Strauß war, und im Rechtsausschuß. Auch im Bundestag übernahm Adolf Arndt den Vorsitz im Rechtsausschuß. Nach der Beobachtung von Walter Henkels war Arndt der Mentor von Heinrich Köppler.[115] So war es denn auch der Volljurist Adolf Arndt, der Köppler davon überzeugen konnte, nach Hessen zurückzukehren, um die juristische Ausbildung abzuschließen. Rückblickend ist er Arndt „dankbar dafür [gewesen], daß er mich immer wieder gedrängt hat, die Arbeit in Bonn 1950 aufzugeben und mein Zweites Juristisches Staatsexamen zu machen"[116].

Die Rückkehr von Bonn nach Wiesbaden erleichterte Köppler sein Engagement in der katholischen Jugendarbeit. Die Mitarbeit im kirchlichen Jugendbereich hatte er mit der Niederlegung seines Amtes als Stadtjugendführer in Wiesbaden nicht beendet. Führungsämter bekleidete er aber erst wieder nach dem erfolgreichen Abschluß seines Referendarexamens. Am 23. Januar 1949 war er zum Diözesanjugendführer des Bistums Limburg gewählt worden.[117] Im Hintergrund hatte der damalige Diözesanjugendseelsorger der Mannesjugend im Bistum Limburg, Willy Bokler, die Fäden gezogen, ihn

111 Vgl. „Zu-Protokoll-Gespräch" Karl Fischers mit Heinrich Köppler, 28.7.1978, S. 16–18, in: LTA NRW Biographisches Kompendium A 0208/406.

112 Ebd., S. 16.

113 Vgl. Buchstab.

114 „Zu-Protokoll-Gespräch" Karl Fischers mit Heinrich Köppler, 21.4.1977, S. 2, in: LTA NRW Biographisches Kompendium A 0208/406.

115 Walter Henkels: „Bendas rechte Hand. Bonner Köpfe: Heinrich Köppler". In: FAZ vom 17.4.1968. Mentor im Sinne eines väterlichen Freundes und Ratgebers verstanden, kann Franz Josef Köppler dieser Einschätzung von Walter Henkels zustimmen. Vgl. Zeitzeugengespräch mit Franz Josef Köppler (8.11.2003).

116 Köppler 1, S. 23.

117 Zeitzeugengespräch mit Heinz Josef Massenkeil (27.4.2004).

hatte Köppler als Stadtjugendführer in Wiesbaden kennengelernt.[118] In dieser Zeit arbeiteten sie – Bokler kam mehrmals im Monat nach Wiesbaden – ohne Schwierigkeiten, ja fast schon freundschaftlich zusammen. Nach übereinstimmender Aussage mehrerer Zeitzeugen förderte Bokler nach Kräften Köpplers Laufbahn im kirchlichen Bereich, auch unterstützte er ihn bei seinem Übergang in die aktive Politik.[119]

Während seiner Beschäftigung in Bonn, insbesondere in den Sitzungswochen, konnte Köppler seinen Verpflichtungen als Diözesanjugendführer nur begrenzt nachkommen, was sich mit seiner Rückkehr nach Wiesbaden ändern sollte. Fortan engagierte er sich auch auf der Bundesebene des BDKJ; als Diözesanjugendführer war er Mitglied der Hauptversammlung. Die Mitglieder des neu gegründeten Ausschusses für Jugendrecht und Jugendpolitik wählten ihn auf ihrer konstituierenden Sitzung im November 1950 zu ihrem Vorsitzenden.[120] Die Laienführerschaft des BDKJ hatte die Einrichtung eines solches Ausschusses auf ihrer Konferenz auf Burg Feuerstein im Juni 1950 beschlossen.[121] Nach der Gründung der Bundesrepublik Deutschland und nach dem Beginn der Gesetzgebungsarbeit des Deutschen Bundestages im Herbst 1949 stand die Notwendigkeit eines solchen Ausschusses innerhalb der Verbände und Gremien des BDKJ außer Frage, galt es doch die Meinung und Vorstellungen der jungen, auf Christus verpflichteten Generation in die Gesetzgebungsarbeit einzubringen. Die Aufgabe des Ausschusses für Jugendrecht und Jugendpolitik besteht darin, die Bundesführung zu beraten in Fragen der Jugendgesetzgebung, in aktuellen, die Jugend betreffenden politischen Angelegenheiten, in Fragen der Planung und Durchführung des allgemeinen sozialen Bildungswerkes des BDKJ sowie in den sich aus der Zusammenarbeit des BDKJ mit anderen Organisationen und Jugendverbänden ergebenden Fragen.[122] Zusammensetzt sich der Ausschuß aus je zwei Vertretern der Länder (je einem der Mannesjugend und einem der Frauenjugend), die die jeweiligen Diözesanführungen benennen, je einem Vertreter der Kolpingjugend, der weiblichen und der männlichen Christlichen Arbeiterjugend, dem Leiter und den Mitgliedern des Sozialamtes des BDKJ und einer beschränkten Anzahl von Fachleuten, die die Bundesführung beruft, sowie Vertretern weiterer Gliedgemeinschaften des BDKJ, die der Ausschuß zur Beratung bestimmter Fragen einlädt. Auf seiner konstituierenden Sitzung beschäftigte sich der Ausschuß insbesondere mit der Erarbeitung von Richtlinien über seine Zusammensetzung, mit seinen Kompetenzen und seinen Aufgaben – Themen, die die Ausschußarbeit in den ersten Sitzungen beherrschten.[123] Daneben galt es, die im Bundestag begonnene Gesetz-

118 Zeitzeugengespräche mit Elisabeth Gies (1.5.2004) und Heinz Josef Massenkeil (27.4.2004).

119 Vgl. Zeitzeugengespräche mit Heinz Josef Massenkeil (27.4.2004), Elisabeth Gies (1.5.2004), Josef Schneider (31.7.2004) und Heinz-Josef Nüchel (6.3.2004).

120 Herbert Klein: Jugendrecht und Jugendpolitik. Ein wichtiger Ausschuß der Hauptversammlung des BDKJ, o.O. 2001, S. 10. Unveröffentlichtes Manuskript, in: ABDKJ, unverzeichnetes Schriftstück.

121 Zur Entstehungsgeschichte des BDKJ-Ausschusses für Jugendrecht und Jugendpolitik vgl. Ebd., S. 4–10.

122 Ebd., S. 9.

123 Ebd., S. 10.

gebungsarbeit zu durchforsten und dabei die den Jugendbereich betreffenden Fragen und Probleme aufzugreifen, zu behandeln und Lösungsvorschläge zu erarbeiten.

Zu den wichtigsten inhaltlichen Fragen, mit denen sich der Ausschuß zunächst befaßte, gehörte das Verhältnis zwischen öffentlicher und freier Jugendpflege.[124] Als öffentliche Jugendpflege definierte der Ausschuß die Jugendpflege des Staates und der Kommunen. Von der Idee der Subsidiarität bestimmt, sollten behördliche Stellen – Staat und Kommunen – sich hauptsächlich der freien Verbände bedienen und nach Möglichkeit nur mittelbar wirksam werden. Ziel war es nicht nur, die Grenzen staatlicher und kommunaler Kompetenzen aufzuzeigen und herauszustellen, sondern auch ein Ordnungsbild für die Tätigkeit öffentlicher Jugendpflege zu erstellen. Dem Staat ordnete der Ausschuß die Aufgabe zu, die Entfaltung der freien Persönlichkeit und der freien Gemeinschaften zu gewährleisten und zu fördern. Aufgabe der öffentlichen Jugendpflege könnte es demgemäß nicht sein, ein System der Jugendarbeit zu schaffen, für die die öffentliche Seite sachlich und geistig Träger sei, sondern vielmehr gelte es, Gelegenheiten zu schaffen, die Trägerschaft freier Kräfte anzuregen, zu fördern und nur im Notfall zu ergänzen oder zu ersetzen. Gegen mancherorts spürbare Tendenzen, freie Träger zu benachteiligen oder zu hemmen, sei höchste Wachsamkeit geboten; vor allem sei es notwendig, die Grenzen der staatlichen Jugendpflege zu beschreiben und die Rechte der freien Jugendpflege darzustellen und zu verteidigen. Einen Ausweg aus dieser immer kritischer werdenden Problemlage sowie eine Klärung und Verbesserung der Situation glaubte man damals in einer Verankerung der Arbeit des Jugendpflegers in der vorgesehenen Neufassung des Reichsjugendwohlfahrtsgesetzes zu sehen, in dem die Jugendpflege zur Pflichtaufgabe erklärt werden müsse. Mit der Novellierung des Reichsjugendwohlfahrtsgesetzes beschäftigte sich der Ausschuß über die Amtszeit Köpplers hinaus, die im November 1952 endete, weil in der Zentrale des Bundes der Deutschen Katholischen Jugend in Haus Altenberg neue Aufgaben auf ihn warteten. Anfang Mai 1952 war er noch in seiner Funktion als Vorsitzender des Ausschusses für Jugendrecht und Jugendpolitik bestätigt worden,[125] was auf eine allgemeine Zufriedenheit mit seiner Amtsführung schließen läßt.

124 Ebd., S. 14f.
125 Ebd., S. 20.

II. Bundesführer des Bundes der Deutschen Katholischen Jugend (1952–1956)

1. Ein schwieriger Anfang

Am 12. November 1952 wurde Heinrich Köppler auf der Hauptversammlung des Bundes der Deutschen Katholischen Jugend als Nachfolger von Josef Rommerskirchen zum Bundesführer der Mannesjugend gewählt.[1] Von 33 wahlberechtigten Mitgliedern stimmten 31für ihn, zwei Mitglieder der Hauptversammlung enthielten sich der Stimme. In einer kurzen Ansprache würdigte Bundespräses Willy Bokler die Persönlichkeit Köpplers und erwähnte dabei seine Verdienste in früheren Ämtern, die ihm Vertrauen und große Achtung im Bund und in der Außenvertretung eingebracht hätten. Von daher konnte das Votum für Köppler, der seit seiner Wahl zum Diözesanjugendführer im Bistum Limburg und seiner Berufung zum Vorsitzenden des Ausschusses für Jugendrecht und Jugendpolitik innerhalb des BDKJ kein unbeschriebenes Blatt mehr war, keine große Überraschung darstellen. „Die überzeugenden Leistungen allenthalben führten Ende 1952 ... zu seiner Wahl als Bundesführer", kommentiert Josef Rommerskirchen rückblickend die Entscheidung für Köppler.[2] Überzeugende Leistungen erbrachte Köppler auch in der von Bokler angesprochenen Außenvertretung der Katholischen Jugend, hier lag „seine große Stärke"[3].

Als Vertreter der Katholischen Jugend hatte er sich in den zurückliegenden drei Jahren auf der Ebene des Deutschen Bundesjugendringes, dem Dachverband der Jugendorganisationen in Deutschland, einen Namen gemacht. Bereits auf der Gründungsversammlung des Bundesjugendringes Anfang Oktober 1949 in Altenberg, an der er als Gast teilgenommen hatte, war Köppler in Erscheinung getreten.[4] In der Diskussion über den Status der Landesjugendringe zählte er seinerzeit zu den Befürwortern eines Stimmrechts für die Landesjugendringe, die sich mit ihren Argumenten durchsetzten, so daß die Landesjugendringe gleichberechtigte Mitglieder in der Vollversammlung des Deutschen Bundesjugendringes sind.[5]

---

1 Vgl. Protokoll der Hauptversammlung des BDKJ vom 10.–14.11.1952, in: ABDKJ A 526.

2 ROMMERSKIRCHEN: Neuorganisation, S. 43.

3 Zeitzeugengespräch mit Heinz Josef Massenkeil (27.4.2004). In gleicher Weise äußerten sich Felix Raabe (15.4.2004) und Elisabeth Gies (1.5.2004).

4 Zur Altenberger Gründungsversammlung des DBJR vom 1.–3.10.1949 vgl. BUNDESJUGENDRING, S. 206–235.

5 EBD., S. 209–211. Die Befürworter argumentierten vor allem mit dem föderalistischen Aufbau der Bundesrepublik Deutschland, der auch im Bundesjugendring zum Tragen kommen müsse, und der Notwendigkeit, allen Jugendorganisationen im Bundesjugendring Gehör zu verschaffen, auch den kleinen Verbänden, was durch ein Stimmrecht für die Landesjugendringe gewährleistet werde. Nicht übersehen werden dürfe auch der pädagogische Effekt, die Erziehung zu politischer Verantwortung. Um eine Stimme abgeben zu können, müßten die

Über den Kreis der Jugendorganisationen hinaus war Köppler im September 1952 und damit nur wenige Wochen vor seiner Wahl zum neuen Bundesführer Aufmerksamkeit zuteil geworden. Im Rahmen der Auftaktveranstaltung zur „Woche der Jugend", die der Deutsche Bundesjugendring im Rahmen seiner bundesweiten Aktionen durchführte, trat er in der Frankfurter Paulskirche als Redner auf.[6] Die Kundgebung in der Paulskirche bildete den Abschluß einer zweitägigen Veranstaltung, die am 20. September 1952 mit der Erörterung jugendpolitischer Fragen in sieben Arbeitskreisen begonnen hatte.[7] Köppler arbeitete in dem Arbeitskreis „Jugendgesetzgebung" mit, als dessen Sprecher er in der Paulskirche auftrat. Über die Veranstaltung in der Frankfurter Paulskirche berichteten rund 80 Zeitungen aus allen Teilen des Bundesgebietes, unter denen sich ein größerer Teil der überregionalen Tageszeitungen befand.[8] Eröffnet wurde die Kundgebung mit Ansprachen des Präsidenten des Deutschen Bundestages, Hermann Ehlers, und des Vorsitzenden des Deutschen Bundesjugendringes, Willi Ginhold von der Gewerkschaftsjugend. Als Sprecher seines Arbeitskreises standen Köppler 10 Minuten zur Verfügung, um die Ergebnisse der Beratungen zu aktuellen Fragen der Jugendgesetzgebung vorzutragen. Daß der Schutz der Jugend „nicht nur mit Schutzgesetzen" erreicht werden könne, sondern daß „vor allem positive Maßnahmen auf sozialem und pädagogischem Gebiet" notwendig seien, formulierte er als die zentrale Aussage der Beratungen im Arbeitskreis „Jugendgesetzgebung".[9] Seine Ausführungen zeichneten sich durch eine klare, unmißverständliche Sprache aus. So appellierte er abschließend an die Gesetzgeber in Bund und Ländern, „in allen die Jugend berührenden Gesetzen die Jugendlichen nicht als Objekte staatlicher Maßnahmen zu betrachten, sondern sie vielmehr als Persönlichkeiten zu werten und ihre guten Anlagen zu fördern"[10].

Seinen Aufstieg an die Spitze des BDKJ verdankte Köppler nicht allein seinen Leistungen, Fähigkeiten und Gaben, sondern auch der Förderung durch führende Vertreter der Katholischen Jugendarbeit. Neben Willy Bokler, der im August 1952 Ludwig Wolker als Bundespräses der Mannesjugend abgelöst hatte, ist hier Josef Rommerskirchen zu nennen, der einflußreichste Vertreter der Katholischen Jugend Ende der 1940er / Anfang der 1950er Jahre. Rommerskirchen und Köppler kannten und schätzten sich seit

---

Delegierten der einzelnen Verbände einen Kompromiß schließen. Gerade dies hielten die Gegner eines Stimmrechts angesichts der vielen verschiedenartigen Verbände eines Landesjugendringes für nicht möglich. Den Landesjugendringen wollten sie lediglich ein beratendes Stimmrecht einräumen. Sie hielten dies für angemessen, da nicht die Landesjugendringe, sondern die einzelnen Jugendverbände die tragende Rolle in der Jugendarbeit spielten.

6 Vgl. Protokoll über die Eröffnungsveranstaltung zur „Woche der Jugend" am 21.9.1952 in der Frankfurter Paulskirche, in: ABDKJ A 2059.

7 Zum Programm der Frankfurter Auftaktveranstaltung zur „Woche der Jugend" vgl. Protokoll über die Sitzung des Geschäftsführenden Ausschusses des DBJR vom 23.5.1952, TOP 1, in: BA B 268-086.

8 Vgl. Auswertung der „Woche der Jugend" durch den Zeitungsausschnitt-Dienst der Geschäftsstelle des DBJR, ebd.

9 Protokoll über die Eröffnungsveranstaltung zur „Woche der Jugend" am 21.9.1952 in der Frankfurter Paulskirche, S. 21, in: ABDKJ A 2059.

10 Ebd., S. 22.

1949, als Köppler zum Diözesanjugendführer im Bistum Limburg gewählt worden war und sich dadurch, qua Amt, eine engere Zusammenarbeit zwischen ihm und Bundesführer Rommerskirchen ergab.[11]

Schließlich dürfte bei Köpplers Wahl zum Bundesführer eine Rolle gespielt haben, daß er mit seiner Mitgliedschaft in der CDU über das „richtige Parteibuch" verfügte, steht doch der BDKJ den Unionsparteien politisch nahe.[12]

Nach seiner Wahl zum neuen Bundesführer der Mannesjugend im BDKJ dankte Köppler für das ihm entgegengebrachte Vertrauen und erklärte, daß ihm die Einheit des Bundes ein großes Anliegen sei.[13] Er wolle sein Amt in enger Zusammenarbeit mit den Gliederungen und der Frauenjugend ausüben und setze dabei auf die brüderliche Hilfe durch Bundespräses Willy Bokler und den stellvertretenden Bundesführer Oskar Neisinger. Mit Bokler und Neisinger entwickelte sich in den Jahren der gemeinsamen Zusammenarbeit ein enges Vertrauens- und Freundschaftsverhältnis. Daß diese Freundschaft „nie getrübt" war, obschon es Meinungsverschiedenheiten gab, gegenseitige Kritik geübt wurde und man in Sachfragen gelegentlich unterschiedliche Positionen einnahm, sollte Köppler noch Jahre später als „das schönste Geschenk während meiner Amtszeit" empfinden.[14] Die funktionierende, ja freundschaftliche Zusammenarbeit zwischen Bundesführer und Bundespräses war vor dem Hintergrund der beschriebenen Abberufung von Prälat Wolker im August 1952 nicht selbstverständlich. Hier zeigte sich einmal mehr, daß das Verhältnis zwischen Amtskirche und Laien im Alltag durch die konkret handelnden Personen bestimmt wurde.

Zu der vertrauensvollen Zusammenarbeit innerhalb der Bundesführung trug auch Heidi Carl bei, die seinerzeit das Amt der Bundesführerin der Frauenjugend ausübte. „Echter Teamgeist" habe in jenen Jahren das Zusammenspiel in der Führung des BDKJ ausgezeichnet.[15] Teamgeist war angesichts größerer Probleme, die die neue Bundesführung in ihrem ersten Amtsjahr zu bewältigen hatte, gefragt. Ein Problem entstand zunächst dadurch, daß Köppler seine Tätigkeit hauptamtlich erst im Mai 1953 aufnehmen konnte.[16] Bis zu diesem Zeitpunkt war er durch die Vorbereitungen auf die Große Juri-

---

11 Zeitzeugengespräch mit Heinz Josef Massenkeil (27.4.2004).

12 Vgl. Schwab, S. 65, 81. Die politische Nähe zwischen dem BDKJ und den Unionsparteien zeigte sich in den 1950er Jahren beispielsweise darin, daß wie selbstverständlich ein Vertreter der Jungen Union Deutschlands Mitglied im Wehrausschuß des BDKJ war. Vgl. Protokoll über die Sitzung des Wehrausschusses vom 7.7.1956, in: ABDKJ A 562/31. Dabei handelte es sich in der Regel um den Bundesvorsitzenden der Jungen Union selbst. Vgl. Protokoll über die Sitzung des Wehrausschusses vom 27.9.1955, ebd.

13 Vgl. Protokoll der Hauptversammlung des BDKJ vom 10.–14.11.1952, in: ABDKJ A 526.

14 Schreiben von Heinrich Köppler an Siegfried Baumgartner, Jugendhaus Düsseldorf, vom 2.1.1967, in: HStAD RWV 26-775/2.

15 Carl-Neisinger, S. 58.

16 Tätigkeitsbericht der Hauptstelle Haus Altenberg für die Zeit vom 1.10.1952 bis 1.10.1953, S. 3, in: ABDKJ A 526.

stische Staatsprüfung, die er am 17. April 1953 mit der Note „ausreichend" bestand,[17] gezwungen, die notwendigen Angelegenheiten nebenamtlich von Wiesbaden aus wahrzunehmen.

Erst nach bestandenem Examen konnte er seine ganze Arbeitskraft dem Bund der Deutschen Katholischen Jugend widmen, was auch notwendig war. Zu Beginn ihrer Amtszeit waren Köppler und seine Mitstreiter in der Bundesführung vollauf beschäftigt „mit der Wiederherstellung der Finanzgrundlage für die Hauptstelle des BDKJ"[18]. Der BDKJ steckte in einer tiefen Finanzkrise, verursacht durch den Neubau des Jugendhauses in Düsseldorf. Das Jugendhaus als neuer Sitz der Hauptstelle des BDKJ wurde auf Betreiben Ludwig Wolkers an dem Ort errichtet, an dem vor dem Zweiten Weltkrieg die Zentrale des Jungmännerverbandes gestanden hatte.[19] Als Köppler sein Amt antrat, stand zwar der Neubau des Jugendhauses im Rohbau, seine Fertigstellung, insbesondere seine Finanzierung, sollte der Bundesführung aber noch manche Sorge bereiten. Das Geld ging aus, das Projekt drohte zu einer Bauruine zu werden. Verschiedene Spendenaktionen – zu erwähnen ist vor allem eine Bausteinaktion innerhalb des BDKJ, die die Diözesen und Gliedgemeinschaften des Bundes organisierten – und die weitreichende Unterstützung durch die Bischöfe halfen die Finanzkrise zu überwinden.[20]

So konnte am 2. Februar 1954 das neue Jugendhaus am Carl-Mosterts-Platz in Düsseldorf eingeweiht werden. Es sollte mehr sein als nur der neue Sitz der Hauptstelle des BDKJ, nach den Vorstellungen der Führung im BDKJ „das Zentrum katholischer Jugendarbeit"[21]. Deshalb sollten neben den Stammgruppen von Frauen- und Mannesjugend die einzelnen Gliedgemeinschaften mit ihren Geschäftsstellen in das Jugendhaus einziehen. Auch dadurch wollte Köppler den Zusammenhalt des Bundes festigen. Doch seine diesbezüglichen Bemühungen blieben ohne durchschlagenden Erfolg. Lediglich die Deutsche Pfadfinderschaft St. Georg (DPSG) konnte er zum Einzug in das neue Jugendhaus bewegen – nach langen Verhandlungen freilich, die er nicht vergessen sollte: „Prälat Wolker hatte ihr bei früheren Verhandlungen die kalte Schulter gezeigt und so plante sie den Neubau einer Bundeszentrale in Krefeld. Ich erinnere mich noch gern an meine erste Fahrt in die ‚Höhle der Löwen' nach Krefeld, wo es nach stundenlangen Gesprächen mit [Bundesfeldmeister] Hans Fischer und seinen Freunden gelang, eine neue Vertrauensbasis zu schaffen und die Vereinbarung über den Einzug der Bundeszentrale der DPSG ins Jugendhaus zu treffen."[22]

---

17 Schriftliche Auskunft des Justizprüfungsamtes im Hessischen Ministerium der Justiz vom 8.4.2004.

18 Schreiben von Heinrich Köppler an Anselm Doering-Manteuffel vom 4.4.1979, in: ACDP 01-258-025/1.

19 Schwab, S. 41.

20 Ebd.; Schreiben von Heinrich Köppler an Siegfried Baumgartner, Jugendhaus Düsseldorf, vom 2.1.1967, in: HStAD RWV 26-775/2.

21 Schwab, S. 41.

22 Schreiben von Heinrich Köppler an Siegfried Baumgartner, Jugendhaus Düsseldorf, vom 2.1.1967, in: HStAD RWV 26-775/2.

Der Festigung des Bundes und des Bundesbewußtseins dienten schließlich auch die großen Treffen, an deren Vorbereitung sich die neue Bundesführung unverzüglich heranmachte: das Führerschaftstreffen 1953 in Augsburg und das erste Bundesfest 1954 in Dortmund.

2. Förderung des Bundesbewußtseins: Führerschaftstreffen 1953 in Augsburg und Bundesfest in Dortmund 1954

Pfingsten 1953 fand in Augsburg das erste Deutschlandtreffen der Führerschaft von Mannes- und Frauenjugend im BDKJ statt.[23] Unter dem Motto „Christus – Deutschland – Europa" versammelten sich über 8.000 Jungführerinnen und Jungführer in der Stadt am Lech. Die geistige und religiöse Grundlage des Jungführertums sollten durch das Treffen erarbeitet und sichtbar gemacht werden.[24]

In der katholischen Jugendarbeit kommt der Jungführerin und dem Jungführer eine besondere Bedeutung zu. Sie übernehmen die Aufgabe, den Jugendseelsorger in seiner Arbeit zu unterstützen und für ein religiöses Gemeinschaftsleben in ihrer jeweiligen Jugendgruppe zu sorgen, was ein breites religiöses Wissen voraussetzt.[25] An die Persönlichkeit der Jungführerin und des Jungführers werden „nicht geringe menschliche und religiöse Ansprüche" gestellt.[26] Erwartet wird von ihnen, daß sie ein Leben in christlichem Glauben führen und sich durch Grundhaltungen wie Selbstbeherrschung, Gerechtigkeit, Uneigennützigkeit, Ehrfurcht vor der Autorität anderer, rechter Gebrauch der eigenen Autorität, Herzlichkeit und Taktgefühl auszeichnen. Mit dem Amt der Jungführerin bzw. des Jungführers verbinden sich also hohe Ansprüche, die nach Martin Schwab „manchmal theologisch und pädagogisch überhöht" sind. So soll das Jungführertum „selbstloser Dienst an der Gemeinschaft" sein. Von Anfang an haben sich nicht wenige Jungführerinnen und Jungführer durch diese hohen Ansprüche überfordert gefühlt.[27] Hinzugekommen ist häufig eine zeitliche Überlastung durch verschiedene, gleichzeitig wahrgenommene Ämter und zu anspruchsvolle Bildungsinhalte in den Jahresplänen.

Vor diesem Hintergrund ist die Aufforderung Willy Boklers zu „ernster Besinnung" in seinem Eröffnungsreferat auf dem Deutschlandtreffen der Führerschaft in Augsburg zu sehen.[28] Es sei ernsthaft zu fragen, wo das Jungführertum katholischer Jugend heute stehe: „Ist es wirklich so, daß Bund wird und wächst: weil Jungführerschaft da ist, weil Jungführerschaft brennt, weil Jungführerschaft missionarisch tätig ist, weil Jungführer-

23 Vgl. Dokumentation des Führerschaftstreffens in: Christus – Deutschland – Europa.

24 Aktennotiz vom 9.12.1952 über die Besprechung der Bundesführung zum Pfingsttreffen der Führerschaft, in: ABDKJ A 539.

25 Schwab, S. 50.

26 Ebd., S. 55, auch folgende Zitate.

27 Ebd., S. 56.

28 Wortlaut des Referats von Bokler in: Christus – Deutschland – Europa, S. 6–12.

schaft aus Eigenem plant und drängt und zürnt?"[29] Wenn es nicht so wäre, dann müßte es in den Tagen von Augsburg wieder werden. „Darum laßt uns Besinnung halten", rief der Bundespräses den versammelten Jungführerinnen und Jungführern zu, „ob wirklich Führerschaft den Bund trägt und will und baut." Auch solle Augsburg zur „Erneuerungsstunde des zur Tat entschlossenen Jungführertums" werden. Es bedürfe keiner neuen Treffen und Entschließungen, sondern überzeugender Programme und Aktionen. Daher sollten auch die Planungssitzungen der Führerschaft gekennzeichnet sein durch den Dreitakt: Sehen, Urteilen, Handeln. An dieser Stelle erinnerte Bokler an die Sendung des Jungführertums: „Seit den Tagen der Apostel war Apostolatsgeist noch immer Sache der Sendung und des guten Willens, also der Gnade und der Bereitschaft. Der Sendungsruf ergeht. Aber er muß gehört und als Gnade aufgenommen werden. Gottes Wille ist es, daß das Reich wachse, daß die frohe Botschaft zu jedem Staubgeborenen, zu allen Erdenbürgern komme. ... Es hat keinen Zweck, hier in Augsburg zu sprechen vom Willen zur Gemeinschaft, vom Willen zum Bekenntnis, wenn wir nicht auch den Willen zur todernsten Besinnung haben! Kernfrage unserer Einkehr muß bleiben: Wie kann Gottes Gnade, Gottes Sturm ins Herz der jungen Deutschen kommen? ... Darum, liebe Freunde, muß Augsburg Anfang werden: Anfang eines neuen Lebenswillens der katholischen Jugend, Anfang des lebendigen Bundes."[30]

Der Wunsch Boklers sollte sich erfüllen. Das Führerschaftstreffen von Augsburg spiegelte etwas wider von der Lebendigkeit des Bundes der Deutschen Katholischen Jugend. Die „Süddeutsche Zeitung" zeigte sich in ihrer Ausgabe vom 26. Mai 1953 von dem Verlauf der viertägigen Veranstaltung in der Fugger-Stadt überrascht: „Soviel Aktivität hatte man der Katholischen Jugend denn doch nicht zugetraut."[31]

Nach dem Eröffnungsreferat von Bokler beschäftigten sich die Teilnehmer in 20 Arbeitskreisen mit den Themen Christus, Deutschland, Europa und BDKJ.[32] Während der Bundesführer Köppler zu Fragen des BDKJ Stellung nahm, sprach der aufstrebende Bundestagsabgeordnete Franz Josef Strauß vor einem Kreis von 1.200 Teilnehmern zum Thema „Deutschland und Europa". Den einzelnen Referaten folgte eine ausführliche Aussprache. Am folgenden Tag, dem Pfingstsonntag, hielt der Wiener Professor Otto Mauer das Hauptreferat zum Motto der Augsburger Veranstaltung, in dem er in einer bemerkenswerten Offenheit eine Mitschuld der Christenheit an der Zerstörung Europas bekannte: „Wenn wir heute die Trümmer Europas beseitigen wollen, dann geht es nicht so sehr darum, die Antichristen anzuklagen, sondern es geht darum, daß wir im Namen der europäischen Christenheit selbst ein Schuldbekenntnis, eine confessio und ein confiteor ablegen, daß wir uns selbst bezichtigen, Europa mit zugrunde gerichtet zu haben. ... Bevor wir andere beklagen und anklagen heißt es, selber an die Brust zu schlagen: mea culpa, meine Schuld, meine Schuld, meine übergroße Schuld, daß dieses Europa kaum mehr ein Begriff ist, nur mehr eine geographische Bezeichnung eines

---

29 Ebd., S. 11, auch folgende Zitate.
30 Ebd., S. 12.
31 Zitiert nach Ebd., S. 40.
32 Ebd., S. 13.

Wurmfortsatzes am riesigen asiatischen Kontinent."[33] Aus der Mitschuld der Christenheit an der Zerstörung Europas erwachse der Kirche Verantwortung, weshalb Mauer sie zur missionarischen Rettung der Seelen in Europa aufrief. Diese Aufgabe könne und dürfe aber nicht von der Vorstellung bestimmt sein, „das sakrale Mittelalter" aufrichten zu wollen: „Es geht nicht an, daß wir einen Machttraum träumen, mit Zellenarbeit beginnend und mit großen Massenbewegungen endend, die Demokratie ablösend, daß wir uns das Kommen des Reiches Gottes in Europa so vorstellen, daß wir uns in die Machtapparate setzen und uns zu christlichen Diktatoren machen. Wir müssen vielmehr die Seelen gewinnen, müssen von unten herauf mit demokratischen, überzeugenden Mitteln und Methoden dieses Europa rechristianisieren."[34]

Geistlicher Höhepunkt der Tage von Augsburg war am Abend des Pfingstsamstags die Feierstunde im Dom und der anschließende Schweigemarsch mit Fackeln, der Verbundenheit mit allen unterdrückten Christen zum Ausdruck bringen sollte.[35] Der Fakkelzug durch die Stadt führte zum Elias-Holl-Platz, wo Kardinal Josef Wendel aus München zur nächtlichen Versammlung sprach. Er deutete das Motto „Christus – Deutschland – Europa" als Herausforderung für die katholische Jugend in Deutschland: „Katholische Jugend, es ist Deine Aufgabe und Deine Pflicht, in Deinem Vaterland und Volk Heil zu gründen, Christusliebe zu verbreiten in deutscher Jugend und im deutschen Vaterland. Ein anderes Auge für das Heil unseres Volkes, ein klarerer Blick für die Not unserer Zeit, das ist, was wir fordern müssen. Die Not, die herauswächst aus Wurzellosigkeit. Ihr Führer sollt diese Not sehen, Ihr dürft nicht blind vorübergehen, Ihr müßt sehen, wie dieser Not gesteuert werde, wie Christus werde Heil und Fundament unseres Volkes. Wer Liebe zu Christus hat, dessen Herz schlägt auch für sein Vaterland, aber der sieht auch über die Grenzen seines Vaterlandes hinaus. Wer Liebe zu Christus hat, der weiß um das Wort: Ihr alle, die ihr auf Christus getauft seid, habt Christus angezogen. Ihr seid alle eins in Christus Jesus. Das darf kein totes Wissen sein, sondern muß starkes Leben werden. Und die Getauften leben auch in anderen Ländern und sie alle werden auf Christus getauft, sie haben Christus angezogen und bilden die große Einheit unserer Kirche."[36]

Bei der Abschlußkundgebung am Pfingstmontag zog Köppler in seiner Eigenschaft als Bundesführer ein positives Fazit.[37] Er stellte ein gewachsenes Bundesbewußtsein fest und verwies dabei auf die gute Zusammenarbeit zwischen Stamm und Gliederungen sowie zwischen Mannes- und Frauenjugend. Die Tage von Augsburg hätten gezeigt, daß der Bund der Deutschen Katholischen Jugend Realität sei, daß der Bund nicht nur auf dem Papier stehe, sondern „eine blutvolle und glutvolle Wirklichkeit" geworden sei.[38] Zuvor hatte auch er sich mit dem Motto des Führerschaftstreffens ausein-

33 Ebd., S. 20.
34 Ebd., S. 21.
35 Ebd., S. 15–19.
36 Ebd., S. 19.
37 Ebd., S. 33–37.
38 Ebd., S. 35.

andergesetzt. Katholische Jugend sei „zuerst und zunächst nur Christusjugend“[39]. Sie wisse, daß ihre heilige und höchste Aufgabe darin liege, Christus näherzukommen und als junge Gemeinschaft Christusjugend im deutschen Volke, unter der deutschen Jugend zu gewinnen. In Augsburg seien sie sich darüber klargeworden, resümierte Köppler, „daß dieses Gewinnen von Christusjugend, daß die Erfüllung der Aufgabenstellung der Bundesordnung ‚Es lebe Christus in deutscher Jugend‘, daß wir dies mit neuen Methoden, mit größerer Redlichkeit und größerer Glaubwürdigkeit beginnen müssen, und daß alles Gerede und alles Getue uns da nicht weiterführt und wir diese höchste Aufgabe, die uns gestellt ist, für unsere Brüder und Schwestern im deutschen Volke gestellt ist, nicht erfüllen können, wenn nicht Tat und Beispiel und unermüdliche, redliche Kleinarbeit von uns geleistet werden.“[40]

Diese katholische Jugend sei auch deutsche Jugend, und sie bemühe sich, zur besten Jugend dieses Deutschlands zu gehören. Aus dem Selbstverständnis, „daß wir junges Deutschland sind“, erwachse Verantwortung, und Verantwortung habe Konsequenzen, nämlich „daß wir bereitstehen, das Schicksal dieses Deutschlands mitzuformen, daß wir uns nicht flüchten in eine romantische Vergangenheit, daß wir nicht aufgehen in der Erinnerung an eine historische Tradition, sondern daß wir bereit sind, heute und morgen an dieser Zukunft Deutschlands mitzuarbeiten. Das heißt, daß wir auch bereit sind, politische Verantwortung in diesem Deutschland zu übernehmen; das heißt, daß wir uns einsetzen nach dem Maße unserer Kraft, daß dieses Deutschland wieder ein einiges Deutschland werde, einig im Glauben, einig in seiner politischen Gestalt. Ein einiges Volk der Deutschen nach dieser Katastrophe muß wieder werden, und wir sind dazu aufgerufen, an diesem Neubau, an diesem Zusammenführen der getrennten Teile wieder mitzuarbeiten.“ Schließlich sei in Augsburg deutlich geworden, „daß katholische Jugend europäische Jugend ist. Daß sie in diesem Europa, dem unsere Sorge gilt, ihre Hoffnung für die Zukunft sieht, daß sie aber auch in diesem Europa ihre Aufgabe für die tagtägliche Arbeit sieht. Wir machen uns nichts vor und schwelgen nicht in Völkerverständigung, ohne die Schwierigkeiten, die Realitäten, die sich diesem Europa noch immer entgegenstellen, nicht zu sehen, zu erkennen und aus dem Schwung unserer jungen Herzen zu überwinden. Wir müssen immer der Motor bleiben, der die Kräfte zu diesem Europa hin antreibt, und wir müssen dazukommen, diese Antriebskraft gemeinsam mit allen jungen Kräften in allen Staaten und Ländern dieses Europas zu sein.“[41] Damit unterstrich Köppler, daß politische Verantwortung nicht auf den (Wieder-)Aufbau Deutschlands beschränkt werden könne. Die Übernahme von Verantwortung im politischen Bereich habe für die katholische Jugend in Deutschland auch eine europäische Dimension. Mit seinem Bekenntnis zu Europa, zum Zusammenwachsen des Kontinents ritt er zu Beginn der 1950er auf einer Welle des Mainstreams. Ihre begeistertsten Anhänger fand die Europabewegung innerhalb der Jugend, Bilder mit jungen Europa-

39 Ebd., S. 33.
40 Ebd., S. 34, auch folgende Zitate.
41 Ebd., S. 35.

Enthusiasten, die in jenen Jahren Grenzbäume demontierten, sind in Erinnerung geblieben.

Das erste Deutschlandtreffen der Führerschaft von Mannes- und Frauenjugend im Bund der Deutschen Katholischen Jugend stellte für die Jungführerinnen und Jungführer eine Ermutigung dar, es stärkte das Gemeinschaftsgefühl, zu der *einen* katholischen Jugendorganisation zu gehören. Ein Erfolg war es auch für den Bundesführer Heinrich Köppler. Nicht zuletzt die Rede auf der Abschlußkundgebung trug zu seiner Popularität über die Grenzen des BDKJ hinaus bei. 124 deutsche Zeitungen brachten Eigenberichte oder Agenturmeldungen über das Augsburger Führerschaftstreffen, alle deutschen Rundfunkanstalten berichteten hierüber in ihren Nachrichtensendungen, der Bayerische Rundfunk und der RIAS sendeten sogar Reportagen, und der Nordwestdeutsche Rundfunk strahlte einen Fernsehbericht aus.[42]

Augsburg war nicht nur eine Ermutigung für die über 8.000 Jungführerinnen und Jungführer, die sich dort versammelt hatten, sondern auch für die Bundesführung auf ihrem Weg nach Dortmund zum ersten Bundesfest des BDKJ. Seit Mitte Juni 1953 war die Bundesführung mit der Vorbereitung dieser Veranstaltung beschäftigt.[43] Die Planung der Großveranstaltung von Dortmund hatte Priorität, weshalb auch der Bundesführungsrat im Frühjahr 1954 einer Kandidatur Köpplers für den Vorsitz im Bundesjugendring nur unter der Bedingung zustimmte, daß ihm ausreichend Zeit blieb für die Vorbereitung des Bundesfestes.[44]

Die umfangreichen Vorarbeiten zahlten sich aus. Das erste Bundestreffen, zu dem sich vom 30. Juli bis 1. August 1954 rund 100.000 junge Katholiken in Dortmund unter der Losung „Den Herrn bekennen – der Wahrheit leben – die Freiheit wagen" versammelten, sollte „eine machtvolle Demonstration des BDKJ nach außen"[45] werden. Die zahlreichen jungen Katholiken, zum großen Teil in der Kluft und mit den Wimpeln und Fahnen ihrer einzelnen Verbände, trafen sich in diesen drei Tagen, einem Wochenende, zu Gottesdiensten, Kundgebungen, Arbeitsgemeinschaften sowie kulturellen und sportlichen Veranstaltungen.[46] Die Bedeutung des Bundesfestes wurde unterstrichen durch die Anwesenheit von Bundespräsident Theodor Heuss, des Ministerpräsidenten von Nordrhein-Westfalen, Karl Arnold, des Apostolischen Nuntius in Deutschland, Erzbischof Aloysius Muench, des Erzbischofs von Paderborn, Lorenz Jäger, der Präsidenten der Weltverbände katholischer Jugend und zahlreicher führender Vertreter des politischen und kulturellen Lebens aus dem In- und Ausland. Unter den zahlreichen ausländischen Gruppen sah man auch Jugendliche aus Asien, Afrika und Lateinamerika.

---

42 Ebd., S. 40.

43 Vgl. Gelöbnis von Dortmund. Diese Dokumentation des Bundesfestes enthält keine Seitenangaben.

44 Vgl. Protokoll der Sitzung des Bundesführungsrates des BDKJ vom 23.5.1954, in: ABDKJ A 2753.

45 Schwab, S. 79.

46 Vgl. Gelöbnis von Dortmund.

Bundespräsident Heuss sprach am Samstag, dem zweiten Veranstaltungstag, auf zwei Kundgebungen, auf denen er den Kampf gegen die Vereinsamung des Menschen als wesentliche Aufgabe der Jugendverbände bezeichnete. Auf einem Tanz- und Chorabend in der Westfalenhalle redete das Staatsoberhaupt dem Recht zur Fröhlichkeit das Wort: „Als ich kürzlich mit dem Herrn Bundespräses [Bokler] sprach, was einem solchen Abend vielleicht angemessen sei, zu sagen, habe ich den Vorschlag gemacht: ich rede einmal über das ‚Recht auf Fröhlichkeit'. Und damit war er einverstanden. Nun weiß ich gut genug: das Recht mag man verkünden auf Fröhlichkeit, man hat aber nicht überall die rechte Freiheit dazu. Euere Jugend, die ja heute im Wachstum und vor der Erwartung des Lebens steht, gleichviel aus welchem Elternhaus, aus welcher Landschaft Ihr kommt, ist gemeinhin bedrückter und sorgenvoller gewesen, als unsere. Aber es ist ein inneres Bedürfnis, der dankbaren Freude, den Gaben des Lebens, die auch dann Aufgaben in sich erfassen, den Ausdruck zu geben in der Freundschaft, in der Kameradschaft mit Gleichgesinnten, die das eigene Leben erhöhen und in der Gemeinschaft die Lösung von der Vereinzelung bringen. Freude aber, die König sein soll, Frohsinn, das ist nicht Krampf und Betrieb, die man sich mit einer Barzahlung bei den Geschäftsunternehmungen für organisiertes Gruppenvergnügen erwirbt, sondern eigener Beitrag in der freien Gemeinschaft. Ich hoffe, Ihr habt verstanden, was ich damit meine."[47]

Der Sonntag, der den Abschluß der dreitägigen Großveranstaltung bildete, wurde eröffnet mit einem von Erzbischof Muench zelebrierten Pontifikalamt. In seiner Predigt legte Erzbischof Jäger die Losung des Bundesfestes aus. Er predigte gegen das Auseinanderfallen von christlichem Wort und christlicher Tat und ermahnte die Jugend, durch ihre Haltung zum lebendigen „Katechismus der Wahrheit" zu werden. Der große Festzug durch die Straßen Dortmunds am Nachmittag zeigte das vielfältige Leben und Schaffen der Gliedschaften des Bundes. Die rund 2.000 Banner, die grünen und blauen Pfadfinder-Uniformen, die Trachtengruppen und die Berufsgruppen in ihrer Arbeitskleidung im Festzug boten ein farbenprächtiges Bild. Die Jugendlichen trugen die Symbole ihrer Diözesen und Modelle von ihren Kirchen mit. Die Delegationen aus den Niederlanden, Belgien, Luxemburg und Frankreich, Großbritannien, Spanien, Österreich und der Schweiz sowie Exilgruppen tschechischer, rumänischer und kroatischer Jugend wurden von ihren deutschen Kameradinnen und Kameraden sowie von den über 100.000 Dortmundern, die die Zugstraßen säumten, besonders herzlich begrüßt.

Auf der großen Abschlußkundgebung am Nachmittag vor 100.000 jungen Katholiken auf dem Hansaplatz sprach Heinrich Köppler über „Wille und Wesen des Bundes".[48] In seiner Rede erinnerte er an das Führerschaftstreffen von Augsburg. Die Ziele Deutscher Katholischer Jugend, „die uns bewegen und die uns gepackt haben", habe man seinerzeit in dem Bekenntnis zusammengefaßt: Christus – Deutschland – Europa. „Um dieses Bekenntnis von Augsburg ging es uns damals, geht es uns heute, wird es

47 Ebd.
48 Die Ansprache Köpplers ist dokumentiert ebd.

uns morgen gehen", ließ der Bundesführer keinen Zweifel am Kurs des BDKJ aufkommen, was er mit dem Satz unterstrich: „Wir geben hier in Dortmund keine neue Parole aus."

Rückblickend auf die Tage von Dortmund zeigte sich Köppler überzeugt, daß so mancher Einwohner der Ruhrgebietsstadt seine Meinung über die Katholische Jugend revidieren müsse. Meist stelle man sich in der Öffentlichkeit unter einer konfessionellen Jugendgemeinschaft einen Verein vor, dessen Ziel darin bestehe, „die Harmlosesten der Harmlosen unter eine Glasglocke zu stellen und sie zu braven Schäflein zu erziehen." Wer die Kämpfe im Stadion, wer das Tanzen, Singen und Spielen in der Westfalenhalle, wer Geist und Parodie des Kabarettprogramms, wer den festlichen Zug gesehen habe, der müßte gespürt haben, „daß es uns fern liegt, die Bravheit eines welt- und zeitfremden Spießers als Haltungsziel in Katholischer Jugend zu nennen." Vielmehr gehe es darum, der Wahrheit zu leben, wie es in der Losung des Bundesfestes heiße. Deshalb sei man auch mit der Entscheidung für Dortmund als Veranstaltungsort bewußt „in die Realität der modernen, menschenüberfüllten, arbeitsdröhnenden Ruhrstadt getreten." Katholische Jugend bekenne sich also zur „Wirklichkeit der Zeit" und flüchte nicht in „ein Dornröschen-Idyll der Träumer und Restauratoren". Daher müsse auch für die Gestaltung ihres Gemeinschaftslebens gesagt werden: „Nein zur Restauration, Nein zur Konservierung. Mut zu neuen Formen. Unsere Heime müssen frei von verlogenem Kitsch, von überholten Formen und Zöpfen werden. Unser Singen, unser Tanzen, unser Gemeinschaftsleben muß weit offen sein für jede neue und gute Form. Unser Bund müßte ersticken, würden wir ihn in die Zwangsjacke alter Bräuche stecken. Deshalb können wir nur kopfschüttelnd und voll Mitleid am Weg stehen, wenn andere in goldverschnürten Uniformen, wehenden Federbüschen und blitzenden Säbeln vorüberziehen. Unser Zeitgefühl sagt uns, daß dieser Zauber überholt ist." Der Wahrheit leben, verlange schließlich „klare Einsicht in die Realität der sozialen Gegebenheiten". Es sei Mode geworden, sich über diese Realität mit dem „Märchen vom deutschen Wunder" hinwegzutäuschen. „Wir wissen", führte Köppler weiter aus, „daß die soziale Frage riesengroß vor uns steht. Sowohl im Sinne der Caritas, des Helfens dem, der neben uns steht, als auch und vor allem im Sinne des Neubaus der gesellschaftlichen Ordnung. Hier sind wir jungen Christen gerufen in einer Zeit, in der alle Systeme und Weltanschauungen ihre Glaubwürdigkeit verloren haben und viele ehrlich ringende Menschen vor dem Nihilismus stehen. Wir wissen aber auch, daß die soziale Frage, die neue soziale Ordnung, gesetzt werden müssen, wenn wir uns gegen den Ansturm des Ostens, den Antichristen unseres Jahrhunderts, behaupten wollen."

Die Bedrohung durch den Antichristen nehme die Katholische Jugend in die Pflicht, für die Freiheit, die „uns nicht geschenkt" werde, zu kämpfen. „Freunde", rief er den jungen Katholiken auf dem Hansaplatz in Dortmund zu, „der Freiheit gilt unser Einsatz in Volk und Staat. Der Freiheit dient unser Bauen an einem neuen Europa. Den Feinden dieser Freiheit gilt unser Kampf. Dieser Feind steht mitten unter uns. Es sind nicht nur die Kommunisten, es sind auch die Nationalisten, die sich in alten und neuen Gruppierungen zu sammeln beginnen. Ihnen, den Mördern der Freiheit, sagen wir kompromißlos und unerbittlich den Kampf an."

Er bekräftigte nicht nur das Bekenntnis der Katholischen Jugend zur Vereinigung Europas, sondern auch ihre Zustimmung zu einem deutschen Verteidigungsbeitrag, die allerdings nicht vorbehaltlos sei: „Gerade weil wir uns mit allem Ernst zu dieser Bereitschaft [die Freiheit, wenn es sein muß, auch mit der Waffe zu verteidigen] durchgerungen haben, sagen wir aber nein und noch einmal nein zu jedem neuen Kommiß, der eben jene Freiheit, zu deren Verteidigung wir antreten wollen, in den Dreck der Kasernenhöfe tritt."

Mit diesen Worten unterstrich er den Anspruch des BDKJ, eine große Jugendorganisation zu sein, die mitten im Leben steht und sich ihrer Verantwortung für Staat und Gesellschaft bewußt ist. Der Bund der Deutschen Katholischen Jugend ist aber, und daran erinnerte Köppler mit Nachdruck, kein politischer Jugendverband, sondern „zuerst und zuletzt die Jugend der Kirche".[49] Er ging an dieser Stelle auf die Diskussion innerhalb des Bundes über mangelnde religiöse Dichte in der katholischen Jugendarbeit ein, beschäftigte sich mit der Klage über den „Verlust der religiösen Tiefe der Verfolgungszeit"[50]. Gar von einer „religiösen Krise" zu sprechen, in der sich seinerzeit der BDKJ befunden habe, geht – und darin ist Martin Schwab zuzustimmen – zu weit, denn „die Meßlatte der religiösen Dichte der Verfolgungszeit ist zu hoch" – doch sie galt![51] Daß der BDKJ Kirche der Jugend sei, dürften, so Köppler, „alle wissen, die uns auf Fahrt oder im Lager treffen, die uns mit unseren Bannern sehen oder unsere Lieder hören. Das dürfen aber auch wir nie vergessen, weder im Heimabend noch auf dem Sportplatz, nicht im Beruf und nicht in der Schule. Jugend der Kirche, das verpflichtet! ... Jugend der Kirche, das heißt mehr dienen wollen als irgendeine andere Jugendorganisation, das heißt, sich strengere Maßstäbe der Beurteilung erwählen, d. h. vielleicht auch einem strengeren Gericht am Ende der Zeiten entgegengehen."[52] Nur als „freie Persönlichkeiten" könnten sie diese Aufgaben in der Kirche erfüllen. Aus diesem Grund wollten sie auch „keine katholischen Kopfnicker" erziehen. „Gehorsam der echten Autorität – ja! Aber keine Kriecher und Radfahrer", formulierte Köppler als Ziel katholischer Jugenderziehung. Mit Kriechern und Radfahrern sei Christus und seiner Kirche nicht gedient. An dieser Stelle verwies er mit Stolz auf den Widerstand der katholischen Jugend in der NS-Zeit und stellte der versammelten Menge auf dem Hansaplatz die Frage: „Brennt in uns noch das Feuer der Christus-Begeisterung, das jene Katholische Jugend erfüllte, die sich anschickte, den Opfergang durch den Terror des Nazireiches zu gehen?" Dieses Christus-Bekenntnis sei eine Aufforderung an alle jungen Katholiken, „das Buch des Lebens, die Frohe Botschaft, das Neue Testament, ... wieder so zum Kraftquell unseres Schaffens werden [zu lassen], wie das einmal war." Es sei an der Zeit, „daß wir aus Gewohnheit und Müdigkeit und Nachlässigkeit aufstehen und die gemeinschaftliche Feier

---

49 Ebd.
50 Schwab, S. 51.
51 Ebd.
52 Gelöbnis von Dortmund, auch folgende Zitate.

des heiligen Opfers in den Mittelpunkt unseres Gemeinschaftslebens stellen."[53] Damit machte Köppler einmal mehr deutlich, daß der Glaube Mittelpunkt des BDKJ ist.[54] Das „Gelöbnis von Dortmund" war die hallende Antwort der 100.000. Es faßt Wollen und Ziele der Katholischen Jugend zusammen und gipfelt in dem Bekenntnis: „Wir sind im Bund die Jugend Christi und glauben an seinen Sieg!"[55]

Die Ansprache des Bundesführers und das „Gelöbnis von Dortmund" waren die programmatischen Höhepunkte einer dreitägigen Großveranstaltung, die nicht nur eine machtvolle Demonstration nach außen war,[56] sondern auch eine starke Wirkung nach innen hatte. Sie trug zur Festigung des Bundes, zur Stärkung des Bundesbewußtseins bei. Natürlich bedeutete das erste Bundesfest auch einen Erfolg für den Bundesführer Heinrich Köppler, der endgültig aus dem Schatten seines Vorgängers Josef Rommerskirchen trat. Köppler stieg zu einem der wichtigsten Vertreter der Jugendorganisationen in Deutschland auf, was seine Stellung im Bundesjugendring unterstrich.

3. Heinrich Köppler, der Bundesjugendring und die Frage gesamtdeutscher Jugendkontakte

Die 10. Vollversammlung des Deutschen Bundesjugendringes fand vom 18. bis zum 20. Juni 1954 im niedersächsischen Dassel statt.[57] Der erste Tag stand ganz im Zeichen der Literatur. Erstmals befaßte sich eine Vollversammlung des Bundesjugendringes mit Literatur und ihrer Bedeutung für junge Menschen. Hierzu waren zwei Referenten eingeladen worden, die zu den Themen „Der junge Leser" und „Das Buch – ein Leitbild im Leben der jungen Menschen?" sprachen.[58] Eine Dichterlesung mit Heinrich Böll stellte den Abschluß und zugleich Höhepunkt des ersten Tages dar. „Die Zuhörer waren gebannt, viele von ihnen geradezu ergriffen", erinnerte sich Köppler noch 20 Jahre später.[59] Doch Böll schien – „wohl als einziger" – die Wirkung seines Vortrages nicht wahrgenommen zu haben, denn „er verschwand verärgert und empört darüber, daß er keinen spontanen Beifall bekommen hatte".[60]

---

53 EBD.
54 SCHWAB, S. 45.
55 Gelöbnis von Dortmund.
56 In der Presse fand das Bundesfest weithin Beachtung. In ihren Montagsausgaben vom 2. August 1954 berichteten fast alle deutschen Tageszeitungen über die Veranstaltung in Dortmund. Auch der Hörfunk zeigte Interesse. Der Nordwestdeutsche Rundfunk brachte drei Sendungen. Ebenfalls drei Sendungen übertrug der Süddeutsche Rundfunk. Einzelsendungen brachten der Bayerische Rundfunk, der Hessische Rundfunk und der RIAS. Und schließlich erschien noch ein halbstündiger Fernsehbericht über das Bundesfest. Ebd.
57 Vgl. Protokoll über die 10. Vollversammlung des DBJR vom 18.–20.6.1954, in: BA B 268-506.
58 Ebd., S. 6.
59 KÖPPLER: Bundesjugendring.
60 EBD.

Der zweite Tag der Vollversammlung wurde eingeleitet mit dem Rechenschaftsbericht des Vorsitzenden Arnold Dannemann über die Arbeit des Bundesjugendringes seit der 9. Vollversammlung und endete in den frühen Morgenstunden des folgenden Tages mit der Neuwahl des Vorstandes. Erst nach einem Abstimmungsmarathon stand die Wahl Heinrich Köpplers zum neuen Vorsitzenden des Bundesjugendringes fest.[61] Wie bereits zwei Jahre zuvor auf der Vollversammlung in Elmstein, als sich Willi Ginhold von der Gewerkschaftsjugend gegen Arnold Dannemann von der Arbeitsgemeinschaft der Evangelischen Jugend Deutschlands durchgesetzt hatte,[62] kam es zu einer Kampfabstimmung. Die Evangelische Jugend schlug stellvertretend für die konfessionellen Jugendverbände Köppler für den Vorsitz im Bundesjugendring vor. Die Gewerkschaftsjugend als Sprecherin der politisch links stehenden Jugendorganisationen wollte Heinz Westphal, den Vorsitzenden der Sozialistischen Jugend „Die Falken", an der Spitze des Bundesjugendringes sehen. Da zwei Kandidaten zur Wahl standen, war vorhersehbar, daß es mindestens zweier Wahlgänge bedurfte, um den neuen Vorsitzenden zu küren, denn für den 1. Wahlgang galt das Einstimmigkeitsprinzip.[63]

Im 1. Wahlgang entfielen auf Westphal 24 Stimmen, 22 Stimmen erhielt Köppler bei zehn Enthaltungen.[64] Auch nach dem 2. Wahlgang, für den die Satzung eine Zweidrittelmehrheit vorschrieb,[65] war noch keine Entscheidung über den neuen Vorsitzenden gefallen. Westphal konnte zwar gegenüber dem ersten Wahlgang zwei Stimmen hinzugewinnen und seinen Vorsprung gegenüber Köppler auf 26 zu 19 Stimmen ausbauen, verfehlte aber die erforderliche Zweidrittelmehrheit deutlich. Und dennoch schien es auf den Vorsitzenden der „Falken" hinauszulaufen. Köppler trat von seiner Kandidatur zurück, so daß nur noch Westphal kandidierte, welcher es trotzdem nicht vermochte, die notwendige Zweidrittelmehrheit zu erreichen. Lediglich 28 Delegierte votierten für ihn, 12 stimmten gegen ihn, 17 enthielten sich der Stimme.[66] Daraufhin verzichtete Westphal „auf die Fortsetzung der sinnlos gewordenen Wahlgänge"[67] und zog seine Kandidatur zurück. Mit einer entsprechenden Bitte waren Arnold Dannemann und Martin Gassner von der Deutschen Sportjugend an ihn herangetreten. In dieser kritischen Situation sprach sich Westphal für eine erneute Kandidatur Köpplers aus, dem er die Unterstützung der „Falken" zusicherte.[68] Nachdem sich die Sprecher weiterer Ju-

---

61 Vgl. Protokoll über die 10. Vollversammlung des DBJR vom 18.–20.6.1954, S. 10f., in: BA B 268-506.

62 Vgl. Westphal, S. 164f.

63 Artikel 8 Satz 2 der Satzung des DBJR in der Fassung von 1954, in: BA B 268-506.

64 Vgl. Protokoll über die 10. Vollversammlung des DBJR vom 18.–20.6.1954, S. 10, ebd.

65 Artikel 8 Satz 4 der Satzung des DBJR in der Fassung von 1954, ebd.

66 Vgl. Protokoll über die 10. Vollversammlung des DBJR vom 18.–20.06.1954, S. 11, ebd.

67 Westphal, S. 178.

68 Vgl. „Sommerliche Vollversammlung in Dassel. Heini Köppler wurde zum Vorsitzenden des Bundesjugendringes gewählt". In: „Wacht" vom 1.7.1954.

gendverbände in dem gleichen Sinne geäußert hatte, stellte sich Köppler erneut zur Wahl.[69]

Trotz dieser Erklärungen setzte sich der Abstimmungsmarathon fort. Im 1. Wahlgang votierten 37 Delegierte für ihn, sieben Jugendvertreter verweigerten ihm ihre Zustimmung und zehn Mitglieder der Vollversammlung enthielten sich der Stimme. Damit war die für den 1. Wahlgang erforderliche Einstimmigkeit nicht erreicht worden. Die Mitglieder der Vollversammlung traten erneut an die Wahlurne. Von den abgegebenen 54 Stimmen mußte er 36 Stimmen auf sich vereinigen, um die für diesen Wahldurchgang erforderliche Zweidrittelmehrheit zu erreichen. Dementsprechend groß war die Spannung, als das Wahlergebnis verkündet wurde: 37 Delegierte stimmten für ihn, sechs gegen ihn bei elf Enthaltungen.[70] Damit war endlich eine Entscheidung gefallen. Der neue Vorsitzende des Deutschen Bundesjugendringes hieß Heinrich Köppler, dem Heinz Westphal und Gudrun Manns von der Deutschen Sportjugend als Stellvertreter zur Seite gestellt wurden.[71] Daß sich letztendlich die große Mehrheit der Mitglieder in der Vollversammlung auf Köppler als neuen Vorsitzenden verständigen konnte, sagt etwas aus über seine Anerkennung auch in den anderen Jugendverbänden.[72]

Wie bereits die Vollversammlung in Elmstein im Jahre 1952 gezeigt hatte, waren Kampfabstimmungen über den Vorsitz im Bundesjugendring wie in Dassel im Juni 1954 keine Seltenheit. Im Gegenteil, in den folgenden Jahren sollte sich der Bundesjugendring „noch recht oft solche Wahlschlachten" liefern und sich damit „manchen negativen Kommentar in den Medien" einhandeln, wie Heinz Westphal, der zwischen 1949 und 1965 in führenden Positionen (Vorsitzender, Geschäftsführer) die Geschicke des Bundesjugendringes mitbestimmte, in den Erinnerungen an sein jugendpolitisches Engagement schreibt.[73] Dies kann und darf nicht überraschen, ist doch der Deutsche Bundesjugendring von Anfang an „ein sehr fragiles Gebilde"[74]. Hier stehen sich kleine und große Jugendverbände mit bisweilen sehr unterschiedlichen Interessen gegenüber, die Verbände und die Landesjugendringe verfolgen nicht immer deckungsgleiche Ziele, auch treffen hier ausgesprochen politisch agierende Jugendverbände wie die „Falken", der BDKJ oder die Gewerkschaftsjugend auf eher politikfern agierende Organisationen wie die Alpenvereinsjugend, die Landjugend oder die Schreberjugend.[75] Daß das fragi-

69 Vgl. Protokoll über die 10. Vollversammlung des DBJR vom 18.–20.6.1954, S. 11, in: BA B 268-506.

70 Ebd.

71 Ebd., S. 11f.

72 Zeitzeugengespräch mit Felix Raabe (15.4.2004): „Aus Gesprächen mit Vertretern anderer Couleur wie Heinz Westphal weiß ich, daß Köppler in den Reihen der Jugendverbände sehr viele Freunde hatte, die sein klares Profil, seinen klaren Standpunkt schätzten. Im Bundesjugendring nahm er natürlich auch die Interessen seines Verbandes, des BDKJ, wahr, lotete dabei aber immer aus, was wir hier gemeinsam machen können, wenn für die Jugend etwas erreicht werden soll, wenn die Jugend der Politik gegenüber ins Spiel gebracht werden soll."

73 Westphal, S. 165.

74 Bundesjugendring, S. 243.

75 Ebd.

le Gebilde Bundesjugendring nicht schon bald nach seiner Gründung 1949 einstürzte, ist zunächst mit der Erkenntnis der einzelnen Jugendverbände zu erklären, daß „gemeinsame Interessenvertretung schlagkräftiger“[76] ist, sie also politisch an Gewicht verlören und sich ihre finanzielle Ausstattung schwieriger gestaltete, müßten sie ohne den Bundesjugendring im Rücken auftreten.[77]

In den 1950er Jahren kam hinzu ein ausgeprägtes Gemeinschafts- und Solidaritätsgefühl unter den Vertretern der Jugendverbände im Bundesjugendring.[78] Die Generation von Heinrich Köppler war geprägt durch die Zeit des Nationalsozialismus, der die Jugend über die Konfessions- und Parteigrenzen hinweg zum Aufbau stabiler demokratischer Strukturen in (West-)Deutschland verpflichtete und im Kampf gegen den Links- und Rechtsradikalismus einte. Vor diesem Hintergrund kann wiederum die Beobachtung Heinz Westphals nicht überraschen, daß nach den Auseinandersetzungen bei der Entscheidung über den Vorsitz im Bundesjugendring „immer ein Arbeitsjahr unter unumstrittener Leitung der schwierig ins Amt gekommenen Vorsitzenden“ folgte.[79] Dies galt auch für die Amtszeit Köpplers, für den „die wichtigste Aufgabe des Deutschen Bundesjugendringes“ darin besteht, „die demokratischen Jugendverbände einander näherzubringen und unter den verantwortlichen Leitern dieser Verbände eine Atmosphäre echter Kameradschaft, vielleicht sogar persönlicher Freundschaft zu fördern“, denn „es würde sicherlich nicht nur für die deutsche Jugend, sondern auch für das deutsche Volk eine Katastrophe bedeuten, wenn sich in Zukunft wieder eine ähnliche Gegensätzlichkeit, Unkenntnis und Feindschaft zwischen den Jugendorganisationen der verschiedenen Richtungen entwickeln würde, wie sie für eine frühere Generation deutscher Jugendverbände leider weithin üblich war.“[80] Die Förderung der Gemeinschaft innerhalb der Führung des Bundesjugendringes fiel ihm nicht schwer. Er ist „ein sehr gemeinschaftsbetonter Mensch“ gewesen, der sich im Kreis von Freunden wohlfühlte.[81] Er konnte auf Menschen zugehen, war also alles andere als ein Einzelgänger.

In der noch jungen Geschichte des Deutschen Bundesjugendringes stellte der Bund der Deutschen Katholischen Jugend mit Heinrich Köppler bereits zum zweiten Mal den Vorsitzenden; von 1949 bis 1952 hatte Josef Rommerskirchen den Vorsitz ausgeübt. Daß jeweils der Bundesführer an die Spitze des Bundesjugendringes gewählt wurde, ergab sich aus der Aufgabenverteilung innerhalb der Bundesführung des BDKJ. Während die Bundesführerin vornehmlich mit der religiösen Bildungsarbeit nach innen beschäftigt war, lag der Arbeitsschwerpunkt des Bundesführers in der Außenvertretung des Bundes.[82] Außenvertretung bedeutete für Köppler nicht nur Mitarbeit im Bundesju-

76 Schwab, S. 61.
77 Bundesjugendring, S. 245.
78 Vgl. Ebd., S. 245f.; Westphal, S. 158f.; Schwab, S. 61.
79 Westphal, S. 165.
80 Köppler: Arbeit, S. 308.
81 Zeitzeugengespräch mit Friedrich Kronenberg (4.3.2004).
82 Vgl. Carl-Neisinger, S. 58; Tätigkeitsbericht der Hauptstelle Haus Altenberg für die Zeit vom 1.10.1952 bis 1.10.1953, S. 3, in: ABDKJ A 526.

gendring, sondern auch die Wahrnehmung der Interessen seines Verbandes im Bundeskuratorium für Jugendfragen, in der Arbeitsgemeinschaft für Jugendpflege und Jugendfürsorge, im Zentralkomitee der deutschen Katholiken, im Europäischen Jugendrat, in der World Assembly of Youth (WAY) und im Weltbund der Katholischen Jugend.[83] Der ständige Kontakt mit staatlichen Stellen (Bundesministerium des Innern, Bundesministerium für Arbeit und Sozialordnung, Bundesministerium für Vertriebene, Flüchtlinge und Kriegsgeschädigte), soweit sie Angelegenheiten der Jugend mit behandelten, zählten auch zu den Aufgaben, die er im Rahmen der Außenvertretung des Bundes zu erfüllen hatte.

Der Ausbau der internationalen Jugendkontakte ist dem BDKJ seit seiner Gründung im Jahre 1947 ein besonderes Anliegen. So heißt es denn auch in der Bundesordnung: „Der Bund steht bereit zum Dienst an der Völkergemeinschaft. Darum erzieht er zur Völkerverständigung, pflegt internationalen Jugendaustausch und Jugendbegegnung ... fördert die internationalen Verbindungen der katholischen und nichtkatholischen Jugend und tritt ein für den Zusammenschluß der europäischen Völker."[84] Dieses Ziel vor Augen drängte der BDKJ den Bundesjugendring zum Beitritt in die WAY, die Weltversammlung der nichtkommunistischen Jugendverbände.[85] Auf seiner Vollversammlung in Dassel beschloß der Bundesjugendring mit großer Mehrheit, einen Antrag auf Aufnahme in die WAY zu stellen und zur Vollversammlung der WAY in Singapur im August 1954 Delegierte zu entsenden, die diesen Antrag vertreten sollte.[86] Die vierköpfige Delegation, der auch Köppler angehörte, muß ihr Anliegen gut vertreten haben, denn in Singapur beschloß die WAY, den Bundesjugendring zusammen mit den japanischen Jugendorganisationen in ihre Reihen aufzunehmen, was damals – darin ist Köppler zuzustimmen – „noch nicht selbstverständlich" war.[87] Gleiches gilt ja für die bereits angesprochene Wahl Köpplers zum Präsidenten des Weltbundes der Katholischen Jugend. Diese Wahl Anfang Dezember 1954 in Rom ist „ein besonderer Höhepunkt seiner Laufbahn und ein Zeichen seines Charismas"[88].

Die Tätigkeit des Bundesführers blieb nicht beschränkt auf die Außenvertretung des BDKJ. Die Teilnahme an den Sitzungen des Bundesführungsrates und der Ausschüsse des Bundes (u. a. Ausschuß für Jugendrecht und Jugendpolitik, Satzungsausschuß) wie an den Jahresversammlungen des Stammes, der DPSG, des Bundes Neudeutschland und der anderen Gliederungen gehörten selbstverständlich auch zu seinem Aufgaben-

83 Vgl. Tätigkeitsbericht des Jugendhauses für das Jahr 1954/55 (1.10.54–30.9.55), S. 4f., in: ABDKJ A 526.

84 Aus der Bundesordnung des BDKJ in der Fassung von 1955, zitiert nach Schwab, S. 62.

85 Ebd., S. 63.

86 Vgl. Protokoll über die 10. Vollversammlung des DBJR vom 18.–20. 6. 1954, S. 9, in: BA B 268-506.

87 Köppler, Bundesjugendring.

88 Kaff, S. 213.

bereich.[89] Ebenfalls wurde von ihm die Teilnahme an Veranstaltungen in den einzelnen Diözesen erwartet, in der Regel verbunden mit einem Referat.

Die vielfältigen Verpflichtungen als Bundesführer des BDKJ begrenzten nicht unerheblich die Zeit, die ihm für sein Privatleben blieb. Betroffen hiervon war in erster Linie Ehefrau Erika Therese Köppler, geborene Dernbach. Sie hatten im Frühjahr 1953 geheiratet.[90] Es sei „keine Liebe auf den ersten Blick" gewesen, sondern „ein langsamer Prozeß des Aneinandergewöhnens", der durch ihr gemeinsames Engagement in der kirchlichen Jugendarbeit gefördert worden sei, bekannte Erika Köppler in einem Porträt, das der Journalist Helmut Breuer anläßlich der Landtagswahl 1975 von ihr im Rahmen einer Reportage über die Ehefrauen der Spitzenkandidaten der drei Landtagsparteien CDU, SPD und FDP zeichnete.[91] Heinrich Köpplers Schwiegervater Albert Dernbach ist Schreinermeister in Wiesbaden gewesen und stimmte der Vermählung erst zu, nachdem er – wie er einmal scherzhaft angemerkt hat – unter Beweis gestellt hatte, „daß ich einen Span abbringen konnte"[92] Diese Aufgabe erfüllte er mit Bravour, wie Erika Köppler zu berichten wußte: „Mein Heinrich hat prima gehobelt."[93] Daß sie einen beruflich stark beanspruchten Mann geheiratet hatte, konnte sie den Glückwünschen der Redaktion der BDKJ-Zeitschrift „Der Jungführer" entnehmen: „Wir heißen sie [Erika Köppler] recht herzlich in den Reihen der Mannesjugend willkommen, denn jetzt wird ihre schwere Aufgabe sein, einem Bundesführer ein Daheim zu bewahren, den so viele Arbeit fast dauernd von daheim wegruft."[94] Und ihr Schwiegervater pflegte ihr stets zu sagen: „Ein Scheidungsgrund wegen allzu häufiger Abwesenheit des Ehemanns entfällt, denn Du hast es vorher gewußt."[95]

Daß die viele Arbeit ihren Mann „fast dauernd von daheim wegruft", wie „Der Jungführer" prophezeit hatte, erlebte Erika Köppler vor allem in der zweiten Hälfte der vierjährigen Amtszeit ihres Mannes als Bundesführer des BDKJ. Die Präsidentschaft im Weltbund der Katholischen Jugend 1954–1956 und der Vorsitz im Bundesjugendring 1954/55 bedeuteten zusätzliche Arbeit.

Nach seiner Wahl zum Vorsitzenden des Bundesjugendringes tat er sich schwer, ein Arbeitsprogramm für sein Amtsjahr vorzulegen. Er erinnerte daran, daß das Arbeitspensum des Bundesjugendringes davon bestimmt werde, „inwieweit die Spitzen der Jugendverbände ihre Kraft und ihre Möglichkeiten für die Anliegen des Deutschen Bun-

---

89 Vgl. Tätigkeitsbericht der Hauptstelle Haus Altenberg für die Zeit vom 1.10.1952 bis 1.10.1953, S. 3f. und Tätigkeitsbericht des Jugendhauses für das Jahr 1954/55 (1.10.54–30.9.55), S. 3f., in: ABDKJ A 526.

90 Die standesamtliche Trauung fand am 16. Mai 1953 statt, die kirchliche Hochzeit folgte am 13. Juni 1953. Standesamt Wiesbaden, Heiratsurkunde Nr. 558 vom 16.5.1953; Auszug aus der Zeitschrift „Der Jungführer", Heft 4 / 1953, in: ABDKJ A 867.

91 Helmut Breuer: „Sie sind mit der Politik verheiratet". In: „Rheinische Post" vom 8.3.1975.

92 Zitiert nach Peter Weigert: „Wenn die Köpplers wandern, müssen die Leibwächter rennen." In: „Bild" vom 21.4.1975.

93 Ebd.

94 Auszug aus der Zeitschrift „Der Jungführer", Heft 4 / 1953, in: ABDKJ A 867.

95 Köppler 1, S. 38.

desjugendringes einsetzen."[96] Auch relativierte er die Bedeutung des Vorsitzenden. Die wesentlichen Planungen und Aktionen des Bundesjugendringes erstreckten sich meist auf einen längeren Zeitraum als den eines Jahres und würden deshalb, da die Amtsdauer des Vorsitzenden nur ein Jahr betrage, in vielen Fällen während der Amtszeit eines Vorsitzenden geplant, aber erst unter dem Vorsitz eines anderen zur Durchführung kommen.[97] Er konnte sich also „eines gewissen Unbehagens" nicht erwehren, als ihn die Redaktion der Zeitschrift „deutsche jugend" um einen Beitrag über seine Ziele als Vorsitzender des Deutschen Bundesjugendringes bat.

Die Ausarbeitung eines Schwerpunktprogramms „für eine endgültige Eingliederung der aus der Sowjetzone geflüchteten Jugendlichen in der Bundesrepublik", die Neuregelung des Jugendarbeitsschutzes und die Frage der Jugendpflegerausbildung nach der Verabschiedung der Novelle des Reichsjugendwohlfahrtsgesetzes nannte er als Aufgaben, die während seiner Amtszeit auf der Tagesordnung stünden.[98] Sein besonderes Augenmerk galt der Deutschlandpolitik. Der ergebnislose Verlauf der Außenministerkonferenz der Vier Mächte in Berlin zu Beginn des Jahres 1954 habe „die Aussicht auf eine baldige Wiedervereinigung Deutschlands in schmerzlicher Weise verringert." Deshalb seien die Jugendverbände aufgerufen, „den Kontakt mit der Jugend zu verstärken, deren Los es ist, im sowjetisch besetzten Teil Deutschlands zu leben."[99]

Als Köppler im Sommer 1954 sein Amt antrat, fand er in der damaligen Geschäftsstelle des Bundesjugendringes in Köln-Deutz einen Briefwechsel zwischen seinem Amtsvorgänger Arnold Dannemann und dem FDJ-Vorsitzenden Erich Honecker vor. Nach dem Scheitern der Berliner Außenministerkonferenz hatte die FDJ „eine neue Westoffensive"[100] eingeleitet. Es galt, die Remilitarisierung Westdeutschlands durch die Einbindung der Bundesrepublik in die Europäische Verteidigungsgemeinschaft (EVG) zu verhindern.[101] Deshalb sollte über direkte Kontakte zu westdeutschen Jugendverbänden die Jugend in der Bundesrepublik zum Widerstand gegen die EVG mobilisiert werden. In seinem Schreiben vom 25. Mai 1954 hatte Dannemann auf den vielfach geäußerten Wunsch der FDJ nach gesamtdeutschen Besprechungen mit dem Bundesjugendring reagiert und vier Grundvoraussetzungen für eine solche Kontaktaufnahme benannt, nämlich

1. freie Betätigung aller Jugendorganisationen in der DDR, 2. Verzicht der FDJ auf ihre privilegierte Stellung als Staatsjugend, 3. Freilassung aller in der DDR aus politischen Gründen inhaftierten Jugendlichen und 4. Vertrieb aller westdeutschen Jugendzeitschriften und -zeitungen in der DDR.[102]

---

96 Köppler: Arbeit, S. 307.
97 Ebd., S. 307f., auch folgende Zitate.
98 Ebd., S. 308f.
99 Ebd. S. 309.
100 Bundesjugendring, S. 275.
101 Herms, S. 290.
102 Schreiben von Arnold Dannemann an Erich Honecker vom 25.5.1954, in: SAPMO DY 24-13406.

In seiner Antwort vom 19. Juni 1954 hatte Honecker erklärt, daß die FDJ jederzeit bereit sei, „mit Vertretern des Deutschen Bundesjugendringes Fragen zu besprechen, deren Lösung die Sicherung eines glücklichen Lebens und einer friedlichen Zukunft der ganzen deutschen Jugend dienen."[103] Eine solche Besprechung sollte allerdings nicht abhängig gemacht werden von Voraussetzungen, zumal die Fragen, die angeblich einer Zusammenarbeit im Wege stünden, im freien Meinungsaustausch gelöst werden könnten. Auf die von Dannemann genannten Voraussetzungen für gesamtdeutsche Gespräche ging Honecker nicht weiter ein. Statt dessen führte er aus, daß sich in der DDR „eine geeinte Arbeiterklasse und eine einheitliche Jugendorganisation ... für die Verwirklichung der Rechte der Jugend einsetze", weshalb „nur Feinde der Jugend" an einer Zersplitterung der Kräfte der Jugend in der DDR ein Interesse haben könnten. Das zeige sich „ganz klar" in der Bundesrepublik, wo es aufgrund der „Spaltung der Jugend" sogar möglich sei, „junge Deutsche entgegen Recht und Gesetz in die Fremdenlegion zu verschleppen und den Eintritt deutscher Jugendlicher in die sogenannte EVG-Armee zu propagieren." Daher würde es die FDJ begrüßen, wenn sich der Bundesjugendring entschließen könnte, „im Interesse der Bekämpfung jeglicher Entfremdung zwischen der Jugend Ost- und Westdeutschlands, ohne Rücksicht auf irgend welche Prestige-Fragen, [ihre] Vertreter zu einem Gespräch mit Vertretern des Zentralrats der Freien Deutschen Jugend zu entsenden." Das Schreiben Honeckers gipfelte in der Behauptung, der Brief Dannemanns zeige, „daß er unter dem Eindruck der Verleumdungen geschrieben wurde, die gewisse Zentralen ausstreuen, um eine Verständigung der deutschen Jugend über die Lösung ihrer Lebensfragen zu verhindern."

Wie reagierte Heinrich Köppler auf das Schreiben des FDJ-Vorsitzenden? In seiner Doppelfunktion als Bundesführer des BDKJ und Vorsitzender des Bundesjugendringes befand er sich in einer schwierigen Situation. Der Bund der Deutschen Katholischen Jugend mit seiner ausgeprägt antikommunistischen Haltung lehnte offizielle Ostkontakte strikt ab; in der FDJ sah er das Werkzeug eines totalitären Systems, das zu demokratischen Zugeständnissen nicht bereit sei.[104] Als Vorsitzender des Bundesjugendringes konnte er diese Position nicht vertreten. Bereits das Altenberger Gespräch Anfang November 1947 zwischen der FDJ mit Erich Honecker an der Spitze und den Vertretern führender westdeutscher Jugendverbände („Die Falken", BDKJ, Evangelische Jugend, Sportjugend, Bündische Jugend und Freideutsche Kreise) hatte gezeigt, daß die westlichen Jugendverbände in ihrer Haltung zur FDJ verschiedene Positionen bezogen.[105] So

103 Schreiben von Erich Honecker an Arnold Dannemann vom 19.6.1954, ebd.

104 Vgl. Schwab, S. 63f.

105 Zu dem Altenburger Gespräch vgl. Bundesjugendring, S. 172–183; Herms, S. 98–100. Die Verhandlungen über die Gründung eines gesamtdeutschen Jugendringes blieben ohne konkretes Ergebnis. Das Abschlußkommuniqué war nichtssagend. Die Erklärung über die grundsätzliche Bereitschaft aller Verbandsvertreter zur Zusammenarbeit, „ausgehend von dem Wunsch der deutschen Jugend zur Schaffung eines einheitlichen und unabhängigen Deutschlands", konnte jeder bedenkenlos unterschreiben. Und die Gespräche zwischen der FDJ und den westdeutschen Jugendverbänden auf der Führungsebene fortsetzen zu wollen, blieb bis zum März 1955 eine Absichtserklärung.

akzeptierten die Vertreter der bündischen bzw. freideutschen Jugend im Gegensatz zu denen des BDKJ die FDJ als gleichberechtigten Verhandlungspartner.

Auch wenn ihm in seiner Funktion als Vorsitzender des Bundesjugendringes die Aufgabe zufiel, zu integrieren, unterschiedliche Positionen zusammenzuführen, vermochte es Köppler, eigene Akzente zu setzen. Sein Schreiben an Erich Honecker vom 10. Juli 1954 ließ an Klarheit nichts zu wünschen übrig.[106] Er machte dem FDJ-Vorsitzenden deutlich, daß die vier Forderungen, die ihm von Dannemann als Voraussetzung für gesamtdeutsche Kontakte mitgeteilt worden seien, „für uns [im Bundesjugendring] unabdingbar" seien. Besonders erinnerte er Honecker an „die Tatsache der Inhaftierung und Verurteilung vieler Jugendlicher aus politischen Gründen in der DDR", die die gesamte deutsche Jugend in besonderem Maße bewege. Daher fordere der Bundesjugendring die Führung der FDJ „erneut zu einer klaren Erklärung" auf, ob sie bereit sei, die Freilassung dieser Jugendlichen zu veranlassen oder, falls dies ihre Möglichkeiten übersteige, sich mit allem Nachdruck für deren Freilassung einzusetzen. Der Brief war in einer Schärfe abgefaßt, die die ausgeprägt antikommunistische Einstellung des Bundesführers des BDKJ erkennen ließ. Ein Vertreter der Sportjugend oder der Bündischen Jugend hätte die Kritik an Honecker und der FDJ wahrscheinlich weniger scharf formuliert. Köppler hatte Honecker unmißverständlich zu erkennen gegeben, „daß wir uns auf der Ebene, auf der sich Ihr Brief bewegt, nicht mit Ihnen zu unterhalten gedenken. Die Darlegungen, die Sie genannt haben, sind uns keineswegs neu; sie erinnern uns an ähnliche Phrasen, die von Ihnen wie von allen amtlichen oder halbamtlichen Stellen der SED seit Jahren wiederholt werden."

Eine Antwort Honeckers ließ auf sich warten. Erst als ihn Köppler zum zweiten Mal an das Schreiben vom 10. Juli 1954 erinnerte, verbunden mit der Bemerkung, er, Honecker, werde verstehen, „daß die deutsche Jugend aus der Nichtbeantwortung der erwähnten Schreiben ihre Schlüsse hinsichtlich Ihrer Einstellung zu den Bemühungen um die Wiedervereinigung Deutschlands ziehen wird",[107] reagierte der FDJ-Vorsitzende. In einem Offenen Brief an den Deutschen Bundesjugendring und seine Mitgliedsverbände erneuerte Honecker im Oktober 1954 „unseren wiederholt geäußerten Standpunkt, Gespräche mit den Vertretern des Deutschen Bundesjugendringes und jeden ihm angeschlossenen Verband sofort ohne jede Vorbedingung aufzunehmen".[108] Von keiner Seite sollten Vorbedingungen gestellt werden. Die FDJ erkläre ausdrücklich, daß sie bei gemeinsamen Gesprächen bereit sei, über alle auftretenden Fragen zu beraten. Der Bundesjugendring seinerseits hielt an den vier Forderungen fest, deren Erfüllung Dannemann und Köppler als Voraussetzung für gesamtdeutsche Gespräche bezeichnet hatten;

106 Schreiben von Heinrich Köppler an Erich Honecker vom 10.7.1954, in: SAPMO DY 24-13406.

107 Schreiben von Heinrich Köppler an Erich Honecker vom 18.10.1954, in: ABDKJ A 1727.

108 Offener Brief der FDJ an den DBJR und die ihm angeschlossenen Jugendverbände Westdeutschlands vom 20.10.1954, ebd.

mehr noch, auf seiner Vollversammlung in Wiesbaden Ende November 1954 hob der Bundesjugendring diese Forderungen in den Rang eines offiziellen Beschlusses.[109]

Inzwischen hatten sich die politischen Rahmenbedingungen für die Westpolitik der FDJ verändert. Das EVG-Projekt war Ende August 1954 am Veto der französischen Nationalversammlung gescheitert.[110] Die daraufhin ausgehandelte Alternativlösung, niedergelegt in den sog. Pariser Verträgen, sah für die Bundesrepublik Deutschland die Erlangung der Souveränität, den Beitritt zur Westeuropäischen Union und zur NATO sowie den Aufbau einer nationalen Armee vor. Erich Honecker erklärte die Westarbeit zur Chefsache, galt es doch die Ratifizierung der Pariser Verträge und damit die feste Integration der Bundesrepublik Deutschland in das westliche Staatenbündnis aufzuhalten.[111] Vor diesem Hintergrund sind die gleichlautenden Schreiben Honeckers an den Bundesjugendring und seine Mitgliedsverbände vom 29. Januar 1955 zu sehen.[112] Darin bezeichnete er gemeinsame Beratungen zwischen Vertretern der Jugend Ost- und Westdeutschlands als dringlicher denn je, da eine Ratifizierung der Pariser Verträge die Wiedervereinigung Deutschlands auf lange Zeit unmöglich machen und die Gefahr eines Bruderkrieges heraufbeschwören würde. Um die Verständigung der Jugend zu erleichtern, sei der Zentralrat der FDJ bereit, in die Erörterung von Fragen einzutreten, deren Lösung diesem Ziel diene. Es folgte ein Zugeständnis, das für die FDJ „eigentlich unannehmbar" war und allein mit dem übergeordneten Ziel, die Ratifizierung der Pariser Verträge durch Bundestag und Bundesrat zu verhindern, begründet werden kann. Der FDJ-Vorsitzende erklärte: „Nach einer eingehenden Prüfung der Aussprache der 11. Vollversammlung des Bundesjugendringes [die Vollversammlung von Wiesbaden im November 1954] bestehen von unserer Seite aus keine Einwendungen, die uns mitgeteilten vier Punkte auf einer solchen Beratung auf die Tagesordnung zu setzen und zu behandeln."

Am 2. Februar 1955 ging dieses Schreiben bei Köppler ein.[113] Noch am gleichen Tag teilte er in seiner Funktion als Bundesführer des BDKJ der Presse mit, daß sein Verband keine Bedenken habe, wenn der Bundesjugendring mit Vertretern der FDJ über die vier Forderungen von Wiesbaden verhandle.[114] Der Bund der Deutschen Katholischen Jugend selbst lehne aufgrund seiner mehrfach gefaßten Beschlüsse Gespräche mit der FDJ ab.

Anfang Januar 1955 hatte Köppler in einer Rede vor dem BDKJ der Diözese Berlin die Abgrenzung seines Verbandes gegenüber der FDJ deutlich markiert. In Berlin hatte er die Gemeinsamkeit der Jugendverbände beschworen, ihre gemeinsame Verantwor-

109 Vgl. Bundesjugendring, S. 181f.; Herms, S. 292.
110 Herms, S. 291.
111 Ebd., S. 291f.
112 Schreiben von Erich Honecker an den BDKJ vom 29.1.1955, in: ABDKJ A 1727.
113 Schreiben von Heinrich Köppler an die Mitglieder des Geschäftsführenden Ausschusses des DBJR und die Vorsitzenden der Landesjugendringe vom 4.2.1955, ebd.
114 Presseerklärung Heinrich Köpplers betr. Schreiben des Zentralrates der FDJ vom 29.1.1955 an den DBJR, ebd.

tung für ein demokratisches Deutschland unterstrichen: „Wir sagen ja zu dieser gemeinsamen Arbeit, zu diesem Seit an Seit vorwärtsgehen mit den Freunden, die in den anderen Jugendverbänden an diesen Aufgaben des Neuaufbaus unseres Vaterlandes mit uns wirken wollen. ... Hier aber ein Wort, das ich auch oder gerade hier bei Euch in Berlin, Freunde, in aller Deutlichkeit sagen möchte, diese Gemeinsamkeit im Reich der Jugend ist nicht grenzenlos. Diese Gemeinsamkeit hört nämlich da auf für uns katholische Jugend, und hier sind wir uns einig mit der deutschen Jugend, die in unseren Ringen und unseren Ausschüssen mit uns zusammenarbeiten. Diese Gemeinsamkeit hört da auf, wo die Freiheit des Einzelnen und wo die Freiheit der Gemeinschaft nicht nur untergraben wird, sondern wo man ihr bewußt an den Kragen will, und ich spreche das ganz offen und deutlich aus, dieses Seit an Seit gehen und stehen, diese Gemeinsamkeit, von der ich sprach, ist deshalb für uns ein Ding der Unmöglichkeit gegenüber der Jugendorganisation, die sich heute, es ist ein Witz, aber ein trauriger Witz, Freie Deutsche Jugend nennt.“[115] Für diese Worte hatte er starken Beifall erhalten, „obwohl seine Argumentation“ – nach Einschätzung der Gesamtdeutschen Abteilung des Zentralrats der FDJ – „sehr schwach war und praktisch nur die Phrase von der angeblichen Unfreiheit in der DDR beinhaltete.“[116] Darin zeigte sich für die FDJ, daß es bei den jungen Katholiken über die Verhältnisse in der DDR sehr starke Unklarheiten gebe und daß sie keine klaren Vorstellungen über die Verständigung mit der Jugend der DDR hätten. Deshalb müsse ihnen klar gemacht werden, „daß es keine Verhandlungen mit der Jugend der DDR geben kann, ohne daß man sich mit der FDJ zusammensetzt.“ Die FDJ sei schließlich „die Organisation der Jugend in der DDR“, sie vereinige in ihren Reihen 70 Prozent aller Jungen und Mädchen der DDR und sei ihr „bevollmächtigter Sprecher“.

Zunächst ging es Erich Honecker und der Führung der FDJ um ein Spitzengespräch mit dem Bundesjugendring, und zwar noch vor dem 24. Februar 1955, an dem im Bundestag die 2. Lesung der Pariser Verträge auf der Tagesordnung stand.[117] Doch damit war nicht zu rechnen, was Honecker auch wußte, hatte ihm doch Köppler mitgeteilt, daß sich der Geschäftsführende Ausschuß des Bundesjugendringes erst am 26. Februar und die Konferenz der Vorsitzenden der Landesjugendringe zwei Tage später mit dem Inhalt seines Schreibens vom 29. Januar 1955 befassen würden.[118] Unmittelbar nach Abschluß der Beratungen dieser beiden Gremien übermittelte Köppler dem FDJ-Vorsitzenden die Stellungnahme des Bundesjugendringes zu dem genannten Schreiben.[119] Für den 17. März 1955 lud der Bundesjugendring die FDJ zu Gesprächen nach Bad Go-

---

115 Rede Heinrich Köpplers vor dem BDKJ der Diözese Berlin am 9.1.1955, Mitschnitt der Übertragung im RIAS vom 10.1.1955, in: SAPMO DY 24-13390.

116 Einschätzung der Rede Köpplers vor dem BDKJ der Diözese Berlin vom 9.1.1955 durch die Abteilung Gesamtdeutsche Arbeit des Zentralrats der FDJ, ebd.

117 Schreiben von Erich Honecker an Heinrich Köppler vom 18.2.1955, in: ABDKJ A 1727.

118 Schreiben von Heinrich Köppler an Erich Honecker vom 17.2.1955, in: SAPMO DY 24-115030.

119 Schreiben von Heinrich Köppler an Erich Honecker vom 28.2.1955, in: ABDKJ A 1727.

desberg ein. Dabei sollte über die vier Grundforderungen des Bundesjugendringes in nachstehender Reihenfolge verhandelt werden:
„1. Freilassung aller aus politischen Gründen inhaftierten Jugendlichen in der DDR,
2. Aufgabe des Privilegs der FDJ als Staatsjugend,
3. Zulassung aller Jugendgemeinschaften im Gebiet der DDR,
4. Zulassung aller westdeutschen Jugendzeitschriften und -zeitungen in der DDR.“

In seiner Antwort bedauerte Honecker, daß es zu keinem Treffen zwischen Vertretern des Bundesjugendringes und der FDJ vor der Ratifizierung der Pariser Verträge durch den Bundestag am 27. Februar 1955 gekommen sei, stimmte gleichwohl einer Zusammenkunft am 17. März 1955 zu.[120] Während dieses Gesprächs sollte nicht allein über die vier Grundforderungen des Bundesjugendringes gesprochen werden, sondern auch ein „Meinungsaustausch über die Folgen der Pariser Verträge und über Maßnahmen gegen das Wiedererstehen des deutschen Militarismus und die Wege zur Wiedervereinigung Deutschlands“ möglich sein. Eine Verknüpfung der Diskussion über die Pariser Verträge mit seinen vier Forderungen lehnte der Bundesjugendring kategorisch ab. „Die Reise Ihrer Beauftragten wird zwecklos sein, wenn diese beabsichtigen, über eine erweiterte Tagesordnung zu debattieren“, ließ drei Tage vor der Zusammenkunft in Bad Godesberg Heinz Westphal in Vertretung Köpplers den FDJ-Vorsitzenden wissen.[121]

Im letzten Moment drohten die Gespräche in Bad Godesberg zu scheitern. Der nordrhein-westfälische Innenminister Franz Meyers wollte die Mitglieder der FDJ-Delegation, die einer Organisation angehörten, die in der Bundesrepublik verboten war, verhaften lassen.[122] Weiterhin wurden die Gespräche belastet durch die Erklärung eines FDJ-Sprechers zwei Tage vor der geplanten Zusammenkunft, daß sich in der DDR keine Jugendlichen aus politischen Gründen in Haft befänden.[123] Dem widersprach der „Untersuchungsausschuß freiheitlicher Juristen“, nach dessen Recherchen seinerzeit rund 1.000 Jugendliche aus politischen Gründen in der DDR inhaftiert waren.[124] Ihnen würden weder wirtschaftliche noch kriminelle Delikte vorgeworfen. Allein im Zusammenhang mit dem Volksaufstand vom 17. Juni 1953 seien elf Prozent der insgesamt 700 gerichtlich verurteilten Jugendlichen unter 21 Jahren gewesen.

Daß am 17. März 1955 in der Jugendherberge Bad Godesberg trotz aller Schwierigkeiten Günther Feuser (Evangelische Jugend), Jürgen Gerull („Die Falken“) und Willi Weiskirch (BDKJ) als Vertreter des Bundesjugendringes mit einer dreiköpfigen Delegation der FDJ zusammentrafen, war schon ein Erfolg – und es sollte der einzige Erfolg bleiben. Die Verhandlungen zwischen den beiden Delegationen nahmen einen enttäuschenden Verlauf, sie endeten „in edler Sinnlosigkeit“, wie „Christ und Welt“ das Re-

---

120 Schreiben von Erich Honecker an Heinrich Köppler vom 7.3.1955, ebd.
121 Schreiben von Heinz Westphal an Erich Honecker vom 14.3.1955, ebd.
122 Vgl. KÖPPLER: Bundesjugendring.
123 „FDJ leugnet Jugendverhaftungen“. In: „Rheinische Post“ vom 16.3.1955.
124 Ebd.

sultat der Gespräche treffend beschrieb.[125] Die Verhandlungen erschöpften sich zunächst in nicht enden wollenden, fruchtlosen Debatten über die Frage, ob in der DDR Jugendliche aus politischen Gründen inhaftiert seien und was überhaupt unter einem politischen Häftling zu verstehen sei.[126] Immerhin – und das ist eines der wenigen konkreten Ergebnisse der Gespräche – distanzierte sich die Delegation aus Ost-Berlin von der kurz zuvor abgegebenen Erklärung eines FDJ-Sprechers, wonach es keine politischen Häftlinge in der DDR gebe. Das Delegationsmitglied Hannes Keusch gab zu Protokoll: „Wir haben eine bestimmte Kenntnis von den Dingen. Vielleicht ist diese Kenntnis nicht immer richtig, wir sind ja nicht der Staat. Wir sind eine Jugendorganisation wie Sie auch. Wenn Sie eine Anzahl von Namen und Listen haben und sagen, dass das politische Häftlinge sind, dann sind wir der Auffassung, dass es eine Regelung geben muss, diese Fälle zu überprüfen."[127] Damit erklärte er, daß seine Delegation nicht behaupten wollte, es gebe keine politisch inhaftierten Jugendlichen, sondern sie könnten nur feststellen, daß sie davon nichts wüßten. Und Heinz-Wolfram Mascher sicherte zu, daß die Delegation der FDJ jederzeit bereit sei, „Material über Jugendliche, die nach Ihrer Meinung aus politischen Gründen bei uns inhaftiert werden, entgegenzunehmen."[128]

Verhandlungen über die vier Forderungen fanden eigentlich nicht statt, die Frage eines Verzichts der FDJ auf ihre privilegierte Stellung als Staatsjugend wurde überhaupt nicht thematisiert. Konkret wurde man nur bei der Erörterung einer Zulassung westdeutscher Jugendzeitschriften und -zeitungen in der DDR.[129] Unter der Voraussetzung, daß gleichzeitig den Presseorganen der FDJ die Zulassung und der ungehinderte Vertrieb zugesichert werde, wollte sich die FDJ über ihren Zentralrat bei der Regierung der DDR für eine Zulassung der Zeitschriften und Zeitungen der westdeutschen Jugendverbände verwenden. „Wir können natürlich noch nicht sagen", schränkte Keusch ein, „wie unsere Stellen im Ergebnis dazu Stellung nehmen."[130] Von einer möglichen Zulassung westdeutscher Presseerzeugnisse seien selbstverständlich Zeitungen und Zeitschriften mit militaristischen und faschistischen Tendenzen ausgeschlossen. Was sie unter militaristischen und faschistischen Tendenzen verstand, ließ die Delegation aus Ost-Berlin offen.

Unmittelbar nach Abschluß der Verhandlungen traten Köppler und sein Stellvertreter Westphal vor die Presse.[131] Wie Köppler mitteilte, werde der Bundesjugendring erst dann wieder mit FDJ-Vertretern zusammentreffen, wenn die FDJ ihren Worten Taten

125 „Mißglücktes Jugendgespräch. Bundesjugendring fand keine Verständigungsmöglichkeiten mit FDJ-Gästen". In: „Christ und Welt" vom 24.3.1955.

126 Vgl. Protokoll über die Verhandlung zwischen Delegierten des DBJR und der FDJ am 17.3.1955 in der Jugendherberge Bad Godesberg, S. 1–12, in: ABDKJ A 1727.

127 Ebd., S. 6.

128 Ebd., S. 12.

129 Ebd., S. 28–31.

130 Ebd., S. 31.

131 Vgl. „Doch jugendliche politische Gefangene". In: „KNA" vom 18.3.1955; „Gespräch mit der FDJ". In: „Die Welt" vom 18.3.1955; „FDJ soll Farbe bekennen". In: „Rheinische Post" vom 18.3.1955.

folgen lasse. „Wir haben unsere vier Forderungen an die FDJ vorgebracht und erläutert. Jetzt werden wir auf praktische Beweise warten", erklärte er.[132] Für den Bundesjugendring sei völlig klar, so betonte sein 2. Vorsitzender, Heinz Westphal, daß es nicht sinnvoll sei, mit Vertretern des SED-Regimes zu diskutieren. Ausgangspunkt für die Einladung an die FDJ-Delegation sei die Überlegung gewesen, jede sich bietende Chance zu nützen, um den leidenden jungen Menschen in der Sowjetzone zu helfen und ihre Lebensverhältnisse zu verbessern. Sollte die FDJ die vier Forderungen der Vertretung der westdeutschen Jugend erfüllen, dann könne man über weitere die Jugend angehende Fragen wie etwa die Regelung des Wanderns durch ganz Deutschland, Benutzung der Jugendherbergen oder die Verbesserung der sportlichen Beziehungen sprechen.

Zu dieser Pressekonferenz nahmen am folgenden Tag die FDJ-Vertreter Stellung, die eine andere Darstellung der Besprechung gaben.[133] Sie sagten, ihre Gesprächspartner vom Bundesjugendring hätten die Fortsetzung der Verhandlungen fest zugesagt, ohne die Erfüllung ihrer Forderungen zur Vorbedingung zu machen. Ferner sei zugesagt worden, die künftigen Gespräche sollten auch allgemeine politische Themen, einschließlich der Pariser Verträge und der Wiedervereinigung, einschließen. Köppler reagierte empört und beantwortete „diese massive kommunistische Propaganda" damit, daß er den Abbruch der Gespräche mit der FDJ verkündete.[134] Die Darstellung der FDJ-Vertreter sei „eine grobe Unwahrheit". Die völlige Verdrehung der Tatsachen durch die FDJ sei für den Bundesjugendring ein erneuter Beweis dafür, daß ernsthafte Verhandlungen mit der FDJ unmöglich seien. Damit waren die Gespräche zwischen dem Bundesjugendring und der FDJ gescheitert, ja sie mußten scheitern, da die FDJ von Anfang an nicht interessiert war an einer Verständigung im Interesse der Jugend, an einem Ausbau der Kontakte zwischen den Jugendlichen in Ost- und Westdeutschland. Vielmehr verfolgte sie mit ihrer neuen Westoffensive das Ziel, die Jugend in der Bundesrepublik gegen Adenauers Politik der Westintegration zu mobilisieren – eine Bestätigung für die Beobachtung Heinz Westphals, daß sich der Bundesjugendring „immer wieder konfrontiert [sah] mit den Vorstößen der östlichen Seite, die die Jugend der Bundesrepublik und deren Organisationen in die Ziele der kommunistischen Deutschlandpolitik einbeziehen wollte.[135]

Neben der Deutschlandpolitik war die Wehrfrage das politische Thema, mit dem sich der Bundesjugendring und seine Mitgliedsverbände in jenen Jahren auseinandersetzte.

132 Zitiert nach „Gespräch mit der FDJ". In: „Die Welt" vom 18.3.1955.
133 Vgl. „Gespräch mit der FDJ abgebrochen". In: „Kölnische Rundschau" vom 19.3.1955.
134 Ebd.
135 WESTPHAL, S. 181.

4. Der BDKJ und die Wehrfrage

Wie kaum ein zweites politisches Thema beschäftigte in der ersten Hälfte der 1950er Jahre die Wehrfrage die deutsche Gesellschaft, insbesondere die Jugend. Von dem Aufbau einer neuen deutschen Armee wäre sie unmittelbar betroffen gewesen (Frage der Wehrpflicht), unabhängig davon, ob dies im nationalen oder im europäischen Rahmen geschehen sollte.

Auf seiner Vollversammlung in Hannover Ende November 1951 befaßte sich der Bundesjugendring erstmals mit der Wehrfrage.[136] Er sah es als seine Pflicht an, die Öffentlichkeit und die verantwortlichen Politiker der Bundesrepublik auf den „schweren, innerlichen Konflikt" hinzuweisen, in den die junge Generation durch die Diskussion über einen möglichen deutschen Wehrbeitrag gestürzt worden sei. Deshalb verlangte er auch von den politischen Entscheidungsträgern „gewissenhafte und verantwortungsbewußte Entscheidungen", die mit dem deutschen Volk und besonders der deutschen Jugend diskutiert werden müßten. „Jegliche Anwendung von Demagogie, von psychologischen, politischen oder materiellen Lockmitteln muß gerade bei dieser jeden einzelnen jungen Menschen betreffenden entscheidenden Frage unterbleiben und verhindert werden", forderte der Bundesjugendring in seiner Erklärung von Hannover. In diesem Zusammenhang nahm er Stellung zu dem Vorschlag, das Tragen der alten Orden des Zweiten Weltkrieges „in entnazifizierter Form" in der Öffentlichkeit zu erlauben. Diese als psychologisches Lockmittel gedachte Maßnahme werde vom Bundesjugendring „entschieden abgelehnt". Die Auswirkung einer Erlaubnis zum Tragen dieser Orden würde darin bestehen, „daß diejenigen Unverbesserlichen, die aus dem Krieg der Hitlerzeit nichts gelernt haben, mit diesen Orden – ob mit oder ohne Hakenkreuz und schwarz-weiß-rotem Band – nationalistische, ja darüber hinaus nazistische Propaganda betreiben, die in unserer jungen Demokratie nicht ohne schädlichen Einfluß bleiben könnte." Die Erziehung zur guten, tapferen Tat, die der Hilfe für andere Menschen über die nationalen Grenzen hinaus diene und damit auch zur Völkerverständigung beitrage, sei eine der Aufgaben der im Bundesjugendring zusammengeschlossenen Verbände. Um diese Erziehungsarbeit nicht zerstören zu lassen, müsse der Bundesjugendring „eindringlich vor der Neueinführung der Naziorden" warnen.

Die Einigkeit innerhalb des Bundesjugendringes, wie sie sich in der Stellungnahme zur Ordensfrage zeigte, die eine Warnung vor einem Wiederaufleben nationalistischer und militaristischer Tendenzen in Deutschland darstellte, konnte nicht darüber hinwegtäuschen, daß der Dachverband der demokratischen Jugendverbände in der Wehrfrage an „die Grenzen seiner Einmütigkeit"[137] stieß. Dies zeigte sich bereits nur wenige Wochen nach der Erklärung von Hannover, als am 29. Januar 1952 die Vorsitzenden der Mitgliedsverbände des Bundesjugendringes mit Vertretern der Dienststelle Blank, der

136 Vgl. Der Deutsche Soldat, S. 124f.
137 BUNDESJUGENDRING, S. 268.

Vorläuferin des späteren Bundesverteidigungsministeriums, zusammentrafen.[138] Schnell wurde deutlich, daß es erhebliche Diskrepanzen zwischen den sicherheitspolitischen Auffassungen der einzelnen Jugendverbände gab. Aus diesem Grund verständigte man sich darauf, daß die Jugendverbände ihre Auffassungen zu einer ausführlichen Stellungnahme ihrer Organisation zur Wehrfrage ausarbeiteten, welche sie auf einer weiteren Konferenz der Öffentlichkeit vorstellen sollten, was Ende April 1952 auf der 6. Vollversammlung des Bundesjugendringes in Elmstein geschah.

Im pfälzischen Elmstein trug Josef Rommerskirchen die Stellungnahme des Bundes der Deutschen Katholischen Jugend zur Wehrfrage vor.[139] Im Namen seines Verbandes bejahte er einen deutschen Verteidigungsbeitrag im europäischen Rahmen: „Sollte ... die legale politische Autorität – und als diese sehen wir die in freier Wahl berufene Volksvertretung, den Bundestag der Bundesrepublik, an – nach wahrhaftiger und verantwortlicher Prüfung der Gegebenheiten und Notwendigkeiten eine Beteiligung Deutschlands an einem europäischen militärischen Verteidigungsbeitrag beschließen, so halten wir es für unsere Pflicht gegenüber Volk und Staat, die entsprechenden Konsequenzen mitzutragen."[140] Die in diesen Ausführungen zum Ausdruck kommende Einstellung eines verantwortungsbewußten Staatsbürgers hob sich wohltuend ab von der in der Wehrdebatte verbreiteten staatsvergessenen Haltung der „Ohne mich" – Bewegung, deren Pflichtvergessenheit Anselm Doering-Manteuffel treffend beschreibt: „Der Anspruch dieser Bewegung war ausschließlich negativ formuliert, und jede Argumentation in ihrem Sinne ging dahin, daß der einzelne Bürger als Teil der bundesrepublikanischen Gesellschaft es ablehnen würde, die materiellen Folgen der gegenwärtigen Politik auf sich zu nehmen, also Kriegsdienst zu leisten und die Aufrüstungskosten zu tragen. Die Breitenwirkung der „Ohne mich" – Bewegung lag in ihrem Appell an die menschlichen Instinkte begründet, an den Hang zur Bequemlichkeit und darüber hinaus an jene sich allmählich abzeichnende Konsumbegeisterung der Bevölkerung, die sich eo ipso als die Kompensation von kriegs- und nachkriegsbedingtem Wohlstandsverzicht zu legitimieren schien. Vor dieser massenwirksamen Eigenschaft der ‚Bewegung' mußten pazifistisches Engagement und gesellschaftliches Neuordnungsdenken als ernsthafte Motive für eine „Ohne mich" – Haltung eher verblassen."[141]

Die Zustimmung des BDKJ zu einem Wehrbeitrag war nicht bedingungslos. Rommerskirchen unterstrich mit Nachdruck die Forderung seines Verbandes, daß in der militärischen Ausbildung der Mensch in seiner persönlichen Würde zu achten sei und damit „vor willkürlicher Freiheitsbeschränkung, vor geistlosem Drill, vor der Forderung eines blinden Gehorsams und vor Rechtlosigkeit" geschützt werden müsse.[142] Die Stellungnahme des BDKJ blieb nicht beschränkt auf das Ja zu einem deutschen Wehrbeitrag im europäischen Rahmen. In seinen Ausführungen legte Rommerskirchen darüber

---

138 Vgl. Doering-Manteuffel, S. 144; Der Deutsche Soldat, S. 112.
139 Vgl. Bokler, S. 7–9.
140 Ebd., S. 8.
141 Doering-Manteuffel, S. 117.
142 Bokler, S. 9.

hinaus ein Bekenntnis ab zu Adenauers Politik der Westintegration. So erteilte er allen Neutralitätsbestrebungen eine klare Absage: „Die Behauptung, das totalitäre Sowjetsystem greife die freie Welt nicht an, ist auf Grund der Erfahrungstatsachen zumindest so zweifelhaft, daß eine Neutralität ein unverantwortliches politisches Risiko bedeuten würde. Letzten Endes würde sie dem militanten Kommunismus Tür und Tor öffnen."[143] Statt dessen unterstützte er mit Nachdruck den [west-]europäischen Integrationsprozeß: „Wir mühen uns ..., die im Werden begriffene europäische Gemeinschaft mehr und mehr festigen zu helfen. Sie erscheint uns jungen Menschen, die durch den Nationalismus und Totalitarismus der jüngsten Vergangenheit unmittelbar und besonders hart betroffen wurden, als die politisch beste Antwort auf die Frage nach der Zukunft; denn sie birgt die Kräfte in sich, die eine sittliche, kulturelle, soziale, wirtschaftliche und staatspolitische Ordnung herbeizuführen vermögen."[144]

Die sogenannte Elmsteiner Erklärung des BDKJ zur Wehrfrage fand große Beachtung, allein schon deshalb, weil alle anderen Jugendverbände einen deutschen Wehrbeitrag ablehnten oder in dieser Frage keine Position bezogen.[145] An dieser Erklärung konnte, wie der spätere Bundespräses Willy Bokler am 15. Mai 1952 in einem Kommentar zur Stellungnahme Rommerskirchens selbstbewußt feststellte, „kein Mitglied des Bundes, kein Jugendverband Deutschlands und auch keine staatliche Instanz oder Behörde unseres Volkes mehr vorbeisehen oder vorbeigehen", denn „der Bund der Deutschen Katholischen Jugend ist nicht gerade irgendwer. Er umfaßt eine Million Mitglieder und arbeitet im engsten Zusammenhang mit den kirchlichen Stellen der Jugendseelsorge."[146] Unter Verweis auf die kirchliche Lehre vom gerechten Krieg, die einen Verteidigungskrieg als Akt persönlicher oder kollektiver Notwehr sittlich erlaubt und politisch rechtfertigt[147], begründete Bokler die Position des BDKJ in der Wehrfrage theologisch.[148] Auch betonte er, daß der Stellungnahme von Rommerskirchen in Elmstein intensive Beratungen in den Führungsgremien vorausgegangen seien.[149]

Trotz der Erläuterungen Boklers blieb die Elmstein-Erklärung Rommerskirchens in den Reihen der Katholischen Jugend nicht unwidersprochen. Am 13. Juli 1952 konstituierte sich in Essen ein „Arbeitskreis katholischer Jugend gegen die Wiederaufrüstungspolitik".[150] Getragen wurde der Arbeitskreis vor allem von der „Schar", der kleinsten Gliedgemeinschaft im BDKJ, die durch ihre Ablehnung zu starker kirchenamtlicher Einflußnahme auffiel. In der „Schar" versammelten sich junge Arbeiter, Handwerker, Schüler, Studenten, junge Bauern und Angestellte; nicht wenige von ihnen waren Pazifisten. Auf seiner konstituierenden Sitzung verabschiedete der Arbeits-

143 Ebd., S. 8.
144 Ebd., S. 7.
145 Vgl. Der Deutsche Soldat, S. 112–115; Doering-Manteuffel, S. 152.
146 Bokler, S. 9.
147 Vgl. Doering-Manteuffel, S. 9–13.
148 Bokler, S. 10.
149 Ebd., S. 9.
150 Zu diesem Arbeitskreis und seiner Bedeutung als Oppositionsgruppe gegen die Wiederbewaffnung innerhalb des BDKJ vgl. Doering-Manteuffel, S. 171–179.

kreis eine Resolution, in der gegen den Kurs der Bundesführung in der Wehrfrage massiv protestiert wurde.[151] Die 78 Gründungsmitglieder des Arbeitskreises verurteilten die Elmstein-Erklärung als Kompetenzüberschreitung und wesentliche Beeinträchtigung der Gewissensfreiheit aller jungen Katholiken.

Massenwirkung erreichte der „Arbeitskreis katholischer Jugend gegen die Wiederaufrüstungspolitik" nicht; schon bald verstummte die innerverbandliche Opposition gegen den Kurs der Bundesführung und damit gegen einen deutschen Wehrbeitrag im europäischen Rahmen. Zwei Gründe führt Anselm Doering-Manteuffel hierfür an: Zum einen erklärt er die „nur kurzlebige Wirksamkeit" des Essener Arbeitskreises damit, „daß seine wehrfeindliche Haltung mehr aus der Tagespolitik und weniger aus der Unruhe des Gewissens resultierte."[152] Die Opposition gegen den Kurs der Bundesführung war in erster Linie politisch motiviert. Es mangelte ihr an religiöser Motivation, so daß sie jungen Katholiken, die durch die Wehrdebatte verunsichert waren, keine theologische Orientierung geben konnte. Zum anderen nennt er das rasche Handeln der Bundesführung als Grund, vor allem den Beschluß über die Unvereinbarkeit zwischen einer Mitgliedschaft im BDKJ und der Mitgliedschaft im „Arbeitskreis katholischer Jugend gegen die Wiederaufrüstungspolitik". Diesen Inkompatibilitätsbeschluß begründete der Bundesführungsrat Anfang August 1952 damit, daß man im BDKJ keine Mitglieder dulden könne, die einem Arbeitskreis angehörten, dessen „Äußerungen Grundsätzen des kirchlichen Lehramts widersprechen und der bereit ist, zur Erreichung seiner Ziele auch mit kommunistisch gesteuerten Gruppen zusammenzuarbeiten."[153]

Auf der Hauptversammlung des BDKJ im November 1952, auf der Heinrich Köppler zum Bundesführer gewählt wurde, war die innerverbandliche Auseinandersetzung um die Frage eines deutschen Wehrbeitrages „kein offizielles Thema mehr"[154]. Als der neue Bundesführer sein Amt antrat, konnte die Diskussion im BDKJ über das „Ob" eines Wehrbeitrages als abgeschlossen betrachtet werden. In den folgenden vier Jahren, die mit Köpplers Amtszeit als Bundesführer zusammenfielen, wandte sich der BDKJ konsequenterweise der Frage des „Wie" zu. Unter den Jugendverbänden beteiligte sich nicht allein der BDKJ an der Diskussion über die innere Struktur künftiger deutscher Streitkräfte. Auch die anderen im Bundesjugendring zusammengeschlossenen Verbände, die bekanntlich einen deutschen Wehrbeitrag ablehnten bzw. in dieser Frage unentschieden waren, beschäftigten sich mit der Frage nach dem „Wie", galt es doch die Interessen der Jugend bei dem sich spätestens seit der Ratifizierung des EVG-Vertrages durch den Bundestag im März 1953 abzeichnenden Aufbau einer deutschen Armee wahrzunehmen.

Im Mai 1953 legte der Bundesjugendring der Dienststelle Blank einen umfangreichen Fragenkatalog vor mit der Bitte um Stellungnahme zu Themen wie staatspolitischer Erziehung, Koalitionsrecht und Betreuung der Soldaten, wie Dienstzeit und Auf-

151 Wortlaut der Entschließung des Arbeitskreises in: ABDKJ A 562/20.
152 Doering-Manteuffel, S. 171.
153 Zitiert nach Ebd., S. 175.
154 Schwab, S. 68.

bau der Truppe, wie Fortbildung und Aufstiegsmöglichkeiten der Soldaten oder wie den Auswahlkriterien und der Überwachung ihrer Einhaltung bei der Aufstellung eines neuen Offizierkorps.[155] In seiner Stellungnahme zur inneren Struktur der Streitkräfte mußte der BDKJ die Antworten der Dienststelle Blank ebenso berücksichtigen wie die Denkschrift des Liberalen Studentenbundes Deutschlands (LSD). Die Zustimmung zu einem deutschen Wehrbeitrag ausschließlich im europäischen Rahmen[156], das Bekenntnis zur allgemeinen Wehrpflicht[157], die Anerkennung des Rechts auf Kriegsdienstverweigerung[158], die politische Kontrolle der Streitkräfte[159] und die Armee als Erziehungsfaktor[160] waren die zentralen Forderungen des LSD zu einer künftigen Wehrverfassung. Daß es sich in diesem Zusammenhang um „die erste konkrete Äußerung aus den Reihen der Jugend“[161] handelte, ging in dem Trommelwirbel unter, mit dem der Bund der Deutschen Katholischen Jugend seine Stellungnahme zur inneren Struktur der zukünftigen Streitkräfte vorstellte.

Auf der Hauptversammlung im November 1953 im Haus Altenberg beschloß der BDKJ seine „Stellungnahme zu Fragen des Inneren Gefüges der deutschen Streitkräfte“.[162] In der Einleitung zu der Stellungnahme betonte der BDKJ sein Mitspracherecht aufgrund der Verantwortung für seine Mitglieder: „Wenn ... zum sogenannten ‚Inneren Gefüge‘ der deutschen Streitkräfte Stellung genommen wird, geschieht es aus der Mitverantwortung, denen sich junge Deutsche als Mitglieder des Bundes der Deutschen Katholischen Jugend für das Wohl und Wehe unseres Volkes und speziell der betroffenen jungen Generation bewußt sind. Wir möchten unsere Stimme rechtzeitig erhoben haben und wünschen von den Verantwortlichen und Maßgebenden gehört zu wer-

155 Vgl. Fragenkatalog des DBJR für die Dienststelle Blank vom 12.5.1953, in: ABDKJ A 562/22.

156 Bürger – Armee – Staat, S. 9: „Es soll nur deutsche Einheiten in europäischen Streitkräften geben; nationale Streitkräfte werden abgelehnt.“

157 Ebd., S. 8: „Die Verteidigung des Heimatlandes und der Familie ist eine Bürgerpflicht und das Recht jedes Staatsbürgers in der Demokratie. Daher muß die Errichtung eines Söldnerheeres als ungeeignet für einen demokroatischen Staat abgelehnt und die allgemeine Wehrpflicht gefordert werden.“

158 Ebd., S. 9: „Die im Grundgesetz verankerte Verweigerung des Kriegsdienstes mit der Waffe aus Gewissensgründen wird anerkannt.“

159 Ebd., S. 10: „Grundsätzlich stehen die Streitkräfte unter der Kontrolle der parlamentarischen Gremien und nehmen keine Sonderstellung im Staat ein. Der Verteidigungsminister soll nach Möglichkeit ein Zivilist sein. Die Vereidigung erfolgt auf die Verfassung.“

160 Ebd., S. 16: „Die Armee ist der Natur der Dinge nach ein Erziehungsfaktor ersten Ranges. Bei einer Einberufung der Dienstpflichtigen im Alter von durchschnittlich 19 Jahren schließt sich die Dienstzeit fast immer unmittelbar an die Lehr- bzw. Schulzeit an und formt den jungen Menschen in einem noch sehr beeinflußbaren Alter. Auftretende negative Einflüsse müssen daher weitgehend ausgeschaltet werden. In der Dienstzeit soll vielmehr die positive Erziehungs- und Bildungsarbeit der Schule fortgesetzt werden. Die Ausbildung zum Soldaten darf nicht die Entwicklung zur Persönlichkeit und zum Staatsbürger hemmen.“

161 Doering-Manteuffel, S. 214.

162 Vgl. Protokoll über die Hauptversammlung des BDKJ vom 10.–14.11.1953, S. 9, in: ABDKJ A 526.

den."[163] In zentralen Aussagen stimmten die Stellungnahmen des BDKJ und des LSD überein. So sprach sich auch der BDKJ für die politische Kontrolle der Streitkräfte[164], für die allgemeine Wehrpflicht[165] und das Recht auf Kriegsdienstverweigerung[166] aus. Auch der BDKJ betonte die Bedeutung der Armee als pädagogische Einrichtung.[167] Eine weitere zentrale Forderung des BDKJ war – und dies erklärt sich mit seinem Selbstverständnis als katholische Jugendorganisation – der Aufbau einer Militärseelsorge.[168]

Daß die Stellungnahme des BDKJ zur inneren Struktur der künftigen Streitkräfte über die Grenzen der Kirchenpresse hinaus große Beachtung fand, ist zurückzuführen auf eine von der Bundesführung perfekt organisierte Pressekonferenz im Anschluß an die Hauptversammlung.[169] Wie durch die zeitgenössische Presseberichterstattung belegt wird, verstand es Köppler durch „seine selbstbewußte Darstellung von der Arbeit des BDKJ an diesem Papier", den Eindruck zu vermitteln, als sei der Bund der Deutschen Katholischen Jugend der erste und einzige Jugendverband, der sich mit der Frage einer neuen Wehrverfassung befaßt habe. Weit verbreitet war auch die Meinung, daß dieser Stellungnahme des BDKJ große Bedeutung für den politischen Entscheidungsprozeß zukomme. So zeigte sich der Kommentator der Wochenzeitung „Echo der Zeit" überzeugt, in der Dienststelle Blank werde „man kaum an den in Altenberg entwickelten Vorschlägen vorbeigehen können." Hier überbewertete der Kommentator dieser Zeitung das politische Gewicht der BDKJ-Entschließung zur inneren Struktur der

163 Bokler, S. 13.

164 Ebd., S. 14: „Die Streitkräfte haben die Aufgabe der Sicherung und Verteidigung des Staates und des europäischen Lebensraumes. Sie müssen in das politische Gefüge des Staates organisch eingeordnet werden. Für diese Einordnung muß sichergestellt werden, daß die militärischen Belange der politischen Zielsetzung untergeordnet sind."

165 Ebd., S. 15: „Die Verteidigung des Volkes und seiner Lebensordnung ist Recht und Pflicht eines jeden Staatsbürgers. Die allgemeine Wehrpflicht aller Staatsbürger ist die unausweichliche Konsequenz einer demokratischen Staats- und Lebensform."

166 Ebd., S. 16: „Das Grundgesetz bestimmt in Artikel 4, daß niemand gegen sein Gewissen zum Kriegsdienst mit der Waffe gezwungen werden darf. Diesem Grundgedanken muß das zur Ausführung des Artikels 4 erforderliche Gesetz voll Rechnung tragen."

167 Ebd., S. 22: „Zu den Aufgaben der Menschenführung in den künftigen deutschen Streitkräften muß eine gute staatsbürgerliche Bildungsarbeit gehören. Diese Bildungsarbeit in den Streitkräften ist aus folgendem Grunde notwendig: der Soldat wird seine Aufgabe als Verteidiger der demokratischen Ordnung mit innerer Bereitschaft nur erfüllen können, wenn ihm Wesen und Wert der Demokratie, seine staatsbürgerlichen Rechte und Pflichten, die Grundfragen staatlicher und gesellschaftlicher Ordnung und die Gefahren des Radikalismus von links und rechts bewußt sind."

168 Ebd., S. 28: „Jedes Mitglied der Streitkräfte hat zur Bewahrung und Vertiefung seiner religiösen Überzeugung sowie zur Pflege und Förderung seines religiösen Lebens ein Recht auf religiöse Betreuung von seiten seiner Kirche. Den Religionsgemeinschaften muß das Recht zugestanden werden, ihre Angehörigen während der Dienstzeit religiös zu unterweisen und zu führen. Die Lebensbedingungen in den Streitkräften dürften es in der Regel unmöglich machen, daß diese Aufgaben allein von der zivilen Seelsorge befriedigend gelöst werden. Daher muß eine ordentliche Militärseelsorge gesetzlich eingerichtet werden."

169 Doering-Manteuffel, S. 217, auch folgende Zitate.

Streitkräfte. Als sie im November 1953 verabschiedet wurde, waren bereits wesentliche Fragen geklärt, und „es hieße", wie Anselm Doering-Manteuffel zu Recht feststellt, „die Funktion der Legislative ad absurdum führen, wenn man den gesellschaftlichen Großgruppen und Verbänden in diesem formalen Sinne Mitsprache zubilligen wollte."[170] Politisch bedeutsam war die Stellungnahme des BDKJ gleichwohl, und zwar in politisch-moralischer Hinsicht. Sie bedeutete eine wichtige Unterstützung für die Reformer in der Dienststelle Blank um Graf von Baudissin.[171] In der Dienststelle Blank befanden sie sich „in einem erbitterten Kleinkrieg"[172] mit den „Traditionalisten" des Hauses, nach der Beschreibung von Georg Meyer „militärische Technokraten mit Tendenzen zum Militarismus hin"[173].

Als Köppler im November 1953 die Stellungnahme des BDKJ zur Frage der inneren Struktur künftiger deutscher Streitkräfte vorlegte, geschah dies in der Annahme, der Aufbau einer deutschen Armee werde sich im Rahmen der Europäischen Verteidigungsgemeinschaft vollziehen. Mit dem Scheitern des EVG-Projektes in der französischen Nationalversammlung Ende August 1954 und damit des Konzepts eines deutschen Wehrbeitrages im europäischen Rahmen änderte sich der Rahmen für die Wiederbewaffnung Deutschlands. Der BDKJ hielt zwar an seinem Ja zu einem deutschen Wehrbeitrag fest, wie Köppler Anfang Januar 1955 in seiner bereits erwähnten Rede vor dem BDKJ der Diözese Berlin bekräftigte, wollte aber fortan noch stärker seinen Blick auf die innere Ausgestaltung der sich im Aufbau befindlichen deutschen Armee richten. Nach dem harten Ringen um die Zustimmung zu einem Wehrbeitrag müßten sie „nun auch die Kraft und die Aufmerksamkeit, der wir fähig sind, dafür einsetzen, daß uns die Gefahren, die wir sehen, die Gefahren, die neues Militär bei uns anrichten kann, daß wir die bannen, liebe Freunde, und dazu sind nicht nur Abgeordnete aufgerufen. Diese Gefahr kann nur dann gebannt werden, nämlich das Wiederaufkommen von 08/15 und von neuem Kommiss und neuem Barras, wenn wir alle achtgeben, ... wenn es gilt für die Menschenwürde jedes Einzelnen einzutreten, der dann das harte Opfer bringen muß, Jahre seines jungen Lebens im Dienst mit der Waffe zu vollbringen, damit er auch in diesen neuen Streitkräften die Garantie dafür hat, daß er Mensch und Staatsbürger nicht nur bleiben kann, sondern daß er dort wirklich als Staatsbürger leben und atmen kann. Das ist", ließ er die jungen Katholiken in Berlin wissen, „die Aufgabe, vor der wir stehen."[174] Das Bemühen der Bundesführung, „eine Militarismusrenaissance zu verhindern"[175], spiegelte sich auch in dem viel beachteten und weitverbreiteten Büchlein „Nie wieder Kommiß" wider, das Willi Weiskirch, der damalige Chefredakteur der

170 Ebd., S. 222.
171 Vgl. Ehlert, S. 376f.
172 Meyer, S. 892.
173 Ebd.
174 Rede Heinrich Köpplers vor dem BDKJ der Diözese Berlin am 9.1.1955, Mitschnitt der Übertragung im RIAS vom 10.1.1955, in: SAPMO DY 24-13390.
175 Rommerskirchen: Frieden, S. 175.

„Wacht“, in ihrem Auftrag verfaßte.[176] In dieser Schrift, die jeglichem Kasernenhof-Drill eine Absage erteilte, äußerte Weiskirch zwar großes Bedauern über das Scheitern des EVG-Projektes, sah nun aber auch die Möglichkeit, die Vorstellungen zum inneren Gefüge der Streitkräfte kompromißloser durchzusetzen. Einen wichtigen Beitrag hierzu leistete der BDKJ mit dem auf der Hauptversammlung im November 1955 verabschiedeten „Aktionsplan für die Vorbereitung und Betreuung junger Katholiken in den deutschen Verteidigungsstreitkräften“.[177] Neben den Plänen zur soldatischen Ordnung behandelte der Aktionsplan die Frage der Betreuung der Soldaten – einem Projekt, dem sich Heinrich Köppler in der Katholischen Arbeitsgemeinschaft für Soldatenbetreuung mit großem Engagement widmete.

176 Doering-Manteuffel, S. 246f.
177 Vgl. Bokler, S. 33–43.

III. Heinrich Köppler und die Frage der Soldatenbetreuung

1. Die Gründung der Katholischen Arbeitsgemeinschaft für Soldatenbetreuung

Die Anfänge der Katholischen Arbeitsgemeinschaft für Soldatenbetreuung reichen zurück in das Jahr 1953, als sich die Führerschaft des BDKJ auf ihrer Jahrestagung in Maria Laach „erstmalig“ mit der Frage einer Soldatenbetreuung befaßte, wie sich der damalige Bundesführer Heinrich Köppler später erinnerte.[1] In Maria Laach beschloß die Führerschaft die Einsetzung eines Wehrausschusses, der eine Stellungnahme zur Gestaltung der inneren Struktur künftiger deutscher Streitkräfte erarbeiten sollte, die auch die Frage einer Soldatenbetreuung einschloß.[2] Bereits ein Jahr zuvor hatte Josef Rommerskirchen auf der Sitzung des Geschäftsführenden Ausschusses des Zentralkomitees der deutschen Katholiken am 8. Juli 1952 von der Notwendigkeit einer katholischen Beratungsstelle in der Art eines Hauses der offenen Tür gesprochen.[3] Die Beschäftigung mit der Frage einer Soldatenbetreuung war für Rommerskirchen, Köppler und weitere führende Vertreter des BDKJ eine Konsequenz der grundsätzlichen Zustimmung ihres Verbandes zu einem deutschen Wehrbeitrag. „Wenn wir Ja sagen zu einem deutschen Wehrbeitrag, müssen wir uns auch“, wie der frühere Wehrmachtsangehörige Köppler in den 1950er Jahren immer wieder betonte, „um die Soldaten und ihr Wohlergehen kümmern.“[4]

Das Nachdenken innerhalb des Bundes der Deutschen Katholischen Jugend über die Betreuung der Soldaten in der künftigen deutschen Armee korrespondierte mit Überlegungen in der Dienststelle Blank zu dieser Frage. Wie sie sich die Soldatenbetreuung konkret vorstellte, darüber gab die Dienststelle Blank im August 1953 in ihrer Beantwortung einer entsprechenden Anfrage des Deutschen Bundesjugendringes Auskunft: „Ansatzpunkt für die Betreuungsarbeit ist grundsätzlich die dienstfreie Zeit. Aufgabe ist: Schaffung von Voraussetzungen, Anregung zu eigener Gestaltung und Hilfestellung für echte Muße, Entspannung und Bereicherung.“[5] Im einzelnen sollte es sich um reli-

---

1 Schreiben von Heinrich Köppler an Prälat Georg Werthmann vom 24.1.1966, in: AKMB AW IV 12 c.

2 Stangier, S. 3.

3 Ebd.

4 Zeitzeugengespräch mit Hans-Georg Marohl (10.7.2004).

5 Beantwortung des Fragenkataloges des Deutschen Bundesjugendringes an die Dienststelle Blank, S. 10 vom 14.8.1953, in: ABDKJ A 562/22.

giöse[6], kulturelle[7], berufsbezogene[8] und soziale Betreuung der Soldaten[9] handeln. Die Vorstellungen der Dienststelle Blank berücksichtigte der BDKJ in seiner bereits erwähnten „Stellungnahme zu Fragen des Inneren Gefüges der deutschen Streitkräfte". Der Abschnitt VIII beschäftigte sich mit der Freizeitpflege und Betreuung der Soldaten.[10] Hierin wurden die Bereiche Freizeitpflege[11] sowie der kulturellen[12], beruflichen[13] und sozialen Betreuung[14] betrachtet. Konkretisiert wurden diese Gedanken in dem bereits ebenfalls angesprochenen „Aktionsplan für die Vorbereitung und Betreuung junger Katholiken in den deutschen Verteidigungsstreitkräften", der die Einrichtung eines Betreuungsdienstes des BDKJ vorsah, und zwar „zur Betreuung katholischer, dienstpflichtiger Soldaten, vornehmlich aber seiner eingezogenen Mitglieder"[15]. Dabei hob der BDKJ das religiös-seelsorgerliche Leitmotiv der Soldatenbetreuung hervor. Man wünschte sich die Zusammenarbeit mit anderen katholischen Organisationen und Verbänden, insbesondere suchte man den Erfahrungsaustausch und Kontakt mit den katholischen Betreuungsdiensten ausländischer Staaten. Ein wesentliches weiteres Ziel wur-

6 Die religiöse Betreuung sollte durch den Truppenseelsorger erfolgen.

7 Bei der kulturellen Betreuung dachte die Dienststelle Blank an die Einrichtung von Bibliotheken und Lesezimmern, an den Besuch von Theateraufführungen und Filmvorführungen sowie an Fremdsprachenunterricht und Auslandsurlaub ohne Paß- und Visumszwang in die Partnerländer.

8 Unter berufsbezogener Betreuung verstand die Dienststelle Blank die Förderung der Teilnahme an Berufsschulkursen, den Einsatz der Soldaten möglichst nach ihrer beruflichen Vorbildung sowie die planmäßige Berufsschulung der länger dienenden Freiwilligen und Berufssoldaten.

9 Zu den Maßnahmen der sozialen Betreuung sollten die Einrichtung von Erholungsheimen für Soldaten ohne Angehörige, die Anlage von Mannschafts- und Unteroffiziersheimen innerhalb des Kasernenbereichs sowie der Bau von Wohnungen für verheiratete Berufssoldaten zählen.

10 Vgl. Bokler, S. 30f.

11 Ebd., S. 30: „Die Erziehung zu guter Freizeitpflege wird in den Streitkräften von besonderer Bedeutung sein, da der Zwang und die Disziplin des soldatischen Lebens in besonderem Maße zu einem Ausgleich drängen, der bei jungen Menschen leicht zu einer ungehemmten Entspannung oder zum Austoben führen kann. ... Die Bereitschaft ziviler Verbände und Einrichtungen, vor allem der Jugendverbände, sich der Soldaten in ihrer Freizeit anzunehmen, sollte von den Streitkräften jede nur mögliche Förderung erfahren."

12 Ebd.: „Die kulturelle Betreuung der Soldaten sollte durch berufene Kräfte und in Fühlung mit bestehenden kulturellen Einrichtungen geleistet werden. ... Alle Veranstaltungen müssen der Forderung nach sittlicher Sauberkeit entsprechen können."

13 Ebd., S. 31: „Dem Soldaten sollte während seiner Dienstzeit die Möglichkeit gegeben werden, sich in seinem Beruf weiterzubilden. ... Während der Dienstzeit sollte dem Soldaten in Fühlungnahme mit zivilen Stellen Gelegenheit geboten werden, an Veranstaltungen, die seiner beruflichen Förderung dienen, teilzunehmen. ... Länger dienende Freiwillige und Unteroffiziere sollen während ihrer Dienstzeit schon frühzeitig auf eine spätere anderweitige berufliche Verwendung vorbereitet werden."

14 Ebd.: „Bei dem Aufbau der Streitkräfte sollte von Anfang an den sozialen Bedürfnissen der Wehrpflichtigen wie der Berufssoldaten und ihrer Familien durch entsprechende gesetzliche Regelung Rechnung getragen werden."

15 Ebd., S. 41.

de darin gesehen, die Wehrpflichtigen nach ihrer Dienstzeit wieder ins Privatleben, in den Beruf und in die Gemeinschaft des BDKJ zu integrieren.

Die Umsetzung dieser durch den BDKJ u. a. im Gespräch mit der Dienststelle Blank gewonnenen Erkenntnisse und Grundlegungen für eine weltanschaulich geprägte Soldatenbetreuung übernahm in der Folgezeit das Zentralkomitee der deutschen Katholiken. Zur Bewältigung dieser Aufgabe wurde ein besonderer Ausschuß im ZdK gebildet, der Arbeitskreis für Wehrfragen. Die Initiative hierzu ging vom Diözesankomitee der Katholiken im Bistum Münster aus, das beim ZdK mit Schreiben vom 17. März 1955 einen entsprechenden Antrag gestellt hatte.[16] Die Beschäftigung mit Fragen der Soldatenbetreuung könne nicht länger dem BDKJ überlassen bleiben, weil „die hier anstehenden Fragen über den Rahmen der Jugendarbeit hinausgehen". Es sei zu erwarten, daß die in anderen Ländern bereits eingeführten Soldatenfreizeitheime auch in der Bundesrepublik Eingang fänden, weshalb es „wichtig zu prüfen" wäre, „wieweit sich hier freie Träger einschalten können". In der Frage der Soldatenbetreuung übernahm damit auf katholischer Seite das ZdK die Federführung. Dieser Vorgang zeigte, daß die Soldatenbetreuung nicht als eine Aufgabe einzelner Teile der katholischen Kirche angesehen wurde, sondern als eine die gesamte Kirche betreffende Arbeit. Die Sorge um das Wohlergehen der Soldaten war Ausdruck christlicher Weltverantwortung: „Im Weltdienst der Christen, im gesellschaftlichen und politischen Engagement der Christen muß", wie Friedrich Kronenberg unterstreicht, „die Sorge der Kirchen um den Menschen und um die Menschheit praktisch wirksam werden" – ein Engagement, auf das die Kirche nicht verzichten kann, denn „nur eine Kirche, die sich im Weltdienst engagiert, kann eine Kirche sein, die sich als Sakrament und Zeichen für die Welt versteht, die sich den Problemen dieser Welt und ihren Menschen verbunden weiß."[17]

Heinrich Köppler übernahm den Vorsitz des Arbeitskreises für Wehrfragen im ZdK; er war von der Bischofskonferenz offiziell beauftragt worden, alle Initiativen zur Soldatenbetreuung im Zentralkomitee zu koordinieren.[18] Daß er mit dieser Aufgabe betraut wurde, lag auf der Hand. Als Bundesführer des BDKJ hatte er sich bereits intensiv mit den Fragen der Soldatenbetreuung auseinandergesetzt und als Mitglied im Geschäftsführenden Ausschuß des ZdK kannte er die handelnden Personen und Arbeitsabläufe im Zentralkomitee.

Die konstituierende Sitzung des Arbeitskreises für Wehrfragen im ZdK fand am 26. Mai 1955 statt.[19] Eingangs berichtete Köppler über die Verhandlungen, die der BDKJ bis dahin mit anderen Jugendverbänden in der Dienststelle Blank geführt hatte und über die von der Hauptstelle Jugendschutz in Hamm ausgegangene Initiative zur Wiederbe-

---

16 Vgl. Anlage I zum Protokoll der Sitzung des Geschäftsführenden Ausschusses des ZdK vom 28.3.1955, in: AZdK 2202.

17 Kronenberg, S. 89.

18 Vgl. Protokoll der Sitzung des Geschäftsführenden Ausschusses des ZdK vom 3.5.1955, in: AZdK 2202.

19 Vgl. Protokoll der konstituierenden Sitzung des Arbeitskreises für Wehrfragen im ZdK vom 26.5.1955, in: AZdK 3424.

lebung der früheren Arbeitsgemeinschaft der Soldatenheime.[20] Statt die Neukonstituierung einer nicht weltanschaulich gebundenen Betreuungsorganisation zu unterstützen, sprach er sich dafür aus, „nach dem Vorbild Hollands und Belgiens auch in Deutschland eine eigene katholische Organisation – möglicherweise in Form eines e.V. – für die Wehrbetreuung ins Leben zu rufen." Seine Ausführungen müssen überzeugend gewesen sein. Nach Meinung von Prälat Georg Werthmann jedenfalls, einem der Väter der Katholischen Militärseelsorge in der Bundeswehr, hatte Köppler „seine Sache ausgezeichnet" gemacht – ausgezeichnet zumindest im Sinne des Episkopats, der der Überzeugung war, „daß die künftige Wehrmachtsbetreuung nicht von den einzelnen [katholischen] Verbänden durchgeführt werden kann, sondern daß für diese so wichtige Aufgabe eine eigene Organisation, ähnlich der holländischen ‚Katholischen Heimatfront', geschaffen werden müsse."[21] Bei der „Katholischen Heimatfront" handelt es sich um eine 1946 als selbständige Laienstiftung zur Betreuung der niederländischen Streitkräfte gegründete Organisation, deren Hauptarbeit in der Finanzierung der katholischen Soldatenbetreuung lag (u. a. Errichtung von Soldatenfreizeitheimen und Bildungszentren, Herausgabe einer katholischen Soldatenzeitung).[22] Über ihre Beobachtungen anläßlich eines Besuchs bei der niederländischen katholischen Wehrbetreuungsorganisation berichtete Maria Alberta Lücker, die langjährige Leiterin des Kulturreferates und Außenamtes im ZdK, dem Arbeitskreis für Wehrfragen, der den Vorschlag von Köppler, für alle Anliegen der Soldatenbetreuung eine eigene katholische Organisation zu gründen, grundsätzlich billigte. Um einen konkreten Vorschlag für die Struktur und die Aufgabenstellung einer derartigen Organisation auszuarbeiten, wurde ein Arbeitsausschuß gebildet, dem neben je einem Vertreter des Caritasverbandes, der KAB und der Kolpingsfamilie Lücker, Prälat Werthmann und Köppler angehörten. In der Sitzung vom 7. September 1955 konnte Köppler dem Arbeitskreis für Wehrfragen im ZdK die Beratungsergebnisse des Arbeitsausschusses vorlegen. Als wesentliche Aufgaben für eine katholische Organisation für Soldatenbetreuung nannte er:

---

20 Die Frage einer Neukonstituierung der „Arbeitsgemeinschaft der Soldatenheime AG" hatte den Wehrausschuß des BDKJ auf seiner Sitzung am 17. Mai 1955 beschäftigt. Der Wehrausschuß war einmütig der Auffassung gewesen, daß eine Arbeitsgemeinschaft auf weltanschaulich neutraler Basis nicht zweckmäßig sei. Es müsse damit gerechnet werden, daß dieser neutrale Träger alle staatlichen Mittel ausschöpfe, so daß für die Planungen der weltanschaulich gebundenen Verbände keine Mittel mehr übrig blieben. Es sei unbedingt notwendig, daß auch hier die freie Initiative der verschiedenen Trägerverbände unterstützt werden müsse. Für diese sei es außerdem ein dringendes Anliegen, daß die Betreuung ihrer Dienstpflichtigen auch in einem Rahmen geschehe, der von der eigenen Weltanschauung bestimmt werde. Dieses Erfordernis könnte durch einen neutralen Träger nicht erfüllt werden. Der Wehrausschuß war außerdem der Meinung gewesen, daß die Hauptstelle für Jugendschutz nicht der richtige Ort sei, von dem die neue Arbeitsgemeinschaft organisatorisch und ideell getragen werden könne. Vgl. Protokoll der Sitzung des Wehrausschusses des BDKJ vom 17.5.1955, in: ABDKJ A 562/31.

21 Schreiben von Prälat Georg Werthmann an Bischof Michael Keller vom 29.5.1955, in: AKMB AW IV 12 c.

22 Vgl. STANGIER, S. 12–14.

- Bau und Unterhaltung katholischer Soldatenheime für die Freizeitgestaltung außerhalb des militärischen Dienstes,
- Bau und Unterhaltung zentraler Bildungsstätten für Soldatenbetreuung und Militärseelsorge,
- Koordinierung und Herausgabe des erforderlichen katholischen Schrifttums für Soldaten,
- Beschaffung von Hilfsmitteln aller Art für die Betreuung der Soldaten innerhalb und außerhalb der Truppenunterkünfte (u. a. Beschaffung von Büchern für die Bibliotheken der Militärseelsorger und der Soldatenheime, von Musikinstrumenten und Liederbüchern sowie Spiel- und Sportgeräten).

Hinsichtlich der Struktur einer katholischen Wehrbetreuungsorganisation schlug der Arbeitsausschuß einen eingetragenen Verein auf Bundesebene vor, für den folgende Organe vorzusehen wären: Präsidium, Geschäftsführung, Arbeitsausschuß, Fachbeiräte, Mitgliederversammlung. In seiner Arbeit sollte sich der Verein auf die Militärseelsorge, die interessierten katholischen Verbände und Arbeitsstellen sowie auf zu berufende Einzelmitglieder stützen können.

Mit seinen Vorstellungen zur Errichtung einer katholischen Organisation für Soldatenbetreuung lehnte sich der Arbeitsausschuß „an das vorbildliche Beispiel Hollands“ an, wie der Präsident des Zentralkomitees der deutschen Katholiken, Karl Fürst zu Löwenstein, und Köppler in der Sitzung des Geschäftsführenden Ausschusses vom 19. September 1955 ausführten.[23] Sowohl hinsichtlich der Aufgabenstellung als auch bezüglich der Organisationsstruktur stimmte das deutsche Modell mit dem holländischen Betreuungskonzept im wesentlichen überein.[24] Kennengelernt hatten die Mitglieder des Arbeitsausschusses das Betreuungskonzept der „Katholischen Heimatfront“ auf einer Studienfahrt nach Holland Ende Juli 1955.[25] Daß die Ausstattung der Soldatenheime verschieden, zuweilen einfach, manchmal auch komfortabler, immer aber zweckvoll und ohne übertriebenen Luxus ist und der jeweiligen Heimleitung eine besondere Bedeutung zukommt – sie hatten ein Heimleiterehepaar kennengelernt, das es verstand, eine familiäre Atmosphäre zu schaffen, in der sich die Soldaten während ihrer Freizeit wohlfühlten –, waren für sie wesentliche Erkenntnisse ihrer Besichtigungsfahrt in das westliche Nachbarland.

Wenige Tage vor der Sitzung des Arbeitskreises für Wehrfragen war Köppler von Bischof Michael Keller, dem Referenten für Fragen des Aufbaus einer neuen Militärseelsorge in der Fuldaer Bischofskonferenz, mitgeteilt worden, daß die Bischofskonferenz der Gründung einer katholischen Wehrbetreuungsorganisation in Deutschland zu-

---

23 Vgl. Protokoll der Sitzung des Geschäftsführenden Ausschusses des ZdK vom 19.9.1955, in: AZdK 2202.

24 Stangier, S. 16.

25 Aktenvermerk von Maria Alberta Lücker vom 7.8.1955 über die Studienfahrt des Arbeitsausschusses für Wehrfragen im ZdK vom 25./26.7.1955 nach Holland, in: AZdK 3424.

stimme.[26] Nach einem Gespräch mit Prälat Werthmann erklärte sich Köppler mit einer Verschiebung der Gründungsversammlung bis zur offiziellen Ernennung des Militärordinarius einverstanden.[27] Dieses Entgegenkommen erklärt sich mit der Erkenntnis, daß die Soldatenbetreuung von einer guten Zusammenarbeit mit der Militärseelsorge abhängt, wie die Mitglieder des Arbeitsausschusses für Wehrfragen im ZdK auf ihrer Besichtigungsfahrt nach Holland erfahren hatten. Ursprünglich sollte die Gründung einer katholischen Wehrbetreuungsorganisation in der Sitzung des Arbeitskreises für Wehrfragen am 7. September 1955 stattfinden.[28] ZdK-Präsident Fürst zu Löwenstein hatte bereits für diesen Tag zur „Gründung einer katholischen deutschen Wehrbetreuungsorganisation“ ins Haus des Zentralkomitees nach Bad Godesberg eingeladen.[29]

Da die Arbeiten selbst aber angesichts des voranschreitenden Wiederaufbaus einer deutschen Armee nicht verzögert werden durften, entschlossen sich die Mitglieder des Arbeitskreises für Wehrfragen in ihrer Sitzung am 7. September 1955 zu einem Zwischenschritt, nämlich als Vorläufer des später zu gründenden eingetragenen Vereins eine katholische Zentralstelle für Soldatenbetreuung einzurichten, deren Geschäftsführung in Bad Godesberg dem ZdK angegliedert wurde. Die Aufgabe dieser Aktionsstelle, deren Geschäftsführung Heinrich Köppler übertragen wurde, bestand darin, sich mit allen Fragen zu befassen, die den Soldaten außerhalb des Dienstes betreffen. Zu ihrer Unterstützung wurden Beiräte mit entsprechend kompetenten Fachleuten aus dem publizistischen, pädagogischen und militärischen Bereich berufen.

Die Sitzung des Arbeitskreises für Wehrfragen im ZdK vom 7. September 1955 markierte einen Meilenstein auf dem Weg zur Katholischen Arbeitsgemeinschaft für Soldatenbetreuung. Mit der Berufung des Erzbischofs von München und Freising, Josef Kardinal Wendel, zum ersten Katholischen Militärbischof für die Bundeswehr am 4. Februar 1956[30] war das letzte Hindernis auf diesem Weg beiseite geräumt. Am 4. Oktober 1956 wurde schließlich die Katholische Arbeitsgemeinschaft für Soldatenbetreuung e.V. in Bad Godesberg im Haus des Zentralkomitees der deutschen Katholiken gegründet.[31] Eingangs gaben Heinrich Köppler und der Bamberger CSU-Bundestagsabgeordnete Emil Kemmer einen Bericht über die bis dahin im Zusammenwirken mit der Amtskirche eingeleiteten Maßnahmen zur Soldatenbetreuung. Kemmer war seit 1954 – er nahm seinerzeit den Vorsitz im Jugendausschuß des Deutschen Bundestages wahr – an den diesbezüglichen Beratungen beteiligt.[32] Daß bereits im Januar 1956, also noch vor

---

26 Schreiben von Bischof Michael Keller an Prälat Georg Werthmann vom 5.9.1955, in: AKMB AW V 1 b.

27 Schreiben von Prälat Georg Werthmann an Bischof Michael Keller vom 4.10.1955, ebd.

28 Protokoll der Sitzung des Arbeitsausschusses für Wehrfragen im ZdK vom 11.7.1955, in: AZdK 3424.

29 Einladungsschreiben vom 24.8.1955, ebd.

30 Blaschke/Oberhem, S. 191.

31 Protokoll der Gründungsversammlung der Katholischen Arbeitsgemeinschaft für Soldatenbetreuung e.V. vom 4.10.1956, in: AKMB AR 097.

32 Schreiben von Heinrich Köppler an Prälat Georg Werthmann vom 24.1.1966, in: AKMB AW IV 12 c.

der offiziellen Gründung der KAS, mit der Umsetzung der konzeptionellen Überlegungen zur Soldatenbetreuung in die Praxis begonnen werden konnte, indem das erste „Klubhaus" in Andernach eröffnet wurde, war „sein persönliches Werk". Gleiches galt für das nächste Haus der KAS in Hammelburg, das „er allein, sozusagen im Handstreich, für die Soldatenbetreuung erobert [hatte], als das dortige Lager von Flüchtlingen geräumt und der Bundeswehr zur Verfügung gestellt wurde."[33]

Das „Klubhaus" war in der Konzeption ein „Heim der offenen Tür", das den dort lebenden Soldaten die Möglichkeit gab, ihre Freizeit auf vielfältige Weise zu gestalten.[34] Zum einen waren Einrichtungen wie eine Bibliothek, ein Spiel- oder Fernsehzimmer vorhanden, zum anderen boten die Räumlichkeiten Möglichkeiten zum Kontakt mit der Bevölkerung des Garnisonsortes. Aus den Erfahrungen mit dem Andernacher „Klubhaus" entwickelten sich in der Folgezeit zwei Haustypen, zum einen das Klubhaus in der Nähe der Unterkunft, mit großem Gemeinschaftsraum, kleinen Funktionsräumen wie in Andernach und Bewirtungsmöglichkeiten, zum anderen das Klubheim, welches in bereits bestehenden katholischen Häusern untergebracht wurde, und in denen einige Räumlichkeiten für die Soldatenbetreuung zur Verfügung gestellt wurden. Die ersten dieser Soldatenstuben entstanden mit Mitteln des Bundesjugendplanes und des Katholischen Militärbischofs in Aurich, Ellwangen und Faßberg.[35]

Nach den Berichten von Köppler und Kemmer beschloß die Versammlung die Gründung der Katholischen Arbeitsgemeinschaft für Soldatenbetreuung als eingetragener Verein, was unbedingt notwendig war, um die Anerkennung der Gemeinnützigkeit zu erhalten. Die Anerkennung der Gemeinnützigkeit war Voraussetzung für weitere Zuschüsse von den Ministerien. Auf den Gründungsakt folgte die Verabschiedung einer Satzung für die KAS. Hierzu hatte Köppler einen Entwurf vorgelegt, der nur geringfügig geändert wurde.[36] Die Katholische Arbeitsgemeinschaft für Soldatenbetreuung sieht ihre Aufgabe in der „Förderung und Einrichtung von Maßnahmen und Veranstaltungen zur geistigen, sittlichen und religiösen Betreuung der Soldaten der deutschen Bundeswehr und ausländischer Soldaten, die in der Bundesrepublik Deutschland stationiert sind, außerhalb des militärischen Dienstes" (§ 1 Abs. 1). Sie verfolgt ausschließlich religiöse und gemeinnützige Zwecke (§ 1 Abs. 2 Satz 1). Die Mitgliedschaft in der KAS steht jedem deutschen Katholik offen (§ 3 Satz 1). Organe der KAS sind der Vorstand und die Mitgliederversammlung (§ 4). Der Vorstand führt die Beschlüsse der Mitgliederversammlung aus und vertritt den Verein nach innen und außen (§ 5 Abs. 1). Die Mitgliederversammlung wiederum wählt den Vorstand und faßt Beschluß über die Verwirklichung des Vereinszwecks (§ 6 Abs. 1).

Der Verabschiedung der Vereinssatzung folgte die Wahl des Vorstandes. Angesichts der Vorgeschichte der Katholischen Arbeitsgemeinschaft für Soldatenbetreuung konnte

---

33 Ebd.

34 STANGIER, S. 17.

35 BLASCHKE/OBERHEM, S. 126.

36 Kopie der Urschrift der Satzung der Katholischen Arbeitsgemeinschaft für Soldatenbetreuung e.V. in der Fassung vom 4.10.1956 in: AKMB AR 097.

die Wahl Heinrich Köpplers zum 1. Vorsitzenden nicht überraschen. Zu seinem Stellvertreter bestimmte die Versammlung Emil Kemmer. In beiden Fällen erfolgte die Wahl einstimmig.

2. Der Aufbau der Soldatenbetreuung in der Bundeswehr Ende der 1950er/Anfang der 1960er Jahre

Die Katholische Arbeitsgemeinschaft für Soldatenbetreuung war von Anfang an bemüht, mit der ebenfalls im Jahr 1956 gegründeten Evangelischen Arbeitsgemeinschaft für Soldatenbetreuung (EAS)[37] eng zusammenzuarbeiten. Die zu erwartenden vielfältigen und schwierigen Verhandlungen mit dem Bundesverteidigungsministerium, den Dienststellen der Bundeswehr und der Finanzverwaltung über den Aufbau der Soldatenfreizeitheime ließen die Bildung einer gemeinsamen Interessenvertretung zweckdienlich erscheinen. Es war aber nicht allein dieser ganz pragmatische Grund, daß gemeinsame Interessenvertretung schlagkräftiger ist, der im April 1957 zur Gründung der Bundesarbeitsgemeinschaft für Soldatenbetreuung (BAS) führte. Die Zusammenarbeit von EAS und KAS in einer Bundesarbeitsgemeinschaft entsprach auch dem Wunsch, ja dem Drängen der Politik. Wie Militärdekan Prälat Ludwig Steger vom Katholischen Militärbischofsamt im März 1957 erfuhr, machte das Bundesverteidigungsministerium die Freigabe von Mitteln für die Soldatenbetreuung von dem Zusammenschluß der EAS und der KAS in einem eingetragenen Verein auf Bundesebene abhängig.[38] Verteidigungsminister Theodor Blank hatte bereits im April 1956 in einem Gespräch mit Köppler und Pfarrer Arnold Dannemann, der auf evangelischer Seite den Aufbau einer Arbeitsgemeinschaft für Soldatenbetreuung koordinierte, vorgeschlagen, „eine Deutsche Arbeitsgemeinschaft für Soldatenbetreuung“ zu bilden, in der zunächst die beiden konfessionell bestimmten Arbeitsgemeinschaften zusammengefaßt sein sollten, die aber offen sei für den Beitritt ähnlicher zentraler Organisationen.[39] Finanzielle Mittel des Verteidigungsministeriums sollten nach den Vorstellungen Blanks in diese allgemeine Arbeitsgemeinschaft gegeben werden, die sie dann ihrerseits auf die Träger der Soldatenbetreuung verteile.

Daß die Mitgliedschaft in der Bundesarbeitsgemeinschaft für Soldatenbetreuung nicht auf die EAS und die KAS beschränkt blieb, sondern „allen Organisationen offenstehen [sollte], die sich der Soldatenbetreuung widmen wollen“, betonte die BAS auf

37 Zur EAS vgl. BLASCHKE/OBERHEM, S. 124–126.

38 Aktennotiz von Prälat Ludwig Steger, Katholisches Militärbischofsamt, vom 27.3.1957 betr. KAS, in: AKMB AR 172.

39 Aktenvermerk von Militärdekan Albrecht von Mutius, Evangelisches Kirchenamt für die Bundeswehr, vom 9.5.1956 über die Besprechung mit Pfarrer Arnold Dannemann über die Frage der Soldatenheime, in: BA-MA BW 35–70.

ihrer Gründungsversammlung in Bonn am 10. April 1957 ausdrücklich.[40] Köppler legte einen Entwurf für die Satzung der BAS vor. Wie die endgültige Fassung zeigt, ist die Satzung der Bundesarbeitsgemeinschaft für Soldatenbetreuung[41] angelehnt an die der Katholischen Arbeitsgemeinschaft für Soldatenbetreuung. Auch die BAS bezweckt die Förderung von Maßnahmen und Veranstaltungen zur geistigen, sittlichen und religiösen Betreuung der Soldaten der deutschen Bundeswehr und ausländischer Soldaten, die in der Bundesrepublik Deutschland stationiert sind. Ebenfalls verfolgt sie ausschließlich gemeinnützige Zwecke. Und schließlich stimmt sie in ihrer Organisationsstruktur mit Vorstand und Mitgliederversammlung mit dem Aufbau der KAS überein.

Zum Vorsitzenden wurde Arnold Dannemann gewählt, zu seinem Stellvertreter bestimmte die Versammlung Köppler. Daß an der Spitze der Bundesarbeitsgemeinschaft für Soldatenbetreuung zwei Personen standen, die sich aus der Zusammenarbeit im Deutschen Bundesjugendring kannten, erleichterte natürlich die Kooperation zwischen EAS und KAS. Bereits im Juni 1956 waren sich Köppler und Dannemann über die Gründung einer Bundesarbeitsgemeinschaft einig.[42] Schon vor der offiziellen Gründung einer Bundesarbeitsgemeinschaft wollte man – und darin stimmte die Gesprächsrunde, an der neben den beiden genannten Personen auch Emil Kemmer und Oberst a. D. H. W. Souchon, Gründungsmitglied der EAS, teilnahmen, überein – sowohl gegenüber den Stellen der Bundeswehr als auch gegenüber den anderen Dienststellen der Bundesregierung grundsätzlich gemeinsam als „Arbeitsgemeinschaft für Soldatenbetreuung" auftreten. In enger Abstimmung mit der Militärseelsorge beider Konfessionen sollte die Soldatenbetreuung erfolgen. „Um eine schädliche Konkurrenztätigkeit zu vermeiden", wurde schließlich eine Übereinkunft getroffen über die Verteilung der Standorte auf die beiden konfessionellen Soldatenbetreuungsorganisationen.

Die Arbeitsteilung zwischen EAS und KAS funktionierte, ihre Zusammenarbeit im Rahmen der BAS war partnerschaftlich.[43] Wenn es dennoch einmal eine Auseinandersetzung gab wie im Fall des Standortes Immendingen, als sich die beiden Arbeitsgemeinschaften in der Frage der Trägerschaft des dortigen Soldatenheimes zunächst nicht einig waren[44], verliefen die Verhandlungen zur Lösung des entsprechenden Problems „doch immer nobel"[45].

---

40 Aktenvermerk über die konstituierende Sitzung der Bundesarbeitsgemeinschaft für Soldatenbetreuung am 10.4.1957, in: AKMB AR 096.

41 Wortlaut der Satzung der BAS in der Fassung vom 23.5.1960, ebd.

42 Aktennotiz Heinrich Köpplers vom 14.6.1956 über die Besprechung zwischen den Herren Dannemann, Souchon, Kemmer und Köppler am 13.6.1956 im Haus des ZdK, in: AKMB AR 172. Hiermit stimmt inhaltlich überein ein Aktenvermerk von Albrecht von Mutius, Evangelisches Kirchenamt für die Bundeswehr, vom 15.6.1956, in: BA-MA BW 35-70.

43 Zeitzeugengespräch mit Hans-Georg Marohl (10.7.2004).

44 Dokumentiert ist die Auseinandersetzung über die Trägerschaft des Soldatenheimes im Standort Immendingen in: HStAD RWV 26-802/1.

45 Schreiben von Gralf Ibbeken, Vorstandsmitglied der EAS, an Heinrich Köppler vom 25.11.1966, ebd.

Auf die Personalpolitik der Bundesarbeitsgemeinschaft für Soldatenbetreuung nahm Köppler entscheidend Einfluß. Ein Beispiel hierfür ist die Besetzung der Stelle des Geschäftsführers im Oktober 1964. Nach seiner Wahl zum Landrat in Bamberg stand Emil Kemmer für das Amt des Geschäftsführers der BAS nicht mehr zur Verfügung. Daß sich die Geschäftsführung durch Kemmer für beide Arbeitsgemeinschaften „außerordentlich glücklich ausgewirkt" habe, sei, wie Köppler gegenüber Prof. Horst Bartholomeyczik, dem damaligen Vorsitzenden der BAS, erklärte, „bei aller Würdigung der persönlichen Fähigkeiten von Herrn Kemmer" vor allem dem Umstand zuzuschreiben, daß er jederzeit sein Gewicht als Mitglied des Bundestages in die Waagschale werfen konnte.[46] Daher hielt er es „für die einzig richtige Lösung", einen Nachfolger für Kemmer im Bundestag zu suchen. Als Nachfolgekandidaten präsentierte er dem BAS-Vorsitzenden den hessischen CDU-Bundestagsabgeordneten Hermann Götz, der Mitglied im wichtigen Haushaltsausschuß war. Damit sprach sich Köppler gegen den von der EAS favorisierten Bewerber aus, einen früheren Berufssoldaten im Range eines Oberstleutnant, der zuletzt im Bundesinnenministerium tätig war. Er kenne ihn zu wenig, um sich ein Urteil über seine Fähigkeiten erlauben zu können, fürchte jedoch, daß ihm „viele Möglichkeiten, die Herr Kemmer und Herr Dr. Götz dank ihres Abgeordnetenmandates hatten, verschlossen bleiben werden." Der Kandidat der EAS sei den Verhandlungspartnern der BAS in den Ministerien natürlich aus seiner Tätigkeit im Innenministerium bekannt, aber gerade diese Bekanntschaft werde in entscheidenden Fällen, so die Befürchtung Köpplers, „eher hinderlich als fördernd" sein. Man werde ihn auf der Ebene des Oberregierungsrats einstufen, was bei Verhandlungen mit Hilfsreferenten und Sachbearbeitern kein Problem darstelle, ihm jedoch die eigentlich wichtigen Interventionen bei den Referats- und Abteilungsleitern, vor allem auch bei den Staatssekretären, außerordentlich erschweren dürfte. „Der erfolgreiche Einsatz gerade auf dieser Ebene", und daran erinnerte Köppler Bartholomeyczik mit Nachdruck, „war aber das Plus, das uns Herr Kemmer einbrachte." Mit seinen Argumenten konnte der KAS-Vorsitzende die evangelische Seite überzeugen, so daß im Herbst 1964 der CDU-Bundestagsabgeordnete Hermann Götz als Nachfolger von Emil Kemmer zum Geschäftsführer der Bundesarbeitsgemeinschaft für Soldatenbetreuung gewählt wurde.[47]

Daß die Entscheidung für Götz eine gute Wahl war, stellte sich schnell heraus. In der Mitgliederversammlung der BAS am 2. April 1965 konnte er von ersten Erfolgen bei seinen Bemühungen berichten, einen jährlichen Zuschuß für Betreuungsmaßnahmen in den der Bundesarbeitsgemeinschaft angeschlossenen Soldatenheimen zu erhalten.[48] Eine entsprechende Initiative von ihm war in der Unionsfraktion im Bundestag und damit in der Regierungsfraktion auf grundsätzliche Zustimmung gestoßen. Am Tag der Mitgliederversammlung hatte ihm das Bundesverteidigungsministerium mitgeteilt, daß die BAS im Jahre 1965 zunächst mit der Bereitstellung eines Betrages in Höhe von

46 Schreiben von Heinrich Köppler an Prof. Dr. Horst Bartholomeyczik vom 9.10.1964, in: AKMB AR 096.

47 Vgl. Niederschrift über die Mitgliederversammlung der BAS vom 22.10.1964, ebd.

48 Vgl. Niederschrift über die Mitgliederversammlung der BAS vom 2.4.1965, ebd.

150.000 DM rechnen könne und außerdem in Aussicht gestellt worden sei, daß die BAS einen weiteren Betrag erwarten dürfe. Für das Jahr 1966 sei man jetzt schon der Auffassung, der BAS einen Betrag in Höhe von 200.000 DM zu Verfügung stellen zu können.

Bereits im Februar 1962 hatte Köppler als damaliger Vorsitzender der BAS einen Antrag auf Gewährung eines jährlichen Zuschusses für die Betreuungsmaßnahmen in den der BAS angeschlossenen Soldatenheimen gestellt.[49] Mit den erheblichen finanziellen Zuschüssen der freien Trägerorganisationen für den Betrieb der Soldatenheime hatte er diesen Antrag begründet. Die Erfahrung habe, wie er seinerzeit ausführte, gezeigt, daß die verhältnismäßig geringfügigen Einnahmen aus den Wirtschaftsbetrieben in den einzelnen Heimen bei weitem nicht ausreichten, um die Gesamtkosten für den Betrieb eines Soldatenheimes, insbesondere die Kosten für kulturelle Veranstaltungen zu decken. Bei den erheblichen finanziellen Anstrengungen der Trägerorganisationen bestehe die Gefahr, daß diese, wenn die Zahl der in Betrieb befindlichen Soldatenheime weiter wachse, im Interesse einer Kosteneinsparung vor allem die kulturellen Veranstaltungen einschränken müßten, da sie nicht in der Lage seien, die ihnen zur Verfügung stehenden Eigenmittel noch in erheblichem Maße zu erhöhen. Eine solche Entwicklung würde jedoch dem Anliegen der Soldatenbetreuung in bedenklicher Weise schaden. Dem Antrag Köpplers hatte das Bundesverteidigungsministerium nicht zustimmen können.[50] Die Kostenerstattung des Bundes an die in der BAS zusammengeschlossenen Arbeitsgemeinschaften für Soldatenbetreuung sei, wie das Ministerium im Mai 1963 erklärte, durch die Vereinbarung vom 13. Februar 1962 bereits geregelt.[51] Die Zahlung eines laufenden jährlichen Zuschusses für Betreuungsmaßnahmen sei darin nicht vorgesehen. Das Ministerium sehe „auch keinen durchgreifenden Grund", von dieser Vereinbarung abzuweichen. Wenn die KAS und die EAS Mittelschwierigkeiten bei der Gestaltung ihres kulturellen Programms hätten, werde es wohl nicht zu umgehen sein, von den daran teilnehmenden Soldaten gegebenenfalls angemessene Unkostenbeiträge zu erheben, zumal den Soldaten Zuschüsse zu diesen Unkostenbeiträgen aus dem Bundeshaushalt gewährt werden könnten.

Der Erfolg des neuen Geschäftsführers Hermann Götz fiel in eine Zeit, in der die Aufbauphase der BAS bereits abgeschlossen war. Der Aufbau der Soldatenbetreuung in der Bundeswehr war nicht ohne Schwierigkeiten verlaufen. Dabei hatte die Arbeit der

49 Schreiben des 1. Vorsitzenden der BAS, Heinrich Köppler, an das Bundesministerium für Verteidigung – VR III 2, Herrn Ministerialrat Saländer – vom 7.2.1962, in: BA-MA BW 1-317502.

50 Vgl. Durchschrift eines Schreibens an die BAS, welches dem Vermerk der Abteilung VR III 2 des Bundesverteidigungsministeriums vom 2.5.1963 angefügt ist, ebd.

51 Vgl. Vereinbarung über Baukostenzuschüsse und Inventarübereignung zwischen der BAS und dem Bundesminister der Verteidigung vom 13.2.1962, ebd. Darin wurde festgelegt, daß das Bundesverteidigungsministerium bis zum Erlaß verbindlicher Richtlinien für die Gewährung von Darlehen zur Errichtung von Soldatenheimen die Kosten für den Bau von Soldatenheimen erstatte und Einrichtungsgegenstände in den Gebäuden bis zu einem Gesamtbetrag von 50 Prozent des Anschaffungswertes übernehme.

BAS im Sommer 1957 vielversprechend begonnen. Unter Vorsitz des Staatssekretärs im Bundesverteidigungsministerium, Josef Rust, fand im Juli 1957 ein Grundsatzgespräch über den Bau und den Betrieb von Soldatenheimen in der Bundeswehr statt, an dem leitende Beamte des Verteidigungsministeriums und Vertreter der BAS mit Heinrich Köppler an der Spitze sowie Emil Kemmer als Vorsitzender des Bundestagsausschusses für Jugendfragen teilnahmen.[52] Staatssekretär Rust erklärte, daß die Notwendigkeit der Errichtung von Soldatenheimen grundsätzlich bejaht werdc. Sie seien aber nur in solchen Standorten zu errichten, in denen wegen des Fehlens kultureller Einrichtungen und des Kontaktes zur Bevölkerung die Soldaten keine hinreichende Gelegenheit zu einer ansprechenden und wünschenswerten Freizeitgestaltung fänden. In Orten, in denen genügend geistige Anregung und Abwechslung sowie Kontaktmöglichkeit zur Zivilbevölkerung vorhanden sei, würden Soldatenheime als nicht notwendig angesehen. Die Einrichtung von Soldatenheimen an Plätzen, an denen sich entsprechende Einrichtungen der Stationierungsmächte befänden, erschien dem Verteidigungsministerium ebenfalls nicht vordringlich. Dadurch sollte aber eine freie Initiative der Kirchen, Jugendverbände und Trägerverbände an diesen Orten nicht ausgeschlossen werden.

Die Gesprächsteilnehmer kamen überein, daß Soldatenheime grundsätzlich von den vorhandenen Trägerverbänden (EAS, KAS) bzw. von deren örtlichen Trägervereinen eingerichtet und betrieben werden sollten. Die Beteiligung weiterer Trägerverbände werde durch diese Regelung nicht ausgeschlossen. Die BAS und Kemmer wurden gebeten, mit den übrigen Jugendverbänden wegen ihrer Beteiligung Fühlung zu nehmen. Hinsichtlich der Kostenfrage sollte eine Regelung getroffen werden, die der angesprochenen Vereinbarung über Baukostenzuschüsse und Inventarübereignung viereinhalb Jahre später entsprach: Das Bundesministerium der Verteidigung stellt die Grundstücke und Gebäude kostenlos zur Verfügung und übernimmt auch die Unterhaltung der Gebäude. Die Einrichtungskosten sind grundsätzlich je zur Hälfte von den Trägerverbänden und vom Verteidigungsministerium zu tragen. Zuschüsse zum Betrieb werden vom Verteidigungsministerium nicht geleistet. Die Kosten für Strom, Beleuchtung und Heizung sowie für Sonderausstattungen (Musiktruhen, Bücher) gehen zu Lasten des Trägers.

Seine grundsätzliche Zustimmung zur Errichtung von Soldatenheimen für die Truppenbetreuung durch die Mitgliedsverbände der BAS bekräftigte der Bundesminister der Verteidigung in einem Erlaß vom 10. März 1958, in dem er alle Truppenteile der Bundeswehr und alle Dienststellen des Ministeriums bat, die EAS und die KAS „bei ihrer für die Truppenbetreuung wertvollen Arbeit nach Kräften zu unterstützen“[53]. Der wichtigste Ansprechpartner für die Arbeitsgemeinschaften für Soldatenbetreuung im Verteidigungsministerium war der Leiter der Abteilung Verwaltung und Recht, Ministerialdirektor Ernst Wirmer, der stets ein offenes Ohr hatte für die Anliegen der Soldatenbe-

52 Vgl. Niederschrift über die Besprechung über Soldatenheime der Bundeswehr am 11.7.1957 im Bundesministerium der Verteidigung, in: BA-MA BW 35-70.

53 Erlaß des Bundesministers der Verteidigung (VR III 2) vom 10.3.1958, in: BA-MA BW 35-70.

treuung.[54] Ein Beispiel hierfür ist der Bericht über die Notwendigkeit der Errichtung von Soldatenheimen, den Wirmer im Oktober 1958 dem Verteidigungsausschuß des Bundestages vorlegte.[55] Darin betonte er, daß die Soldatenheime gedacht seien als überparteiliche und überkonfessionelle Einrichtungen zur geistigen, sittlichen und allgemein religiösen Betreuung. Sie sollten als Stätten der Begegnung zwischen den Soldaten und der Zivilbevölkerung dienen. Bei dieser Aufgabenstellung wäre es „ungut, wenn man sie verwaltungsrechtlichen Sonderbestimmungen unterwürfe, zumal sie auch nicht innerhalb eines abgezäunten Kasernenkomplexes gelegen sind, sondern außerhalb.“[56] Das Tätigwerden weiterer Trägerverbände neben der EAS und der KAS würde vom Bundesverteidigungsministerium „außerordentlich begrüßt“, weshalb die BAS „von uns aufgefordert worden [ist], möglichst andere Organisationen an dieser Betreuungsarbeit zu interessieren.“[57] Zu den finanziellen Grundlagen erklärte Wirmer, daß bereits im laufenden Haushaltsplan für den Bau und die Einrichtung von Soldatenheimen Mittel bereitgestellt seien, und zwar für den Bau 2,4 Millionen DM und für die Teilausstattung 200.000 DM. Diese Beträge seien gesperrt. Sie würden jeweils mit Zustimmung des Bundesministers der Finanzen freigegeben, sobald die Planung bzw. Errichtung eines Soldatenheimes Formen angenommen habe. Das Fazit seines Berichts über erste Erfahrungen mit der Errichtung und dem Betrieb von Soldatenheimen fiel positiv aus: „Eine endgültige Beurteilung wäre heute noch verfrüht. Die ersten Ansätze scheinen uns vielversprechend zu sein. Die Soldatenheime werden durchschnittlich recht gut besucht. Die Veranstaltungen kultureller, bildender Art usw. werden von den Soldaten nicht nur in der Theorie begrüßt, sondern auch in der Praxis, indem sie hingehen. Auch die Truppe hat sich für die Möglichkeiten, die den Soldaten dort gegeben sind, durchaus interessiert, weil sie fühlt, daß sie für ein gutes Klima in der Truppe beitragen.“[58]

Auf den ersten Blick schien sich der Aufbau der Soldatenbetreuung in der Bundeswehr auf einem guten Weg zu befinden. Doch der Schein trog. In ihrem Tätigkeitsbericht für das Jahr 1958/59 übte die Katholische Arbeitsgemeinschaft für Soldatenbetreuung massive Kritik am Bundesverteidigungsministerium.[59] Das Ministerium habe wiederholt, nicht nur in Erlassen und Verfügungen, sondern auch in Versammlungen und Besprechungen auf die Notwendigkeit der Errichtung von Soldatenheimen hingewiesen und die Tätigkeit der beiden Arbeitsgemeinschaften als eine für die Truppenbetreuung wertvolle Aufgabe bezeichnet und seine volle Unterstützung zugesagt. Um so unverständlicher sei es daher, „daß die Bearbeitung der von den beiden Arbeitsgemein-

54 Zeitzeugengespräch mit Hans-Georg Marohl (10.7.2004).

55 Vgl. PA, Ausschuß für Verteidigung, 3. Wahlperiode, 30. Sitzung am 5.11.1958, S. 66–71.

56 Ebd., S. 67.

57 Ebd., S. 68.

58 Ebd., S. 70f.

59 Vgl. Tätigkeitsbericht der KAS für das Jahr 1958/59, vorgelegt von der Geschäftsstelle, in: AKMB AR 098.

schaften gestellten Anträge sich jetzt schon monatelang hinzieht und der gesamte Fragenkomplex ‚Neubau von Soldatenheimen' nicht mit der von allen Beteiligten zu erwartenden notwendigen Intensivität betrieben wird." Beispielsweise sei mit dem Bau des Projektes im Standort Büchel noch nicht begonnen worden, obwohl die KAS vom Verteidigungsministerium die feste Zusage hätte, daß dieses Heim bis Ende Oktober 1959 stehen sollte. Zweifellos könnten die beiden Arbeitsgemeinschaften in der Frage der Neubauten erheblich weiter sein, wenn in den Ministerien eine schnellere Bearbeitung der Anträge erfolgen würde. Nachdem auch in der Sitzung des Verteidigungsausschusses des Bundestages vom 5. November 1958 Fragen der Soldatenbetreuung eingehend erörtert und alle Maßnahmen gutgeheißen wurden, hätte man annehmen sollen, „daß von seiten des Verteidigungsministeriums alles getan würde, um der großen Not in der Freizeitbetreuung besonders auf Truppenübungsplätzen und in abgelegenen Standorten bzw. solche mit ungewöhnlich starker Belegung und schwierigen Verhältnissen schnell und wirksam durch die beschleunigte Bearbeitung der inzwischen vorliegenden Anträge abzuhelfen."

Ebenso deutliche Kritik wurde im Oktober 1959 im Verteidigungsausschuß des Bundestages laut, als dieser sich abermals mit der Frage der Soldatenheime in der Bundeswehr befaßte.[60] Die Kritik am Verteidigungsministerium war parteiübergreifend. Emil Kemmer bemängelte, daß sowohl die EAS als auch die KAS von den im Etat des Verteidigungsministeriums für die Soldatenbetreuung zur Verfügung stehenden Mittel noch nichts bekommen hätten. Sein Fraktionskollege Georg Kliesing forderte denn auch, „in der Frage der Soldatenheime sehr schnell etwas zu unternehmen"[61]. Das Verfahren für die Errichtung solcher Heime müßte unbedingt vereinfacht werden. Und der SPD-Abgeordnete Hans Merten wies auf das Mißverhältnis hin, daß es in nur fünf Prozent der Standorte Soldatenheime gebe. Die Klagen der EAS und KAS konnte Merten nachvollziehen, denn „sie ärgerten sich seit Jahren mit dem Bund herum und beschwerten sich darüber, daß sie alles allein bezahlen müßten"[62]. Die Soldatenbetreuung in der Bundeswehr sei für die beiden Trägergesellschaften „in ihrer jetzigen Form nicht attraktiv", weshalb darauf gedrungen werden müsse, „daß ihnen die Mittel zugänglich gemacht würden, deren Zurverfügungstellung bereits vor zwei Jahren beschlossen worden sei."[63] Einig war sich der Ausschuß auch darin, daß Soldatenheime nicht allein in abgelegenen Standorten errichtet werden sollten, wie dies die Konzeption des Verteidigungsministeriums vorsah. Auch in größeren Städten hielt man Soldatenheime für notwendig. In diesem Zusammenhang rief Kemmer in Erinnerung, daß der Bundesfinanzminister „ursprünglich überhaupt die Errichtung von Soldatenheimen [habe] versagen wollen"[64]. Als Kompromiß hätte man sich darauf verständigt, an abgelegenen Standor-

60 Vgl. PA, Ausschuß für Verteidigung, 3. Wahlperiode, 63. Sitzung am 21.10.1959, S. 18–37.
61 Ebd., S. 24.
62 Ebd., S. 34.
63 Ebd.
64 Ebd., S. 20.

ten Soldatenheime zu errichten, an denen der Soldat jedoch nicht in dem Maße gefährdet sei wie in den größeren Städten, wo die Vergnügungsindustrie besondere Verlokkungen biete. Deshalb sollten Soldatenheime in größeren Städten „die jungen Leute vom Tingeltangel abhalten", wie es das Ausschußmitglied Kliesing formulierte.[65] Schließlich war der Verteidigungsausschuß in seiner Sitzung vom 21. Oktober 1959 der Meinung, daß der Bund außer den Kosten für die Errichtung der Soldatenheime „auch möglichst voll die Kosten für die Inventarisierung sowie die laufenden Kosten, die durch den Betrieb der Heime entstehen, übernehmen sollte."[66]

Druck auf das Verteidigungsministerium wurde auch seitens des Katholischen Militärbischofsamtes ausgeübt. Mitte August 1960 ließ der Militärgeneralvikar den Bundesminister der Verteidigung wissen, daß der Bau von Soldatenheimen immer noch so schwierig sei wie vor Jahren.[67] So habe Ende Juli 1960 die Oberfinanzdirektion Koblenz der KAS mitgeteilt, daß das Soldatenheim für den Flugplatz Büchel sich erst in der Planung befinde; mit dem Baubeginn sei vor dem Frühjahr 1961 nicht zu rechnen. Aber gerade für dieses Heim sei der Bau schon für 1959 und dann für 1960 zugesagt worden. Die Truppe mache deshalb beiden Arbeitsgemeinschaften für Soldatenbetreuung und auch der Militärseelsorge immer mehr Vorwürfe, weil in dieser Frage kaum ein Fortschritt zu sehen sei mit Ausnahme der kleinen Heime, welche die beiden Arbeitsgemeinschaften aus kirchlichen Mitteln einrichteten.

Für die Schwierigkeiten beim Bau von Soldatenheimen konnte Ministerialdirektor Ernst Wirmer, der offensichtlich keinen Zugang zur politischen Führung des Verteidigungsministeriums hatte, nicht unmittelbar verantwortlich gemacht werden. Für den Leiter der Abteilung Verwaltung und Recht im Verteidigungsministerium stand die Notwendigkeit der Soldatenbetreuung und damit der Errichtung von Soldatenheimen außer Frage, was er in der Sitzung des Verteidigungsausschusses vom 21. Oktober 1959 unterstrich: „Es habe sich jedoch gezeigt, daß eine sinnvolle und wirksame Betreuung der Soldaten, die neben der eigentlichen Truppenbetreuung durch die militärischen Stellen durchgeführt werden müsse, nur möglich sei, wenn Soldatenheime geschaffen würden."[68] In dieser Sitzung räumte er auch unumwunden „recht erhebliche Schwierigkeiten" beim Bau neuer Soldatenheime ein.[69] Er verwies auf das langwierige Verfahren mit der erforderlichen Zustimmung des Bundesfinanzministeriums und des Haushaltsausschusses des Bundestages für jedes einzelne Bauprojekt. Deshalb strebe das Verteidigungsministerium in Gesprächen mit dem Finanzministerium, das in dieser Frage federführend sei, eine Neukonzeption und damit Vereinfachung des Verfahrensweges an. Für diese interministeriellen Gespräche wollte der Ausschuß Wirmer den Rücken stärken, weshalb der amtierende Vorsitzende Merten erklärte, das Verteidigungsministeri-

65 Ebd., S. 24.

66 Ebd., S. 36.

67 Schreiben des Militärgeneralvikars an den Bundesminister der Verteidigung vom 12.8.1960, in: AKMB AR 172.

68 PA, Ausschuß für Verteidigung, 3. Wahlperiode, 63. Sitzung am 21.10.1959, S. 18.

69 Ebd., S. 19.

um könne dabei geltend machen, „daß der Verteidigungsausschuß übereinstimmend der Meinung sei, daß die Zahl der Soldatenheime erheblich erhöht werden und im Laufe der Zeit ungefähr an die Zahl der Standorte herankomme müsse, daß dieses Ziel mit den bisherigen Methoden nicht erreicht werden könne und daß hier grundsätzlich eine andere Politik eingeschlagen werden müsse.“[70]

Der politische Druck, welcher auf das Bundesverteidigungsministerium seitens des Verteidigungsausschusses und der Militärseelsorge ausgeübt wurde, blieb nicht ohne Wirkung. Im Herbst 1960 begannen Verhandlungen zwischen dem Bundesverteidigungsministerium und der Bundesarbeitsgemeinschaft für Soldatenbetreuung über eine Beschleunigung der Planung und Durchführung von Bauvorhaben für Soldatenheime.[71] Mit der Ausarbeitung eines Entwurfs für entsprechende Richtlinien wurde Köppler beauftragt, der in der Sitzung der BAS vom 29. November 1960 einen ausgearbeiteten „Vorschlag für Richtlinien zur Erstellung und zum Betrieb von Soldatenheimen“ vorlegte.[72] In dem Entwurf wurde nochmals betont, daß sich das Verteidigungsministerium und die BAS darüber einig seien, daß Soldatenheime durch die in der BAS zusammengeschlossenen Organisationen erstellt und betrieben werden sollten. Hinsichtlich der Errichtung und des Betriebs von Soldatenheimen schlug Köppler folgende finanzielle Regelung vor:

- Der Bau von Soldatenheimen – Neubauten wie der Umbau bestehender Gebäude – wird durch die BAS nach Genehmigung durch das Verteidigungsministerium im Einzelfall veranlaßt und aus dem Etat des Verteidigungsministeriums finanziert.
- Für die Einrichtung in den Soldatenheimen sind die in der BAS zusammengeschlossenen Organisationen verantwortlich. Die Anschaffungskosten werden zur Hälfte aus den Etatmitteln des Verteidigungsministeriums erstattet.
- Die laufenden Kosten, die durch den Betrieb der Heime entstehen, gehen grundsätzlich zu Lasten der in der BAS zusammengeschlossenen Organisationen. Hier schätzte Köppler die finanziellen Möglichkeiten des Verteidigungsministeriums bzw. dessen Bereitschaft zur Finanzierung der Unterhaltung von Soldatenheimen realistisch ein. Nach den Vorstellungen der Mitglieder des Verteidigungsausschusses sollten ja auch diese Kosten nach Möglichkeit vom Verteidigungsministerium getragen werden.

Köpplers Entwurf enthielt auch die Forderung nach einem jährlichen Zuschuß aus den Haushaltsmitteln des Verteidigungsministeriums an die in der BAS zusammengeschlossenen Organisationen zur Unterstützung der kulturellen Programmgestaltung in den Soldatenheimen. Diese Forderung setzte die BAS bzw. die KAS immer wieder auf die Tagesordnung, weil die Erfahrung zeigte, daß der Betrieb der Soldatenheime, insbe-

70 Ebd., S. 36.
71 Vgl. Bericht von Emil Kemmer in der Sitzung der BAS vom 19.10.1960, in: AKMB AR 096.
72 Vgl. Protokoll der Sitzung der BAS vom 29.11.1960 nebst Anlage, in: HStAD RWV 26-802/2.

sondere das Kulturprogramm subventioniert werden mußte. „Wir haben in Hammelburg“, berichtete Emil Kemmer auf der Jahrestagung der KAS 1961, „den Theatersaal voll gehabt. Aber man kann nicht mehr Eintrittsgeld verlangen bei einem Theater als bei einem Kino. Darum bleibt beim besten Besuch ein Defizit. Dafür sollte man den Arbeitsgemeinschaften einen globalen Zuschuß geben.“[73] Wie oben dargelegt, konnte in dieser Frage erst der Nachfolger von Kemmer im Amte des Geschäftsführers der BAS, Hermann Götz, Erfolge erzielen.

Der Vorschlag Köpplers für Richtlinien zur Erstellung und zum Betrieb von Soldatenheimen stellte die Grundlage für die Verhandlungen zwischen dem Verteidigungsministerium und der BAS dar, die zunächst zu der bereits angesprochenen Vereinbarung über Baukostenzuschüsse und Inventarübereignung vom 13. Februar 1962 führten. Diese Vereinbarung war ein Zwischenschritt auf dem Weg zum Erlaß vorläufiger Richtlinien für die Errichtung, Betreuung und Bewirtschaftung von Soldatenheimen, einschließlich der Richtlinien für die Gewährung von Darlehen zur Errichtung von Soldatenheimen in einer Anlage, den der Bundesverteidigungsminister am 6. Oktober 1962 herausgab.[74] Vor allem schwierige Verhandlungen über die Richtlinien zur Darlehensgewährung machten diesen Zwischenschritt erforderlich. Der Entwurf des Verteidigungsministeriums sah für die Errichtung von Soldatenheimen zinslose Darlehen vor, die mit 0,25 Prozent jährlich getilgt werden sollten.[75] Dieser Vorschlag stieß beim Bundesfinanzminister auf Widerspruch, der einen Tilgungssatz von 0,25 Prozent „für völlig indiskutabel“ hielt.[76] Er wies darauf hin, daß aus Mitteln des Ausgleichsfonds, eines Sondervermögens des Bundes, darlehensweise auch die Errichtung und der Betrieb von karitativen Heimen, wie Altersheimen, Jugendwohnheimen, Heimen für Kriegsversehrte, Waisenhäusern u. a., gefördert würden, deren Träger die Verbände der freien Wohlfahrtspflege seien, also die gleichen Trägerverbände, die für die Errichtung und den Betrieb von Soldatenheimen in Betracht kämen. Der Tilgungssatz für diese ausschließlich karitativen Zwecken dienenden zinslosen Darlehen betrage 2 Prozent. Dieser Satz werde seit Jahren ohne Beanstandung erhoben. Der Bundesfinanzminister konnte nicht erkennen, warum von diesem in einem betont karitativen Bereich der Heimförderung festgelegten Tilgungssatz abgewichen werden sollte. Das Zugeständnis eines hier ermäßigten Tilgungssatzes müsse zu entsprechenden Forderungen der Trägerverbände bei dem Heimförderungsdarlehen, unter Umständen auch bei anderen Förderungsmaßnahmen, führen, was aber vermieden werden müsse. Daher bat der Bundesfinanzminister, den Tilgungssatz von 0,25 Prozent durch den Satz von 2 Prozent zu ersetzen.

---

73 Protokoll der Jahrestagung der KAS vom 27.10.1961 in Köln, in: AKMB AR 101.

74 Der Erlaß des Bundesministers der Verteidigung (VR III 2) vom 6.10.1962 ist dokumentiert in: HStAD RWV 26-803/2.

75 Vgl. Entwurf des Bundesverteidigungsministeriums für Richtlinien für die Gewährung von Darlehen zur Errichtung von Soldatenheimen in der Fassung vom 8.3.1962, in: BA-MA BW 35-71.

76 Schreiben des Bundesministers der Finanzen (II B/8 – We 1258–10/62) an den Bundesminister der Verteidigung vom 5.6.1962, ebd.

Dagegen protestierte wiederum Heinrich Köppler als amtierender Vorsitzender der BAS. Insbesondere gegenüber diesem Abänderungsvorschlag habe der Vorstand der BAS „erhebliche Bedenken", weil hier Soldatenheime Altersheimen, Jugendheimen, Waisenhäusern usw. gleichgestellt würden.[77] Diese Gleichstellung erscheine nicht begründet, da die Errichtung und Einrichtung von Soldatenheimen durch die Arbeitsgemeinschaften für Soldatenbetreuung im Auftrag des Bundesministers der Verteidigung erfolge. Hier liege somit „eine echte Aufgabe des Bundes" vor, die die Arbeitsgemeinschaften erfüllten. Die Parallele zu karitativen Trägern oder Verbänden der freien Wohlfahrtspflege erscheine daher in Verbindung mit den Soldatenheimen nicht gegeben. Unbeschadet dieses Vorbehalts gegenüber den Einwendungen des Bundesfinanzministers bat Köppler im Namen des Vorstands der BAS, „im Interesse einer Beschleunigung den vorgetragenen Änderungswünschen zu entsprechen."

Damit war der Weg frei für den Erlaß des Bundesministers der Verteidigung vom 6. Oktober 1962, in dem Soldatenheime als „Betreuungseinrichtungen zum Wohle der Soldaten" definiert werden. Sie sollen vornehmlich einer sinnvollen Freizeitgestaltung und der Kontaktpflege zu der Zivilbevölkerung dienen. Die Durchführung dieser Aufgaben liegt bei der Bundesarbeitsgemeinschaft, die in der Soldatenbetreuung durch ihre Mitgliedsverbände tätig wird. Hinsichtlich der Errichtung von Soldatenheimen hielt das Verteidigungsministerium an seiner Grundauffassung fest, daß solche Heime „vordringlich nur" auf Truppenübungsplätzen und Fliegerhorsten, in abgelegenen Standorten mit starker Belegung und in Standorten mit unzureichenden Betreuungsmöglichkeiten errichtet werden sollten, und zwar nach Möglichkeit außerhalb militärischer Anlagen. Als Zugeständnis gegenüber den Forderungen des Verteidigungsausschusses des Bundestages und der BAS sollte „in besonders gelagerten Ausnahmefällen u.U. auch in Großstädten" der Bau eines Soldatenheimes möglich sein. Was unter besonders gelagerten Ausnahmefällen zu verstehen ist, bleibt in dem Erlaß des Bundesministers der Verteidigung vom 6. Oktober 1962 unklar. Dafür sind die Richtlinien für die Gewährung von Darlehen zur Errichtung von Soldatenheimen präzise. Bei einem Eigenanteil von mindestens 10 Prozent der Gesamtkosten kann dem Trägerverband ein Darlehen von bis zu 90 Prozent der Gesamtkosten gewährt werden, das zinslos ist bei einem jährlichen Tilgungssatz von 2 Prozent.

Der Erlaß vorläufiger Richtlinien für die Errichtung, Betreuung und Bewirtschaftung von Soldatenheimen markierte einen Einschnitt in der noch jungen Geschichte der Soldatenbetreuung in der Bundeswehr. Das Bundesverteidigungsministerium gab seine abwartende Haltung hinsichtlich der Betreuung von Soldaten durch die BAS und die in ihr zusammengeschlossenen beiden konfessionell bestimmten Arbeitsgemeinschaften auf. Die Katholische Arbeitsgemeinschaft für Soldatenbetreuung hatte „die schwierigste Phase ihrer Aufbauphase überwunden", war Köppler überzeugt.[78] Mit diesem Erlaß

77 Schreiben von Heinrich Köppler an den Bundesminister der Verteidigung vom 9.7.1962, ebd.

78 Bericht der KAS für das Jahr 1962, vorgelegt von Heinrich Köppler am 20.8.1963, in: AKMB AR 098.

schien dem KAS-Vorsitzenden die Unterstützung durch das Verteidigungsministerium und die nachgeordneten Verwaltungsbehörden der Bundeswehr, die in den Jahren zuvor teils wegen der Gleichgültigkeit verantwortlicher Personen, teils wegen der oft ungeklärten und ungenügenden organisatorischen Voraussetzungen „völlig unzureichend" gewesen sei, für die Zukunft gesichert. Zeit also für eine Zwischenbilanz, die Anfang März 1963 auf einer Grundsatzbesprechung über die Katholische Arbeitsgemeinschaft für Soldatenbetreuung gezogen wurde.[79] An dem Gespräch nahmen Köppler in seiner Funktion als Vorsitzender der KAS und führende Vertreter der Katholischen Militärseelsorge mit Militärbischof Hengsbach, Militärgeneralvikar Gritz und dessen Amtsvorgänger Prälat Werthmann an der Spitze teil.

Das Verhältnis zwischen der KAS und der Militärseelsorge gestaltete sich anfangs sehr schwierig. Wiederholt kam es zu heftigen Auseinandersetzungen. So übte im Februar 1959 der Katholische Wehrbereichsdekan für den Wehrbereich VI (München), Militärdekan Anton Kuhn, massive Kritik an der Arbeit der KAS: „Die ganze Angelegenheit ‚Betreuung' läuft m. E. nach wie vor schief. Wenn die Militärgeistlichen sich um alle diese Dinge kümmern sollen – selbstverständlich sollen sie Berater sein – dann weiß ich nicht, wozu wir überhaupt die Betreuungseinrichtung eigens haben. Bisher hat es den Eindruck, als würde die ganze Sache wohl geführt, aber man möchte nur den Namen dafür hergeben und die Arbeit sollen die Militärgeistlichen leisten."[80] Vor allem die abschließende Bemerkung berührte Köppler „außerordentlich schmerzlich".[81] Er bezog sie auf sich persönlich, glaubte jedoch, sie nicht verdient zu haben: „Ich habe als Generalsekretär des Zentralkomitees der deutschen Katholiken einen Beruf, der mich bis zum Rande meiner Kräfte in Anspruch nimmt. Meine Arbeit für die Katholische Soldatenbetreuung ist eine zusätzliche ehrenamtliche Belastung. Daß ich in diese Arbeit seit Jahren erhebliche Kraft und Zeit investiert habe, darf ich Ihnen versichern. Ich erwarte dafür keineswegs Dank, sondern habe diese Aufgabe übernommen, weil ich von ihrer Notwendigkeit überzeugt bin. Ich bitte Sie aber, sehr geehrter Herr Militärdekan, zu verstehen, daß mich unter diesen Umständen Bemerkungen wie die oben wiedergegebenen außerordentlich kränken müssen. Im übrigen darf ich Ihnen versichern, daß ich mein Amt gerne zur Verfügung stelle, wenn die hochwürdigen Herren Militärgeistlichen der Meinung sein sollten, daß ich es nicht in der rechten Weise versehe."

Dieser Fall zeigt, daß Köppler bisweilen sehr emotional reagieren konnte, von einem nüchtern denkenden und handelnden Juristen war in diesen Situationen nichts zu vernehmen. Auch wenn die Kritik Kuhns massiv ausfiel, war die Reaktion Köpplers überzogen. Kritik an der Arbeit der KAS hatte ihre Berechtigung. Wiederholt hatte der Militärdekan feststellen müssen, daß Mitarbeiter der KAS zu Gesprächen in Standorten seines Wehrbereichs erschienen, teilweise sogar Verhandlungen über die Errichtung eines

79 Vgl. Protokoll der Grundsatzbesprechung über die KAS vom 4.3.1963 in Essen, in: AKMB AR 097.

80 Schreiben von Militärdekan Anton Kuhn an das Katholische Militärbischofsamt vom 11.2.1959, ebd.

81 Schreiben von Heinrich Köppler an Militärdekan Anton Kuhn vom 25.3.1959, ebd.

Soldatenheimes führten, ohne daß hiervon die Katholische Wehrbereichsverwaltung in Kenntnis gesetzt wurde.[82] Von daher können die bis in die 1960er Jahre hineinreichenden Schwierigkeiten in der Zusammenarbeit zwischen der KAS und der Militärseelsorge nicht allein damit erklärt werden, daß in Teilen der Militärseelsorge die KAS als unliebsame Konkurrenz in der Soldatenbetreuung empfunden wurde.[83]

Zurück zu der Grundsatzbesprechung über die KAS vom März 1963, in der Prälat Werthmann an die ursprüngliche Zielsetzung erinnerte, die Betreuung der Soldaten in deren Freizeit in den gesamtkirchlichen Raum zu integrieren als praktische Aufgabe der jeweiligen örtlich zuständigen Diözese. In der Praxis, so die Klage des früheren Militärgeneralvikars, erschöpfe sich die Aufgabe der KAS in der Eröffnung neuer Soldatenheime. Köppler mußte einräumen, daß die Hauptaufgabe der KAS tatsächlich die Eröffnung von Heimen und Soldatenstuben sei. Diese Entwicklung widersprach auch seinen Vorstellungen von einer katholisch bestimmten Soldatenbetreuung, wie er sie 1958 in einem Aufsatz über „Soldatenbetreuung als Aufgabe katholischer Jugendseelsorge und Jugendführung“ dargelegt hatte.[84] Ob die Soldatenheime die ihnen zugedachte Funktion erfüllen könnten, hing für Köppler entscheidend davon ab, „ob es gelingt, sie zu einer echten Stätte der Begegnung mit der zivilen Bevölkerung, insbesondere natürlich der geistig wachen und aufgeschlossenen Jugend zu machen.“ Es genüge also nicht, dem Soldaten einige Räume mit einem bescheidenen Komfort auszustatten und ihn dort sich selbst zu überlassen. Auch der Militärpfarrer wäre überfordert, wollte man von ihm erwarten, daß er allein „die Sorge um ein der guten Unterhaltung, der Entspannung der geistigen Anregung wie der religiösen Ansprache bemühtes Programm“ tragen sollte.

Hier sei er auf die Mitarbeit der Jugendseelsorge und der Jugendführung aus der näheren Umgebung des Standortes angewiesen. Jugendseelsorger und Jugendführung verfügten in Deutschland über keine große Erfahrung in der Soldatenbetreuung, die bis zur Gründung der Bundeswehr in der Regel von den Streitkräften selbst betrieben worden sei. Dieser Umstand habe ohne Zweifel mit dazu beigetragen, „daß die Streitkräfte in Deutschland bis in unsere jüngste Geschichte hinein ein überbetontes Eigenleben geführt haben und die lebendige Verbindung mit den Kräften des zivilen Raumes allzu schwach blieb.“ Mit der Gründung der Bundeswehr seien die Voraussetzungen für eine andere Entwicklung gegeben. Die Katholische Militärseelsorge betone immer wieder, wie sehr ihr daran liege, mit der allgemeinen Seelsorge eng zusammenzuarbeiten und von dem ganzen katholischen Volk mitgetragen zu werden. Die Führung der Bundeswehr sei „aufrichtig interessiert“, gerade die Freizeitpflege und Betreuung der Soldaten in Zusammenarbeit mit allen dazu bereiten und geeigneten Kräften der deutschen Öffentlichkeit, vor allem auch den Jugendverbänden, gemeinsam zu entwickeln. Es liege daher an der katholischen Jugendseelsorge und Jugendführung Deutschlands, „diese

82 Schreiben von Militärdekan Anton Kuhn an das Katholische Militärbischofsamt vom 11.12.1962, ebd.

83 Zeitzeugengespräch mit Hans-Georg Marohl (10.7.2004).

84 Vgl. Anlage zum Schreiben von Heinrich Köppler an Karl Fürst zu Löwenstein vom 8.8.1958, in: StAWt-R NL 8-6a.

Möglichkeiten und Aufgaben in ihrer seelsorgerlichen wie in ihrer gesellschafts- und staatspolitischen Bedeutung zu erkennen und mit Liebe, Unternehmungsgeist, aber auch mit Umsicht und Klugheit anzupacken."[85]

Diesen von Köppler im Jahre 1958 entwickelten Vorstellungen kommt die Soldatenbetreuung durch die „Arbeitsgemeinschaft Jugend und Bundeswehr" in Köln nahe. In dieser Arbeitsgemeinschaft, deren Träger der BDKJ Köln ist, finden sich junge Männer zusammen, die sich die jugendpflegerische Betreuung der Soldaten in der Kaserne Köln-Longerich zur Aufgaben machen.[86] Die Planung und Durchführung der Maßnahmen erfolgt in enger Zusammenarbeit mit dem Katholischen Jugendamt, den Standortpfarrern und den Betreuungsoffizieren der einzelnen Bataillone. Zu den Veranstaltungen, die die Arbeitsgemeinschaft 1962/63 durchführte, gehörten Vorbereitungstreffen, in denen den künftigen Soldaten ein Einblick in ihren neuen Lebensbereich gegeben wurde, sog. Kölner Tage, die den Soldaten mit Besuchen von Museen und Ausgrabungen sowie des Zoologischen Gartens und der Theater einen Eindruck von dem Leben und der Geschichte der Stadt Köln vermitteln sollten, und Gemeinschaftstage als Wochenendtreffen in Heimstätten und Jugendherbergen, die der Begegnung mit Jugendlichen aus den örtlichen Jugendverbänden dienten. Ferner wurden Referenten für aktuelle Gespräche über Politik, Architektur, religiöse Fragen oder Liebe und Ehe eingeladen. Auch fanden für die Ausbildungskompanien Exkursionen in das Bergische Land, die Eifel und das Neandertal statt. Schließlich gab es monatlich eine Filmvorführung. Durch eine Einleitung und spätere Diskussion wurden die Probleme des Films besprochen.

Die Arbeitsgemeinschaft Jugend und Bundeswehr gehört zu den örtlichen Arbeitsgemeinschaften der KAS im Erzbistum Köln. Die KAS im Erzbistum Köln bildet zusammen mit den für die Aufgaben der Soldatenbetreuung tätigen Kräfte der anderen Diözesen des Bundeslandes die „Katholische Landesarbeitsgemeinschaft für Soldatenbetreuung in Nordrhein-Westfalen e.V.".[87] Während das Konzept, das in Nordrhein-Westfalen und damit im Wehrbereich III entwickelt worden ist, vorsieht, daß auf allen Ebenen – Pfarrei, Stadtverband, Diözese – und nicht nur in den Garnisonsstädten Arbeitsgemeinschaften oder Ansprechpartner für die Soldatenbetreuung vorhanden sein sollen, ist die Arbeit der KAS in den anderen fünf Wehrbereichen fast ausschließlich an Soldatenheime und die im Zusammenhang damit konstituierten Kuratorien gebunden.[88]

Die Arbeit der Katholischen Landesarbeitsgemeinschaft für Soldatenbetreuung in Nordrhein-Westfalen ist von der Militärseelsorge immer wieder als vorbildlich gelobt worden, so auch in der Grundsatzbesprechung über die KAS im März 1963. „Im Wehrbereich III klappt alles schön, aber in den anderen fünf Wehrbereichen nicht so", stellte

85 Ebd.

86 Vgl. Erfahrungsbericht über die Arbeit der Arbeitsgemeinschaft Jugend und Bundeswehr für den Zeitraum 1.1.1962 bis 30.4.1963, in: AKMB AR 103.

87 Vgl. Ordnung der KAS in NRW, ebd.

88 Vgl. Referat des Militärdekans Karl-Heinz Kloidt anläßlich der Zusammenkunft der KAS NRW in Essen am 19.11.1977, ebd.

Militärdekan Ludwig Steger seinerzeit fest. Steger war es auch, der das Erfolgsmodell aus dem Wehrbereich III in die anderen Wehrbereiche *exportieren* wollte. Wilfried Heimes, den Leiter der Landesstelle der nordrhein-westfälischen KAS in Köln, bat er, in München einen Vortrag zu halten, „wie die Dinge in NRW bzw. in den dortigen Diözesen gehandhabt werden, damit in den 7 bayerischen Diözesen vielleicht eine ähnliche Lösung versucht werden kann.“[89] Auch fragte er bei Heimes wegen einer Kopie der Erfahrungsberichte über die Arbeit der örtlichen Arbeitsgemeinschaften für Soldatenbetreuung im Wehrbereich III nach, „um die in NRW gemachten Erfahrungen auch anderen Ländern bzw. Diözesen zugänglich zu machen.“[90] Die Bemühungen Stegers, das nordrhein-westfälische Konzept der Soldatenbetreuung auch in den anderen Wehrbereichen zu etablieren, blieben letztlich ohne Erfolg. Im Vordergrund der Arbeit der KAS stand weiterhin der Bau und Betrieb von Soldatenheimen. Der Erlaß des Bundesministers der Verteidigung vom 25. April 1966, der die vorläufigen Richtlinien für die Errichtung, Betreuung und Bewirtschaftung von Soldatenheimen vom 6. Oktober 1962 aufhob, stellte einen Ausbau des Programms zur Errichtung neuer Soldatenheime in Aussicht: „Nachdem in den ersten Aufbaujahren der Bundeswehr der Gedanke der Soldatenheime nur in wenigen Standorten verwirklicht werden konnte, ist nunmehr eine großzügige Planung entworfen worden, die vorsieht, daß in etwa einem Drittel aller Standorte Soldatenheime errichtet werden sollen.“[91]

3. Der Erneuerungsprozeß der Katholischen Arbeitsgemeinschaft für Soldatenbetreuung in den 1970er Jahren

Im Sommer 1969 war die vom Bundesverteidigungsminister in seinem Erlaß vom 25. April 1966 angekündigte Ausweitung des Programms zur Errichtung neuer Soldatenheime plötzlich in Frage gestellt. Der Bundesrechnungshof (BRH) bezeichnete die Soldatenheime als Fehlentwicklung und forderte eine Überprüfung der gesamten Soldatenheimkonzeption. Die Ergebnisse einer entsprechenden Untersuchung legte er am 9. Juli 1969 dem Verteidigungsministerium vor.[92] Wie der Bundesrechnungshof in seiner Denkschrift erklärte, sei das Ziel, Soldatenheime zu einer Begegnungsstätte der Zivilbevölkerung zu machen, in den meisten Fällen nicht erreicht worden. Ebensowenig sei es den Trägerverbänden gelungen, die Freizeitgestaltung der Soldaten mit kulturellen Veranstaltungen maßgeblich zu beeinflussen. Soweit derartige Veranstaltungen durchgeführt würden, fänden sie nicht das nötige Interesse der Soldaten oder hätten mit dem-

89 Vermerk von Militärdekan Ludwig Steger über die Besprechung mit Wilfried Heimes am 20.11.1962 in Köln, ebd.
90 Schreiben von Militärdekan Ludwig Steger an Wilfried Heimes vom 20.9.1963, ebd. .
91 Erlaß des Bundesministers der Verteidigung (S I 5) vom 25.4.1966, in: HStAD RWV 26-804.
92 Schreiben des Bundesrechnungshofes (IV 4–9162 (2)/69) an den Bundesminister der Verteidigung vom 9.7.1969, in: AKMB AR 173.

selben Ergebnis auch in der Kaserne stattfinden können. Im allgemeinen bestand für den Bundesrechnungshof zwischen den in der Kaserne gebotenen Möglichkeiten und denen der Soldatenheime „kein wesentlicher Unterschied". Demgemäß müsse von einer „Fehlentwicklung der Soldatenheime" gesprochen werden. Bedarf für Soldatenheime sah der BRH zum damaligen Zeitpunkt nur in kleinen Orten mit starker Belegung in größerer Entfernung von Städten, so auf Truppenübungsplätzen und in abgelegenen Fliegerhorsten. Daher hielt er es nicht für vertretbar, in anderen Standorten zu Lasten des Bundes weitere Soldatenheime einzurichten, bevor sich die Verhältnisse nicht geändert hätten. Dazu wäre es erforderlich, daß den Bemühungen der Trägerverbände um das Interesse der Soldaten künftig mehr Erfolg beschieden sei. „Ob das je der Fall sein wird, halten wir zumindest für zweifelhaft, da sich die Einstellung der Soldaten kaum ändern dürfte", zeigte sich der Bundesrechnungshof wenig optimistisch. Jedenfalls sei die Aufgabe der Trägerverbände schwierig und wahrscheinlich nur zu erfüllen, wenn sie neue Wege fänden, die Soldaten anzusprechen. Dazu sollte ihnen genügend Zeit gelassen werden, weshalb der BRH vorschlug, „die Trägerverbände sinngemäß zu unterrichten und in etwa 3 Jahren erneut zu überprüfen, ob sich die Soldatenheime bewährt haben, bis dahin aber die Einrichtung weiterer Heime auszusetzen."

Die Denkschrift des Bundesrechnungshofes über die Soldatenheime in der Bundeswehr hatte weitreichende Folgen. Der Bundesfinanzminister sperrte die Mittel für den Bau neuer Soldatenheime.[93] Unmittelbar betroffen war die BAS, die den Schulterschluß mit dem Bundesverteidigungsministerium suchte, das zur Stellungnahme aufgefordert war. Am 1. September 1969 kam es zu einer Besprechung über die Denkschrift des BRH, an der leitende Beamte des Bundesverteidigungsministeriums sowie Vertreter des Katholischen Militärbischofsamtes, des Evangelischen Kirchenamtes für die Bundeswehr, der KAS und der EAS teilnahmen.[94] Einvernehmen bestand unter den Besprechungsteilnehmern darüber, daß die Grundlagen des Prüfungsberichts anfechtbar seien und die daraus gezogenen Folgerungen nicht den tatsächlichen Verhältnissen entsprächen. Eine Widerlegung der Behauptungen des Bundesrechnungshofes in Form einer ausführlichen Erwiderung erschien allen Besprechungsteilnehmern dringend erforderlich. Eine Möglichkeit hierzu bot die Stellungnahme des Verteidigungsministers zur Denkschrift des BRH, an der auch die beiden Kirchenämter und Arbeitsgemeinschaften für Soldatenbetreuung mitarbeiten sollten.

Am 10. Februar 1970 nahm das Ministerium zu der Denkschrift des Rechnungshofes Stellung.[95] Es stellte die Grundlagen der Untersuchung in Frage. So erwecke der Bundesrechnungshof den Eindruck, als hätten alle Kommandeure der geprüften Standorte Aussagen gemacht, die die Feststellungen des BRH rechtfertigten. Nach den dem Führungsstab der Streitkräfte vorliegenden dienstlichen Erklärungen der Kommandeu-

93 Vgl. Weißbuch 1970, Ziff. 131.

94 Ergebnisvermerk des Bundesministers der Verteidigung (VR III 2) vom 5.9.1969 über die Besprechung am 1.9.1969 betr. Soldatenheime, in: AKMB AR 173.

95 Vgl. Stellungnahme des Bundesministers der Verteidigung (VR III 2) vom 10.2.1970 betr. Soldatenheime, ebd.

re der vom BRH genannten Garnisonen seien jedoch keineswegs alle Kommandeure befragt worden. „Daraus ergibt sich“, so die Schlußfolgerung des Verteidigungsministeriums, „daß in bedenklicher Weise verallgemeinert worden ist und der Aussagewert der von den Prüfbeamten des BRH getroffenen Feststellungen deshalb zweifelhaft ist.“ Somit beruhe auch die Kernaussage der Denkschrift des BRH, bei den Soldatenheimen müsse von einer Fehlentwicklung gesprochen werden, auf Feststellungen, die wegen ihres geringen Aussagewertes nicht als Grundlage für einc derart negative Kritik dienen könnten. Darüber hinaus seien die gezogenen Schlüsse in maßgeblichen Punkten unzutreffend. Der Bundesrechnungshof gehe offenbar von der Annahme aus, daß Tätigkeit und Erfolg der den beiden Trägerverbänden übertragenen Betreuungs- und Kontaktaufgaben wirtschaftlich und zahlenmäßig meßbar sei. Dieser Ausgangspunkt sei nicht richtig. Mit der Einrichtung von Soldatenheimen erfülle die Bundeswehr einen wesentlichen Teil ihrer gesetzlich festgelegten Fürsorgepflicht gegenüber den Soldaten. Insoweit nähmen die beiden Arbeitsgemeinschaften eine eigentlich dem Bund obliegende Aufgabe wahr. Bei der Bewertung derartiger Betreuungseinrichtungen könne daher nicht primär von Erwägungen der Wirtschaftlichkeit ausgegangen werden, zumal die Soldatenheime keine auf Gewinn ausgerichteten Unternehmen seien. Solche Einrichtungen müßten in der Regel immer subventioniert werden, wie die langjährige Praxis ausländischer Soldatenheime zeige.

Auch habe der BRH nicht ausreichend berücksichtigt, daß die Betreuung der Soldaten in der Freizeit „etwas völlig Neues in den deutschen Streitkräften“ sei. Die Soldatenbetreuung in der Freizeit sei ein Bestandteil der Inneren Führung und habe wie diese zunächst gewisse Schwierigkeiten zu überwinden. Dies gelte auch für die Soldatenheime, die einen wesentlichen Teil der Freizeitbetreuung übernommen haben. „Die Zweifel des BRH an der Soldatenheimkonzeption stellen daher“, worauf das Verteidigungsministerium in seiner Stellungnahme aufmerksam machte, „zugleich ein Teilkonzept der Inneren Führung in Frage.“ Demgegenüber habe der Wehrbeauftragte des Deutschen Bundestages ausdrücklich festgestellt, daß sich die Soldatenheime als Freizeitheime und Begegnungsstätten zwischen Soldaten und Zivilbevölkerung „voll bewährt“ hätten. Daher könne dem Vorschlag des Rechnungshofes, die Einrichtung weiterer Soldatenheime generell für einen Zeitraum von drei Jahren auszusetzen, nicht zugestimmt werden. Durch den vom Bundesfinanzminister als Reaktion auf die Denkschrift verhängten Baustopp für Soldatenheime sei ohnehin „die wünschenswerte Kontinuität des Soldatenheimgesamtprogramms“ für einen längeren Zeitraum unterbrochen worden, so daß eine weitere Verzögerung nicht zu rechtfertigen sei. So verkündete denn auch Helmut Schmidt, der nach dem Regierungswechsel in Bonn im Herbst 1969 als erster Sozialdemokrat in das Amt des Bundesverteidigungsministers berufen wurde, im Weißbuch 1970 eine Beschleunigung des Soldatenheimbaus, nachdem die Bundesregierung – wohl nicht zuletzt auch aufgrund der Stellungnahme des Verteidigungsministeriums zur Denkschrift des BRH – den Baustopp für Soldatenheime aufgehoben hatte.[96]

96 Vgl. Weißbuch 1970, Ziff. 131.

Die Ausweitung des Soldatenheimbauprogramms war auch Thema eines Grundsatztgesprächs über die Soldatenbetreuung in der Bundeswehr, zu dem Verteidigungsminister Helmut Schmidt Köppler und Staatssekretär a. D. Claussen von der Evangelischen Arbeitsgemeinschaft für Soldatenbetreuung im Herbst 1970 eingeladen hatte.[97] Ferner nahm Ministerialdirektor Wirmer an dem Gespräch teil. Schmidt ließ die EAS und die KAS wissen, daß er sich um weitere Träger für die Soldatenbetreuung bemühe, „um mehr und schneller Soldatenheime zu errichten." Dabei dachte er offensichtlich an die Gewerkschaftsjugend. Er habe, wie er seinen Gesprächspartnern mitteilte, dem DGB-Vorsitzenden Heinz Oskar Vetter vorgeworfen, „daß er sich um seine jungen Gewerkschaftsmitglieder während der Zeit ihres Wehrdienstes nicht kümmere." Köppler bezweifelte, ob sich die Gewerkschaften als Trägerverband gewinnen ließen. Er wies darauf hin, daß er sie schon früher aufgefordert habe, sich in der Soldatenbetreuung zu engagieren, „sie aber bisher keine Neigung gezeigt hätten, auf diesem Gebiet aktiv zu werden." Vorbehalte gegenüber der Bundeswehr in einer Organisation mit ausgeprägt pazifistischen Strömungen mögen hier eine Rolle gespielt haben. Der hohe Finanzbedarf für die Soldatenbetreuung war und ist aber entscheidend dafür, daß gesellschaftliche Großorganisationen wie der DGB vor einem Engagement auf diesem Feld zurückschreckten.[98]

Nicht nur die Bemühungen Schmidts um die Gewerkschaften blieben erfolglos. Dem Werben um weitere Träger für die Soldatenbetreuung war insgesamt kein Erfolg beschieden. In der Hoffnung, damit dem (vermeintlichen) Bedarf an mehr Soldatenheimen nachkommen zu können, schlug daraufhin die Haushalts- und Liegenschaftsabteilung des Verteidigungsministeriums der politischen Leitung des Hauses vor, den Bau von Soldatenheimen wieder vom Bund bzw. den Länderbauverwaltungen durchführen zu lassen und die dann gebauten und im Eigentum des Bundes stehenden Soldatenheime den beiden Arbeitsgemeinschaften zum Betrieb zu überlassen. Hiervon setzte Wirmer Anfang März 1972 Köppler voller Sorge in Kenntnis, denn man wolle „zu einem System zurückkehren, das wir alle stolz waren, verlassen zu haben."[99] Wirmer bezweifelte, daß die Landesbauverwaltungen über ausreichende Arbeitskapazitäten verfügten und „so praktisch und brauchbar" bauen könnten wie die Arbeitsgemeinschaften für Soldatenbetreuung. Außerdem müsse der Bund bedenken, daß die Arbeitsgemeinschaften in der Regel mehr als ihren festgelegten 10%igen Eigenanteil beim Bau aufgewandt hätten, „um besondere von den Soldaten gewünschte Einrichtungen bieten zu können." Er werde die Vorlage der Haushalts- und Liegenschaftsabteilung nicht mitzeichnen und

---

97 Vermerk von Staatssekretär a.D. Claussen über das Gespräch mit Verteidigungsminister Schmidt am 21.10.1970, in: AKMB AR 173.

98 Ohne die finanzielle Hilfestellung durch den Katholischen Militärbischof wäre die Arbeit der KAS nicht möglich. Der Haushalt des Katholischen Militärbischofs ist die wichtigste Finanzquelle der KAS. Allein die Arbeiterwohlfahrt ist 1976 weiteres Mitglied der BAS geworden. Hinzu kommt der Bundeswehrverband als inaktives Mitglied, d. h. selbst betreibt er keine Soldatenheime. Vgl. BLASCHKE/OBERHEM, S. 125.

99 Schreiben von Ernst Wirmer an Heinrich Köppler vom 3.3.1972, in: AKMB AR 173.

seine Bedenken vortragen. Auch werde er auf die Notwendigkeit hinweisen, eine solche Planung mit den Arbeitsgemeinschaften abzustimmen. In diesem Zusammenhang bat er den KAS-Vorsitzenden nachdrücklich, „bei diesen Besprechungen sich sehr hart gegen eine Ablösung des bisherigen Systems und eine Rückkehr zum alten, mißratenen und überwundenen zu wenden." Köppler war Wirmer für diese Unterrichtung „sehr dankbar".[100] Die Bedenken des Leiters der Abteilung Verwaltung und Recht im Verteidigungsministerium würden von der KAS wie von der EAS „voll geteilt", weshalb er nach Erhalt des Briefes veranlaßt habe, „daß wir entsprechend hart in Bonn verhandeln."

Doch harter Verhandlungen bedurfte es gar nicht. Nur wenige Monate später erfolgte eine einschneidende Kürzung des Soldatenheimbauprogramms – in den Folgejahren sollten nicht mehr 200 neue Soldatenheime errichtet werden, wie noch im Weißbuch 1970 gefordert, sondern nur noch 80 bis 90 –; eine Änderung der Konzeption zur Errichtung von Soldatenheimen stand nicht mehr zur Diskussion.[101] Begründet wurde die Kürzung des Soldatenheimbauprogramms mit der Vermeidung von Überkapazitäten. Damit trug man im Bundesverteidigungsministerium der Tatsache Rechnung, daß sich die Rahmenbedingungen für die Soldatenbetreuung und damit auch für das Bedürfnis nach Soldatenheimen gegenüber den Planungen in den 1960er Jahren grundlegend geändert hatten[102]: Der militärische Dienst wurde der Industriearbeit angeglichen. Aus der 6-Tage-Woche der Soldaten war eine 4½-Tage-Woche geworden. 80–90 Prozent der Soldaten fuhren über das Wochenende nach Hause. Damit ging der Besuch der Soldatenheime erheblich zurück. Ursprünglich wollte man den Soldaten gerade für das Wochenende einen schönen und gemütlichen Aufenthalt bieten. Dazu kam die heimatnahe Einberufung zahlreicher Soldaten, die die Notwendigkeit der Soldatenheime reduzierte. In ihrer Wirkung nachhaltig war schließlich die wachsende Motorisierung der Soldaten, die in den 1950er Jahren niemand geahnt hatte. Sie erlaubte vielen Soldaten eine fast tägliche, auf jeden Fall wöchentliche Heimfahrt.

Auf die veränderten Rahmenbedingungen für die Soldatenbetreuung in den 1970er Jahren und damit für den Bau und den Betrieb von Soldatenheimen wies im Dezember 1974 Militärgeneralvikar Gritz Köppler hin.[103] Die Frage, „ob das ganze Unternehmen ‚Soldatenheime' nicht ... überholt ist", werde unter den Mitarbeitern im Katholischen Militärbischofsamt immer häufiger gestellt. Bereits auf den Gesamtkonferenzen der hauptamtlichen katholischen Militärgeistlichen 1973 und 1974 war überlegt worden, was zu tun sei, um zu einer besseren Nutzung der Soldatenheime zu kommen.[104] Mit

---

100 Schreiben von Heinrich Köppler an Ernst Wirmer vom 19.4.1972, ebd.

101 Schreiben von Verteidigungsstaatssekretär Fingerhut an die BAS vom 21.7.1972, ebd.; Blaschke/Oberhem, S. 127.

102 Vgl. Stellungnahme von Militärdekan Prälat Ludwig Steger zur „Entwicklung der Soldatenheime der KAS" vom 17.2.1976, in: AKMB AR 174.

103 Schreiben von Militärgeneralvikar Martin Gritz an Heinrich Köppler vom 18.12.1974, in: AKMB AR 097.

104 Vgl. Grußwort des Katholischen Militärbischofs Franz Hengsbach auf der Klausurtagung der KAS in Willingen am 21.4.1978, ebd.

dieser Frage beschäftigte sich im Juni 1975 auch der Priesterrat beim Katholischen Militärbischof, der nicht nur danach fragte, ob die Zielsetzung der Soldatenheime, wie sie bei der Gründung der Bundeswehr festgelegt wurde, in den 1970er Jahren noch zu realisieren sei.[105] Überprüft werden müsse ebenfalls die Organisationsform der KAS auf ihre Praktikabilität und ihre Finanzierung in der bestehenden Form, nicht zuletzt mit Blick auf den Bau weiterer Soldatenheime. Der Priesterrat blieb also nicht bei der Frage nach der Nutzung der Soldatenheime in den 1970er Jahren stehen, sondern er wollte zugleich die KAS auf den Prüfstand stellen. Ein entsprechendes Gutachten sollte von jemandem erstellt werden, „der sich im Bereich der Soldatenbetreuung, der Militärseelsorge und im Verteidigungsbereich genügend auskennt." Der Priesterrat dachte dabei an Ernst Wirmer.

Mit dieser Sitzung des Priesterrates beim Katholischen Militärbischof wurde der Erneuerungsprozeß der Katholischen Arbeitsgemeinschaft für Soldatenbetreuung eingeleitet. Daß der entscheidende Impuls hierzu nicht von der KAS selbst ausging, hing mit internen Problemen dieser Organisation zusammen. Auch wenn Heinrich Köppler nach Möglichkeit an allen Gremiensitzungen und Veranstaltungen teilnahm,[106] ging sein Engagement für die KAS in den 1970er Jahren aufgrund seiner vielfältigen Verpflichtungen in der Landes- und Bundespolitik „notgedrungen zurück"[107]. Konkrete Vorschläge zur Fortschreibung der Arbeit der KAS in den 1970er Jahren waren von ihm nicht zu erwarten. Die Erfüllung dieser Aufgabe hätte man dafür von Heinrich Schuhmacher erwarten dürfen, der seit dem 1. März 1957 hauptamtlicher Geschäftsführer der KAS war.[108] Doch wachsende gesundheitliche Probleme beeinträchtigten zusehends die Arbeitskraft von Schuhmacher[109], den Köppler aus der Jugendarbeit in Wiesbaden kannte.[110]

Bevor Ernst Wirmer über die Annahme des Gutachterauftrages entscheiden wollte, nahm er Verbindung zur evangelischen Seite auf, um von der EAS zu erfahren, ob auch sie Reformbedarf bei der Soldatenbetreuung sah. Wie er Militärbischof Hengsbach Anfang April 1976 mitteilen konnte, halte die EAS „die bisherige Grundlage der Soldatenheimarbeit für weiterhin tragfähig", weshalb sie eine besondere Überprüfung durch einen Gutachter oder eine sonstige Maßnahme als „überflüssig" bezeichne.[111] Weiter kontaktierte Wirmer Militärdekan Steger, der von 1956 bis 1974 das Referat IV im Katholischen Militärbischofsamt geleitet hatte und in diesem Zusammenhang für alle die

105 Vermerk von Militärbischof Franz Hengsbach über die Beratungen in der Sitzung des Priesterrates beim Katholischen Militärbischof am 13.6.1975, in: AKMB AR 173.
106 Erstes Zeitzeugengespräch mit Klaus Fenske (31.1.2004).
107 Zeitzeugengespräch mit Hans Georg Marohl (10.7.2004).
108 Vgl. Protokoll der Sitzung der KAS vom 1.4.1957, in: AKMB AR 101.
109 Zeitzeugengespräch mit Hans Georg Marohl (10.7.2004).
110 Zeitzeugengespräch mit Josef Schneider (31.7.2004).
111 Schreiben von Ernst Wirmer an Militärbischof Franz Hengsbach vom 4.4.1976, in: AKMB AR 174.

KAS berührenden Fragen zuständig war.[112] Auf Bitten Wirmers erstellte Steger eine Stellungnahme zur Entwicklung der KAS, in der er kein Blatt vor den Mund nahm.[113] Die Geschäftsstelle und der Geschäftsführer der KAS hätten „zweifellos ihre großen Verdienste um den Bau vieler Soldatenheime." Das solle nie übersehen und vergessen werden. Diesen Verdiensten stehe aber „ein mehrfaches Versagen" gegenüber. „Wie ist es möglich", fragte Steger, „daß die Geschäftsstelle ein Defizit des Soldatenheimes in Pfullendorf erst entdeckt, wenn dieses auf über DM 60.000,– angewachsen ist?" Hierbei handle es sich um keinen Einzelfall – und dies, obwohl eine zentrale Buchführung und ein eigener Revisor vorhanden seien. Kritik übte Steger auch an der Arbeit von Köppler. Der Vorsitzende der KAS, dessen Verdienste ebenfalls nicht geschmälert werden sollten, könne sich seit vielen Jahren nicht genügend um die Geschäftsstelle kümmern. Und der Kulturreferent der KAS, dessen Einstellung Köppler dem Katholischen Militärbischofsamt abgetrotzt habe, sei „ein Versager". Außer überlangen Berichten, die man nicht lesen könne, bringe er „nichts auf die Beine", vor allem gingen von ihm keine kulturellen Anregungen aus. „Die KAS war tüchtig im Bauen, ist aber fast ohne Inspiration für das Freizeitprogramm", stellte Steger enttäuscht fest. Soweit er über die EAS orientiert sei, habe diese „keine unüberwindlichen Sorgen". Das spreche dafür, daß die Probleme der KAS in erster Linie bei der Leitung und Geschäftsführung lägen. Nur mit einer „Reform an Haupt und Gliedern" seien nach seiner Überzeugung die Probleme der KAS zu lösen. Schon seit Jahren vertrete er die Auffassung, daß die Geschäftsführung, weil sie wahrscheinlich nicht vollständig abgelöst werden könne,[114] „einen stellvertretenden Vorsitzenden vor die Nase gesetzt bekommen muß", der wenigstens halbtags in der Geschäftsstelle tätig sei. Die Mehrkosten würden durch Einsparungen selbstverschuldeter bzw. zu spät erkannter Verluste mehr als wettgemacht.

Die Forderung Stegers nach einer Reform der KAS an Haupt und Gliedern konnte Wirmer nur unterstützen.[115] Eine solche Reform könne und dürfe durch die Beauftragung von Gutachtern „nicht verzögert oder gar vermieden" werden. Es müsse unter allen Umständen verhindert werden, daß „der ‚Büroschlaf' der Geschäftsstelle weitergeht und der Vorstand offenbar seine Aufgabe nur darin sieht, den gegenwärtigen Lauf mühsam aufrechtzuerhalten, nicht aber Innovationen für fruchtbare Arbeit zu geben." Den Vorschlag Stegers zur Berufung eines stellvertretenden Vorsitzenden für die Beaufsichtigung der Geschäftsstelle hielt er für unzureichend, wenn es tatsächlich zu einer Reform der KAS an Haupt und Gliedern kommen solle.

---

112 Blaschke/Oberhem, S. 191.

113 Vgl. Stellungnahme von Militärdekan Prälat Ludwig Steger zur „Entwicklung der Soldatenheime der KAS" vom 17.3.1976, in: AKMB AR 174.

114 Bei Geschäftsführer Heinrich Schuhmacher bestand das Problem darin, daß er nach 20jähriger Tätigkeit bei der KAS praktisch nicht nur unkündbar war, sondern auch noch den Schutz des Schwerkriegsbeschädigtengesetzes für sich in Anspruch nehmen konnte. Schreiben von Heinrich Stakemeier an Militärbischof Franz Hengsbach vom 10.8.1977, in: AKMB AR 097.

115 Schreiben von Ernst Wirmer an Militärbischof Franz Hengsbach vom 4.4.1976, in: AKMB AR 174.

Die Mißstände in der Katholischen Arbeitsgemeinschaft für Soldatenbetreuung müssen Mitte der 1970er Jahre groß gewesen sein, wenn sich mit Ernst Wirmer und Prälat Ludwig Steger zwei Personen, die der KAS gegenüber grundsätzlich positiv eingestellt waren, derart kritisch über die Arbeit der Geschäftsführung und des Vorstandes äußerten. Die beiden Stellungnahmen blieben auch nicht ohne Folgen. Militärbischof Hengsbach suchte das Gespräch mit Heinrich Köppler, mit dem er vereinbarte, zur Unterstützung des Vereinsvorsitzenden ein Geschäftsführendes Vorstandsmitglied einzusetzen, und zwar den ehemaligen nordrhein-westfälischen Innenstaatssekretär Heinrich Stakemeier.[116] Zuvor war bereits mit Oskar Böllinger ein zweiter Geschäftsführer angestellt worden, dem ein Teil der Aufgaben übertragen wurde, die bis dahin Heinrich Schuhmacher allein wahrgenommen hatte.[117] Die Berufung eines Geschäftsführenden Vorstandsmitglieds stieß innerhalb der KAS auf wenig Gegenliebe; Stakemeier haftete der Ruf an, „Mann des Militärbischofs“ bzw. „Aufpasser des Militärbischofsamtes“ zu sein.[118] Zweifellos war das Katholische Militärbischofsamt bemüht, über Stakemeier seinen Einfluß auf die Politik der KAS zu vergrößern, was aus Sicht des Amtes auch geboten schien angesichts der Mißstände in der KAS. Das Geschäftsführende Vorstandsmitglied nahm 1. die allgemeine Vertretung des Vorsitzenden und des Vorstandes bei der Erledigung der laufenden Geschäfte zwischen den Vorstandssitzungen wahr, entlastete 2. nach besonderer Absprache den Vorsitzenden, übte 3. das Weisungs- und Informationsrecht gegenüber den KAS-Mitarbeitern aus und besaß 4. die allgemeine Aufsicht über die Geschäftsstelle der KAS, freilich mit einer Berichtspflicht gegenüber dem Vorstand.[119]

Die Berufung von Stakemeier zum Geschäftsführenden Vorstandsmitglied bedeutete keine Entmachtung Köpplers, der ausdrücklich in den Erneuerungsprozeß der KAS eingebunden wurde. So übernahm er den Vorsitz der Arbeits- und Studiengruppe „Erneuerungsprozeß der KAS e.V.“, die am 24. Oktober 1977 erstmals tagte.[120] Die konstituierende Sitzung dieser Arbeitsgruppe diente einer allgemeinen Aussprache über die Vergangenheit, Gegenwart und Zukunft der Katholischen Arbeitsgemeinschaft für Soldatenbetreuung. Einig war man sich u. a. darin, die Satzung der KAS gründlich zu überprüfen. Auch wurde beschlossen, künftig für die Kuratorien der KAS zentrale Veranstaltungen durchzuführen, um die Kuratorien hinsichtlich der Betreuungsarbeit stärker an die KAS-Zentrale zu binden. Die erste Veranstaltung in diesem Sinne war die Klausurtagung für die Heimleitungen und Mitglieder der Kuratorien der Soldatenheime im

116 Schreiben von Militärbischof Franz Hengsbach an Ernst Wirmer vom 25.8.1976, ebd.

117 Ebd.

118 Zeitzeugengespräch Hans Georg Marohl (10.7.2004): „Stakemeier war uns vom Militärbischofsamt an den Hals gehängt worden; der sollte uns überwachen.“

119 Schreiben von Heinrich Köppler an Militärbischof Franz Hengsbach vom 25.10.1977, in: AKMB AR 097

120 Vgl. Protokoll der konstituierenden Sitzung der Arbeits- und Studiengruppe „Erneuerungsprozeß der KAS e.V.“ vom 24.10.1977, ebd.

April 1978 im sauerländischen Willingen.[121] Das Hauptreferat auf dieser Veranstaltung hielt Köppler, der sich vor allem mit der Frage auseinandersetzte, was überhaupt unter Betreuung der Soldaten in den Soldatenheimen zu verstehen sei, da „bisher der Begriff der Soldatenbetreuung weder von einer kompetenten Behörde noch von einer Einzelpersönlichkeit zutreffend definiert werden konnte."[122] Es gebe kein Patentrezept, „auch wenn einige Leute dauernd danach rufen, ohne je ein eigenes Konzept vorgelegt zu haben." Es gebe „eine Bandbreite der Betreuung der Soldaten zwischen Lily Marleen und Millowitsch bis zur pastoralen religiösen Ansprache", also kein einseitiges Freizeitangebot. Diese Bandbreite gewährleiste eine überparteiliche und überkonfessionelle Führung der Soldatenheime als Stätten der Begegnung für Soldaten in der Freizeit mit der Zivilbevölkerung der Standortregion. Die Betreuungsarbeit der KAS gegenüber den Soldaten habe die Besonderheiten des soldatischen Lebens vorrangig zu berücksichtigen. Sie habe sich als Angebotsleistung jeder Bevormundung zu enthalten. Abgesehen von der innerorganisatorischen Abstimmung, könne die Betreuungsarbeit nur erfolgreich sein, wenn die Freizeitangebote in Abstimmung mit den örtlichen Kommandeuren und den zuständigen Militärpfarrern ausgearbeitet würden. Betreuungsarbeit sei eine schöpferische Arbeit, deren Verwirklichung – neben anderen Voraussetzungen – die Bereitstellung angemessener Geldmittel erforderlich mache. „Wer ‚Betreuung' fordert, hat auch die Mittel für diese Aufgabe bereitzustellen", ließ Köppler alle staatlichen und auch kirchlichen Stellen wissen. Eine zentralistische Steuerung aller Freizeitangebote für alle Soldatenheime sei technisch und sachlich nicht möglich. Als zentrale Organe der KAS hätten aber der Vorstand, der künftige Fachbeirat und die Geschäftsstelle zu Bonn Rahmenprogramm-Angebote auszuarbeiten als Orientierungshilfen für die Basis, für gezielte Einzelprogrammangebote (z.B. Wettbewerbe auf Bundesebene) zentrale Betreuungshilfen finanzieller, technischer und organisatorischer Art bereitzustellen und durch eine kooperative Zusammenarbeit mit örtlichen Behörden und Vereinen dafür zu sorgen, daß Soldatenheime auch Stätten der Begegnung mit der Zivilbevölkerung seien. Der von Köppler angesprochene Fachbeirat war auch Diskussionsgegenstand in Willingen. Er stellte eine wesentliche Neuerung in der Organisationsstruktur der KAS dar. Mit dem Beschluß zur Einrichtung eines solchen Beirates sollte von dem bis dahin geltenden System abgerückt werden, einen einzelnen Geschäftsführer mit der Ausarbeitung der Freizeitangebote zu beauftragen, weil man der Auffassung war, daß selbst ein sehr vielseitig gebildeter Geschäftsführer allein nicht in der Lage sein konnte, fortlaufend ein interessantes Angebot zur Gestaltung der Freizeit in den Soldatenheimen zu erarbeiten.

Die Einrichtung eines „Fachbeirats für Freizeitangebote bei der KAS e.V." wurde in der neuen Satzung der Katholischen Arbeitsgemeinschaft für Soldatenbetreuung vom 30. März 1979 verankert (§ 18).[123] Die neue Satzung stellte ein Kernstück des Erneue-

121 Vgl. Bericht des KAS-Geschäftsführers Oskar Böllinger über die KAS-Klausurtagung in Willingen am 20./21.4.1978, ebd.

122 Auszüge der Rede Köpplers auf der Willinger KAS-Klausurtagung ebd.

123 Satzung der KAS in der Fassung vom 30.3.1979, in: AKMB AR 098.

rungsprozesses dar. An der Zielsetzung der KAS, der Förderung von Maßnahmen und Veranstaltungen zur geistigen, sittlichen und religiösen Betreuung der Soldaten außerhalb der Dienstzeit, änderte sich nichts. Wesentliche Änderungen betrafen den Vorstand, dessen Zuständigkeit und Pflichten im Detail festgelegt wurden (§ 10). Er wurde in einer Weise in die Pflicht genommen, wie es bis dahin nicht üblich war. Seine Aufgabenerweiterung stellte beispielsweise die Pflicht zur Durchführung von Arbeitssitzungen mit den Heimleitern und den Vorständen der örtlichen Kuratorien der Soldatenheime dar. Damit wollte man die Zusammenarbeit zwischen der örtlichen Ebene und der KAS-Zentrale in Bonn intensivieren. Der Vorstand sollte stärker in die Tagesarbeit eingebunden werden und sich nicht auf Repräsentationsaufgaben beschränken – eine Forderung, die ja auch Steger und Wirmer in ihren Stellungnahmen erhoben hatten.

Auf Mißstände in der Geschäftsstelle hatte der Vorstand der KAS bereits in seiner Sitzung am 7. September 1977 reagiert, als er die Handlungsfreiheit des Geschäftsführers begrenzte.[124] So erfolgte die Führung der laufenden Geschäfte durch den Geschäftsführer nach den bestehenden Richtlinien oder Einzelanweisungen des Vorstandes oder des Geschäftsführenden Vorstandsmitgliedes mit Informations- und Berichtspflicht gegenüber dem Vorstand. Rechtsverbindliche Erklärungen für die KAS gegenüber Dritten konnte der Geschäftsführer nicht abgeben, es sei denn, daß der Vorsitzende in Einzelfällen entsprechende Vertretungsvollmachten erteilte. Mit diesem Beschluß entsprach der Vorstand der KAS der Empfehlung des Priesterrates beim Katholischen Militärbischof, die satzungsmäßige Kompetenz und Verantwortlichkeit des Geschäftsführers der KAS wegen vielfältiger negativer Erfahrungen neu zu regeln.[125]

Als Köppler die neue Satzung der KAS unterschrieb, konnte er auf 23 Jahre an der Spitze dieses Vereins zurückblicken. Ebenso lang war er schon in leitender Funktion im Zentralkomitee der deutschen Katholiken tätig – eine Tätigkeit, die 1956 mit seiner Berufung in das Amt des Generalsekretärs des ZdK begonnen hatte.

124 Schreiben von Heinrich Köppler an Militärbischof Franz Hengsbach vom 25.10.1977, in: AKMB AR 097.

125 Vgl. Empfehlungen des Priesterrates beim Katholischen Militärbischof betr. KAS, verabschiedet in der Sitzung am 25./26.2.1977 in Bonn, ebd.

IV. Generalsekretär des Zentralkomitees der deutschen Katholiken (1956–1965)

1. Berufung in ein neues Amt

Das Zentralkomitee der deutschen Katholiken (ZdK) stellt „ein Novum in der Geschichte des deutschen Katholizismus“ dar[1]; seine Gründung im Jahr 1952 ist also mehr gewesen als nur eine Reorganisation des seit 1933 inaktiven Zentralkomitees zur Vorbereitung der Generalversammlung der Katholiken Deutschlands (Z.K.), das von 1868 an die bereits seit 1848 stattfindenden Deutschen Katholikentage organisierte.[2] Die Gründung des Zentralkomitees der deutschen Katholiken ist untrennbar verknüpft mit dem Namen des damaligen Kölner Domkapitulars und ersten Leiters des Katholischen Büros in Bonn, Prälat Wilhelm Böhler. „Nach Aktenlage und Erkenntnissen der Forschung steht außer Zweifel, daß Prälat Böhler der entscheidende Promotor und Spiritus rector auf dem Weg vom Z.K. zum ZdK war“, stellt Thomas Großmann in seiner Studie über die Entstehung und Entwicklung des ZdK bis zum Jahre 1970 fest.[3]

Als sich die Frage nach der Organisation der katholischen Laienarbeit im Nachkriegsdeutschland stellte, trat Prälat Böhler als Befürworter eines effizient organisierten Laienkatholizismus auf, der in enger Bindung an die Bischöfe im vorparlamentarischen Raum für die kirchlichen Anliegen wirken sollte.[4] 1946 gewann er Kardinal Frings und damit den Vorsitzenden der Fuldaer Bischofskonferenz für die Gründung eines entsprechenden Organs, das an die Stelle des alten Zentralkomitees der Deutschen Katholikentage treten bzw. aus diesem weiterentwickelt werden sollte. Böhlers Leitgedanke war die Verwirklichung einer wie auch immer gearteten Katholischen Aktion. Der seit 1920 im Amt befindliche Präsident des Z.K., Alois Fürst zu Löwenstein, dachte dagegen lediglich an eine Reorganisation des alten Zentralkomitees im Hinblick auf den für 1948 geplanten Katholikentag und schlug seinen Sohn Karl, der bereits Leiter der Katholischen Aktion im Bistum Würzburg war, als seinen Nachfolger vor.[5] Angesichts der Zurückhaltung des Episkopats gegenüber einer Wiederbegründung der katholischen Verbände und ihrer Sympathien für die Katholische Aktion bedurfte das Zentralkomitee einer neuen Aufgabenbestimmung. Damit begann ein zähes Tauziehen um den Grad bischöflicher Einwirkung.

Der Düsseldorfer Rechtsanwalt Anton Roesen plädierte als Vorsitzender des Kölner Diözesankomitees für eine Koordinationsstelle, „die im Namen der Katholiken Deutschlands sprechen und handeln“ könne und die Vielfalt des Laienkatholizismus

1 Grossmann, S. 2.
2 Hanssler: Vielfalt, S. 294.
3 Grossmann, S. 91.
4 Ebd., S. 42f.; Schewick, S. 206.
5 Grossmann, S. 43.

spiegele.[6] Sie dürfe nicht im Auftrag der Bischöfe handeln, müsse vielmehr für die Eigenständigkeit der Laien und dabei doch in enger Fühlungnahme zu den Bischöfen stehen. Böhler schwebte dagegen eine enge Anbindung an die Bischöfe vor, und diese selbst dachten sogar an die Entsendung von zwei oder drei Bischöfen in das neue Zentralkomitee. 1947 herrschten bei ihnen jedoch noch sehr unklare Vorstellungen. Offenbar spielte auch die Besorgnis eine Rolle, daß das Zentralkomitee einen höheren Organisationsgrad als die Bischofskonferenz erreichen könne, die damals nur einen lockeren Zusammenschluß bildete.[7] Kardinal Frings bat jedenfalls Alois Fürst zu Löwenstein darum, die Beratungen um die künftige Gestaltung vorläufig auszusetzen. Der Mainzer Katholikentag von 1948 verlief dennoch einvernehmlich. Thematisch dominierte die Not der Zeit. Die Bischöfe waren in Mainz zahlreicher vertreten als früher, und der Ortsbischof Albert Stohr zitierte in seiner offiziellen Ansprache ein altes Wort Kardinal Faulhabers, wonach zwar ein „Laienapostolat", nicht aber ein „Laienregiment" erwünscht sei, während die Anwesenden sich „freudig zur Teilnahme am hierarchischen Apostolat der Kirchen" bekannten.[8] Eine klare Formel für das künftige Zusammenspiel war freilich noch nicht in Sicht. Wie sehr sich das Zentralkomitee der Deutschen Katholikentage freilich schon als Sprecher der deutschen Katholiken verstand, zeigte sich in seiner Eingabe an den Parlamentarischen Rat Anfang Mai 1949, in der es, ohne dazu ein Mandat zu besitzen, seine Forderung nach einem Volksentscheid über das Elternrecht in der Schulfrage als die „des ganzen christlichen Volkes" vortrug.[9]

Der Bochumer Katholikentag von 1949 machte das Defizit an übergreifender Koordination noch einmal deutlich. Daher dachten die Bischöfe an die Schaffung eines „Sekretariats der Fuldaer Bischofskonferenz" oder einer „Zentralen Arbeits- und Informationsstelle der katholischen Kirche Deutschlands", die das Zentralkomitee einbinden sollte.[10] Während der folgenden Jahre kamen die Verhandlungen jedoch wenig voran, obwohl aus gesellschaftspolitischen Gründen – die Bundesrepublik war inzwischen gegründet – großer Handlungsbedarf bestand. Die Bischofskonferenz hatte sich noch nicht auf eine gemeinsame Haltung zur Frage der Neuorganisation des Laienkatholizismus im Nachkriegsdeutschland verständigen können, und auch die Position der katholischen Verbände war in dieser Frage noch unklar. Im Februar 1951 schlossen sich immerhin das Zentralkomitee und die katholischen Vereinigungen, Organisationen und Werke zu einer „Gemeinschaft der katholischen Organisationen" zusammen.[11] Diese bestellte einen Geschäftsführenden Ausschuß und plante die Schaffung eines „Deutschen katholischen Instituts" für die Behandlung gesellschafts-, staats- und kulturpolitischer Fragen.

---

6 Ebd., S. 51.
7 Ebd., S. 55.
8 Ebd., S. 59f.
9 Ebd., S. 62f.
10 Ebd., S. 64f.
11 Ebd., S. 66–71.

Nunmehr ergriff Kardinal Frings nach einer Besprechung mit den Bischöfen Michael Keller (Münster), Josef Wendel (Speyer) und Julius Döpfner (Würzburg) die Initiative und sprach sich für die Gründung eines Zentralkomitees der deutschen Katholiken aus.[12] Die Bischofskonferenz stimmte dem im August 1951 zu.[13] Ungeklärt blieb die Frage nach dem episkopalen Einfluß in dem neuen Zentralkomitee. Sie war auch noch nicht entschieden, als das Zentralkomitee der deutschen Katholiken am 30. April 1952 in Bad Honnef „in Form einer Arbeitsgemeinschaft der im Apostolat der Kirche stehenden Kräfte" eingerichtet wurde, wie es in dem Gründungsbeschluß hieß.[14] Die Verabschiedung eines Statuts und damit die Schaffung einer Arbeitsgrundlage für das neue Zentralkomitee stand noch aus. Die entsprechenden Verhandlungen gestalteten sich schwierig; einmal mehr zeigte sich „die Spannung zwischen bischöflichem Leitungsanspruch und Selbstbestimmung des organisierten Laienkatholizismus"[15]. Die Verhandlungen über das Statut zogen sich bis zum März 1953 hin.[16]

Das Statut von 1953 definierte das Zentralkomitee der deutschen Katholiken als den „von der Autorität der Bischöfe getragenen Zusammenschluß der im Laienapostolat der katholischen Kirche in Deutschland tätigen Kräfte".[17] Die Information, Koordination und Integration der Laienkräfte wurden als Aufgaben des ZdK beschrieben.[18] Sie sollte das ZdK „im Sinn einer Arbeitsgemeinschaft unter voller Wahrung der Eigenständigkeit der angeschlossenen Organisationen" wahrnehmen.[19] Mitglieder waren die Leiter der Bischöflichen Hauptarbeitsstellen, je ein Bistumsvertreter für das Laienapostolat, Vertreter der zentralen katholischen Verbände, die Leiter der Sachreferate, welche zur Beratung des Episkopats und zur Erfüllung der Aufgaben des ZdK für bestimmte Arbeitsgebiete eingerichtet wurden[20], sowie Einzelpersönlichkeiten, deren Zahl ein Zehntel der Gesamtzahl aller Mitglieder nicht übersteigen sollte.[21] Die Mitglieder bildeten in ihrer Gesamtheit die Vollversammlung, die wenigstens einmal im Jahr zusammentrat und die Richtlinien für die Durchführung der Arbeit gab.[22] Weitere Organe des ZdK waren der Geschäftsführende Ausschuß, der in allen Angelegenheiten entschied, die nicht der Vollversammlung vorbehalten waren, und das Präsidium, dem der Präsident, zwei Vizepräsidenten und der bischöfliche Generalassistent angehörten.[23] Bezüglich der Kooperation mit dem Episkopat hieß es, daß das ZdK „im Einvernehmen mit den

12 Ebd., S. 74f.
13 Ebd., S. 80f.
14 Ebd., S. 87.
15 Raabe, S. 70.
16 Vgl. Grossmann, S. 95–104.
17 ZdK, Statut 1953, § 1 Satz 1.
18 Vgl. § 2.
19 Ebd., § 1 Satz 2.
20 Ebd., § 11.
21 Ebd., § 3.
22 Ebd., § 8.
23 Ebd., §§ 9 u. 10.

Bischöfen der deutschen Diözesen" arbeite.[24] Die Formulierung „im Einvernehmen", die den Eindruck einer partnerschaftlichen, gleichberechtigten Zusammenarbeit erweckt, kann und darf nicht darüber hinwegtäuschen, daß das Statut von 1953 „die Laien auf das engste an die kirchliche Hierarchie band".[25] Über den bischöflichen Generalassistenten übte der Episkopat im Präsidium sowie im Geschäftsführenden Ausschuß unmittelbar Einfluß aus, „Entscheidungen über Fragen von grundsätzlicher Bedeutung" mußten der Bischöflichen Kommission zur Koordinierung der Kräfte im Laienapostolat zur Bestätigung vorgelegt werden, die Wahl des ZdK-Präsidenten bedurfte der Bestätigung durch den Vorsitzenden der Fuldaer Bischofskonferenz und die Berufung der Leiter und Geschäftsführer der Sachreferate erfolgte durch den Episkopat.[26]

Die an anderer Stelle beschriebene Tendenz zur Verkirchlichung des Katholizismus im Nachkriegsdeutschland wurde in dem Statut des ZdK von 1953 deutlich erkennbar. Aus diesem Grund war für viele Laien das ZdK zunächst „ein ungeliebtes Kind"[27]. Deshalb wurde auch wiederholt die Forderung nach einer Neugründung des in der Kaiserzeit bedeutsamen und noch in der Weimarer Republik einflußreichen, von der kirchlichen Hierarchie unabhängigen „Volksvereins für das katholische Deutschland" erhoben.[28] Die Frage einer Reorganisation des Volksvereins bleibe auf der Tagesordnung, mahnte Böhler im Herbst 1956 den Präsidenten des ZdK, Karl Fürst zu Löwenstein, „wenn nicht bald [in der Geschäftsstelle des Zentralkomitees] in Godesberg-Friesdorf wirklich positiv gearbeitet wird"[29]. Damit sprach Böhler die Organisationsprobleme und unklaren Kompetenzregelungen in der Geschäftsstelle des ZdK an, die den Aufbau eines effizient arbeitenden Zentralkomitees erschwerten, ja verzögerten.[30] In die Kritik geriet zwangsläufig der Geschäftsführer des ZdK, Erich Lampey, der für die Ausübung dieses Amtes offensichtlich nicht geeignet war.[31] Lampey war eben „eher ein Intellektueller als ein Organisator".[32]

Bereits im Sommer 1954 begab sich das Präsidium des ZdK auf die Suche nach einem Nachfolger für Lampey. Dabei dachte man an Heinrich Köppler. Am 26. Juli 1954 – also noch vor Beginn des ersten Bundesfestes des BDKJ in Dortmund, auf dem Köppler ja eine große Rede hielt, von der der damalige Bundespräses der Mannesjugend im BDKJ, Willy Bokler, später sagen sollte, dies sei „die beste Rede" gewesen, „die ich je von einem Laien gehört habe"[33] – schlug Präsident Löwenstein dem Paderborner Weihbischof Franz Hengsbach, der im ZdK das Amt des bischöflichen General-

---

24 Ebd., § 12 Satz 1.
25 Grossmann, S. 104.
26 ZdK, Statut 1953, § 12 a–d.
27 Hanssler: Pluralisierungsprozeß, S. 109.
28 Vgl. Grossmann, S. 107–122.
29 Zitiert nach Ebd., S. 122.
30 Ebd., S. 125.
31 Ebd., S. 126; Zeitzeugengespräch mit Friedrich Kronenberg (4.3.2004): „Lampey fehlte das Format für das Amt des Geschäftsführers im ZdK, das war nicht sein Metier."
32 Hanssler: Selbstverständnis, S. 70.
33 Zeitzeugengespräch mit Heinz Josef Massenkeil (27.4.2004).

assistenten ausübte, vor, gemeinsam ein Gespräch mit Köppler zu führen, sollte die Überlegung, den Bundesführer des BDKJ zum neuen Geschäftsführer des ZdK zu berufen, in den Reihen der Bischöfe „gut aufgenommen" werden.[34]

Daß Köppler als Kandidat für die Lampey-Nachfolge galt, stellte keine allzu große Überraschung dar. Innerhalb der katholischen Laienbewegung war er längst kein unbeschriebenes Blatt mehr. Er beeindruckte durch sein selbstbewußtes und selbstsicheres Auftreten wie in der Frankfurter Paulskirche anläßlich der Auftaktveranstaltung zur „Woche der Jugend" des Bundesjugendringes im September 1952 oder auf dem Augsburger Führerschaftstreffen des BDKJ Pfingsten 1953. In Erinnerung blieb auch seine in der Zeitungslandschaft viel beachtete Pressekonferenz vom November 1953, als er die Stellungnahme des BDKJ zur Frage der inneren Struktur künftiger deutscher Streitkräfte erläutert hatte. Schließlich verfügte er als Assistent beim Wirtschaftsrat der Bizone und im Deutschen Bundestag sowie als Persönlicher Referent des ersten Bundestagspräsidenten Erich Köhler über praktische Verwaltungserfahrung und den notwendigen Einblick in politische Abläufe.

Die Aussicht, die Geschäftsführung einer Organisation zu übernehmen, die zwar nicht für sich in Anspruch nahm und auch nicht nehmen konnte, die verfaßte Repräsentation des deutschen Katholizismus zu sein, aber „doch so etwas wie eine Laienspitze als Entsprechung und als Gegenüber zur bischöflichen Spitze in der Bischofskonferenz"[35] darstellte, war für Köppler natürlich reizvoll. Er stimmte zwar bereits im Laufe des Jahres 1954 einem Wechsel in die Geschäftsstelle des ZdK für das Frühjahr 1956 zu,[36] gleichwohl dürfte ihm diese Entscheidung nicht leichtgefallen sein. Dies läßt jedenfalls der Bericht über die Jahreskonferenz der Führerschaft des BDKJ in Würzburg Ende April 1956 vermuten, auf der die Neuwahl der Bundesführung stattfand.[37] In dem Bericht heißt es u. a.: „Bei der sich an den Wahlakt anschließenden Verabschiedung und Einführungsfeier wechselten Rede und Gegenrede in würdiger und zu Herzen gehender Form. Galt es doch, die Verdienste der bisherigen Laienführung wenigstens annähernd klar herauszustellen und die Aufgaben der neuen Bundesführung schwerpunktmäßig zu umreißen. Der Abschied von Bundesführer Heini Köppler und dem stellvertretenden Bundesführer Oskar Neisinger, der Bundesführerin Heidi Carl und der stellvertretenden Bundesführerin Elisabeth Deventer fiel keinem der Anwesenden leicht und war weit mehr als das Ausscheiden von guten Freunden." Ein wesentliches Ziel, das sich Köppler zu Beginn seiner Amtszeit als Bundesführer gesetzt hatte, nämlich „aus dem Kreis der Führerschaft in Diözesen und Gliedgemeinschaften so weit wie

---

34 Schreiben von Karl Fürst zu Löwenstein an Franz Hengsbach vom 26.7.1954, in: StAWt-R NL 8-3.

35 Hanssler: Vielfalt, S. 295.

36 Vgl. Bericht des Generalassistenten des ZdK, Weihbischof Franz Hengsbach, an die Bischofskommission zur Koordinierung der Kräfte im Laienapostolat vom 11.8.1955, in: StAWt-R NL 8-3.

37 Vgl. Mitteilungen der Bundesführung des BDKJ vom 6.6.1956, Punkt 1 (Jahreskonferenz der Führerschaft in Würzburg), in: ABDKJ A 2753.

möglich eine Gemeinschaft persönlicher Freunde werden zu lassen",[38] war offensichtlich erreicht worden.

2. „Die Frage ist nur, ob Herr Köppler der rechte Mann am rechten Platz ist."

Am 1. April 1956 trat Köppler sein neues Amt an, und zwar mit dem Titel eines Generalsekretärs, worum das ZdK gebeten hatte, „um seine Stellung entsprechend zu unterstreichen und seine Verhandlungen mit öffentlichen Stellen zu erleichtern".[39] Der Episkopat stimmte dem zu, wenngleich es in den Reihen der Bischöfe Vorbehalte gab. Vorbehalte machte vor allem der Münsteraner Bischof Michael Keller geltend, glaubte er doch „hinter dieser Akzentverschiebung Emanzipationsbestrebungen der Laien vom kirchlichen Amt zu erkennen"[40]. Deshalb teilte Hengsbach Löwenstein auch ausdrücklich mit, daß die Bischofskonferenz nichts gegen den Titel „Generalsekretär" einzuwenden habe, wenn sein Aufgabenbereich dem des Geschäftsführers entspreche.[41] Es handle sich also „nur um eine Änderung in der Amtsbezeichnung, nicht um eine Änderung in der amtlichen Funktion".

Köppler sollte den hohen Erwartungen, die mit seiner Berufung zum neuen Generalsekretär des ZdK verbunden waren, gerecht werden, zumindest nach dem Urteil des Präsidenten Karl Fürst zu Löwenstein. Als im Herbst 1962 die Frage einer Gehaltserhöhung für Köppler zur Diskussion stand, unterstützte er einen entsprechenden Antrag des Vizepräsidenten Anton Roesen nachdrücklich.[42] Eine Gehaltserhöhung hielt Löwenstein für „um so notwendiger, als wir doch Köppler für diesen Posten erhalten sollten." Denn „er hat sich in einer so ausgezeichneten Weise eingearbeitet", fand der Präsident des Zentralkomitees, „daß er kaum ersetzbar ist, und sein Wirken wird immer wichtiger." Köppler hatte sich innerhalb des Zentralkomitees etabliert. Seine Position war zu diesem Zeitpunkt unumstritten, was zu Beginn seiner Amtszeit überhaupt nicht der Fall war. So hatte im April 1957 der Münsteraner Bischof Michael Keller die Frage gestellt, „ob Herr Köppler der rechte Mann am rechten Platz" sei.[43] Was veranlaßte seinerzeit Keller dazu, Köppler in seiner Funktion als Generalsekretär des ZdK in Frage zu stellen?

Am 6. April 1957 war in der Frankfurter Allgemeinen Zeitung ein Artikel erschienen, der unter der Schlagzeile „Keine katholischen Wahlhilfen" die „politischen Ten-

38 Schreiben von Heinrich Köppler an Siegfried Baumgartner, Jugendhaus Düsseldorf, vom 2.1.1967, in: HStAD RWV 26-775/2.

39 Bericht des Generalassistenten des ZdK, Weihbischof Franz Hengsbach, an die Bischofskommission zur Koordinierung der Kräfte im Laienapostolat vom 11.8.1955, in: StAWt-R NL 8-3.

40 Grossmann, S. 126.

41 Schreiben von Franz Hengsbach an Karl Fürst zu Löwenstein vom 21.4.1956, in: StAWt-R NL 8-4.

42 Schreiben von Karl Fürst zu Löwenstein an Franz Hengsbach vom 6.10.1962, ebd.

43 Schreiben von Bischof Michael Keller an Josef Kardinal Wendel vom 12.4.1957, in: BAM GV NA A02-815.

denzen bei der Laienführung" beleuchtete.[44] Darin berichtete der FAZ-Redakteur Hansjakob Stehle, daß die „Aktion 57" sowohl bei der katholischen Laienführung als auch in weiten Teilen des Episkopats „Unbehagen und entschiedene Ablehnung" ausgelöst habe. Bei der „Aktion 57" handelte es sich um eine Wählerinitiative katholischer Verbände aus dem Bistum Münster, die „eine uneingeschränkte Unterstützung der CDU im Bundestagswahlkampf"[45] darstellte; mit ihr hatte sich Bischof Keller „ausdrücklich identifiziert"[46]. Brisanz erhielt dieser FAZ-Artikel dadurch, daß Stehle seine Informationen „aus Kreisen des Zentralkomitees der deutschen Katholiken" bezog, wie er in seinem Bericht ausdrücklich betonte. Konkret konnte er sich auf ein Gespräch mit Mitarbeitern des ZdK im Haus des Zentralkomitees in Bad Godesberg berufen – freilich nur ein Hintergrundgespräch über die Struktur, Aufgaben und damit zusammenhängende Grundfragen des ZdK, das lediglich zu Stehles persönlicher Information gedient habe, wie Köppler unterstrich.[47] Auf dieses Gespräch in der Geschäftsstelle des ZdK stützte Stehle auch seine Behauptungen bezüglich der Sozialdemokratie. Katholische Führungskreise stünden der SPD im Vergleich zu den Unionsparteien „viel kritischer, doch keineswegs völlig ablehnend gegenüber." Mit Interesse verfolge man die Versuche der Sozialdemokraten, Kontakte mit der katholischen Kirche zu knüpfen. Daher würde es als wesentlicher Fortschritt betrachtet werden, „wenn die Sozialdemokraten profilierte Katholiken, nicht etwa nur katholische Außenseiter, als Wahlkandidaten nominieren würden." In diesem Zusammenhang werde von katholischer Seite die Tendenz zum Zweiparteiensystem begrüßt, „die zu einer fortschreitenden Entideologisierung der Parteien und damit zu einer gemeinsamen geistigen Basis führen könnte."

Die Veröffentlichung dieses Artikels in der FAZ vom 6. April 1957 führte zu einem heftigen Briefwechsel zwischen Köppler und Stehle. Der Generalsekretär des ZdK empörte sich über den „groben Vertrauensbruch", daß Stehle „eine aufgelockerte Unterhaltung von Mensch zu Mensch" als Hintergrund für seinen Bericht benutzt habe. Zum Inhalt der Veröffentlichung stellte er fest, „daß ein großer Teil der aufgestellten Behauptungen entweder falsch, entstellt oder aber in unrichtigem Zusammenhang wiedergegeben ist."[48] Insbesondere habe niemand aus dem Kreis des ZdK etwas gesagt, das Anlaß zu der Behauptung geben könnte, die „Aktion 57" habe bei der katholischen Laienführung wie beim überwiegenden Teil des Episkopats Unbehagen und entschiedene Ablehnung ausgelöst.[49] Auch sei nichts gesagt worden, „was den Eindruck einer Annäherung der katholischen und sozialistischen Kräfte erwecken könnte".[50] Und „völlig

44 Vgl. Hansjakob Stehle: „,Keine katholischen Wahlhilfen'. Die politischen Tendenzen bei der Laienführung – Kritik an der Aktion in Münster". In: FAZ vom 6.4.1957.

45 Hürten, S. 221.

46 Ebd.

47 Aktennotiz Köpplers vom 9.4.1957 betr. Stehle-Artikel in der FAZ vom 6.4.1957, in: AZdK 3211.

48 Schreiben von Heinrich Köppler an Hansjakob Stehle vom 9.4.1957, ebd.

49 Vgl. Schreiben von Heinrich Köppler an Hansjakob Stehle vom 18.4.1957, ebd.

50 Ebd.

aus der Luft gegriffen" sei die Behauptung, es werde als wesentlicher Fortschritt betrachtet, wenn die Sozialdemokraten profilierte Katholiken als Wahlkandidaten nominieren würden. Die Kritik Köpplers konnte Stehle in keiner Weise nachvollziehen.[51] Ein Hintergrundgespräch, das nur zu seiner persönlichen Information dienen sollte, habe nicht stattgefunden. „Wenn Sie den Wunsch hatten, daß nichts über dieses Gespräch an die Öffentlichkeit dringen sollte, so hätten Sie es entweder ausdrücklich sagen müssen, oder das Gespräch hätte gar nicht stattfinden sollen", stellte Stehle klar. Den Vorwurf eines Vertrauensbruchs müsse er „mit aller Entschiedenheit als absurd und kränkend zurückweisen". Was Köpplers Kritik im einzelnen betraf, so war es Stehle „unerfindlich, wie Sie Dinge, die deutlich zur Sprache gekommen sind, kurzerhand als ‚vollständig aus der Luft gegriffen' bezeichnen können."

In dieser Auseinandersetzung stand letztlich Aussage gegen Aussage. Nach ihm vorliegenden Informationen habe Stehle die in der Geschäftsstelle des Zentralkomitees herrschenden Ansichten „im Wesentlichen richtig wiedergegeben", ließ Bischof Keller seinen Münchener Amtsbruder Josef Kardinal Wendel wissen.[52] „Wenn das zutreffen sollte", äußerte sich der Münsteraner Oberhirte sorgenvoll, „haben wir im Z.d.K. ein trojanisches Pferd mitten im deutschen Katholizismus. Wir stehen vor der Situation, daß in Deutschland ohne die notwendige innere Verzahnung und gesinnungsmäßige Verbundenheit nebeneinander stehen: der Episkopat, das Z.d.K. als eine Art ‚oberstes Organ der Laien' und die vielgestaltigen Verbände, die jeder für sich eine eigene Politik machen." Keller sah die Gefahr einer „Zweigleisigkeit des gesamten deutschen Katholizismus", die intern schon längst habe beobachtet werden können und nunmehr auch in die Öffentlichkeit hinein praktisch spürbar zu werden drohe. Und das Zentralkomitee, das nach seiner Interpretation in der Hauptsache gegründet wurde, um eine Koordinierung des Laienapostolats in Deutschland herbeizuführen und gleichzeitig ein Organ der Bischöfe zur Verwirklichung ihrer Intentionen zu sein, schien für Keller „die treibende Kraft dieser unglücklichen Entwicklung" zu werden. „Meines Erachtens müssen wir uns ehrlich eingestehen", stellte der Bischof von Münster ernüchtert fest, „daß trotz all unserer Bemühungen und schönen Überlegungen das Zentralkomitee seinen eigenen Weg gegangen ist." Diese Entwicklung führte er in erster Linie auf das Fehlen eines hauptberuflichen bischöflichen Generalassistenten zurück, „der in Godesberg seinen Wohnsitz hat und ständig über die Innehaltung der geistigen Linie wacht und die einzelnen Mitarbeiter zu einem wirklichen Team innerlich zusammenfügt." Kritik an der Arbeit des amtierenden Generalassistenten, des Paderborner Weihbischofs Franz Hengsbach, war unüberhörbar.

Von Kritik blieb auch Köppler nicht verschont, dem Keller einen Mangel an „genügender theologischer Klarheit" attestierte. Deshalb wirke es sich auch ungünstig aus, „daß man Herrn Köppler zum Generalsekretär gemacht hat, statt es beim Geschäftsführer zu belassen." In seiner Kritik ging Keller sogar soweit, Köppler zum „Exponenten

51 Schreiben von Hansjakob Stehle an Heinrich Köppler vom 5.5.1957, ebd.

52 Schreiben von Bischof Michael Keller an Josef Kardinal Wendel vom 12.4.1957, in: BAM GV NA A02-815.

des Frankfurter Raumes" im ZdK zu erklären und ihn damit in die linkskatholische Ecke zu stellen.[53] Seine Vorbehalte gegenüber ihm mündeten schließlich in der oben zitierten Frage Kellers, ob Köppler als Generalsekretär des ZdK nicht eine Fehlbesetzung sei. Über die Entwicklungen im Zentralkomitee zeigte sich der Münsteraner Bischof entsetzt. Gegenüber Kardinal Wendel nahm er kein Blatt vor den Mund, als er keinen Zweifel daran ließ, „daß ich an einem Zentralkomitee solcher Prägung nicht nur kein Interesse habe, sondern es für einen Segen hielte, wenn es zusammenbräche."

Die Bischöfliche Kommission zur Koordinierung der Kräfte im Laienapostolat teilte diesen Wunsch nicht, sah aber gleichwohl Handlungsbedarf. Mit Beschlüssen wie der Anforderung regelmäßiger Berichte der Referenten im ZdK und der Durchführung gemeinsamer Sitzungen zum gegenseitigen Gedankenaustausch, „um die Zusammenarbeit zwischen Episkopat und Zentralkomitee zu fördern und zu intensivieren", wie es offiziell hieß, stärkte der Episkopat seinen Einfluß auf das Zentralkomitee der deutschen Katholiken.[54] Auch wurde beschlossen, die Stelle des Generalassistenten mit einem Diözesanbischof zu besetzen, um den Kommunikationsfluß zwischen Bischöfen und Laiengremien nachhaltig zu verbessern. Personeller Veränderungen bedurfte es an dieser Stelle nicht. Franz Hengsbach, der im November 1957 zum ersten Bischof des neu errichteten Ruhrbistums Essen berufen wurde, bekleidete auch weiterhin das Amt des bischöflichen Generalassistenten.

Zu personellen Veränderungen kam es hingegen im ZdK selbst. Mit dem Amt des Geistlichen Direktors und der Funktion eines Sozialreferenten wurden zwei neue Stellen geschaffen, mit deren personeller Besetzung Ruhe in die Geschäftsstelle des Zentralkomitees einkehrte.[55] Es entstand ein arbeitsfähiges Team mit Heinrich Köppler an der Spitze. Daß der Generalsekretär die „FAZ-Affäre" letztlich ohne größere Blessuren überstand,[56] war auch auf die sich hier abzeichnende Konsolidierung des Zentralkomitees zurückzuführen.

Als Generalsekretär war Köppler ein fürsorglicher Behördenleiter, der sich stets vor seine Mitarbeiter stellte.[57] Während seiner Amtszeit war die Handlungsfreiheit der einzelnen Mitarbeiter groß, dafür erwartete er aber auch, daß sie entsprechende Leistungen

53 Der Linkskatholizismus in der frühen Bundesrepublik äußerte sich vor allem literarisch, insbesondere in den von Eugen Kogon und Walter Dirks herausgegebenen „Frankfurter Heften". Vgl. DIRKS, S. 300–303.

54 GROSSMANN, S. 135f.

55 EBD., S. 135.

56 Die Veröffentlichung des Artikels von Stehle in der FAZ, vor allem der entstandene Eindruck einer gewissen Distanz gegenüber den Unionsparteien in der Geschäftsstelle des ZdK, war ihm „außerordentlich peinlich", wie er den Bundesgeschäftsführer der CDU, Bruno Heck, wissen ließ. Insbesondere im Verhältnis zur CDU war er um Schadensbegrenzung bemüht. Für den Fall, daß der Artikel „auch innerhalb des Parteivorstands der CDU Verwirrung angerichtet haben sollte", bat er Heck anhand übersandter Unterlagen, u.a. eine mehrseitige, von Köppler verfaßte Aktennotiz zu dem Artikel, entsprechend Aufklärung zu geben. Vgl. Schreiben von Heinrich Köppler an Bruno Heck vom 9.4.1957, in: AZdK 3211.

57 Zeitzeugengespräch Karin Buhl-Schäfer (6.5.2004): „Köppler hätte nie einen Mitarbeiter im ZdK im Regen stehen lassen."

vorzeigen konnten.[58] Köpplers Zusammenarbeit mit dem neuen Geistlichen Direktor, dem früheren Stuttgarter Stadtpfarrer Bernhard Hanssler, war fruchtbar, wenn auch nicht immer frei von Spannungen, „weil Hanssler es nicht gewohnt war, daß jemand anderes auch eine Meinung hatte“[59]. „Bei aller Höflichkeit und Bescheidenheit war Köppler“, wie Fürst zu Löwenstein zu Beginn des Jahres 1965 im Rückblick auf die Kooperation zwischen dem Generalsekretär und dem Geistlichen Direktor des ZdK feststellte, „doch durchaus imstande, dem lieben Prälaten Hanssler als ebenbürtiger Gesprächspartner gegenüberzutreten – und das braucht es; denn dieser so brillante und vorzügliche Geist braucht jemand, an dem er sich messen kann und der seine Ideen auf ihre Realität zurückführt.“[60]

Ein Beispiel für die bisweilen schwierige Zusammenarbeit zwischen Köppler und Hanssler war die Arbeitstagung des Zentralkomitees in Saarbrücken im April 1958.[61] In seinem Referat über „Stand und Aufgabe katholischer Laienarbeit heute“ stellte Hanssler die Frage nach der Zukunft des (Laien-)Katholizismus in der pluralistischen Gesellschaft der Bundesrepublik. Präsenz und Wirksamkeit in einem immer säkularer werdenden Umfeld konnte nach seiner Überzeugung nur der verbandlich organisierte Katholizismus erlangen, denn – und diese Aussage schlug hohe Wellen – „was nicht organisiert ist, ist gesellschaftlich nicht existent“[62]. Damit stieß er zunächst die sog. freien Initiativen vor den Kopf, all jene mehr oder weniger lockeren Gruppen und Kreise, die im Nachkriegsdeutschland abseits des Verbandskatholizismus Wege des Laienapostolats beschritten. Es handelte sich hierbei um eine Minderheit im deutschen Katholizismus, nicht aber um Außenseiter, Randchristen oder gar Abgefallene, sondern um gläubige Christen, worauf Walter Dirks Wert legt.[63] Darüber hinaus brüskierte Hanssler den sog. Akademiekatholizismus, d. h. die Katholischen Akademien, die ein Forum für das Gespräch mit anderen gesellschaftlich relevanten Gruppen boten.[64] Wegen der dort oft kontroversen Diskussionen, die kein wichtiges Thema ausklammerten, fanden die Katholischen Akademien in jenen Jahren in der Öffentlichkeit ein großes Echo. Es fehlte jedoch auch nicht am Vorwurf der Unverbindlichkeit und mangelnder Effizienz.[65] Der Exponent dieser Kritik war Bernhard Hanssler.

Köppler erkannte die Brisanz der Aussage über die gesellschaftliche Nichtexistenz des Nichtorganisierten und veranlaßte die Streichung dieses Satzes aus dem Redemanuskript Hansslers, so daß er in dem Berichtsband der Saarbrücker Arbeitstagung des

---

58 Vgl. Zeitzeugengespräche mit Paul Becher (2.4.2004), Karin Buhl-Schäfer (6.5.2004) und Paul Hoffacker (24.7.2004).

59 Zeitzeugengespräch mit Bernhard Vogel (27.2.2004).

60 Schreiben von Karl Fürst zu Löwenstein an Franz Hengsbach vom 7.1.1965, in: StAWt-R NL 8-4.

61 Grossmann, S. 147–152.

62 Zitiert bei Hanssler: Vielfalt, S. 295.

63 Dirks, S. 295.

64 Zum Selbstverständnis und zur Zielsetzung der Katholischen Akademien vgl. Henrich.

65 Raabe, S. 73.

ZdK nicht mehr auftauchte.[66] Damit machte sich Köppler zum „Zensor“[67], was mit seinem Selbstverständnis als Generalsekretär des ZdK zu erklären war, die unterschiedlichen Kräfte innerhalb des Laienkatholizismus zusammenzuführen, und auch die kleinen Gruppen und Kreise des Linkskatholizismus zu integrieren zu versuchen. So verteilte er in seiner Rede auf dem 79. Katholikentag in Hannover im August 1962 Streicheleinheiten, als er hervorhob, daß „auch das Apostolat der informellen Gruppe seinen hohen Wert haben kann, daß es Aufgaben gibt, bei deren Bewältigung sich sogar freie Initiativen leichter tun als festgefügte Organisationen“.[68] Im Umgang mit der provokanten These Hansslers erwies sich der Generalsekretär des ZdK als „ein geschmeidiger Taktiker“[69], denn in der Sache selbst stand er der Position des Geistlichen Direktors im ZdK nahe, wie sein klares Bekenntnis zum Verbandskatholizismus auf dem Katholikentag in Hannover erkennen ließ: „Die Einsicht, daß starke und lebendige katholische Organisationen nicht nur für eine lebensnahe Seelsorge sehr wünschenswert, sondern für die Wirksamkeit der Kirche in einer demokratischen Gesellschaft geradezu unentbehrlich sind, scheint sich wieder durchzusetzen. Daß katholische Verbände eine überlebte Form des vorigen Jahrhunderts seien, wird eigentlich nur noch von einigen Literaten und Theoretikern behauptet, und wir sollten auf die gewiß notwendige Diskussion mit ihnen nicht allzuviel Energie verwenden.“[70]

Seine Katholikentagsrede hielt er im Rahmen der Delegiertenversammlung der katholischen Verbände – ein neues Element auf Katholikentagen. Einen entsprechenden Vorschlag hatte Köppler auf der Herbstvollversammlung des ZdK im November 1960 in Hildesheim vorgelegt, auf der die Idee des Generalsekretärs mit viel Beifall bedacht wurde.[71] Bischof Hengsbach begrüßte den Vorschlag zur Einführung einer Delegiertenversammlung der katholischen Verbände auf Katholikentagen als eine Möglichkeit, welche „die Integration des katholischen Verbandslebens fördere und den Katholikentag wieder stärker in eine gewünschte Nähe zum öffentlichen Leben führe.“ Damit sprach der Generalassistent des ZdK genau jene Punkte an, die Köppler zu seinem Vorschlag bewegt hatten.[72] Seit dem Kölner Katholikentag 1956 beobachtete er, daß die gesellschaftspolitische Funktion, die die Katholikentage früher stets erfüllt hätten, in den Hintergrund getreten sei. Stellungnahmen zu politischen, kulturellen und sozialen Zeitfragen erfolgten nur noch in der Eröffnungsrede des Präsidenten oder in kurzen Ansprachen der Mitglieder des Präsidiums während des Katholikentags, was er als „unbefriedigend“ empfand. Ebenso beklagte er, „daß das Geschehen auf den Katholikentagen nur noch locker mit der Arbeit der katholischen Organisationen und Verbände ver-

66 Vgl. Hanssler: Stand.
67 Grossmann, S. 149.
68 Köppler: Verbände, S. 94.
69 Hanssler: Selbstverständnis, S. 71.
70 Köppler: Verbände, S. 93f.
71 Vgl. Niederschrift über die Vollversammlung des ZdK am 22./23.11.1960 in Hildesheim, in: AZdK 2306/2.
72 Vgl. Köpplers „Vorschlag für eine Delegiertenversammlung der katholischen Verbände Deutschlands während der Deutschen Katholikentage“ vom 18.10.1960, ebd.

knüpft ist.“ Katholikentage seien nicht mehr der Platz, auf dem die katholischen Verbände ihre gemeinsamen Anliegen erörterten und anmeldeten. Abgesehen von ihrer Mitwirkung durch das Zentralkomitee bei der Vorbereitung und Planung seien sie im eigentlichen Programm der Katholikentage nicht mehr oder nur noch mit mehr oder weniger repräsentativen Veranstaltungen am „Tag der Begegnung“ oder im Rahmenprogramm sichtbar. Diese Plazierung entsprach nach seiner Auffassung weder der Bedeutung der Verbände noch der eigentlichen Aufgabe der Katholikentage, die stärker als in den Nachkriegsjahren von den katholischen Verbänden und Organisationen getragen werden müßten, „wenn verhindert werden soll, daß Katholikentage mehr und mehr den Charakter von ‚Kirchentagen‘, ‚Wallfahrten‘ oder ‚Volksmissionen‘ annehmen.“

Die Durchführung einer Delegiertenversammlung der katholischen Verbände auf dem Katholikentag von Hannover erwies sich als ein Erfolg und sollte aus diesem Grund keine einmalige Veranstaltung bleiben. Das Echo in der Presse, in der u. a. über „Neue Aspekte“[73] und einen „Katholikentag mit neuem Gesicht“[74] berichtet wurde, war entsprechend positiv: der Generalsekretär des ZdK als „ein unermüdlicher Anreger“[75] – in diesem Fall trifft die Charakterisierung Heinrich Köpplers durch Bernhard Hanssler zu. Zeigte sich Köppler auch bei der Annäherung zwischen Katholizismus und Sozialdemokratie, die ein großes Thema während seiner Amtszeit als Generalsekretär war, als ein unermüdlicher Anreger?

3. Katholizismus und Sozialdemokratie – eine schwierige Annäherung

Im Verhältnis von Katholizismus und Sozialdemokratie in Deutschland nach 1945 galt es, eine „grundsätzliche historische Distanz“[76] zu überwinden. Die Beziehungen waren historisch belastet. Das Wort August Bebels von der Unvereinbarkeit von Christentum und Sozialismus, die sich wie Feuer und Wasser gegenüberstünden, fand seine Entsprechung in dem Satz der Enzyklika „Quadragesimo anno“ Pius XI. aus dem Jahre 1931, wonach es unmöglich sei, gleichzeitig ein guter Katholik und ein wirklicher Sozialist (auch in der Form des gemäßigten Sozialdemokraten) zu sein.[77] Der Prozeß der Annäherung gestaltete sich denn auch langwierig. Seine Anfänge reichen zurück in die zweite Hälfte der 1940er Jahre. Der Meinung Alexander Schwans, daß entsprechende Versuche „primär von der SPD ausgegangen“ seien,[78] kann nur bedingt zugestimmt werden. Richtig ist, daß es bereits in den ersten Nachkriegsjahren Bemühungen sozialdemokratischer Parteikreise um Willi Eichler, einem der Wegbereiter der programmatischen Erneuerung der Sozialdemokratie in den 1950er Jahren, gab, mit Vertretern des

73 „Neue Aspekte“. In: „Mettmanner Zeitung“ vom 27.8.1962.
74 Hans Kraiker: „Katholikentag mit neuem Gesicht“. In: „Neue Presse“ vom 27.8.1962.
75 Hanssler: Selbstverständnis, S. 71.
76 Schwan, S. 208.
77 Ebd.
78 Ebd., S. 209.

Linkskatholizismus wie Walter Dirks, Eugen Kogon und Carl Amery ins Gespräch zu kommen in der Hoffnung, über eine partielle Zusammenarbeit mit diesen Gruppen und Kreisen des Katholizismus „an einen kleinen Teil der katholischen Wähler heranzukommen und dadurch langfristig die Geschlossenheit des Katholizismus aufzubrechen“[79]. Versuche einer Annäherung wurden aber auch von katholischer Seite unternommen. Dabei handelte es sich um inoffizielle, von der Amtskirche nicht legitimierte Gesprächsrunden zwischen SPD-Politikern und Vertretern der katholischen Kirche, die fernab der Öffentlichkeit im Dominikanerkloster Walberberg oder in einer Kölner Privatwohnung stattfanden.[80]

Der eigentliche Initiator dieser vertraulichen, in wechselnder Besetzung durchgeführten Gesprächsrunden, an denen auch führende Sozialdemokraten wie Adolf Arndt, Willi Eichler und Herbert Wehner teilnahmen, war der Dominikanerpater Eberhard Welty, der zwar politisch den CDU-Sozialausschüssen nahestand, dessen Rat aber auch von den SPD-Vorsitzenden Kurt Schumacher und Erich Ollenhauer geschätzt wurde.[81] Die Bandbreite der Themen, die auf der Tagesordnung dieser Gesprächsrunden standen, reichte von der Diskussion grundsätzlicher weltanschaulicher Fragen bis hin zur Erörterung konkreter (tages-)politischer Probleme. Der Charme der Walberberger Begegnungen bestand in dem betont inoffiziellen, unverbindlichen Charakter der Treffen, der es allen Beteiligten erlaubte, jederzeit ohne Aufsehen die Gesprächsrunde zu verlassen. Gerade dies machte die Walberberger Begegnungen auch für amtskirchliche Kreise interessant, konkret das Katholische Büro in Bonn mit seinem Leiter Wilhelm Böhler, der sich bereits frühzeitig auf die Bedingungen der pluralistischen Gesellschaft der Bundesrepublik eingestellt hatte und daher wußte, daß sich zur Durchsetzung kirchlicher Interessen eine Festlegung auf eine Partei, die Christlich-Demokratische Union Deutschlands, verbot.[82]

So nutzte auch Böhler diese Möglichkeit zur inoffiziellen Kontaktaufnahme mit den Sozialdemokraten und nahm an den Gesprächsrunden im Kloster Walberberg bzw. in einer Kölner Privatwohnung teil, an denen sich auch der Generalsekretär des Zentralkomitees der deutschen Katholiken beteiligte, wie zwei Aktennotizen Köpplers über den Verlauf entsprechender Gespräche in Köln im November 1956 und Februar 1957 belegen.[83] Im Mittelpunkt der Gesprächsrunden stand jeweils die Schulpolitik und damit ein zentraler Streitpunkt in den Beziehungen zwischen der katholischen Kirche und der SPD. Dabei ging es um die Erörterung konkreter Sachfragen. So wurden in dem Gespräch im Februar 1957 die Vertreter der SPD um eine Stellungnahme zu einem ihnen zuvor bereits übersandten Arbeitspapier über „Kirchliche Grundsätze für Schule und Erziehung“ gebeten. Köppler scheint während dieser Gespräche keine besondere Rolle

79 Gauly, S. 83.
80 Vgl. Brehm, S. 61–63.
81 Ockenfels, S. 248.
82 Brehm, S. 188.
83 Vgl. die Aktennotizen Heinrich Köpplers über die Besprechungen zwischen Vertretern der katholischen Kirche und der SPD in Köln am 22.11.1956 und 18.2.1957, in: AZdK 6105.

gespielt zu haben; dies legen zumindest die Schilderungen über den Verlauf der Besprechungen nahe.

Die Beziehungen zwischen der katholischen Kirche und der deutschen Sozialdemokratie traten nach der Bundestagswahl vom 15. September 1957 in eine neue Phase. Die Unionsparteien hatten mit 50,2 Prozent der Stimmen einen großen Wahlsieg errungen, während die SPD nicht über einen Stimmenanteil von 31,8 Prozent hinausgekommen war.[84] Diese schwere Wahlniederlage beschleunigte die programmatische Erneuerung der SPD hin zu einer Volkspartei, einhergehend mit dem Versuch einer verstärkten Annäherung an die Kirchen, insbesondere die katholische Kirche, waren doch 65 Prozent der katholischen Wählerstimmen auf die Unionsparteien entfallen.[85] Angesichts starker Liberalisierungstendenzen in den Unionsparteien hatte auch die katholische Kirche ein Interesse an dem Ausbau der gegenseitigen Kontakte. Man hatte erkennen müssen, daß CDU und CSU eben keine kirchliche Interessenvertretung waren, wie dies bei der Zentrumspartei im Kaiserreich und in der Weimarer Republik der Fall gewesen sein mochte, sondern Volksparteien, die sich zwar am Christentum orientierten, in ihrer Mitgliedschaft und erst recht in ihrer Wählerschaft aber christlich-soziale, konservative und (wirtschafts-)liberale Elemente vereinten, ja vereinen mußten, um überhaupt mehrheitsfähig zu sein.[86]

Anfang Januar 1958, also nur wenige Monate nach der Bundestagswahl, fand in München eine Tagung der Katholischen Akademie in Bayern über das Thema „Christentum und Demokratischer Sozialismus" statt, an der neben führenden Sozialdemokraten wie Adolf Arndt, Waldemar von Knoeringen und Carlo Schmid auch der Jesuitenpater Gustav Gundlach, der als „einer der engsten Mitarbeiter Pius XII."[87] galt, teilnahm.[88] Angeregt worden war diese Veranstaltung von dem Leiter der Akademie, Karl Forster, der sich zuvor der Zustimmung des Erzbischofs von München und Freising, Josef Kardinal Wendel, versichert hatte.[89] Innerkirchlich rief die Münchener Tagung Widerspruch hervor, namentlich vom Zentralkomitee der deutschen Katholiken, das „ein öffentliches Gespräch mit den Sozialisten" ablehnte, weil es „mehr zur Verwirrung als zur Klärung des Standpunktes beitragen dürfte".[90] Eine Antwort auf die Frage, warum dies der Fall sein sollte, blieb das ZdK allerdings schuldig. Der eigentliche Grund für seine ablehnende Haltung dürfte der befürchtete „Öffentlichkeitseffekt der Tagung"[91] gewesen sein. In der Tat wurde die Münchener Veranstaltung von der veröffentlichten Meinung als „längst überfällige Begegnung"[92] begrüßt, selbst wenn inhaltlich keine

84 Ritter/Niehuss, S. 74.
85 Gauly, S. 153.
86 Vgl. Grossmann, S. 282f.; Raabe, S. 84f.
87 Brehm, S. 67.
88 Zur Vorgeschichte, zum Verlauf und den Ergebnissen der Tagung der Katholischen Akademie in Bayern 1958 vgl. Ebd., S. 63–80; Grossmann, S. 302–305.
89 Vgl. Aretz, S. 72f.; Gauly, S. 156.
90 Grossmann, S. 303.
91 Zitiert nach Ebd.
92 Brehm, S. 77.

wesentliche Annäherung stattgefunden hatte.[93] Der Politik einer Ausgrenzung gegenüber der SPD, wie sie von Konrad Adenauer im zurückliegenden Bundestagswahlkampf noch betrieben worden war, als er vor dem Untergang Deutschlands bei einem sozialdemokratischen Wahlsieg gewarnt hatte, wurde offensichtlich der Boden entzogen, wenn offizielle Begegnungen zwischen führenden Vertretern der SPD und Repräsentanten der katholischen Kirche stattfanden. Konnte dies im Interesse Heinrich Köpplers liegen, der ja nicht nur das Amt des Generalsekretärs des ZdK ausübte, sondern auch Mitglied der CDU war? Wie Thomas Großmann herausgearbeitet hat, war in parteipolitischen Fragen „das Agieren der Funktionsträger des deutschen Laienkatholizismus selten losgelöst ... vom Aspekt der eigenen Parteizugehörigkeit“[94].

Die Münchener Tagung von 1958 schien „einen wichtigen Markstein“[95] in den Beziehungen zwischen der katholischen Kirche und der Sozialdemokratie darzustellen. Gespräche fanden nicht mehr geheim statt, sondern konnten öffentlich durchgeführt werden. Prälat Böhler und damit immerhin der Leiter des Katholischen Büros in Bonn wollte die Kontakte zur SPD intensivieren und schlug ein Treffen zwischen ihm und Vertretern der Sozialdemokraten vor, zu dem es allerdings nicht kam, da Böhler im Herbst 1958 verstarb.[96] Mit der Verabschiedung des Godesberger Programms im November 1959, das die Grundlage für den Wandel von der Arbeiter- zur Volkspartei bilden sollte, wollten die Sozialdemokraten der Annäherung zwischen ihrer Partei und der katholischen Partei zum Durchbruch verhelfen.[97] Sichtbarer Ausdruck des Wandels war die veränderte Einstellung vor allem zur eigenen Parteitradition[98], zur marktwirtschaftlichen Ordnung[99] und nicht zuletzt zu den Kirchen[100]. Mit seiner positiven Stel-

---

93 Dies war nach Karl Forster auch nicht zu erwarten: „Es konnte nicht Sinn der Tagung sein, zu einer offiziösen oder gar offiziellen Verbrüderung, zur Deklaration von Gemeinsamkeiten zu schreiten. Dazu fehlte den Gesprächspartnern auf beiden Seiten die Legitimation, dazu war auch der Bereich der angesprochenen Probleme zu weit und die Zeit zu kurz.“ Zitiert nach Brehm, S. 76.

94 Grossmann, S. 321.

95 Gauly, S. 157.

96 Ebd.

97 Zur Entstehungsgeschichte, zu den Inhalten und zur Beurteilung des Godesberger Programms der SPD vgl. Brehm, S. 89–109.

98 Flechtheim, S. 225: „Die Sozialdemokratische Partei ist aus einer Partei der Arbeiterklasse zu einer Partei des Volkes geworden.“

99 Ebd., S. 215: „Totalitäre Zwangswirtschaft zerstört die Freiheit. Deshalb bejaht die Sozialdemokratische Partei den freien Markt, wo immer wirklich Wettbewerb herrscht. Wo aber Märkte unter die Vorherrschaft von einzelnen oder von Gruppen geraten, bedarf es vielfältiger Maßnahmen, um die Freiheit in der Wirtschaft zu erhalten. Wettbewerb so weit wie möglich – Planung so weit wie nötig.“

100 Ebd., S. 221f.: „Der Sozialismus ist keine Ersatzreligion. Die Sozialdemokratische Partei achtet die kirchlichen Institutionen und die Religionsgemeinschaften. Sie bejaht ihren öffentlich-rechtlichen Schutz, ihren besonderen Auftrag und ihre Eigenständigkeit. Zur Zusammenarbeit mit den Kirchen im Sinne einer freien Partnerschaft ist sie stets bereit. Sie begrüßt es, daß Christen aus ihrer religiösen Bindung heraus eine Verpflichtung zum sozialen Handeln und zur Verantwortung in der Gesellschaft bejahen. Freiheit des Denkens, des Glaubens und des Gewissens und Freiheit

lungnahme, daß er in dem Godesberger Programm der SPD nichts finden könne, „an dem ein katholisches Gewissen Anstoß nehmen müßte“[101], bildete Walter Dirks eine Ausnahme im katholischen Raum. Ansonsten überwog die Skepsis, ob Godesberg nicht parteitaktisch motiviert war, also einem machtpolitischen Kalkül entsprang.[102] Auch wurde nach dem Verständigungswillen der gesamten Partei gefragt, wenn beispielsweise die Kölner SPD eine Beteiligung der katholischen Jugend im städtischen Jugendwohlfahrtsausschuß durch Manipulationen zu verhindern versuchte oder die Berliner SPD Gelder für den Religionsunterricht an Berufsschulen verweigerte.[103]

Heinrich Köppler nahm gemeinsam mit Alois Schardt, seinerzeit Fachreferent im Kulturreferat des ZdK, Stellung zum neuen Parteiprogramm der SPD, und zwar in einer Ausarbeitung für die Bischofskonferenz.[104] In ihrer Stellungnahme berücksichtigten sie auch die nur wenige Wochen nach der Verabschiedung des Godesberger Programms vom SPD-Vorstand herausgegebene Schrift „Der Katholik und die SPD“, in der die Sozialdemokraten unter Anführung zahlreicher Zitate und durch Gegenüberstellung von Auszügen aus dem Godesberger Programm zu belegen versuchten, daß die Verurteilung des Sozialismus in der päpstlichen Enzyklika „Quadragesimo anno“ für die SPD nach Godesberg nicht gelten könne.[105] Diesem Versuch mangelte es an Seriosität, wie die Ausführungen zur Kulturpolitik zeigten, in denen die Verfasser, Willi Eichler und Waldemar von Knoeringen, „die selbst bei größtem Wohlwollen nicht zu leugnenden Differenzen zwischen katholischer Kirche und Sozialdemokratie unterschlagen zu können meinten“. Wie Köppler und Schardt in ihrer Ausarbeitung vermuteten, messe die SPD dieser Schrift im Rahmen ihrer Gesamtstrategie, neue Anhänger im katholischen Bevölkerungsteil zu gewinnen, besondere Bedeutung bei. Seien sich schon viele Beobachter des Parteitages von Bad Godesberg darüber im klaren gewesen, daß die Neuformulierung des Grundsatzprogramms parteitaktische Motive hatte, so werde mit dieser Schrift deutlich, daß sich die taktischen Absichten der Parteiführung in erster Linie auf das erhoffte Reservoir katholischer Stimmen konzentrierten. Die Vermutung werde verstärkt durch die bekannt gewordene Denkschrift des SPD-Bundestagsabgeordneten Heinz Kühn, in der angesichts der Wahlniederlage von 1957 von der Notwendigkeit gesprochen werde, „Einbrüche in die katholischen Wähler zu erzielen, um die Mehrheit der CDU/CSU zu brechen.“ Daher werde sich die SPD bei kirchlichen Institutionen und Organisationen um Tagungen und Gespräche über die angeblich seit der Verabschiedung des neuen Grundsatzprogramms vollzogene Wandlung der Sozialdemokratischen Partei bemühen.

---

der Verkündigung sind zu sichern. Eine religiöse oder weltanschauliche Verkündigung darf nicht parteipolitisch oder zu antidemokratischen Zwecken mißbraucht werden.“

101 Zitiert nach Grossmann, S. 308.

102 Zur katholischen Kritik am Godesberger Programm der SPD vgl. Ebd., S. 308–320; Brehm, S. 102–106.

103 Aretz, S. 74.

104 Vgl. Anlage zum Schreiben Heinrich Köpplers an Karl Fürst zu Löwenstein vom 27.1.1960, in: StAWt-R NL 8-6b.

105 Vgl. Grossmann, S. 307f., auch folgendes Zitat.

Eine solche Reaktion des Katholizismus auf die Avancen der SPD erschien Köppler und Schardt „im höchsten Maße bedenklich". Mit derartigen Veranstaltungen oder Studientagungen werde den Programmtexten der SPD diejenige Publizität im katholischen Raum eröffnet, die sich der Parteivorstand erhoffe. Daneben zeige die Erfahrung, daß bei solchen Veranstaltungen abgegebene katholische Stellungnahmen „durchweg in mißdeuteter oder mißverständlicher Form weitergetragen werden." Dies würde mit Sicherheit „eine verhängnisvolle Verwirrung innerhalb der gläubigen katholischen Bevölkerung" zur Folge haben. Von dieser Verwirrung würde erwartungsgemäß die Autorität des kirchlichen Lehramtes, soweit es sich zu gesellschaftspolitisch relevanten Fragen äußern müsse, „am nachhaltigsten betroffen". Daneben würde die von der SPD angestrebte und gewünschte breite Diskussion ihres Godesberger Grundsatzprogramms die Katholiken von einer den Sozialdemokraten „naturgemäß unangenehmen kritischen Betrachtung der tatsächlichen Politik dieser Partei und ihrer Verfassungswirklichkeit ablenken."

Auf eine kritische Analyse der Partei, ihrer Verfassung und der von ihr faktisch betriebenen Politik könne jedoch nicht verzichtet werden. Es sei nicht zu leugnen, daß viele Formulierungen des Godesberger Grundsatzprogramms eine wesentliche Abkehr der SPD von ihren bisherigen Grundsätzen bedeuteten. Um diese Tatsache richtig würdigen zu können, müsse jedoch – wie Köppler und Schardt unterstrichen – berücksichtigt werden, daß den Thesen des Godesberger Grundsatzprogramms eine jahrzehntelange, entgegenstehende Tradition vorausgegangen sei. Diese Tradition, die über die Parteiprogramme von Eisenach (1869), Gotha (1875), Erfurt (1891), Görlitz (1921) und Heidelberg (1925) Gesicht und Gefüge der SPD fest geprägt habe, sei im übrigen durch das Godesberger Programm nur in einigen der für die Kirche wesentlichen Punkten revidiert worden, „und auch in diesen Punkten weithin nur durch Formulierungen, die sich von der in früheren Parteiprogrammen gebrauchten klaren Sprache sehr zu ihrem Nachteil unterscheiden." Der kritische Beobachter könne daher denjenigen Thesen des Godesberger Programms, die der bisherigen Parteiauffassung entgegenstünden, „allenfalls die Qualität von Postulaten" einräumen. Ob diese Thesen bereits eine innerlich vollzogene Wandlung der Partei zum Ausdruck brächten, könne erst in Zukunft an der von der Partei vertretenen Politik abgelesen werden. Der Verlauf des Godesberger Parteitages habe deutlich erkennen lassen, „daß breite Schichten der Mitgliedschaft der SPD den revidierten Thesen zumindest mit Unverständnis, wenn nicht sogar mit Ablehnung, gegenüberstehen."

Köppler und Schardt wollten nicht bestreiten, daß innerhalb der SPD eine Gruppe von Mitgliedern seit Jahren aufrichtig bestrebt sei, eine Wandlung der SPD herbeizuführen. Das Studium der Protokolle des Godesberger Parteitages lasse jedoch keinen Zweifel darüber aufkommen, daß es dieser Gruppe nicht gelungen wäre, einige ihrer Vorstellungen durchzusetzen, wenn ihr nicht eine starke Unterstützung aus den Kreisen der Partei zugewachsen wäre, denen die Reformthesen „ausschließlich und unverhohlen aus partei- und wahltaktischen Gründen willkommen waren." Es sei schwierig festzustellen, wie innerhalb der Mitgliedschaft der Partei die Kräfteverhältnisse von ehrlichen

Reformern, reinen Taktikern und überzeugten Anhängern des alten Kurses verteilt seien. Köppler und Schardt ließen keinen Zweifel daran, daß die katholische Kirche sowohl im Hinblick auf ihren allgemeinen Seelsorgeauftrag wie auch mit Rücksicht auf die Entwicklung einer stabilen Demokratie in der Bundesrepublik „außerordentlich daran interessiert" sei, „daß die innerhalb der SPD erkennbaren ehrlichen Reformbestrebungen sachlich überzeugend zum Zuge kommen." Eine derartige Entwicklung würde nur behindert, wenn nicht sogar im Keime erstickt werden, „wenn es den vornehmlich unter taktischen Gesichtspunkten unternommenen Versuchen durch unbesonnene Diskussionen im katholischen Raum gelänge, ausreichende Resonanz bei Kirche und katholischer Bevölkerung zu finden."

Köppler und Schardt empfahlen, die kritische Auseinandersetzung mit der SPD weniger in der Form einer Exegese der neuen Programmtexte zu vollziehen, als vielmehr in Form einer kritischen Analyse der realen politischen Positionen dieser Partei. Dabei solle dem in der Schrift „Der Katholik und die SPD" zum Ausdruck gebrachten Wunsch entsprochen werden, „von einem gegenseitigen Vorhalten historischer Schuldkonten abzusehen." Es könne nur um „eine Analyse der gegenwärtigen politischen Stellungnahmen und Maßnahmen der SPD" gehen. Konkret müßte die Beobachtung der SPD durch die Katholiken darauf ausgerichtet sein, ob beispielsweise in Konsequenz der im Grundsatzprogramm revidierten Auffassung vom Verhältnis zwischen Kirche und Staat die SPD bereit sei, das Prinzip der Subsidiarität in der Struktur der Gesellschaft gegenüber etatistischen Vorstellungen anzuerkennen, dem Elternrecht und der Elternverantwortung Raum zu geben, der Konfessionsschule eine gleichberechtigte Existenzmöglichkeit einzuräumen, den katholischen Kräften in Erwachsenenbildung, Jugendpflege und Wohlfahrtswesen angemessene Wirkungsmöglichkeiten zu schaffen und ihre im öffentlichen Interesse liegenden Aufgaben auch mit öffentlichen Mitteln zu unterstützen.

Diese Hinweise genügten Köppler und Schardt, um deutlich zu machen, daß den Formulierungen des Godesberger Programms für die konkrete Gestaltung der sozialdemokratischen Politik kaum oder nur geringe Bedeutung zukämen. Zu all diesen für den Katholiken außerordentlich bedeutsamen Fragen gebe weder das Grundsatzprogramm noch die Schrift „Der Katholik und die SPD" im Gegensatz zu der „erfreulich klaren Sprache früherer Parteiprogramme" eine greifbare Antwort. „Es kann daher auch nicht erwartet werden", unterstrichen Köppler und Schardt im Schlußsatz ihrer Stellungnahme, „daß allein durch das neue Grundsatzprogramm auch bereits eine neue Politik der SPD eingeleitet ist."

Wie diese Stellungnahme zeigte, war auch der Generalsekretär des Zentralkomitees skeptisch, vermutete er doch bei der SPD vor allem parteitaktische Motive für ihren neuen Kurs, weshalb er mit Alois Schardt forderte, daß die SPD die Probe aufs Exempel in ihrer politischen Praxis in der Bundes-, Landes- und Kommunalpolitik zu bestehen haben werde. Die kritischen Worte Köpplers zum neuen Grundsatzprogramm der SPD konnten nicht als parteipolitisch motiviert zurückgewiesen werden, denn „die Diskrepanz zwischen offiziellen Parteiäußerungen und politischer Praxis"[106] bestand zunächst fort.

Die Sozialdemokraten zeigten sich von den Reaktionen im katholischen Raum enttäuscht. Die Hoffnungen, die sie mit Godesberg hinsichtlich der Beziehungen zur katholischen Kirche verbanden, schienen sich nicht zu erfüllen. Entsprechend deutlich fielen die Reaktionen aus. Adolf Arndt forderte dazu auf, „endlich auf[zu]hören, die SPD zu mystifizieren und zu verketzern und zum Gegenstand von Spekulationen zu machen, die den Teufel an die Wand malen und sich einen Popanz vorfertigen, mit dem der freiheitliche Sozialismus, wie er in Wahrheit ist, nichts, nichts, nichts zu schaffen hat."[107]

Unmittelbar nach Godesberg kam das Gespräch zwischen der katholischen Kirche und der SPD praktisch zum Erliegen. Es bedurfte eines innerkirchlichen Impulses – im Mai 1961 verkündete Papst Johannes XXIII. die Enzyklika „Mater et magistra", die auch und vor allem zum Dialog mit der Welt aufrief[108] –, um dieses Gespräch wieder in Gang zu bringen. An diesen Bemühungen beteiligte sich der Generalsekretär des Zentralkomitees der deutschen Katholiken, der sich bei Pater Welty für eine Wiederaufnahme der Walberberger Gespräche einsetzte.[109] Auch unterstellte er der SPD nicht länger ausschließlich wahltaktische Motive hinsichtlich ihres Bemühens um eine Annäherung an die katholische Kirche und der damit zusammenhängenden programmatischen Erneuerung. So stellte er im Februar 1963 in seinem Bericht „Zur innenpolitischen Lage" für die Bischöfe fest, daß innerhalb der SPD das Bemühen deutlich werde, „nach Möglichkeit Konfliktstoff mit der katholischen Kirche aus dem Weg zu räumen".[110] Offenkundig verfolge der Parteivorstand das Ziel, bis zur nächsten Bundestagswahl im Jahre 1965, zumindest jedoch bis zur übernächsten Bundestagswahl die Politik der SPD so zu führen, daß den Bischöfen ein gewichtiger Grund für eine öffentliche Stellungnahme gegen diese Partei nicht mehr gegeben sei. „Es dürfte verfehlt sein", war Köppler überzeugt, „diese Bemühungen der Sozialdemokraten als ausschließlich taktisch bedingte Maßnahmen abzutun." Vieles deute darauf hin, daß zumindest einige der führenden Persönlichkeiten dieser Partei – namentlich nannte er Herbert Wehner, Erich Ollenhauer und Adolf Arndt – aus grundsätzlichen und sachlichen Erwägungen diese Entwicklung mit allem Ernst betrieben und sich dabei durchaus nicht nur von wahlstrategischen Gesichtspunkten leiten ließen.

Er sah daher die Notwendigkeit, „die Diskussion mit der SPD in der Zukunft differenzierter zu führen, als das in früheren Jahren erforderlich war." In diesem Zusammenhang riet er den Katholiken, die SPD „beim Wort" zu nehmen, d. h. auf die Forderungen ihres Godesberger Programms und die Erklärungen ihrer Führer festzulegen. Dabei

106 Aretz, S. 77.

107 Arndt, S. 94.

108 Vgl. Aretz, S. 79; Grossmann, S. 163f.

109 Schreiben von Heinrich Köppler an Adolf Arndt vom 26.11.1962, in: AdsD NL Adolf Arndt, Box 8, Mappe 20.

110 (Heinrich Köppler), Zur innenpolitischen Lage. Bericht an die Bischofskonferenz vom Februar 1963, in: AZdK 4100.

sollten sie sich vor dem Fehler hüten, eine vorrangig theoretische Programmdiskussion mitzumachen, sondern vielmehr bemüht sein, die konkrete Politik der SPD in Bund, Ländern und Gemeinden an dem neuen Grundsatzprogramm zu messen. Ein Rest an Skepsis im Hinblick auf die programmatische Erneuerung der SPD blieb also bei Köppler, der im November 1963 im Kloster Walberberg zugegen war, als das Gespräch zwischen Vertretern der SPD und der katholischen Kirche wieder aufgenommen wurde.[111] Die Gesprächsrunde, die sich mit dem Verhältnis von Kirche und Gesellschaft nach der Katholischen Soziallehre beschäftigte, war hochkarätig besetzt. Die SPD war mit ihrem Vorsitzenden Erich Ollenhauer, seinem Stellvertreter Herbert Wehner und den Vorstandsmitgliedern Adolf Arndt und Willi Eichler vertreten, während von katholischer Seite neben Köppler Prälat Wilhelm Wissing, der Nachfolger Böhlers als Leiter des Katholischen Büros in Bonn, der Geistliche Direktor des ZdK, Bernhard Hanssler, und Pater Eberhard Welty teilnahmen. Das Gespräch sollte im Frühjahr 1964 fortgesetzt werden.

Das Jahr 1964 brachte wichtige Fortschritte in der Annäherung zwischen der katholischen Kirche und der SPD. Die im Juli desselben Jahres verabschiedeten „Bildungspolitischen Leitsätze" der SPD, in denen sich die Partei zwar für die Gemeinschaftsschule als die bevorzugte Schulform aussprach, aber die Möglichkeit einräumte, unter bestimmten Bedingungen auch Bekenntnisschulen einzurichten, sind hier ebenso zu nennen wie die von der Herbstvollversammlung im November dieses Jahres beschlossene Politische Erklärung zur Bundestagswahl 1965, die auch von der SPD „als eine objektive Darstellung katholischer Auffassung in den Fragen der Bundespolitik akzeptiert" wurde.[112] Sichtbarer Ausdruck für die wachsende Annäherung zwischen der katholischen Kirche und den Sozialdemokraten war der Besuch einer SPD-Delegation bei Papst Paul VI. im März 1964.[113] Drei Jahre später wurde mit Georg Leber erstmals ein Sozialdemokrat ins Zentralkomitee der deutschen Katholiken gewählt, und am 13. Juli 1970 empfing Papst Paul VI. den sozialdemokratischen Bundeskanzler Willy Brandt zu einer Audienz – zweifellos „ein historisches Datum"[114] in der Geschichte der Beziehungen zwischen katholischer Kirche und SPD. Gänzlich überwunden werden konnte die Distanz jedoch nicht, wie die Auseinandersetzungen über die Abtreibungsfrage in den 1970er Jahren zeigten.

Es ist die Frage nach Heinrich Köpplers Beitrag zur Annäherung zwischen der katholischen Kirche und der SPD gestellt worden. Er nahm zwar bereits 1956 an den Walberberger Gesprächen teil und setzte sich auch Anfang der 1960er Jahre für ihre Fortsetzung ein, daß er bei diesen Gesprächen aber eine besondere Rolle gespielt habe, läßt sich anhand der Dokumente nicht erkennen. Ein unermüdlicher Anreger ist er in den Beziehungen zwischen katholischer Kirche und Sozialdemokratie mit Sicherheit nicht gewesen. Von größerer Bedeutung war dagegen sein Beitrag, als der Katholizismus in

111 Gauly, S. 192.
112 Vgl. Grossmann, S. 321f.
113 Vgl. Brehm, S. 189–194.
114 Pater Heinrich-Basilius Streithofen zitiert nach Grossmann, S. 299.

Deutschland vor der großen Aufgabe stand, auf die Herausforderungen des Zweiten Vatikanischen Konzils zu reagieren.

4. Heinrich Köppler und die Herausforderung des Zweiten Vatikanischen Konzils

Das Zweite Vatikanische Konzil (1962–1965)[115] hat in den 1960er Jahren die katholische Kirche und die Katholiken in Deutschland wie kein zweites Thema beschäftigt. Insbesondere Laien verbanden mit dem Konzil hohe Erwartungen. Sie begleiteten den Verlauf des Konzils mit zahlreichen Veranstaltungen wie Diskussionsabenden und Studientagungen.

Natürlich blickte auch Heinrich Köppler als Generalsekretär des Zentralkomitees der deutschen Katholiken nach Rom, konnte sich manchmal allerdings, wie er in einer Rede auf dem Bistumstag in Berlin im Juni 1964 ausführte, nicht des Gefühls erwehren, als würde allzu viel geredet.[116] Er hatte den Eindruck gewonnen, daß es für viele im katholischen Raum nichts Wichtigeres gäbe, als eine neue Laientheologie zu erfinden oder endlich eine kirchenrechtliche Aufbesserung der Laien zu erreichen. Weil „ein bißchen viel bei uns über diese Fragen meditiert und spekuliert" werde, komme anderes, Wichtigeres zu kurz, kritisierte Köppler, für den sich der mündige Laie nicht im Reden erweise, sondern im Handeln. Nicht umsonst hätten die Päpste von der Katholischen Aktion als der Laienbewegung in der Kirche gesprochen. Aktion bedeute handeln und nicht theologisieren. „Was das Handeln angeht, so haben wir nach meinem Gefühl noch einiges nachzuholen", ließ Köppler seine Zuhörer wissen. Im oft geringschätzig betrachteten 19. Jahrhundert hätten die Laien mehr Aufgaben tatkräftig und zugleich ehrenamtlich bewältigt, als daß man das im 20. Jahrhundert wahrhaben wolle, welches ja oft als das Jahrhundert des Laien in der Kirche bezeichnet werde. Die Laienvertretung müsse sich zunächst in den Pfarreien bewähren, vor allem auch in der Caritas. Es gehe aber auch um die weltweite Solidarität der Kirche.

Hier lag nach Köppler die schwerste Aufgabe für den Laien in der Kirche. Die Laien hätten die Kirche in den Bereichen dieser Welt zu repräsentieren. Doch wenn die Repräsentation „weithin so dürftig, ja so unglaubwürdig ausfällt", dann sei das weniger die Schuld der Bischöfe und der Priester vor Ort, sondern „unser, der Laien Versagen", stellte der Generalsekretär des ZdK unmißverständlich fest. „Es wird Zeit", so Köppler in einem leidenschaftlichen Appell, „daß wir uns darüber klar werden, daß der ‚Goodwill' der Kirche in unserer Zeit, ihr Stellenwert in der öffentlichen Meinung nicht so sehr davon abhängt, welche mehr oder weniger glänzende Figur unsere Pfarrer abge-

---

115 Zur Vorgeschichte, zum Verlauf und den Ergebnissen des Konzils vgl. Pesch. Sämtliche Texte des Konzils mit einer jeweils ausführlichen Einführung sind abgedruckt bei Rahner/Vorgrimler.

116 Vgl. Heinrich Köppler: „Mitten in dieser Welt". Rede auf dem Berliner Bistumstag am 21.6.1964, in: ACDP 01-258-049/1.

ben, sondern vielmehr davon, wie wir Laien, getaufte und gefirmte Glieder der Kirche, diese Kirche auf dem Platz in der Welt repräsentieren, auf den Gott uns gestellt hat." Diese Verantwortung des Christen gelte zunächst in der Familie und für die Nachbarschaft, aber auch am Arbeitsplatz: „So, wie wir diesen Platz ausfüllen, so beurteilt letztlich unser Kollege die Kirche. Die Berufsauffassung, die wir erkennen lassen, die Sauberkeit oder die Schlampigkeit, mit der wir unsere Arbeit tun, sind nicht unsere Privatsache. Und vor allem daran, wie wir für den, der im Betrieb neben uns steht, uns einsetzen, bemißt sich unser Verantwortungsbewußtsein für diese Welt." Verantwortung für diese Welt hieß für den Generalsekretär schließlich auch Verantwortung für das öffentliche Leben. Das habe nichts mit „Konfessionalisierung des öffentlichen Lebens" oder „politischem Katholizismus" zu tun. Wenn Christen die Verantwortung der Kirche für diese Welt ernst nehmen wollten, dann bliebe ihnen nichts anderes übrig, als auch für die politische Gestaltung dieser Welt Verantwortung zu übernehmen. Deshalb gelte auch für sie, „endlich mit dem Ohne-mich-Standpunkt in der Politik aufzuräumen."

Aus diesem Grund sprach er sich auch für ein neues Verhältnis des Katholizismus zur Parteipolitik aus und warnte vor der schleichenden Abwertung der politischen Parteien. Daß sich lediglich zwei Prozent der Bundesbürger bereit fänden, in einer Partei an der politischen Gestaltung der Zukunft des Landes mitzuarbeiten, stimmte Köppler nachdenklich. Deshalb forderte er auch seine Zuhörer auf dem Berliner Bistumstag auf, in ihren Meinungsaustausch über Politik und Politiker mehr von dem neuen Verantwortungsgefühl für die Welt erkennen zu lassen. Auch er sei „für hohe Anforderungen an die menschliche und charakterliche Eigenschaft eines Politikers", wehre sich aber „gegen eine ausgesprochene pharisäische Überforderung auf diesem Gebiet."

Köpplers Appell für ein „neues Verantwortungsbewußtsein" des einzelnen Christen wie der Kirche in ihrer Gesamtheit für die Welt entsprach dem konziliaren Kirchenverständnis. Vom Konzil sollte das Signal ausgehen, die Opposition gegenüber der modernen Welt zu beenden und an deren Stelle Dialog und Kommunikation zu setzen. „Die Kirche sollte endlich eine helfende Antwort geben auf die Probleme der modernen Welt – und aufhören, sich gegen sie einzuigeln", beschreibt Otto Hermann Pesch die Konzilsidee Johannes XXIII.[117] Eine besondere Rolle kam dabei den Laien zu. Ihre Stellung innerhalb der Kirche erfuhr durch das Zweite Vatikanische Konzil „eine radikale Aufwertung aus theologischer Sicht"[118].

Grundlegende Aussagen des Konzils über das Laienapostolat enthält die dogmatische Konstitution über die Kirche „Lumen Gentium".[119] Die Laien, die gemeinsam mit Priestern und Ordensleuten das „Volk Gottes" ausmachen, sind „des priesterlichen, prophetischen und königlichen Amtes Christi auf ihre Weise teilhaftig".[120] Die besondere Berufung der Laien sieht das Konzil darin, „die Kirche an jenen Stellen und in den Verhältnissen anwesend und wirksam zu machen, wo die Kirche nur durch sie das Salz der

117 Pesch, S. 24.
118 Grossmann, S. 176. Vgl. Pesch, S. 204–206.
119 Abgedruckt bei Rahner/Vorgrimler, S. 123–197.
120 Lumen Gentium, 31.

Erde werden kann"[121]. Als Träger der Heilssendung der Kirche wirken die Laien dabei aus eigenem Recht, also nicht bloß als verlängerter Arm der Hierarchie, denn „zu diesem Apostolat werden alle vom Herrn selbst durch Taufe und Firmung bestellt"[122]. Daß „die Niederhaltung und Entmündigung der Laien in der Kirche" durch das Konzil „endgültig als erledigt" betrachtet werden darf[123], wird durch die Feststellung zementiert, daß Christus sein prophetisches Amt auch durch die Laien ausübt.[124]

Die Beschlüsse des Konzils zum Laienapostolat blieben nicht ohne Auswirkung auf den organisierten Laienkatholizismus in Deutschland. Das Zentralkomitee der deutschen Katholiken gab sich 1967 ein neues Statut. Das neue Selbstbewußtsein der Laien zeigte sich bereits in Paragraph 1 über die Wesensbestimmung des ZdK. Das Zentralkomitee war nicht länger „der von der Autorität der Bischöfe getragene Zusammenschluß" der im Laienapostolat der katholischen Kirche in Deutschland tätigen Kräfte. Das neue Statut definierte das ZdK als den „von der Deutschen Bischofskonferenz anerkannten Zusammenschluß" entsprechender Einrichtungen, Vereinigungen und Personen.[125] Im Sinne des Konzils sollte es sowohl „der apostolischen Tätigkeit der Kirche" als auch „der Koordinierung der Kräfte des Laienapostolats" dienen.[126] Das neue Selbstbewußtsein äußerte sich auch in einem neuen Selbstverständnis des Zentralkomitees als „Arbeitsgemeinschaft der Diözesanräte der Katholiken, der zentralen katholischen Organisationen, der im Laienapostolat tätigen Einrichtungen der Deutschen Bischofskonferenz und sonstiger dem Laienapostolat verbundener Personen, Gruppen und Einrichtungen", sofern diese von überdiözesaner Bedeutung waren.[127]

Mit der Einbeziehung des nicht verbandlich organisierten Teils des Katholizismus erweiterte sich die Repräsentativität des ZdK, dessen Position gegenüber dem Episkopat gestärkt wurde. Der Paragraph 12 des alten Statuts, der ja die Arbeit des ZdK ausdrücklich an das „Einvernehmen mit den Bischöfen" band, tauchte in dem neuen Statut von 1967 nicht mehr auf. Auch ging der unmittelbare Einfluß des Episkopats auf das Präsidium des Zentralkomitees zurück. Die Wahl des Präsidenten bedurfte zwar nach wie vor der Bestätigung durch den Vorsitzenden der Bischofskonferenz, für die Kür der vier Vizepräsidenten war diese Zustimmung allerdings nicht erforderlich.[128] Schritte zu einer größeren Autonomie der Laien gegenüber der kirchlichen Hierarchie, die aber

---

121 Ebd., 33.

122 Ebd.

123 Rahner/Vorgrimler, S. 117.

124 Lumen Gentium, 35: „Christus, der große Prophet, der durch das Zeugnis seines Lebens und in Kraft seines Wortes die Herrschaft des Vaters ausgerufen hat, erfüllt bis zur vollen Offenbarung der Herrlichkeit sein prophetisches Amt nicht nur durch die Hierarchie, die in seinem Namen und in seiner Vollmacht lehrt, sondern auch durch die Laien. Sie bestellt er deshalb zu Zeugen und rüstet sie mit dem Glaubenssinn und der Gnade des Wortes aus (vgl. Apg 2, 17-18; Apg 19, 10), damit die Kraft des Evangeliums im alltäglichen Familien- und Gesellschaftsleben aufleuchte."

125 ZdK, Statut 1967, § 1 Satz 1.

126 Ebd., § 1 Satz 2.

127 Ebd., § 1 Satz 3.

128 Ebd., § 9 Absatz 2.

nicht darüber hinwegtäuschen dürfen, daß der Einfluß des Episkopats bedeutend blieb. Die Bischofskonferenz entsandte einen Bischöflichen Assistenten, der an den Sitzungen aller Organe des Zentralkomitees teilnahm.[129] Außerdem spielte er eine wichtige Rolle bei den Beiräten, die nach dem neuen Statut von der Vollversammlung für bestimmte Fachbereiche eingerichtet werden konnten.[130] Nicht nur die Errichtung solcher Beiräte, sondern auch die Berufung der Mitglieder und die Wahl der Vorsitzenden waren abhängig vom Einverständnis der Bischöfe.[131]

Die Bischöfe übten also weiterhin Einfluß auf die Geschicke des ZdK aus. Gleichwohl bleibt festzuhalten, daß der Laienkatholizismus in Deutschland, konkret das Zentralkomitee der deutschen Katholiken, durch das Zweite Vatikanische Konzil eine Aufwertung erfuhr. Von einer Asymmetrie in den Beziehungen zwischen dem Episkopat und dem Laienkatholizismus konnte nicht länger gesprochen werden, im Gegenteil, es zeigten sich Ansätze einer partnerschaftlichen Zusammenarbeit. In diesem Zusammenhang ist auf die Konstituierung der Deutschen Bischofskonferenz einzugehen, jene tiefgreifende innerkirchliche Strukturreform also, die der Verabschiedung eines neuen Statuts für das ZdK vorausgegangen war.[132] Mit der Neuordnung ihrer überdiözesanen Zusammenarbeit entsprachen die deutschen Bischöfe einer Aufforderung des Konzils aus dem Dekret über die Hirtenaufgabe der Bischöfe in der Kirche „Christus Dominus"[133]. Das Konzil hielt es „für sehr angebracht, daß sich überall die Bischöfe desselben Landes oder Gebietes zu einem Gremium zusammenfinden"[134]. Dadurch sollte „besser und wirksamer für das Wachstum des Glaubens und die Erhaltung der Disziplin in den verschiedenen Kirchen, entsprechend den Gegebenheiten der Zeit, gesorgt werden"[135]. Die Bildung der Deutschen Bischofskonferenz wirkte sich unmittelbar auf die Laienarbeit aus. Die Bischöfe errichteten eigens eine Kommission für die Laienarbeit und beriefen für alle Kommissionen, die sie zur Erledigung der inhaltlichen Arbeit eingerichtet hatte, jeweils einen ständigen Beraterstab, dem auch Laien angehörten. Das Vorschlagsrecht für die Laienvertreter in diesen Gremien erhielt das Zentralkomitee, welches der Episkopat damit „als seinen adäquaten Verhandlungs- und Gesprächspartner seitens des Laienkatholizismus statutarisch anerkannt"[136] hatte.

Mit der Einrichtung von ständigen Beraterstäben für die einzelnen Bischofskommissionen, denen auch Laien angehörten, die auf Vorschlag des ZdK berufen wurden, erfüllte der Episkopat Forderungen nach Mitverantwortung an den Aufgaben des bischöflichen Leitungsamtes, wie sie im Zentralkomitee nach dem Bamberger Katholikentag formuliert worden waren.[137] Köppler war auf dem Katholikentag in Bamberg im Juli

129 Ebd., § 10.
130 Ebd., § 12 Absatz 1.
131 Ebd., § 12 Absatz 4.
132 Grossmann, S. 185.
133 Abgedruckt bei Rahner/Vorgrimler, S. 257–285.
134 Christus Dominus, 37.
135 Ebd., 36.
136 Grossmann, S. 185.
137 Ebd.

1966 mit dem Vorschlag hervorgetreten, auch Laien in der Deutschen Bischofskonferenz verantwortlich mitarbeiten zu lassen.[138] In diesem Zusammenhang hatte er auf die damals noch zu gründenden einzelnen Bischofskommissionen hingewiesen, die sich – einschließlich der Finanzkommission – der Mitarbeit fachlich gebildeter Laien bedienen sollten.

Das Bamberger Katholikentreffen war der erste Katholikentag nach dem Zweiten Vatikanischen Konzil. So standen denn auch die Beratungen über die Anwendung der Konzilsbeschlüsse auf den deutschen Bereich im Mittelpunkt dieses Katholikentages.[139] In den entsprechenden Diskussionen mahnte Köppler, „mit dem rechten Augenmaß für das Erreichbare an notwendige Reformen heran[zu]gehen"[140]. Bei den Bemühungen um ein neues Miteinander von Klerus und Laien gehe es nicht um eine „Demokratisierung" der Kirche. Von ihrem Stiftungscharakter her entziehe sich die Kirche den aus dem staatlichen und politischen Leben herangezogenen Vergleichsbildern. Sie sei ebenso wenig monarchisch wie demokratisch im politischen Sinne. Und Bischöfe und Priester seien bei aller Anerkennung des Dienstcharakters ihres Amtes eben „keine dem Volk verantwortlichen Beamte, sondern in der Führung ihres Amtes letztlich dem verantwortlich, der der Herr der Kirche ist und von dem jedes Amt in der Kirche hergeleitet ist"[141]. Es könne also nicht um eine Demokratisierung der Kirche – in welcher Form auch immer – gehen. Auf der Tagesordnung des nachkonziliaren Prozesses stehe vielmehr die Entwicklung eines neuen Solidaritätsbewußtseins derer, die Glieder der Kirche seien. Deshalb müßten „die gekünstelte Auseinandersetzung von ‚Rechtskatholiken' und ‚Linkskatholiken'", „das ermüdende Geraufe zwischen ‚Organisierten' und ‚Nichtorganisierten'" und „die allzu oft an den Haaren herbeigezogenen Gegensätze zwischen ‚Integralen' und ‚Progressiven'" überwunden werden. Ein Pluralismus der Meinungen und Auffassungen unter den Katholiken schien ihm „geradezu eine Lebensnotwendigkeit" zu sein.[142]

Köppler sagte dies mit einer Selbstverständlichkeit, als habe es nie eine Auseinandersetzung um die These Bernhard Hansslers von der Nichtexistenz des Nichtorganisierten gegeben. Offensichtlich hatte „der Geist des Konzils ... schon manchen Graben zugeweht", wie Thomas Großmann mutmaßt.[143] So ist auch nur zu erklären, daß Köppler die Mahnung von Walter Dirks ausdrücklich begrüßte, „die falschen Fronten der vorkonziliaren Ära im deutschen corpus catholicum abzubauen und in der vom Konzil geforderten Brüderlichkeit gemeinsam an die Aufgabe zu gehen, die uns eben dieses Konzil für die Erneuerung der Kirche in unserem Vaterland gestellt hat"[144]. Für die Zusammenarbeit in der erneuerten Kirche komme es nicht auf „noch so gescheite Deutun-

138 Vgl. Köppler: Zusammenarbeit, S. 184f.

139 Zum Verlauf und den Ergebnissen des Bamberger Katholikentages vgl. Grossmann, S. 171–184.

140 Köppler: Zusammenarbeit, S. 113.

141 Ebd., S. 124.

142 Ebd., S. 114

143 Grossmann, S. 178.

144 Köppler: Zusammenarbeit, S. 114.

gen des Konzils" an, sondern darauf, daß möglichst viele Katholiken die Konzilsdokumente studierten und die katholischen Bildungseinrichtungen zur Aneignung des Konzils verstärkt und koordiniert würden.[145] Eine nachhaltige finanzielle Unterstützung der katholischen Akademien hielt er in der nachkonziliaren Zeit auch deshalb für notwendig, weil „sie für uns Katholiken ein unverzichtbares Forum für den geistigen Dialog mit der Welt, in der wir leben", darstellten.[146]

Zu den Grenzen und Möglichkeiten eines Dialogs der Kirche mit der modernen Welt nahm Köppler in seiner Rede über „Kirche – Staat – Gesellschaft" auf dem 82. Deutschen Katholikentag in Essen im September 1968 Stellung.[147] Die von der Kirche zu fordernde Dialogbereitschaft dürfe nicht dazu führen, daß sie ihre sittlichen und moralischen Prinzipien in der freien Auseinandersetzung der Gesellschaft nicht mehr vertreten könne. Diese Vertretung müsse allerdings – und daran ließ er freilich auch keinen Zweifel – als ein Angebot erfolgen und dürfe nicht als „Versuch der Überwältigung" erscheinen.[148]

Der Essener Katholikentag ist zweifellos „das für den deutschen Katholizismus während der späten sechziger Jahre ... markanteste Ereignis"[149] gewesen. Nach dem Katholikentreffen in dem eher beschaulichen oberfränkischen Bamberg, das sich vornehmlich mit den Konsequenzen des Konzils für das innerkirchliche Leben, für das Zusammenspiel von Klerus und Laien in einer erneuerten Kirche beschäftigt hatte, ging das ZdK 1968 bewußt in die Ruhrgebietsmetropole Essen. Dieser Katholikentag stand nicht ohne Grund unter dem Leitwort „Mitten in dieser Welt". Der studentische Protest in der Bundesrepublik und die Kontroverse um das päpstliche Lehrschreiben „Humanae vitae" über die Geburtenregelung bildeten den Hintergrund für das Essener Katholikentreffen, das nicht zuletzt deshalb ein öffentliches Interesse fand, das ohne Beispiel in der langen Geschichte der Deutschen Katholikentage war. 2538 Presseberichte, 63 Rundfunksendungen und 17 Stunden Fernsehberichterstattung spiegelten das außerordentliche öffentliche Interesse an den Tagen von Essen wider,[150] in denen alles gefragt und gesagt werden durfte, wie es sich der Präsident des Katholikentages, der rheinland-pfälzische Kultusminister Bernhard Vogel, gewünscht hatte.[151] Es war ein Katholikentag neuen Stils: Flugblätter wurden verteilt, Transparente waren zu sehen und Sprechchöre zu hören. Auch trat eine katholische APO in Erscheinung, als die sich mehrere Gruppen meist junger Christen verstanden, die sich zu einem Aktionsbündnis „kritischer Katholikentag" zusammengeschlossen hatten.[152]

Köppler machte in Essen nicht mit radikalen Vorschlägen auf sich aufmerksam. In seiner bereits angesprochenen Katholikentagsrede warb er für moderate Reformen. Er

145 Ebd., S. 124f.
146 Ebd., S. 125.
147 Vgl. Köppler: Kirche.
148 Ebd., S. 478.
149 Grossmann, S. 210.
150 Ebd., S. 212.
151 Gauly, S. 221.
152 Grossmann, S. 213.

plädierte für die Beibehaltung des öffentlich-rechtlichen Charakters der Kirchen.[153] Jedoch sollte das viel kritisierte kirchliche Steuerrecht und vor allem die staatliche Einziehung der Kirchensteuer „in aller Offenheit" diskutiert werden.[154] Parteien und Staat verlangten keine Änderung dieses Systems, da sie wüßten, daß viele wichtige öffentliche Aufgaben, die die Kirche heute erfülle, dann von ihnen übernommen werden müßten. Gleichwohl hielt er eine stärkere Transparenz des kirchlichen Finanzgebarens für erforderlich, um die Kirchensteuer „von dem latenten Skandalgeruch" zu befreien, der ihr anhafte.[155] Im Zusammenhang mit seinem Plädoyer für den öffentlich-rechtlichen Charakter der Kirche trat er auch für deren „Privilegien" ein, an den Hochschulen und Schulen lehren und die Militär- und Anstaltsseelsorge vollziehen zu können.[156] Es sei aber zu überlegen, ob die Priester, die in den Kasernen, Gymnasien, Gefängnissen oder Heilanstalten tätig seien, wirklich „für alle Zukunft" Beamte im Sinne des staatlichen Beamtenrechts mit allen Rechten, aber auch mit allen Pflichten bleiben müßten.[157] Andere Regelungen könnten ihnen „die volle Freiheit ihres seelsorgerlichen Wirkens, aber auch die persönliche Bindungslosigkeit an den staatlichen Apparat, sein Beamten-, Besoldungs- und Disziplinarrecht verbürgen"[158].

Näher ging Köppler an dieser Stelle auf den Bereich des Schulwesens ein. Gerade in diesem Problembereich werde deutlich, wie sehr sowohl die Kirche als auch der Staat bei der Lösung der sie „gleichermaßen berührenden und naturgemäß konfliktbeladenen Probleme" auf die Mitwirkung und die Zustimmung einer dritten Macht angewiesen seien, nämlich der freien Gesellschaft.[159] Für die Kirche folge daraus, daß sie sich in ihrem Dienst in der Welt in weiten Bereichen nicht mehr dem Staat als ihrem weltlichen Partner gegenüberstehe, sondern eben jener freien Gesellschaft. Das Konzil habe dieser Erkenntnis in vielfältiger und überzeugender Weise Ausdruck gegeben. Es sei „ohne Zweifel das große Verdienst von Paul Mikat", auf diesen Wandlungsprozeß und die durch ihn geschaffene neue Lage für die Kirche „mit Vehemenz und Nachdruck" hingewiesen zu haben.[160] Die Kirche müsse, wolle sie ihren Standort und ihre Aufgabe in der freien Gesellschaft wahrnehmen, „die inneren Gesetze dieser freien Gesellschaft" akzeptieren, was nicht bedeute, ihr gleichförmig zu werden oder sich ihr bis zur Konformität anzupassen.[161] Das Gegenteil tue not. Aber ohne die Anerkennung ihrer Grundregeln gebe es kein „erfolgversprechendes Wirken der Kirche in dieser Gesellschaft"[162]. Diese Rede zeigte, wie sehr er das Hauptanliegen des Konzils – die Öffnung der Kirche gegenüber der modernen Welt – verinnerlicht hatte.

---

153 Vgl. KÖPPLER: Kirche, S. 473f.
154 EBD., S. 474.
155 EBD., S. 475.
156 EBD., S. 476.
157 EBD., S. 476f.
158 EBD., S. 477.
159 EBD., S. 476.
160 EBD., S. 477.
161 EBD., S. 478.
162 EBD.

Die Niederschrift des Katholikentages wies Köppler als Parlamentarischer Staatssekretär beim Bundesminister des Innern aus[163] und wies damit auf sein damaliges berufliches Betätigungsfeld hin, das in der Bundespolitik lag. Als er im September 1965 in den Deutschen Bundestag gewählt wurde, gab er zum Ende desselben Jahres sein Amt als Generalsekretär des Zentralkomitees der deutschen Katholiken auf. Zu seinem Nachfolger wurde Friedrich Kronenberg berufen, der aus dem Bundesfamilienministerium kam und von 1960 bis 1965 Erster Bundesvorsitzender der Deutschen Pfadfinder St. Georg und stellvertretender Bundesführer des BDKJ gewesen war.[164] Als Nachfolger im Amte des Generalsekretärs hatte Köppler zunächst an Paul Hoffacker gedacht, den damaligen Referenten für staatspolitische Angelegenheiten beim ZdK, der aber nicht zur Verfügung stand, da er sich bereits für die Übernahme der Geschäftsführung des Bischöflichen Werkes „Adveniat" entschieden hatte.[165] Friedrich Kronenberg war von Felix Raabe, seinerzeit Bundesführer des BDKJ, ins Gespräch gebracht worden[166] – ein Vorschlag, den Köppler nach der Absage von Hoffacker „unter dem Gesichtspunkt der sachlichen Qualifikation" für „die beste Lösung" hielt.[167]

Der neue Generalsekretär Kronenberg war dankbar dafür, daß Köppler dem ZdK als (nebenamtlicher) Leiter des Außenamtes zunächst erhalten blieb.[168] Als Leiter des Außenamtes widmete er sich vor allem der Verständigung mit Polen. Nach übereinstimmender Aussage mehrerer Zeitzeugen leistete er auf dem Feld der deutsch-polnischen Verständigung für das Zentralkomitee der deutschen Katholiken Pionierarbeit.[169] So war es denn auch Heinrich Köppler, der im Geschäftsführenden Ausschuß des ZdK ei-

163 Ebd., S. 465.

164 Vgl. Niederschrift über die Sitzung des Geschäftsführenden Ausschusses des ZdK vom 10.12.1965, in: AZdK 2202/1.

165 Vgl. Schreiben von Karl Fürst zu Löwenstein an Franz Hengsbach vom 7.1.1965, in: StAWt-R NL 8-4; Zeitzeugengespräch mit Paul Hoffacker (24.7.2004).

166 Zeitzeugengespräch mit Felix Raabe (15.4.2004).

167 Schreiben von Heinrich Köppler an Franz Hengsbach vom 14.10.1965, in: StAWt-R NL 8-6b.

168 Zeitzeugengespräch mit Friedrich Kronenberg (4.3.2004): „Ich begrüßte sehr, daß Köppler das Amt des Leiters des Außenamtes annahm und damit vorläufig im ZdK blieb. Es war eine kolossale Erleichterung für mich, ist doch der Katholizismus damals wie heute ein Dschungel mit all den organisatorischen Verflechtungen und Gruppierungen. Daher bedeutete es eine Hilfe für mich, von ihm zu hören, wie da die Zusammenhänge sind."

169 Vgl. Zeitzeugengespräche mit Bernhard Vogel (27.2.2004), Friedrich Kronenberg (4.3.2004), Paul Becher (2.4.2004) u. Felix Raabe (15.4.2004). Dokumentarisch zu belegen ist Köpplers Beitrag zur deutsch-polnischen Verständigung in den 1960er Jahren allerdings nicht. Schriftliche Aufzeichnungen liegen hierzu nicht vor, was auch nicht verwundern kann, mußte hier doch aufgrund der besonderen politischen Konstellation vieles konspirativ ablaufen. Bemühungen des Verfassers, mit Stanislaw Stomma, dem „Nestor der polnisch-deutschen Aussöhnung" (Wolfgang Pailer), in Kontakt zu treten, blieben ohne Ergebnis. Stomma hätte nach Meinung von Friedrich Kronenberg einiges zu dieser Frage beitragen können. Zeitzeugengespräch mit Friedrich Kronenberg (4.3.2004): „Aus Begegnungen mit Stomma wußte ich: Der Kontakt Stomma – Köppler war ein alter Kontakt, über den konnte nicht geredet werden, über den konnten keine Aktenvermerke angelegt werden. Dieser Kontakt existierte eben." Nach Pailer, S. 82, reichten diese Kontakte in das Jahr 1958 zurück, als Stomma als

ne Stellungnahme zu dem berühmten Briefwechsel zwischen den polnischen und deutschen Bischöfen[170] auf dem Katholikentag in Bamberg anregte.[171] Der Vorstoß Köpplers fand allgemeine Zustimmung. Man verständigte sich darauf, während des Katholikentages eine entsprechende Entschließung zu formulieren, die in der politischen Arbeitsversammlung per Akklamation angenommen werden sollte. In Bamberg wurde schließlich unter Beteiligung von Vertretern der Heimatvertriebenen und auch Heinrich Köpplers eine „Erklärung zum Briefwechsel zwischen den polnischen und deutschen Bischöfen" erarbeitet, in der die deutschen Katholiken versicherten, „sich mit allen Kräften dafür einzusetzen, daß das deutsche Volk die nationalen Existenzrechte des polnischen Volkes" respektiere und daß dessen Rechte nicht „als Handelsobjekt für fremde oder eigene Interessen" benutzt würden.[172]

Das Außenamt des Zentralkomitees leitete Köppler bis zur Neuwahl des Präsidiums des ZdK im Februar 1968. Der Abtritt des Präsidenten Karl Fürst zu Löwenstein ließ die Februar-Vollversammlung „zu einem der bedeutenden Ereignisse in der Geschichte des ZdK"[173] werden, endete doch damit die jahrzehntelange Ära der Fürsten zu Löwenstein an der Spitze des Zentralkomitees. In der Abstimmung über die Löwenstein-Nachfolge unterlag Köppler dem Oberbürgermeister von Münster und Leiter der Katholischen-Sozialen Akademie des Bistums Münster, Albrecht Beckel, mit 43 zu 48 Stimmen bei drei Enthaltungen.[174] Seine Niederlage erklärte Köppler mit dem Wunsch nach einem völligen Neuanfang in der Führung des ZdK: „Ich war über ein Jahrzehnt lang als Sekretär ein Mann des Apparats gewesen, und von daher habe ich verstanden, daß die Mehrheit der Mitglieder des Zentralkomitees jemanden zum Präsidenten wählen wollte, der nicht diese Vergangenheit hat."[175] Dies dürfe seine Interpretation sein, meint Hanna-Renate Laurien in der Rückschau.[176] Für sie, die sie auch Beckel gewählt habe, sei Beckel „der Kühnere, der mehr aufs Konzil Bezogene [gewesen], auch theologisch dynamischer." Damit hat Laurien nach Ansicht von Felix Raabe genau jene Stim-

---

erster Parlamentarier Polens in die Bundesrepublik reiste. Köppler war sich mit Stomma in der Notwendigkeit deutsch-polnischer Kontakte einig. Er verschaffte ihm auch eine Audienz beim Vorsitzenden der Fuldaer Bischofskonferenz, dem Kölner Erzbischof Josef Kardinal Frings.

170 1965 beging die katholische Kirche Polens das zwanzigjährige Bestehen der polnischen Kirchenverwaltung in den westlichen Gebieten Polens. Aus diesem Anlaß luden am 18. November 1965 die polnischen Bischöfe die deutschen zusammen mit den Bischöfen 55 anderer Länder zur Tausendjahrfeier der polnischen Kirche 1966 ein, verbunden mit dem Angebot zum Dialog und zur Versöhnung („Wir gewähren Vergebung und bitten um Vergebung"). Die deutschen Bischöfe dankten am 5. Dezember 1965 mit einem ebenfalls auf Versöhnung abgestellten Schreiben, das allerdings auch das Recht der Vertriebenen betonte. Vgl. die ausführliche Studie von HELLER.

171 Vgl. Niederschrift über die Sitzung des Geschäftsführenden Ausschusses des ZdK vom 7.6.1966, in: AZdK 2202/2.

172 Auf Dein Wort hin, S. 190.

173 GROSSMANN, S. 185.

174 Vgl. Niederschrift über die Vollversammlung des ZdK vom 20.2.1968, in: AZdK 2306/4.

175 KÖPPLER 1, S. 54.

176 Zeitzeugenbefragung von Hanna-Renate Laurien (19.1.2004).

mung wiedergegeben, die damals unter der Mehrheit der Mitglieder der Vollversammlung herrschte.[177]

Als Akademie-Direktor stand Beckel für die durch das Konzil ausgelöste Aufbruchstimmung in der katholischen Kirche, während Köppler als langjähriger Generalsekretär zum Establishment gezählt wurde. Diese Niederlage machte Köppler nicht unglücklich. Karl Fürst zu Löwenstein hatte von Anfang an den Eindruck, daß er „nur unter Zurückstellung persönlicher Interessen das Präsidium hätte übernehmen können"[178]. Köppler war grundsätzlich bereit, auch weiterhin Verantwortung im Zentralkomitee zu übernehmen, was die Annahme seiner Wahl zum Vizepräsidenten zeigte,[179] eben nur nicht als Präsident des ZdK. Von daher bedeutete die Entscheidung für Beckel „eine große Erleichterung" für Köppler,[180] dessen Hauptaugenmerk mit seinem Einzug in den Deutschen Bundestag im Jahre 1965 der Politik galt. Fürst zu Löwenstein hatte schon Mitte Oktober 1965 prophezeit, daß die CDU/CSU-Bundestagsfraktion „ganz bestimmt in kurzer Zeit entdecke, was sie für eine Kapazität in Köppler gewonnen hat und ihm so viel aufladen [werde], daß er für uns auch bei aller Liebe zu seinem alten Amt nicht mehr viel Zeit aufbringen wird."[181]

177 Zeitzeugengespräch mit Felix Raabe (15.4.2004).

178 Schreiben von Karl Fürst zu Löwenstein an Heinrich Köppler vom 22.2.1968, in: StAWt-R NL 8-11a.

179 Vgl. Niederschrift über die Vollversammlung des ZdK am 20.2.1968, in: AZdK 2306/4. Das Amt des Vizepräsidenten des ZdK übte er bis zu seinem Tod im April 1980 aus.

180 Schreiben von Heinrich Köppler an Karl Fürst zu Löwenstein vom 21.2.1968, in: StAWt-R NL 8-11a.

181 Schreiben von Karl Fürst zu Löwenstein an Franz Hengsbach vom 18.10.1965, in: StAWt-R NL 8-4.

V. Mitglied des Deutschen Bundestages (1965–1970)

1. Köpplers Bundestagskandidatur 1965 oder die Frage, „wie weit die CDU noch Wert auf eine engere Verbindung zum katholisch-kirchlichen Raum legt“

Anfang 1964 konfrontierte der Geschäftsführende Vorsitzende der CDU Deutschlands, Josef Hermann Dufhues, Heinrich Köppler mit der Frage, ob er bereit wäre, in die Politik zu gehen, sprich ein politisches Mandat in Bonn zu übernehmen.[1] Die Frage einer Kandidatur für den Deutschen Bundestag beschäftigte Köppler bereits seit längerem, doch hatte er bis dahin alle Versuche, „ihn zur politisch-parlamentarischen Arbeit zu ermuntern, stets mit dem – berechtigten – Hinweis abgelehnt, daß die Aufbauarbeit im Zentralkomitee der deutschen Katholiken vorerst noch seine ganze Kraft beanspruche“.[2] Grundsätzlich stand er einer Kandidatur für den Deutschen Bundestag aufgeschlossen gegenüber. Er selbst hat sich einmal als „homo politicus“ bezeichnet, der von Anfang an „politisch nicht nur interessiert, sondern für die Politik auch mit einer gewissen Leidenschaft ausgestattet“ war.[3] Dieses Interesse wurde durch vielfältige und intensive Kontakte zum politischen Bonn, die sich aufgrund seiner Tätigkeiten als Bundesführer des Bundes der Deutschen Katholischen Jugend und als Generalsekretär des Zentralkomitees der deutschen Katholiken ergaben,[4] noch gesteigert.[5]

Politik betrieb Köppler nicht erst mit seiner Wahl in den Deutschen Bundestag, sondern bereits während seiner „berufskatholischen Karriere“ gestaltete er Politik mit, „im vorparlamentarischen Raum“, wie es Friedrich Kronenberg formuliert hat.[6] Als Generalsekretär des ZdK wirkte er an der Schnittstelle zwischen Kirche und Politik. Eine Grenze zwischen diesen beiden Bereichen ließ sich nach seiner Überzeugung „nicht ganz scharf ziehen“[7]. Dies galt für ihn insbesondere für das Verhältnis zwischen seiner Partei, der CDU, und den Kirchen. Ausführlich Stellung zu den Beziehungen zwischen der CDU und den Kirchen, den Möglichkeiten und Grenzen ihrer Zusammenarbeit, nahm er im Frühjahr 1966 auf einer Landestagung der rheinland-pfälzischen Jungen

---

1 Vgl. „Zu-Protokoll-Gespräch“ Karl Fischers mit Heinrich Köppler, 21.4.1977, S. 3, in: LTA NRW Biographisches Kompendium A 0208/406.

2 Schreiben von Willi Weiskirch, Chefredakteur von „Mann in der Zeit“, an den Vorsitzenden des CDU-Landesverbandes Rheinland, Konrad Grundmann, vom 2.9.1964, in: HStAD RWV 26-1573.

3 Köppler 1, S. 22.

4 Vgl. Carl-Neisinger, S. 58; Hanssler: Selbstverständnis, S. 75f.

5 Vgl. Köppler 1, S. 22f.

6 Zeitzeugengespräch mit Friedrich Kronenberg (4.3.2004). Vgl. auch Zeitzeugengespräch mit Paul Hoffacker (24.7.2004): „Köppler war immer Politiker – ob mit oder ohne Mandat.“

7 Köppler 2, S. 14.

Union.[8] Köppler versuchte zunächst eine Standortbestimmung der Kirchen sowie der CDU aus ihren jeweiligen Zielsetzungen. Element der Kirchen sei der Glaube, ihre Aufgabe die Glaubensverkündigung zum Heil der Menschen. Dies schließe ein Wirken der Kirchen in die Welt ein. Element der CDU als politischer Partei sei das politische Leben, ihre Aufgabe die Gestaltung des staatlichen Lebens, die Verwirklichung des Gemeinwohls. Dies schließe wiederum eine Beziehung zum christlichen Glauben ein. Auf dieser Grundlage fragte er in sechs Thesen nach Berührungspunkten zwischen der CDU und den Kirchen:

1. *Die CDU anerkenne den Rang der Kirche über den Parteien.*
   Dies folge aus dem Selbstverständnis und den Aufgaben der Kirchen und der Partei. Über Nähe oder Ferne politischer Parteien zu den Kirchen bestimmten die Parteien selbst, d. h. sie hänge davon ab, wie weit Parteien bereit seien, im kirchlichen Raum entwickelte Vorstellungen von Mensch, Gesellschaft, Staat und Politik in ihren Programmen sich zu eigen zu machen.
2. *Die CDU bejahe „Recht und Verpflichtung der Kirche", zu wichtigen Fragen des politischen Lebens Stellung zu nehmen.*
   Diese Verkündigung der Kirchen zur Politik solle sich grundsätzlich in parteipolitischer Neutralität vollziehen und sich vor kurzschlüssigen politischen Folgerungen aus theologischen Voraussetzungen hüten. Die CDU werde solche Aussagen dankbar zur Kenntnis nehmen und in ihre politischen Überlegungen einbeziehen, „verzichtet aber auf propagandistische Schützenhilfe von der Kanzel, die ohnehin von fragwürdigem Wert ist." Dagegen bedürfe der CDU-Politiker der geistlichen Hilfe und der geistigen Beratung von Seiten der Kirchen für den politischen Alltag.
3. *Die CDU wisse sich verpflichtet auf das von den christlichen Kirchen geprägte Welt- und Menschenbild.*
   Diese programmatische Verpflichtung heiße nicht, daß die CDU glaube, „für ihre Politik Rezepte aus dem Evangelium holen zu können." Ebenso wenig sei an eine „Verchristlichung der Welt auf politischem Weg" gedacht. Vielmehr verstehe die CDU ihre Politik als Dienst am Menschen und als Verwirklichung des Gemeinwohls nach Prinzipien, die übereinstimmend, wenn auch mit verschiedener Begründung aus evangelischer Sozialethik und katholischer Gesellschaftslehre zu gewinnen seien. Die CDU erhebe auch nicht den Anspruch auf besondere Christlichkeit ihrer Mitglieder, wisse aber, daß ihr Name auch in dieser Hinsicht Verpflichtung bedeute.
4. *Die CDU verstehe sich nicht als „politischer Arm" der Kirchen, sondern als „freier Zusammenschluß mündiger Christen", die ihr politisches Handeln von christlichen Grundsätzen bestimmen ließen.*
   Die Umformung von christlichen Grundsätzen zu konkreter Politik sei in die Eigenverantwortung der politisch Tätigen gelegt. Weil also die CDU nicht „Befehlsempfängerin der Kirchen" sei, treffe sie auch nicht der Vorwurf der sogenannten Konfes-

8 Vgl. Heinrich Köppler: „CDU und Kirchen – Berührungen und Grenzen". Rede auf der 16. Landestagung des Landesverbandes Rheinland-Pfalz der Jungen Union Deutschlands im April 1966, in: ACDP 01-258-048/3.

sionalisierung des öffentlichen Lebens. Ferner erhebe die CDU keinen „Monopolanspruch auf christliches Handeln in der Politik.“ Sie beachte jedoch, daß in der Demokratie die Politik entscheidend bestimmt werde durch Mehrheitsbeschlüsse in Parteien. Daher glaube sie, daß christliche Vorstellungen vom Gemeinwohl politisch am wirksamsten werde durch den politischen Zusammenschluß von Christen.

5. *Die CDU habe ein „offenes Ohr“ für die politischen Anliegen der Kirchen.*
   Die rechtliche Regelung des Verhältnisses von Kirchen und Staat müsse den Prinzipien einer freien Kirche in der freien Gesellschaft entsprechen. Freie Gesellschaft bedeute, daß die gesellschaftlich relevanten Kräfte in vielfältiger Weise an der Verwirklichung des Gemeinwohls beteiligt seien und dabei vom Staat unterstützt würden. Dem entspreche weder ein „Staatskirchentum“ noch eine „feindliche Trennung von Kirche und Staat“, sondern eine Form der Koordination, die der Tradition und der gesellschaftlichen Bedeutung der Kirchen gerecht werde. Die CDU müsse als politische Partei die politischen Anliegen der Kirchen freilich messen an den Erfordernissen des gesamten Gemeinwohls.
6. *Die CDU unterstütze die kirchliche Arbeit in Kultur und Caritas, im Bildungs- und Sozialwesen und wisse sich den kirchlichen Werken, Organisationen und Verbänden zu tätiger Zusammenarbeit verbunden.*
   Zum Zweck des besseren Kontaktes mit den sehr verschiedenen kirchlichen Stellen schlug Köppler vor, man möge den Wunsch an die Kirchen herantragen, auf Landesebene ein die kirchlichen Wünsche und Vorstellungen koordinierendes Büro zu errichten. Was die kirchlichen Vereine und Verbände betreffe, so wünschte er, daß sie in der politischen Bildung ihrer Mitglieder nicht nachließen. Die CDU könne allerdings in ihnen nicht einfach „die Rekrutierungsstellen für ihren Nachwuchs“ sehen, vielmehr sei „die aktive Suche politischer Talente“ Aufgabe der Partei.

Nach neun Jahren als Generalsekretär des Zentralkomitees der deutschen Katholiken war bei Köppler nach der Beobachtung von Paul Hoffacker, welcher mit ihm von 1963 bis 1965 in der Geschäftsstelle des ZdK eng zusammenarbeitete, der Wunsch ausgeprägt, „Politik aktiv im Mandat oder auch in der Regierung gestalten“ zu können.[9] Ihm sei es „zu wenig“ gewesen, „den Politiker zu machen im Vorhof des Parlaments.“ Der Zeitpunkt für einen Wechsel im Generalsekretariat schien günstig zu sein. Die Aufbauarbeit war abgeschlossen, mit dem Ende des Zweiten Vatikanischen Konzils wurde ein neues Kapitel in der Geschichte des ZdK aufgeschlagen. Somit bot sich die Übergabe des Amtes in neue Hände geradezu an. Köpplers Bereitschaft, 1965 für den Deutschen Bundestag zu kandidieren und damit unmittelbare politische Verantwortung zu übernehmen, kann nicht allein mit persönlichem Interesse bzw. Ehrgeiz erklärt werden. Sie entsprach auch seinem Selbstverständnis als mündiger katholischer Laie, denn „wenn wir die Verantwortung der Kirche für diese Welt ernst nehmen wollen, dann bleibt uns“, wie er in seiner Rede auf dem Berliner Bistumstag im Juni 1964 unterstrich, „nichts anderes übrig, als auch für die politische Gestaltung dieser Welt Verantwortung zu über-

9 Zeitzeugengespräch mit Paul Hoffacker (24.7.2004).

nehmen. In keinem Bereich der Weltverantwortung aber ist der mündige Laie so sehr aufgerufen wie gerade in diesem."[10]

Hinsichtlich seiner Kandidatur für den Deutschen Bundestag befand sich Köppler „in der traurigen Lage eines ‚überdiözesan'-arbeitenden Mannes"[11]. Sein Freund Willi Weiskirch wollte damit zum Ausdruck bringen, daß er – was seine Verwurzelung in der Partei anbelangte – „heimatlos" war.[12] Er gehörte zwar dem Stadtverband der Christdemokraten in seinem Wohnort Bad Godesberg an, doch seine beruflichen Verpflichtungen als Generalsekretär des ZdK, die mit zahlreichen Reisen quer durch die Bundesrepublik verbunden waren, ließen eine kontinuierliche Mitarbeit in der CDU vor Ort nicht zu. Damit fehlte Köppler, was man gemeinhin als Stallgeruch bezeichnet. Eine Direktkandidatur in seiner hessischen Heimat kam auch nicht in Frage, schließlich wirkte er seit 1953 beruflich in Nordrhein-Westfalen und war damit – wie Willi Weiskirch richtig erkannt hatte – „aus dem Gesichtskreis seiner ehemaligen hessischen Parteifreunde entschwunden"[13]. Damit blieb die nordrhein-westfälische Landesliste der CDU als Möglichkeit zur Wahl in den Bundestag. Die Landesliste wurde auf einer gemeinsamen Vertreterversammlung der beiden CDU-Landesverbände Rheinland und Westfalen-Lippe beschlossen, weshalb es galt, Köppler auf der Vorschlagsliste der rheinischen CDU auf einen vorderen Platz zu bringen. An Unterstützung aus dem katholisch-kirchlichen Raum mangelte es nicht.

Mit Nachdruck setzten sich sowohl Vertreter des organisierten Laienkatholizismus als auch Träger der Amtskirche für Köppler ein. So wurde ZdK-Präsident Karl Fürst zu Löwenstein beim Vorsitzenden der CDU/CSU-Bundestagsfraktion, Rainer Barzel, vorstellig, dem er unmißverständlich erklärte, daß das Zentralkomitee einer Kandidatur Köpplers nur unter der Voraussetzung zustimme, „daß unser Generalsekretär das, was man ein sicheres Mandat nennt, zu erwarten habe"[14]. Auch beim Vorsitzenden der CDU Deutschlands, Alt-Bundeskanzler Konrad Adenauer, warb das ZdK für Köppler[15], was nicht ohne Wirkung blieb. Adenauer unterstützte gegenüber dem rheinischen Landesparteivorsitzenden, dem nordrhein-westfälischen Arbeits- und Sozialminister Konrad Grundmann, seine Bundestagskandidatur, weil „gerade Herr Köppler für die zukünftige Fraktion sehr wichtig sein wird"[16]. Unter den Unterstützern durfte Willy Bokler, der alte Weggefährte aus der katholischen Jugendarbeit, nicht fehlen. Der Bundespräses der

10 Heinrich Köppler: „Mitten in dieser Welt". Rede auf dem Berliner Bistumstag am 21.6.1964, in: ACDP 01-258-049/1.

11 Schreiben von Willi Weiskirch, Chefredakteur von „Mann in der Zeit", an den Vorsitzenden des CDU-Landesverbandes Rheinland, Konrad Grundmann, vom 2.9.1964, in: HStAD RWV 26-1573.

12 Ebd.

13 Ebd.

14 Schreiben von Karl Fürst zu Löwenstein an Franz Hengsbach vom 7.1.1965, in: StAWt-R NL 8-4.

15 Vgl. Schreiben von Konrad Adenauer an Rainer Barzel vom 2.2.1965, in: BA N 1371-183.

16 Schreiben von Konrad Adenauer an Konrad Grundmann vom 18.2.1965, in: HStAD RWV 26-1573.

Mannesjugend im BDKJ wandte sich nicht nur an Grundmann,[17] sondern erschien auch im Landesvorstand der Jungen Union Rheinland mit der Bitte, „Heinrich Köppler einen Listenplatz auf dem Ticket der JU zu geben“[18]. Für einen sicheren Listenplatz Köpplers setzten sich darüber hinaus Bischof Hengsbach und Prälat Wissing, der Leiter des Katholischen Büros in Bonn, ein.[19] Gegenüber Grundmann unterstrichen sie Köpplers Bedeutung als exponierter Vertreter des organisierten deutschen Laienkatholizismus. Auch erinnerten sie den rheinischen Landesparteivorsitzenden daran, daß er aus seiner früheren Arbeit als Bundesführer des BDKJ über enge Verbindungen zur jüngeren Generation verfüge, so daß ihn wichtige Wählergruppen kennen würden und ihm verbunden seien. Daß Köppler aufgrund seiner Tätigkeit in der katholischen Laienbewegung „in ganz Deutschland ausgezeichnete Verbindungen“ besaß, wollte Rainer Barzel für die Unionsfraktion im Bundestag nutzen, weshalb er ebenfalls zu einem Befürworter seiner Bundestagskandidatur wurde.[20] Den Bundesparteivorsitzenden ließ er wissen, daß „ich Herrn Köppler dringend in der nächsten Fraktion brauche“[21].

Barzel und Köppler kannten sich aus der Zusammenarbeit im Zentralkomitee der deutschen Katholiken. Sie saßen gemeinsam im Staatspolitischen Arbeitskreis des Zentralkomitees.[22] Ihre Zusammenarbeit wurde enger, als im November 1959 der Bundesvorstand der CDU Barzel beauftragte, gemeinsam mit Heinrich Krone, dem damaligen Vorsitzenden der Unionsfraktion im Bundestag, die Kontakte zum organisierten Katholizismus in Deutschland zu intensivieren.[23] Zwischen Köppler und Barzel entwickelte sich eine enge Arbeitsbeziehung, die es dem Generalsekretär des ZdK erlaubte, bei politischen Entwicklungen, die das Zentralkomitee beunruhigten, sofort „bei Dr. Barzel Alarm“ schlagen zu können.[24] Alarm in eigener Sache schlug Köppler im Februar 1965, als er Barzel über ein Telefonat zwischen dem Dominikanerpater Basilius Streithofen und Konrad Grundmann unterrichtete, das seine Kandidatur für den Bundestag auf der nordrhein-westfälischen Landesliste der CDU betraf.[25]

---

17 Notiz von Konrad Grundmann für Gerhard Braun, Landesgeschäftsstelle der CDU Rheinland, vom 27.1.1965, ebd.

18 Zeitzeugengespräch mit Heinz Josef Nüchel (6.3.2004).

19 Schreiben an Konrad Grundmann von Franz Hengsbach (20.3.1965) und Wilhelm Wissing (23.3.1965), in: HStAD RWV 26-1573.

20 Vgl. Schreiben von Rainer Barzel an Konrad Adenauer vom 21.6.1965, in: BA N 1371-171; Schriftliche Zeitzeugenbefragung von Rainer Barzel (2.12.2003).

21 Schreiben von Rainer Barzel an Konrad Adenauer vom 12.3.1965, in: BA N 1371-183. Unter den Mitarbeitern in der Geschäftsstelle des ZdK galt Barzel als einer der Förderer der Bundestagskandidatur von Heinrich Köppler. Zeitzeugengespräch mit Karin Buhl-Schäfer (6.5.2004): „Köpplers Einzug in den Bundestag – daran war Barzel nicht ganz unschuldig.“

22 Vgl. Mitgliederliste des Staatspolitischen Arbeitskreises (1957/58), in: AZdK 3211.

23 Vgl. Abschrift eines Schreibens von Konrad Adenauer an Rainer Barzel vom 30.11.1959, in: AZdK 6101.

24 Schreiben von Heinrich Köppler an Karl Fürst zu Löwenstein vom 13.1.1964, in: StAWt-R NL 8-6b.

25 Schreiben von Heinrich Köppler an Rainer Barzel vom 17.2.1965, in: BA N 1371-183.

Die angebliche Behauptung des rheinischen Parteivorsitzenden, „er habe mit mir unter vier Augen gesprochen und mir klar gemacht, daß für mich allenfalls ein Listenplatz mit der Chance späteren Nachrückens möglich sei“, was „ich ... schließlich auch eingesehen“ hätte, sorgte bei Köppler für großes Erstaunen, da ein Gespräch mit Grundmann definitiv nicht stattgefunden habe. Aus den Mitteilungen von Pater Streithofen müsse er, wie Köppler Barzel wissen ließ, „leider entnehmen, daß Herr Grundmann meine Kandidatur an einer einigermaßen sicheren Stelle der Landesliste nicht unterstützen möchte.“ Ob Grundmann sich tatsächlich in dem Sinne geäußert hat, wie es Streithofen Köppler mitteilte, kann nicht abschließend geklärt werden.[26] Zumindest scheint Grundmann nicht zu den aktiven Förderern einer Bundestagskandidatur von Köppler im Jahre 1965 gehört zu haben, ob er sie gar abgelehnt hat, wie der Zeitzeuge Paul Hoffacker meint,[27] kann dokumentarisch nicht belegt werden. Klar war jedenfalls, daß sich die Versorgung Köpplers mit einem sicheren Platz auf der Landesliste der CDU schwieriger gestaltete als erwartet. Wie der Generalsekretär des ZdK an Josef Hermann Dufhues Ende März 1965 schrieb, hatte er nach einem persönlichen Gespräch mit Grundmann „leider den Eindruck“ gewonnen, daß die verantwortlichen Gremien der rheinischen Landespartei „kaum eine Möglichkeit“ sahen, für ihn einen zum Einzug in den Bundestag sicheren Platz auf der nordrhein-westfälischen Landesliste der CDU zu finden.[28] Dies erfülle ihn mit großer Sorge, befürchtete er doch in den Reihen des organisierten Katholizismus „negative Auswirkungen für die CDU“, weil man in diesen Kreisen „meine Plazierung [auf der Landesliste] als einen Testfall dafür ansieht, wie weit die CDU noch Wert auf eine engere Verbindung zum katholisch kirchlichen Raum legt.“ Deshalb wisse er auch nicht, wie es das ZdK, vor allem sein Präsidium, aufnehmen würde, „wenn sein Generalsekretär an einer Stelle plaziert würde, die von vorne herein die Aussicht gewählt zu werden, ausschließt. Er fürchte fast, daß die Reaktion außerordentlich negativ ausfallen würde, und er mit der Aufforderung rechnen müsse, „im Interesse des Zentralkomitees der deutschen Katholiken auf eine derartige Kandidatur zu verzichten.“ Damit kam Köppler auf die Spannungen der zurückliegenden Jahre in den Beziehungen zwischen dem organisierten Katholizismus und den Unionsparteien zu sprechen.[29]

Seit Ende der 1950er Jahre machte sich in Kreisen des organisierten Katholizismus Unbehagen gegenüber den Unionsparteien breit, denen man eine zunehmende Liberalisierung unterstellte. Die Vorwürfe richteten sich gegen die angebliche Vernachlässigung der Kulturpolitik, der Familienpolitik und der Eigentumspolitik durch die Unions-

26 Konrad Grundmann stand im Rahmen dieser Arbeit für ein Zeitzeugengespräch nicht zur Verfügung.

27 Zeitzeugengespräch mit Paul Hoffacker (24.7.2004): „Dufhues hat die Bundestagskandidatur von Köppler sehr gefördert, Grundmann war nicht dafür. Ich vermute, daß Grundmann damals schon geahnt hat, daß er sich in Köppler einen Rivalen an der Brust großzieht.“

28 Schreiben von Heinrich Köppler an Josef Hermann Dufhues vom 26.3.1965, in: BA N 1371-183.

29 Vgl. Gauly, S. 200–207; Grossmann, S. 277–299.

parteien; auch wurden Beschwerden über die mangelnde Berücksichtigung katholischer Repräsentanten bei der Kandidatenauswahl der CDU/CSU laut.[30] Das Unbehagen gegenüber den Unionsparteien im katholisch-kirchlichen Raum war für Gustav E. Kafka, den Leiter des Referats für staatsbürgerliche Angelegenheiten im ZdK, Ausdruck enttäuschter Erwartungen. Es sei eben ein Irrtum gewesen, nach dem überwältigenden Sieg der Unionsparteien bei der Bundestagswahl von 1957 zu glauben, „eine viel kompromißlosere Verwirklichung christlicher Grundsätze zu erreichen, als das einer durch Koalitionsverpflichtungen und Koalitionsrücksichten behinderten Partei möglich wäre“[31]. Jede politische Partei sei selbst eine Koalition aus vielfältigen politischen Kräften und Gruppen. Und wenn die Unionsparteien ihre absolute Mehrheit bewahren oder erweitern wollten, müßten sie Wähler und Wählergruppen ansprechen, „die zwar nicht religiös- oder kirchenfeindlich sind, deren politische Entscheidungen aber auch nicht von metaphysisch verwurzelten Grundsätzen getragen werden“[32].

Diese Wähler, die nicht durch eine feste Tradition mit den Unionsparteien verbunden seien, erwarteten von der Politik nichts anderes, als was sie auch sonst vom Leben erwarteten, nämlich „einen ruhigen, gesicherten und möglichst reichlichen Lebensgenuß“, der ihren Vorstellungen von einer gerechten Ordnung entspreche.[33] Aus machtpolitischen Überlegungen sei eine Öffnung gegenüber diesen Wählern erforderlich, denn wollten die Unionsparteien den opportunistischen Erwartungen dieser Wähler nicht entsprechen und damit auf sie verzichten, liefen sie Gefahr, diese Wähler an eine andere Partei zu verlieren, die dem Opportunismus des Wählers durch einen entsprechenden Opportunismus ihrer Politik Rechnung trage. Diese Öffnung gegenüber neuen, kirchlich nicht gebundenen Wählergruppen hatte für Kafka freilich Grenzen. Sie durfte „keinesfalls um den Preis der Aufgabe des geistig-politischen Gesichtes der CDU/CSU“ unternommen werden.[34] Und Köppler mahnte die CDU, daß sie „mit dem Vertrauenskapital ihrer katholischen Wähler nicht bedenkenlos umgehen kann, wenn sie dessen Verlust nicht riskieren will“[35]. Eine Kritik an den Unionsparteien konnte für ihn „nicht ohne intensive Selbstkritik des deutschen Katholizismus“ erfolgen.[36] Trotz aller Bemühungen gerade führender katholischer Politiker in der CDU/CSU stehe der Mitgliederbestand der Unionsparteien noch immer in keinem Verhältnis zu ihren Wählerzahlen. Es treffe zwar zu, daß vielfach in den Ortsverbänden „Cliquen von Honoratioren“ unter sich bleiben wollten und an einem Zugang neuer Mitglieder nicht interessiert seien, doch dürfe andererseits nicht übersehen werden, daß bei den deutschen Katholiken die

30 Vgl. (Heinrich Köppler), Bericht über die politische Lage, Bericht für die Hauptkommission der deutschen Bischöfe (3/1960), in: AZdK 4100.

31 Kafka: Christliche Parteien, S. 135.

32 Ebd., S. 136.

33 Ebd., S. 137.

34 Kafka: Lagebericht, S. 252.

35 (Heinrich Köppler), Zur innenpolitischen Lage, Bericht für die Hauptkommission der deutschen Bischöfe (2/1963), in: AZdK 4100.

36 (Heinrich Köppler), Bericht über die politische Lage, Bericht für die Hauptkommission der deutschen Bischöfe (3/1960), ebd.

Bereitschaft, sich parteipolitisch zu organisieren, „äußerst gering" sei. Die „verhängnisvollste Folge" dieses Umstandes sei das Fehlen des katholischen Nachwuchses im politischen Raum, vor allem auch in den Vertretungskörperschaften der kommunalen Selbstverwaltung.

Köppler rief also beide Seiten zur Besinnung auf. In seiner Doppelrolle als Generalsekretär des ZdK und Mitglied der CDU war er offensichtlich um eine Entspannung in den Beziehungen zwischen Katholizismus und Unionsparteien bemüht. Die vielbesprochene „Liberalisierung" der CDU/CSU sei zwar eine Tendenz, mit der der deutsche Katholizismus rechnen müsse, aber keinesfalls eine Tendenz, die sich durchgesetzt habe und die auf absehbare Zeit eine Chance habe, sich durchzusetzen. Auch erinnerte Köppler daran, daß die führenden Kreise der CDU/CSU eingesehen hätten, daß die Unionsparteien den Kontakt zum organisierten Katholizismus „allzusehr vernachlässigt" hätten und deshalb ja Krone und Barzel „die besondere Aufgabe dieser Kontaktpflege" übertragen hätten.[37] Aus diesem Grund konnte es nicht im Interesse der CDU liegen, das Zentralkomitee der deutschen Katholiken zu brüskieren. Das ZdK hätte es zweifellos als Brüskierung empfunden, wenn sein Generalsekretär auf der nordrhein-westfälischen Landesliste der CDU für die Bundestagswahl 1965 keinen sicheren Platz erhalten würde. Hierzu sollte es nicht kommen.

Auf der nordrhein-westfälischen Landesliste der CDU erhielt Heinrich Köppler Platz 31, der für den Einzug in den Deutschen Bundestag „als absolut sicher" galt.[38] Der Entscheidungsprozeß läßt sich anhand der Überlieferung nicht nachvollziehen. Eine wichtige Rolle scheint Josef Hermann Dufhues gespielt zu haben, der nicht nur Geschäftsführender Bundesvorsitzender der CDU war, sondern auch dem Landesverband der Christdemokraten in Westfalen-Lippe vorstand und damit über großen Einfluß bei der Aufstellung der nordrhein-westfälischen Landesliste verfügte. Er stand bei Köppler gewissermaßen im Wort. Dieser erinnerte sich 1978 in einem Gespräch mit dem Journalisten Karl Fischer an eine Unterredung mit Dufhues, die eine mögliche Kandidatur für den Bundestag im Jahre 1965 betraf: „Sie [Köppler] sollten in den nächsten Bundestag gehen. Geben Sie mir [Dufhues] Ihr Wort, daß Sie das tun, dann sorge ich dafür, daß das klappt."[39] Und es klappte! Nach der Wahl vom 19. September 1965, bei der die Unionsparteien einen unerwartet hohen Sieg errungen hatten,[40] zog Heinrich Köppler als Abgeordneter in den Deutschen Bundestag ein.

37 Ebd.

38 Schreiben von Heinrich Köppler an Karl Fürst zu Löwenstein vom 24.5.1965, in: StAWt-R NL 8-6b.

39 „Zu-Protokoll-Gespräch" Karl Fischers mit Heinrich Köppler, 28.7.1978, S. 31, in: LTA NRW Biographisches Kompendium A 0208/406.

40 Gegenüber der Bundestagswahl von 1961 konnte die CDU/CSU ihren Stimmenanteil von 45,3 Prozent auf 47,6 Prozent verbessern und blieb mit 245 Mandaten (ohne Berliner Abgeordnete) nur vier Sitze unter der Kanzlermehrheit. Vgl. RITTER/NIEHUSS, S. 74f., Tab. 2.1.

2. Das große Projekt einer Strafrechtsreform

Zu Beginn seiner parlamentarischen Tätigkeit in Bonn stellte sich die Frage, in welchen Ausschüssen des Deutschen Bundestages Köppler mitarbeiten sollte. Er nannte eine ganze Reihe von Ausschüssen, in denen er sich eine Mitarbeit vorstellen konnte.[41] Diese „lange Wunschliste" wollte er nicht als „Ausdruck beginnenden Größenwahns" mißverstanden wissen. Vielmehr glaubte er als ehemaliger Persönlicher Referent des ersten Bundestagspräsidenten Erich Köhler und früherer Ausschußassistent ebenso wie als Jurist, „über eine gewisse Variationsbreite hinsichtlich der Mitarbeit in Ausschüssen verfügen zu können." Folgende Ausschüsse standen auf seiner Wunschliste:

- Köppler wäre gerne Mitglied im Auswärtigen Ausschuß geworden. Vielfältige Erfahrungen im Bereich der Außenpolitik hatte er durch seine jahrelange Tätigkeit in vielen internationalen katholischen Gremien und als langjähriges Mitglied der Deutschen Gesellschaft für Auswärtige Politik sammeln können. Natürlich wußte er um „die Drängelei bei diesem Ausschuß", die er „nicht unbedingt" noch verstärken wollte.
- Großes Interesse bekundete er auch an einer Mitgliedschaft im Verteidigungsausschuß. An dieser Stelle vergaß er nicht zu erwähnen, daß er – wenn auch nur für kurze Zeit – selbst Berufssoldat gewesen sei und sich als Bundesführer des BDKJ bereits in der Aufbauphase der Bundeswehr mit Fragen der Verteidigung befaßt habe, konkret mit dem Konzept der Inneren Führung. Diese Arbeit setze er als Gründungsmitglied im Beirat für Fragen der Inneren Führung fort. Schließlich sei er als Vorsitzender der Katholischen Arbeitsgemeinschaft für Soldatenbetreuung und als zweiter Vorsitzender der Bundesarbeitsgemeinschaft für Soldatenbetreuung mit Fragen der Bundeswehr befaßt.
- Eine mögliche Mitgliedschaft im Ausschuß für gesamtdeutsche und Berliner Fragen begründete er damit, daß er durch die gesamtdeutsche Arbeit des Zentralkomitees der deutschen Katholiken mit vielen Fragen dieses Bereichs vertraut sei.
- Auf Erfahrungen konnte er ebenfalls verweisen bei seinem Wunsch, Mitglied des Innenausschusses zu werden. Als Ausschußassistent beim Wirtschaftsrat der Bizone und im ersten Deutschen Bundestag habe er die Ausschüsse für innere Verwaltung und Beamtenrecht betreut und kenne daher die in diesem Ausschuß anstehenden Fragen.
- Gleiches galt für eine Mitgliedschaft im Rechtsausschuß des Bundestages. Während seiner Tätigkeit im Wirtschaftsrat habe er auch den dortigen Rechtsausschuß betreut. Köppler machte keinen Hehl daraus, daß ihn dieser Ausschuß „keineswegs in besonderem Maße" locke, er sich vielmehr verpflichtet gefühlt habe, „mich als Volljurist dafür anzubieten."
- Ähnlich stellte sich die Situation beim Ausschuß für Familien- und Jugendfragen

41 Vgl. Schreiben von Heinrich Köppler an MdB Josef Mick vom 27.9.1965, in: ACDP 08-001-413/2.

dar. Vor allem die Jugendpolitik sei ihm aus seiner früheren Tätigkeit als Bundesführer des BDKJ und als Vorsitzender des Bundesjugendringes „einigermaßen vertraut". Doch er wollte seine parlamentarische Tätigkeit – und dies gestand er offen ein – nicht auf eine Mitarbeit in diesem Ausschuß konzentrieren, denn „man soll ja aus den kurzen Hosen auch einmal aussteigen können." Damit spielte er auf das Bild von dem katholischen Jugendführer an, das vielen Zeitgenossen von Heinrich Köppler in Erinnerung geblieben ist.[42] So wie er sich als Volljurist verpflichtet fühlte, seine Mitgliedschaft im Rechtsausschuß anzubieten, erklärte er sich als ehemaliger katholischer Jugendführer bereit, stellvertretendes Mitglied im Bundestagsausschuß für Familien- und Jugendfragen zu werden, was „wohl auch die katholische Jugend von mir erwarten" würde.

– Schließlich nannte Köppler den Ausschuß für Entwicklungshilfe. Hier kenne er vor allem den Bereich der kirchlichen Entwicklungshilfe. Er sei Vorsitzender der Arbeitsgemeinschaft für Entwicklungshilfe, dem Zusammenschluß der katholischen Organisationen für die personelle Entwicklungshilfe. Am Aufbau des bischöflichen Werkes MISEREOR habe er „einigen Anteil".

Als neues Mitglied der CDU/CSU-Bundestagsfraktion war Köppler klug genug zu betonen, „daß alle diese Wünsche nichts mehr als Angebote sein sollen und daß ich selbstverständlich bereit bin, auch in einem anderen Ausschuß mitzuarbeiten, wenn die Fraktion sich davon etwas versprechen sollte." Die Fraktion versprach sich offensichtlich einiges von seiner Mitarbeit im Sonderausschuß für die Strafrechtsreform, in den sie ihn entsandte.[43] Ferner wurde er ordentliches Mitglied im Innenausschuß, was „damals als furchtbar vornehm galt und keine Anfängerposition war"[44]. Die Berufung in den Innenausschuß unterstrich „seine Sonderrolle" unter den zahlreichen neuen jungen Mitgliedern der Unionsfraktion im Bundestag, zu denen u. a. Bernhard Vogel, Manfred Wörner, Egon Klepsch, Heiner Geißler, Günter Rinsche, Friedrich Vogel, Walther Leisler Kiep, Werner Marx und Manfred Abelein gehörten.[45] Als ein führender Repräsentant der katholischen Laienbewegung in Deutschland hatte Heinrich Köppler bereits einen Namen, zumindest in seiner Fraktion war er kein völlig unbeschriebenes Blatt mehr. Stellvertretendes Mitglied wurde er im Auswärtigen Ausschuß sowie im Ausschuß für gesamtdeutsche und Berliner Fragen.

Seine parlamentarische Tätigkeit konzentrierte sich zunächst auf die Mitarbeit an dem großen Projekt einer Strafrechtsreform. Seit Anfang der 1950er Jahre stand eine

42 Zeitzeugengespräch mit Bernhard Vogel (27.2.2004): „Werde ich an Heinrich Köppler erinnert, denke ich zunächst an den BDKJ-Führer. Dies ist das eigentliche Köppler-Bild, das ich habe. Mit dem katholischen Jugendführer Heinrich Köppler verbinde ich Frische, Klarheit und Offenheit."

43 Zu Köpplers Mitgliedschaften in Bundestagsausschüssen der 5. Wahlperiode vgl. die entsprechende Besetzungsliste der CDU/CSU-Bundestagsfraktion für die einzelnen Parlamentsausschüsse, in: ACDP 08-001-416/1.

44 Zeitzeugengespräch mit Bernhard Vogel (27.2.2004).

45 Ebd.

umfassende Reform des Strafrechts auf der Tagesordnung in Bonn.[46] Das Strafgesetzbuch stammte noch – nicht in der Fassung, aber in der Form – von 1871 und verkörperte damit nach Heinrich Köppler „die kriminalpolitischen Auffassungen einer vergangenen Epoche“[47]. So berief denn auch im Frühjahr 1954 die Bundesregierung eine Strafrechtskommission, die sich aus erfahrenen Juristen aus allen Tätigkeitsbereichen zusammensetzte.[48] Sie sollte ein Konzept für eine Gesamtreform des Strafrechts entwikkeln. Ihre Empfehlungen, die sie 1959 vorlegte, dienten der Bundesregierung im September 1960 als Grundlage ihres Gesetzentwurfs für eine Strafrechtsreform.[49] Der Gesetzentwurf wurde zwar noch im selben Jahr im Bundesrat eingebracht, dort aber nicht mehr behandelt.[50] Die Vorboten des Bundestagswahlkampfes waren Anfang 1961 schon deutlich sichtbar, so daß sich sowohl der Bundesrat als auch der Bundestag nicht mehr an die Arbeit wagten. Sie wußten, daß die Zeitspanne bis zu den Wahlen, die Mitte September 1961 stattfanden, zu kurz war, so daß allein schon aus Gründen einer rationellen Arbeitsweise davon Abstand genommen wurde, sich weiter mit dieser Materie zu beschäftigen. Damit wurde der Gesetzentwurf der Bundesregierung „ein Opfer des Gesetzes der Diskontinuität“[51], nach dem die bis zum Ende einer Wahlperiode nicht abschließend beratenen Gesetzentwürfe verfallen und – falls sie weiterverfolgt werden sollen – im neuen Parlament eingebracht werden müssen, was in diesem Fall geschah.

Der von der neuen christlich-liberalen Regierungskoalition 1962 eingebrachte Gesetzentwurf zur Gesamtreform des Strafrechts stimmte – bis auf wenige Änderungen – mit dem Entwurf von 1960 „inhaltlich voll überein“[52]. Der Gesetzentwurf soll hier nicht im einzelnen analysiert werden, diese Arbeit hat bereits Axel Holtz in seiner Studie über den politischen Entscheidungsprozeß zu den Strafrechtsreformen in der Zeit von 1962 bis 1975 geleistet.[53] Vielmehr werden einzelne Punkte des Entwurfs genannt, die in der Strafrechtsdebatte kontrovers diskutiert wurden. Der Gesetzentwurf von 1962 bekannte sich zum Schuldstrafrecht.[54] Damit sollte dem Bürger klargemacht werden, daß er als verantwortliches Wesen für seine Taten einzustehen hatte, soweit ihn ein Schuldvorwurf traf. Zwar brachte der Entwurf sein Bekenntnis zum Schuldstrafrecht nicht ausdrücklich in einem besonderen Abschnitt zum Ausdruck, doch ließ sich dieses Bekenntnis aus verschiedenen Einzelvorschriften ableiten. Im Strafensystem hielt der Entwurf an einer Dreiteilung der Haftstrafe fest: Zuchthaus für Verbrechen, Gefängnis und Strafhaft für Vergehen. Und im sog. Besonderen Teil des Strafgesetzbuches, der die Umschreibung des strafbaren Verhaltens in einzelnen Tatbeständen und die dafür vorgesehenen Strafandrohungen enthielt, wurde die Strafbarkeit des Ehebruchs und der

46 Vgl. Holtz, S. 7.
47 Köppler: Reformen, S. 138.
48 Vgl. Holtz, S. 9.
49 Ebd., S. 9f.
50 Ebd., S. 10f.
51 Ebd., S. 11.
52 Ebd., S. 12.
53 Ebd., S. 12–16.
54 Ebd., S. 12f.

sog. einfachen Unzucht zwischen Männern (einfache Homosexualität) beibehalten. Die hier angesprochenen Punkte führten nicht nur zu bisweilen heftigen Diskussionen zwischen den Parteien, sondern auch und vor allem innerhalb der CDU/CSU-Bundestagsfraktion. In der Debatte über die Strafrechtsreform drohte der größten Parlamentsfraktion eine „juristisch-ideologische Spaltung“[55].

Dies schien der wesentliche Grund für die zögerliche parlamentarische Behandlung des Gesetzentwurfs durch die Unionsfraktion gewesen zu sein. Nach der ersten Lesung im Bundestag im März 1963 wurde der Gesetzentwurf zur weiteren Beratung in den eigens eingerichteten Sonderausschuß für die Strafrechtsreform überwiesen, in dem nun die Sozialdemokraten die Verhandlungen bewußt in die Länge zogen, wie ihr langjähriger Bundestagsabgeordneter Adolf Müller-Emmert, einer der führenden Rechtsexperten seiner Fraktion, später offen eingestand.[56] Die SPD hatte kein Interesse an einer Verabschiedung des Gesetzentwurfs noch in der 4. Wahlperiode, da sie hoffte, daß die Bundestagswahlen 1965 eine andere politische Gewichtung erbringen würden, so daß damit auch neue Akzente in der Strafrechtsreform gesetzt werden könnten. Diese Hoffnung erfüllte sich nicht nur deshalb nicht, weil sich an den Mehrheitsverhältnissen im Bundestag nach der Wahl von 1965 nichts grundsätzlich änderte – Unionsparteien und Freie Demokraten setzten ihre Regierungskoalition fort –, sondern auch weil mit dem CSU-Politiker Richard Jaeger eine Person zum Justizminister berufen wurde, die für den Fortgang der Strafrechtsreform in der konservativen Fassung von 1962 eintrat.[57]

Mit der Berufung Jaegers zum Justizminister flammte die Diskussion über die Wiedereinführung der Todesstrafe auf, für die Jaeger mit Nachdruck plädierte. Für diese Forderung fand er im politisch-parlamentarischen Raum prominente Unterstützung. Der Vorsitzende der CSU-Landesgruppe im Bundestag, Richard Stücklen, sprach sich für die Todesstrafe für Mord an Kindern aus, was Heinrich Köppler zum Anlaß nahm, seine Position in dieser Frage ausführlich darzulegen.[58] Kaum ein Kapitalverbrechen löse mit Recht so viel Abscheu und Erregung in der Öffentlichkeit aus wie ein Triebverbrechen an Kindern. Die Reaktion der Öffentlichkeit sei erst recht verständlich, wenn das kindliche Opfer eines Sexualverbrechens sein Leben verloren habe. Seit Jahren fordere deshalb die öffentliche Meinung mit Nachdruck von Gesetzgeber, Justiz und Polizei „wirksamere Maßnahmen zum Schutz unserer Kinder vor Triebverbrechern“. Er könne allerdings nicht – und an dieser Stelle erteilte Köppler allen Bestrebungen zur Wiedereinführung der Todesstrafe eine klare Absage – dem Vorschlag von Stücklen zustimmen. Wenn auch nur die Wahrscheinlichkeit bestünde, durch die Einführung der Todesstrafe die Zahl der Sexualmorde an Kindern einzuschränken, so müßte man diese Möglichkeit ernsthaft in Erwägung ziehen. Aber genau diese Wahrscheinlichkeit sei nicht gegeben. Seit Jahrzehnten vorgenommene Untersuchungen in Deutschland wie

55 Ebd., S. 20.
56 Ebd., S. 32.
57 Ebd., S. 34f.
58 Vgl. Köppler: Todesstrafe.

im Ausland hätten ergeben, daß die Androhung der Todesstrafe auf die Häufigkeit von Kapitalverbrechen, für die sie vorgesehen sei, „nahezu keinen Einfluß" habe.

Wie Köppler weiter ausführte, schienen sich alle Fachleute im wesentlichen darüber einig zu sein, daß Morde und namentlich auch Sexualmorde durch die Androhung der Todesstrafe weder verhindert noch eingeschränkt werden könnten, weshalb „auch die öffentliche Diskussion diesen unwiderlegbaren Tatbestand zur Kenntnis nehmen" sollte. Selbstverständlich ließe sich über das Für und Wider der Todesstrafe ebenso tiefschürfend wie umfangreich diskutieren, die in weiten Kreisen der Bevölkerung mit der Wiedereinführung der Todesstrafe verbundene Erwartung einer Eindämmung der Mordkriminalität gehe jedoch „von zwar verständlichen aber irrigen Voraussetzungen" aus und sollte deshalb endlich außerhalb der Diskussion bleiben. Deshalb rief er auch die Befürworter einer Wiedereinführung dieser Strafart zur Sachlichkeit in der Diskussion auf: „Wer für die Wiedereinführung der Todesstrafe eintritt, mag die Forderung begründen wie er will, der Hinweis auf ein damit verbundenes Absinken der Mordzahlen sollte endlich aus dem Spiel bleiben." Wenn man die Todesstrafe als geeignetes Mittel zur Bekämpfung der Mordkriminalität und namentlich der Sexualmorde an Kindern ausscheide, so bleibe doch für den Gesetzgeber die Verpflichtung bestehen, „jedes nur denkbare kriminalpolitische Mittel, das eine wirksamere Bekämpfung der Sittlichkeitsverbrechen an Kindern ermöglichen könnte, zu nutzen." Die Möglichkeiten einer Erhöhung der Strafandrohung hielt er an dieser Stelle für begrenzt, da das geltende Strafrecht bereits hohe Strafen für Sittlichkeitsverbrechen an Kindern vorsehe. Dennoch sollten auch diese beschränkten Möglichkeiten genutzt und die Strafandrohung für die einschlägigen Delikte „so massiv wie nur irgend möglich" gestaltet werden. Größere Bedeutung komme jedoch der Verbesserung des Systems von Maßregeln zu, die neben der Strafe für bestimmte Täter verhängt würden.

Unter Bezugnahme auf entsprechende Verhandlungen im Bundestagssonderausschuß für die Strafrechtsreform verwies er auf die vorgesehene Neufassung der Sicherungsverwahrung, deren Anordnung wesentlich erleichtert werden sollte, und die für jüngere Täter vorgesehene Erziehungsverwahrung, die „einige Gewähr" dafür böten, daß die Strafrechtspflege in Zukunft bessere Möglichkeiten zur Bekämpfung der Sittlichkeitsdelikte im allgemeinen und zum Schutz der Kinder im besonderen besitze. Auch von der Einführung der psychiatrischen Fürsorgeanstalt, in die zurechnungsunfähige oder vermindert zurechnungsfähige Täter eingewiesen werden könnten, könne man sich „mit Recht einiges versprechen", wenn auch nach Köpplers Auffassung noch einmal geprüft werden sollte, ob nicht auch solche Triebverbrecher, die im strafrechtlichen Sinne als voll verantwortlich anzusehen seien, zur Behandlung bzw. Bewahrung in eine derartige Anstalt eingewiesen werden könnten. Schließlich kam er auf die Möglichkeit einer freiwilligen Kastration von Triebverbrechern zu sprechen. Er gab zu, daß es sich hierbei um „ein vielschichtiges und schwieriges Problem" handle. Sollten jedoch Ärzte diese Methode, die in Dänemark seit Jahren mit Erfolg praktiziert würde, für ein aussichtsreiches Behandlungsmittel halten, dürften „Gesetzgeber und Justiz auch bei uns nicht zögern, dieser Behandlungsmöglichkeit eine gesetzliche Grundlage zu verschaffen und sie in allen geeigneten Fällen zu praktizieren."

Köppler war also offen für neue Wege in der Strafrechtspolitik. Aus diesem Grund plädierte er auch für eine grundlegende Reform des Strafgesetzbuches, um „ein wirklich modernes, für die nächsten Jahrzehnte taugliches Strafrecht zu schaffen"[59]. Eine grundlegende Reform wurde allerdings erst mit der Bildung der Großen Koalition möglich. Das Zusammengehen von CDU, CSU und SPD im Dezember 1966 war also die Voraussetzung für die „historische Wende"[60] in der Strafrechtsreformpolitik. In der Aussprache über die Regierungserklärung des neuen Bundeskanzlers Kurt Georg Kiesinger erklärte der Vorsitzende der SPD-Fraktion im Deutschen Bundestag, Helmut Schmidt, mit Nachdruck, daß auch auf diesem Gebiet nach bereits mehrjährigen Verhandlungen der Materie im Sonderausschuß für die Strafrechtsreform ein Fortschritt, ja ein Durchbruch erwartet werde. Noch in der laufenden Legislaturperiode sollte eine Strafrechtsreform verabschiedet werden, die eine gesetzliche Grundlage für „eine freiheitlich gesonnene, wirklichkeitsnahe Rechtspflege"[61] bildete. Die Verabschiedung einer Strafrechtsreform noch in der fünften Legislaturperiode setzte eine Annäherung der Positionen von CDU/CSU und SPD über Reichweite und Umfang einer Strafrechtsreform voraus, was insbesondere für den kriminalpolitischen Teil des Strafgesetzbuches galt, auf den nach einer interfraktionellen Vereinbarung im Sonderausschuß das Hauptgewicht der in der fünften Legislaturperiode zu bewältigenden Strafrechtsreformen gelegt werden sollte.

Köppler war es, der während der dritten Lesung des Gesetzentwurfs zum strafrechtlichen Schutz gegen den Mißbrauch von Tonaufnahme- und Abhörgeräten im Oktober 1967[62] zu erkennen gab, daß sich in der Unionsfraktion ein Meinungswandel abzuzeichnen schien zu anstehenden Fragen des Besonderen Teils des Strafgesetzbuches, insbesondere der Taten gegen die Sittenordnung, bei denen verschiedene Tatbestände, auch wenn sie moralisch-ethisch verwerflich waren, nicht unbedingt einer strafrechtlichen Sanktion bedurften. Während der Plenardebatte stellte er fest, daß dieses Gesetz nur diejenigen Verhaltensweisen unter Strafe stellte, die wirklich kriminellen Charakter hatten, alle anderen Verhaltensweisen dagegen straffrei ließ. Weiter führte er aus, daß die Mitglieder der Unionsfraktion „bei allem Respekt vor den Persönlichkeiten, die in der Großen Strafrechtskommission zur Vorbereitung unseres neuen Strafgesetzbuches mitgearbeitet haben, nichts von der Vorstellung [hielten], die in dieser Kommission vertreten worden war, daß man mit einem absoluten Verbot die Sitten, die inzwischen in Wirtschaft, Verwaltung und in weiten Bereichen unseres täglichen Lebens eingerissen

59 Köppler: Reformen, S. 138f.
60 Adolf Müller-Emmert zitiert nach Holtz, S. 208.
61 BT. 5. Wahlperiode. 82. Sitzung am 15.12.1966, S. 3721.
62 Vgl. BT. 5. Wahlperiode. 121. Sitzung am 4.10.1967, S. 6155–6158.

sind, ändern könne".[63] Er hielt diese Auffassung für „ein wenig welt- und lebensfremd".[64]

Köppler warb für ein neues Strafrecht, das „rechtspolitisch richtig, kriminalpolitisch zweckmäßig, vor allem aber soziologisch möglich und akzeptabel"[65] sein sollte. Deshalb richtete sich sein Blick insbesondere auf den katholisch-kirchlichen Raum, deren Vertreter er aufforderte, in der Diskussion über die Strafrechtsreform sich stets der prinzipiellen Verschiedenheit von Strafrecht und Sittengesetz und damit auch des grundsätzlichen Unterschieds zwischen strafrechtlichem Delikt und Sünde bewußt zu sein.[66] Vor der Frühjahrsvollversammlung des Zentralkomitees der deutschen Katholiken im Mai 1966 unterstrich er die Notwendigkeit einer grundlegenden Strafrechtsreform.[67] Über Jahrzehnte seien immer wieder an die Praxis erforderliche Angleichungen vorgenommen worden. Das Strafrecht sei „heute Richterrecht und nicht Volksrecht". Es sei im Volk kaum lebendig. Im Bundestag sei bei der Reform des Strafrechts keine Mehrheit für weltanschaulich relevante Fragen sicher. Es sei auch nicht damit zu rechnen, daß eine solche Mehrheit „in absehbarer Zukunft" zustande komme. Daher müsse man notgedrungen Kompromisse schließen. Den Mitgliedern des ZdK rief er an dieser Stelle zu, in der politischen Diskussion nicht nur mit der katholischen Sittenlehre zu argumentieren, sondern auch allgemeine Argumente rechtspolitischer Art sowie Argumente, die dem Rechtsbewußtsein des Volkes entnommen seien, zu berücksichtigen.

Mit einer Verabschiedung des neuen Strafgesetzbuches rechnete Köppler Anfang 1969. Bis dahin galt es, Überzeugungsarbeit zu leisten. Er profilierte sich dabei vor allem auf dem Feld des Sittenstrafrechts. Bei der Neufassung des Strafgesetzbuches trat er sowohl für die Streichung der Strafbestimmung gegen einfache Homosexualität als auch für die Abschaffung des Ehebruch-Paragraphen ein.[68] Was die einfache Homosexualität unter Erwachsenen betraf, sollte man nach Köppler bedenken, daß die rein strafrechtlichen Erfahrungen mit dieser Vorschrift „außerordentlich zweifelhaft" seien. Er wies nur auf „die vielfältigen Möglichkeiten schlimmster Erpressung" hin, die sie eröffnet habe. Schließlich sollte auch bedacht werden, daß neben Finnland Deutschland das einzige Land in der Welt sei, dessen Strafrecht diesen Tatbestand noch kenne. Auch hinsichtlich des § 172 StGB (Ehebruch) sprach er sich dafür aus, ihn fallen zu lassen. Diese Auffassung begründete er mit der Tatsache, daß dieser Strafrechtsparagraph praktisch nur noch geringe Bedeutung habe, da die Justizstatistik seit Jahren nur rund 150 Verurteilungen pro Jahr aufführe, die Zahl der betroffenen Täter dagegen weitaus größer sei. Die Rechtspraxis belege also, wie „relativ unwirksam" diese Strafbestimmung geblieben sei. Noch bedenklicher stimmte ihn jedoch die Tatsache, „daß der

63 Ebd. S. 6155.
64 Ebd.
65 Köppler: Reformen, S. 140.
66 Ebd.
67 Vgl. Niederschrift über die Vollversammlung des ZdK am 9./10.5.1966, in: AZdK 2306/2.
68 Schreiben von Heinrich Köppler an Käthe Gerber aus München vom 4.1.1967, in: HStAD RWV 26-832.

§ 172 in der Praxis weithin kommerzialisiert worden ist“. Er biete lediglich eine Handhabe, nach Ehescheidungen finanzielle und wirtschaftliche Vorteile zu erpressen. Deshalb fühlte sich Köppler in seiner Forderung nach Streichung des Ehebruch-Paragraphen aus dem Strafgesetzbuch bestärkt, denn „ob dazu [die Kommerzialisierung des § 172 StGB in der Rechtspraxis] unser Strafrecht herhalten sollte, scheint mir allerdings fraglich.“ Ebenso deutlich bezog er Stellung in der Grundsatzfrage nach dem Hauptzweck des Strafrechts. Mit Nachdruck sprach er sich für den Gedanken der Resozialisierung im Strafrecht aus.[69] Diese Positionen stießen in der CDU/CSU-Bundestagsfraktion auf Widerspruch. Eine große Gruppe um den früheren Bundesjustizminister Richard Jaeger wollte an dem Prinzip des Schuldstrafrechts festhalten und war unverändert von der sittenbildenden Kraft des Strafrechts überzeugt, weshalb sie auch die Strafbarkeit des Ehebruchs und der einfachen Homosexualität beibehalten wollte.[70] Wie stark die Gruppe um Jaeger war, zeigte sich bei der Abstimmung über die Einführung der Einheitsstrafe im Zuge der Reform des Strafensystems: 90 Abgeordnete der Unionsfraktion stimmten gegen die Abschaffung der Zuchthausstrafe, 84 Abgeordnete dafür.[71] Die von dem Sonderausschuß für die Strafrechtsreform vorgeschlagene Einführung der Einheitsstrafe setzte sich aber aufgrund des fast einstimmig positiven Votums von SPD und FDP dennoch mit der großen Mehrheit von 257 zu 91 Stimmen durch.[72] Die Reform des Strafensystems war ein Kernstück der Strafrechtsreform, die der Bundestag am 9. Mai 1969 mit großer Mehrheit verabschiedete.[73] Es war der Abschluß einer „Jahrhundertarbeit“[74] mit einer völligen Neufassung des Strafgesetzbuches. U.a. entfielen die Strafbarkeit des Ehebruchs und der einfachen Homosexualität.

Dieses große Reformwerk „ging in der Hektik des Schlusses der Legislaturperiode im Sommer 1969 völlig unter“, wie Reinhard Schmoeckel, seinerzeit im Bundeskanzleramt Referent im Planungsstab, in der Rückschau mit Bedauern feststellt.[75] Die sogenannte Verjährungsdebatte, die zur selben Zeit stattfand, stand im Brennpunkt des öffentlichen Interesses.[76] Köppler warb in der CDU/CSU-Fraktion, die in dieser Frage gespalten war, für eine differenzierte Lösung, die in der Frage der Verjährungsfrist zwischen Mord und Völkermord unterschied.[77] Sollte eine solche Lösung nicht möglich sein, wollte er nur einer Lösung zustimmen, „die das Auslaufen der Verjährung zum Ende dieses Jahres [1969] verhindert“[78]. Es wurde schließlich eine Lösung gefunden,

69 Köppler: Reformen, S. 141.
70 Vgl. Protokoll Sitzung CDU/CSU-Bundestagsfraktion 6.5.1969, in: ACDP 08-001-1019/1. Das Protokoll dieser Fraktionssitzung ist aufschlußreich für die unterschiedlichen Standpunkte, die in der Unionsfraktion in der Debatte über die Strafrechtsreform vertreten wurden.
71 BT. 5. Wahlperiode. 230. Sitzung am 7.5.1969, S. 12757f.
72 Ebd.
73 Vgl. Schmoeckel, S. 283f.
74 Ebd., S. 281.
75 Ebd., S. 283.
76 Ebd., S. 281f.
77 Vgl. Protokoll Sitzung CDU/CSU-Bundestagsfraktion 6.5.1969, in: ACDP 08-001-1019/1.
78 Ebd.

die zu einer Aufhebung der Verjährung für Völkermord generell und einer Verlängerung der Verjährungsfrist für mit lebenslanger Strafe bedrohte Taten von 20 auf 30 Jahre führte.[79] Daran hatte auch Köppler Anteil, den seine Fraktion in eine fünfköpfige Kommission, der auch Richard Jaeger und der ehemalige Generalbundesanwalt Max Güde angehörten, berufen hatte, die einen Vorschlag für eine differenzierte Lösung in der Verjährungsfrage erarbeiten sollte als Diskussionsgrundlage für Gespräche mit dem sozialdemokratischen Koalitionspartner und der Bundesregierung.[80] Er war kein unbeschriebenes Blatt mehr im Bundestag. In Bonn hatte Heinrich Köppler sehr schnell Karriere gemacht.

3. Köppler macht in Bonn Karriere!

Für Köpplers raschen politischen Aufstieg in Bonn, der ihn nach nur zweieinhalbjähriger Parlamentszugehörigkeit in das Amt eines Parlamentarischen Staatssekretärs führte, gab es mehrere Gründe. Ein Grund waren nach Einschätzung des langjährigen Bundestagsabgeordneten und ehemaligen Bundesministers Heinrich Windelen seine besonderen menschlichen Fähigkeiten und Gaben, also seine Aufrichtigkeit, seine Verbindlichkeit, seine Liebenswürdigkeit, seine Gabe des Vermittelns in Verbindung mit der Fähigkeit, auf Menschen zugehen zu können, die ihm gerade in einer so großen Fraktion wie der CDU/CSU, die sich aus wirtschaftlichen, sozialen und beruflichen Interessengruppen sowie aus politisch-ideologischen Flügeln zusammensetzte, Sympathien einbrachten.[81] Die Förderung durch den Fraktionsvorsitzenden Rainer Barzel war ein weiterer wichtiger Grund für sein politisches Vorankommen in der Bundeshauptstadt.[82] Schließlich spielte eine große Rolle, daß Köppler der mächtigen rheinischen Landesgruppe innerhalb der Unionsfraktion angehörte.[83]

Da die Ernennung eines Parlamentarischen Staatssekretärs nur „im Einvernehmen mit dem Bundesminister" erfolgen konnte, wie es in § 2 Abs. 1 Satz 2 des „Gesetzes über die Rechtsverhältnisse der Parlamentarischen Staatssekretäre" vom 6. April 1967[84] hieß, schien dem jeweiligen Bundesminister „die entscheidende Rolle bei der Bestellung"[85] zuzukommen. Doch konnte es sich ein Minister erlauben, zumal wenn er über keine nennenswerte eigene Hausmacht verfügte, in der Fraktion die Konfrontation mit

---

79 Schmoeckel, S. 282.

80 Vgl. Protokoll Sitzung CDU/CSU-Bundestagsfraktion 6.5.1969, in: ACDP 08-001-1019/1.

81 Zeitzeugengespräch mit Heinrich Windelen (29.12.2003).

82 Zeitzeugenbefragung von Rainer Barzel (2.12.2003): „Wegen seiner Qualifikation habe ich Heinrich Köppler sehr gefördert." Zeitzeugengespräch mit Bernhard Vogel (27.2.2004): „Bis zu Beginn der 70er Jahre war Köppler ein Barzel-Mann, was ihm nicht schaden sollte, denn Barzel hat seine Leute nachdrücklich gefördert."

83 Zeitzeugenbefragung von Ernst Benda (26.2.2004); Zeitzeugengespräch mit Bernhard Vogel (27.2.2004).

84 Abgedruckt in: Laufer, Anhang, S. 105f.

85 Ebd., S. 37.

der Landesgruppe des mitgliederstärksten CDU-Landesverbandes zu suchen? Diese Frage stellte sich für den neuen Bundesinnenminister Ernst Benda allerdings nicht, als er im April 1968 der Berufung Köpplers zum Parlamentarischen Staatssekretär im Bundesinnenministerium zustimmte. Er kannte ihn aus der Fraktionsarbeit und hatte „keine Zweifel an seiner Qualifikation"[86]. Auch die „Redlichkeit und Menschlichkeit" seines Staatssekretärs schätzte Benda, der von der Gelassenheit beeindruckt war, die Köppler ausstrahlte: „In dem meist unruhigen politischen Betrieb in Bonn gab es nur wenige, die wie er die Fähigkeit hatten, auch in hektischen Situationen zumindest äußerlich ruhig zu bleiben und damit auch auf andere einzuwirken."[87]

Ernst Benda, der bis dahin selbst das Amt des Parlamentarischen Staatssekretärs im Innenministerium ausgeübt hatte, trat die Nachfolge von Paul Lücke an, der Ende März 1968 nach dem (vorläufigen) Scheitern der Wahlrechtsreform – die SPD hatte auf ihrem Bundesparteitag in Nürnberg eine Entscheidung über die Wahlrechtsreform auf das Jahr 1970 vertagt – zurückgetreten war.[88] Das Scheitern der Wahlrechtsreform kam für Köppler, der selbst ein Anhänger des relativen Mehrheitswahlrechts war, das seiner Auffassung nach „die optimale Lösung für unsere demokratische Entwicklung bringen würde"[89], nicht überraschend. Er übte Kritik an der „taktischen und strategischen Handhabung der Wahlrechtsfrage" durch die Partei- und Fraktionsführung, die „sehr viel früher" das Gespräch mit der SPD hätte suchen müssen.[90] Was er befürchtete, trat tatsächlich ein, daß es nämlich in der Wahlrechtsfrage „auf absehbare Zeit überhaupt keine Lösung" gab.[91]

Die Wahlrechtsfrage spielte denn auch keine bedeutende Rolle während seiner Tätigkeit als Parlamentarischer Staatssekretär, die in eine Zeit fiel, in der sich die Bundesrepublik der doppelten Herausforderung durch den Links- und Rechtsradikalismus zu stellen hatte.[92] Die Bedrohung von links und rechts durfte nach Köppler „nicht dramatisiert, aber auch nicht unterschätzt" werden.[93] Deshalb rief er zu einer realistischen Beurteilung der einzelnen Gefahrenmomente auf durch eine sorgfältige Analyse ihrer Ursachen und eine planmäßige Prüfung der Möglichkeiten ihrer Überwindung. Eine solche Analyse konnte seiner Meinung nach nicht zu einer sinnvollen Aussage darüber führen, welche Seite des Extremismus für den demokratischen Staat grundsätzlich gefährlicher sei. Eine Auseinandersetzung darüber schien ihm „recht unfruchtbar und müßig" zu sein, zumal ja „eine eskalierende Wechselwirkung zwischen links- und rechts-

86 Schriftliche Zeitzeugenbefragung von Ernst Benda (26.2.2004).
87 Ebd.
88 Zur Wahlrechtsdiskussion und dem Rücktritt Lückes vgl. Hildebrand, Erhard, S. 352–365.
89 „Köppler für Mehrheits-Wahl". In: „Westfälische Nachrichten" vom 22.4.1968.
90 Schreiben von Heinrich Köppler an den hessischen Landtagsabgeordneten Christian Schwarz-Schilling vom 1.4.1968, in: HStAD RWV 26-776.
91 Ebd.
92 Vgl. Hildebrand: Erhard, S. 365–383.
93 Heinrich Köppler: Ziel und Auftrag: Die Stabilität unserer Demokratie. Ansprache auf der 8. Partnertagung der Bundeszentrale für politische Bildung im Juni 1969, in: HStAD RWV 26-771/1. Auch folgende Zitate.

radikalen Erscheinungen und Gefühlslagen" bestehe. Links- und Rechtsextremismus nannte er in einem Atemzug, da beide gegen die freiheitliche demokratische Grundordnung gerichtet seien. Man müsse sich jedoch bewußt bleiben, daß sie verschiedenen Wurzeln entspringen würden und ihre Motive zum Teil konträr seien. Alle Überlegungen, wie der Rechtsextremismus bekämpft werden könne, sollten diesen Sachverhalt im Auge behalten. Auch müsse die unterschiedliche Struktur der Gefährdungen gesehen werden.

Auf der einen Seite agiere „eine zahlenmäßig kleine Gruppe von anarchistischen Umstürzlern", die „unter raffinierter Ausnutzung verschiedenster und ständig wechselnder Anlässe" Mitläufer zu gewinnen suche und bedenkenlos Mittel der Gewalt und des psychischen Terrors einsetze, um die parlamentarische Demokratie zu beschimpfen. Die Abwehr werde dadurch erschwert, daß es den Anarchisten immer wieder gelinge, sich zu Wortführern für breitere, zum Teil auch durchaus gemäßigte Gruppen in der Jugend zu machen. Das erkläre sich aus einer latenten Unruhe dieser Generation. Sie komme nicht von ungefähr. Köppler zeigte Verständnis für den jugendlichen Protest in der zweiten Hälfte der 1960er Jahre, denn „mancherlei Ungerechtigkeiten und viele Unvollkommenheiten in unserer Gesellschaft, vor allem auch im Hochschulbereich und im Bildungswesen überhaupt, sind noch zu überwinden". Zweifellos gingen von dieser Unruhe der Jugend entscheidende Anstöße zu Reformen aus, zu Reformen, an denen wiederum die radikalen Gruppen erklärtermaßen gar nicht interessiert seien, da „ihr ganzes Sinnen und Trachten auf den totalen Umsturz gerichtet" bleibe. Auf der anderen Seite trete die Bedrohung von rechts nicht so unruhig auf den Plan. Im Gegenteil, die NPD sei „in der Maske des Biedermanns" bemüht, aus den Krawallen linksextremistischer Kräfte Nutzen zu ziehen und sich als „Garanten einer strammen Ordnung" zu empfehlen. Auf diese Weise sei es ihr gelungen, in sieben Landtage einzuziehen, und es sei nicht ausgeschlossen, daß sie bei den Bundestagswahlen im Herbst 1969 auch den Sprung in das Bundesparlament schaffe, was ihn erschaudern ließ, denn „die innenpolitischen Schäden wären beträchtlich und die negativen Folgen für unsere auswärtigen Beziehungen kaum wiedergutzumachen."[94]

Wie sollte der Gefahr von rechts begegnet werden? Seinerzeit wurde über das Für und Wider eines Verbotsantrages der Bundesregierung gegen die NPD diskutiert. Köppler befürchtete, daß sich die Diskussion über Maßnahmen gegen die Gefahr durch die NPD auf die Frage eines Verbotsantrages beschränke. Dabei werde die Notwendigkeit der geistig-politischen Auseinandersetzung mit den Auffassungen und Tendenzen des Extremismus von der Frage, ob der Staat nun von dem restriktiven Mittel eines Parteiverbots Gebrauch machen sollte oder nicht, „gar nicht berührt". Ein Verbot treffe in erster Linie nur Organisationen und ihre Aktivitäten. Es hindere den Anhänger einer radikalen Organisation im allgemeinen aber nicht, seine politische Meinung offen zu vertreten. Ohnehin könnten Argumente durch ein Verbot „allenfalls in gewissem Umfang zum Schweigen gebracht, aber nicht entkräftet werden". Köppler wollte also die NPD

94 Ebd., auch folgende Zitate.

vor allem auf politischem Wege bekämpfen, was nicht allein eine Aufgabe der demokratischen Parteien sei. Hier sah er auch „eine zentrale Aufgabe“ für die politische Bildungsarbeit, die „die gezielte und pointierte Auseinandersetzung mit den Argumenten, den psychologischen und geistigen Hintergründen des demokratiegefährdenden Extremismus“ zu führen habe.

Die politische Bildung gehörte zu den Arbeitsgebieten, auf denen Köppler als Parlamentarischer Staatssekretär gemäß einer Hausanordnung von Bundesinnenminister Benda vom 4. Juli 1968[95] besonders tätig war. Hierzu gehörten neben allgemeinen Fragen der Innenpolitik auch das Bildungswesen, der Bereich des Sozialwesens, das Paßwesen und die Vorbereitung der Olympischen Spiele 1972. Auf diese Arbeitsgebiete schienen sich der Minister und sein Parlamentarischer Staatssekretär einvernehmlich verständigt zu haben, entsprachen sie doch im wesentlichen den Sachbereichen, in denen Köppler auch gerne tätig werden wollte.[96] Das Tätigwerden in diesen Sachbereichen war nicht mit der Übernahme von Leitungsaufgaben bestimmter Abteilungen oder Referate des Ministeriums verbunden. In dieser Frage gab es eine Meinungsverschiedenheit zwischen Benda und Köppler.[97] Benda hatte ja selbst Erfahrungen als Parlamentarischer Staatssekretär im Innenressort. In dieser Zeit hatte es nach seiner eigenen Aussage einige Reibungen zwischen ihm und den beamteten Staatssekretären gegeben, die weniger auf menschlichen Spannungen als auf einem unterschiedlichen Amtsverständnis beruht hätten.

Der damalige Minister Lücke hatte ihm die Zuständigkeit für einzelne Sachgebiete (insbesondere die damals noch nicht abgeschlossene Frage einer Notstandsverfassung) übertragen. Hieraus folgerten die beamteten Staatssekretäre, „daß ich im übrigen keine Befugnisse im Hause hätte, sondern daß ich Wünsche um Ausarbeitungen der Beamten zu Fragen, die in der parlamentarischen Fragestunde zu beantworten waren, an sie zur Erledigung weitergeben müßte“.[98] Derartige Reibungen wollte der neue Bundesinnenminister seinem Parlamentarischen Staatssekretär ersparen, weshalb er vorschlug, der Parlamentarische Staatssekretär sollte die Verantwortung für bestimmte Aufgaben innerhalb des Ministeriums übernehmen. Köppler lehnte diesen Vorschlag ab, widersprach er doch seinem Selbstverständnis als Parlamentarischer Staatssekretär: „Ich habe die Funktion des Parlamentarischen Staatssekretärs nie darin gesehen, daß er sozusagen ein zweiter Staatssekretär oder dritter oder vierter Staatssekretär in der Führung der Geschäftsleitung eines Ressorts wird.“[99] Vielmehr trat er für die strikte Trennung zwischen der politischen und der administrativen Leitung des Ministeriums ein. Während

95 Abgedruckt in: LAUFER, Anhang, S. 107f.
96 Vgl. „Köppler für Mehrheits-Wahl“. In: „Westfälische Nachrichten“ vom 22.4.1968.
97 Zeitzeugenbefragung von Ernst Benda (26.2.2004); „Zu-Protokoll-Gespräch“ Karl Fischers mit Heinrich Köppler, 21.4.1977, S. 5f., in: LTA NRW Biographisches Kompendium A 0208/406.
98 Zeitzeugenbefragung von Ernst Benda (26.2.2004).
99 „Zu-Protokoll-Gespräch“ Karl Fischers mit Heinrich Köppler, 21.4.1977, S. 5, in: LTA NRW Biographisches Kompendium A 0208/406.

der Beratungen des Gesetzes zur Einrichtung der Parlamentarischen Staatssekretäre gehörte er im Innenausschuß des Bundestages zu jenen Mitgliedern, die hofften, daß „mit der Einführung von Parlamentarischen Staatssekretären ... Tendenzen zur Politisierung der beamteten Staatssekretäre zumindest aufgehalten werden“[100]. Diese Meinungsverschiedenheit hatte – wie Ernst Benda in der Rückschau feststellt – „keine allzugroße Bedeutung“[101]. Die Zusammenarbeit zwischen Benda und Köppler verlief reibungslos, und der Minister konnte sich jederzeit der Loyalität seines Parlamentarischen Staatssekretärs gewiß sein.

Daß es Meinungsverschiedenheiten bezüglich der Aufgabenverteilung innerhalb des Ministeriums gab, war nicht zurückzuführen auf eine besondere Situation im Innenressort. Auch in anderen Ministerien, die Parlamentarische Staatssekretäre erhielten, kam es zu gleichen oder ähnlichen Reibungen, die auf strukturelle Probleme bei der Einrichtung der Parlamentarischen Staatssekretäre schließen lassen.[102] Die Einrichtung von Parlamentarischen Staatssekretären war das Ergebnis der Koalitionsverhandlungen im Spätherbst 1966.[103] CDU, CSU und SPD verfolgten mit der Schaffung dieses neuen Amtes ein doppeltes Ziel, nämlich eine Arbeitsentlastung der Ressortchefs großer Bundesministerien sowie der Heranbildung befähigter Parlamentarier für die spätere Übernahme von Ministerämtern.[104] Mit der Beschränkung „auf das Notwendigste“[105] in dem Gesetz über die Rechtsverhältnisse der Parlamentarischen Staatssekretäre nahm der Gesetzgeber Meinungsverschiedenheiten wie im Falle des Innenministeriums bewußt in Kauf. In § 1 des Gesetzes heißt es lediglich, daß den Mitgliedern der Bundesregierung zu ihrer Unterstützung Parlamentarische Staatssekretäre beigegeben werden können. Es sollte Spielraum bleiben für die Berücksichtigung der Besonderheiten der einzelnen Bundesministerien und vor allem auch für die Entwicklung dieses neuen Amtes, betrat man doch mit der Einrichtung der Parlamentarischen Staatssekretäre „Neuland“, worauf Manfred Wörner als Berichterstatter des federführenden Innenausschusses bei den Beratungen im Bundestag nachdrücklich hinwies.[106]

Wie die Unterstützung des Bundesministers durch den Parlamentarischen Staatssekretär konkret aussehen sollte, wurde in einer Hausordnung des jeweiligen Bundesministers geregelt. Im Falle des Bundesinnenministeriums sah die bereits angesprochene Hausordnung vor, daß Köppler neben den Arbeitsgebieten, auf denen er tätig werden sollte, Benda bei der Erfüllung seiner politischen Aufgaben im Bundestag und Bundesrat, in deren Ausschüssen, in den Fraktionen und in deren Arbeitskreisen unterstützte. Die Tätigkeit im Bundestag und die Verbindung zur CDU/CSU-Fraktion bildeten nach Köpplers eigener Darstellung die Schwerpunkte seiner Arbeit im Amt des Parlamenta-

100 PA, Innenausschuß, 5. Wahlperiode, 47. Sitzung am 8.3.1967, S. 13.
101 Zeitzeugenbefragung von Ernst Benda (26.2.2004).
102 Ebd.
103 Vgl. Laufer, S. 16f.
104 Ebd., S. 17–20.
105 Ebd., S. 31.
106 Vgl. BT. 5. Wahlperiode. 98. Sitzung am 15.3.1967, S. 4508.

rischen Staatssekretärs.[107] Für ihn gehörte es zu den eigentlichen Aufgaben eines Parlamentarischen Staatssekretärs, daß dieser als Mitglied des Bundestages in besonderer Weise die Verbindung zwischen seinem Ressort und dem Bundestag gewährleiste. Während der Tagungswochen des Bundestages sei deshalb auch der Parlamentarische Staatssekretär fast stets im Parlament anzutreffen, wo er oft den Minister in den Plenarsitzungen des Bundestages vertrete, vor allem aber auch in wichtigen Fragen die Vertretung des Ministeriums in den Ausschußberatungen des Bundestages übernehme. Die Fragestunde im Bundestag sei in aller Regel zu einer Aufgabe des Parlamentarischen Staatssekretärs geworden, und gerade in diesem Bereich dürfte die Entlastung derjenigen Minister, denen ein Parlamentarischer Staatssekretär beigegeben wurde, besonders deutlich geworden sein, wie Köppler zu Recht vermutete.

Eine Statistik über die Beantwortung von parlamentarischen Anfragen an die Bundesregierung für den Zeitraum 1. Mai 1967 bis 31. Juli 1968 besagt, daß von 190 mündlichen Anfragen, die in den Zuständigkeitsbereich des Bundesministers des Innern fielen, 156 vom Parlamentarischen Staatssekretär, 10 vom beamteten Staatssekretär und nur 24 vom Minister selbst im Bundestag beantwortet wurden.[108] Von erheblicher Bedeutung war Köppler in seiner Funktion als Parlamentarischer Staatssekretär aber auch für die engere Verbindung zwischen seinem Minister und der Unionsfraktion im Bundestag. Aus seiner Erfahrung im Bundesinnenministerium wußte er, daß gerade die Minister, die größere Ministerien zu leiten hatten, nicht selten durch andere Verpflichtungen gehindert waren, an den Sitzungen ihres Fraktionsvorstandes, ihrer Fraktion oder der Arbeitskreise der Fraktion teilzunehmen. Deshalb gewährleiste die regelmäßige Anwesenheit des Parlamentarischen Staatssekretärs in diesen Beratungen sowohl die Information der Fraktionsführung und der Fraktion über die Auffassung seines Ressorts als auch die laufende Unterrichtung seines Ministers über die Vorgänge und Meinungsäußerungen im Fraktionsbereich. Gegenüber der Tätigkeit im Bundestag, seinen Ausschüssen und Fraktionen trat – soweit es Köppler für seine eineinhalbjährige Amtszeit beurteilen konnte – die Aktivität im Bundesrat und in der Bundesregierung in den Hintergrund. Er habe zwar gelegentlich den Minister im Bundesrat und seinen Ausschüssen vertreten, zumeist sei allerdings diese Vertretung beim beamteten Staatssekretär verblieben. Dies hatte einen einfachen Grund, weil sich nämlich die Sitzungstermine des Bundesrates mit denen des Bundestages überschnitten. An den Sitzungen der Bundesregierung habe er nur in Ausnahmefällen gemeinsam mit Benda teilgenommen, häufiger allerdings in Vertretung des Ministers.

Bedeutend waren also die Funktionen, die er als Vertreter des Ministeriums im Parlament und vor allem in der Unionsfraktion ausfüllte. Stieß das Innenministerium im Bundestag oder in der CDU/CSU-Fraktion auf Schwierigkeiten oder gar Widerstand, war Heinrich Köppler zur Stelle, um die Sache wieder einzurenken. „Als Parlamentari-

107 Vgl. Heinrich Köppler: Der Parlamentarische Staatssekretär, eine Neueinrichtung im parlamentarischen Regierungssystem der Bundesrepublik. Manuskript eines Beitrages für die Wochenzeitung „Das Parlament" vom August 1969, in: HStAD RWV 26-818.

108 LAUFER, Anhang, S. 112.

scher Staatssekretär wurde er zum ‚trouble-shooter' des Ministeriums – aber nicht als einer, der kurzen Prozeß macht und ohne viel Federlesens aufräumt, sondern als jemand, der die Wogen des Unmuts mit sanfter Hand glättet", urteilte Carl-Christian Kaiser im Dezember 1969 in der Wochenzeitung „Die Zeit" rückblickend über die Amtszeit Heinrich Köpplers als Parlamentarischer Staatssekretär beim Bundesminister des Innern.[109] In diesem Amt kamen ihm seine besonderen menschlichen Fähigkeiten und Gaben natürlich zugute. Bereits während seiner ersten Wahlperiode als Bundestagsabgeordneter war er zu einer festen Größe in der CDU/CSU-Bundestagsfraktion geworden. Als Bruno Heck im Herbst 1968 als Bundesminister für Familie und Jugend zurücktrat, um sich als Generalsekretär der CDU auf die Vorbereitung und Durchführung des Bundestagswahlkampfes 1969 konzentrieren zu können,[110] war auch Heinrich Köppler ein Kandidat für die Nachfolge. Ein entsprechendes Gespräch hatte Heck mit ihm geführt, doch dann liefen die Überlegungen in Bonn in andere Richtungen.[111] Die Vorsitzende der CDU-Frauenvereinigung, Aenne Brauksiepe, wurde zur Nachfolgerin von Bruno Heck ernannt, „nicht zuletzt auch Folge eines veränderten parteipolitischen Wähler- und Wählerinnenkalküls", wie Irene Gerlach anmerkt.[112] Im Hinblick auf die Bundestagswahl 1969 stand die CDU praktisch unter Zugzwang, saß doch mit Gesundheitsministerin Käte Strobel bereits eine Sozialdemokratin im Kabinett der Großen Koalition. Köppler war über diese Entwicklung „keineswegs traurig", da er Heck bereits während des gemeinsamen Gesprächs gesagt hatte, „daß ich persönlich wenig Lust verspüre, diese Aufgabe sozusagen nur noch für den Wahlkampf zu übernehmen."[113]

Der politische Aufstieg Köpplers war nicht unaufhaltsam. Zu Beginn des Jahres 1969 erlitt er eine Niederlage, als er sich ohne Erfolg um die Direktkandidatur der CDU für die Bundestagswahl im Herbst desselben Jahres in dem für die Partei als absolut sicher geltenden Wahlkreis Euskirchen / Bergheim bemühte. In einer Kampfabstimmung unterlag er dem Bergheimer CDU-Kreisvorsitzenden Karl Gatzen knapp mit 29 zu 30 Stimmen, eine Stimme war ungültig.[114] Dabei war er als „hoher Favorit" in den Wettlauf um die Bundestagskandidatur der CDU in diesem Wahlkreis gegangen.[115] Der rheinische Landesparteivorstand hatte seine Direktkandidatur in diesem Wahlkreis un-

---

109 Carl-Christian Kaiser: „Der Feuerwehrmann der CDU. Wird Heinrich Köppler seiner Partei in Düsseldorf aus der Patsche helfen?". In: „Die Zeit" vom 12.12.1969.

110 Kleinmann, S. 263f.

111 Schreiben von Heinrich Köppler an Ernst Walter aus Tuttlingen vom 10.9.1968, in: HStAD RWV 26-770/2.

112 Gerlach, S. 181.

113 Schreiben von Heinrich Köppler an Ernst Walter aus Tuttlingen vom 10.9.1968, in: HStAD RWV 26-770/2.

114 Vgl. Niederschrift über die Vertreterversammlung für die Aufstellung des Bewerbers der CDU für den Wahlkreis 57 (Euskirchen / Bergheim) vom 14.1.1969, in: HStAD RWV 26-2258.

115 Franz Peter Ewert: „CDU zog ‚kapitalen Hecht'". In: „Kölner Stadt-Anzeiger" vom 5.12.1968.

terstützt.[116] Einmal mehr zeigte sich, daß es der Landespartei nicht möglich war, der Partei vor Ort eine Kandidatur für die Wahl zum Bundes- oder Landtag aufzuzwingen.[117] Bereits in der ersten gemeinsamen Besprechung der CDU-Kreisverbände Bergheim und Euskirchen hatten die Vertreter Bergheims erklärt, daß – „wenn eben möglich“ – ein Kandidat aus einem der beiden Kreisverbände benannt werden sollte.[118]

In Bergheim war „die Abwehr gegenüber einem Import aus Bonn“[119] ausgeprägt. Der Widerstand gegen eine solche Lösung beschränkte sich im Kreisverband Euskirchen auf den Ortsverband Lechenich, für den ein auswärtiger Kandidat „keine Gewähr für eine sorgfältige Betreuung des Wahlkreises“ bot.[120] Daß der Kreisverband Euskirchen nicht einmütig hinter Köppler stand, sollte ausschlaggebend sein für den knappen Erfolg des Bergheimers Karl Gatzen. Köppler verhehlte seine Enttäuschung über diese Niederlage nicht, blieb aber gelassen, weil er „gute Aussicht“ hatte, auf der Landesliste der nordrhein-westfälischen CDU einen Platz zu erhalten, der ihm den Wiedereinzug in den Bundestag sicherte.[121] Trotzdem bemühte er sich weiterhin um eine Direktkandidatur, weil in der Landespartei die Tendenz zu beobachten war, auf der Landesliste die sicheren Plätze vornehmlich an Kandidaten zu vergeben, die auch bereit waren, „die Plackerei einer Direktkandidatur auf sich zu nehmen“.[122] Köppler wurde schließlich im Wahlkreis 82 (Landkreis Moers) als Direktkandidat nominiert.[123] Hierbei handelte es sich um einen Wahlkreis, der als SPD-Hochburg galt, weshalb er zum Wiedereinzug in den Bundestag auf die Absicherung auf der Landesliste angewiesen war, was mit dem Listenplatz 19 gelingen sollte.[124]

Anfang Februar 1969, also nur wenige Wochen nach dem Scheitern in der Abstimmung über den Direktkandidaten der CDU für den Bundestagswahlkreis Euskirchen / Bergheim, erlebte Köppler, daß Niederlagen nicht nur einen bitteren Geschmack haben und nicht zwangsläufig einen Rückschlag bedeuten. Am 31. Januar 1969 war Bundestagspräsident Eugen Gerstenmaier von seinem Amt zurückgetreten.[125] Er war ins Zwielicht und unter Druck der Öffentlichkeit, des Parlaments und schließlich auch seiner eigenen Partei geraten, als sich herausstellte, daß er im Rahmen der Wiedergutmachung

116 Vgl. Niederschrift über die Kreisverbandsvorstandssitzung der CDU Euskirchen vom 11.9.1968, in: ACDP 02-039-035/1.

117 Zeitzeugengespräch mit Franz Heinrich Krey (27.1.2004).

118 Vgl. Niederschrift über die gemeinsame Besprechung von Vorstandsmitgliedern der CDU-Kreisverbände Euskirchen und Bergheim vom 22.8.1968, in: ACDP 02-039-035/1.

119 Zeitzeugengespräch mit Bernhard Worms (15.4.2004).

120 Stellungnahme des CDU-Ortsverbandes Lechenich zur Kandidatur für den Deutschen Bundestag im Wahlkreis 57 vom 20.9.1958, in: ACDP 02-039-035/1.

121 Schreiben von Heinrich Köppler an den nordrhein-westfälischen Landtagsabgeordneten Richard Fellmann vom 29.1.1969, in: HStAD RWV 26-849.

122 Zeitzeugengespräch mit Franz Heinrich Krey (27.1.2004).

123 Vgl. Niederschrift über die Vertreterversammlung für die Aufstellung des Bewerbers der CDU für den Wahlkreis 82 (Landkreis Moers) vom 21.2.1969, in: HStAD RWV 26-2258.

124 Gemeinsame Landesliste der CDU-Landesverbände Rheinland und Westfalen-Lippe zur Bundestagswahl 1969, in: HStAD RWV 26-2650.

125 Vgl. Gniss, S. 442–453; Hildebrand: Erhard, S. 386–388.

281.000 DM als Versorgungsbezüge für eine theologische Professur erhalten hatte, weil ihm 1938 aus politischen Gründen die Habilitation verweigert und damit die Aussichten auf eine solche Professur verbaut worden waren. Außerdem hatte Gerstenmaier angeblich die Formulierung der einschlägigen 7. Novelle zum Wiedergutmachungsgesetz beeinflußt und sich damit zwar im Rahmen der gesetzlichen Möglichkeiten bewegt, aber politisch unglaubwürdig gemacht.

Zur Entscheidung über den Kandidaten für die Gerstenmaier-Nachfolge kam am 4. Februar 1969 die CDU/CSU-Bundestagsfraktion zusammen.[126] Als größte Parlamentsfraktion hatte sie das Vorschlagsrecht für das Amt des Bundestagspräsidenten. Wie Fraktionsvorsitzender Rainer Barzel zu Beginn der Sitzung ausführte, habe sich am Tag zuvor der Fraktionsvorstand mit der Nachfolgefrage befaßt. Dabei seien als Kandidaten Bundesvertriebenenminister Kai-Uwe von Hassel, Fraktionsgeschäftsführer Will Rasner, die ehemaligen Bundesminister Theodor Blank, Richard Jaeger und Paul Lücke, der Außenpolitiker Kurt Birrenbach und der aufstrebende Walther Leisler Kiep genannt worden. Die Katholiken Birrenbach, Blank, Jaeger und Lücke lehnten eine Kandidatur ab und folgten damit dem seit Adenauer ungeschriebenen Gesetz in der Unionsfraktion, wonach das Amt des Bundestagspräsidenten mit einem Protestanten zu besetzen sei. Nach Erich Köhler, Hermann Ehlers und Eugen Gerstenmaier schien abermals ein Protestant für das Amt des Bundestagspräsidenten vorgeschlagen zu werden, bis sich Otto Schmidt, einer der führenden Vertreter des protestantischen Flügels in der Union, zu Wort meldete und Heinrich Köppler, den er als „einen der qualifiziertesten Männer der jüngeren Generation" lobte, vorschlug.

Mit dem Vorschlag eines führenden Repräsentanten der katholischen Laienbewegung in Deutschland protestierte der Protestant Schmidt gegen das (konfessionelle) Proporzdenken in der Union, das er vor der Fraktion in folgende Worte kleidete: „Wir sind jetzt 25 Jahre nahezu eine Union und haben manchmal einen Unterton, der sich mit einer Union nach meiner Auffassung nicht vereinbaren läßt, indem wir nämlich ein ganz bestimmtes Amt zu einer Art konfessionellem Tabu machen oder zu einer Art Naturschutzpark oder zu einem Privileg." Die von Schmidt angestrebte Überwindung des konfessionellen Proporzes war für Köppler ausschlaggebend, sich als Kandidat für die Gerstenmaier-Nachfolge zur Verfügung zu stellen.[127] Köppler erzielte mehr als einen Achtungserfolg. Im ersten Wahlgang entfielen auf von Hassel 83 Stimmen, Köppler erhielt 65 Stimmen und landete damit auf Platz 2, gefolgt von Rasner und Kiep, die mit 35 bzw. 25 Stimmen abgeschlagen auf den Plätzen 3 und 4 landeten.[128] In der Stichwahl konnte Köppler 94 Stimmen auf sich vereinigen und damit nur 22 Stimmen weniger als der frühere schleswig-holsteinische Ministerpräsident und altgediente Bundesminister von Hassel. Viele hielten es seinerzeit für ausgemacht, daß die Fraktion ihn nominiert hätte, wäre seine Kandidatur nicht so plötzlich gekommen, sondern zur rechten Zeit

126 Vgl. Protokoll Sitzung CDU/CSU-Bundestagsfraktion 4.2.1969, in: ACDP 08-001-1018/1.
127 Schreiben von Heinrich Köppler an Otto Schmidt vom 7.2.1969, in: HStAD RWV 26-780.
128 Vgl. Protokoll Sitzung CDU/CSU-Bundestagsfraktion 4.2.1969, in: ACDP 08-001-1018/1.

vorbereitet worden. So war Werner Marx, der zu der Gruppe der aufstrebenden jüngeren Abgeordneten zählte, davon überzeugt, daß Köppler reüssiert hätte, wenn die Abstimmung über die Gerstenmaier-Nachfolge erst am folgenden Tag erfolgt wäre.[129] Von seinem Vorstoß hatte der Wuppertaler Bundestagsabgeordnete Köppler erst am Morgen der Fraktionssitzung unterrichtet.[130] Dagegen wurden Barzel und die Fraktionsführung von diesem Vorstoß völlig überrascht.[131]

Wichtiger als die Diskussion, ob Köppler bei besserer Vorbereitung seiner Kandidatur die Abstimmung in der Fraktion gewonnen hätte, ist die Beobachtung, daß er auf der politischen Bühne den endgültigen Durchbruch geschafft hatte. Er war – wie es in der „Stuttgarter Zeitung" hieß – „der eigentliche Gewinner" dieser Abstimmung in der Unionsfraktion,[132] weshalb er in Bonn nach Einschätzung der Wochenzeitung „Christ und Welt" auch „nicht länger mehr nur ein Geheimtip" sein konnte.[133] Und der „Wiesbadener Kurier" war überzeugt, daß Köppler „über kurz oder lang in der ersten Reihe der CDU/CSU oder einer von ihr geführten Regierung auftauchen wird."[134] Aus diesem Grund lehnte er auch im März 1969 das Angebot des neuen Bundespräsidenten Gustav Heinemann ab, Chef des Bundespräsidialamtes zu werden, weil „dies für mich der Abschied von der Politik in einem sehr frühen Stadium gewesen wäre"[135]. Dieses Amt hätte ihm (partei-) politische Zurückhaltung auferlegt. Der frühere Präses der Synode der Evangelischen Kirche in Deutschland und Sozialdemokrat Heinemann wollte mit diesem Angebot an den führenden Repräsentanten der katholischen Laienbewegung in Deutschland und Christdemokraten Köppler ein Zeichen der Überkonfessionalität und Überparteilichkeit sowie der Aussöhnung in Richtung CDU setzen, die der neue Bundespräsident 1950 im Streit um die Wiederbewaffnung verlassen hatte.[136]

Die Entscheidung für Gustav Heinemann als Nachfolger Heinrich Lübkes im Amte des Bundespräsidenten leitete den viel zitierten Machtwechsel von 1969 ein, der mit der Wahl Willy Brandts zum Bundeskanzler am 21. Oktober 1969 durch eine sozial-liberale Koalitionsmehrheit im Deutschen Bundestag vollzogen wurde.[137] Nach genau 20 Jahren in der Regierungsverantwortung mußten die Unionsparteien, obwohl sie weiterhin die stärkste Parlamentsfraktion bildeten, auf den Bänken der Opposition Platz nehmen. Heinrich Köppler verlor sein Amt als Parlamentarischer Staatssekretär, stürzte deshalb aber nicht ins Bodenlose. Die Partei- und Fraktionsführung war bestrebt, die

129 Vgl. „Laßt den Unsinn". In: „Der Spiegel" vom 10.2.1969.
130 Schreiben von Heinrich Köppler an Otto Schmidt vom 7.2.1969, in: HStAD RWV 26-780.
131 Zeitzeugenbefragung von Rainer Barzel (2.12.2003).
132 Dirk Koch: „Heinrich Köppler". In: „Stuttgarter Zeitung" vom 8.2.1969.
133 „Sprung nach vorn. Staatssekretär Köppler – Stern am Himmel der CDU". In: „Christ und Welt" vom 14.2.1969.
134 Claus Dreher: „Die ‚Geheimwaffe' der Union". In: „Wiesbadener Kurier" vom 8.2.1969.
135 Köppler 1, S. 29f.
136 Zeitzeugengespräch mit Johannes Rau (2.4.2004): „Heinemann wollte weg von dem starren Heinemann-Bild: der Protestant und Anti-Adenauer, woraus Anti-CDU gemacht wurde."
137 Zu den Wahlentscheidungen von 1969 vgl. Hildebrand: Erhard, S. 383–404; Baring, S. 120–123 u. 190–194.

Träger von Staatsämtern während der Regierungszeit und die von ihnen erworbenen Erfahrungen zu berücksichtigen.[138] Köppler stieg in die Riege der Parlamentarischen Geschäftsführer der CDU/CSU-Bundestagsfraktion auf.[139] In dieser Rolle avancierte er zu einem „der Vorarbeiter der Opposition"[140]. Köppler galt in Bonn als einer der kommenden Männer der Union, als er 1970 nach Düsseldorf in die nordrhein-westfälische Landespolitik wechselte.[141]

---

138 Vgl. Schriftliche Zeitzeugenbefragung von Ernst Benda (26.2.2004).

139 Vgl. Protokoll Sitzung CDU/CSU-Bundestagsfraktion 23.10.1969, in: ACDP 08-001-1020/1.

140 „Was kümmert uns Möller". In: „Der Spiegel" vom 29.12.1969.

141 Zeitzeugenbefragung von Ernst Benda (26.2.2004); Zeitzeugengespräche mit Helmut Kohl (11.2.2004) und Bernhard Vogel (27.2.2004).

VI. Zwischen Düsseldorf und Bonn: Der Landes- und Bundespolitiker Heinrich Köppler (1970–1980)

1. Köppler kommt!

Die personalpolitischen Querelen, die das Bild der CDU an Rhein und Ruhr seit dem Verlust der Regierungsmacht in Düsseldorf im Dezember 1966 bestimmten, bildeten den Hintergrund für den Wechsel Heinrich Köpplers von der Bundespolitik in die nordrhein-westfälische Landespolitik im Jahre 1970.

Unmittelbar nach dem Sturz der Regierung Meyers am 8. Dezember 1966 war in der CDU ein Machtvakuum entstanden: Der abgewählte Ministerpräsident nahm für einige Monate eine landespolitische Auszeit; bis in den Herbst 1967 hinein hielt er sich von der Fraktionsarbeit fern.[1] Der Vorsitzende der Landtagsfraktion, Wilhelm Lenz, war politisch angeschlagen. In der Fraktion wurde ihm vorgeworfen, bei den gescheiterten Verhandlungen zur Bildung einer Großen Koalition in Nordrhein-Westfalen im Spätherbst 1966[2] die Lage falsch eingeschätzt zu haben.[3] In großen Teilen der Fraktion und Partei machte man Lenz für das Auseinanderbrechen der christlich-liberalen Regierungskoalition und damit den Verlust der politischen Macht in Düsseldorf letztlich verantwortlich.[4] Ebenfalls politisch angeschlagen war der rheinische Landesparteivorsitzende, der frühere nordrhein-westfälische Arbeits- und Sozialminister Konrad Grundmann, der auf dem Braunschweiger CDU-Bundesparteitag im Mai 1967 „ein Debakel"[5] erlebte. Bei den Wahlen zum Bundesvorstand scheiterte der Vorsitzende des mitgliederstärksten CDU-Landesverbandes kläglich.

Josef Hermann Dufhues schließlich, Vorsitzender des CDU-Landesverbandes Westfalen-Lippe und Mitglied im Bundesparteipräsidium, schien sich auf seine Aufgaben in der Bundespartei zu konzentrieren und deshalb keine landespolitischen Ambitionen zu haben. So mußte er denn auch im Herbst 1967 gedrängt werden, sich um die Spitzenkandidatur der CDU für die Landtagswahl 1970 zu bewerben.[6] Meyers hatte seinen Hut in den Ring geworfen. Wollten die Meyers-Gegner, an deren Spitze Fraktionschef Lenz stand,[7] ein landespolitisches Comeback des früheren Ministerpräsidenten verhindern, mußten sie einen Gegenkandidaten präsentieren, der ihm politisch das Wasser reichen konnte. Dies konnte zum damaligen Zeitpunkt nur der mächtige Vorsitzende der west-

1 Marx: Meyers, S. 434.
2 Ebd., S. 423–431.
3 Ebd., S. 433.
4 Zeitzeugengespräch mit Bernhard Worms (15.4.2004); Zeitzeugenbefragung von Paul Sellmann (24.6.2004).
5 Marx: Meyers, S. 439.
6 Ebd., S. 442.
7 Ebd., S. 441f.

fälisch-lippischen CDU sein, der sich am 21. Oktober 1967 in einer Kampfabstimmung im Essener Saalbau mit 79 zu 57 Stimmen gegen Meyers durchsetzen sollte.[8]

Wer gehofft hatte, nach der Entscheidung von Essen kehre Ruhe unter den Christdemokraten in Nordrhein-Westfalen ein, wurde enttäuscht. Dufhues vermochte es nicht, sich landespolitisch in Szene zu setzen. Als Nr. 1 der CDU in Nordrhein-Westfalen und damit als Gegenspieler von Ministerpräsident Heinz Kühn wurde er nicht wahrgenommen. Im Landtag trat nicht er, sondern Fraktionschef Lenz als Sprecher der CDU in Nordrhein-Westfalen auf.[9] Es zeigte sich, daß es von Dufhues ein strategischer Fehler gewesen war, mit der Annahme der Spitzenkandidatur nicht zugleich auch den Vorsitz der Landtagsfraktion übernommen zu haben. Mit seiner massiven Kritik an Dufhues, dem er die Eignung absprach, die CDU als Spitzenkandidat in den Landtagswahlkampf 1970 führen zu können, sprach der Vorsitzende der Jungen Union Rheinland, Karl Lamers, auf dem Landesparteitag der rheinischen CDU im November 1968 aus, was führende Repräsentanten der Christdemokraten im Lande dachten. Lenz und Grundmann verurteilten zwar die Art und Weise, in der Lamers seine Bedenken gegen Dufhues vorgetragen hatte, ließen aber parteiintern erkennen, daß sie seine Kritik im Grundsatz teilten.[10] Lenz hielt die Öffentlichkeitsarbeit von Dufhues für unzureichend, und Grundmann konnte bei dem Spitzenkandidaten keinen klaren Führungswillen erkennen. Politisch zermürbt und gesundheitlich angeschlagen, erklärte Dufhues am 16. Dezember 1968 seinen Verzicht auf die Spitzenkandidatur für die Landtagswahl 1970.[11]

Damit standen die Christdemokraten an Rhein und Ruhr erneut vor der Frage, wer sie 1970 in die Wahlauseinandersetzung mit Heinz Kühns Sozialdemokraten und Willi Weyers Freien Demokraten führen sollte. Diese unklare Situation erfüllte die Bundespartei mit großer Sorge. Generalsekretär Bruno Heck befürchtete bereits, daß die im Herbst 1969 anstehende „Bundestagswahl von Nordrhein-Westfalen aus ernsthaft gefährdet werden“ könnte, wenn die CDU in Nordrhein-Westfalen nicht schnell wieder auf die Beine komme.[12] Besonders der Zustand der rheinischen Landespartei, die „seit vielen Jahren völlig außer Tritt geraten“ sei, ließ den CDU-Generalsekretär nicht zur Ruhe kommen. Seinen Wunsch zu erfüllen, die Frage der Spitzenkandidatur rasch zu klären, war schwieriger als erwartet werden durfte. Die Spitzenkandidatur für die CDU bei der Landtagswahl 1970 schien nicht erstrebenswert zu sein. Nacheinander winkten Franz Meyers, die beiden früheren Landesminister Gerd Ludwig Lemmer und Paul Mikat sowie die westfälischen Bundestagsabgeordneten Heinrich Windelen und Günter Rinsche ab, so daß Wilhelm Lenz als einziger Kandidat für die Dufhues-Nachfolge zur Verfügung stand.[13] Am 22. Februar 1969 wählte eine gemeinsame Delegiertenver-

8 Ebd., S. 443.
9 Ebd., S. 453.
10 Ebd., S. 454f.
11 Ebd., S. 455.
12 Protokoll CDU-Bundesvorstandssitzung 16.1.1969, in: ACDP 07-001-018/1.
13 Marx: Meyers, S. 455–458.

sammlung der beiden CDU-Landesverbände den Vorsitzenden der Landtagsfraktion mit 205 von 249 Stimmen zum neuen Spitzenkandidaten.[14]

Da Lenz von Anfang an als eine Notlösung empfunden wurde und deshalb auch als ein Verlegenheitskandidat galt, konnte keine Ruhe unter den Christdemokraten in Nordrhein-Westfalen einkehren. Nach wie vor beschäftigte sich die Partei mehr mit sich selbst als dem politischen Gegner, was nicht ohne Folgen blieb. Bei der Bundestagswahl am 28. September 1969 verlor die CDU im bevölkerungsreichsten Bundesland überdurchschnittlich. Während sie im Bundesdurchschnitt Stimmenverluste von 1,5 Prozentpunkten hinnehmen mußte, ging ihr Stimmenanteil in Nordrhein-Westfalen um 3,5 Prozentpunkte gegenüber der Wahl von 1965 zurück.[15] Deshalb durfte es auch niemanden verwundern, daß der Vorsitzende der CDU Deutschlands, der amtierende Bundeskanzler Kurt Georg Kiesinger, am folgenden Tag die CDU in Nordrhein-Westfalen an den Pranger stellte: „Alles in allem, wenn ich einmal ein Wort zur Wahl sagen darf, ist ja die Wahl außer in Nordrhein-Westfalen sehr gut gelaufen. ... Die Sache in Nordrhein-Westfalen habe ich befürchtet. Das war jedem, der sehen konnte, offenbar.“[16]

Nicht nur Kiesinger erklärte die CDU in Nordrhein-Westfalen zum Sündenbock, auch einzelne Landesverbände der Partei äußerten sich kritisch zum Ausgang der Bundestagswahl im bevölkerungsreichsten Bundesland. Dabei konzentrierte sich die Kritik auf die rheinische CDU. Im Rheinland hatte die Partei teilweise dramatische Stimmenverluste hinnehmen müssen. Gegenüber der Wahl von 1965 verlor sie im Regierungsbezirk Köln 7,6 Prozentpunkte, so daß hier die SPD bei Bundestagswahlen erstmals stärkste Partei wurde.[17] Mit dieser Kritik setzte sich der Landesparteivorstand der CDU Rheinland auf seiner Sitzung am 10. Oktober 1969 auseinander.[18] In diesem Zusammenhang wurden auch die Gerüchte bzw. Spekulationen über personelle Veränderungen bei der Neuwahl des Landesvorstandes auf dem Landesparteitag in Düren im November 1969 angesprochen. Da für diese Sitzung kein Wort-, sondern lediglich ein Ergebnisprotokoll vorliegt, kann der Verlauf der Diskussion nicht im einzelnen nachvollzogen werden. Fest steht nur, daß es sich hierbei nicht nur um Gerüchte und Spekulationen handelte.

Unmittelbar nach der Bundestagswahl vom 28. September 1969 erreichten Köppler Anfragen wegen einer Kandidatur für den rheinischen Landesparteivorsitz, teilweise wurde er sogar regelrecht aufgefordert, sich für eine Kandidatur zur Verfügung zu stellen.[19] Besondere Aktivitäten entwickelte in diesem Zusammenhang die Junge Union Rheinland. Sie hielt die Situation der CDU in Nordrhein-Westfalen, vor allem die Lage

14 Ebd., S. 458.
15 Ritter/Niehuss, S. 75 u. 91.
16 Vgl. Protokoll CDU-Bundesvorstandssitzung 29.9.1969, in: ACDP 07-001-018/5.
17 Ritter/Niehuss, S. 92.
18 Vgl. Protokoll Landesvorstandssitzung CDU Rheinland 10.10.1969, in: HStAD RW 277-45.
19 Vgl. Bewerbungsrede Heinrich Köpplers für den Landesvorsitz auf dem Parteitag der CDU Rheinland in Düren am 22.11.1969, in: ACDP 01-258-048/2.

der rheinischen Landespartei, für völlig verfahren, weshalb nach ihrer Auffassung nur mit jemandem von außen, einer von den Personalquerelen der zurückliegenden Jahre unbelasteten Person, ein Neuanfang möglich sei.[20] Ihr Vorsitzender Karl Lamers ging auf den aufstrebenden Bundespolitiker Heinrich Köppler zu, der für die Junge Union des Rheinlandes eine vielversprechende Alternative zu Konrad Grundmann zu sein schien. In einem ausführlichen Gespräch mit Lamers fragte Köppler nach den Chancen seiner Bewerbung um den Landesparteivorsitz, die der JU-Vorsitzende günstig einschätzte.[21] Köppler zeigte Interesse an der Kandidatur. Offensichtlich erkannte er, daß der Vorsitz des mitgliederstärksten CDU-Landesverbandes für seine bundespolitische Karriere nur förderlich sein konnte, denn noch verfügte er „nicht über jenes karrierefördernde Gebilde, was in Bonn Hausmacht heißt".[22] Er ließ sich also nicht bereits bei dieser Personalentscheidung von Parteifreunden in die Pflicht nehmen, wie er es später gerne dargestellt hat. So erklärte er im Sommer 1978 gegenüber dem Düsseldorfer Journalisten Karl Fischer, daß er sich „weiß Gott nicht danach gedrängt" habe, im Rheinland „Landesvorsitzender zu werden, aber ich bin von so vielen damals ans Portepee gefaßt worden, daß ich schlecht mehr nein sagen konnte".[23]

Bevor er seine Kandidatur für den rheinischen Landesparteivorsitz öffentlich ankündigte, suchte er das Gespräch mit seinem Gegenkandidaten, dem amtierenden Landesvorsitzenden Konrad Grundmann.[24] Dies zeichnete Köppler in dem rauhen Geschäft der Politik aus, in der menschlicher Anstand bisweilen auf der Strecke bleibt. Gegenseitiger Respekt kennzeichnete das Vier-Augen-Gespräch der beiden Rivalen, in dem Grundmann Verständnis für Köpplers Kandidatur zeigte und gleichzeitig für sich um Verständnis bat, erneut für den Landesvorsitz zu kandidieren, fühlte er sich doch den Sozialausschüssen verpflichtet. Sie verabredeten eine faire Auseinandersetzung, nach der der unterlegene Kandidat „nicht ins Bodenlose" fallen sollte.

Anfang November 1969 gab Köppler seine Kandidatur für den Vorsitz des CDU-Landesverbandes Rheinland offiziell bekannt.[25] Er begründete seine Kandidatur mit dem in der rheinischen CDU verbreiteten Wunsch nach einer personellen Alternative für dieses Amt. Daß er gegen den amtierenden Landesvorsitzenden Grundmann antrete, dürfe nicht interpretiert werden als Zeichen eines politischen Richtungsstreites oder einer Krise im Landesverband. Köppler wollte den Eindruck vermeiden, daß mit seiner Wahl zum Landesvorsitzenden ein inhaltlicher Richtungswechsel verbunden sein wür-

20 Zeitzeugengespräch mit Karl Lamers (7.4.2004).

21 Ebd.

22 Dirk Koch: „Heinrich Köppler". In: „Stuttgarter Zeitung" vom 8.2.1969.

23 „Zu-Protokoll-Gespräch" Karl Fischers mit Heinrich Köppler, 28.7.1978, S. 52, in: LTA NRW Biographisches Kompendium A 0208/406.

24 Ebd.

25 Vgl. „Köppler: CDU Rheinland braucht neue Gesichter". In: „Aachener Volkszeitung" vom 5.11.1969; „Absage Köpplers an die Landespolitik". In: „Kölner Stadt-Anzeiger" vom 5.11.1969; „Köppler möchte in der Bundespolitik bleiben". In: FAZ vom 5.11.1969; „Köppler wünscht ‚Gesichterwechsel'". In: „Frankfurter Rundschau" vom 5.11.1969; „Köppler möchte die rheinische CDU stärker an Bundespolitik binden". In: „Die Welt" vom 5.11.1969.

de. Er wußte natürlich, daß im rheinischen Landesverband das Gewicht der Sozialausschüsse besonders groß war; die CDU Rheinland galt als das soziale Gewissen der Christlich-Demokratischen Union Deutschlands. Nachdrücklich wies er darauf hin, daß er sich innerhalb der Bundestagsfraktion stets der Arbeitnehmergruppe zugehörig gefühlt habe. „Wenn man von einem Arbeitnehmerflügel der Union spricht, dann gehöre ich auch dazu", erklärte er wenige Tage vor der Entscheidung in Düren in einem Gespräch mit der „Rheinischen Post".[26] Auch in seiner Bewerbungsrede auf dem Landesparteitag betonte er, daß seine Wahl „kein Signal für einen Richtungswechsel" im Landesverband sein würde.[27] Wenn es einen „linken Flügel" in der Union gebe, dann gehöre er dazu.

Das Rennen um den Landesvorsitz hielt er für völlig offen und damit eine Abstimmungsniederlage für möglich, die er nicht fürchtete. Er bezeichnete es als einen schlechten, aber bisher üblichen Stil in der Union, Kandidaturen für Parteiämter nur anzunehmen, wenn der Ausgang der Abstimmung sicher sei. Bei der Fortsetzung eines solchen Verfahrens sah er die Gefahr, „daß die Partei zu frustrieren oder zu ersticken" drohe.[28] Köppler wollte seine Kandidatur also auch als einen Beitrag zur politischen Kultur in seiner Partei verstanden wissen.

Wie er bei der Ankündigung seiner Kandidatur für den rheinischen Landesparteivorsitz erklärte, wolle er im Falle seiner Wahl nicht in die Landespolitik nach Düsseldorf wechseln, sondern die parlamentarische Arbeit der Opposition in Bonn weiter aktivieren. Deshalb wies er auch ausdrücklich darauf hin, daß seine Kandidatur für den rheinischen Parteivorsitz „nicht auf die Funktion von Herrn Lenz im Landespräsidium gerichtet"[29] sei. Das Landespräsidium der CDU in Nordrhein-Westfalen war im Herbst 1967 als Dachverband der beiden Landesverbände Rheinland und Westfalen-Lippe eingerichtet worden.[30] Es sollte die Partei in diesem Bundesland repräsentieren, ihre Politik in Bund, Land und Gemeinden aufeinander abstimmen sowie die Wahlen für den Bundestag, den Landtag und die Gemeindevertretungen vorbereiten und durchführen. Mit dem Landespräsidium war beabsichtigt, dem Spitzenkandidaten eine Plattform zu schaffen, von der aus er die Rolle der christdemokratischen Nr. 1 an Rhein und Ruhr spielen konnte. Es ging also nicht allein um den Vorsitz im Landespräsidium, sondern auch und vor allem um dessen Spitzenkandidatur für die Landtagswahl 1970. Interessant ist an dieser Stelle, daß Köppler in dieser Pressekonferenz zu einem späteren Zeitpunkt weniger eindeutig bemerkte: „Ich bin nicht der Meinung, daß das auf mich zu-

26 Rudolf Bauer: „Köppler: Die Bundespartei hat mich nicht gedrängt". In: „Rheinische Post" vom 18.11.1969.

27 Bewerbungsrede Heinrich Köpplers für den Landesvorsitz auf dem Parteitag der CDU Rheinland in Düren am 22.11.1969, in: ACDP 01-258-048/2.

28 Zitiert nach „Köppler möchte die rheinische CDU stärker an Bundespolitik binden". In: „Die Welt" vom 5.11.1969.

29 Ebd.

30 Marx: Meyers, S. 452.

kommen müsse."[31] Köppler wußte natürlich, ohne daß dies in dem ausführlichen Gespräch mit Karl Lamers konkret angesprochen wurde, daß bei einem Wechsel an der Spitze der rheinischen Landespartei die Diskussion über die Spitzenkandidatur für 1970 neue Nahrung erhielt, weil Lenz als CDU-Spitzenkandidat seit dem Tag seiner Nominierung umstritten war.[32]

Nach der Bundestagswahl von 1969 wurden in der Bundespartei sowie in der Bundestagsfraktion die Stimmen lauter, die sich im Hinblick auf die Landtagswahl von 1970 für einen umfassenden Führungswechsel in der CDU an Rhein und Ruhr aussprachen.[33] Es ging also nicht allein um die Abwahl von Konrad Grundmann als Landesvorsitzender der rheinischen CDU. Gefordert wurde auch die Ablösung von Wilhelm Lenz als Spitzenkandidat für die Landtagswahl 1970. Seine Kritiker warfen ihm mangelnde Ausstrahlungskraft vor, auch sei er zuwenig populär, um als Gegenspieler von Ministerpräsident Heinz Kühn im Wahlkampf erfolgreich bestehen zu können.[34] Nach der Ankündigung Köpplers, für den Vorsitz der rheinischen CDU zu kandidieren, geriet Lenz immer stärker unter Druck. Am 11. November 1969 erschien unter der Schlagzeile „Die CDU sucht einen neuen Spitzenkandidaten" in den „Düsseldorfer Nachrichten" ein Bericht, der einem Abgesang auf Lenz gleichkam. Darin hieß es, daß sich unter den Christdemokraten in Nordrhein-Westfalen die Front gegen Lenz festige. Niemand verwehre ihm den Respekt vor seinem Fleiß und seiner Emsigkeit als Vorsitzender der Landtagsfraktion. Aber Strahlkraft und mitreißende Führungsqualitäten seien durch eher hausbackene Fähigkeiten nicht zu ersetzen. Sollte Lenz auf dem CDU-Bundesparteitag in Mainz Mitte November 1969 mit seiner Bewerbung um einen Sitz im Bundesparteipräsidium scheitern, seien auch seine Tage als Spitzenkandidat für die Landtagswahl 1970 gezählt. Heinrich Köppler gelte dann als aussichtsreichster Kandidat für die Lenz-Nachfolge, nachdem die beiden westfälischen Bundestagsabgeordneten Heinrich Windelen und Günter Rinsche erklärt hatten, für dieses Amt nicht zur Verfügung zu stehen.

Um zu verhindern, daß die Diskussion über den Spitzenkandidaten für die Landtagswahl 1970 in voller Breite wieder entbrannte, sahen sich die Vorsitzenden der beiden CDU-Landesverbände Rheinland und Westfalen-Lippe, Konrad Grundmann und Josef Hermann Dufhues, zu einer Gegendarstellung veranlaßt, in der sie feststellten, daß „die in dem Artikel zum Ausdruck gekommenen Vermutungen, Gerüchte und Meinungen unzutreffend" seien.[35] Demonstrativ stellten sich die beiden CDU-Landesvorsitzenden vor Lenz: „Die CDU sucht keinen neuen Spitzenkandidaten. Spitzenkandidat der CDU

31 Zitiert nach „Köppler möchte die rheinische CDU stärker an Bundespolitik binden". In: „Die Welt" vom 5.11.1969.

32 Zeitzeugengespräch mit Karl Lamers (7.4.2004).

33 Zeitzeugengespräche mit Heinrich Windelen (29.12.2003) und Helmut Kohl (11.2.2004).

34 Marx: Meyers, S. 463.

35 Gemeinsames Schreiben der Vorsitzenden der CDU-Landesverbände Rheinland und Westfalen-Lippe, Konrad Grundmann und Josef Hermann Dufhues, an den Chefredakteur der „Düsseldorfer Nachrichten", Hermann Eich, vom 11.11.1969, in: HStAD RW 360-221.

in Nordrhein-Westfalen für die Landtagswahl 1970 ist und bleibt Herr Dr. Wilhelm Lenz." Daß trotz dieser Erklärung die Frage der Spitzenkandidatur im November 1969 wieder auf die Tagesordnung kam, ist damit zu erklären, daß Lenz seinerzeit politisch mit dem Rücken zur Wand stand. Unter den zahlreichen Kandidaten für das Bundesparteipräsidium auf dem Mainzer Bundesparteitag wurden dem Vorsitzenden der CDU-Fraktion im nordrhein-westfälischen Landtag die geringsten Chancen gegeben. Allein aus Nordrhein-Westfalen traten vier Mitbewerber an; sie hatten einen zugkräftigen Namen (Gerhard Schröder, Hans Katzer, Josef Hermann Dufhues) oder waren gesetzt wie Helga Wex, die einzige Frau unter den Bewerbern um einen Platz im Präsidium der Bundespartei. Um einer schweren Abstimmungsniederlage auf dem Bundesparteitag in Mainz am 17. und 18. November 1969 zu entgehen, zog Lenz unmittelbar vor Beginn des Parteikongresses seine Bewerbung um einen Sitz in der engeren Parteiführung zurück und blieb aus Krankheitsgründen dem Parteitag fern.[36]

Mit diesem Schritt konnte er allerdings nicht verhindern, daß in Gesprächen am Rande dieses Bundesparteitages seine Spitzenkandidatur für die Landtagswahl 1970 ernsthaft in Frage gestellt wurde.[37] Insbesondere wurde die Überlegung diskutiert, Franz Meyers, den nach wie vor populärsten CDU-Politiker in Nordrhein-Westfalen, wieder auf den Schild zu heben und ihm eine junge agile Mannschaft zur Seite zu stellen. Die Frage der Spitzenkandidatur war für Meyers zu diesem Zeitpunkt aber kein Thema mehr.[38] Der frühere Ministerpräsident hatte bereits seinen Rückzug von der politischen Bühne eingeleitet. Auch Heinrich Köppler war in diesen Gesprächen am Rande des Mainzer Bundesparteitags ein Thema. Sollte er auf dem bevorstehenden Parteitag der rheinischen CDU zum neuen Landesvorsitzenden gewählt werden, schien er ein aussichtsreicher Anwärter für die Nachfolge von Wilhelm Lenz als CDU-Spitzenkandidat für die Landtagswahl 1970 zu sein.

Die Chancen, das Rennen um den rheinischen Landesvorsitz zu gewinnen, standen nach dem Mißerfolg von Grundmann in Mainz – wie bereits zwei Jahre zuvor in Braunschweig fiel der Vorsitzende des mitgliederstärksten CDU-Landesverbandes bei der Wahl zum Bundesvorstand durch[39] – nicht schlecht. Doch strebte Köppler überhaupt die Spitzenkandidatur für die Landtagswahl 1970 an? In Mainz bekräftigte er seine Absicht, im Falle seiner Wahl zum neuen Landesvorsitzenden nicht aus dem Bundestag ausscheiden zu wollen. Wie er gegenüber der „Rheinischen Post" unterstrich, bedeute das selbstverständlich nicht, „daß ich mich nicht um die Landespolitik kümmern würde"[40]. Im Gegenteil, er sah es als wichtig an, daß die rheinischen Belange in der Bun-

36 „Lenz nicht ins CDU-Präsidium". In: FAZ vom 17.11.1969.

37 Vgl. Klaus Baur: „Die CDU an Rhein und Ruhr sucht einen populären Spitzenkandidaten". In: „Die Welt" vom 20.11.1969; Zeitzeugengespräche mit Bernhard Worms (15.4.2004) und Gerd Ludwig Lemmer (28.10.2004).

38 Marx: Meyers, S. 463.

39 Vgl. Niederschrift über die Beschlüsse des 17. Bundesparteitages der CDU in Mainz am 17./18.11.1969, in: ACDP 07-004-387/2.

40 Rudolf Bauer: „Köppler: Die Bundespartei hat mich nicht gedrängt". In: „Rheinische Post" vom 18.11.1969.

despolitik angemessen und möglichst besser als bis dahin berücksichtigt würden. Landespolitik und Bundespolitik müßten zu einer „Politik aus einem Guß" werden. Deshalb hielt er es auch für falsch, wenn er im Falle seiner Wahl aus dem Bundestag ausscheiden würde. „Auch mit einem Mandat in Bonn kann man ein Amt im Land übernehmen", war Köppler überzeugt. Diese Auffassung vertrat er auch in seiner Bewerbungsrede auf dem Landesparteitag in Düren, in der er es als vordringlich bezeichnete, die rheinische Landespartei aus ihrer Isolierung innerhalb der CDU Deutschlands herauszuführen.[41]

Die zentralen Botschaften seiner Rede wurden bereits erwähnt: Im Falle seiner Wahl, die keinen Richtungswechsel im Landesverband bewirken würde, wollte er seine parlamentarische Arbeit in Bonn fortsetzen und nicht nach Düsseldorf in die Landespolitik wechseln. Wesentlich war auch sein klares Bekenntnis zu einer Fusion der beiden CDU-Landesverbände. Die Fusion beschrieb er als ein mittel- bis langfristig zu erreichendes Ziel. Auf dem Weg zu einem CDU-Landesverband Nordrhein-Westfalen seien deshalb Zwischenlösungen erforderlich. Köppler hielt eine wohl vorbereitete, in ihren Aussagen eindeutige Rede, mit der er aber keine Begeisterungsstürme unter den Parteitagsdelegierten hervorrief. Anders Konrad Grundmann. In der Pose eines römischen Volkstribunen wandte er sich vom Saalmikrofon aus in freier Rede an die Parteitagsdelegierten. Dabei hielt er eine Rede, die nicht nur seine Anhänger begeisterte.[42] Beeindruckt war auch das Köppler-Lager. Bernhard Worms votierte zwar für Köppler, war aber „emotional für Grundmann", der „eine fantastische Rede" gehalten habe.[43] Selbst Karl Lamers gab zu, daß Grundmann besser gesprochen habe als Köppler.[44] Gemessen am Applaus traf dies zweifellos zu. So notierte der Journalist Gerhard Hardmann in seinem Bericht über den Dürener Parteitag: „Der Beifall für den parlamentarischen Geschäftsführer der CDU/CSU-Bundestagsfraktion, Heinrich Köppler, klang gedämpft, als er sich den 367 Delegierten vorstellte. Das Händeklatschen für seinen Rivalen und langjährigen Landesvorsitzenden Konrad Grundmann schallte weitaus lauter, nachdem auch er seine Vorwahl-Sprüchlein gesagt hatte."[45]

Im Ergebnis der Abstimmung über den neuen Landesvorsitzenden spiegelte sich die Stimmung in der Dürener Stadthalle aber nicht wider. Köppler ging mit 209 von 367 abgegebenen Stimmen als klarer Sieger aus der Kampfabstimmung über den Landesvorsitz der rheinischen CDU hervor.[46] Grundmann, der seit 1963 Vorsitzender des Landesverbandes war, unterlag mit 153 Stimmen. Die Absprachen, die im Vorfeld des Parteitages getroffen worden waren, bewährten sich. Grundmann konnte sich zwar auf den

41 Vgl. Bewerbungsrede Heinrich Köpplers für den Landesvorsitz auf dem Parteitag der CDU Rheinland in Düren am 22.11.1969, in: ACDP 01-258-048/2.

42 Zeitzeugengespräch mit Heinz Soénius (4.2.2004): „Auf dem Dürener Parteitag hielt Grundmann eine mitreißende Rede."

43 Zeitzeugengespräch mit Bernhard Worms (15.4.2004).

44 Zeitzeugengespräch mit Karl Lamers (7.4.2004).

45 Gerhard Hardmann: „Köppler ist der Beste". In: „Bayernkurier" vom 29.11.1969.

46 Vgl. Niederschrift über den 22. Landesparteitag der CDU Rheinland am 22.11.1969 in Düren, in: HStAD RWV 26-464.

starken Block der Sozialausschüsse stützen, die ihn auch offiziell vorschlugen.[47] Doch reichte diese Unterstützung nicht aus, da sich so unterschiedliche Gruppen wie die Junge Union, die Mittelständler und die Wirtschaftsvereinigung für Köppler ausgesprochen hatten.[48] Wie zuvor zwischen den beiden Bewerbern um den Landesvorsitz abgesprochen, fiel der Unterlegene nicht ins Bodenlose. Der neue Landesvorsitzende erklärte Grundmann, der bei der Wahl der vier stellvertretenden Landesvorsitzenden mit 328 von 368 abgegebenen Stimmen das mit Abstand beste Ergebnis erzielte, zu seinem 1. Stellvertreter, was ihm eine Rüge des Parteitagspräsidenten Franz Meyers einbrachte, weil die Satzung der CDU Rheinland ein solches Amt gar nicht vorsah.[49] Köppler wollte auf die Mitarbeit Grundmanns, den er für „ein politisches Urtalent" hielt, das „im kleinen Finger mehr politisches Sensorium [habe] wie Bataillone von Akademikern, die da in der Politik rumlaufen"[50], nicht verzichten. Es war ein Gebot politischer Klugheit, einen, wenn nicht den führenden Repräsentanten des Arbeitnehmerflügels der CDU an Rhein und Ruhr in die landespolitische Arbeit einzubinden.

Zwischen diesen beiden vom Typ her so unterschiedlichen Politikern entwickelte sich eine enge, vertrauensvolle Zusammenarbeit. So konnte Heinrich Köppler 1978 erklären: „Wir haben jetzt seit Jahren eine absolute Vertrauensbasis."[51] Und Konrad Grundmann hat über seine Zusammenarbeit mit Köppler festgestellt: „Köppler war ja zunächst mein Kontrahent, er hat mich ja auch in einer Kampfabstimmung abgelöst als rheinischer Vorsitzender. Ich habe bei dieser Sitzung in Düren, als er dies wurde, ihm gesagt, daß ich mit ihm leben würde. Und ich bin sehr froh, daß ich, als sein Grab geöffnet war, die persönliche Gewissensfrage, ob ich sein Weggefährte gewesen bin, in voller Breite unterstützen konnte, denn ich war immer sein 1. Stellvertreter und zwischen ihm und mir hat es mehr Gemeinsamkeiten gegeben als die Öffentlichkeit weiß und jemals wissen wird. Ich habe ihm in sehr schwierigen Situationen geholfen, ihm zur Verfügung gestanden und ich war darum sehr froh, daß ich ihm im Tod mit Ausnahme freundschaftlicher Hinwendung nichts schuldig war."[52]

Die Zusammenarbeit zwischen dem neuen rheinischen Landesvorsitzenden und seinem Amtsvorgänger funktionierte also. Wie sah die Kooperation zwischen Köppler und Wilhelm Lenz, dem Vorsitzenden der Landtagsfraktion und Spitzenkandidaten für die Landtagswahl 1970, aus? In seiner Rede als neugewählter Vorsitzender der CDU Rheinland verlas Köppler ein Glückwunschtelegramm von Lenz, der wegen einer Vi-

47 Vgl. Protokoll der Vorstandssitzung der Sozialausschüsse der CDA Rheinland vom 11.11.1969, ebd.

48 Gerhard Hardmann: „Köppler ist der Beste". In: „Bayernkurier" vom 29.11.1969.

49 „Zu-Protokoll-Gespräch" Karl Fischers mit Heinrich Köppler, 28.7.1978, S. 52, in: LTA NRW Biographisches Kompendium A 0208/406.

50 Ebd., S. 53.

51 Ebd., S. 52f.

52 „Zu-Protokoll-Gespräch" Karl Fischers mit Konrad Grundmann, 7.10.1981, S. 19f., in: LTA NRW Biographisches Kompendium A 0208/245.

rus-Grippe nicht an dem Dürener Parteitag teilnehmen konnte.[53] Der Landtagsfraktionschef freute sich auf „eine gute künftige Zusammenarbeit" mit Köppler, der seinerseits dem Parteitag versicherte, „daß diese gute Zusammenarbeit auch von mir aus nicht nur ein Wunsch, sondern eine Selbstverständlichkeit ist."[54] Trotz dieser Erklärungen kam nach der Entscheidung von Düren die Frage der Spitzenkandidatur für die Landtagswahl 1970 wieder auf die Tagesordnung. Zweifel an seiner Spitzenkandidatur trat Lenz energisch entgegen.[55] Wie er in einer Presseerklärung betonte, entbehrten solche Gerüchte jeder Grundlage. Er sei von 82 Prozent einer rheinisch-westfälischen Delegiertenversammlung in diese Position gewählt worden, und dabei bleibe es. Daß sich Lenz zu dieser Stellungnahme veranlaßt sah, war Ausdruck der unverkennbaren Nervosität bei ihm und seinen Anhängern nach der Entscheidung von Düren. „Köppler ist angetreten, nicht nur um Grundmann zu beerben, sondern auch den Lenz", war sich Heinz Soénius sicher.[56] Und Peter Giesen war davon überzeugt, daß Köpplers Wahl zum rheinischen Parteivorsitzenden nur der erste Schritt war, dem der zweite mit der Übernahme der Spitzenkandidatur für die Landtagswahl 1970 folgen sollte.[57] Ähnlich sahen es die Vertreter der nordrhein-westfälischen Landespresse.[58]

Was Giesen befürchtete, erhofften sich nicht wenige CDU-Mitglieder in Nordrhein-Westfalen. Ausgeprägt war diese Hoffnung im westfälisch-lippischen Raum. Hier galt Köppler nicht als der typische Rheinländer, sondern als eine Person, die eine faire Zusammenarbeit zwischen den beiden CDU-Landesverbänden erwarten ließ, da sie von außen kam und nicht involviert war in die personalpolitischen Auseinandersetzungen der zurückliegenden Jahre.[59] Viele Westfalen bestürmten ihn geradezu, den ungeliebten Lenz als Spitzenkandidaten abzulösen. Exemplarisch hierfür steht der damalige Oberkreisdirektor von Beckum, Winfried Schulte, der mit vielen CDU-Anhängern fürchtete, „daß wir mit Herrn Lenz die Wahl [die Landtagswahl von 1970] einfach nicht gewinnen können"[60]. Daß Lenz in Westfalen „einfach nicht ankommt", möge an Äußerlichkeiten wie seiner Sprechweise liegen, aber auch daran, daß „bislang keinerlei persönliche Leistungen von ihm" zu verzeichnen seien. Man könne sich „einfach nicht vorstellen", daß Lenz in der Lage wäre, als Ministerpräsident das Land Nordrhein-Westfalen erfolg-

---

53 Vgl. Rede des neugewählten Landesparteivorsitzenden Heinrich Köppler auf dem Parteitag der CDU Rheinland am 22.11.1969 in Düren, in: HStAD RWV 26-1277.

54 Ebd., S. 2.

55 „Lenz bleibt Spitzenkandidat für die Landtagswahl 1970". In: „Generalanzeiger Bonn" vom 24.11.1969.

56 Zeitzeugengespräch mit Heinz Soénius (4.2.2004).

57 Zeitzeugengespräch mit Peter Giesen (23.3.2004).

58 Zeitzeugengespräch mit Horst-Werner Hartelt (26.2.2004): „Nach der Entscheidung von Düren war für uns Vertreter von der Presse klar: Köppler ist der kommende Mann, der auch Spitzenkandidat für 1970 wird."

59 Zeitzeugengespräch mit Heinrich Windelen (29.12.2003).

60 Schreiben von Winfried Schulte, Oberkreisdirektor von Beckum, an Heinrich Köppler vom 2.12.1969, in: HStAD RWV 26-781.

reich zu vertreten. Aus diesem Grund hielt es Schulte für erforderlich, „die Frage der Spitzenkandidatur sobald wie möglich erneut zu stellen."

Hierauf antwortete Köppler, daß er natürlich wisse, „wie gegenwärtig allgemein die Stimmung gegenüber dem Vorsitzenden unseres Parteipräsidiums [Lenz] ist"[61]. Schulte und dessen Parteifreunden in Westfalen versicherte er, „daß ich alles mir mögliche unternehme, um diese Situation [im Hinblick auf die Landtagswahl 1970] noch zu verbessern." Köppler kündigte also ein verstärktes landespolitisches Engagement an; Anfang Dezember 1969 vereinbarte er mit Lenz und Dufhues, nach Möglichkeit fortan an den Sitzungen der CDU-Landtagsfraktion teilzunehmen.[62] Die Spitzenkandidatur und damit ein Wechsel nach Düsseldorf in die Landespolitik war für ihn zu diesem Zeitpunkt noch kein Thema. Er bastelte weiter an seiner Karriere in Bonn. Er übte unverändert die wichtige Funktion eines Parlamentarischen Geschäftsführers der Bundestagsfraktion aus. Und der Bundesparteivorstand berief ihn in die vom Mainzer Bundesparteitag eingesetzte Kommission zur Fortschreibung und Präzisierung des Berliner Programms von 1968.[63] In dieser Kommission übernahm er als Stellvertreter des rheinland-pfälzischen Ministerpräsidenten Helmut Kohl, der den Vorsitz ausübte, eine wichtige Funktion.[64]

Für Köppler änderte sich die Gefechtslage zu Beginn des Jahres 1970. In seiner Funktion als Spitzenkandidat hatte es Lenz übernommen, bis Ende des Jahres 1969 den Entwurf eines Aktionsprogramms für die Landtagswahl 1970 zu erarbeiten,[65] den er am 9. Januar 1970 im Düsseldorfer „Malkasten" auf einer gemeinsamen Sitzung der Landesvorstände Rheinland und Westfalen-Lippe und des Vorstandes der CDU-Landtagsfraktion vorlegte.[66] Der 120 Punkte umfassende Entwurf war den Teilnehmern erst zwei Tage vor der Sitzung zugestellt worden, was für einigen Unmut sorgte. Im Vorstand der westfälisch-lippischen CDU wurde „dieses Verfahren als unmöglich" bezeichnet. Es war nicht der einzige Fehler, den Lenz im Vorfeld dieser Sitzung gemacht hatte. Keiner

61 Schreiben von Heinrich Köppler an Oberkreisdirektor Winfried Schulte vom 8.12.1969, ebd.

62 Schreiben von Günter Gerken, Geschäftsführer der CDU-Landtagsfraktion, an Heinrich Köppler vom 3.12.1969, in: HStAD RWV 26-847.

63 Schreiben von CDU-Bundesgeschäftsführer Konrad Kraske an die Mitglieder der CDU-Programmkommission vom 19.12.1969, in: HStAD RWV 26-845.

64 Vgl. Ergebnisprotokoll der konstituierenden Sitzung der Programmkommission der CDU Deutschlands vom 20.1.1970, ebd.

65 Vgl. Entwurf eines Aktionsprogramms der CDU in Nordrhein-Westfalen (1970–1980 – Kurzfassung), in: ACDP 03-016-003. Ausführlich erläutert wird dieser Entwurf bei GRUBER, S. 236–239.

66 Zum Verlauf dieser Sitzung vgl. Protokoll Landesvorstandssitzung CDU Westfalen-Lippe 9.1.1970 im Düsseldorfer „Malkasten", in: ACDP 03-002-400/1; das als „Persönlich und vertraulich!" gekennzeichnete Schreiben des Landesvorsitzenden Josef Hermann Dufhues an den Landesvorstand, die Kreisvorsitzenden und Kreisgeschäftsführer der CDU Westfalen-Lippe vom 16.1.1970, in: HStAD RW 360-221; Schreiben des Landesvorsitzenden Karl Lamers an die Kreisvorsitzenden der JU Rheinland vom 13.1.1970 zur Lage der CDU in Nordrhein-Westfalen, in: Privatarchiv Paul Sellmann; Zeitzeugengespräche mit Heinrich Windelen (29.12.2003), Wilhelm Lenz (19.3.2004), Peter Giesen (23.3.2004) und Bernhard Worms (15.4.2004).

der führenden Repräsentanten der beiden CDU-Landesverbände war an der Erarbeitung des Entwurfs beteiligt. Auch hatte Lenz den Termin für eine Pressekonferenz zur Vorstellung des Aktionsprogramms bereits festgelegt, ohne die Beratung dieses Programms in der Partei- und Fraktionsführung abzuwarten. Die Stimmung war denn auch gereizt, als sich das Führungspersonal der Christdemokraten an Rhein und Ruhr an diesem 9. Januar 1970 im Düsseldorfer „Malkasten" versammelte. Eine denkbar schlechte Ausgangslage für Lenz, der wegen der Diskussion um seine Person dringend einen Erfolg benötigte.

Der geschäftsführende Landesvorstand des Landesverbandes Rheinland und der gesamte Landesvorstand des Landesverbandes Westfalen-Lippe traten zunächst zu getrennten Sitzungen zusammen, um eine erste Diskussion über den Entwurf des Aktionsprogramms vorzunehmen. Der westfälische Landesvorstand stellte mit großer Mehrheit fest, daß der Entwurf in der vorgelegten Fassung nicht verabschiedet werden könne und überarbeitet werden müsse. Insbesondere wurde eine längere Frist zur Beratung des Entwurfs verlangt. Auch die rheinischen Christdemokraten sahen vor der Verabschiedung eines Aktionsprogramms für die Landtagswahl 1970 noch erheblichen Beratungsbedarf. Daß die Vertreter der Landesverbände Rheinland und Westfalen-Lippe in der folgenden gemeinsamen Beratung der beiden Landesparteivorstände und des Vorstandes der Landtagsfraktion erklärten, daß der Lenz-Entwurf in der vorgelegten Fassung nicht verabschiedet werden könne, stellte vor diesem Hintergrund keine Überraschung mehr dar. Gegen einzelne Teile des Entwurfs, insbesondere im Bereich der Bundespolitik, bestünden schwerwiegende Bedenken.[67] Der Entwurf könne zwar als Basis für die weitere Beratung des Aktionsprogramms übernommen, jedoch erst nach sorgfältiger Überprüfung verabschiedet werden. Daraufhin trat Lenz die Flucht nach vorn an. Die Diskussion über den Entwurf des Aktionsprogramms verband er mit der Vertrauensfrage, die nach Karl Lamers „sinnvollerweise nur so verstanden werden [konnte], daß im Falle eines negativen Ausganges Herr Dr. Lenz seinen Rücktritt von der Spitzenkandi-

67 Widerspruch riefen vor allem die Thesen zur Wirtschaftspolitik sowie die außen- und ostpolitischen Aussagen des Programmentwurfs hervor. Die Aussage, daß die CDU „alle Initiativen im Sinne einer aktiven Friedenspolitik" unterstützen werde, weil sie darin „einen bedeutsameren Beitrag zu einer internationalen Friedenssicherung sieht als das zwanghafte Starren auf Anerkennungsformeln, die Ausdruck geistig bereits der Vergangenheit angehörender einseitiger Machtpolitik sind und denen nachzugehen Teilstück einer passiven Politik der Selbstaufgabe bedeutet" (Ziff. 3), hätte dem Regierungsprogramm der neuen sozial-liberalen Bundesregierung unter Willy Brandt entnommen sein können. Und nicht wie aus der Feder eines Christdemokraten und damit des Mitglieds einer Partei, die sich seit Ludwig Erhard als die Partei der Sozialen Marktwirtschaft verstand, klang auch die These, „daß das bisherige System der sozialen Marktwirtschaft auch in Verbindung mit sozialpolitischen Korrekturmaßnahmen weder ausreichend geeignet ist, rechtzeitig und nachhaltig den wirtschaftlich-technischen Fortschritt in Wirtschaft und Gesellschaft zu sichern, noch die damit verbundenen unerwünschten sozialen Folgen zu vermeiden" (Ziff. 20). Das Programm forderte deshalb die Verbindung der Gesellschaftspolitik mit der Wirtschaftspolitik in „einer sozialen Marktwirtschaft 2. Phase" (Ziff. 21).

datur erklärte"[68]. In getrennten Sitzungen sprachen die beiden Landesparteivorstände Lenz das Mißtrauen aus.[69]

Wer nun erwartet hatte, Lenz ziehe nach dieser Abstimmungsniederlage die Konsequenzen und trete von der Spitzenkandidatur zurück, sah sich getäuscht. Er dachte nicht an Rücktritt, sondern verlangte die Einberufung des für die Wahl des Spitzenkandidaten zuständigen Gremiums. Offensichtlich erhoffte er sich von der gemeinsamen Delegiertenversammlung der beiden Landesverbände, die ihn noch nicht einmal elf Monate zuvor mit 205 von 249 Stimmen zum CDU-Spitzenkandidaten für die Landtagswahl 1970 gekürt hatte,[70] einen Vertrauensbeweis. Da Lenz nicht zum freiwilligen Verzicht auf die Spitzenkandidatur bereit war, wuchs der Druck auf Köppler, in der von Lenz geforderten rheinisch-westfälischen Delegiertenversammlung, die nach dem Willen der beiden Landesvorstände am 31. Januar 1970 in Bochum stattfinden sollte, seinen Hut in den Ring zu werfen, also Lenz die Spitzenkandidatur streitig zu machen. In welcher Weise auf Köppler politisch Druck ausgeübt wurde, läßt ein Bericht von Karl Lamers über die Sitzung des geschäftsführenden Landesvorstandes der rheinischen CDU nach dem Mißtrauensvotum gegen Lenz erkennen. Darin heißt es: „Nachdem Herr Dr. Lenz diese Konsequenz [den Rücktritt von der Spitzenkandidatur] aus dem Abstimmungsergebnis nicht gezogen hat, bestand nach übereinstimmender Auffassung im geschäftsführenden Landesparteivorstand für Herrn Köppler nur noch die Möglichkeit, sich bedingungslos für eine Kandidatur als Spitzenkandidat bereit zu erklären. Die Position von Herrn Dr. Lenz ist nach dem Mißtrauensvotum der beiden Landesparteivorstände als den Führungsorganen der Landesverbände so angeschlagen, daß die CDU nicht mit Aussicht auf Erfolg mit ihm den Wahlkampf bestreiten kann."[71] Auch führende Vertreter des westfälisch-lippischen Landesverbandes der CDU drängten Köppler, sich um die Spitzenkandidatur für die Landtagswahl 1970 zu bewerben. Der aufstrebende Bundestagsabgeordnete Heinrich Windelen[72] sah in Köppler „die einzige Alternative zu Lenz"[73]. Köppler gab dem Verlangen gewichtiger Stimmen aus beiden Landesverbänden nach

68 Schreiben des Landesvorsitzenden Karl Lamers an die Kreisvorsitzenden der JU Rheinland vom 13.1.1970 zur Lage der CDU in Nordrhein-Westfalen, in: Privatarchiv Paul Sellmann.

69 Von den Rheinländern stimmten 14 gegen und 13 für Lenz, von den Westfalen votierten 14 gegen und neun für ihn. Vgl. Protokoll Landesvorstandssitzung CDU Westfalen-Lippe 9.1.1970 im Düsseldorfer „Malkasten", in: ACDP 03-002-400/1.

70 Vgl. Niederschrift über den Verlauf der gemeinsamen Vertreterversammlung der CDU Landesverbände Rheinland und Westfalen-Lippe zur Wahl des Spitzenkandidaten am 24.2.1969, in: ACDP 03-002-413/2.

71 Schreiben des Landesvorsitzenden Karl Lamers an die Kreisvorsitzenden der JU Rheinland vom 13.1.1970 zur Lage der CDU in Nordrhein-Westfalen, in: Privatarchiv Paul Sellmann.

72 Windelen hatte auf dem Mainzer Bundesparteitag bei den Wahlen zum Bundesparteivorstand das zweitbeste Ergebnis erzielt und wurde bereits als Nachfolger von Josef Hermann Dufhues im Vorsitz des CDU-Landesverbandes Westfalen-Lippe gehandelt. Vgl. Niederschrift über die Beschlüsse des 17. Bundesparteitages der CDU Deutschlands am 17./18.11.1969 in Mainz, in: ACDP 07-004-387/2; Heinzgünter Klein: „Rebellion gegen CDU-Spitze in Nordrhein-Westfalen". In: „Hessische Allgemeine Zeitung" vom 22.11.1969.

73 „Duell um CDU-Spitze – Lenz gibt nicht auf". In: „Kölnische Rundschau" vom 11.1.1970.

und stellte sich für eine Kandidatur gegen Lenz zur Verfügung, denn „wir konnten unmöglich Herrn Dr. Lenz, versehen mit einem Mißtrauensvotum beider Landesvorstände, den Landtagswahlkampf für die CDU anführen lassen, ohne eine erneute demokratische Legitimation für den Spitzenkandidat ... zu geben.“[74]

Ohne Gegenwehr das Amt des CDU-Spitzenkandidaten für Köppler freizumachen, wollte Lenz nicht. Er wollte um sein Amt kämpfen, wie er auf dem CDU-Bezirksparteitag in Bad Meinberg, der nur einen Tag nach den Ereignissen im Düsseldorfer „Malkasten“ stattfand, erklärte: „Ich denke nicht an den Rücktritt und werde bis zum bitteren Ende bleiben. Ich habe etwas gegen Heckenschützen und schätze nicht Leute, die mir christlich-freundschaftlich ins Gesicht sehen und den Dolch schon im Gewand haben.“[75] Mit dem Angriff gegen vermeintliche politische Heckenschützen und dem Vorwurf politischer Heimtücke konnte er Köppler nicht gemeint haben. Erst als Lenz selbst den Entwurf seines Aktionsprogramms und somit auch seine Person zur Diskussion stellte und verlor, erklärte Köppler seine Bereitschaft zur Übernahme der Spitzenkandidatur für die Landtagswahl 1970, und zwar aus Pflichtbewußtsein.[76] Im Unterschied zur Frage des rheinischen Landesparteivorsitzes ließ sich Köppler hier in die Pflicht nehmen und stellte sich seiner Partei in Nordrhein-Westfalen in einer für sie schwierigen Situation zur Verfügung unter Hintanstellung persönlicher politischer Ambitionen in der Bundespolitik in Bonn. Persönlicher Ehrgeiz trieb ihn nicht an, „denn ich gebe möglicherweise“, wie er sich wenige Tage vor der Entscheidung in Bochum bewußt wurde, „eine inzwischen erarbeitete Position in der Bundespolitik auf für ein außerordentlich dornenreiches Geschäft im Lande Nordrhein-Westfalen“[77].

Im Vorfeld der Entscheidung von Bochum war Köppler sichtlich bemüht, aus der katholisch-konservativen Ecke herauszukommen, in die ihn seine innerparteilichen Gegner zu stellen versuchten. Dazu ging er den Weg über die Presse. Für ein ausführliches Gespräch über seine Einordnung innerhalb der CDU und seine Haltung zu politischen Grundsatzfragen stellte er sich dem landespolitischen Korrespondenten der einflußreichen WAZ, Gerd Goch, zur Verfügung.[78] „Ich bin, daraus mache ich keinen Hehl, ein überzeugter, aber ein liberaler Katholik und stehe links von der Mitte in der CDU“, ließ er Goch wissen. Wie Musik in den Ohren der CDU-Sozialausschüsse mußte klingen, was er im Industrieland an Rhein und Ruhr zur Frage der Mitbestimmung äußerte. Er sei grundsätzlich dafür, daß die Mitbestimmung – wenn auch nicht unbedingt nach dem Montanmodell – ausgeweitet, daß Betriebs- und Unternehmensverfassungen verbessert

74 Schreiben von Heinrich Köppler an Wilhelm Heine aus Rheinbach vom 28.1.1970, in: HStAD RWV 26-823.

75 Zitiert nach Gerhard Malbeck: „Lenz will um sein Amt kämpfen“. In: „Rheinische Post“ vom 12.1.1970.

76 Erstes Zeitzeugengespräch mit Klaus Fenske (31.1.2004) und Zeitzeugengespräch mit Bernhard Vogel (27.2.2004).

77 Schreiben von Heinrich Köppler an den Oberbürgermeister a.D. Alfred A. Allgaier aus Weingarten/Württemberg vom 29.1.1970, in: HStAD RWV 26-823.

78 Gerd Goch: „Heinrich Köppler kämpft gegen sein ‚schwarzes Image‘“. In: WAZ vom 17.1.1970.

werden sollten. Auch in der Bildungspolitik wollte er sich nicht als „Konservativer" einstufen lassen. „Wer beispielsweise glaubt, daß es in der Schulpolitik einen Rückfall in konfessionelles Denken gibt, falls ich NRW-Ministerpräsident werden sollte, wird sich sehr täuschen", stellte er in dem Gespräch mit dem WAZ-Redakteur unmißverständlich fest.

In der Schulpolitik kündigte er für den Fall seiner Nominierung zum CDU-Spitzenkandidaten Kontinuität an: „Wer Lenz am 31. Januar bei der Wahl des neuen Spitzenkandidaten die Quittung wegen seiner modernen Schulpolitik geben will, dem sage ich vorher ausdrücklich, daß ich voll hinter den bisherigen Entscheidungen der CDU-Landtagsfraktion stehe. Ich bin dafür, daß die Hauptschule in der Regel Gemeinschaftsschule ist. Ich werde als Regierungschef sogar dafür eintreten, daß auch bei der Grundschule das Konfessionsprinzip dann aufgegeben werden muß, wenn es dem Leistungsprinzip oder notwendigen Versuchen wie der Gemeinschaftsschule im Wege steht." Eine radikale Kursänderung schloß Köppler auch bei dem von Lenz vorgelegten Aktionsprogramm aus, wie er Mitte Januar 1970 vor einer Arbeitsgemeinschaft christlich-demokratischer Gewerkschafter im DGB in Duisburg betonte.[79] Er denke nicht daran, ein Gegenprogramm aufzustellen. Ebensowenig sei er bereit, progressive Programmthesen zu opfern. Vielmehr könne er inhaltlich „vieles, fast alles unterstreichen", was Lenz in seinem Konzept niedergelegt habe. Auch der rheinische Landesvorstand habe sich zu dem Lenz-Programm eine Meinung gebildet. Der Vorstand vertrete die Ansicht, daß dieses Konzept „progressiv bleiben" müsse. Es komme jedoch darauf an, daß diese Programmaussage von allen maßgeblichen Gremien der Partei mitgetragen werde. Was schließlich als Aktionsprogramm für die Landtagswahl 1970 verabschiedet wurde,[80] bestätigte die Erklärung Köpplers. Wie Ludger Gruber herausgearbeitet hat, war für die neue Fassung des Aktionsprogramms „nicht die inhaltlich signifikante Neuorientierung" charakteristisch, sondern „vielmehr die Herausnahme zu pointierter und zu kritischer Passagen".[81]

Die jeweils 60 Rheinländer und Westfalen, die sich am 31. Januar 1970 in Bochum versammelten, um die Frage der Spitzenkandidatur der CDU für die Landtagswahl 1970 endgültig zu klären, wußten also, was sie bei einer Wahl von Heinrich Köppler erwartete. Die Junge Union des Rheinlandes rechnete mit einer eindeutigen Mehrheit für Köppler.[82] Ihr Landesvorsitzender Karl Lamers nannte Köppler den „idealen Mann" für die nordrhein-westfälische CDU bei der Landtagswahl. Er stehe „links von der Mitte",

---

79 „Köppler: Aktionsprogramm der CDU soll progressiv bleiben". In: „Die Welt" vom 19.1.1970.

80 „CDU. Damit unser Land wieder Nr. 1 wird. Aktionsprogramm für Nordrhein-Westfalen", in: ACDP 03-002-413/1.

81 Gruber, S. 241. Formulierungen wie das „zwanghafte Starren auf Anerkennungsformeln" im Kapitel „Friedenspolitik" oder Begriffe wie „Soziale Marktwirtschaft 2. Phase" aus dem Lenz-Entwurf tauchten in dem verabschiedeten Aktionsprogramm der CDU für die Landtagswahl 1970 nicht mehr auf.

82 „Junge Union rechnet mit Mehrheit für Köppler". In: „Westfälische Nachrichten" vom 28.1.1970.

sei aber wegen seines katholisch-kirchlichen Hintergrunds auch für konservative Wähler akzeptabel. An Lenz kritisierte Lamers, er besitze nicht „die allergeringste Integrationskraft“, um die Partei zu mobilisieren und zu führen. Der Spitzenkandidat müsse ein Mann sein, mit dem sich die Partei identifizieren könne und mit dem sie bereit sei zu kämpfen. Köppler sei dazu am ehesten geeignet. Auch der CDU-Nachwuchs in Westfalen-Lippe unterstützte Köppler.

Mit 14 Stimmen bei nur einer Gegenstimme und drei Enthaltungen empfahl der JU-Landesvorstand der Bochumer Delegiertenversammlung, Köppler zum Spitzenkandidaten für die Landtagswahl 1970 zu nominieren.[83] Aus Sicht der Jungen Union in Westfalen-Lippe stellte Köppler „persönlich und politisch eine unverbrauchte Persönlichkeit mit hoher Vertrauenswürdigkeit, starkem Pflichtgefühl, großer Teamfähigkeit, leidenschaftlicher Einsatzbereitschaft, natürlicher Begeisterungsfähigkeit und überzeugender Grundsatztreue“ dar, die mit ihren 44 Jahren als „kompetenter Ansprechpartner der Jugend“ gelten konnte.[84] Mit einer Wahl Köpplers ergab sich zugleich die Möglichkeit, den ungeliebten Lenz abzulösen. „Dr. Lenz wollten wir von Anfang nicht“, wie sich der damalige JU-Landesvorsitzende Paul Sellmann in der Rückschau erinnert, „weil er 1966 durch seine konspirativen Geheimverhandlungen mit der SPD NW [Heinz Kühn] der bestehenden CDU/FDP-Landesregierung [gewählt für 1966–1970] in den Rücken gefallen war und die CDU NW letztlich dadurch ohne ihren natürlichen und vorhandenen Koalitionspartner FDP in die Opposition brachte.“[85]

Die Unterstützung für Köppler im westfälisch-lippischen Raum beschränkte sich nicht auf die Junge Union, sondern schloß auch die große Mehrheit des CDU-Landesverbandes ein. Der Landesvorsitzende Josef Hermann Dufhues begrüßte die Kandidatur Köpplers als „klare Alternative“ zu Lenz.[86] Mit dieser breiten Unterstützung im Rücken ging der rheinische Landesparteivorsitzende als Favorit in die Auseinandersetzung mit dem Landtagsfraktionschef, die er denn auch mit 86 zu 34 Stimmen eindeutig für sich entschied.[87] In diesem Abstimmungsergebnis spiegelten sich die hohen Erwartungen wider, die sich mit der Person von Köppler in beiden CDU-Landesparteien verbanden. Für den rheinischen Landesgeschäftsführer Franz Heinrich Krey galt Köppler als „Hoffnungsträger für die Wiedergutmachung der Wahlschlappe von 1966“[88], nach Einschätzung des westfälischen Landtagsabgeordneten Albert Falke war Köppler „der beste Mann, den die CDU damals aufbieten konnte“[89], und wie der rheinische Landtags-

---

83 Vgl. Beschlußprotokoll Landesvorstandssitzung JU Westfalen-Lippe 12.1.1970, in: ACDP 04-014-045/2.

84 Zeitzeugenbefragung von Paul Sellmann (24.6.2004).

85 Ebd.

86 „Dufhues begrüßt Kandidatur Köpplers“. In: „Die Welt“ vom 14.1.1970.

87 Vgl. Gerd Goch: „Neuer Spitzenkandidat sagt Kühn den Kampf an“. In: „Kölner Stadt-Anzeiger“ vom 2.2.1970; Gerhard Elsner: „Nach der Niederlage gegen Köppler ruft Lenz zur Einigkeit auf“. In: „Die Welt“ vom 2.2.1970; Rudolf Bauer: „Köppler: CDU hat Chance gegen Kühn und die SPD“. In: „Rheinische Post“ vom 2.2.1970.

88 Zeitzeugengespräch mit Franz Heinrich Krey (27.1.2004).

89 Zeitzeugengespräch mit Albert Falke (20.3.2004).

abgeordnete Heinz-Günther Hüsch zu berichten wußte, „symbolisierte Köppler die Hoffnung einer damals jungen Politikergeneration“[90].

Nach der Kür zum Spitzenkandidaten wurde Köppler auch im Vorsitz des CDU-Landespräsidiums Nachfolger von Lenz,[91] der sich als fairer Verlierer zeigte.[92] Lenz gratulierte nicht nur spontan seinem Kontrahenten, sondern versicherte ihn auch der loyalen Mit- und Zusammenarbeit. Schließlich richtete Lenz einen beschwörenden Einigkeitsappell an die Parteifreunde, die er aufforderte, die Beschäftigung mit sich selbst nun zu beenden und den Blick nach vorn zu richten. Auch Köppler richtete den Blick nach vorn. Eindringlich appellierte er an die beiden Landesverbände, ihre gemeinsamen Anstrengungen nunmehr ausschließlich auf den bevorstehenden Landtagswahlkampf zu konzentrieren.[93]

Die Christdemokraten an Rhein und Ruhr standen bei der Landtagswahl 1970 „vor einer außerordentlich schwierigen Aufgabe“, wie die Düsseldorfer „Werbeagentur Dr. Hegemann GmbH“ in ihrer Analyse der Situation der CDU zu Beginn des Jahres 1970 feststellte.[94] Der Verlust der Regierungsmacht in Bonn und die vierjährige Oppositionszeit in Düsseldorf hätten dem Ansehen der Partei geschadet, was sich in der rückläufigen Tendenz ihrer Stimmenanteile widerspiegele. Angesichts dieser Ausgangssituation war das Vorhaben, die absolute Mehrheit zu erringen, „nicht realistisch“. Deshalb konnte auch das Wahlkampfziel der CDU „nur in der Erringung einer Mehrheit liegen, die zur Regierungsbildung befähigt“.[95] Stärkste Fraktion im Düsseldorfer Landtag zu werden, mußte daher zunächst das Ziel sein. Auf dem Weg dorthin galt es, die eigene Wählerschaft zu mobilisieren und die Stimmen unzufriedener SPD- und FDP-Wähler sowie bisheriger Nichtwähler für die CDU zu gewinnen. Aus diesem Grund rieten die Düsseldorfer Wahlkampfberater zu einer grundsätzlichen Neuausrichtung des Wahlkampfs. Im Gegensatz zu früheren Wahlkämpfen dürfe sich die CDU „diesmal nicht in einer Selbstbestätigung beschränken“[96]. Die schwierige Ausgangsposition mache es erforderlich, daß sie aus dieser selbstgewählten Reserviertheit heraustrete und die Initiative ergreife. Die CDU müsse in allen ihren Wahlkampfäußerungen „aggressive Kritik an der bisherigen Führung der Regierungsgeschäfte durch die SPD“[97] üben. Die Stoßrichtung des CDU-Wahlkampfs zielte also gegen die SPD, wäh-

90 Zeitzeugengespräch mit Heinz-Günther Hüsch (18.3.2004).

91 Vgl. Protokoll der Sitzung des Landespräsidiums der CDU in NRW vom 12.2.1970, in: ACDP 03-016-010.

92 Vgl. Gerhard Elsner: „Nach der Niederlage gegen Köppler ruft Lenz zur Einigkeit auf“. In: „Die Welt“ vom 2.2.1970.

93 Ebd.

94 „Die Wahlkampfstrategie der CDU. Gedanken zur Landtagswahl 1970 in Nordrhein-Westfalen“, S. 3, vorgelegt von der Werbeagentur Dr. Hegemann GmbH im Februar 1970, in: HStAD RWN 207-24.

95 Ebd., S. 5.

96 Ebd., S. 6.

97 Ebd., S. 7.

rend der potentielle Koalitionspartner FDP nach Möglichkeit aus der Schußlinie gehalten werden sollte.

Ganz im Sinne dieser Wahlkampfstrategie äußerte sich Köppler bereits unmittelbar nach seiner Nominierung zum Spitzenkandidaten. Gegenüber der Tageszeitung „Die Welt" ließ er keinen Zweifel daran, „daß wir den Wahlkampf aggressiv gegen die SPD führen werden"[98]. Die FDP behandelte er hingegen pfleglich. Die FDP sei nur der Juniorpartner der Düsseldorfer Regierungskoalition und könne daher „nicht unser Hauptgegner im Wahlkampf" sein. Außerdem sei er „grundsätzlich gegen ein Freund-Feind-Verhältnis zur FDP", was als Abgrenzung gegenüber dem CDU-Bundesvorsitzenden Kurt Georg Kiesinger verstanden werden konnte, der kurz nach der Bundestagswahl von 1969 erklärt hatte, die CDU müsse die FDP aus allen Landtagen hinauskatapultieren.[99]

Über eine Koalition mit den Freien Demokraten strebte Köppler eine Rückkehr seiner Partei an die Macht in Düsseldorf an. Darin ließ er sich auch nicht durch Äußerungen führender FDP-Landespolitiker beirren, die einem solchen Vorhaben eine klare Absage erteilten. „Ich glaube, daß der gesunde Menschenverstand in der FDP noch so groß ist, daß man erst einmal den Ausgang der Wahl abwartet, bevor man sich endgültig festlegt", zeigte sich Köppler Ende Februar 1970 vor der Landespressekonferenz zuversichtlich, nach der Landtagswahl die FDP für ein Regierungsbündnis mit seiner Partei gewinnen zu können.[100] Seinen Auftritt vor der Landespressekonferenz nahm er auch zum Anlaß, Stellung zu nehmen zu der Aussage des FDP-Wahlkampfleiters Horst-Ludwig Riemer, der eine Koalition mit der CDU ausschloß, weil er dadurch die Bonner SPD-FDP-Regierung gefährdet sah. Köppler deutete an, daß er zu einer grundsätzlichen Einigung mit der FDP über das Abstimmungsverhalten im Bundesrat bereit sei. Eine CDU/FDP-Koalition in Nordrhein-Westfalen müsse nicht gegen die Bonner Regierung gerichtet sein. Im Schatten seines öffentlichen Werbens um die Gunst der FDP pflegte Köppler geheime Kontakte mit dem nationalliberalen Flügel der nordrhein-westfälischen FDP, namentlich mit Heinz Lange.[101] Heinz Lange war zwar (noch) Vorsitzender der FDP-Fraktion im Düsseldorfer Landtag, befand sich aber innerhalb der Führung seines Landesverbandes eindeutig in der Minderheit. Deshalb konnte und durfte Köppler auch nicht hoffen, über Lange die FDP für ein Bündnis mit der CDU zu gewinnen. Eher war zu erwarten, daß nationalliberal orientierte Mitglieder und Anhänger der FDP Interesse an einem Wechsel zur CDU zeigten. So gab er Lange zu erkennen, „daß er im Falle eines Absprungs willkommen ist"[102].

---

98 Dirk Bavendamm: „Köppler: Wir führen den Wahlkampf aggressiv gegen die SPD". In: „Die Welt" vom 2.2.1970.

99 Baring, S. 170.

100 Zitiert nach Gerd Goch: „Köppler glaubt weiter an eine Koalition mit der FDP in NRW". In: „Kölner Stadt-Anzeiger" vom 27.2.1970.

101 Vgl. Zeitzeugengespräch mit Friedhelm Geraedts (19.11.2003); Schreiben von Heinrich Köppler an Alfred Dregger, Oberbürgermeister von Fulda und Vorsitzender des CDU-Landesverbandes Hessen, vom 18.2.1970, in: ACDP 01-258-029/4.

102 Schreiben von Heinrich Köppler an Alfred Dregger vom 18.2.1970, ebd.

Die Stimmen unzufriedener FDP-Anhänger, die mit dem sozialliberalen Kurs ihrer Partei nicht einverstanden waren, auch tatsächlich für die CDU zu gewinnen, setzte sehr viel Überzeugungsarbeit voraus, die vor allem einer leisten sollte: Heinrich Köppler. Bei ihm handelte es sich um einen Politiker, der einen überaus vertrauenerweckenden Eindruck machte, nicht zuletzt dank seiner „wohltuend sonore(n) Stimme, die 50 Prozent seines politischen Kapitals" ausmachte, wovon Paul Mikat rückblickend überzeugt ist.[103] Genauso sieht es Heinz Soénius: „Das Geheimnis des Erfolges von Köppler in der Politik war seine sonore Stimme. Wer über eine solche Stimme verfügt, muß politisch erfolgreich sein."[104] Und Burkhard Hirsch, dem linksliberalen Aushängeschild der Freien Demokraten in Nordrhein-Westfalen, ist Köpplers „tief tönende Stimme" in Erinnerung geblieben, die „auf Menschen einen großen Eindruck machte."[105]

Nicht ohne Grund also stellte die CDU in Nordrhein-Westfalen Köppler in das Zentrum ihrer Wahlkampagne.[106] Mit der Parole „Köppler kommt" und dem Versprechen, entschlossen zu handeln, damit Nordrhein-Westfalen wieder die Nummer eins unter den Bundesländern werde, wollten die Christdemokraten an Rhein und Ruhr in den Landtagswahlkampf für den 14. Juni 1970 ziehen. Auf ihren Wahlplakaten stellte die CDU ferner „die neuen Männer" in der Führungsmannschaft ihres Spitzenkandidaten besonders heraus. Dabei handelte es sich um eine zwölfköpfige junge Mannschaft, in der landespolitisch erfahrene Männer neben in dieser Hinsicht neuen, aber nicht unbekannten Gesichtern auftauchten.[107] Ihr Durchschnittsalter betrug 44 Jahre. Köpplers Führungsmannschaft setzte sich nicht – wie das Nachrichtenmagazin „Der Spiegel" despektierlich schrieb – aus den „Restbeständen der Meyers-Mannschaft"[108] zusammen. Aus dem 1966 gestürzten Kabinett Meyers waren die ehemaligen Landesminister Konrad Grundmann, Gerd Ludwig Lemmer, Paul Mikat und Gustav Niermann unter Köppler wieder vereint – und die zählten zu den „Aktivposten der Regierungen Meyers"[109]. Bei der Zusammenstellung seiner Mannschaft achtete er darauf, die Landtagsfraktion nicht zu brüskieren. Neben dem Vorsitzenden Wilhelm Lenz, dessen Stellvertreter Albert Pürsten und dem Kulturpolitiker Wolfgang Brüggemann berief er auch die aufstrebenden Landtagsabgeordneten Egbert Möcklinghoff und Horst Waffenschmidt in seine Mannschaft. Ebenfalls verstand er es, den Vorstandsvorsitzenden der Edelstahlwerke in Krefeld, Dieter Spethmann, und den Hammer Oberbürgermeister Günter Rinsche als Vertreter verschiedener Parteigruppierungen an sich zu binden und sogar einen so herausragenden Kopf wie den Bochumer Professor Kurt Biedenkopf, der als Vorsitzender

103 Zweites Zeitzeugengespräch mit Paul Mikat (27.11.2004).
104 Zeitzeugengespräch mit Heinz Soénius (4.2.2004).
105 Zeitzeugengespräch mit Burkhard Hirsch (27.1.2004).
106 Vgl. „CDU wirbt mit der Parole: ‚Köppler kommt'". In: „Die Glocke" vom 7.4.1970.
107 Vgl. „Köppler tritt mit junger Garde an". In: „Westfälische Nachrichten" vom 13.3.1970; „Köppler mit Biedenkopf und Mikat im Wahlkampf". In: „Kölnische Rundschau" vom 13.3.1970.
108 „Erster Schritt". In: „Der Spiegel" vom 25.5.1970.
109 Marx: Meyers, S. 488.

der von der Regierung der Großen Koalition eingesetzten Mitbestimmungskommission einer breiteren Öffentlichkeit bekannt geworden war, für sich zu gewinnen.

Es handelte sich zweifellos um „eine überaus interessante Mannschaft“[110], mit der Köppler in den Kampf für die Landtagswahl am 14. Juni 1970 ziehen wollte. Gleichwohl mußte er sich innerhalb der Partei Kritik gefallen lassen. Die Frauenvereinigung der rheinischen Landespartei kritisierte, daß der Mannschaft des CDU-Spitzenkandidaten keine Frau angehöre.[111] Dabei hatte Köppler zunächst an die Berufung einer Frau gedacht.[112] Er wollte die Kölner Oberstudiendirektorin Hanna-Renate Laurin, die spätere rheinland-pfälzische Kultusministerin und Berliner Schulsenatorin, in seine Mannschaft holen, die aber nach ihrem Umzug nach Rheinland-Pfalz, wo sie zunächst Ministerialdirigentin im Kultusministerium wurde, nicht mehr zur Verfügung stand. Eine andere Frau mit gleichen politischen und persönlichen Qualitäten, die gleichermaßen innerhalb der Partei bei Frauen und Männern – wie auch bei den Wählern – Anklang gefunden hätte, sei in der Kürze der Zeit leider nicht verfügbar gewesen. Dieser Argumentation konnten und wollten die rheinischen Unionsfrauen nicht folgen, weil „es die geforderte Superfrau, die von allen anerkannt wird, als Ideal in Realität wahrscheinlich nie geben werde“[113].

Da die Kritik an Köpplers Mannschaft parteiintern blieb, konnte nach außen hin Geschlossenheit demonstriert werden. Die CDU in Nordrhein-Westfalen schien wieder Tritt gefaßt zu haben. Im Landtagswahlkampf trat die Partei als geschlossene Formation auf. Bundespolitische Themen wie der Streit um die Deutschland- und Ostpolitik sowie die Auseinandersetzung über die Konjunkturpolitik der neuen sozial-liberalen Bundesregierung unter Willy Brandt bestimmten die Wahlauseinandersetzung. Köppler selbst sprach von einer „Testwahl für die Bonner Koalition“.[114] Der Charakter einer bundespolitischen Testwahl wurde noch dadurch verstärkt, daß am selben Tag auch im Saarland und in Niedersachsen Landtagswahlen stattfanden. Abgesehen davon hatten „Landtagswahlen in NRW ... immer einen bundespolitischen Aspekt“[115]. Daß dort seinerzeit rund ein Drittel des deutschen Nationaleinkommens erwirtschaftet wurde, daß rund ein Drittel der Wahlberechtigten der Bundesrepublik auf dieses Land entfielen und daß 148 von damals 496 stimmberechtigten Bundestagsabgeordneten aus dem Land zwischen Rhein und Weser kamen, unterstrich die herausgehobene Bedeutung nordrhein-westfälischer Landtagswahlen.[116]

110 Zeitzeugengespräch mit Franz Heinrich Krey (27.1.2004).

111 Schreiben der Bundestagsabgeordneten Maria Stommel, Vorsitzende der Frauenvereinigung des CDU-Landesverbandes Rheinland, an Heinrich Köppler vom 13.4.1970, in: HStAD RW 277-36.

112 Vgl. Protokoll der gemeinsamen Sitzung des Vorstandes der Landesfrauenvereinigung der CDU Rheinland und der Kreisvorsitzendenkonferenz vom 19.9.1970, an der auch Heinrich Köppler teilnahm, in: HStAD RWV26-1299.

113 Ebd.

114 Köppler: Testwahl.

115 Köppler 1, S. 57.

116 Fabritius, S. 18.

Ende Mai 1970 sorgten die katholischen Bischöfe Nordrhein-Westfalens dafür, daß vorübergehend nicht mehr bundespolitische Themen im Zentrum des Landtagswahlkampfs standen. Der Wahlhirtenbrief der katholischen Bischöfe[117] schlug hohe Wellen in der Landespolitik. Die Bischöfe warnten vor besorgniserregenden Entwicklungen im Bereich der Massenmedien und der sittlichen Ordnung und insbesondere vor drohenden Gefahren im Bildungswesen. Die Monopolisierung des Bildungswesens vom Kindergarten bis zur Hochschule durch den Staat sei ein Angriff auf „die Fundamente ..., auf denen unsere freiheitliche Ordnung aufbaut." Damit das Recht der freien Schulen nicht lediglich auf dem Papier stünde, forderten die katholischen Bischöfe, „daß der Staat Schulen in freier Trägerschaft ermöglicht und ihnen die finanziellen Mittel in gleicher Höhe zur Verfügung stellt, wie er dies für seine eigenen Schulen tut." Zugleich riefen die Bischöfe die Wähler auf, „die Verantwortung für unsere Zukunft nur solchen Frauen und Männern (zu) übertragen, die bewiesen haben, daß sie in ihrem Handeln christliche Grundsätze und Grundanliegen vertreten." Sozialdemokraten und Freie Demokraten verurteilten den Wahlhirtenbrief als einseitige Wahlpropaganda zugunsten der CDU.[118] FDP-Wahlkampfleiter Riemer behauptete sogar, daß die Erklärung der katholischen Bischöfe von CDU-Spitzenkandidat Köppler bestellt worden sei, was er damit begründete, daß Köppler als ehemaliger Generalsekretär des Zentralkomitees der deutschen Katholiken enge Beziehungen zum Klerus unterhalte.[119] Köppler sei gezwungen, „die letzten katholischen Wähler durch eine Restauration alter Klerikalpolitik zu mobilisieren", um einen Wahlsieg zu erringen.

Der CDU-Spitzenkandidat reagierte empört und wies die Behauptungen Riemers als „unzutreffend und unwahr" zurück, sprach gar von einem „Schlag unter die Gürtellinie" und einem politischen Stil, der von vielen als überwunden angesehen worden sei.[120] Und der Leiter des Katholischen Büros in Düsseldorf, Prälat Paul Filbrandt, bezeichnete die Erklärung Riemers als „so unwahr, wie nur etwas unwahr sein kann."[121] Unmißverständlich erklärte er: „Herr Köppler hat an dieser Erklärung überhaupt keinen Anteil." Daß er in Verbindung mit dem Hirtenbrief der katholischen Bischöfe Nordrhein-Westfalens gebracht wurde, konnte überhaupt nicht im Sinne Heinrich Köpplers sein, der nachhaltig bemüht war, von dem ihm anhaftenden Ruch eines „Berufskatholiken" loszukommen.[122]

Ministerpräsident Heinz Kühn kritisierte zwar auch die Verlautbarung der Bischöfe als klare Wahlhilfe für die CDU, enthielt sich aber persönlicher Angriffe gegen Köpp-

117 „Wort der Bischöfe von Nordrhein-Westfalen zur Landtagswahl 1970". In: „Kirchlicher Anzeiger für die Diözese Aachen" vom 4.6.1970.

118 Vgl. Friedrich Kassebeer: „Doch noch Kulturkampf im Wahlkampf". In: „Süddeutsche Zeitung" vom 29.5.1970; „Kühn wirft den Bischöfen Wahlhilfe für die CDU vor". In: NRZ vom 28.5.1970.

119 „Köppler spricht von Schlag unter die Gürtellinie". In: „Rheinische Post" vom 30.5.1970.

120 Ebd.

121 Ebd.

122 Zeitzeugengespräch mit Joachim Sobotta (28.1.2004).

ler.[123] Warum sollte er, der mit Abstand populärste Politiker Nordrhein-Westfalens[124], seinen Herausforderer, der trotz eines engagierten Wahlkampfs[125] im Schatten des Regierungschefs blieb, durch eine öffentliche Auseinandersetzung Aufmerksamkeit verschaffen?[126] Nicht allein Kühn konnte auf glänzende Umfragewerte verweisen. Auch seine Partei durfte sehr zuversichtlich der Landtagswahl entgegensehen. Mitte Mai 1970 erklärte er in der SPD-Landtagsfraktion, „die letzten Befragungen seien so günstig für die SPD, daß man sie nicht einmal mehr veröffentlichen könne“[127]. Fast zwei Drittel der Bürger Nordrhein-Westfalens glaubten an einen Wahlsieg der SPD, nur jeder fünfte hielt einen Erfolg der CDU für wahrscheinlich.[128]

Daß sehr gute Meinungsumfragen Momentaufnahmen ohne einen dauerhaften Wert sind, erfuhr die SPD am Abend des 14. Juni 1970, als das tatsächliche Wahlergebnis feststand. Entgegen allen Vorhersagen mußte die SPD Verluste in Höhe von 3,4 Prozentpunkten hinnehmen und landete mit einem Stimmenanteil von 46,1 Prozent nur noch auf Platz 2.[129] Wieder stärkste Fraktion im Düsseldorfer Landtag wurde nach einem Stimmenzuwachs von 3,5 Prozentpunkten die CDU, auf die 46,3 Prozent der abgegebenen Stimmen entfielen. Als dritte Partei im Landtag war wiederum die FDP vertreten, deren Stimmenanteil zwar um fast zwei Prozentpunkte zurückging, die aber mit 5,5 Prozent relativ sicher den Sprung über die 5%-Hürde schaffte im Gegensatz zu den Parteifreunden im Saarland und in Niedersachsen, was zur Folge hatte, daß die Christdemokraten im Saarland und die Sozialdemokraten in Niedersachsen jeweils die absolute Mandatsmehrheit erreichten.[130] Der Trend bei dieser Drei-Länder-Wahl war also nicht

---

123 Vgl. „Kühn wirft den Bischöfen Wahlhilfe für die CDU vor“. In: NRZ vom 28.5.1970.

124 Nach einer EMNID-Studie vom Mai 1970 war Kühn nicht weniger als 74 Prozent der Befragten bekannt. Wurde den Befragten eine Liste mit den Namen von Politikern des Landes vorgelegt, kannten ihn sogar 91 Prozent. Vgl. „Meinungslage und Einstellungstendenzen in der Bevölkerung Nordrhein-Westfalens vor der Landtagswahl 1970“, S. XXVI, vorgelegt vom EMNID-Institut GmbH & Co., Bielefeld, im Mai 1970, in: HStAD RW 180-1301.

125 Vgl. die Reportage von Claus D. Chowanetz: „Heinrich Köppler kommt – mit Spikes an den Schuhen“. In: „Westfalenblatt“ vom 9.6.1970.

126 In der SPD-Landtagsfraktion war darüber diskutiert worden, wie Heinrich Köppler, ein Neuling auf der landespolitischen Bühne, im Landtagswahlkampf angepackt werden sollte. Das Fraktionsmitglied Peter Kraft hatte dafür plädiert, daß Kühn die unmittelbare Auseinandersetzung mit seinem Herausforderer suchen solle, um so dessen vermeintlich fehlende landespolitische Kompetenz erkennbar werden zu lassen. Dagegen war Johannes Rau, seinerzeit Vorsitzender der SPD-Landtagsfraktion, dafür eingetreten, den Bekanntheitsgrad von Köppler nicht dadurch zu steigern, daß ihn Kühn besonders attackiere. Vgl. Protokoll SPD-Fraktionssitzung 19.5.1970, in: HStAD RW 180-243.

127 Ebd.

128 Vgl. „Meinungslage und Einstellungstendenzen in der Bevölkerung Nordrhein-Westfalens vor der Landtagswahl 1970“, S. VIII, vorgelegt vom EMNID-Institut GmbH & Co., Bielefeld, im Mai 1970, in: HStAD RW 180-1301.

129 Zum Ergebnis der nordrhein-westfälischen Landtagswahl von 1970 vgl. ALEMANN, Anhang, S. 246f.

130 Zu den Wahlergebnissen in Niedersachsen und im Saarland vgl. RITTER/NIEHUSS, S. 140 u. 147.

eindeutig. Im Gegensatz zur FDP verlor die SPD nicht bei allen drei Wahlen. Der „größte Verlierer“ in Nordrhein-Westfalen war für Karl Fischer ohnehin nicht die SPD oder die FDP, sondern „die zahlreichen Meinungsforschungsinstitute, die mit ihren von den Wählern über den Haufen geworfenen Programmen zu falschen Propheten degradiert wurden“[131]. Bei seiner Analyse der Gründe, die zu den Stimmengewinnen der oppositionellen CDU und zu den Stimmenverlusten der Koalitionsparteien geführt hatten, nennt Fischer vor allem die Bundespolitik, und hier insbesondere die Deutschland- und Ostpolitik, die in einem Bundesland, in dem seinerzeit jeder vierte Wähler Heimatvertriebener oder Flüchtling aus der DDR war, eine nicht zu unterschätzende wahlpolitische Bedeutung hatte. Die heftige Kritik der Vertriebenen- und Flüchtlingsverbände an der Deutschland- und Ostpolitik der Regierung Brandt/Scheel hatte nach Einschätzung Fischers „zweifellos Vertriebene, die bisher SPD und FDP gewählt haben, veranlaßt, diesmal zur CDU umzuschwenken“[132].

Weitreichende Rückwirkungen auf das politische Bonn konnte das Düsseldorfer Wahlergebnis nur dann haben, wenn es zu einer neuen Regierungskonstellation in Nordrhein-Westfalen führte, was als unwahrscheinlich galt. Auf dem Landesparteitag im April 1970 hatte der FDP-Landesvorsitzende, Innenminister Willi Weyer, ein klares Bekenntnis zur Fortsetzung der Regierungskoalition mit der SPD abgelegt. In seiner Rede hatte er u. a. erklärt: „Herr Köppler hat mich aufgefordert, die Gründe zu nennen, die uns veranlassen, die Koalition mit den Sozialdemokraten fortzusetzen. Hier sind sie! Erstens: Wir haben in Düsseldorf eine partnerschaftliche Zusammenarbeit mit den Sozialdemokraten. Zweitens: Wir stehen mitten in einem Aufbauprogramm für unser Land, und wir wollen dieses Programm fortsetzen und durchführen. Drittens: So lange die CDU den Bundesrat als Organ der Parteipolitik betrachtet, wollen wir nicht über eine Veränderung der Mehrheitsverhältnisse des Deutschen Bundesrates die Politik der Bundesregierung torpedieren. Im Gegenteil: Wir wollen Partnerschaft mit der Bundesregierung zur Bewältigung der Aufgaben in Bund und Land.“[133]

2. Ein holpriger Start

Am Morgen des 15. Juni 1970, dem Tag nach der Landtagswahl, suchte Köppler das Gespräch mit dem Landesvorsitzenden der FDP, Innenminister Willi Weyer. In einem kurzen Telefongespräch erklärte er im Namen seiner Partei die Bereitschaft zu Verhandlungen über eine Zusammenarbeit von CDU und FDP in Nordrhein-Westfalen und unterstrich dabei, „daß nach unserer Auffassung keine unüberwindlichen Hindernisse für eine fruchtbare Zusammenarbeit in der Landespolitik, weder in sachlicher noch in

131 Karl Fischer: „Demoskopen-Pech. Sieben Verlierer und ein Sieg ohne Belohnung“. In: „Deutsches Allgemeines Sonntagsblatt“ vom 21.6.1970.

132 Ebd.

133 Willi Weyer: „Liberale Politik heute und morgen“. Rede auf dem Landesparteitag der NRW-FDP am 18./19.4.1970 in Düsseldorf, in: HStAD RWV 49-169.

personeller Hinsicht, bestehen und daß auch, was die Landespolitik gegenüber der Bundesregierung anbetrifft, Sie befriedigende Regelungen getroffen werden können“[134]. Damit signalisierte Köppler in einem für die Freien Demokraten zentralen Punkt Entgegenkommen. Weyer hatte ja seine Absage an die CDU auch und vor allem mit der Notwendigkeit begründet, die Bonner Koalition von den Ländern her abzustützen. Köppler unterbreitete der FDP ein Gesprächsangebot, machte ihr aber – und darauf legte er in den Gremien seiner Partei Wert[135] – kein großzügiges Koalitionsangebot. Das Nachrichtenmagazin „Der Spiegel“ hatte berichtet, Köppler habe der FDP vier Ministerämter und die Entkonfessionalisierung der Grundschule angeboten.[136] Weyer ließ Köppler wissen, daß ein Gespräch zwischen Vertretern beider Parteien möglich sei, für eine gemeinsame Regierung „z.Zt. aber kaum Chancen“ bestünden.[137]

Dies wurde auch in der Sitzung des FDP-Landesvorstands am gleichen Tage deutlich, in der Weyer und Wahlkampfleiter Riemer die Mitglieder des Landesvorstands beschworen, nicht von der Wahlaussage zugunsten der SPD abzuweichen.[138] Weyer und Riemer wurden nachhaltig unterstützt von den anwesenden Bundespolitikern, allen voran Hans-Dietrich Genscher. Der stellvertretende Bundesparteivorsitzende und Bundesinnenminister erinnerte an die Erklärung der Landespartei, die Koalition mit den Sozialdemokraten fortsetzen zu wollen, wenn der Wähler die Politik bestätige.[139] Was vor vier Jahren trotz einer äußerst schmalen Basis von zwei Stimmen Mehrheit gegolten habe[140], müsse auch 1970 gültig sein. Dieser Meinung war auch die große Mehrheit des Landesvorstands. Bei nur drei Gegenstimmen und einer Enthaltung beschloß er die Einsetzung einer Verhandlungskommission für Gespräche mit der SPD über die Fortsetzung der Koalition.[141] Die drei Gegenstimmen waren allerdings von Gewicht, handelte es sich hierbei doch um die Landtagsabgeordneten Heinz Lange, Wilhelm Maas und Franz Mader und damit um drei der auf elf Mitglieder zusammengeschrumpften Landtagsfraktion.

Die drei Genannten gehörten dem nationalliberalen Flügel der FDP in Nordrhein-Westfalen an. Noch vor der Landtagswahl hatten sich etwa 50 Mitglieder dieses Parteiflügels in dem sog. „Hohensyburger Kreis“ zusammengeschlossen, der sich als Gegengewicht zur sozial-liberalen Mehrheitsmeinung in der Partei verstand.[142] Weyer fürch-

---

134 Schreiben von Heinrich Köppler an Willi Weyer vom 17.6.1970, in: HStAD RWN 251-435.

135 Vgl. Protokoll Landesvorstandssitzung CDU Rheinland 24.6.1970, in: HStAD RW 277-45; Protokoll Sitzung CDU-Landtagsfraktion 24.6.1970, in: HStAD RW 360-373.

136 Vgl. „Rücken zur Wand“. In: „Der Spiegel“ vom 22.6.1970.

137 Protokoll Sitzung Landesverbandsvorstand FDP NRW 15.6.1970, in: ADL Bestand FDP-Landesverband NRW Nr. 27095.

138 Ebd., S. 4 u. 9.

139 Ebd., S. 2.

140 Zur Diskussion innerhalb der FDP über die Regierungsbildung nach der Landtagswahl von 1966, als CDU und FDP im Landtag nur noch über eine Mehrheit von 101 zu 99 Stimmen verfügten, vgl. MARX:Meyers, S. 405–408.

141 Vgl. Protokoll Sitzung Landesverbandsvorstand FDP NRW 15.6.1970, S. 15, in: ADL Bestand FDP-Landesverband NRW Nr. 27095.

142 STÖSS, S. 341.

tete bereits um die Regierungsfähigkeit einer neuen sozial-liberalen Landesregierung, sollten Lange, Maas und Mader einer weiteren Zusammenarbeit mit der SPD ihre Zustimmung verweigern.[143] Deshalb wollte Weyer von ihnen auch wissen, „ob die Gerüchte eine Grundlage hätten, wonach bei einer Koalitionsentscheidung für die SPD diese drei gegen ihre Fraktion stünden"[144]. Maas gab Weyer zur Antwort, daß er sich in Wahlkampfveranstaltungen für die Fortsetzung der Koalition ausgesprochen habe. Dazu stehe er auch, lege aber Wert auf eine Profilierung der FDP bei der Zusammenarbeit mit der SPD. Mader erklärte, er habe in seinem Bezirk den Standpunkt vertreten, daß die Koalition bei Bestätigung durch den Wähler fortgesetzt werde.[145] Festlegen wollte er sich zu diesem Zeitpunkt aber noch nicht. Im FDP-Bezirksverband Ostwestfalen-Lippe sei man nicht ohne weiteres für die Koalition mit der SPD. Die Abstimmung mit den Kreisverbänden habe nach der Wahl noch nicht stattgefunden. Vor der Entscheidung über die Fortsetzung der Regierungszusammenarbeit mit der SPD müsse man genau wissen, wie der Koalitionsvertrag aussehen solle. Ebenso argumentierte Lange, der sich eine Entscheidung noch offenhielt.[146] Er müsse erst hören, zu welchem Ergebnis Verhandlungen mit der SPD führten. Aus der Sicht Weyers waren diese Antworten unbefriedigend, weil unklar blieb, mit welcher Unterstützung eine mögliche neue sozialliberale Landesregierung seitens der FDP-Landtagsfraktion rechnen konnte.

Die Unsicherheit wuchs, als nach der Landtagswahl unter der Führung von Siegfried Zoglmann, von 1963 bis 1968 stellvertretender Vorsitzender der FDP-Bundestagsfraktion, eine National-Liberale Aktion (NLA) gegründet wurde, die das Gewicht des nationalliberalen Flügels innerhalb der FDP stärken sollte.[147] Maas, Mader und Lange ergriffen in Nordrhein-Westfalen die Initiative zur Gründung eines Landesverbandes der NLA[148], was nicht ohne Konsequenzen bleiben konnte. In seiner Sitzung am 11. Juli 1970 erklärte der FDP-Landesvorstand die Gründung der NLA als Verstoß gegen den Beschluß des Landesvorstands vom 17. Juni 1970.[149] Der Beschluß vom 17. Juni 1970 besagte, daß der Landesvorstand „die Bildung von Zirkeln und Sonderorganisationen – egal welcher Richtung – innerhalb der Partei nicht zulassen" werde.[150] Welche Zukunft hatten Maas, Mader und Lange in der FDP? Sollte die CDU-Landtagsfraktion aktiv

143 Nach der Wahl von 1970 verfügten SPD und FDP im Landtag nur noch über 105 von 200 Sitzen. Sie hatten zusammen 9 Sitze verloren, die an die CDU gingen, die mit 95 Abgeordneten die stärkste Fraktion im neuen Landtag stellte. Zur Sitzverteilung im Düsseldorfer Landtag in der 6. und 7. Wahlperiode vgl. ALEMANN, Anhang, S. 246f.

144 Protokoll Sitzung Landesverbandsvorstand FDP-NRW 15.6.1970, S. 11, in: ADL Bestand FDP-Landesverband NRW Nr. 27095.

145 Ebd.

146 Ebd.

147 STÖSS, S. 341.

148 Vgl. „Im Gegenteil". In: „Der Spiegel" vom 3.10.1970.

149 Protokoll Sitzung Landesverbandsvorstand FDP-NRW 11.7.1970, S. 18, in: ADL Bestand FDP-Landesverband NRW Nr. 27095.

150 Protokoll Sitzung Landesverbandsvorstand FDP-NRW 17.6.1970, S. 20, ebd.

werden und den drei genannten Landtagsabgeordneten eine neue politische Heimat anbieten?

Köppler war strikt dagegen, weil „die CDU keinen Wert darauf lege, mit abgeworbenen Abgeordneten eine Regierung zu bilden“[151]. Abgesehen davon, daß der Fraktionswechsel von drei Abgeordneten für eine regierungsfähige Mehrheit nicht ausreichte, wußte Köppler, daß die Wiedererlangung der Macht in Düsseldorf mit Hilfe von Fraktionswechslern lediglich einen kurzfristigen Erfolg darstellte, bestenfalls bis zur nächsten Landtagswahl. Um langfristig wieder Regierungsverantwortung in Nordrhein-Westfalen übernehmen zu können, mußte die FDP für eine Neuauflage der erfolgreichen christlich-liberalen Zusammenarbeit während der Ministerpräsidentschaft von Franz Meyers in den Jahren 1962 bis 1966 gewonnen werden, was kurzfristig allerdings nicht möglich war. Die Freien Demokraten hatten sich ja während des Wahlkampfs eindeutig für eine Fortsetzung der Koalition mit der SPD ausgesprochen und dies in der ersten Sitzung ihres Landesvorstands nach der Landtagswahl bestätigt. Nach der raschen Einigung zwischen SPD und FDP über die Fortführung ihrer Regierungszusammenarbeit, stellte sich Köppler auf fünf Jahre Oppositionspolitik in Nordrhein-Westfalen ein.[152] Das Koalitionspapier skizzierte auf nur vier Seiten lediglich die Grundzüge der Regierungspolitik für die folgenden fünf Jahre.[153] Zur Grundlage ihrer politischen Zusammenarbeit erklärten SPD und FDP die Zielsetzungen des Nordrhein-Westfalen-Programms 1975, das Ministerpräsident Heinz Kühn im April 1970 der Öffentlichkeit vorgestellt hatte.[154]

Das „NRW-Programm ‘75“ faßte jene Maßnahmen von struktur- und gesellschaftspolitischer Bedeutung zusammen, die die Landesregierung in der 7. Wahlperiode des Landtags verwirklichen sollte. Mit der Fortsetzung ihrer Regierungszusammenarbeit wollten SPD und FDP die sozial-liberale Bundesregierung von Düsseldorf aus abstützen.[155] Aus diesem Grund kam auch Kühn der nach den Wahlen politisch geschwächten und daher um Profilierung bemühten FDP weit entgegen. Mit dem Ministerium für Wirtschaft und Verkehr bekamen die Freien Demokraten neben dem Innenministerium nicht nur ein zweites bedeutendes Ressort, auch bei der Verteilung der Zuständigkeiten innerhalb der Landesregierung konnte die FDP ihre Wünsche durchsetzen. Der Städtebau, die Bauordnung sowie das Wohnungswesen wurden im Innenministerium zusammengefaßt und Verkehrspolitik, -planung und -bau im Wirtschafts- und Verkehrsmini-

---

151 Protokoll Sitzung CDU-Landtagsfraktion 29.6.1970, in: HStAD RW 360-373.

152 Protokoll Sitzung CDU-Landtagsfraktion 24.6.1970, ebd.

153 Vgl. Koalitionsvereinbarung zwischen SPD und FDP für die 7. Wahlperiode des Landtags Nordrhein-Westfalen, in: HStAD RWN 251-367.

154 DÜDING, S. 236f.

155 In der Koalitionsvereinbarung erklärten SPD und FDP: „Die Landesregierung und die sie tragenden Fraktionen werden die in der Regierungserklärung der Bundesregierung zum Ausdruck gebrachten sowie die in der Koalitionsvereinbarung zwischen den Bundestagsfraktionen der SPD und der F.D.P vereinbarten Zielsetzungen fördern und keine Maßnahmen zulassen, die diese bundespolitischen Zielsetzungen gefährden können.“

sterium konzentriert.[156] „Bei allem Verständnis für die angesichts des hohen Preises verbreiteten Unmutsgefühle müsse aber doch bedacht werden, daß dies keine Entscheidung für den Augenblick gewesen, sondern mit dem Blick auf Bonn erfolgt sei, um die Regierung Brandt bis 1973 zu stützen", verteidigte Kühn in der SPD-Landtagsfraktion die Zugeständnisse gegenüber der FDP bei den Koalitionsverhandlungen.[157]

Vor dem Vorstand seiner Landespartei kündigte Köppler „eine harte konstruktive Opposition"[158] an, die er als Führer der Opposition in Nordrhein-Westfalen zu betreiben gedachte. Seine politische Zukunft sah er in der nordrhein-westfälischen Landespolitik. Daß ihm der Gang von Bonn nach Düsseldorf schwer gefallen war, wurde Anfang August 1970 noch einmal deutlich, als er sein Bundestagsmandat niederlegte. „Sie wissen", schrieb er Rainer Barzel, dem Vorsitzenden der Unionsfraktion im Bundestag, „daß mir dieser Abschied nicht leicht fällt. Aber die in unserer Landespartei Anfang dieses Jahres getroffenen Entscheidungen verlangen Konsequenzen, auch wenn sie persönlich bitter schmecken".[159] Vor dem endgültigen Wechsel nach Düsseldorf hatte Lenz über Grundmann versucht, Köppler zum Verbleib in Bonn zu bewegen.[160] Dieser Vorgang zeigte, daß Köppler nicht von allen Mitgliedern der CDU-Landtagsfraktion mit offenen Armen empfangen wurde. Darüber konnte auch seine Wahl zum neuen Fraktionsvorsitzenden mit einer Zustimmung von fast 95 Prozent – 88 von 93 anwesenden Fraktionsmitgliedern hatten für ihn votiert[161] – nicht hinwegtäuschen. Köppler war der einzige Kandidat gewesen. Eine personelle Alternative zu dem erfolgreichen Wahlkämpfer, unter dessen Führung die CDU zwar nicht Regierungspartei wurde, aber wieder stärkste politische Kraft in Nordrhein-Westfalen, gab es nicht. Nach den personalpolitischen Querelen der zurückliegenden Jahre verbot sich für die CDU, die Frage nach der landespolitischen Nummer 1 erneut zu stellen.

Wie stark das Lenz-Lager in der neuen Landtagsfraktion war, zeigte sich bei der Nominierung des Kandidaten für das Amt des Landtagspräsidenten, das der CDU als der stärksten Parlamentsfraktion zufiel. Köppler schlug der Fraktion Josef Hermann Dufhues für das Präsidentenamt vor.[162] Dieser Vorschlag liege im Interesse der CDU in Nordrhein-Westfalen. Eine Entscheidung für den Vorsitzenden der westfälisch-lippischen CDU könne das Zusammenwachsen der Christdemokraten an Rhein und Ruhr nur fördern. Köppler war sichtlich überrascht, als das Fraktionsmitglied Peter Giesen als Gegenkandidaten Lenz vorschlug.[163] In der folgenden Kampfabstimmung setzte sich Lenz knapp mit 48 zu 44 Stimmen gegen Dufhues durch.[164] Auch wenn nach Mei-

156 Koalitionsvereinbarung zwischen SPD und FDP für die 7. Wahlperiode des Landtags Nordrhein-Westfalen, S. 4, in: HStAD RWN 251-367.
157 Protokoll Sitzung SPD-Landtagsfraktion 6.10.1970, in: HStAD RW 180-247.
158 Protokoll Sitzung Landesvorstand CDU Rheinland 24.6.1970, in: HStAD RW 277-45.
159 Schreiben von Heinrich Köppler an Rainer Barzel vom 4.8.1970, in: ACDP 01-258-006/1.
160 Vgl. Geraedts, S. 16; zweites Zeitzeugengespräch mit Klaus Fenske (8.5.2004).
161 Vgl. Protokoll Sitzung CDU-Landtagsfraktion 29.6.1970, in: HStAD RW 360-373.
162 Ebd.
163 Zeitzeugengespräch mit Peter Giesen (23.3.2004).
164 Vgl. Protokoll Sitzung CDU-Landtagsfraktion 29.6.1970, in: HStAD RW 360-373.

nung zahlreicher Zeitzeugen dieses Abstimmungsergebnis nicht als ein Votum gegen Köppler zu werten sei, sondern als ein Sieg von Lenz, dem die Mehrheit der Landtagsfraktion nach dem Verlust der Ämter des Spitzenkandidaten und des Fraktionsvorsitzenden nicht auch noch den Zugang zu dem einzigen hohen Amt versperren wollte, das die CDU in der Opposition zu vergeben hatte,[165] bedeutete die Entscheidung der Fraktion in der Präsidentschaftsfrage eine Niederlage für Köppler, denn mit Dufhues fiel sein Kandidat durch.

Vor allem war es ein Rückschlag für die von Köppler angestrebte Fusion der beiden CDU-Landesverbände Rheinland und Westfalen-Lippe.[166] Nach den Vorstellungen Köpplers sollte der 62jährige Dufhues und damit der Vorsitzende der westfälisch-lippischen CDU seine parlamentarische Karriere mit einem hohen Amt beschließen. Er versprach sich davon bei den Westfalen ein größeres Maß von Zustimmung für die Vereinigungsbemühungen mit der rheinischen CDU. Und Dufhues selbst, der bis dahin wie ein Felsklotz auf dem Weg zur Vereinigung der beiden Landesverbände gelegen hatte, sagte, er wolle Köppler als Vorsitzenden eines CDU-Landesverbandes Nordrhein-Westfalen vorschlagen. Ein solcher Landesverband würde die mit Abstand mitgliederreichste Gruppe innerhalb der CDU Deutschlands sein und damit „einen Machtfaktor darstellen, an dem kein Parteivorsitzender oder Kanzlerkandidat vorbeigehen könnte“, wie Heinz Immendorf im „Handelsblatt“ schrieb.[167] Als Vorsitzender eines CDU-Landesverbandes Nordrhein-Westfalen stiege Köppler zu einer der mächtigsten Personen in der Bundespartei auf. Nach Ansicht Marcel Gärtners wäre er sogar „in der Union der stärkste Mann zwischen Flensburg und München“, an dem niemand mehr vorbei könne, „selbst wenn es dabei um Franz-Josef Strauß ginge“.[168] Schließlich würde eine Fusion die Position der nordrhein-westfälischen CDU auch auf Landesebene wesentlich verbessern. Die organisatorische Doppelgleisigkeit und die damit verbundenen persönlichen Rivalitäten könnten überwunden und dadurch die Schlagkraft und Beweglichkeit der Partei gestärkt werden.

Mit ihrem Votum für Wilhelm Lenz verdarb jedoch die Landtagsfraktion Köppler gründlich das Konzept. Auch wenn der Gegensatz Rheinland –Westfalen bei dieser Personalentscheidung keine Rolle spielte – weder standen alle rheinischen Abgeordneten hinter Lenz noch unterstützten alle westfälischen Abgeordneten Dufhues[169] –, wurden nach der Entscheidung zugunsten des Rheinländers Lenz in Westfalen deutliche Vorbe-

165 Vgl. Zeitzeugengespräche mit Wolfgang Brüggemann (24.1.2004), Heinz Soénius (4.2.2004), Hans-Ulrich Klose (6.2.2004), Heinz-Günther Hüsch (18.3.2004), Helmut Elfring (27.3.2004), Hansheinz Hauser (1.4.2004) und Gerd Ludwig Lemmer (28.10.2004).

166 Helmut Locher: „Feine Fäden verworren“. In: „Westdeutsche Rundschau“ vom 30.6.1970.

167 Heinz Immendorf: „Schwierige CDU-Fusion. Köppler, Rheinländer und Westfalen“. In: „Handelsblatt“ vom 7.8.1970.

168 Kommentar Marcel Gärtners zur Landespolitik im 2. Programm des WDR-Hörfunks am 20.07.1970, in: LTA NRW Biographisches Kompendium A 0208/406.

169 Vgl. Zeitzeugengespräche mit Helmut Elfring (27.3.2004) und Bernhard Worms (15.4.2004).

halte gegen eine Fusion der beiden CDU-Landesverbände geäußert.[170] Was war übrig geblieben von der Euphorie auf dem ersten gemeinsamen Parteitag der CDU-Landesverbände Rheinland und Westfalen-Lippe im Frühjahr 1970, als der Zusammenschluß der Landesverbände als eine der wichtigsten Aufgaben bezeichnet wurde, der sich die CDU in Nordrhein-Westfalen nach der Landtagswahl vom 14. Juni 1970 zuwenden werde?[171] Bei dem Gedanken an eine engere organisatorische Verbindung mit dem rheinischen Landesverband waren die zahlenmäßig schwächeren Westfalen zunächst nur zu einer besseren Zusammenarbeit bereit und beharrten auf ihrer Eigenständigkeit.[172]

In diesem Sinne verhandelte auch eine Kommission des westfälisch-lippischen Landesverbandes, der Dufhues, sein designierter Nachfolger im Landesvorsitz, der Bundestagsabgeordnete Heinrich Windelen, der stellvertretende Vorsitzende der CDU-Landtagsfraktion, Albert Pürsten, und der Vorsitzende der Jungen Union Westfalen-Lippe, Werner Schmöle, angehörten, mit dem rheinischen Landesparteivorsitzenden Köppler über die Möglichkeiten einer verstärkten Kooperation beider Landesverbände.[173] Rheinländer und Westfalen konnten sich auf die Einsetzung einer paritätisch besetzten Landesversammlung verständigen, die das Landespräsidium mit Sitz in Düsseldorf wählen und über die gemeinsame Politik verbindlich beschließen sollte.[174] Ob diese Vereinbarung ein Schritt vorwärts auf dem Weg zu einer verbesserten Kooperation in der Partei an Rhein und Ruhr war, mußte die Praxis zeigen. Dies galt vor allem für Bundesparteitage, auf denen sich die Frage stellte, ob eine einheitliche Marschroute dieser beiden an Mitgliedern stärksten Landesverbände der Union möglich sei. Ein Durchbruch zur Gründung eines CDU-Landesverbandes Nordrhein-Westfalen war die Vereinbarung über die Bildung einer gemeinsamen Landesversammlung freilich nicht und mußte somit eine Enttäuschung für den Fusionsbefürworter Köppler darstellen.

Wie stark das Lenz-Lager zu Beginn seiner politischen Arbeit in Düsseldorf war, erfuhr Köppler nicht nur bei der Nominierung des CDU-Kandidaten für das Amt des Landtagspräsidenten. Auch bei der Berufung eines Parlamentarischen Geschäftsführers für die CDU-Landtagsfraktion mußte er erkennen, daß er seine Vorstellungen gegen das Lenz-Lager nicht durchsetzen konnte. Als Oppositionsführer und damit als Herausforderer des Ministerpräsidenten sah sich Köppler nicht nur in der parlamentarischen Debatte im Landtag in Düsseldorf, sondern auch als Redner auf dem Marktplatz von Bie-

---

170 Vgl. Gerhard Elsner: „Vorbehalte der Westfalen gegen Fusion der CDU-Landesverbände". In: „Die Welt" vom 24.7.1970; Heinz Immendorf: „Schwierige CDU-Fusion. Köppler, Rheinländer und Westfalen". In: „Handelsblatt" vom 7.8.1970.

171 Vgl. Niederschrift über den ersten gemeinsamen Parteitag der CDU-Landesverbände Rheinland und Westfalen-Lippe am 17./18.4.1970 in Leverkusen, in: HStAD RWV 26-2164.

172 Vgl. Gerhard Elsner: „Vorbehalte der Westfalen gegen Fusion der CDU-Landesverbände". In: „Die Welt" vom 24.7.1970.

173 Vgl. Protokoll Sitzung Landespräsidium der CDU in NRW 31.7.1970, in: HStAD RW 277-36.

174 Vgl. Protokoll Sitzung Landespräsidium der CDU in NRW 10.12.1970, in: ACDP 03-002-413/2.

lefeld, Siegen, Aachen oder Dortmund, wo er die alternativen Vorstellungen seiner Partei zur Politik der sozial-liberalen Landesregierung darstellte.[175] Seine Rolle als Sprecher der CDU-Opposition in Nordrhein-Westfalen wollte er nicht beschränken auf das Amt des Vorsitzenden der CDU-Landtagsfraktion und damit auf die parlamentarische Arbeit. Ebenso wichtig war ihm seine Tätigkeit als Parteiführer, also als Vorsitzender des Landespräsidiums sowie der rheinischen Landespartei. Die vielen Termine, die er in diesem Zusammenhang vor Ort in den einzelnen Regionen Nordrhein-Westfalens wahrnahm, sollten nicht zuletzt seiner Popularisierung dienen. Durch die vielen Reisen in dem großen Land Nordrhein-Westfalen hoffte er, den Popularitätsvorsprung von Ministerpräsident Kühn aufholen zu können.[176] Ein solches Arbeitsprogramm – die Hetze von einem Termin zum nächsten – stellte natürlich auch eine physische Belastung dar, und dies für einen Mann, der nicht gesundheitsbewußt lebte. Köppler war Kettenraucher und konsumierte täglich mehr als ein Dutzend Tassen Kaffee.[177]

Um die Rolle des Oppositionsführers in diesem umfassenden Sinne ausfüllen zu können, mußte Köppler Aufgaben delegieren. Aus seiner Erfahrung als Parlamentarischer Geschäftsführer der CDU/CSU-Bundestagsfraktion wußte er, wieviel Arbeit ein Fraktionsvorsitzender auf dieses Amt abladen konnte, weshalb er auch in Düsseldorf das Amt eines Parlamentarischen Geschäftsführers einrichten wollte.[178] Nach den Vorstellungen Köpplers sollte der Parlamentarische Geschäftsführer die tägliche Fraktionsarbeit organisieren und koordinieren und damit die Funktion eines Fraktionsmanagers wahrnehmen, der dem Fraktionsvorsitzenden den Rücken freihielt.[179] Ein Fraktionsgeschäftsführer mit dieser Aufgabenstellung mußte über ein parlamentarisches Mandat verfügen, um den Mitgliedern der Landtagsfraktion auf Augenhöhe begegnen zu können. Er sollte also nicht mehr länger nur ein Angestellter der Fraktion ohne Parlamentsmandat sein, was aber nicht wenige Fraktionsmitglieder wünschten, weil sie befürchteten, daß ein Parlamentarischer Geschäftsführer ein Instrument zur Disziplinierung der Fraktion in der Hand des Fraktionsvorsitzenden sein könnte und sich deshalb dafür aussprachen, dem seit vielen Jahren angestellten Fraktionsgeschäftsführer Günter Gerken alle bisherigen Aufgaben zu belassen.[180] Erst auf der Klausurtagung der CDU-Land-

175 Vgl. hierzu „Zu-Protokoll-Gespräch" Karl Fischers mit Heinrich Köppler, 21.4.1977, S. 8f., in: LTA NRW Biographisches Kompendium A 0208/406.

176 Zeitzeugengespräch mit Franz Josef Köppler (8.11.2003).

177 Zeitzeugengespräch mit Kurt Biedenkopf (23.1.2004): „Köppler hat sich systematisch gesundheitlich ruiniert."

178 Vgl. Protokoll Sitzung CDU-Landtagsfraktion 29.6.1970, in: HStAD RW 360-373; „Zu-Protokoll-Gespräch" Karl Fischers mit Heinrich Köppler, 21.4.1977, S. 9f., in: LTA NRW Biographisches Kompendium A 0208/406.

179 Vgl. „Zu-Protokoll-Gespräch" Karl Fischers mit Ottmar Pohl im September 1975, S. 10–12, in: LTA NRW Biographisches Kompendium A 0208/582.

180 Zeitzeugengespräch mit Hansheinz Hauser (1.4.2004): „Die Einführung der Position eines Parlamentarischen Geschäftsführers war in der Fraktion nicht unumstritten, da man fürchtete, daß hier eine Stelle geschaffen werden sollte, die die Fraktion in eine bestimmte Richtung drängen sollte, wogegen sich viele Abgeordnete wehrten. Man darf in diesem Zusammenhang nicht vergessen, daß die Abgeordneten damals in mancher Beziehung selbstbewußter waren,

tagsfraktion in Münster im Februar 1971 konnte Köppler diese Widerstände überwinden und mit der Schaffung des Amtes eines Parlamentarischen Geschäftsführers eine wesentliche Neuerung in der Organisationsstruktur der Landtagsfraktion durchsetzen.[181]

Nicht durchsetzen konnte er sich hingegen bei der personellen Besetzung dieses neuen Amtes. Hier mußte er „die Kröte Pohl schlucken", wie es Klaus Fenske, der langjährige Persönliche Referent von Heinrich Köppler, formuliert hat.[182] Die Fraktion berief den Kölner Ottmar Pohl, der erst seit der Wahl vom 14. Juni 1970 dem Landtag angehörte, zuvor wissenschaftlicher Assistent der CDU-Landtagsfraktion gewesen war und als Schützling von Wilhelm Lenz galt, in das Amt des Parlamentarischen Geschäftsführers – gegen den Willen Köpplers, der für dieses Amt Bernhard Worms, den ehemaligen Persönlichen Referenten des früheren Ministerpräsidenten Franz Meyers, ausersehen hatte.[183] Daß Köppler bei dieser Entscheidung die machtpolitische Auseinandersetzung mit dem Lenz-Lager in der Fraktion scheute und sich letztlich mit der Berufung von Pohl einverstanden erklärte, erscheint in der Rückschau als politischer Fehler.[184] Als Parlamentarischer Geschäftsführer zeichnete sich Pohl durch großen Arbeitseifer aus und trug damit zu einer wesentlichen Arbeitsentlastung des Fraktionsvorsitzenden bei.[185] Doch wie sich in der zweiten Hälfte der 1970er Jahre zeigte, konnte Köppler nicht auf die uneingeschränkte Loyalität von Pohl bauen.

Köpplers Wechsel von der Bundespolitik in die nordrhein-westfälische Landespolitik war – und hierin ist seinem langjährigen Pressesprecher Friedhelm Geraedts zuzustimmen – „zunächst keineswegs einfach"[186]. Zeitzeugen sprechen von einem „holprigen"[187] bzw. „schwierigen"[188] Start Köpplers in der CDU-Landtagsfraktion. In wichtigen Personalentscheidungen hatte er Niederlagen hinnehmen müssen und in seiner Rolle als Oppositionsführer im Landtag drohte er gleich zu Beginn seiner politischen Tätigkeit in Düsseldorf beschädigt zu werden. Bei der Wahl des Ministerpräsidenten sollte er als Gegenkandidat von Heinz Kühn antreten, doch konnte er sich nicht der Unterstützung aller Mitglieder seiner Fraktion sicher sein. In einer ersten Probeabstimmung in

als das heute oft der Fall zu sein scheint. Auch darf man nicht vergessen, daß es damals eine Reihe von Abgeordneten gab, die neben ihrem Landtagsmandat sehr einflußreiche Funktionen außerhalb des Landtags ausübten, z.B. die Präsidentschaft in den kommunalen Spitzenverbänden. Und diese Abgeordneten wollten sich natürlich keinen Parlamentarischen Geschäftsführer vor die Nase setzen lassen, der ihnen sagte, wo es lang ging."

181 Gruber, S. 135 u. 147.

182 Zweites Zeitzeugengespräch mit Klaus Fenske (8.5.2004).

183 Ebd.; Zeitzeugengespräche mit Bernhard Worms (15.4.2004) und Gerd Ludwig Lemmer (28.10.2004).

184 Zeitzeugengespräch mit Heinz-Günther Hüsch (18.3.2004): „Die Entscheidung für Pohl als Parlamentarischer Geschäftsführer war falsch. Köppler hätte sich vollständig von der Lenz-Administration trennen müssen, er hätte sie komplett auswechseln müssen."

185 Zeitzeugengespräche mit Helmut Elfring (27.3.2004) und Bernhard Worms (15.4.2004).

186 Geraedts, S. 19.

187 Zeitzeugengespräch mit Franz Heinrich Krey (27.1.2004).

188 Zeitzeugengespräch mit Helmut Elfring (27.3.2004).

der CDU-Landtagsfraktion hatte es eine Gegenstimme gegeben.[189] Erst in einer weiteren Abstimmung, die zweieinhalb Stunden später durchgeführt wurde, nominierte ihn die Fraktion einstimmig zu ihrem Kandidaten für das Amt des Ministerpräsidenten. Gleichwohl blieb die Spannung, ob auch alle Mitglieder der CDU-Landtagsfraktion bei der Abstimmung im Parlament für ihren Vorsitzenden stimmen würden. Die Wahl des Ministerpräsidenten am 28. Juli 1970 endete mit einer Überraschung.[190] Nicht daß Köppler, der 95 Stimmen erhielt und damit offensichtlich von allen Mitgliedern seiner Fraktion unterstützt wurde, zum neuen Ministerpräsidenten gewählt worden wäre. Überraschend war vielmehr die knappe Wiederwahl von Heinz Kühn zum Ministerpräsidenten mit nur 101 von 200 abgegebenen Stimmen. Vorausgesetzt, daß die CDU-Fraktion geschlossen für Köppler gestimmt hatte, hatten sich vier Abgeordnete aus dem sozial-liberalen Regierungslager, das im Landtag über 105 von 200 Sitzen verfügte, der Stimme enthalten.

Der Blick richtete sich auf die FDP, deren Spaltung in einen sozialliberalen Mehrheits- und einen nationalliberalen Minderheitsflügel am Tag zuvor in der konstituierenden Sitzung des neuen Landtags bei der Wahl des Landtagspräsidiums offenbar geworden war.[191] Nach dem parlamentarischen Gewohnheitsrecht stand der CDU-Fraktion als der größten Parlamentsfraktion das Amt des Landtagspräsidenten zu, die SPD-Fraktion als zweitstärkste Landtagsfraktion durfte für sich das Amt des ersten Vizepräsidenten beanspruchen und bei der FDP-Fraktion lag das Vorschlagsrecht für einen weiteren Vizepräsidenten. Fast einstimmig erfolgte denn auch die Wahl des Christdemokraten Wilhelm Lenz zum Landtagspräsidenten sowie des Sozialdemokraten John van Nes Ziegler zum ersten Vizepräsidenten. Zu einer überraschenden Kampfabstimmung zwischen den beiden FDP-Abgeordneten Fritz Vogt und Franz Mader kam es dagegen bei der Entscheidung über den zweiten Vizepräsidenten, die Vogt klar für sich entschied. Nachdem der Vorsitzende der FDP-Fraktion im Landtag, Hans Koch, als offiziellen Kandidaten seiner Partei Vogt vorgeschlagen hatte, präsentierte Wilhelm Maas mit Mader völlig unerwartet einen Gegenkandidaten. Damit war der Bruch im liberalen Lager nicht mehr zu vermeiden. Der Vorsitzende der nordrhein-westfälischen FDP, Innenminister Willi Weyer, war erbost. Gegenüber dem Vorsitzenden der westfälisch-lippischen CDU, Josef Hermann Dufhues, nahm er kein Blatt vor den Mund: „Die 3 abirrenden FDP-Abgeordneten sollten am besten sofort und endgültig zur CDU gehen. Für die FDP seien sie nur Belastungen."[192] Ebenso verärgert zeigte sich Landtagsfraktionschef Koch, der der Auseinandersetzung mit Lange, Maas und Mader überdrüssig war. „Mir wäre es lieber, die Trennung käme morgen als weiterhin dieser Zustand", ließ er

189 Vgl. Protokoll Sitzung CDU-Landtagsfraktion 27.7.1970, in: HStAD RW 360-374.

190 LT NRW. 7. Wahlperiode. 2. Sitzung am 28.7.1970, S. 9.

191 Ebd., 1. Sitzung am 27.7.1970, S. 4f.

192 Zitiert nach einem Aktenvermerk des CDU-Landtagsabgeordneten Heinz-Günther Hüsch für Heinrich Köppler und Wilhelm Lenz vom 27.7.1970, in: HStAD RW 360-2245.

den sozialdemokratischen Koalitionspartner wissen.[193] In diesem Sinne beschloß der FDP-Landesvorstand Anfang Oktober 1970, gegen die drei genannten Abgeordneten ein Verfahren mit dem Ziel einzuleiten, sie aus Partei und Fraktion auszuschließen.[194] Daraufhin erklärten Lange, Maas und Mader ihren Austritt aus der FDP.[195] Bereits Ende September hatten sie ihre Mitarbeit in der Landtagsfraktion ausgesetzt.[196] Zunächst blieben sie fraktionslos, später traten sie der CDU-Fraktion bei.[197] Damit verfügte die sozial-liberale Regierungskoalition im Landtag nur noch über eine Mehrheit von 102 zu 98 Sitzen – eine Mehrheit, die sich als stabil erweisen sollte.

Die FDP-internen Auseinandersetzungen sorgten zu Beginn der 7. Wahlperiode für Verunsicherung in der SPD, in der man um die Handlungsfähigkeit der Koalition fürchtete.[198] Nicht verunsichert zeigte sich hingegen Ministerpräsident Heinz Kühn, der zu keinem Zeitpunkt an der Koalitionstreue der FDP zweifelte, weil die sozial-liberale Koalition in den ersten vier Jahren ihrer Zusammenarbeit zwischen 1966 und 1970 „menschlich und politisch" in einem Maße zusammengewachsen sei, „daß auch die attraktivsten Angebote der CDU Willi Weyer und seine Mannen nicht abwerben konnten"[199]. So blieb er denn auch – zumindest äußerlich – gelassen nach seiner überraschend nur knappen Wiederwahl zum Ministerpräsidenten. Noch in der gleichen Landtagssitzung stellte er sein neues Landeskabinett vor und gab seine Regierungserklärung ab.[200] Zu Beginn seiner Ausführungen nannte er die Gründe für die Fortsetzung der sozial-liberalen Regierungskoalition in Nordrhein-Westfalen nach der Landtagswahl vom 14. Juni 1970. Nicht allein „die gemeinsamen Erfolge in der Landespolitik", sondern auch und vor allem bundespolitische Überlegungen veranlaßten SPD und FDP, ihre Zusammenarbeit in Düsseldorf fortzuführen. Kühn sah die nordrhein-westfälischen Sozialdemokraten und Freien Demokraten in einer besonderen Verantwortung gegenüber der Regierung Brandt/Scheel in Bonn, denn „die von SPD und FDP gebildete Regierungskoalition unseres Landes hat nach der Bundestagswahl im vorigen Jahr die Zu-

193 Protokoll Sitzung Koalitionsausschuß 24.9.1970, in: HStAD RW 180-280.

194 Vgl. Protokoll Sitzung Landesverbandsvorstand FDP-NRW 3.10.1970, S. 10f., in: ADL Bestand FDP-Landesverband NRW Nr. 27095.

195 Vgl. die Schreiben von Heinz Lange und Wilhelm Maas an den FDP-Landesvorstand vom 9.10.1970 sowie das Schreiben von Franz Mader an den FDP-Landesvorsitzenden Willi Weyer vom 9.10.1970, in: HStAD RWN 251-427.

196 Aktenvermerk von Landtagspräsident Wilhelm Lenz vom 28.9.1970, in: HStAD RW 360-374.

197 Maas und Mader wurden im Dezember 1971 Mitglied der CDU-Landtagsfraktion, Lange erst im November 1974. Vgl. Protokoll Sitzung CDU-Landtagsfraktion 13.12.1971, in: HStAD RWN 207-1113; Protokoll Sitzung CDU-Landtagsfraktion 26.11.1974, in: HStAD RW 360-380.

198 Nach der nur knappen Wiederwahl von Heinz Kühn als Ministerpräsident wurde Weyer aus den Reihen der Sozialdemokraten mit der Frage konfrontiert, ob die FDP garantieren könne, daß in den politisch wichtigen Ausschüssen keiner ihrer Vertreter mit der CDU stimme. Vgl. Protokoll Sitzung FDP-Landtagsfraktion 30.7.1970, in: HStAD RW 357-2834.

199 Kühn, S. 292.

200 Vgl. LT NRW. 7. Wahlperiode. 2. Sitzung am 28.7.1970, S. 10–17.

sammenarbeit derselben politischen Kräfte in der Bundespolitik angebahnt“[201]. Deshalb kündigte der Ministerpräsident in seiner Regierungserklärung auch an, der sozialliberalen Bundesregierung von Düsseldorf aus Flankenschutz zu geben: „Die Landesregierung und die sie tragenden Fraktionen werden die in der Regierungserklärung der Bundesregierung vom 28. Oktober 1969 dargelegten Zielsetzungen fördern und keine Maßnahmen zulassen, die diese gefährden können.“ Sodann erläuterte Kühn das Arbeitsprogramm seiner Regierung für die folgenden fünf Jahre, das keine überraschenden Ankündigungen enthielt. Gemäß der Koalitionsvereinbarung erklärte er das Nordrhein-Westfalen-Programm 1975 zur „Arbeitsgrundlage dieser neuen Landesregierung“.[202] Priorität sollte dabei der Bildungspolitik zukommen, und hier dem weiteren Ausbau der Hochschullandschaft.[203] Besondere Bedeutung maß er auch der konsequenten Fortführung der kommunalen Gebietsreform bei, die mit dem Ende der 7. Wahlperiode im Jahre 1975 abgeschlossen sein sollte. Kühn wußte natürlich, daß diese Jahrhundertreform nur dann zu einem erfolgreichen Abschluß gebracht werden konnte, wenn sie „von allen die Landespolitik tragenden politischen Kräften gemeinsam verantwortet“[204] wurde – eine deutliche Aufforderung an die oppositionelle CDU, sich bei der Erledigung dieser Mammutaufgabe kooperativ zu zeigen. Wie überhaupt der Ministerpräsident die CDU zu einer konstruktiven Oppositionspolitik aufrief, denn „bei allen Gegensätzen bleiben wir auf ein gemeinsames Ziel orientiert, an eine gemeinsame Aufgabe gebunden: für unser Land und seine Menschen redliche Arbeit zu leisten“[205].

Nun war Heinrich Köppler als der parlamentarische Herausforderer des Ministerpräsidenten am Zuge. „Dies ist Ihr Tag, Herr Köppler. Das ist der Tag des Oppositionsführers“, rief ihm Kühn am 31. Juli 1970, dem Tag der Aussprache über die Regierungserklärung, zu.[206] Köppler war sich des politischen Drucks bewußt, der auf ihm lastete. Nach seinem unglücklichen Start in die Landespolitik sah nicht zuletzt die CDU-Landtagsfraktion der Rede ihres Vorsitzenden mit großer Spannung entgegen. Köppler ging in die Offensive und nutzte seinen ersten Auftritt im Düsseldorfer Landtag zu heftigen Attacken gegen die nur über eine geringe parlamentarische Mehrheit verfügende sozialliberale Regierung Kühn / Weyer.[207] Er nannte die Fortsetzung dieses Bündnisses nach der Wahl vom 14. Juni 1970, aus der die CDU als „der eindeutige Sieger“[208] hervorgegangen sei, eine „eilfertige Restaurierung der Verliererkoalition“[209], die dem Wählerwillen widerspreche. Deshalb sprach Köppler dem sozial-liberalen Bündnis auch die

201 Ebd., S. 10.
202 Ebd., S. 11.
203 Die Gründung von fünf Gesamthochschulen in Duisburg, Essen, Paderborn, Siegen und Wuppertal sowie die Errichtung der Fernuniversität Hagen stehen für die Erweiterung des Hochschulangebotes in Nordrhein-Westfalen in den 1970er Jahren. Vgl. A. Vogel, S. 70f.
204 LT NRW. 7. Wahlperiode. 2. Sitzung am 28.7.1970, S. 16.
205 Ebd., S. 17.
206 Ebd., 3. Sitzung am 31.7.1970, S. 54.
207 Zur Erwiderung Köpplers auf Kühns Regierungserklärung vgl. Ebd., S. 21–34.
208 Ebd., S. 21.
209 Ebd., S. 22.

politische und moralische Berechtigung zur Übernahme der Regierungsverantwortung ab, die vielmehr durch den Wahlerfolg seiner Partei am 14. Juni der CDU übertragen worden sei. Die Landesregierung – „dieses neue, von der geradezu magischen Stimmenzahl von 101 Stimmen zehrende Kabinett Kühn“[210] – werde weder den „außenpolitischen Dilettantismus“ der Bundesregierung stützen noch von deren „bedauerlichen Handlungsunfähigkeit“ ablenken können. Das Kabinett Kühn werde „die Atemnot der Bundesregierung“ nicht mildern, sondern das Gegenteil bewirken. Köppler hob in diesem Zusammenhang hervor, daß offensichtlich auf Drängen der FDP im Düsseldorfer Koalitionspapier die Gleichrangigkeit von Geldwertstabilität, Vollbeschäftigung und Wirtschaftswachstum festgestellt werde. Wenn Kühn aber, wie erklärt, die Regierung Brandt / Scheel stützen wolle, müsse er entweder seinem eigenen Bekenntnis zur Stabilitätspolitik folgen oder aber einsehen, daß die Bundesregierung genau das Gegenteil von konjunkturpolitisch sinnvollem Verhalten mache.

Köpplers Rede war über weite Strecken dazu angelegt, einen Keil zwischen die Koalitionen in Bonn und Düsseldorf zu treiben und auch darzulegen, daß die SPD in Düsseldorf der FDP, um weiterhin regieren zu können, unangemessen große Zugeständnisse gemacht habe. „Meine Damen und Herren“, wandte sich der Oppositionsführer voller Sarkasmus den Abgeordneten von SPD und FDP zu, „ich will auf das Trauerspiel dieser Regierungsbildung nicht weiter eingehen. Nur darf eine Gratulation nicht unausgesprochen bleiben. Sie gilt dem Stellvertreter des Herrn Ministerpräsidenten. Die Art und Weise, in der Willi Weyer die eigene Konditionsschwäche überspielt und die angeschlagene SPD ausgeknockt hat, war beste Ringklasse. Zwei Superministerien für seine von den Wählern dezimierte Mannschaft herauszuhandeln – von Staatssekretären und sonstigen Personalzugeständnissen ganz zu schweigen – und sich dazu noch – ich weiß nicht, meine Damen und Herren von der SPD, ob Sie das alles schon gemerkt haben – die Verfügung über rund 80 Prozent der disponiblen Mittel des Landeshaushalts zu sichern, dieser Leistung gilt meine neidlose sportliche Anerkennung.“[211]

Damit stieß er in eine empfindliche Wunde, weil Kühns Nachgiebigkeit gegenüber Weyer und der FDP in der SPD bekanntlich für Unmut gesorgt hatte. Landespolitisch wollten Köppler und die CDU die sozial-liberale Regierung durch Initiativen in der Bildungspolitik und Strukturpolitik übertreffen. Die wachsende Politisierung der Hochschulen, die schon zur Abwanderung von Wissenschaftlern führe, könne nicht weiter hingenommen werden. Kühns Konzept von neuen Universitäten mit erziehungswissenschaftlichem Schwerpunkt widerspreche auch der Hochschulpolitik der Bundesregierung. Vor allem müsse die Schaffung von Gesamthochschulbereichen und die Errichtung der lange geplanten neuen Fachhochschulen Vorrang haben. Zur Wirtschaftspolitik sagte Köppler, die strukturellen Schwächen des Ruhrgebiets, die gerade in der Phase der Hochkonjunktur hätten behoben werden müssen, seien leider nicht überwunden. Auch die nötigen Verwaltungsreformen würden zu den schwersten Aufgaben der kom-

---

210 Ebd., S. 24, auch folgende Zitate.
211 Ebd.

menden Jahre an Rhein und Ruhr gehören. Köppler schloß mit der Bemerkung, die knappen Mehrheitsverhältnisse und die Initiativen der CDU-Fraktion würden dafür sorgen, daß „die Zeiten selbstherrlichen Repräsentierens und eitler Selbstdarstellung“[212] für Kühn und seine Regierung vorbei seien.

Seine Erwiderung auf die Regierungserklärung des Ministerpräsidenten wies Köppler als einen gewandten und schlagfertigen Redner aus. Nervosität war ihm nicht anzumerken. Im Gegenteil, er wirkte sehr gelassen, ließ wiederholt Zwischenfragen zu und reagierte überhaupt nicht gereizt auf die permanenten Zwischenrufe des SPD-Abgeordneten Werner Kuhlmann. „Entschuldigen Sie, Herr Kuhlmann“, sprach er den Gelsenkirchener Landtagsabgeordneten unmittelbar an, „Ihre Batterie von Zwischenrufen habe ich eigentlich bei der Regierungserklärung am vergangenen Dienstag vermißt.“[213] Bei allen Attacken, die er gegen die Regierungskoalition ritt, vergaß er nicht die politische Mitverantwortung der parlamentarischen Opposition für das Wohl des Landes. „Die Opposition der CDU wird hart sein, aber sie wird keine Obstruktion werden“, stellte er denn auch unmißverständlich fest.[214]

Mit seiner Rede in der Aussprache über die Regierungserklärung hatte Köppler den Nerv der Mitglieder der CDU-Landtagsfraktion getroffen. „Anhaltender stürmischer Beifall bei der CDU“ heißt es im Landtagsprotokoll nach Abschluß seiner Rede.[215] Nach seinem ersten Auftritt im Landtag ging er mit Rückenwind in den parlamentarischen Alltag. Er richtete den Blick nach vorn. Sein Amt als Fraktionsvorsitzender hatte er mit dem Vorsatz angetreten, in der Fraktion „keine Nachkartereien stattfinden zu lassen, sondern die Fraktion zu integrieren“[216] Deshalb ging er auch auf seine innerparteilichen Gegner zu, denen er den Eindruck vermitteln konnte, daß er gerade auf ihre Mitarbeit zählte.[217]

Köppler suchte immer das persönliche Gespräch, das war seine große Stärke.[218] In seiner Korrespondenz als Vorsitzender der CDU-Landtagsfraktion lassen sich zahlreiche Schreiben finden, die mit der Bitte um ein persönliches Gespräch enden. In der Fraktion wie in der Partei sollte nicht übereinander, sondern miteinander gesprochen werden. Ein Beispiel hierfür ist ein Schreiben Köpplers an einen CDU-Kommunalpolitiker, der wiederholt ihn und einzelne Mitglieder der Landtagsfraktion öffentlich kritisiert hatte, was bei Köppler auf Unverständnis stieß, da „von Ihnen keine Versuche ausgingen, sich bei mir oder den Kollegen Völker und Droste zu informieren“.[219] Deshalb

212 Ebd., S. 34.
213 Ebd., S. 28.
214 Ebd., S. 34.
215 Ebd.
216 „Zu-Protokoll-Gespräch“ Karl Fischers mit Heinrich Köppler, 21.4.1977, S. 8, in: LTA NRW Biographisches Kompendium A 0208/406.
217 Zeitzeugengespräch mit Wilhelm Lenz (19.3.2004).
218 Vgl. erstes Zeitzeugengespräch mit Klaus Fenske (31.1.2004) und Zeitzeugengespräche mit Gerd Ozimek (18.11.2003) und Friedhelm Geraedts (19.11.2003).
219 Schreiben von Heinrich Köppler an den Bürgermeister von Velbert, Heinz Schemken, vom 22.6.1978, in: ACDP 01-258-024/2.

lud er die entsprechende Person zu einem persönlichen Gespräch ein, weil „ich der Meinung bin, daß es ein schlechter Stil ist, Parteifreunde in der Öffentlichkeit anzugreifen“[220].

Das persönliche Gespräch suchte er auch mit den einzelnen Mitgliedern der CDU-Landtagsfraktion. Das persönliche Moment war kennzeichnend für seinen Führungsstil als Fraktionsvorsitzender.[221] Eine Fraktion war für ihn nicht vergleichbar mit einer Armee-Einheit und dem damit verbundenen hierarchischen Denken. Als Fraktionsvorsitzender waren ihm die einzelnen Mitglieder der Landtagsfraktion keine Untergebenen, sondern Kollegen, denen er mit Respekt entgegentrat, denn „jeder Abgeordnete hat sein Mandat und jedes Mandat ist gleichstellig“.[222]

Als Vorsitzender der CDU-Landtagsfraktion verstand er sich nicht als „der Solotänzer für die Fraktion“[223]. Vielmehr sah er seine Rolle darin, als Fraktionsvorsitzender die allgemeine politische Richtung vorzugeben, ansonsten aber den Fraktionsmitgliedern Raum zu geben, eigene Ideen zu entwickeln und diese in die gemeinsame Fraktionsarbeit einzubringen.[224] Im Blick hatte er dabei auch immer die jüngeren Abgeordneten, die er stets ermunterte, bestimmte Aufgaben zu übernehmen.[225] Sein Führungsstil kam in der Fraktion an. Sein unglücklicher Start als Fraktionsvorsitzender war schnell vergessen. Binnen kurzer Zeit konnte Köppler die Fraktion zu einem arbeitsfähigen Gremium formen, das sich im ersten Jahr der 7. Wahlperiode durch enormen Fleiß auszeichnete. Auf der ersten gemeinsamen Landesversammlung der CDU in Nordrhein-Westfalen im Juni 1971 konnte er mit Stolz feststellen: „Im Gegensatz zur Landesregierung und den sie tragenden Koalitionsfraktionen, deren politische Arbeit sich auf das Bemühen ums Überleben reduzierte, erwies sich die Landtagsfraktion der CDU als landespolitisch ideenreich und initiativ. Unsere Fraktion hat im ersten Jahr dieser Legislaturperiode im Landtag 230 Kleine Anfragen eingebracht, sie hat 29 Mündliche Anfragen gestellt, sie hat zwei Große Anfragen eingebracht und 68 Anträge sowie 13 Gesetzentwürfe vorgelegt. Die politischen Initiativen der CDU in diesem Lande erstreckten sich auf so wichtige Bereiche wie den öffentlichen Nahverkehr und die Reform der beruflichen Bildung, die Kindergartengesetzgebung, die Erwachsenenbildungsgesetzgebung, die Mitbestimmung im Schulwesen, die gesetzliche Regelung der Richterwahl, die Organisation der Elektronischen Datenverarbeitung im Land und den Datenschutz – um nur einige der dringend regelungsbedürftigen Bereiche, auf die sich unsere Gesetz-

220 Ebd.

221 Vgl. Zeitzeugengespräche mit Wolfgang Brüggemann (24.1.2004), Hans-Ulrich Klose (6.2.2004), Heinz-Josef Nüchel (6.3.2004), Peter Giesen (23.3.2004), Heinz Hardt (23.3.2004) und Helmut Elfring (27.3.2004).

222 „Zu-Protokoll-Gespräch“ Karl Fischers mit Heinrich Köppler, 21.4.1977, S. 9, in: LTA NRW Biographisches Kompendium A 0208/406.

223 Ebd., S. 20.

224 Ebd., S. 9 u. 20. Zum Führungsstil Köpplers als Fraktionsvorsitzender vgl. auch WORMS, S. 176f.

225 Zeitzeugengespräch mit Heinz Hardt (23.3.2004).

entwürfe beziehen, zu nennen."[226] Wie es Köppler in seiner Erwiderung auf die Regierungserklärung des Ministerpräsidenten bereits angekündigt hatte, betrieb die CDU-Opposition keine Obstruktionspolitik, sondern war sich ihrer Mitverantwortung für das Wohl Nordrhein-Westfalens bewußt. Das zeigte sich nicht zuletzt bei der Vollendung der kommunalen Gebietsreform.

3. Schwerpunkte landespolitischer Arbeit in der 7. Wahlperiode des Landtags

3.1 Die kommunale Gebietsreform

Mit Fragen der kommunalen Gebietsreform befaßte sich Köppler bereits in seiner Zeit als Parlamentarischer Staatssekretär beim Bundesminister des Innern. Vor Vertretern des Bundes Deutscher Kommunalbeamten und -angestellten bekannte er sich im Mai 1969 zur Notwendigkeit einer kommunalen Gebietsreform in allen Bundesländern.[227] Es sei wohl nicht zu bestreiten, daß die Verwaltungs- und Finanzkraft vieler kleiner und kleinster Gemeinden so gering sei, „daß eine Fülle differenziertester Verwaltungsaufgaben kaum noch erledigt und die wirtschaftlichen, sozialen und kulturellen Bedürfnisse der Bürger nicht mehr im ausreichenden Maße befriedigt werden können".[228] Diese unzureichende Verwaltungs- und Finanzkraft kleiner Gemeinden habe bereits dazu geführt, daß eine Reihe kommunaler Aufgaben auf Zweckverbände oder überörtliche Stellen übertragen worden seien, weshalb man mancherorts schon von einer „Aushöhlung der kommunalen Selbstverwaltung"[229] sprechen müsse. Deshalb plädierte er bereits zu diesem Zeitpunkt, als an einen Wechsel von Bonn nach Düsseldorf überhaupt noch nicht zu denken war, für die Einleitung weitreichender Reformmaßnahmen, um einen „optimalen Zuschnitt der Verwaltungs- und Leistungskraft der Gemeinden"[230] erreichen zu können. Bei seinem Plädoyer für eine tiefgreifende kommunale Gebietsreform verkannte er nicht das Problem, daß mit einer entsprechenden Neuordnung der kommunalen Landschaft viele kleine und kleinste Gemeinden ihre Selbständigkeit verlören und für eine große Anzahl von Bürgern die Mitarbeit in der gemeindlichen Selbstverwaltung beendet sein würde. Aus diesem Grund setzte er sich später in Düsseldorf dafür ein, „daß bei dieser Gebietsreform negative Auswirkungen für den Bürger und seine Mitwirkungsmöglichkeiten im kommunalen Bereich vermieden werden."[231]

---

226 Bericht des Vorsitzenden der CDU-Landtagsfraktion und des Präsidiums der CDU Nordrhein-Westfalen, Heinrich Köppler, über die Arbeit der Landtagsfraktion vor der ersten gemeinsamen Landesversammlung der CDU Nordrhein-Westfalen am 19.6.1971 in Gelsenkirchen, in: ACDP 03-002-414/2.

227 Vgl. Köppler: Der kommunale Dienst in der Reformdiskussion der Gegenwart. Vortrag vor dem 18. Landesverbandstag des Bundes Deutscher Kommunalbeamten und -angestellten am 8.5.1969 in Recklinghausen, in: HStAD RWV 26-771/2.

228 Ebd., S. 6.

229 Ebd.

230 Ebd.

231 LT NRW. 7. Wahlperiode. 94. Sitzung am 13.2.1974, S. 3730.

Nach seinem Wechsel in die nordrhein-westfälische Landespolitik war es nur konsequent, daß er als Oppositionsführer im Landtag das Angebot von Ministerpräsident Kühn zur Mitarbeit an der kommunalen Neuordnung des Landes annahm.[232] Was in der vorausgegangenen Wahlperiode mit einer (ersten) Gemeindereform begonnen und zu einer Verringerung der Anzahl der Gemeinden um etwa die Hälfte von 2.334 auf 1.279 geführt hatte[233], sollte in der 7. Wahlperiode mit einem zweiten, umfangreicheren Neugliederungsprogramm fortgesetzt werden, das die Gemeinde- mit der Kreisreform in acht sogenannten Neugliederungsräumen (Aachen, Bielefeld, Ruhrgebiet, Münster/Hamm, Niederrhein, Mönchengladbach/Düsseldorf/Wuppertal, Sauerland/Paderborn, Köln) verband.[234]

Zur Mitarbeit an diesem Reformwerk fühlte sich der Vorsitzende der CDU-Landtagsfraktion geradezu verpflichtet, war doch die kommunale Neuordnung „ein Kind des Reformdenkens der CDU in diesem Lande", woran Köppler nicht zuletzt die Kommunalpolitiker seiner Partei erinnerte und damit zur Unterstützung dieser Reformarbeit aufforderte.[235]

Die Anfänge der nordrhein-westfälischen Gebietsreform reichen zurück in die Regierungszeit von Kühns Amtsvorgänger Franz Meyers.[236] Eine so tiefgreifende Reform, die mehr als 150 Jahre alte kommunale Strukturen verändern sollte, wäre ohne ein Reformklima, wie es in den 1960er Jahren herrschte, nicht möglich gewesen. Die Gesellschaft der Bundesrepublik Deutschland befand sich in jenen Jahren im Aufbruch. Der Wiederaufbau und der Nachholbedarf der ersten Nachkriegsjahre lagen hinter ihr. Auf die 1950er Jahre, für die der legendär gewordene Slogan „Keine Experimente" – mit dem die Unionsparteien ihren Bundestagswahlkampf 1957 äußerst erfolgreich bestritten – leitmotivisch stand, folgte ein Jahrzehnt großer Dynamik. Schlagworte wie „Aufbruch", „Emanzipation" und „Bewegung" charakterisierten den (gesellschafts-)politischen Wandel in den 1960er Jahren. Bewegung kam auch in die Diskussion über Gebiets- und Verwaltungsreformen in der Bundesrepublik Deutschland, die ab Mitte der 1960er Jahre auf breiter Front geführt wurde. Der entscheidende Impuls ging vom 45. Deutschen Juristentag in Karlsruhe im Jahre 1964 aus, der sich eingehend mit der Frage, ob die gegebenen kommunalen Strukturen den Anforderungen der Raumordnung noch entsprächen, beschäftigte. Das Ergebnis der entsprechenden Beratungen in der Kommunalpolitischen Arbeitsgemeinschaft des Juristentages war eindeutig: „Der gegenwärtige Zuschnitt der Gemeinden und Landkreise, vor allem der Kleingemeinden und der Gemeinden in Verdichtungs- und Verflechtungsgebieten entspricht nicht den an eine leistungsfähige Verwaltung zu stellenden Anforderungen und den den Gebietskör-

232 Ebd. 3. Sitzung am 31.7.1970, S. 32.
233 Winkelmann, S. 160.
234 Ebd., S. 169f.
235 Referat von Heinrich Köppler vor der Delegiertenversammlung der KPV NRW am 8.12.1973 in Düsseldorf, S. 3. KPV-Schnellbrief Nr. 64/73 vom 13.12.1973, in: HStAD NW 583-2936.
236 Zur Entstehungsgeschichte und den Grundlagen der kommunalen Gebietsreform in NRW vgl. Marx: Windeck, S. 165–168.

perschaften von der Raumordnung her gestellten Aufgaben. Daraus ergibt sich die Forderung nach einer Revision der gegenwärtigen kommunalen Gebietsstruktur."[237]

Auf die nordrhein-westfälische Diskussion über Gebiets- und Verwaltungsreformen wirkten sich die Ergebnisse des 45. Deutschen Juristentages nachhaltig aus, unterstrichen sie doch die Notwendigkeit einer kommunalen Neuordnung, an deren Anfang der Kabinettsbeschluß der christlich-liberalen Landesregierung vom 5. Oktober 1965 stand. Mit diesem Beschluß setzte die Landesregierung unter Ministerpräsident Franz Meyers eine aus Ministerialbeamten, Kommunalpolitikern, Kommunalwissenschaftlern und Vertretern der kommunalen Spitzenverbände bestehende Sachverständigenkommission ein, die Neugliederungs- und Verwaltungsreformvorschläge auf allen Ebenen der staatlichen und kommunalen Verwaltung erarbeiten sollte. Die Kommission kam zu dem Ergebnis, daß sich sowohl die kommunale als auch die staatliche Neugliederung nur von unten nach oben vollziehen konnte. Demzufolge lag es nahe, mit den Gemeinden und Ämtern als unterste Stufe kommunaler Selbstverwaltung und hier wiederum mit jenen in den ländlichen Zonen zu beginnen. Die Kommission betrachtete es nicht als ihre Aufgabe, konkrete Vorschläge zu Gebietsänderungen vorzulegen. Vielmehr sollten einzelne Gutachten für die in Teilabschnitten zu vollziehenden Reformen eine Grundlage für den politischen Entscheidungsprozeß darstellen.

In dem ersten Abschnitt ihres Gutachtens, das die Sachverständigenkommission am 22. November 1966 der Öffentlichkeit vorstellte, ging sie für die ländlichen Bereiche davon aus, daß die Grundfunktionen der arbeitsteiligen Gesellschaft – Wohnung, Arbeitsplatz, Erholung, Bildung, zentrale Dienste, Versorgung, Verkehr – mit den räumlichen Verwaltungseinheiten soweit wie möglich zur Deckung gebracht werden müßten. Da „die Durchführung der gemeindlichen Aufgaben die Verwaltungskraft der Klein- und Kleinstgemeinden ... vielfach übersteigt", war – so die Bestandsaufnahme der Sachverständigenkommission – die Versorgung mit Einrichtungen der Daseinsvorsorge, „wie sie heute im modernen Sozialstaat als unerläßlich gelten", nicht gewährleistet.[238] Ziel der Reform müsse daher die Schaffung größerer Verwaltungseinheiten auf örtlicher Ebene sein, in denen diese Aufgabenerfüllung sachgerecht und sinnvoll durchgeführt werden können. Was die Mitglieder unter Schaffung größerer Verwaltungseinheiten in den ländlichen Zonen verstanden, wurde in dem Vorschlag zweier Gemeindegrundtypen deutlich. Gemeinden des Grundtyps A sollten in der Regel 8.000 Einwohner haben und über eine eigene hauptberufliche Verwaltung verfügen, die in der Lage sein mußte, auf der örtlichen Ebene alle Selbstverwaltungsangelegenheiten, Pflichtaufgaben und Auftragsangelegenheiten zu erfüllen. Nach Einwohnerzahl und Fläche wäre sie demnach befähigt, folgende öffentliche Einrichtungen der Grundausstattung zur Versorgung des örtlichen Bereichs zur Verfügung zu stellen: eine vollausgebaute Volksschule mit Lehrschwimmbecken und Turnhalle, Wasserversorgung und Kläranlage, Müllabfuhr, Bücherei, Sportplatz, Freibad, Kindergarten, Kinderhort und Spielplätze,

237 Zitiert nach Ebd., S. 165.
238 Zitiert nach Ebd., S. 166.

Jugendheim, Gemeindepflegestation, Altenheim, Feuerwehr, Friedhof und Leichenhalle und ein Verwaltungsgebäude.

Die Gemeinde des Grundtyps B sollte für ihr Gebiet zunächst die Aufgaben des Grundtyps A wahrnehmen können. Darüber hinaus müßte sie sowohl für ihr eigenes Gebiet als auch für einen aus mehreren Verwaltungseinheiten des Grundtyps A bestehenden Versorgungsbereich weitere Einrichtungen höherer Art wie ein zweizügiges Gymnasium, eine zweizügige Realschule, eine Sonderschule, ein Hallenbad, einen Schlachthof und einen größeren Raum für kulturelle und andere Veranstaltungen bereitstellen. Da aufgrund der Siedlungsstruktur und Bevölkerungsdichte der ländlichen Zonen Nordrhein-Westfalens überall die Bildung von ausreichend großen und leistungsfähigen A- und B-Gemeinden möglich sei, könnten die Ämter als Gemeindeverbände und Gebietskörperschaften aufgelöst werden. Der Vorschlag, die Ämter aufzulösen und die zu einem Versorgungsbereich gehörenden Einzelgemeinden jeweils zu einer Einheitsgemeinde zusammenzuschließen, mutete revolutionär an, denn damit sollte vollständig mit der herkömmlichen Vorstellung gebrochen werden, daß jedes Dorf eine Gemeinde sei.

Die kommunale Neugliederung konnte nach Ansicht der Kommission allerdings nur dann in Angriff genommen und realisiert werden, wenn zuvor „das recht umständliche und langwierige Verfahren für eine gemeindliche Gebietsänderung nach den §§ 14 bis 16 der Gemeindeordnung vereinfacht“ würde.[239] Als Vereinfachung, ohne die verfassungsmäßig vorgesehenen Rechte der Gemeinden zu verletzen, schlug sie vor, die Bestimmungen der Gemeindeordnung für ein Gebietsänderungsverfahren zu modifizieren: Gebietsänderungen sollten nicht mehr nur wegen „dringender Gründe des übergemeindlichen öffentlichen Interesses“, sondern aus „Gründen des öffentlichen Wohles“ allgemein vorgenommen werden können. Die Meinung der Bevölkerung der von einer Neugliederungsmaßnahme betroffenen Gemeinde müsse zwar „gewissenhaft gewürdigt“ werden, stelle aber keine Mußbestimmung in dem Sinne dar, daß der Gesetzgeber an den Inhalt der Willensäußerung gebunden sei. Vielmehr genüge es, daß die Gemeinde aus Anlaß der Gebietsänderung gehört werde. Damit erklärte die Kommission eine Bestimmung, daß der Wille der betroffenen Bevölkerung berücksichtigt werden müsse, für „entbehrlich“.[240]

Die Anregungen der Sachverständigenkommission zur Vereinfachung des Gebietsänderungsverfahrens griff Innenminister Willi Weyer auf und legte dem Landtag einen entsprechenden Gesetzentwurf vor, der die Zustimmung aller drei im Landtag vertretenen Parteien (SPD, CDU, FDP) fand. Auf dieser Grundlage wurde in der 6. Wahlperiode ein erstes Neugliederungsprogramm durchgeführt, das zu der beschriebenen weitreichenden Gemeindereform führte. Daß die entsprechenden Neugliederungsgesetze im Landtag mit einer breiten Zustimmung verabschiedet worden waren, daran erinnerte Innenminister Weyer „mit besonderer Genugtuung“ bei der Einbringung des Gesetzent-

239 Zitiert nach Ebd., S. 167, auch folgende Zitate.
240 Zitiert nach Ebd.

wurfs zur Neuordnung des Raumes Aachen, der das erste Neugliederungsverfahren der 7. Wahlperiode einleitete.[241] Er wertete dies als „Beweis dafür, daß alle tragenden politischen Kräfte des Landes die großen Verwaltungs- und Gebietsreformmaßnahmen als eine gemeinsame staatspolitische Aufgabe betrachten, bei der parteipolitische Erwägungen keine Rolle gespielt haben".[242] Der Innenminister warb nachdrücklich um die Unterstützung der CDU-Opposition. Angesichts der knappen Mehrheitsverhältnisse im Landtag und zu erwartender massiver Widerstände in einzelnen Neugliederungsräumen wußte er, daß ein erfolgreicher Abschluß der Neuordnung der kommunalen Landschaft Nordrhein-Westfalens bis zum Jahre 1975 von der Verständigung mit den Christdemokraten abhing. Auseinandersetzungen bis hin zur Anrufung des Landesverfassungsgerichtshofs in Münster waren zu erwarten, wie das Beispiel der Neuordnung des Bonner Raums aus der vorausgegangenen Wahlperiode gezeigt hatte.[243]

Zur Kooperation mit der Regierungskoalition in Neugliederungsfragen war Köppler bereit, allerdings nur unter der Voraussetzung, „daß Sie [die Vertreter der Landesregierung und der sozial-liberalen Regierungskoalition] uns ein Höchstmaß an Information vermitteln und vor allem von der Methode Abstand nehmen, der Opposition hinter verschlossenen Türen fabrizierte Rezepte nach der Methode ‚Friß Vogel, oder stirb!' anzubieten"[244]. Dieser Kurs des Oppositionsführers war parteiintern nicht unumstritten. In Teilen der Partei sympathisierte man mit dem Gedanken, das sozial-liberale Regierungsbündnis durch die Verweigerung einer Zusammenarbeit in dieser zentralen Frage vor die Wand laufen zu lassen.[245] Wie Köppler im Dezember 1973, als die Wellen in der Auseinandersetzung um die kommunale Neuordnung des Ruhrgebiets besonders hochschlugen, vor Kommunalpolitikern seiner Partei erklärte, waren ihm solche Überlegungen nicht fremd: „Es hätte nicht einmal der Mühe eines Gegenarbeitens bedurft, um die kommunale Gebietsreform zum Scheitern zu bringen. Die Opposition hätte durch schlichtes Nichtstun das Ende der Verwaltungsreform für diese Legislaturperiode herbeiführen können – eines der sich mehrenden Zeichen für die politische Kraftlosigkeit dieser Regierung, die uns ja aus ihrem eigenen Bereich schon bestätigt worden ist."[246]

Daß er und die CDU-Landtagsfraktion diesen Weg dennoch nicht beschritten hätten, begründete Köppler unter Verweis auf die Aktivitäten der Regierung Meyers damit, daß „die Gebietsreform unser Kind"[247] sei, für dessen Werden und Reifen sie sich praktisch verantwortlich fühlten. Weiter führte er in der Mitte der 7. Wahlperiode ein „sehr praxisbezogenes Argument"[248] an. Die kommunale Gebietsreform ziehe sich seit ihren

241 LT NRW. 7. Wahlperiode. 23. Sitzung am 30.6.1971, S. 823.
242 Ebd.
243 Vgl. Linn, S. 114; Marx: Meyers, S. 461.
244 LT NRW. 7. Wahlperiode. 3. Sitzung am 31.7.1970, S. 32.
245 Vgl. Zeitzeugengespräche mit Friedhelm Görgens (9.1.2004) und Franz Heinrich Krey (27.1.2004).
246 Referat von Heinrich Köppler vor der Delegiertenversammlung der KPV NRW am 8.12.1973 in Düsseldorf, S. 3. KPV-Schnellbrief Nr. 64/73 vom 13.12.1973, in: HStAD NW 583-2936.
247 Ebd.
248 Ebd., S. 4, auch folgende Zitate.

Anfängen schon über zwei Wahlperioden hin. Die zwangsläufig eintretenden Unsicherheiten über das berufliche Schicksal von Hunderten von hauptamtlichen und das politische Schicksal von Tausenden von ehrenamtlich tätigen Menschen hänge weitgehend und in für diese Menschen wesentlichen Teilbereichen von den Ergebnissen einer gebietlichen Neuordnung in ihrem jeweiligen Raum ab. Diese Unsicherheit lastete für Köppler lange genug über dem Lande. Er glaubte feststellen zu können, daß die Stimmen und Stimmungen aus den betroffenen Kreisen und Gemeinden und bei den betroffenen Menschen „im Tenor fast 100%ig" lauteten: Lieber ein Ende mit Schrecken als ein Schrecken ohne Ende. Eine weitere Wahlperiode voller beruflicher und persönlicher Unsicherheit bedeuteten „Schaden für dieses Land", weil „Initiativen gelähmt, Planungen ziellos gemacht werden, Investitionen unsinnig erscheinen und nicht zuletzt auch persönliche und parteiliche Beziehungen und Freundschaften größten Belastungen ausgesetzt werden". Wenn deshalb die CDU-Landtagsfraktion die Vollendung der Gebietsreform noch in der 7. Wahlperiode „mit aller Macht" anstrebe, unterwerfe sie sich auch „dem einhelligen Votum ihrer Freunde an der kommunalen Front".

Nicht überliefert ist, ob an dieser Stelle auf der Delegiertenversammlung der Kommunalpolitischen Vereinigung Nordrhein-Westfalens im Dezember 1973 Widerspruch laut wurde. Von der kommunalen Front blies ihm und Mitgliedern seiner Fraktion bisweilen heftiger Wind entgegen. Insbesondere die Neuordnung des Ruhrgebiets ließ Köppler parteiintern unter heftigen Beschuß geraten. Viele Orts- und Kreisverbände im Ruhrgebiet brachten für seine Bereitschaft zur konstruktiven Mitarbeit an dieser Reform kein Verständnis auf. Sie warfen ihm vor, „er wolle als Staatsmann agieren, statt als ‚Volkstribun' den offenen Konflikt mit der Landesregierung zu suchen".[249] Diese Angriffe richteten sich nicht allein gegen seine Person, sondern betrafen auch Mitglieder der CDU-Landtagsfraktion, weshalb er sich veranlaßt sah, sich vor seine Fraktionskollegen zu stellen und zu einer sachlichen Auseinandersetzung aufzurufen. So zeigte er gegenüber dem Vorsitzenden des CDU-Kreisverbandes Bottrop „volles Verständnis" dafür, „daß der Kreisverband Bottrop nachdrücklich und auch mit Härte seine Position in der Diskussion über die kommunale Neugliederung im Bottroper Bereich" vertrete.[250] Nur habe er „die dringende Bitte", bei aller Härte sachlicher Auseinandersetzungen persönliche Diffamierungen zu unterlassen. Er hätte „mit Besorgnis" feststellen müssen, „daß in der öffentlichen Diskussion in Bottrop mehr und mehr Kollegen der Landtagsfraktion, namentlich die Kollegen Ullrich und Dr. Worms, nicht nur wegen ihrer sachlichen Überzeugung angegriffen werden, sondern auch persönlich diffamiert werden."

Angesichts teilweise heftigster Widerstände in den Neugliederungsräumen wurden in der CDU-Landtagsfraktion Stimmen laut, die nach dem Sinn und Zweck der Kooperation mit der sozial-liberalen Regierungskoalition fragten, zumal die Landesregierung

249 Peter Weigert: „CDU-Rebellen stellen Köpplers Autorität in Frage". In: „Die Welt" vom 17.1.1974.

250 Schreiben von Heinrich Köppler an Bernhard Brinkert, Vorsitzender des CDU-Kreisverbandes Bottrop, vom 7.6.1973, in: ACDP I-258-011/1.

wegzutauchen schien, wenn es heikel wurde. Bei Köppler entstand der Eindruck, „als wolle sich die Landesregierung in der Frage der Gebietsreform in eine Art innere Emigration begeben und dem Landtag die Aufgabe allein überlassen“.[251] Dies galt insbesondere für das besonders schwierige Neugliederungsverfahren im Ruhrgebiet. Deshalb forderte der Vorstand der CDU-Landtagsfraktion im Januar 1974 die Landesregierung auf, sich zur kommunalen Neugliederung zu bekennen und eine Stellungnahme zur „Aktion Bürgerwille“ abzugeben.[252]

Die „Aktion Bürgerwille“ stellte den Versuch dar, durch ein Volksbegehren eine grundlegende Neuordnung der kommunalen Landschaft im Ruhrgebiet zu verhindern.[253] Die Bürgerinitiative stellte dem Gesetzentwurf der Landesregierung, nach dem die Zahl der Gemeinden im Ruhrgebiet durch Zusammenschlüsse und Eingemeindungen von 66 auf 27 verringert werden sollte,[254] einen eigenen Gesetzentwurf gegenüber, der unter weitgehender Beibehaltung der Selbständigkeit der Gemeinden einen Kommunalverband Ruhr mit der entscheidenden Kompetenz der Bauleitplanung anstrebte. Ferner sollte die Gemeindeordnung dahingehend geändert werden, daß kommunale Neuordnungen nur noch mit Zustimmung der Bevölkerung zulässig seien. Wie sollten Köppler und die CDU-Landtagsfraktion auf diesen Vorstoß reagieren? Von dieser Initiative, die zu einer anderen, als der von allen im Landtag vertretenen Parteien angestrebten grundlegenden kommunalen Neuordnung im Ruhrgebiet führen sollte, waren sie unmittelbar betroffen. Nicht bestritten werden konnte, daß sich das von der Bürgerinitiative angestrebte Volksbegehren auf eine in der Landesverfassung vorgesehene Möglichkeit staatsbürgerlicher Willensbildung stützte, es sich also um ein mit Verfassungsrang ausgestattetes Bürgerrecht handelte, dem alle Betroffenen und Beteiligten mit dem nötigen politischen Respekt zu begegnen hatten. Köppler bezeichnete denn auch das Verlangen eines Volksentscheides als legitim und rief alle politisch Verantwortlichen auf, dieser Initiative eine faire Chance einzuräumen. In der Sache jedoch sei die CDU anderer Meinung. Daher komme auch „eine aktive Unterstützung durch Vertreter der CDU ... keinesfalls infrage“.[255]

Köppler hätte diese Position innerparteilich nicht durchstehen können, wenn nicht Ministerpräsident Kühn – wie vom Vorstand der CDU-Landtagsfraktion gefordert – ein klares Bekenntnis zur Fortführung der kommunalen Gebietsreform abgelegt hätte und die Initiative der „Aktion Bürgerwille“ ebenso eindeutig zurückgewiesen hätte. In einer Regierungserklärung vom Februar 1974 ließ er keinen Zweifel daran, daß über die kommunale Neuordnung im Ruhrgebiet „jetzt durch den Landtag entschieden und im unmittelbaren Anschluß daran die Neuordnung im übrigen Landesgebiet zum Abschluß gebracht werden“[256] müsse. Und zum geplanten Volksbegehren der „Aktion Bürgerwil-

251 LT NRW. 7. Wahlperiode. 94. Sitzung am 13.2.1974, S. 3729.
252 Vgl. Protokoll Sitzung Vorstand CDU-Landtagsfraktion 21.1.1974, in: HStAD RW 360-426.
253 Vgl. Köstering/Bünermann, S. 10f.
254 Vgl. LT NRW. 7. Wahlperiode. Drucksache Nr. 2800, S. 53f.
255 Protokoll Landesvorstandssitzung CDU Rheinland 18.1.1974, in: HStAD RW 277-51.
256 LT NRW. 7. Wahlperiode. 94. Sitzung am 13.2.1974, S. 3727.

le“ erklärte er namens der Landesregierung, daß es „keine im Interesse der Bürger bessere Alternative gegenüber der kommunalen Neuordnung bisher zugrunde gelegten Prinzipien“ zeige[257]. Das Volksbegehren scheiterte, da sich nur rund 720.000 Bürger in die landesweit ausgelegten Einschreibungslisten eintrugen.[258] Um das für eine erfolgreiche Durchführung dieser Initiative erforderliche Quorum von mindestens 20 Prozent aller Wahlberechtigten zu erreichen, hätte es der Unterschrift von ca. 2,4 Millionen Bürgern bedurft. Das Volksbegehren scheiterte auch deshalb, weil die CDU-Opposition in der Allparteienfraktion, die für die Durchführung der kommunalen Gebietsreform in Nordrhein-Westfalen kennzeichnend war, blieb und damit der „Aktion Bürgerwille“ die logistische Unterstützung eines kraftvollen Parteiapparats fehlte.

Die Kooperation zwischen der Landesregierung und den Koalitionsfraktionen auf der einen Seite und der CDU-Landtagsfraktion auf der anderen Seite erfolgte im wesentlichen über den sogenannten Zehnerclub, der sich im Rahmen der kommunalen Gebietsreform zu einem „Vorentscheidungsgremium“[259] entwickelte. Dieses informelle, 1970 ins Leben gerufene Gremium, dem neben den drei Fraktionsvorsitzenden jeweils zwei Mitglieder der drei Landtagsfraktionen, der Innenminister und Friedrich Halstenberg als Leiter der Landesplanung in der Staatskanzlei sowie dessen Mitarbeiter angehörten,[260] war die Antwort Weyers auf Köpplers Wunsch nach einem Höchstmaß an Information in Neugliederungsfragen. Die Einrichtung des Zehnerclubs ist ein taktisch geschickter Schachzug Weyers gewesen, denn die enge Kooperation zwischen Regierung und Opposition, die gerade durch dieses informelle Gremium ermöglicht wurde, war wohl mitentscheidend für den erfolgreichen Abschluß dieser Jahrhundertreform, die die kommunale Landschaft Nordrhein-Westfalens radikal veränderte: Die Zahl der kreisangehörigen Gemeinden verringerte sich um fast 83 Prozent von 2.335 auf 373, aus 38 kreisfreien Städten wurden 23, und schließlich gab es nach Abschluß dieser Gebietsreform nur noch 31 Kreise statt zuvor 57.[261]

Zur Gewährleistung einer bürgerschaftlich-demokratischen Mitwirkung wurde diese umfassende Neugestaltung der kommunalen Landschaft an Rhein und Ruhr flankiert durch eine Erhöhung der Zahl der Rats- und Kreistagsmitglieder und eine neue Bezirksverfassung, die allen 23 kreisfreien Städten des Landes mit zusammen 8,1 Millionen Einwohnern die Einführung einer bezirklichen Gliederung ihres Stadtgebietes in 3 bis 10 Stadtbezirke zur Pflicht machte.[262] Damit wurde auch einem Anliegen Köpplers entsprochen, der in seiner angesprochenen Rede aus dem Jahre 1969 die Sorge geäußert hatte, daß die kommunale Gebietsreform „eine Schmälerung der Basis für die bürger-

---

257 Ebd., S. 3728.
258 Köstering/Bünermann, S. 11.
259 Winkelmann, S. 220.
260 Ebd., S. 219.
261 Marx: Windeck, S. 165.
262 Köstering/Bünermann, S. 18.

schaftliche Mitarbeit zur Folge haben und die Idee der kommunalen Selbstverwaltung damit Schaden erleiden werde".[263]

Köppler wußte, daß die Neugliederungsfrage kein Thema war, das der persönlichen Profilierung dienen konnte, denn „Maßnahmen der kommunalen Neuordnung lösen keine helle Begeisterung aus, sind ihrer Natur nach ja nicht Dinge, an denen man sich mit Emotion begeistern kann, sondern sie stoßen vielerorts auf Widerstand der Betroffenen".[264] So beschränkte er denn auch seine Beiträge auf Grundsatzfragen der Gebietsreform und überließ ansonsten den Neugliederungsexperten seiner Fraktion das Feld, zunächst vor allem Egbert Möcklinghoff und nach dessen Ernennung zum Regierungspräsidenten von Münster im Jahre 1973 insbesondere Bernhard Worms.

3.2 Der Fall Götz

Anders verhielt es sich in der Diskussion über die Abwehr von Extremisten im öffentlichen Dienst, in der Köppler als Hauptredner seiner Fraktion im Landtag auftrat und damit seine Rolle als Oppositionsführer unterstrich. Die seit Ende der 1960er Jahre wachsende Gefährdung der inneren Ordnung durch politischen Extremismus und (Links-) Terrorismus veranlaßte Ende Januar 1972 die Ministerpräsidenten der Länder und Bundeskanzler Willy Brandt, Grundsätze für die Beschäftigung von rechts- und linksradikalen Personen im öffentlichen Dienst zu beschließen.[265] Nach diesem Beschluß, der unter der Bezeichnung „Radikalenerlaß" in die Geschichte eingegangen ist, durften nur Personen in das Beamtenverhältnis berufen werden, die die Gewähr dafür boten, „jederzeit für die freiheitliche demokratische Grundordnung im Sinne des Grundgesetzes" einzutreten. Es galt, jeden Einzelfall zu prüfen und zu entscheiden. Von der Einstellung in den öffentlichen Dienst war jeder Bewerber ausgeschlossen, der verfassungsfeindliche Aktivitäten entwickelte. Die Mitgliedschaft in einer Organisation, die verfassungsfeindliche Ziele verfolgte, begründete Zweifel daran, ob der Bewerber jederzeit für die freiheitlich demokratische Grundordnung eintreten würde. Diese Zweifel rechtfertigten „in der Regel", das Einstellungsgesuch abzulehnen. Die unterschiedliche Handhabung des Radikalenerlasses – strittig war die Frage, ob bereits die Tatsache einer Mitgliedschaft in einer verfassungsfeindlichen Organisation ausreichte, um dem Bewerber den Zugang zum öffentlichen Dienst zu verwehren – führte zu erheblichen Kontroversen in den einzelnen Bundesländern. In Nordrhein-Westfalen entzündete sich der Streit über die Handhabung des Radikalenerlasses am Fall Götz, der im Sommer 1973 für Aufsehen über die Grenzen des Bundeslandes hinaus sorgte.

---

263 Köppler: Der kommunale Dienst in der Reformdiskussion der Gegenwart. Vortrag vor dem 18. Landesverbandstag des Bundes Deutscher Kommunalbeamten und –angestellten am 8.5.1969 in Recklinghausen, S. 7, in: HStAD RWV 26-771/2.

264 LT NRW. 7. Wahlperiode. 94. Sitzung am 13.2.1974, S. 3732.

265 Wortlaut des Beschlusses der Ministerpräsidenten der Länder und des Bundeskanzlers vom 28.1.1972 in: MBl. NW. 1972, S. 342.

Am 11. März 1973 bewarb sich der Assessor Volker Götz um die Einstellung in den richterlichen Dienst des Landes Nordrhein-Westfalen.[266] Die Bewerbung von Götz, der auf gute Leistungen und darüber hinaus auf ein Empfehlungsschreiben seines Referendararbeitsgemeinschaftsleiters verweisen konnte, in dem ihm eine besondere Eignung für die Tätigkeit als Richter attestiert wurde, fiel in eine Zeit, als viele Planstellen bei Gerichten und Staatsanwaltschaften nicht besetzt werden konnten.[267] „Wir mußten vorübergehend auch Bewerber einstellen, die das Assessorexamen nur mit ‚ausreichend' oder gar erst nach Wiederholung bestanden hatten", erinnert sich der damalige Landesjustizminister Diether Posser in der Rückschau.[268] Gemäß den Grundsätzen für die Beschäftigung von rechts- und linksradikalen Personen im öffentlichen Dienst erfolgte eine Anfrage des Justizministeriums beim Innenministerium über Erkenntnisse, die einer Einstellung von Götz in den öffentlichen Dienst widersprächen. Wegen seiner Mitgliedschaft in der DKP könne Götz nicht in den öffentlichen Dienst eingestellt werden, teilte Innenminister Weyer am 14. Mai 1973 seinem Kabinettskollegen Posser mit.[269]

Daraufhin wurde der Bewerber zu einem Einstellungsgespräch ins Justizministerium eingeladen, in dem sich die zuständigen Personalstellen nach Aussage von Posser davon überzeugen konnten, daß „keine Zweifel an der Verfassungsloyalität des Bewerbers"[270] bestanden. Damit erfüllte für die Leitungsebene im Justizministerium Götz die Voraussetzungen für eine Einstellung in den richterlichen Dienst. Der Justizminister stimmte – entgegen der Empfehlung des Innenministers – am 6. Juni 1973 einer Einstellung von Götz als Richter auf Probe zu und übersandte die Ernennungsurkunde an den Präsidenten des Oberlandesgerichtes Düsseldorf, Hans-Heinrich Thunecke.[271] Der Düsseldorfer Oberlandesgerichtspräsident sandte die Urkunde wegen „Bedenken gegen die Rechtmäßigkeit" an Posser zurück.[272] Eine Bestimmung des nordrhein-westfälischen Beamtengesetzes bot Thunecke die juristische Grundlage für sein Vorgehen. Nach dieser Vorschrift ist ein Beamter bei Bedenken gegen die Verfassungsmäßigkeit dienstlicher Anordnungen verpflichtet, diese Bedenken bei seinem unmittelbaren Vorgesetzten geltend zu machen. Für Thunecke war die Überreichung der Ernennungsurkunde eine dienstliche Handlung, deren Rechtmäßigkeit er unter Verweis auf den „Radikalenerlaß" bestritt, weil seiner Ansicht nach Götz als Mitglied der DKP sich wohl kaum zur freiheitlich demokratischen Ordnung der Bundesrepublik bekennen könne.

Selbst nach weiteren Informationen aus dem Innenministerium, die belegten, daß Götz nicht nur ein einfaches DKP-Mitglied war, sondern daß es sich bei ihm um einen

---

266 Vgl. Posser, S. 87; ferner „Chronologie zum Bewerbungsgesuch des Assessors Götz", in: HStAD NW 280-7/1.

267 Vgl. Posser, S. 87.

268 Ebd.

269 Ebd., S. 88.

270 Ebd.

271 Ebd.

272 Vgl. Peter Weigert: „Einstellung eines DKP-Mitglieds als Richter abgelehnt". In: „Die Welt" vom 10.7.1973; Gerd Goch: „OLG-Chef will keinen Kommunisten als Richter". In: WAZ vom 10.7.1973.

aktiven Parteifunktionär handelte,[273] hielt Posser an seiner Entscheidung fest, was er Thunecke in einem persönlichen Gespräch am 18. Juli 1973 wissen ließ. Wie er in diesem Gespräch ausführte, lägen keine Anhaltspunkte vor, die die Annahme rechtfertigten, daß Götz nicht bereit sei, sich verfassungsgerecht zu verhalten.[274] Auch während der mehrjährigen Ausbildungszeit in der Justiz habe sich nichts ergeben, was einen gegenteiligen Schluß zulasse. Götz habe in dem Gespräch im Justizministerium ausdrücklich versichert, daß er als Richter die rechtsstaatlichen Belange voll und ganz wahren werde. Die tragenden Prinzipien des Grundgesetzes akzeptiere er nicht nur, sondern halte sie für richtig und verteidigungswert. Die Tatsache, daß Götz Mitglied der DKP und in dieser als Funktionär tätig sei, gebe demgegenüber für sich allein nicht die Möglichkeit, seine Bewerbung auf Einstellung in den richterlichen Dienst abzulehnen. Da der Justizminister sein einziger und höchster Dienstherr war, waren für den Düsseldorfer Oberlandesgerichtspräsidenten alle rechtlichen Möglichkeiten, sich gegen die Ernennung des DKP-Mitglieds Volker Götz durch Posser zum Richter zur Wehr zu setzen, erschöpft, woraufhin er am 20. Juli 1973 die Bestallungsurkunde für Götz an das Landgericht Düsseldorf weitergab.[275]

Das Beharren des Justizministers auf der Ernennung eines aktiven DKP-Mitglieds zum Richter auf Probe blieb nicht ohne Widerspruch. Noch vor der Übergabe der Ernennungsurkunde hatte die Rechtsanwaltskammer Düsseldorf gegen diese Entscheidung protestiert. Ihr Vorstand richtete an den Justizminister „den dringenden Appell“, seine Entscheidung rückgängig zu machen.[276] Er müsse bedenken, „daß mit der Ernennung des DKP-Mitgliedes Volker Götz zum Richter ein Präzedenzfall geschaffen würde, dessen Folgen unabsehbar wären.“ Auch der Landesverband Nordrhein-Westfalen des Deutschen Richterbundes forderte Posser zur Rücknahme seiner Entscheidung auf.[277] Ein Bewerber um das Amt des Richters oder Staatsanwaltes, der sich die Ziele und Grundsätze einer extremistischen Partei wie der DKP und der NPD zu eigen mache, biete keine Gewähr dafür, jederzeit für die freiheitlich demokratische Grundordnung im Sinne des Grundgesetzes einzutreten. Protest bekundeten auch der nordrhein-westfälische Landesverband des Deutschen Beamtenbundes, der sich an den für Verfassungsfragen zuständigen Innenminister Weyer wandte, und die Polizeigewerkschaft im

273 Götz hatte im September 1972 an der Landeswahlkonferenz der DKP teilgenommen und war Delegierter für die Düsseldorfer Kreisdelegiertenkonferenz der DKP im August 1973. „Chronologie zum Bewerbungsgesuch des Assessors Götz“, in: HStAD NW 280-7/1.

274 „Justizminister Dr. Posser bleibt dabei: Volker Götz darf Richter werden“. Pressemitteilung der Landesregierung Nordrhein-Westfalen vom 18.7.1973, in: HStAD RWN 251-1576.

275 Gerhard Malbeck: „Nun protestieren auch die Polizisten“. In: „Rheinische Post“ vom 21.7.1973.

276 Schreiben von Rechtsanwalt Lehne, Präsident der Rechtsanwaltskammer Düsseldorf, an Justizminister Posser vom 19.7.1973, in: HStAD RWN 251-1579.

277 Vgl. Entschließung des Gesamtvorstandes des Landesverbandes NRW des Deutschen Richterbundes vom 30.7.1973, ebd.

Beamtenbund, die bei Ministerpräsident Kühn vorstellig wurde.[278] Dabei erklärte die Polizeigewerkschaft, daß die Polizei als Dienerin dieser Gesellschaft Wert auf eine objektive Rechtsprechung auch bei sogenannten politischen Delikten lege. Es sei nicht mit Sicherheit auszuschließen, daß der Richter Götz eines Tages den Vorsitz in einem Verfahren gegen Angehörige der Baader-Meinhof-Bande oder ähnliche Gruppierungen führe und dabei seine eigene, durch Mitgliedschaft und Vorsitz im DKP-Ortsverein Düsseldorf-Garath festgelegte und auf Veränderung der gegebenen Gesellschaftsstruktur ausgerichtete politische Überzeugung ins Feld führe. Die Berufung von Götz führe zwangsläufig zu einer erheblichen Vertrauenseinbuße in die Recht sprechende Gewalt.

In den Widerstand gegen die Ernennung eines DKP-Mitglieds zum Richter auf Probe reihte sich auch der Innenminister ein. In einer von Staatssekretär Stakemeier vertretungsweise für Weyer unterzeichneten Stellungnahme zur Beschäftigung von rechts- oder linksradikalen Personen im öffentlichen Dienst wurde die Aushändigung der Ernennungsurkunde an Götz als „gesetzwidrig" bezeichnet.[279] Aus diesem Grund müsse der Justizminister seine Entscheidung revidieren. In seiner Stellungnahme bezog sich Weyer auf eine Vielzahl von Gerichtsurteilen und rechtswissenschaftlichen Abhandlungen. Nach seiner Ansicht handelte es sich bei Götz „nicht um ein einfaches DKP-Mitglied", sondern um einen „führenden Funktionär dieser Kaderpartei". Bei einem Mann wie Götz fehle „außer einem Lippenbekenntnis für das Grundgesetz jeder Anhalt, daß er die Gewähr bietet, jederzeit für die freiheitliche demokratische Grundordnung einzutreten." Sollte der Justizminister seine Entscheidung im Fall Götz nicht zurücknehmen können, müsse nach Artikel 55 Absatz 3 der Landesverfassung verfahren werden. Danach entscheidet bei Meinungsverschiedenheiten über Fragen, die den Geschäftsbereich mehrerer Minister berühren, das Kabinett. Für den Innenminister kam „angesichts der Bedeutung der Sache und ihrer weitreichenden Konsequenzen" sogar eine Richtlinienentscheidung des Ministerpräsidenten nach Artikel 55 Absatz 1 der Landesverfassung in Betracht.

In der Auseinandersetzung zwischen Posser und Weyer prallten zwei grundsätzlich verschiedene Rechtsauffassungen hinsichtlich der Anwendung des Radikalenerlasses aufeinander.[280] Der Justizminister vertrat die Auffassung, das Grundgesetz räume den Parteien als dem Ort politischer Willensbildung des souveränen Volkes so hohen Rang ein, daß niemand anderes als das Bundesverfassungsgericht befugt sei, die Verfassungsfeindlichkeit einer Partei festzustellen. Solange das Bundesverfassungsgericht diese Feststellung nicht ausspreche, könne sich keine andere Stelle, auch keine Einstellungsbehörde, darauf berufen, die Partei, der der Bewerber angehöre, verfolge verfassungsfeindliche Ziele. Demgegenüber betonte der Innenminister, daß zu unterscheiden sei

278 Gerhard Malbeck: „Nun protestieren auch die Polizeibeamten". In: „Rheinische Post" vom 21.7.1973.

279 Schreiben von Staatssekretär Heinrich Stakemeier in Vertretung des Innenministers des Landes NRW an Ministerpräsident Heinz Kühn vom 25.7.1973, in: HStAD RWN 251-1575.

280 Vgl. Vermerk der Abteilung III A 4 des Innenministeriums NRW über „Radikale im öffentlichen Dienst" vom 15.8.1973, in: HStAD NW 400-119.

zwischen dem Parteienprivileg des Artikels 21 GG, das nur die Organisation der Partei als solche schütze, und die davon getrennt zu beurteilenden besonderen Anforderungen an die Verfassungstreue des einzelnen Bewerbers für den öffentlichen Dienst.

Der Fall Götz rief schließlich auch die CDU-Opposition auf den Plan. In einem Telegramm an den Ministerpräsidenten vom 23. Juli 1973 zeigte sich Köppler über die Einstellung von Götz in den öffentlichen Dienst wegen der grundsätzlichen Bedeutung dieser Entscheidung „extrem besorgt".[281] Ministerpräsident Kühn sollte nach Ansicht des Oppositionsführers die Entscheidung über die Ernennung von Götz zum Richter auf Probe am Düsseldorfer Landgericht so lange aussetzen, bis eine Entscheidung des Landeskabinetts über die verbindliche Interpretation und Anwendung des Radikalenerlasses getroffen sei. Köppler forderte Kühn zugleich auf, den Hauptausschuß des Landtags über die Vorgänge zu unterrichten. In seinem Antwortschreiben vom 25. Juli 1973 stellte sich Kühn vor Posser, dessen Entscheidung „im Einklang" stehe mit den von den Regierungschefs von Bund und Ländern formulierten Grundsätzen für die Beschäftigung von rechts- und linksradikalen Personen im öffentlichen Dienst.[282] Da er also von der Rechtmäßigkeit des Handelns seines Justizministers überzeugt war, sah sich der Ministerpräsident „außerstande, Einfluß dahin zu nehmen, daß die Ernennungsurkunde nicht ausgehändigt wird." Köpplers Anregung, die Gründe, die Posser zu seiner Entscheidung veranlaßt hätten, und die Haltung der Landesregierung zu dieser Frage vor dem Hauptausschuß „eingehend" darzustellen, wollte Kühn „selbstverständlich" folgen. Nur sechs Tage später, in der Kabinettssitzung vom 31. Juli 1973, nahm der Fall Götz eine überraschende Wendung. Der Justizminister, der noch kurz zuvor in einer Pressekonferenz seine Entscheidung vehement verteidigt[283] und eine „Dokumentation zur Ernennung des Assessors Götz zum Richter auf Probe" vorgelegt hatte[284], die seine Rechtsauffassung in der Anwendung des Radikalenerlasses stützen sollte, unterrichtete das Kabinett, „daß er die Aushändigung der Ernennungsurkunde an den Assessor Götz zurückstelle, um eine Kabinettsberatung zu ermöglichen, zumal auch entscheidungserhebliche neue Hinweise im konkreten Falle noch der Überprüfung bedürfen"[285].

281 Vgl. „Köppler protestiert bei Kühn wegen DKP-Richter". In: „Münchner Merkur" vom 24.7.1973; „Köppler telegrafiert an Kühn". In: FAZ vom 24.7.1973; GERAEDTS, S. 26.

282 Schreiben von Heinz Kühn an Heinrich Köppler vom 25.7.1973, in: HStAD NW 280-7/1.

283 Vgl. Horst-Werner Hartelt: „Posser bleibt dabei: DKP-Mann wird Richter". In: NRZ vom 26.7.1973; Lothar Bewerunge: „Posser verteidigt seine Haltung". In: FAZ vom 26.7.1973; Hartwig Suhrbier: „Posser: Kein Präzedenzfall". In: „Frankfurter Rundschau" vom 26.7.1973.

284 Überliefert in: HStAD RWN 251-1577.

285 Zitiert aus dem Kabinettsbeschluß der Landesregierung NRW betr. Verfassungstreue von Bewerbern für den öffentlichen Dienst vom 31.7.1973, in: HStAD RWN 251-1575. Der Justizminister hatte Hinweise, zum Teil aus der Richterschaft erhalten, die im Falle ihrer Richtigkeit eine andere Beurteilung des Persönlichkeitsbildes von Götz rechtfertigten, weshalb ihnen rasch, aber mit der gebotenen Sorgfalt nachgegangen werden mußte. Zu den Vorwürfen gegen Götz vgl. „Chronologie zum Bewerbungsgesuch des Assessors Götz", in: HStAD NW 280-7/1. Näher erläutert wurden diese Anschuldigen in einem Schreiben des Persönlichen Referenten des Justizministers an die Staatskanzlei, z. Hd. Herrn Ministerialrat

Die neuen Hinweise im Fall Götz schienen für Posser und Kühn ein willkommener Anlaß zu sein, die höchst umstrittene Entscheidung über die Einstellung eines DKP-Mitglieds als Richter auf Probe zurückzustellen und damit die politische Lage zu beruhigen, womöglich eine Koalitionskrise abzuwenden. Eine Koalitionskrise, gar einen Bruch der Düsseldorfer Koalition mit weitreichenden Konsequenzen für das sozial-liberale Projekt in Bonn befürchtete offenbar Kühn, der denn auch in einem Pressegespräch unmißverständlich feststellte: „Wegen des Falles Götz riskiere ich nicht Brandts Fall."[286]

Zu einer Beruhigung trug der Kabinettsbeschluß vom 31. Juli 1973 nicht bei. Im Gegenteil, nach diesem Beschluß geriet Kühn unter heftigen innerparteilichen Beschuß.[287] Vor allem wurde ihm vorgeworfen, in der Auseinandersetzung um den Fall Götz kein Rückgrat gezeigt zu haben, sondern gegenüber dem kleinen Koalitionspartner eingeknickt zu sein. Seine Autorität als Ministerpräsident und noch amtierender SPD-Landesvorsitzender reichte offenbar nicht mehr aus, sich dieser Angriffe erwehren zu können. Der Bundesparteivorsitzende, Bundeskanzler Willy Brandt, mußte ihm zu Hilfe kommen. „Ich bedaure die Kurzsichtigkeit und Bedeutungslosigkeit, mit der gegen das sozial-liberale Bündnis und den Regierungschef in Düsseldorf zu Felde gezogen wird", ließ Brandt seine Genossen in Nordrhein-Westfalen öffentlich wissen.[288]

Die offensichtlichen Meinungsverschiedenheiten im Landeskabinett über die Anwendung des Radikalenerlasses und nicht zuletzt die Turbulenzen, die der Fall Götz innerhalb der größeren Regierungspartei ausgelöst hatte, veranlaßte die CDU-Landtagsfraktion, eine Sondersitzung des Landtags zum Thema „Beschäftigung Radikaler im öffentlichen Dienst aufgrund der neuesten Entwicklung" zu beantragen.[289] Daraufhin trat

---

Dr. von Rath, vom 2.8.1973, in: HStAD NW 280-11. In einem Fall wurde sogar ein besonderes Untersuchungsverfahren, das freilich noch kein Ermittlungsverfahren war, eingeleitet. Götz wurde vorgeworfen, als DKP-Funktionär in besonderer Weise an dem Versuch beteiligt gewesen zu sein, in Düsseldorf-Garath einen Spielplatz in einen Abenteuerspielplatz mit dem Ziel umzuwandeln, die Eltern von dem Spielplatz fernzuhalten und die Kinder unter Anleitung eines Sozialarbeiters ideologisch zu beeinflussen. Niemand wage, sich dagegen zu wehren, weil sich alle bedroht fühlten. In einem anderen Fall hatte sich eine Richterin am Verwaltungsgericht Düsseldorf zu Wort gemeldet. Sie hatte Götz während dessen Referendarausbildung kennengelernt. In fachlicher Hinsicht sei nichts zu beanstanden gewesen; in persönlichen Gesprächen mit ihm habe sie jedoch ein negatives Bild von seiner politischen Einstellung gewonnen. Götz habe ihr erklärt, daß die Verhältnisse in der Bundesrepublik völlig geändert werden müßten. Anzustreben seien Verhältnisse, wie sie in der DDR bestünden. Schließlich stand der Vorwurf im Raum, daß er bei illegalen Streiks von Rechtsreferendaren als „Scharfmacher und übler Agitator" hervorgetreten sei.

286 Zitiert nach Düding, S. 267.

287 Vgl. Ebd., S. 265f.

288 Presseerklärung Willy Brandts vom 3.8.1973, in: AdsD Bestand SPD-Landesverband NRW Nr. 14.

289 Vgl. Schreiben des Parlamentarischen Geschäftsführers der CDU-Landtagsfraktion, Ottmar Pohl, an den Präsidenten des Landtags NRW, Wilhelm Lenz, vom 14.8.1973, nachrichtlich an die Vorsitzenden der Fraktionen von SPD und FDP, Fritz Kassmann und Hans Koch, in: HStAD RW 180-883.

der nordrhein-westfälische Landtag am 22. August 1973 zur ersten Sondersitzung in seiner Geschichte zusammen.[290]

Die Sondersitzung zum Fall Götz sollte „kein Sommertheater um einen Kommunisten"[291] werden. Getrieben von Köppler und der CDU-Fraktion wurde der Fall Götz in all seinen Dimensionen endlich dort debattiert, wo er in einer parlamentarischen Demokratie debattiert gehörte, was der Oppositionsführer auch zu Beginn seiner Rede, mit der er die mehr als achtstündige Debatte eröffnete, unterstrich: „Es geht nicht an, daß in einer solchen Situation Verhandlungen nur im Kabinett und allenfalls in Parteivorständen stattfinden. In einer solchen Frage muß in einer parlamentarischen Demokratie das Parlament mit beraten und mit verhandeln."[292] Nachdem er mit diesen Worten die Notwendigkeit einer Sondersitzung des Landtags begründet hatte, ritt er schwere Attacken gegen Justizminister Posser. Köppler behauptete, Posser habe dadurch, daß er das auch nicht verbotenen, gleichwohl verfassungsfeindlichen Gruppierungen zustehende Parteienprivileg über die Treuepflicht der Beamten zum demokratischen Rechtsstaat gestellt habe, „entscheidende Grundlagen des öffentlichen Dienstes in diesem Lande und damit in der Bundesrepublik Deutschland bedroht".[293] Die auf diese Weise entstandene Krise sei viel schlimmer als die durch den Fall Götz hervorgerufene und in Düsseldorf immer noch „schwelende Kabinettskrise".[294]

An das Konzept der wehrhaften Demokratie habe Posser mit seiner verfassungspolitischen Argumentation im Fall Götz „schlicht die Axt gelegt".[295] Die Regierung Kühn müsse klar bekennen, ob sie die aktive und engagierte Auseinandersetzung mit den Feinden der freiheitlichen Ordnung, zu der auch „die Abwehr der Infiltration verfassungsfeindlicher Kräfte in die Institutionen, in den öffentlichen Dienst dieser Bundesrepublik, dieses Landes Nordrhein-Westfalen" gehöre, noch für eine „verfassungsmäßige Pflicht dieses Staates" halte. Köppler bezeichnete es als „schizophren", daß jemand als Richter die Gewähr dafür bieten könne, jederzeit für die freiheitlich-demokratische Grundordnung einzutreten, wenn er zugleich als DKP-Funktionär zur Überwindung dieser Ordnung mit dem Ziel, die Herrschaft der Arbeiterklasse oder die Diktatur des Proletariats zu erreichen, verpflichtet sei. Die Glaubwürdigkeit, die der Justizminister einem kommunistischen Funktionär zugute halte, sei eine wertlose verbale Beteuerung. Auch Hitler habe 1932 als Regierungsrat in der braunschweigischen Gesandtschaft in Berlin geschworen, der Reichs- und Landesverfassung die Treue zu halten, den Gesetzen Gehorsam zu leisten und seine Amtspflichten gewissenhaft zu erfüllen. Die Beschäftigung Radikaler im öffentlichen Dienst hielt der Oppositionsführer aus diesem Grund für „staatspolitisch unvertretbar".[296] Bis dahin seien sich auch alle demokrati-

290 Vgl. LT NRW. 7. Wahlperiode. 77. Sitzung am 22.8.1973, S. 2921–2992.
291 Ebd., S. 2947, Beitrag Lenz.
292 Ebd., S. 2924.
293 Ebd.
294 Ebd., S. 2925.
295 Ebd., S. 2926f., auch folgende Zitate.
296 Ebd., S. 2929.

schen Parteien darin einig gewesen, daß eine politisch wirksame Bekämpfung des Radikalismus nur möglich sei, wenn der öffentliche Dienst von diesen Kräften freigehalten werde. Dies habe der Ministerpräsident öffentlich und im Hauptausschuß des Landtags immer wieder betont.

Den Ministerpräsidenten und dessen Regierung rief Köppler nachdrücklich zum Handeln auf. Im Fall Götz sei „recht- und pflichtgemäßes Entscheiden Sache der Exekutive“.[297] Zur Regierungsseite gewandt, meinte der CDU-Fraktionschef an dieser Stelle: „Von der dritten Gewalt können Sie, dürfen Sie lediglich eine Überprüfung dieses recht- und pflichtgemäßen Verhaltens verlangen und erwarten und nicht etwa Gebrauchsanweisungen für Ihr Handeln und Ihre Aufgabe.“ Es sei hoch an der Zeit, daß die Landesregierung ihrer Pflicht zum Handeln nachkomme. Es sei unverkennbar, daß die Sorge im Lande wachse. Deshalb müsse auch „das Gerede von der anderen Republik“[298] beendet werden. Mit den Worten, daß „diese unsere freiheitliche Ordnung“ es verdiene, verteidigt zu werden, beendete Köppler seine Rede, für die es laut Protokoll bei der CDU-Fraktion anhaltenden stürmischen Beifall gab.

Ministerpräsident Kühn bezeichnete anschließend die Rede des Oppositionsführers als „böse“.[299] Er erwiderte, daß seine Landesregierung „grundsätzlich keine NPD-Mitglieder und keine DKP-Mitglieder im öffentlichen Dienst dieses Landes wünscht“. Man müsse aber Gesetze respektieren, die auch radikalen Bewerbern den Zugang zum Beamtendienst offenhielten, sofern sie sich zum Grundgesetz bekennen würden. Auf den Druck eingehend, der von der SPD in den zurückliegenden Wochen im Fall Götz auf ihn ausgeübt wurde, sagte der Ministerpräsident: „Ich habe meine Gesinnung in der repräsentativen Demokratie verwurzelt, ich habe meinen Eid auf die Verfassung der repräsentativen Demokratie geleistet, und ich werde nicht daran mitwirken, die repräsentative Demokratie durch eine plebiszitäre Autokratie zu ersetzen.“ Wenn das imperative Mandat in der SPD Wirklichkeit würde, werde er sofort alle Staats- und Parteiämter niederlegen. Kühn gab die kontroversen Auffassungen zwischen Posser und Weyer im Fall Götz offen zu, versicherte aber, daß es „keine Koalitionskrise“[300] gebe. Wer sich zu rechtsstaatlichen Prinzipien bekenne, müsse Risiken in Kauf nehmen. Für ihn, Kühn, bestehe kein Zweifel, daß die NPD „die Nachgeburt Hitlers“ sei und die DKP „an der Nabelschnur der SED“ hänge.[301] Im Fall Götz gehe es konkret um die Glaubwürdigkeit der Beteuerungen eines Kommunisten. Auch ihm bereite dieses Problem Sorge, weil man Lenins Bekenntnis zur Anwendung illegaler Methoden niemals vergessen dürfe. So benutze denn auch die DKP „die Konspiration und Tarnung als gewichtiges Instrument ihres politischen Durchsetzungswillens“. Im Einzelfall Götz sei korrekt im Sinne des Radikalenerlasses verfahren worden. „Welche andere Möglichkeit gibt es, den Einzelfall zu prüfen, wenn man nicht abweicht vom Prinzip der Einzelfallprüfung und ein-

297 Ebd., S. 2931, auch folgendes Zitat.
298 Ebd., S. 2932, auch folgendes Zitat.
299 Ebd., auch folgende Zitate.
300 Ebd., S. 2935.
301 Ebd., S. 2937, auch folgendes Zitat.

fach pauschal sagt, daß eben ein Kommunist grundsätzlich abzulehnen ist?", fragte Kühn.[302] Er habe nicht das Recht, Götz die Glaubwürdigkeit abzusprechen. Aber er habe die Pflicht, „an der simplen Glaubwürdigkeit von Demokratiebekenntnissen eines Kommunisten zu zweifeln und zu erwarten, daß diese mit tiefster Verantwortung doppelt sorgfältig geprüft werden". Der Ministerpräsident war sich sicher, „daß dies auf Anordnung des Herrn Justizministers auch geschehen ist".

Daß sich kein Staat Beamte leisten könne, die in Wahrheit nicht für, sondern gegen ihn arbeiteten, daran erinnerte Innenminister Weyer unter Berufung auf Herbert Wehner. Der Innenminister verbat sich ausdrücklich jede sowjetische Einmischung in seine rechtliche und politische Überzeugung, daß ein Kommunist überhaupt nicht für die Erhaltung der Grundordnung der Bundesrepublik eintreten könnte. Zur Bewertung der rechtlichen Fragen meinte Weyer, es gebe ein „Spannungsverhältnis"[303] zwischen der Toleranz, die aus dem Parteienprivileg spreche, und der besonderen Treuepflicht des Beamten gegenüber dem Staat. Die Treuepflicht müsse aber grundsätzlich den Vorrang vor einer Toleranz haben, die „selbst extrem verfassungsfeindlichen Parteien bis zum konstitutiven Verdikt des Bundesverfassungsgerichts politische Freiheit" garantiere. Die Freiheiten, die das Grundgesetz zulasse, setzten voraus, daß der Staat selbst funktioniere. Deshalb müsse dafür Sorge getragen werden, „daß der Staatsapparat in Ordnung bleibt und nicht auch noch unterwandert wird."[304] Er befinde sich in Übereinstimmung mit „Professoren aus allen politischen Bereichen", wenn er sich dagegen wehre, ein falsch verstandenes Parteienprivileg zu einem „Radikalenprivileg im öffentlichen Dienst" auszudeuten. Die Treuepflicht eines Beamten oder Beamtenbewerbers sei unteilbar. Auch ein Beamter der erst nach seiner Ernennung und Einstellung Mitglied der NPD oder DKP werde, begehe nach seiner Auffassung einen Treuebruch im rechtlichen Sinne.

Mit Spannung wurde der Auftritt von Justizminister Posser im Landtag erwartet. In der Woche vor dieser Parlamentssondersitzung war seine Entscheidung im Fall Götz von dem Chefredakteur des Nachrichtenmagazins „Stern", Henri Nannen, als „in hohem Maße unpolitisch" kritisiert worden.[305] Und Günter Nollau, der Präsident des Bundesamtes für Verfassungsschutz, hatte ihm ins Stammbuch geschrieben: „Ein guter Kommunist, d. h. einer, der die Ziele seiner Partei bejaht und die Forderungen erfüllt, die seine Partei an ihn als Mitglied oder Funktionär stellt, bietet nicht die Gewähr, jederzeit für die freiheitliche demokratische Grundordnung einzutreten."[306]

Posser warnte im Landtag vor einem „Aufstand der Irrationalität",[307] der sich angesichts der Diskussion um die Ernennung eines Kommunisten zum Richter in einigen Bereichen der Öffentlichkeit abgezeichnet habe. Er warf die Frage auf, ob es nicht auch

302 Ebd., S. 2938, auch folgende Zitate.
303 Ebd., S. 2942, auch folgendes Zitat.
304 Ebd., S. 2943, auch folgendes Zitat.
305 Henri Nannen: „Breschnew soll nicht sterben". In: „Stern" vom 16.8.1973.
306 Schreiben von Günter Nollau an Diether Posser vom 17.8.1973, in: HStAD RWN 251-1579.
307 LT NRW. 7. Wahlperiode. 77. Sitzung am 22.8.1973, S. 2964.

die Möglichkeit gebe, „daß innerhalb von Parteien, deren Zielsetzung wir scharf ablehnen, Entwicklungen denkbar werden, die diese Parteien möglicherweise in einem anderen Licht erscheinen lassen?“[308] An dieser Stelle verwies er auf die politische Entwicklung in Ungarn 1956 und vor allem auf jene in der Tschechoslowakei 1968, um deutlich zu machen: „Diese Generalisierung, diese Pauschalisierung, ein Kommunist könne niemals ehrlich sein, er müsse ein Lügner sein, ist auch nach der Haltung vieler Kommunisten in der Tschechoslowakei nicht als überzeugend zu werten.“[309] Nachdrücklich forderte der Justizminister eine nüchterne Prüfung jedes Einzelfalls, wenn es um Bewerber für das Richteramt gehe, die radikalen Parteien angehörten. Im Fall Götz seien neue Hinweise aufgetaucht, die möglicherweise „entscheidungserheblich“[310] seien und deshalb einer genauen Prüfung bedürften. Mit einer endgültigen Entscheidung über eine Ernennung von Götz zum Richter auf Probe werde daher erst im September 1973 zu rechnen sein.

Köppler zeigte sich in seiner Erwiderung auf Posser erstaunt über die „Apotheosen“, die der Minister im Zusammenhang mit den Kommunisten in Ungarn und in der CSSR geäußert habe. Er wolle ihm nicht unterstellen, „hier hin und wieder auch einmal einen Kommunisten in den öffentlichen Dienst bringen [zu] wollen, in der Hoffnung, daß sich daraus auch so etwas wie ein Dubcek in der Deutschen Kommunistischen Partei entwickelt“.[311] Aber ganz verstanden hätten sicher auch einige seiner Ministerkollegen nicht, was er zu Kommunisten und zum Wort von Kommunisten gesagt habe, weshalb Köppler dem Justizminister empfahl, das Protokoll selber noch einmal durchzulesen. Der Oppositionsführer zeigte sich offen, über diese Ausführungen Possers nochmals zu diskutieren, „wenn auch nicht gerade in einer Sonderplenarsitzung des Landtags“. „Uns prägt kein Haß gegen Kommunisten“ unterstrich Köppler an dieser Stelle im Namen seiner Fraktion. Auch wolle die CDU keine „Hexenjagd gegen Kommunisten“ entfesseln, aber man müsse „hart und zielklar“ ihre Infiltration in den öffentlichen Dienst verhindern. Mit Befriedigung habe die CDU von der nachträglichen sorgfältigen Prüfung des Falles Götz durch das Justizministerium Kenntnis genommen. Posser könne zwar über keinen Symbolfall, wohl aber über den Einzelfall so entscheiden, daß es ein Symbolfall werde.

Weder die Attacken, die Köppler zu Beginn der mehrstündigen Plenardebatte gegen den Justizminister ritt, noch Kühns Satz von der bösen Rede des Oppositionsführers konnten darüber hinwegtäuschen, daß es eine weitestgehend sachlich geführte Aussprache war, in der alle rechtlichen und politischen Gesichtspunkte des Falles Götz erörtert wurden. So dankte denn auch Innenminister Weyer Köppler dafür, „daß Sie die Chance, die natürlich auf Grund unterschiedlicher Rechtsauffassung in der Landesregierung gegeben war, nämlich hier zu emotionalisieren, nicht genutzt haben“.[312] Weyer attestierte

308 Ebd., S. 2965.
309 Ebd.
310 Ebd., S. 2962.
311 Ebd., S. 2974, auch folgende Zitate.
312 Ebd., S. 2940.

ihm hier eine staatspolitisch verantwortliche Haltung, „denn das Aufputschen von Leidenschaften nutzt uns allen nichts hier im Saale, sondern es nutzt eigentlich nur jenen, die darauf warten, daß sich unsere parlamentarische Ordnung wieder einmal selbst zerstört".[313] Der Hochgelobte selbst wollte die Integrität des Justizministers nicht in Frage gestellt wissen, wenngleich er dessen Entscheidung im Fall Götz „für falsch, für gefährlich falsch" hielt. „Niemand, und vor allem wir nicht in diesem Hause, unterstellt Ihnen die Absicht, Radikalen den Weg in den öffentlichen Dienst freischaufeln zu wollen", rief der Vorsitzende der CDU-Landtagsfraktion dem Minister zu.[314]

Die Sondersitzung des Landtags hatte einen anderen Verlauf genommen, als dies von Heinz Kühn erwartet, ja befürchtet worden war. „Es geht in der morgigen Sondersitzung des Landtags NW nicht um den Fall Götz, sondern um die Frage, ob es der CDU gelingt, die SPD in die Nähe der DKP zu rücken", war der Ministerpräsident am Tag zuvor in einer Sitzung der SPD-Landtagsfraktion überzeugt.[315] Doch statt einen politischen Frontalangriff gegen die Sozialdemokraten zu fahren, die in der Bewertung des Falles Götz offensichtlich zerstritten waren, fanden die Christdemokraten mit der Landesregierung und den beiden Regierungsparteien zu einer ernsthaften Diskussion über die Frage zusammen, wie die Zuverlässigkeit des Staatsdienstes durch das Fernhalten von Staatsgegnern und „Systemveränderern" gesichert werden konnte. Der Verlauf der Debatte zeigte, in welch hohem Maß die drei im Landtag vertretenen Parteien sich in dem Willen einig waren, der Unterwanderung des Staates durch Extremisten keinen Raum zu geben und eine Wiederholung der Fehler von Weimar zu vermeiden. Landtagspräsident Lenz brachte das gemeinsame Ziel aller Beteiligten auf den Punkt: „Der öffentliche Dienst darf nicht zum Truppenübungsplatz der Extremisten bei ihrem Marsch durch die Institutionen werden!"[316] – und zwar für Extremisten jedweder Couleur, wie Köppler und Kühn übereinstimmend betonten. Köppler forderte ein „einheitliches Recht nach links- und rechtsaußen in gleicher Weise". Er sparte in diesem Zusammenhang nicht mit Kritik an der CDU-geführten Landesregierung von Baden-Württemberg. Unmißverständlich stellte er fest, daß ihm die Entscheidung über die Wiedereinstellung eines ehemaligen NPD-Landtagsabgeordneten in den öffentlichen Dienst „absolut nicht behagt und nicht zusagt".[317] Ebenso deutlich bezog Kühn Stellung. Das Ansinnen einer jungsozialistischen Arbeitsgemeinschaft, die DKP nicht wie die NPD zu werten, da die DKP immerhin zur deutschen Arbeiterbewegung gehöre, wies er als „eine grundfalsche Argumentation" zurück, „denn in der Verteidigung der Freiheit müssen wir nach beiden Seiten mit gleicher Scharfsichtigkeit schauen".[318]

Der von allen Seiten bekundete Wunsch, den Staat vor radikalen Elementen zu schützen, hätte in einer gemeinsamen Entschließung zum Ausdruck kommen sollen.

313 Ebd.
314 Ebd., S. 2929
315 Protokoll Sitzung SPD-Landtagsfraktion 21.8.1973, in: HStAD RW 180-227.
316 LT NRW. 7. Wahlperiode. 77. Sitzung am 22.8.1973, S. 2949.
317 Ebd., S. 2930.
318 Ebd., S. 2937.

Eine gemeinsame Entschließung von CDU, SPD und FDP kam aber nicht zustande. In namentlicher Abstimmung lehnte der Landtag mit 101 gegen 97 Stimmen eine Resolution der CDU ab, in der die Opposition unzweideutig verlangt hatte, von der Berufung des Volker Götz zum Richter und zweier anderer DKP-Mitglieder in den öffentlichen Dienst abzusehen.[319] Bei Stimmenthaltung der CDU-Fraktion wurde statt dessen ein gemeinsamer Entschließungsantrag von SPD und FDP angenommen, der lediglich den Beschluß der Regierungschefs von Bund und Ländern vom 28. Januar 1972 bekräftigte, wonach „in den öffentlichen Dienst nur berufen werden kann, wer die Gewähr dafür bietet, daß er jederzeit für die freiheitlich demokratische Grundordnung des Grundgesetzes eintritt".[320] Die Stimmenthaltung seiner Fraktion begründete Köppler denn auch damit, daß ihr der Antrag der Koalition „in der Sache als ungenügend erscheint, auch wenn das, was er enthält, von uns nicht bekämpft wird".[321]

Knapp vier Wochen nach dieser ersten Sondersitzung in der Geschichte des nordrhein-westfälischen Landtags schien eine endgültige Entscheidung im Fall Götz gefallen zu sein. Am 18. September 1973 entschied Justizminister Posser, daß der DKP-Funktionär Volker Götz doch nicht als Richter auf Probe in den Justizdienst des Landes übernommen werde.[322] Nach Angaben des Justizministeriums ließen neue Hinweise und ein Interview von Götz mit der kommunistischen Zeitung „UZ" vom 3. August 1973 Zweifel daran aufkommen, ob Götz die Gewähr dafür böte, jederzeit für die freiheitlich-demokratische Grundordnung einzutreten. Das aber setze das deutsche Richtergesetz für eine Einstellung zwingend voraus. Diese Zweifel habe Götz in einem mehrstündigen Gespräch nicht ausräumen können. Die Ablehnung der Einstellung, die sich auf gerichtlich verwertbare Tatsachen stütze, sei ihm in einem ausführlich begründeten Bescheid mitgeteilt worden. Daraufhin beschritt Götz den Rechtsweg, der erst im März 1980 vor dem Oberverwaltungsgericht in Münster sein Ende fand. In letzter Instanz entschied das OVG, daß Götz als aktives DKP-Mitglied in der Bundesrepublik Deutschland kein Richter werden dürfe.[323] Wie das OVG in seiner Urteilsbegründung ausführte, ergaben sich Zweifel an der erforderlichen Verfassungstreue des Klägers, insbesondere aus seinen Funktionärstätigkeiten in der DKP als früherer Vorsitzender der Stadtteilgruppe Düsseldorf-Süd, Mitglied der Kreisdelegiertenkonferenz und des DKP-Kreisvorstands Düsseldorf sowie als DKP-Kandidat bei der Kommunalwahl 1979.

Daß der Fall Götz im Sommer 1973 zu keiner Koalitionskrise führte, erklärt der damalige Parlamentarische Geschäftsführer der FDP-Landtagsfraktion, Wolfgang Heinz,

319 Ebd., S. 2988 in Verbindung mit Drs. 7/2934.

320 LT NRW. 7. Wahlperiode. Drs. 2935.

321 LT NRW. 7. Wahlperiode. 77. Sitzung am 22.8.1973, S. 2988.

322 Vgl. „Justizminister Dr. Posser lehnt Übernahme des Assessors Volker Götz in den richterlichen Probedienst ab". Pressemitteilung des Presse- und Informationsdienstes der Landesregierung NRW vom 18.9.1973, in: HStAD NW 280-7/1.

323 Vgl. „Götz darf kein Richter werden". In: „Rheinische Post" vom 14.3.1980; „Ein Kommunist kann nicht Richter werden". In: FAZ vom 15.3.1980.

in der Rückschau damit, daß es in dieser Auseinandersetzung „so gepflegt zuging, wie es zwischen den Juristen Posser und Weyer gang und gäbe war."[324] Es sei „ein in allen Phasen beherrschter Konflikt" gewesen, der „sachlich in aller Härte ausgetragen" worden sei, „aber ohne Polemik, ohne Verletzungen". Natürlich habe es viele Diskussionen und Verhandlungen gegeben, erinnert sich Horst-Ludwig Riemer, seinerzeit Vorsitzender des FDP-Landesverbandes und Wirtschaftsminister im Kabinett Kühn.[325] Die SPD habe in der Auseinandersetzung aber stets gewußt, „wo die Grenze war, was der Koalitionspartner mitmachte". Für die Sozialdemokraten war der Fall Götz kein Grund, die Koalition mit den Liberalen in Frage zu stellen. In einer außerordentlichen Landesvorstandssitzung am 4. August 1973 trat die SPD in Nordrhein-Westfalen „mit Nachdruck für die Fortführung der sozial-liberalen Koalition" ein[326]. Die CDU-Opposition wagte auch gar nicht zu hoffen, daß die Auseinandersetzungen über den Fall Götz zum Bruch der Regierung Kühn / Weyer führen könnte. Wie Köppler Ende August 1973 vor der CDU-Landtagsfraktion erklärte, war er davon überzeugt, daß die Spannungen in der Koalition, die sicherlich wegen des Falles Götz vorhanden seien, nicht zu einer Auflösung der Regierung führen würden.[327]

Die Sorgen, die Kühn gehabt haben mochte, waren also unbegründet. Die SPD/FDP-Koalition in Düsseldorf nahm wegen des Falles Götz keinen Schaden. Dafür ging Kühn aus dieser Auseinandersetzung beschädigt hervor – „eine mittelbare Folge des Falles Götz", wie Mitte September 1973 der Journalist Wolfram Köhler in einem Hörfunk-Kommentar meinte.[328] Unverkennbar war nach der Beobachtung Köhlers der Verlust an Autorität, den der Ministerpräsident durch den Streit um den Fall Götz innerhalb seiner eigenen Partei habe hinnehmen müssen. Dagegen war die Führungsposition Heinrich Köpplers in der CDU in Nordrhein-Westfalen Mitte der 7. Wahlperiode des Landtags unbestritten. Seine Rolle als Nr. 1 der Christdemokraten an Rhein und Ruhr war auf dem Bonner Bundesparteitag im Juni 1973 noch gestärkt worden durch seinen Aufstieg in das Bundesparteipräsidium nach seiner Wahl zum stellvertretenden Bundesparteivorsitzenden, die seinen Anspruch untermauern sollte, auch bundespolitisch ein Wort mitsprechen zu wollen, was er im Sommer 1970 unmittelbar nach seinem Wechsel in die nordrhein-westfälische Landespolitik bereits versucht hatte.

324 Zeitzeugengespräch mit Wolfgang Heinz (19.11.2004).

325 Zeitzeugengespräch mit Horst-Ludwig Riemer (10.2.2004).

326 Protokoll Sitzung SPD-Landesvorstand 4.8.1973, in: AsD Bestand SPD-Landesverband NRW Akte „Landesvorstand vom 1.8.1973 bis 31.12.1973".

327 Vgl. Protokoll Sitzung CDU-Landtagsfraktion 27.8.1973, in: HStAD RWN 207-1118.

328 Wolfram Köhler: Der Fall Götz und die Folgen. Kommentar zur Landespolitik vom 19.9.1973 im 2. Programm des WDR, in: HStAD RW 180-162.

4. Zwischen Barzel und Kohl – Heinrich Köppler und die CDU Deutschlands in der ersten Hälfte der 1970er Jahre

Im Juli 1970 sorgte Heinrich Köppler mit seiner Äußerung, der CSU-Vorsitzende Franz Josef Strauß komme als Sprecher des kleineren Unionspartners nicht als gemeinsamer Kanzlerkandidat von CDU und CSU in Frage, für große Unruhe innerhalb der Unionsparteien. Vor dem Verein der ausländischen Presse in Bonn hatte er zu einer möglichen Kanzlerkandidatur von Strauß wörtlich erklärt: „Ich halte seine Kandidatur deshalb für unwahrscheinlich, weil seine Vorstandsfunktion des Minderheitenpartners in der Gesamtpartei eine Kehrseite insofern hat, als es aus dieser Position heraus schwer ist, die Führungsposition in der Gesamtpartei zu erreichen. Der Sprecher einer Minderheit kann nicht Kanzlerkandidat der Mehrheit sein. Strauß kommt nicht in Frage."[329] Die CSU reagierte auf die Ausführungen des Vorsitzenden der rheinischen CDU mit großer Empörung. In einer Erklärung der CSU-Landesleitung wurde Köppler vorgeworfen, er habe die Frage der Kanzlerkandidatur „recht autoritär kommentiert".[330]

Die Parteizentrale in München betonte, die Frage von Kanzlerkandidaturen sei – wie andere politische Fragen auch – von der CSU niemals unter dem „egoistischen Aspekt kleinkarierten Parteiinteresses", sondern stets unter dem Blickwinkel der Vernunft und des allgemeinen Nutzens gesehen worden. Man erwarte, daß sich auch die CDU „zu einer offenen, von persönlichen Manipulationen und Intrigen freien Betrachtungsweise bekennen wird". Die CSU stehe in „absoluter Solidarität" zu ihrem Vorsitzenden Strauß und bekenne sich „auch selbstverständlich" nach wie vor zur engen Gemeinschaft mit der CDU. Diese Gemeinschaft sei aber niemals als ein einseitiges Abhängigkeitsverhältnis verstanden worden, das es dem größeren Partner erlauben würde, den kleineren zu diskriminieren oder zu majorisieren. Unter Strauß, hob die Parteileitung hervor, präsentiere sich die CSU heute als „geschlossenster, politisch wirksamster und stärkster Teil der Union". Die Partei sehe keinen Grund, eine gewachsene Selbständigkeit aufzugeben, die sich in der Vergangenheit bewährt habe. Diese Selbständigkeit erlaube es ihr, „ihre Führungsposition in einer sich wandelnden politischen Umwelt zu behaupten, ohne von Modekrankheiten befallen zu werden, unter denen andere politische Gruppierungen zum Schaden des Ganzen leiden". CSU-Generalsekretär Max Streibl erklärte, niemand solle es erlaubt sein, die Union in „Minderheiten" und „Mehrheiten" aufzuteilen und diese Zusammenarbeit durch „unsinnige und unzeitgemäße Formeln in Frage zu stellen".[331] Köppler übersehe in seinem Bestreben, „sich der Linken zu empfehlen",

329 Verlautbarung der Nachrichtenagentur „upi", zitiert nach „Äußerung von Köppler stiftet Unruhe in der CDU/CSU". In: „Die Welt" vom 11.7.1970.

330 Zur Erklärung der CSU-Landesleitung vgl. „Köpplers Strauß-Kritik erregt die CSU". In: „Süddeutsche Zeitung" vom 11.7.1970; „CSU reagiert verärgert auf Köpplers Strauß-Äußerung". In: „Rheinische Post" vom 11.7.1970.

331 Stellungnahme von CSU-Generalsekretär Max Streibl vom 10.7.1970 zu den Erklärungen des rheinischen CDU-Landesparteivorsitzenden Heinrich Köppler. Herausgegeben von der Presseabteilung der CSU-Landesleitung, München 1970.

daß die enge Zusammenarbeit der Unionsparteien in den zurückliegenden Jahrzehnten „die Voraussetzung für die historischen Aufbauleistungen unter den CDU/CSU-Bundesregierungen" gewesen sei. Versuche einer Majorisierung des kleineren Partners in der Union wies Streibl entschieden zurück. Strauß selbst schwieg. Er zeigte seine Verärgerung dadurch, daß er in der Konjunkturdebatte des Bundestages am 10. Juli 1970 entgegen seiner ursprünglichen Absicht nicht das Wort ergriff.[332] Dafür griff der Vorsitzende der CSU-Landesgruppe im Bundestag, Richard Stücklen, Köppler scharf an und erhielt den Beifall der Mehrheit der CDU/CSU-Bundestagsfraktion.[333] In der CSU glaubte man offensichtlich einen gezielten Affront der rheinischen Christdemokraten gegen die bayerische Schwesterpartei zu erkennen.

Die CDU-Führung in Bonn sah sich zum Handeln veranlaßt. Generalsekretär Bruno Heck stellte klar, daß CDU und CSU nicht wie eine große und eine kleine Partei in Konkurrenz zueinander stünden.[334] Gleichzeitig gab Heck eine Ehrenerklärung ab, aus der herauszulesen war, daß der CSU-Vorsitzende für alle Ämter ein Anwärter sei. Strauß sei „ein Politiker von großer Erfahrung und Leistungskraft, dessen Rang und Intelligenz ihn zu jedem Amt in diesem Staat befähigen", ließ der CDU-Generalsekretär die Öffentlichkeit wissen.[335] Offensichtlich durch diese Erklärung der CDU-Führung zufriedengestellt, teilte der CSU-Vorsitzende mit, er werde am 11. Juli 1970 im Bundestag wieder aktiv in das politische Geschehen eingreifen.

Anscheinend wollte es die CDU-Führung zu diesem Zeitpunkt nicht auf eine Konfrontation mit dem politisch ambitionierten Bayern ankommen lassen, wofür es mehrere Gründe gab. Erstens brauchte die CDU Strauß als Speerspitze in der politischen Auseinandersetzung mit der sozial-liberalen Regierung Brandt / Scheel, weil der CSU-Vorsitzende wie kein anderer Politiker die national-konservative Wählerschaft anzog. Und zweitens kam die CDU bei der Bestimmung eines neuen Kanzlerkandidaten nicht an einem Arrangement mit Strauß vorbei, denn gegen die Stimme der bayerischen CSU konnte ein Kanzlerkandidat nicht gewählt werden.

Angesichts dieser politischen Großwetterlage erkannte man in Düsseldorf, daß Köpplers Vorstoß gegen Strauß zur Unzeit gekommen war, man bemühte sich deshalb, den Konflikt mit der bayerischen Schwesterpartei zu entschärfen. Darstellungen über eine angebliche Fehde zwischen Strauß und Köppler wies das Landespräsidium der CDU in Nordrhein-Westfalen in seinem Pressedienst als „konstruiert und hochgespielt" zurück.[336] Das CDU-Gremium stellte fest, die von einer Agentur verbreitete Meldung, daß nach einer Äußerung Köpplers der CSU-Vorsitzende als Kanzlerkandidat für die Union nicht in Frage komme, habe den „Charakter eines gezielten Affronts" enthalten. Köppler habe im Verlauf eines Gesprächs mit Auslandsjournalisten auf Fragen ledig-

332 Hilde Purwin: „Fehde Köppler – Strauß". In: NRZ vom 11.7.1970.
333 Claus Dalberg: „Dregger warnt vor Kandidaten-Karussell". In: „Deutsche Tagespost" vom 15.7.1970.
334 Hilde Purwin: „Fehde Köppler – Strauß". In: NRZ vom 11.7.1970.
335 Zitiert ebd.
336 „Keine ‚Fehde'". In: „C-Inform" vom 17.7.1970.

lich die „Chancen verschiedener Persönlichkeiten der CDU/CSU-Bundestagsfraktion für eine Kanzlerkandidatur und im Zusammenhang damit auch für das Amt des Parteivorsitzenden der CDU erörtert“. Dabei habe er betont, daß „diese Fragen gegenwärtig nicht zur Diskussion“ stünden. „Die Feststellungen Köpplers waren also“, heißt es in der Stellungnahme des Landespräsidiums, „eine reine Situationsbewertung, und sie enthielten nicht, wie nachträglich unterstellt oder fälschlicherweise hineininterpretiert worden ist, ein Urteil über die Person und die politische Qualifikation von Franz Josef Strauß oder von anderen in diesem Gespräch erwähnten Persönlichkeiten.“ Man mochte diese Erklärung drehen und wenden, wie man wollte, ein Dementi schaute nicht heraus. Und es stand auch nirgendwo geschrieben, daß Köppler in seiner – wie es in der Erklärung des Landespräsidiums hieß – „reinen Situationsbewertung“ die Chancen von Strauß auf eine Kanzlerkandidatur anders bewertet hätte als schlecht. Allem Anschein nach bemühte sich Köppler um eine Entschärfung des Konflikts, ohne damit seine reservierte Haltung gegenüber dem CSU-Vorsitzenden aufzugeben. Freunde sollten diese beiden Politiker nicht mehr werden.

Daß Köpplers Auftritt vor der Auslandspresse Strauß nicht ungerührt gelassen hatte, dafür sprachen die Attacken, die sein Intimus Wilfried Scharnagl über den „Bayernkurier“ gegen den nordrhein-westfälischen Christdemokraten ritt.[337] Scharnagl geißelte die „selbstherrlichen apodiktischen Äußerungen“ Köpplers, die nicht nur das Verhältnis von CDU und CSU berührten. In erster Linie solle „dieses jüngste Eigentor eines prominenten Mannes“ für die CDU Anlaß sein, sich hinter verschlossenen Türen möglichst rasch darüber klar zu werden, was man eigentlich wolle. Man könne sich des Eindrucks nicht erwehren, als ob „manche Leute in der CDU aufgrund einer total und in allen Bereichen versagenden liberal-sozialistischen Koalition der Ansicht“ wären, die Situation sei mittlerweile für die Union wieder so glänzend geworden, daß man sich ohne Gefahr jede politische Dummheit leisten könne. Die CSU zumindest wisse, daß dem nicht so sei. Sie wisse, daß nur eine überzeugte und harte Opposition, ausgerichtet an klaren Sachalternativen, zu einer möglichst baldigen Ablösung der Regierung Brandt führen könne. Und die CSU wisse ferner, „daß die Eigentore, die manche CDU-Politiker in ihrer hektischen und manchmal peinlichen – peinlich deshalb, weil nicht selten lediglich die eigene Karriere den Grund für die eifernde Personaldiskussion darstellt – Vorliebe für nur dem politischen Gegner nützende Auseinandersetzungen schießen, das ungeeignetste Mittel sind, sich dem Wähler als überzeugende Alternative zu präsentieren“. „Erfreulich rasch“, wie es Scharnagl empfand, habe sich CDU-Generalsekretär Heck von dem „Alleingang seines nordrhein-westfälischen Parteifreundes“ distanziert. Köppler wäre zu raten, einmal darüber nachzudenken, welchen politischen Einflüssen er das gute Abschneiden seiner Partei bei den Landtagswahlen vom 14. Juni 1970 zu danken habe. Er könnte – wenn er redlich und selbstkritisch überlege – zu dem Ergebnis kommen, daß es „nicht so sehr ein etwa unwiderstehlicher strahlender Glanz der CDU in Nordrhein-Westfalen“ gewesen sei, sondern „die konsequente Oppositionsar-

337 Wilfried Scharnagl: „Köppler spricht“. In: „Bayernkurier“ vom 18.7.1970.

beit der Union in Bonn". Und daß dazu die CSU und ihr Vorsitzender Franz Josef Strauß einen „ganz erheblichen und unentbehrlichen Beitrag" leiste, wisse auch Heinrich Köppler.

Mit seiner Stellungnahme zu einer möglichen Kanzlerkandidatur von Strauß stieß Köppler keine neue Diskussion an. Die Frage der Kanzlerkandidatur galt in der Union schon unmittelbar nach der Bundestagswahl von 1969 als offen und war das ganze Jahr 1970 über Gegenstand öffentlicher Spekulationen.[338] Nach seinem Abtritt als Bundeskanzler verblaßte der Stern von Kurt Georg Kiesinger sehr schnell. Bereits das „vergleichsweise schlechte Wahlergebnis"[339] bei seiner Wiederwahl zum Parteivorsitzenden auf dem Mainzer CDU-Bundesparteitag im November 1969 ließ erkennen, daß er nicht mehr der strahlende, unumstrittene Führer der Union war.[340] Nach dem Verlust der Regierungsmacht war Kiesinger nur noch ein – wie es Helmut Kohl formuliert hat – „Parteivorsitzender auf Abruf".[341] Nach 20 Jahren in der Regierungsverantwortung tat sich die CDU als Partei sehr schwer, sich auf die neue politische Konstellation in Bonn einzustellen. Im Gegensatz dazu vermochte es Rainer Barzel durch schnelles und entschiedenes Handeln, die CDU/CSU-Bundestagsfraktion für ihre neue Rolle als parlamentarische Opposition zu rüsten.[342] Die Bundestagsfraktion bestimmte den Kurs der Union in der Opposition; sie war „der meinungsbildende Teil der Union".[343]

Dies hatte Konsequenzen für das Machtgefüge in der Union. Nicht mehr der CDU-Vorsitzende und frühere Bundeskanzler Kiesinger, sondern der Fraktionsvorsitzende Barzel füllte die Funktion des Oppositionsführers aus.[344] Lief damit nicht die Kanzlerkandidatur für die nächste Bundestagswahl auf Barzel zu? Köppler räumte ihm „die größten Chancen" ein, als gemeinsamer Kandidat von CDU und CSU für das Amt des Bundeskanzlers nominiert zu werden.[345] Daß er sich zwar noch zurückhaltend, aber doch schon erkennbar für den Vorsitzenden der Bundestagsfraktion als Unionskandidaten für das Kanzleramt stark machte, konnte nicht überraschen, verband doch beide Politiker, die sich seit den 1950er Jahren kannten, eine Art „Schutz- und Trutz-Bündnis"[346]. Mit seinen vielfältigen Kontakten als Generalsekretär des Zentralkomitees der deutschen Katholiken hatte Köppler 1957 Barzel zum Bundestagswahlkreis Paderborn verholfen und ihm damit den Einstieg in die Bundespolitik ermöglicht.[347] Im Gegenzug hatte Barzel Köpplers politische Arbeit im Bundestag gefördert, und zwar „wo ich konnte", woran er anläßlich Köpplers Wechsel in die nordrhein-westfälische Landespo-

338 „Klassische Beerdigung". In: „Der Spiegel" vom 29.6.1970.
339 SCHÖNBOHM, S. 100.
340 Als einziger Kandidat für den Parteivorsitz hatte Kiesinger bei seiner Wiederwahl lediglich 386 von 471 abgegebenen Stimmen erhalten. Ebd.
341 KOHL, S. 286.
342 SCHÖNBOHM, S. 99f.
343 KLEINMANN, S. 319.
344 SCHÖNBOHM, S. 103.
345 KÖPPLER, Rainer Barzel kommt.
346 Gerd Goch: „Köppler: Beide Ämter für Barzel". In: „Kölner Stadt-Anzeiger" vom 9.9.1971.
347 B. VOGEL, S. 130.

litik im Sommer 1970 erinnerte.[348] Vor diesem Hintergrund war Köpplers Stellungnahme zu einer möglichen Kanzlerkandidatur von Strauß keineswegs „in einem offensichtlich unbedachten Interview“[349] erfolgt. Der nicht nur körperlich schwergewichtige Bayer war ein potentieller Rivale Barzels im Kampf um die Kanzlerkandidatur.

In der Diskussion über den Kanzlerkandidaten der Union spielte Kiesinger keine Rolle mehr, der parteiintern zusehends unter Druck geriet. Mangelnde Führungskraft und fehlende Bereitschaft zur Durchführung notwendiger Parteireformen wurden ihm zum Vorwurf gemacht.[350] Es galt als ausgeschlossen, daß er über das Jahr 1971 hinaus an der Spitze der Partei stand. Wer sollte seine Nachfolge antreten? Als aussichtsreichster Kandidat galt Barzel, der auf die Unterstützung Kiesingers nicht bauen konnte. Die Beziehungen zwischen diesen beiden Politikern waren durch große Distanz gekennzeichnet. „Bei allem Pflichtbewußtsein und gutem Willen war es zwischen Kiesinger und mir nicht zu vollkommen offener, vertrauensvoller Zusammenarbeit gekommen“, erinnert sich Barzel.[351] Kiesingers Favorit war der aufstrebende rheinland-pfälzische Ministerpräsident Helmut Kohl.[352]

Fraglich blieb, wie hilfreich diese Unterstützung sein konnte angesichts des großen Autoritätsverlustes, den der frühere Bundeskanzler seit der verlorenen Bundestagswahl von 1969 erlitten hatte. Spekuliert wurde seinerzeit auch über eine Kandidatur des ehemaligen Innen-, Außen- und Verteidigungsministers Gerhard Schröder. Für seinen Biographen Torsten Oppelland bestehen erhebliche Zweifel, ob Schröder „wirklich jemals eine eigene Kandidatur für den Parteivorsitz in Erwägung zog“.[353] Seine diesbezüglichen Aktivitäten seien jedenfalls „halbherzig, wenig durchdacht, wenig vorbereitet und schlecht durchgeführt“[354] gewesen. Letztlich lief es auf eine Kampfkandidatur zwischen Barzel und Kohl hinaus, die mehr war als nur eine Personalentscheidung. Die Delegierten auf dem 19. Bundesparteitag der CDU in Saarbrücken standen im Oktober 1971 mit der Abstimmung über den neuen Parteivorsitzenden zugleich vor der Wahl zwischen zwei Führungskonzepten.[355] Barzel strebte mit einer personellen Vereinigung der Ämter des Bundesparteivorsitzenden und des Vorsitzenden der Unionsfraktion im Bundestag Klarheit über die Nummer 1 der Opposition in Bonn an und damit auch über den Unionskandidaten für das Amt des Bundeskanzlers. Kohl trat hingegen für eine Trennung von Partei- und Fraktionsvorsitz ein. Er bewarb sich allein um das Amt des Parteivorsitzenden, dessen zentrale Aufgabe er nach dem Wechsel der CDU in die Opposition in der Einleitung und konsequenten Durchführung umfassender Parteireformen sah.

---

348 Schreiben von Rainer Barzel an Heinrich Köppler vom 14.8.1970, in: BA N 1371-253.

349 Claus Dalberg: „Dregger warnt vor Kandidaten-Karussell“. In: „Deutsche Tagespost“ vom 15.7.1970.

350 Schönbohm, S. 103.

351 Barzel, S. 244.

352 Kleinmann, S. 324.

353 Oppelland, S. 721.

354 Ebd., S. 720.

355 Schönbohm, S. 104.

Im Vorfeld des Bundesparteitages von Saarbrücken hatte sich Köppler eindeutig für Barzel ausgesprochen.[356] Er argumentierte, die CDU müsse in Bonn mit einer Stimme sprechen. Dem Oppositionsführer im Bundestag dürfe keine „Nebenfigur" als Parteivorsitzender zur Seite gestellt werden. Die Funktionen des Parteivorsitzenden, Fraktionsvorsitzenden und Kanzlerkandidaten wollte er denn auch auf eine Person vereinigt sehen. Die Alternative zu dieser Funktionsbündelung bedeute – wenn man das Amt des CSU-Vorsitzenden mitzähle – die Institutionalisierung von vier Spitzenämtern in den Unionsparteien, deren Koordinierung praktisch nicht möglich erscheine. Aus diesem Grund trat Köppler klar dafür ein, den Vorsitzenden der CDU/CSU-Bundestagsfraktion auf dem Saarbrücker Parteitag zum Bundesvorsitzenden der CDU zu wählen und später auch zum Kanzlerkandidaten zu machen. Eine Wahl Barzels zum Parteivorsitzenden wertete Köppler als eine Vorentscheidung in dieser Frage. Wie er weiter erklärte, habe Barzel seine Qualifikation für die einheitliche Führung der Union nachgewiesen. Unter seiner Führung habe die Bundestagsfraktion weitgehend und stellvertretend für die Partei die Führungsrolle der Opposition übernommen.

Bei seinem Werben für Barzel als Nachfolger Kiesingers im CDU-Vorsitz mußte sich Köppler manche Kritik gefallen lassen. Daß er Barzel die Möglichkeit bot, vor der CDU-Landtagsfraktion und vor der gemeinsamen Delegiertenversammlung der beiden CDU-Landesverbände Rheinland und Westfalen-Lippe zu sprechen, stieß im rheinischen Landesparteivorstand auf Widerspruch. Landesvorstandsmitglied Karl Lamers sah hier „eine einseitige Unterstützung" Barzels durch Köppler, die er nicht gutheißen könne.[357] Lamers stand für eine nicht geringe Gruppe von rheinischen Christdemokraten, die sich Helmut Kohl an der Spitze der Bundespartei wünschten. Schwerer wog der Vorwurf, maßgeblich an einer Intrige gegen CDU-Generalsekretär Bruno Heck beteiligt gewesen zu sein. Das Nachrichtenmagazin „Der Spiegel" berichtete von einer „Barzel-Köppler-Intrige" gegen den obersten Parteimanager der CDU.[358] Was war geschehen, daß Köppler derart ins Zwielicht geraten konnte? Anfang März 1971 berichtete das „Hamburger Abendblatt" unter Berufung auf Köppler, daß CDU-Generalsekretär Bruno Heck amtsmüde sei und sich deshalb auf dem nächsten Bundesparteitag nicht zur Wiederwahl stellen wolle.[359] Als Kandidat für die Heck-Nachfolge wurde Köppler gehandelt, der selbst diesbezügliche Ambitionen dementierte. Der Bericht des „Hamburger Abendblattes" rief heftige Reaktionen innerhalb der Bundespartei hervor.[360] Köppler geriet in die Schußlinie prominenter Bonner Parteifreunde, die ihm vorwarfen,

356 Vgl. Gerd Goch: „Köppler: Beide Ämter für Barzel". In: „Kölner Stadt-Anzeiger" vom 9.9.1971; „Köppler entschied sich eindeutig für Rainer Barzel". In: „Bonner Rundschau" vom 10.9.1971; Hartwig Suhrbier: „Köppler: Alle Ämter für Barzel". In: „Frankfurter Rundschau" vom 11.9.1971; „Köppler für Personalunion". In: „Die Welt" vom 10.9.1971.

357 Protokoll Sitzung Geschäftsführender Landesvorstand CDU Rheinland 28.6.1971, in: HStAD RW 277-75.

358 „Stiller Geltungsdrang". In: „Der Spiegel" vom 22.3.1971.

359 „Generalsekretär Heck amtsmüde". In: „Hamburger Abendblatt" vom 7.3.1971.

360 Horst-Werner Hartelt: „‚Alte Garde' attackiert Barzel-Freund Köppler". In: NRZ vom 24.3.1971.

er habe bewußt Heck schädigen wollen, weil Barzel mit dem Generalsekretär über Kreuz liege. Und Kiesinger wurde nachgesagt, er habe in diesem Zusammenhang Köppler als „Ehrgeizling" hingestellt, dessen „Ämter- und Eifersucht in Bonn alles aufzehren will".[361]

Berichte wie dieser über eine angebliche Intrige, die Köppler zusammen mit Barzel gesponnen haben soll, zeigten, mit welch harten Bandagen im Vorfeld der Entscheidung von Saarbrücken gekämpft wurde. In Saarbrücken galt es nach Auffassung von Köppler, „einen leader of the party" zu wählen, der für die nächsten zwei Jahre „der Chef der Opposition" werden müsse, die unter seiner Führung in den Bundestagswahlkampf gehe.[362] Ohne eine solche Entscheidung sah er die CDU in einer schwierigen Lage. „Weder bestünden dann klare Führungsverhältnisse in der Partei, noch würden uns Öffentlichkeit und Wähler ein völliges Ausschweigen über die Frage abnehmen, wer nach den Wahlen gegebenenfalls unser Kanzler wäre", fürchtete Köppler.

Von den beiden Kontrahenten um den Parteivorsitz nahm in Saarbrücken zunächst Helmut Kohl das Wort, der die Parteitagsdelegierten auf „eine Art Deutschland-Uraufführung" in der deutschen Parteiendemokratie hinwies.[363] Erstmals würden sich zwei Kandidaten um den Vorsitz der CDU bewerben, was für ihn ein Beweis dafür war, „daß die Union der siebziger Jahre in der Lage ist, die Forderungen nach mehr Demokratie voll zu erfüllen".[364] Der rheinland-pfälzische Ministerpräsident betonte, daß auf diesem Parteitag allein die Wahl des neuen Vorsitzenden auf der Tagesordnung stehe. Die Frage des gemeinsamen Kanzlerkandidaten von CDU und CSU sei zu einem späteren Zeitpunkt zu klären. Kohl trat als Parteireformer auf, der mit Nachdruck dafür eintrat, daß sich die CDU „von der Kanzlerpartei der fünfziger Jahre hin zu einer großen Volkspartei" fortentwickeln müsse, „die auch in der Opposition in der Lage sein wird, Richtlinien der Politik für diese Partei und für den Wahlsieg 1973 zu entwickeln."[365] Die Partei dürfe „nicht allein auf das Versagen der anderen hoffen", sondern müsse eine überzeugende Alternative anbieten, „den Nachweis, daß sie zur Sache und zur Person besser ist."[366]

Unmittelbar auf Kohl folgte Barzel, der die Frage der Führungsstruktur in den Mittelpunkt seiner Rede stellte. Er bekräftigte seinen Standpunkt von einer Personalunion der Ämter des CDU-Vorsitzenden, des Vorsitzenden der Unionsfraktion im Deutschen Bundestag und des Kanzlerkandidaten, weil nur einer die Nummer 1 sein könne. Ohne eine Entscheidung dieser Frage hielt er politischen Erfolg für die CDU für fraglich, denn „alle Erfahrungen im Bereich der Freundschaft, im Bereich der Kollegialität, im Bereich der Zusammenarbeit lehren, daß nur bei zweifelsfrei geklärten Verhältnissen

361 Zitiert nach Ebd.

362 Schreiben von Heinrich Köppler an Ministerialdirigent Dr. Landsberg vom 29.4.1971, in: HStAD RW 360-211.

363 19. CDU-Bundesparteitag, S. 69.

364 Ebd.

365 Ebd., S. 70.

366 Ebd., S. 73.

positiver Erfolg eintritt."[367] Im Gegensatz zu Kohl sprach sich Barzel für eine schnelle Entscheidung in der Frage des Kanzlerkandidaten aus. Noch im Jahre 1971 sollte eine entsprechende Entscheidung mit der bayerischen Schwesterpartei getroffen und eine Regierungsmannschaft aufgestellt werden. Während Barzel auf ein vorzeitiges Scheitern der Regierung Brandt/Scheel spekulierte und deshalb Handlungsfähigkeit demonstrieren wollte,[368] setzte Kohl auf eine Regeneration der Partei in der Zeit der Opposition, in der sie in programmatischer Hinsicht fit gemacht werden sollte für die Rückeroberung der Regierungsmacht in Bonn.

Sowohl Barzel als auch Kohl hatten prominente Fürsprecher. Für Barzel traten u. a. Bundestagspräsident Kai-Uwe von Hassel, der schleswig-holsteinische Ministerpräsident Gerhard Stoltenberg und der Vorsitzende der CDU-Sozialausschüsse, Hans Katzer, ein. Von Hassel hob hervor, daß die wesentliche Oppositionsarbeit im Deutschen Bundestag geleistet werde. Deshalb hielt es der Bundestagspräsident auch für sinnvoll, „daß sich hier die höchste konzentrierte Autorität, die eine Stimme für Partei und Bundestagsfraktion ausdrücken kann, daß wir diese Stimme im Deutschen Bundestag haben".[369] Aus diesem Grund befürwortete er eine Zusammenfassung von Partei- und Fraktionsvorsitz und damit die Kandidatur von Barzel. Ein Blick in die Länder zeige, daß sich die Konzentration auf eine Spitze bewährt habe, und zwar über die tagespolitische Arbeit hinaus. Durch die Vereinigung der Spitzenämter auf eine Person sei „zugleich die programmatische und auch die organisatorische Fortentwicklung der Partei dynamisch gefördert"[370] worden.

Vehement gegen eine Zusammenlegung der Spitzenämter wandte sich der langjährige Bundesminister Gerhard Schröder, der den „Weg der Ämterhäufung für unzweckmäßig, ja nicht nur für unzweckmäßig, sondern für schädlich"[371] hielt. Nur ein Parteivorsitzender, der nicht zugleich die Funktion des Fraktionsvorsitzenden wahrnehme, könne sich „der Mobilisierung der ganzen Partei mit größter Intensität widmen".[372] Ohne Helmut Kohl namentlich zu nennen, unterstützte er damit dessen Kandidatur für den Parteivorsitz. Ganz offen für Kohl warb erwartungsgemäß Kiesinger, der sich gegenüber dem rheinland-pfälzischen Ministerpräsidenten moralisch verpflichtet fühlte. Schließlich habe er Kohl ermutigt, für das Amt des Parteivorsitzenden zu kandidieren. Deshalb hätte es Kiesinger als „eine große Illoyalität"[373] empfunden, an dieser Stelle nicht das Wort zugunsten Kohls zu ergreifen.

Auch Köppler griff in die Debatte ein und wiederholte dabei die Argumente, die er bereits im Vorfeld des Parteitages für eine Wahl Barzels angeführt hatte. Gegen den Vorwurf einer Ämterhäufung nahm er den Vorsitzenden der Unionsfraktion im Bundes-

367 Ebd., S. 80.

368 In seiner Parteitagsrede betonte Barzel denn auch, daß die Unionsparteien „täglich zu Neuwahlen bereit" seien. Ebd.

369 Ebd., S. 116.

370 Ebd., S. 117.

371 Ebd., S. 82.

372 Ebd.

373 Ebd., S. 131.

tag in Schutz, denn „es geht doch nicht darum, daß hier irgend jemandem Gelegenheit gegeben werden soll, Ämter und Würden auf sich zu häufen, sondern es geht darum, daß die optimale Führungsstruktur zu Lasten eines Mannes gefunden werden soll, dem wir alle helfen müssen, wenn er die Aufgabe, deren Erfüllung wir von ihm erwarten, bewältigen soll“.[374]

Der Verlauf der Parteitagsdebatte über die Führungsstruktur und damit über die Person für den Parteivorsitz ließ keine Tendenz erkennen, welcher der beiden Bewerber mit einer Mehrheit rechnen durfte. Die eindeutige Entscheidung zugunsten Barzels, der sich mit 344 zu 174 Stimmen gegen Kohl durchsetzte,[375] mußte also überraschen. Doch so überraschend, wie es schien, war diese Entscheidung nicht zustande gekommen. Im Vorfeld des Parteitags hatte der rheinische Landesparteivorsitzende Köppler mit anderen CDU-Landesverbänden eine Abstimmungskoalition zugunsten Barzels geschmiedet.[376] Wie es Kohl für den Fall einer Abstimmungsniederlage angekündigt hatte, arbeitete er auch weiterhin in der Parteiführung mit. Mit 470 von 506 abgegebenen Stimmen wurde er in seinem Amt als einer der fünf Stellvertreter des Parteivorsitzenden bestätigt.[377] Neuer Generalsekretär wurde der langjährige Bundesgeschäftsführer Konrad Kraske, und das Amt des Bundesschatzmeisters übernahm der Bundestagsabgeordnete Walther Leisler Kiep.[378]

Das eindeutige Parteitagsvotum von Saarbrücken für Barzel als CDU-Vorsitzenden bedeutete zugleich eine Vorentscheidung in der Frage der Kanzlerkandidatur.[379] Nur wenige Wochen später sprachen sich die Präsidien von CDU und CSU für Barzel als gemeinsamen Kandidaten der Unionsparteien für das Amt des Bundeskanzlers aus.[380] Im Schatten Barzels schaffte Köppler den Aufstieg in die Bonner Parteiführung. Bei der Wahl der Mitglieder des Bundesvorstands erzielte er mit 459 von 518 abgegebenen Stimmen das zweitbeste Ergebnis nach Richard von Weizsäcker, der fünf Stimmen mehr erhalten hatte.[381] Als Vorsitzender des mitgliederstärksten CDU-Landesverbandes und Vorsitzender des Präsidiums der CDU in Nordrhein-Westfalen verfügte er parteiintern über große Einflußmöglichkeiten, die er auch – zumindest in der ersten Hälfte der 1970er Jahre – wirkungsvoll einzusetzen wußte. Als führender Repräsentant der CDU auf Bundesebene blieb er aber einer breiteren Öffentlichkeit unbekannt. Er war eben kein Hans Katzer oder Alfred Dregger, die für bestimmte Inhalte oder Gruppen in der CDU Deutschlands standen. Dabei hatte Köppler durchaus die Möglichkeit, sich auf der bundespolitischen Ebene zu profilieren, und zwar zu Beginn der 1970er Jahre in der Deutschland- und Ostpolitik. Ein diesbezüglicher Versuch im Zusammenhang mit der

---

374 Ebd., S. 94.
375 Ebd., S. 229.
376 Geraedts, S. 24.
377 19. CDU-Bundesparteitag, S. 229.
378 Ebd., S. 229f.
379 Vgl. Kleinmann, S. 325; Schönbohm, S. 104.
380 Schönbohm, S. 107.
381 19. CDU-Bundesparteitag, S. 230.

Unterzeichnung des Viermächte-Abkommens über Berlin im Spätsommer 1971 scheiterte jedoch kläglich.

Die langwierigen Verhandlungen der Botschafter der vier Siegermächte über ein Berlin-Abkommen, das – wie es in der späteren Vereinbarung hieß – „die Beseitigung von Spannungen und die Verhütung von Komplikationen in dem betreffenden Gebiet ... fördern“ sollte[382], fanden am 23. August 1971 ihren Abschluß.[383] Nach Prüfung der Verhandlungsergebnisse durch die jeweiligen Regierungen erfolgte am 3. September die Unterzeichnung des Abkommens, bei dem es sich nach Manfred Görtemaker „nicht um eine Lösung des Berlin-Problems, sondern lediglich um die Vereinbarung eines Modus vivendi“[384] handelte. Der besatzungsrechtliche Sonderstatus der Westsektoren Berlins blieb bestehen, sie also „so wie bisher kein Bestandteil (konstitutiver Teil) der Bundesrepublik Deutschland sind und auch weiterhin nicht von ihr regiert werden“.[385] Dafür erklärte sich die sowjetische Regierung damit einverstanden, daß unter dieser Voraussetzung „die Bindungen zwischen den Westsektoren Berlins und der Bundesrepublik Deutschland aufrechterhalten und entwickelt werden“[386] konnten. Dieses Zugeständnis blieb nicht ohne Gegenleistung. Mit der Bestimmung, daß staatliche Organe sowie die Bundestagsausschüsse und -fraktionen „keine Verfassungs- oder Amtsakte“[387] vornehmen durften, die unmittelbare Staatsgewalt über die Westsektoren Berlins ausübten, schränkten die Westmächte die Bundespräsenz in Berlin ein. Damit wurden die Abhaltung der Bundesversammlung und Sitzungen des Bundeskabinetts, des Bundestages und des Bundesrates sowie ihrer Ausschüsse, die nach bundesdeutscher Lesart die Zugehörigkeit Berlins zur Bundesrepublik unterstreichen sollten, ausgeschlossen. Im humanitären Bereich gab die sowjetische Regierung die Zusicherung, die Kommunikationsmöglichkeiten zwischen den Westsektoren Berlins und ihrem Umland (Ost-Berlin, DDR) zu verbessern. Auch der Reise- und Besuchsverkehr zwischen diesen Gebieten sollte erleichtert werden.

Die praktische Durchführung dieser Zusicherungen blieb ebenso innerdeutschen Verhandlungen vorbehalten wie die Erklärung der sowjetischen Regierung, daß der Transitverkehr von zivilen Personen und Gütern zwischen den Westsektoren Berlins und der Bundesrepublik und damit durch das Gebiet der DDR „ohne Behinderungen sein wird, daß dieser Verkehr erleichtert werden wird, damit er in der einfachsten und schnellsten Weise vor sich geht und daß er Begünstigung erfahren wird“.[388] Hinsichtlich der Außenvertretung der Westsektoren Berlins behielten die Westmächte ihre Rechte und Verantwortlichkeiten, erklärten sich aber unter der Voraussetzung, daß An-

---

382 Teil I, 1 des Viermächte-Abkommens vom 3.9.1971, abgedruckt in: Dokumente zur Berlin-Frage, S. 190–211.

383 Grau, S. 191.

384 Görtemaker, S. 549.

385 Teil II, B des Viermächte-Abkommens vom 3.9.1971.

386 Ebd.

387 Anlage II, 2 zum Viermächte-Abkommen vom 3.9.1971.

388 Teil II, A des Viermächte-Abkommens vom 3.9.1971.

gelegenheiten der Sicherheit und des Status Berlins nicht berührt wurden, damit einverstanden, daß die Bundesrepublik Bürger aus den Westsektoren Berlins konsularisch betreute und deren Interessen in internationalen Organisationen und auf internationalen Konferenzen vertreten konnte. Auch konnten völkerrechtliche Vereinbarungen und Abmachungen, die die Bundesrepublik schloß, auf die Westsektoren Berlins ausgedehnt werden konnten, sofern dies in den entsprechenden Dokumenten ausdrücklich erwähnt wurde. Kein Zugeständnis ohne Gegenleistung. Die Westmächte genehmigten der Sowjetunion die Errichtung eines Generalkonsulats in den Westsektoren Berlins.

Die ersten Reaktionen führender Unionspolitiker zum Abschluß des Viermächte-Abkommens über Berlin waren negativ. In einer Sondersitzung des CDU-Präsidiums erklärte der Vorsitzende der Unionsfraktion im Bundestag, Rainer Barzel, es „bestünde kein Anlaß, aufgrund dieses Berlin-Abkommens das Nein der CDU zu den Verträgen von Moskau und Warschau zu revidieren“.[389] Für den Vorsitzenden der CSU-Landesgruppe im Bundestag, Richard Stücklen, gaben wesentliche Teile des Abkommens zu „schweren Bedenken Anlaß“.[390] Konkret nannte er die Ausklammerung Ost-Berlins, den Abbau der Bundespräsenz und die Errichtung eines sowjetischen Konsulats in West-Berlin. Und CDU-Generalsekretär Bruno Heck befürchtete, daß mit diesem Abkommen die Dreistaatentheorie Moskaus „ein weiteres Stück verwirklicht“[391] worden sei.

Vor diesem Hintergrund konnte es nicht überraschen, wenn Schlagzeilen wie „Köppler (CDU) nennt Abkommen annehmbar“[392], „CDU-Chef des Landes billigt ohne Abstriche Berlin-Abkommen“[393] oder „Köppler hält das Abkommen für akzeptabel“[394], die am 31. August 1971 in der Tagespresse zu lesen waren, für erhebliches Aufsehen sorgten und eine heftige Diskussion in der CDU und ihr nahestehenden Kreise auslösten. Am Tag zuvor hatte Köppler in Düsseldorf vor der Landespressekonferenz Stellung zu der Vereinbarung der vier Siegermächte über Berlin bezogen und dabei laut einer schriftlich vorbereiteten Erklärung ausgeführt: „Das Ergebnis der Botschaftergespräche über Berlin halte ich für das unter den gegenwärtigen Bedingungen politisch Erreichbare. Daher betrachte ich das Abkommen der Alliierten für sich als akzeptabel. Die von mir gehegten Befürchtungen hinsichtlich der Zugangsregelungen nach Berlin werden von dem bisher bekanntgewordenen Verhandlungsergebnis nicht gedeckt. Es ist zu hoffen, daß die nunmehr anstehenden innerdeutschen Beratungen das Abkommen in einer Weise ausfüllen, die den Menschen in Deutschland und insbesondere in Berlin Erleichterungen bringt. In diesem Zusammenhang ist zu begrüßen, daß die mit dieser Sache befaßten Vertreter der Bundesregierung, die weiteren Schritte mit der notwendigen Skepsis beurteilen. Ein abschließendes Urteil ist gegenwärtig noch nicht möglich. Es

389 Zitiert nach Grau, S. 192.
390 Zitiert nach Ebd., S. 193.
391 Ebd.
392 „Frankfurter Rundschau“ vom 31.8.1971.
393 „Kölner Stadt-Anzeiger“ vom 31.8.1971.
394 „Die Welt“ vom 31.8.1971.

besteht auch kein Anlaß zum Jubeln, da in der Statusfrage keine Verbesserung, sondern eine Verschlechterung eingetreten ist. Dies gilt insbesondere für die Qualität Berlins als Bundesland. Es ist zu hoffen, daß die nunmehr bevorstehenden sehr schwierigen innerdeutschen Verhandlungen nicht zum Gegenstand parteipolitischer Auseinandersetzungen gemacht werden. Ich würde es begrüßen, wenn die Bundesregierung das Kooperationsangebot der CDU/CSU-Opposition aufgreifen würde."[395]

Köppler wollte diese Erklärung auch als eine Mahnung an seine eigene Partei verstanden wissen, die heftigen innenpolitischen Auseinandersetzungen über die Deutschland- und Ostpolitik nicht auf die anstehenden innerdeutschen Verhandlungen zu übertragen. In Verhandlungen zwischen Bonn und Ost-Berlin galt es, die in dem Berlin-Abkommen in Aussicht gestellten Erleichterungen im Reise- und Besuchsverkehr in die Praxis umzusetzen. Wegen der Schwierigkeiten dieser Verhandlungen hielt Köppler die Kooperation aller im Bundestag vertretenen Parteien vonnöten. Über die Intention des Düsseldorfer Oppositionsführers wurde in der Presse nicht berichtet. Im Mittelpunkt der Berichterstattung stand seine Aussage, daß er das Viermächte-Abkommen für akzeptabel halte, die damit als die zentrale Botschaft seiner Erklärung erscheinen mußte.

Für seine Erklärung zum Berlin-Abkommen mußte sich Köppler sehr viel Kritik gefallen lassen. Eine CDU-Stadträtin aus Ludwigshafen zeigte sich über seine Äußerungen „bestürzt"[396], ein bekennender CDU-Wähler aus Essen hielt ihm vor, „gar nicht begriffen [zu] haben, daß es bei der Berlin-Regelung zu einem klaren Status quo minus im Sinne der sowjetischen Forderungen gekommen" sei[397], und für den nordrhein-westfälischen Landesvorsitzenden des Bundes der Vertriebenen stellte sich die Frage, „ob bei der nächsten Wahl Sie [Köppler] und die von Ihnen geführte CDU des Rheinlandes für die Ost- und Mitteldeutschen und alle, die Berlin als Hauptstadt Deutschlands haben wollen, noch akzeptabel" seien.[398] Von dieser massiven Kritik offensichtlich überrascht, trat Köppler bereits drei Tage nach seiner Erklärung vor der Düsseldorfer Landespressekonferenz den Rückzug an. In einem Fernseh-Interview des Westdeutschen Rundfunks vom 2. September 1971 äußerte er mit Nachdruck die Auffassung, daß sich der Berlin-Status durch dieses Abkommen verschlechtern werde.[399] „Korrigierte Köppler unter Bonner Druck?", fragte Gerd Goch im „Kölner Stadt-Anzeiger".[400]

Nach einem Besuch des Parlamentarischen Geschäftsführers der CDU/CSU-Bundestagsfraktion, Olaf von Wrangel, in Düsseldorf, der am Tag dieses Fernseh-Inter-

395 Erklärung des Vorsitzenden der CDU-Landtagsfraktion, Heinrich Köppler, zum Berlin-Abkommen der Vier Mächte vor der Presse in Düsseldorf am 30.8.1971, in: HStAD RWN 207-915.

396 Schreiben von Hilde Müller-Tamm, CDU-Stadträtin aus Ludwigshafen, an Heinrich Köppler vom 1.9.1971, in: HStAD RW 360-1666.

397 Schreiben von Major a.D. Helmuth von Dreßler aus Essen an Heinrich Köppler vom 31.8.1971, ebd.

398 Schreiben von Herrn Walter, Vorsitzender des Bundes der Vertriebenen, Landesverband NRW, an Heinrich Köppler vom 31.8.1971, in: HStAD RWN 207-159.

399 „Köppler jetzt: Doch Verschlechterung". In: „Süddeutsche Zeitung" vom 3.9.1971.

400 Ausgabe vom 3.9.1971.

views stattfand, gab das Präsidium der CDU in Nordrhein-Westfalen eine Presseerklärung heraus, in der es hieß, daß Köppler zur Landespressekonferenz am 31. August 1971 ein Manuskript mitgebracht habe, in dem in einem Nebensatz die Verschlechterung des Berlin-Status festgestellt worden sei.[401] Da Köppler seine umstrittene Erklärung jedoch in freier Rede abgegeben habe, sei dieser wichtige Passus von ihm vergessen worden. Doch vergißt ein Mann wie Heinrich Köppler, dem seit seiner Zeit als Bundesführer des Bundes der Deutschen Katholischen Jugend der Umgang mit der Presse nicht fremd war, eine so wichtige Passage einfach? Vielmehr schien er hier auf ein probates Verfahren zurückzugreifen, daß nämlich Politiker, die durch eine außergewöhnliche Stellungnahme Überraschung auslösen und ihre engste Umgebung verwundern und entsprechend verärgern, sich aus der Schlinge ziehen mit dem Argument, sie seien falsch verstanden, es sei falsch berichtet worden, auf jeden Fall bedürfe die Wiedergabe ihrer Rede, ihrer Erklärung einer wichtigen Ergänzung. In dieser Weise verfuhr Köppler sowohl vor dem Vorstand als auch in der Vollversammlung der CDU-Landtagsfraktion, als er zu seiner umstrittenen Stellungnahme vor der Landespressekonferenz erklärte, daß er falsch interpretiert worden sei.[402]

Köppler hatte der politische Mut verlassen, ihm mangelte es an dieser Stelle an politischem Stehvermögen. Er ließ nicht nur die Möglichkeit ungenutzt, sich auch auf der Ebene der Bundespolitik zu profilieren, sondern vertat auch die Chance, das Lager um Johann Baptist Gradl und Richard von Weizsäcker zu stärken, und damit diejenigen Kräfte in den Unionsparteien, die in der Ostpolitik einen Kurs der totalen Konfrontation gegenüber der Regierung Brandt/Scheel ablehnten.[403] Nur sein Urlaub hatte es verhindert, daß der bekannte Fernsehjournalist Theo M. Loch in einem Kommentar des WDR Köpplers Stellungnahme vor der Düsseldorfer Landespressekonferenz vom 31. August 1971 unterstützte, denn diese Erklärung „nährte die Hoffnung", wie er dem Oppositionsführer im nordrhein-westfälischen Landtag am 1. September 1971 aus seinem Urlaubsort Bad Bertrich schrieb, „daß wir uns in der CDU nicht in Demagogie verrennen, sondern politisch sinnvoll reagieren".[404] Daß in der Ostpolitik der Kurs der Konfrontation gegenüber der sozial-liberalen Bundesregierung, für den vor allem der CSU-Vorsitzende Franz Josef Strauß, der Vorsitzende des Arbeitskreises V (Außen- und Verteidigungspolitik, Deutschland- und Ostpolitik, Entwicklungspolitik) Werner Marx und der frühere Staatssekretär beim Bundeskanzler, der CSU-Politiker Karl Theodor Freiherr von und zu Guttenberg, standen,[405] ins politische Abseits führte, zeigte die Bundestagswahl vom 19. November 1972, die zu einem „Plebiszit über die Ostpolitik der sozialliberalen Koalition"[406] wurde.

---

401 Vgl. Ebd.

402 Vgl. Protokoll Sitzung Vorstand der CDU-Landtagsfraktion 6.9.1971, in: HStAD RWN 207-915; Protokoll Sitzung CDU-Landtagsfraktion 6.9.1971, in: HStAD RWN 207-1111.

403 Vgl. Grau, S. 520f. (von Weizsäcker) u. 522–524 (Gradl).

404 Schreiben von Theo M. Loch an Heinrich Köppler vom 1.9.1971, in: HStAD RW 360-1666.

405 Vgl. Grau, S. 511–514 (Strauß), 515f. (Marx) u. 519f. (Guttenberg).

406 Görtemaker, S. 562.

Bei der Bundestagswahl von 1972 erlitten die Unionsparteien eine schwere Niederlage. CDU und CSU erhielten zusammen nur noch 44,9 Prozent der Stimmen[407] und stellten damit nicht mehr die stärkste Fraktion im Deutschen Bundestag. Diese Position verloren sie an die SPD, die mit ihrer alles überstrahlenden Führungsfigur Willy Brandt 45,8 Prozent der Stimmen auf sich vereinigen konnte. Auch die Freien Demokraten durften sich als Gewinner fühlen. Gegenüber der Wahl von 1969 konnten sie ihren Stimmenanteil von 5,8 auf 8,4 Prozent steigern. Nur bei der ersten Bundestagswahl im Jahre 1949 hatten die Unionsparteien ein schlechteres Wahlergebnis erzielt. Helmut Kohl empfand denn auch den Wahlausgang als „ein demütigendes Desaster".[408] Noch in der Wahlnacht übernahm Barzel in seiner Funktion als Spitzenkandidat die politische Verantwortung für dieses Wahlergebnis und bot seinen Rücktritt von allen Ämtern an.[409] Es war vor allem Heinrich Köppler, der ihn von diesem Schritt abhielt,[410] und zwar in enger Abstimmung mit dem Vorsitzenden des CDU-Landesverbandes Westfalen-Lippe, Heinrich Windelen. Die beiden mitgliederstärksten CDU-Landesverbände wollten weiterhin Rainer Barzel an der Spitze der Bundespartei und der Bundestagsfraktion sehen. In der Sitzung des CDU-Bundesvorstandes vom 20. November 1972 appellierte Köppler an seine Parteifreunde, sich „keine Führungsdiskussion ... aufzwingen zu lassen",[411] vor allem nicht von Franz Josef Strauß und der CSU hätte er hinzufügen können. Der CSU-Vorsitzende machte Barzel als den „Hauptwahlverlierer" aus und war deshalb auch gegen seine Wiederwahl als Fraktionsvorsitzender.[412] Nach den Vorstellungen von Strauß sollte ein Wechsel an der Fraktionsspitze mit einer Änderung der Oppositionsstrategie einhergehen. Um seinen Forderungen Nachdruck zu verleihen, drohte er mit der Auflösung der Fraktionsgemeinschaft von CDU und CSU im Bundestag.[413] Das Auseinanderbrechen der Unionsfraktion im Bundestag und damit verbunden eine bundesweite Ausdehnung der CSU war für Köppler „eine Schreckensvorstellung".[414]

Auf die Drohungen aus München reagierte er mit einer Erklärung, in der er mit großem Nachdruck die Einheit der Union beschwor. In dieser vom Pressedienst des Präsidiums der CDU in Nordrhein-Westfalen verbreiteten Erklärung führte er folgendes aus: „‚Solidarität ist nicht alles, aber ohne Solidarität ist alles nichts'. – Dieser Satz muß auch an der Spitze aller Überlegungen zum Thema CDU/CSU stehen. Die Solidarität zwischen CDU und CSU in den letzten 23 Jahren war nicht allein ein parlamentarisches Zweckbündnis, sondern sie basierte auf einer politischen Gesinnungsgemeinschaft.

---

407 Zum Ausgang der Bundestagswahl von 1972 vgl. Ritter/Niehuss, S. 75.
408 Kohl, S. 300.
409 Vgl. Grau, S. 405; Windelen, S. 146.
410 Vgl. Windelen, S. 146; Wolfram Köhler: „Als Heinrich Köppler für Barzel Schicksal spielte". In: „Frankfurter Neue Presse" vom 19.5.1973.
411 Protokoll Sitzung CDU Bundesvorstand 20.11.1972, in: ACDP 07-001-929.
412 Voss, S. 76.
413 Zur Auseinandersetzung über die Fortsetzung der Fraktionsgemeinschaft von CDU und CSU nach der Bundestagswahl von 1972 vgl. Grau, S. 409–413.
414 Geraedts, S. 23.

Deshalb wären die Auswirkungen einer Preisgabe dieser Solidarität im Sinne des Wortes fatal. Fatal für die Zukunft beider Unionsparteien; fatal für das Fortwirken jener Grundideen, die sie gemeinsam vertreten. Fatal schließlich für die Zukunft unseres Landes. Man denke nur, um zu verstehen, was damit gemeint ist, an die mangelnde Solidarität zwischen Zentrum und Bayerischer Volkspartei vor 40 Jahren und an alles, was sich daraus ergab. Die Folgen einer Preisgabe der Fraktionsgemeinschaft zwischen CDU und CSU wären in ihren Auswirkungen verhängnisvoll. Dann hätte die Union in Deutschland am 19. November [1972] nicht nur eine Niederlage erlitten, sondern die Bundestagswahl könnte der Anfang vom Ende einer christlich orientierten Politik von Gewicht und Belang werden. Andere spekulieren darauf. Sie behaupten, der Bruch zwischen CDU und CSU sei unheilbar. Machen wir – CDU, CSU, Vereinigungen, jeder an seinem Platz – mit verstärktem Willen zur Solidarität einen Strich durch solche Erwartungen und voreilige Spekulationen. Das wäre die Voraussetzung für ein glaubwürdiges Gegenkonzept der Union zum sozialistischen Kurs der Bundesregierung."[415]

Er beließ es nicht bei leidenschaftlichen Appellen dieser Art. Unter seiner Führung beschloß Ende November 1972 das Präsidium der CDU in Nordrhein-Westfalen, die beiden Landesparteivorsitzenden, also ihn und Heinrich Windelen, zu beauftragen, „alle geeigneten Schritte" zur Erhaltung der Fraktionsgemeinschaft von CDU und CSU zu unternehmen.[416] Bevor Köppler und Windelen in Bonn richtig aktiv werden konnten, war die Entscheidung über die Fortsetzung der Fraktionsgemeinschaft im Bundestag bereits gefallen. Einzelheiten bedurften allerdings noch der Klärung. Strauß hatte den Rückzug antreten müssen, da der CSU-Landesvorstand und die Landesgruppe im Bundestag an der Fraktionsgemeinschaft mit der CDU festhalten wollten.[417] Damit setzten CDU und CSU ihre Zusammenarbeit in einer gemeinsamen Bundestagsfraktion auch in der 7. Wahlperiode fort.

Barzel wurde zwar in seinem Amt als Fraktionsvorsitzender bestätigt, allerdings mit einem Ergebnis, das einem „Schlag ins Gesicht" gleichkam, „der den Autoritätsverfall des Vorsitzenden eindrucksvoll belegte".[418] Von den 234 Mitgliedern der Fraktion hatten sich lediglich 197 an der Wahl des Fraktionsvorsitzenden beteiligt, von diesen 197 Mitgliedern wiederum hatten nur 165 für Barzel votiert, der daraufhin erstmals an Rücktritt dachte.[419] Daß er nach der Bundestagswahl von 1972 politisch angeschlagen war, konnte seinem innerparteilichen Rivalen Helmut Kohl nicht verborgen bleiben, der Ende Januar 1973 seine Kandidatur für den Bundesparteivorsitz ankündigte.[420] Die Entscheidung über den Parteivorsitz stand auf dem ordentlichen Bundesparteitag im Herbst desselben Jahres an, sollte aber früher fallen als erwartet.

415 Köppler: Riß.
416 Protokoll Sitzung Präsidium der CDU in NRW 27.11.1972, in: HStAD RW 277-37.
417 Grau, S. 410.
418 Kohl, S. 303.
419 Barzel, S. 303.
420 Kohl, S. 309f.

Am 8. Mai 1973 beschäftigte sich die CDU/CSU-Bundestagsfraktion mit der Frage eines UNO-Beitritts der Bundesrepublik Deutschland.[421] Für eine Zustimmung warb mit großem Nachdruck Barzel, der im Falle einer Ablehnung „eine verstärkte Isolierung der Union"[422] befürchtete. Die Entscheidung der Fraktion in dieser Frage verband er mit seinem persönlichen politischen Schicksal. Die Mehrheit der Fraktion verweigerte ihrem Vorsitzenden in dieser Frage, in der sich offensichtlich „sachliche Argumente mit persönlichen Antipathien"[423] verbanden, die Gefolgschaft. Mit 101 zu 93 Stimmen sprach sich die CDU/CSU-Bundestagsfraktion gegen einen Beitritt der Bundesrepublik Deutschland zur UNO aus.[424] Daraufhin trat Barzel am folgenden Tag als Vorsitzender der Bundestagsfraktion zurück, und am 16. Mai 1973 erklärte er seinen Verzicht auf eine erneute Kandidatur für den Parteivorsitz.[425] Daß er erst eine Woche später auch sein Amt als Parteivorsitzender zur Verfügung stellte, erklärte er damit, daß die CDU bis zur Klärung seiner Nachfolge im Fraktionsvorsitz, die der frühere Staatssekretär im Bundeskanzleramt, Karl Carstens, antrat[426], „voll handlungsfähig bleiben"[427] mußte.

Der Rücktritt vom Parteivorsitz schien allerdings nicht geplant und damit freiwillig gewesen zu sein.[428] Offensichtlich wollte er am Parteivorsitz festhalten, um von dieser Machtbasis aus ein Comeback als Fraktionsvorsitzender und schließlich als Kanzlerkandidat zu versuchen. Sollte er tatsächlich solche Pläne verfolgt haben, machte sie ihm die CDU in Nordrhein-Westfalen zunichte. Am 15. Mai 1973, einen Tag also vor seiner Verzichtserklärung auf eine erneute Kandidatur für den Parteivorsitz, suchten Köppler und Windelen Barzel auf, um ihn davon in Kenntnis zu setzen, daß er auch in den beiden nordrhein-westfälischen und damit mitgliederstärksten CDU-Landesverbänden mit keiner Mehrheit für eine Wiederwahl als Bundesparteivorsitzender rechnen könne.[429] In menschlicher Hinsicht zweifellos ein sehr schwerer Gang für Heinrich Köppler, von dessen politischer Notwendigkeit er aber überzeugt war, befürchtete er doch, Barzel könne den CDU-Vorsitz für einen persönlichen Rachefeldzug gegen die CSU mißbrauchen, welche er für seine Niederlage in der Abstimmung über den UNO-Beitritt und damit für seinen Rücktritt vom Fraktionsvorsitz verantwortlich machte.[430]

Mit Barzels Verzichtserklärung war für Helmut Kohl der Weg an die Parteispitze frei. Am 12. Juni 1973 wählte ihn der Bundesparteitag in Bonn zum neuen Vorsitzenden der Christlich-Demokratischen Union Deutschlands. Als Mitglied des Tagungsprä-

421 Zum Verlauf dieser Fraktionssitzung vgl. Grau, S. 467–472.
422 Ebd., S. 467.
423 Ebd., S. 462.
424 Ebd., S. 471.
425 Ebd., S. 472f. u. 482.
426 In einer Kampfabstimmung hatte sich Carstens klar gegen seine Mitbewerber Richard von Weizsäcker und Gerhard Schröder durchgesetzt. Ebd., S. 481.
427 Barzel, S. 307.
428 Grau, S. 482.
429 Vgl. Windelen, S. 146; B. Vogel, S. 130; „Ohne Visitenkarte". In: „Der Spiegel" vom 21.5.1973.
430 Geraedts, S. 31.

sidiums ließ es sich Heinrich Köppler nicht nehmen, das Wahlergebnis zu verkünden: „Meine Damen und Herren, ich gebe das Ergebnis der Wahl des Bundesvorsitzenden der CDU bekannt. Insgesamt wurden 601 Stimmen abgegeben. Davon war eine Stimme ungültig. Zahl der gültigen Stimmen: 600. Der Stimme enthalten haben sich 29 Delegierte. Demnach ist die nach unserer Verfahrensordnung erforderliche Mehrheit für die Wahl 286 Stimmen. Für Herrn Helmut Kohl wurden 520 Stimmen abgegeben. (Lebhafter Beifall) Gegen Herrn Dr. Kohl wurden 51 Stimmen abgegeben. Damit ist Herr Dr. Kohl zum Bundesvorsitzenden der CDU gewählt."[431] Zum neuen Generalsekretär bestimmte der Parteitag auf Vorschlag von Kohl Kurt Biedenkopf, der von der Wirtschaft in die Politik wechselte.[432] Als Kandidat für dieses Amt war in der Presse auch Köppler genannt worden.[433] Hierbei handelte es sich um reine Spekulationen, um Vermutungen ohne realen Hintergrund[434], was durch Helmut Kohl bestätigt wird, der Köppler kein entsprechendes Angebot gemacht hatte.[435] Köppler blieb in Düsseldorf, wo er bei der Landtagswahl von 1975 seinen zweiten Anlauf auf die Staatskanzlei nahm, und dies mit Rückenwind. Mit 529 von 578 gültig abgegebenen Stimmen wurde er auf dem Bundesparteitag in Bonn zu einem der fünf Stellvertreter von Helmut Kohl gewählt.[436]

5. Die Landtagswahl 1975: Der Wendepunkt in der politischen Laufbahn Heinrich Köpplers?

Zu Beginn des Jahres 1975 durfte die CDU in Nordrhein-Westfalen der bevorstehenden Landtagswahl am 4. Mai desselben Jahres mit Zuversicht entgegensehen. Auf die Frage der „Basisresearch GmbH", einem Frankfurter Institut für Marketing-, Motiv- und Werbeforschung, ob die CDU bei den kommenden Landtagswahlen ähnliche Stimmengewinne wie im Herbst 1974 in Bayern[437] und Hessen[438] erzielen könnte, ergab sich im

431 21. CDU-Bundesparteitag, S. 58.

432 Ebd., S. 68.

433 „Köppler dementiert Angebot Kohls". In: „Bonner Rundschau" vom 30.1.1973; „Köppler sieht sich nicht als potentieller Nachfolger Kraskes". In: „Generalanzeiger Bonn" vom 30.1.1973; „Köppler will in NRW bleiben". In: NRZ vom 30.1.1973; „Köppler bleibt in Düsseldorf". In: „Westfälische Nachrichten" vom 30.1.1973; „Köppler: Mein Platz ist NRW". In: „Aachener Volkszeitung" vom 30.1.1973.

434 Zeitzeugengespräch mit Friedhelm Geraedts (19.11.2003); erstes Zeitzeugengespräch mit Klaus Fenske (31.1.2004).

435 Zeitzeugengespräch mit Helmut Kohl (11.2.2004).

436 21. CDU-Bundesparteitag, S. 79.

437 Bei der Landtagswahl vom 27.10.1974 konnte die CSU ihren Stimmenanteil um 5,7 Prozentpunkte auf 62,1 Prozent der abgegebenen Stimmen steigern. Vgl. Ritter/Niehuss, S. 146.

438 Bei der Landtagswahl vom 27.10.1974 konnte die hessische CDU Stimmengewinne in Höhe von 7,6 Prozent verbuchen und wurde mit einem Stimmenanteil von 47,3 Prozent stärkste politische Kraft im Lande. Vgl. Ebd. S. 143.

Januar 1975, daß 63 Prozent aller Bürger Nordrhein-Westfalens der CDU diesen Wahlerfolg zutrauten, nur 37 Prozent der Befragten glaubten, ein ähnliches Ergebnis sei in Nordrhein-Westfalen nicht zu erzielen.[439] Diese Grundstimmung in der Bevölkerung, die natürlich nicht gleichzusetzen war mit Wählerstimmen, aber die politische Stimmung widerspiegelte, war zweifellos ermutigend für die Christdemokraten an Rhein und Ruhr. Köppler, der vor „einer allzu großen Siegesgewißheit"[440] warnte, trat bewußt auf die Euphoriebremse. Die CDU müsse im Hinblick auf die Landtagswahl hart arbeiten und dürfe sich nicht auf die Stimmung in der Bevölkerung verlassen.

Im Rahmen der Wahlkampfaktionen der CDU für die Landtagswahl im Mai 1975 führte die „Basisresearch GmbH" eine Untersuchung durch, in der es um die Ermittlung des geeignetsten Wahlslogans ging. Die Umfrage wurde im Dezember 1974/Januar 1975 in Nordrhein-Westfalen durchgeführt. Die befragten Personen konnten in die Gruppen „Stammwähler der CDU", „Wechselwähler" und „Erstwähler" zusammengefaßt werden.[441] Die Untersuchung befaßte sich mit zwei Themenkreisen. Zum einen ging es um die Ermittlung des besten Wahlslogans für die CDU für die anstehende Landtagswahl, zum anderen sollte die politische Stimmung in Nordrhein-Westfalen untersucht werden. Die Erhebung dieser beiden Themenkreise erschien der „Basisresearch GmbH" notwendig, da ein Wahlslogan nur dann zu einem guten und wirksamen Kommunikationsinstrument werde, wenn er als Kurzformel die Erwartung und Wünsche der Wähler an eine neue Landesregierung widerspiegele. Das Frankfurter Institut wußte, daß „ein noch so gut klingender und gut formulierter Wahlslogan"[442] ohne Erfolg blieb, wenn er sich nicht in das politische Erwartungsfeld der Wählerschaft einpaßte.

Deshalb galt es zunächst, die wichtigsten politischen Aufgaben in Nordrhein-Westfalen zu ermitteln und damit in Verbindung die Beurteilung der politischen Parteien durch die Wählerschaft zu erfahren. Preisanstieg, Kurzarbeit und Arbeitslosigkeit sowie eine allgemeine Verunsicherung in bezug auf die wirtschaftliche Zukunft bestimmten Ende 1974/Anfang 1975 das politische Klima in der Bundesrepublik Deutschland.[443] Vor dem Hintergrund dieser politischen Situation war es nicht verwunderlich, daß die Themen „Wirtschaft" und „wirtschaftliche Entwicklung" in der Öffentlichkeit auf besonderes Interesse stießen. In der Beseitigung der Arbeitslosigkeit, der Kurzarbeit sowie in der Stabilisierung des Geldwertes wurden in Nordrhein-Westfalen „die vordringlichsten Aufgaben einer politischen Führung"[444] gesehen. Neben diesen alles beherr-

439 Vgl. Bericht „Slogantest", erarbeitet für die CDU in Nordrhein-Westfalen von Basisresearch GmbH, Institut für Marketing-, Motiv- und Werbeforschung, Frankfurt am Main, S. 9, in: HStAD RW 277-1180.

440 Protokoll Sitzung CDU-Landtagsfraktion 14.1.1975, in: HStAD RW 360-381.

441 Vgl. Bericht „Slogantest", erarbeitet für die CDU in Nordrhein-Westfalen von Basisresearch GmbH, Institut für Marketing-, Motiv- und Werbeforschung, Frankfurt am Main, S. 1, in: HStAD RW 277-1180.

442 Ebd., S. 2.

443 Ebd., S. 4f.

444 Ebd., S. 5.

schenden Themen standen laut dieser Untersuchung Fragen des Umweltschutzes im Mittelpunkt der öffentlichen Diskussion. Die Themen „Geldverschwendung durch die Öffentlichkeit", „aufgeblähte Beamtenapparate" und „die Parteibuchwirtschaft in Ämtern und Behörden" rangierten als dritter Problembereich sehr weit oben im Bewußtsein der nordrhein-westfälischen Wähler. Bildungspolitische Fragen wie Raumnot und Lehrermangel an Schulen, die dort durchgeführten bildungspolitischen Experimente mit Schülern, deren Ausgang und Wert nicht abgesehen werden konnten, und ungleiche Bildungschancen beunruhigten die Wähler des bevölkerungsreichsten Bundeslandes.

Ein weiteres, die Öffentlichkeit damals beschäftigendes Thema war die steigende Kriminalität sowie die Bekämpfung von Gewalt, Terror und Radikalismus. All diesen wichtigen Anliegen der Wähler in Nordrhein-Westfalen lag als Grundtendenz „ein Gefühl der Unsicherheit und Verunsicherung" zugrunde, das die „Basisresearch GmbH" in allen Wählergruppen – seien es die Stammwähler der CDU, seien es die Wechselwähler – in etwa gleicher Ausprägung ermittelte. Die Wiedergewinnung der Sicherheit im allgemeinen und die Stabilität im besonderen war damit nach Einschätzung des Frankfurter Instituts „Generalthema ... für die kommenden Monate".[445] Für die Erarbeitung eines geeigneten Wahlslogans für die Landtagswahl 1975 in Nordrhein-Westfalen bedeutete dies, daß dieser Slogan das Thema „Sicherheit" allgemein und vor allem das der Sicherung der Arbeitsplätze und der Stabilität des Geldwertes aufgreifen mußte. Auf die Frage, welche Partei mit den in Nordrhein-Westfalen wichtigen Problemen besser fertig werden könnte, zeigte sich, daß die CDU ein größeres Vertrauen der Wähler besaß als die SPD bzw. FDP. Nicht nur in der Wirtschaftspolitik, sondern auch in Fragen der Bekämpfung der Kriminalität und des Radikalismus besaß die CDU gegenüber den Regierungsparteien einen Kompetenzvorsprung. Ausnahmen aus diesem Katalog der wichtigsten Anliegen bildeten das Thema Bildungspolitik und der Umweltschutz, die man besser bei der SPD aufgehoben glaubte.

Die Untersuchung der verschiedenen Wählergruppen ergab, daß die Wähler der CDU wie die Wechselwähler und auch die Erstwähler über die politische Situation sehr beunruhigt waren und in der CDU „den möglichen Garanten für die Wiedergewinnung der Sicherheit und Stabilität"[446] sahen. Das Thema Sicherheit – Sicherheit des Arbeitsplatzes und Geldwertstabilität – stand also im Brennpunkt des öffentlichen Interesses. Von daher war es auch zu verstehen, daß bei den von der „Basisresearch GmbH" befragten Bürgern Nordrhein-Westfalens Wahlslogans mit Begriffen wie Sicherheit, Geld und Arbeit „spontan hohe Aufmerksamkeit" erregten und „mit persönlichem Interesse belegt"[447] wurden. „Wir schaffen wieder Sicherheit" lautete schließlich der Wahlslogan und damit die Kernbotschaft der CDU im nordrhein-westfälischen Landtagswahlkampf 1975. Die besondere Stärke dieses Slogans lag in der spontanen Bindung an die CDU,

445 Zitate Ebd., S. 6.
446 Ebd., S. 7.
447 Ebd., S. 9.

er wurde von den Befragten auf den ersten Blick als ein Slogan der CDU erkannt. 77 Prozent der Gesamtstichprobe ordneten diese Aussage der CDU zu.[448]

Der Slogan „Wir schaffen wieder Sicherheit" signalisierte dem Wähler, daß die CDU ihre Aufgabe in der Beseitigung der allgemeinen Unsicherheit sah und für die Wiederherstellung der Arbeitsplatzsicherheit und die Erhaltung des Geldwertes eintrat. Damit sprach dieser Slogan genau die Themen an, die in der Prioritätenliste der Bürger obenan standen. Die zentrale Botschaft „Wir schaffen wieder Sicherheit" sollte den Wählern in Verbindung mit der Subline „Wähl den politischen Frühling" vermittelt werden. Die Ergebnisse zum Thema „Subline" zeigten, daß die von der Formulierung „Wähl den politischen Frühling" ausgehenden Assoziationen – Neubeginn/Erneuerung/Entwicklung neuer Ideen – im Zusammenhang mit einem tragenden Slogan wie „Wir schaffen wieder Sicherheit" einen konkreten Sinn, eine Bedeutung und eine Richtung bekamen. Diese Subline strahlte „wesentliche emotionale Inhalte"[449] wie Zuversicht, Sicherheit und Sympathie aus. Im Landtagswahlkampf 1975 wurde die eigentlich nur als Subline zum Wahlslogan gedachte Formulierung „Wähl den politischen Frühling" zum Renner, unter diesem Motto stand praktisch die CDU-Wahlkampagne.

Die Vorbereitung des Landtagswahlkampfs 1975 hatte Ende September 1973 begonnen, als sich in Düsseldorf unter der Leitung des Hammer Oberbürgermeisters Günter Rinsche ein Wahlkampfvorbereitungsstab konstituierte.[450] Diesem Gremium gehörten führende Vertreter der beiden Landesparteien, wie deren Geschäftsführer Franz Heinrich Krey und Otto Laipold, und der Landtagsfraktion mit den stellvertretenden Vorsitzenden Albert Pürsten und Christoph Schulze-Stapen sowie dem Parlamentarischen Geschäftsführer Ottmar Pohl an der Spitze an. Auch zählte zu diesem Kreis der Vorsitzende der Jungen Union des Rheinlandes, Klaus Evertz. Schließlich war der Landesgeschäftsführer der KPV Nordrhein-Westfalens, Josef Schäfer, Mitglied des Wahlkampfvorbereitungsstabes, was damit zu erklären war, daß am 4. Mai 1975 nicht nur ein neuer Landtag gewählt wurde, sondern auch die Neuwahl der Kreistage und Gemeindeparlamente stattfand. Aus diesem Grund sollte auch ein einheitlicher Wahlkampf auf Landes- und kommunaler Ebene durchgeführt werden.[451] Die Partei entschied sich dafür, in diesem Doppelwahlkampf neue Wege zu gehen. So setzte die CDU in Nordrhein-Westfalen bei der Vorbereitung und praktischen Durchführung der Wahlkampfstrategie auf die sach- und fachkundige Beratung einer Werbeagentur. Die Christdemokraten an Rhein und Ruhr wurden damit zum Vorbild für die CDU-Landesverbände in allen ande-

448 Ebd., S. 13.

449 Ebd., S. 18.

450 Vgl. Protokoll über die konstituierende Sitzung des Wahlkampfvorbereitungsstabes für die Kommunal- und Landtagswahlen 1975, in: ACDP 03-016-004.

451 Vgl. „Landtags- und Kommunalwahl in Nordrhein-Westfalen". Erstinformation für die Mitarbeiter durch den Landesgeschäftsführer der CDU Rheinland, Franz Heinrich Krey, 12.9.1974, S. 2, in: ACDP 01-258-034/6.

ren Bundesländern, die bis dahin noch keine Werbeagentur für Landtags- und Kommunalwahlkämpfe engagiert hatten.[452]

Die Wahlkampfstrategie sah den Einsatz von bewährten und neuartigen Instrumenten zur Mobilisierung der Parteimitglieder und zum Ausbau der Wählerkontakte vor.[453] In einer ersten Wahlkampfphase von Oktober bis Dezember 1974 wurde eine Mobilisierung der Gesamtpartei angestrebt, vor allem ihrer Wahlhelfer.[454] Durch entsprechende Aktionspläne der Parteivereinigungen sollten Mitglieder und Sympathisanten der CDU für die Wahlauseinandersetzung 1975 mobilisiert werden. Von Januar bis Mitte März 1975 ging es in einer zweiten Wahlkampfphase neben der Fortsetzung der Mobilisierung der Gesamtpartei um die planvolle Erschließung des Wählerpotentials durch die konkrete Ansprache bestimmter Zielgruppen (u. a. katholische Arbeitnehmer, Jungwähler, berufstätige Frauen, urbane Mittelschichten, höhere Angestellte, Selbständige). In einer dritten Phase von Ostern 1975 bis zum Wahltag am 4. Mai 1975, in der der Wahlkampf seinen Höhepunkt („heißer Wahlkampf") erreichen würde, sollte es unter Einsatz der Massenmedien zu einer massierten Wahlwerbung durch Aktivitäten der Kandidaten und Wahlhelfer kommen.

Neben dem Einsatz bewährter Wahlkampfmittel (Plakat, Inserat, Hörfunk und Fernsehen, Film, Flugblätter, Schriften und Redner) wollte sich die Partei „erstmals die Mobilisierungsbereitschaft aller Parteimitglieder zunutze machen".[455] Mit Hilfe von Anleitungen, Arbeitshilfen und politischer Motivation sollten nach den Vorstellungen der beiden Landesparteien die wahlkampfführenden Verbände und alle Mitglieder „wahlkampffähig" gemacht werden. Jedes CDU-Mitglied von Nordrhein-Westfalen erhielt zwei Aktionspakete.[456] Ein erstes Aktionspaket enthielt einen Aktionsappell des Spitzenkandidaten Heinrich Köppler, eine Kurzinformation über den Mobilisierungswahlkampf, Argumente zur Sprachregelung und Werbemittel zur Verteilung an die Nachbarschaft. Ein weiteres Aktionspaket beinhaltete eine größere Stückzahl von Informationsmaterialien und Kleinwerbemittel zur Nachbarschaftsverteilung. Eine präzise Ausbildung für Canvassing und die Straßendiskussion wurde den Wahlkampfleitern und Wahlhelfern in Argumentationskursen angeboten, die regional mit einheitlichem Programmablauf und mobilem Dozentenstab veranstaltet wurden.[457]

Die Wahlkampfstrategie ging auf. Zu Beginn der heißen Wahlkampfphase war die Partei „hochmotiviert und voller Siegeszuversicht".[458] Vergessen waren die für Heinrich Köppler unerfreulichen Diskussionen über Umfang und Zusammensetzung seiner Führungsmannschaft für die Landtagswahl 1975, die er am 19. Oktober 1974 in Essen

---

452 Geraedts, S. 36.

453 „Landtags- und Kommunalwahl in Nordrhein-Westfalen". Erstinformation für die Mitarbeiter durch den Landesgeschäftsführer der CDU-Rheinland, Franz Heinrich Krey, 12.9.1974, S. 2, in: ACDP 01-258-034/6.

454 Zum geplanten Wahlkampfablauf ebd., S. 3f.

455 Ebd., S. 5.

456 Ebd., S. 5f.

457 Ebd., S. 8.

458 Windelen, S. 149.

auf einer gemeinsamen Landesversammlung der beiden CDU-Landesverbände Rheinland und Westfalen-Lippe vorgestellt hatte.[459] Dieser 18köpfigen Führungsmannschaft, die alle Politikfelder personell abdecken sollte, gehörten u. a. an: Landtagspräsident Wilhelm Lenz, die früheren Landesminister Konrad Grundmann und Paul Mikat, der Parlamentarische Geschäftsführer der Landtagsfraktion Ottmar Pohl, die stellvertretenden Fraktionsvorsitzenden Albert Pürsten und Christoph Schulze-Stapen, die Fraktionssprecher für Finanzen und Fragen der Verwaltungsreform, Theodor Schwefer und Bernhard Worms, sowie als einzige Frau die spätere Bundesministerin Dorothee Wilms, die seinerzeit im Konrad-Adenauer-Haus als stellvertretende Bundesgeschäftsführerin der CDU Deutschlands wirkte. Noch bevor Köppler seine Mannschaft offiziell vorstellen konnte, war sie nach Äußerungen des Landesvorsitzenden der Jungen Union Rheinland, Klaus Evertz, der von einem „Führungsrudel" sprach, als „Instrument der Wahlwerbung praktisch wertlos" geworden.[460]

Drei Tage vor der gemeinsamen Landesversammlung der beiden CDU-Landesverbände in Essen berichtete die „Rheinische Post" über ein Gespräch ihres Landtagskorrespondenten Helmut Breuer mit dem Landesvorsitzenden der Jungen Union Rheinland, Klaus Evertz.[461] Evertz drohte damit, daß die Junge Union für den Fall, daß kein Vertreter der jungen Generation in der Mannschaft des CDU-Spitzenkandidaten Köppler vertreten sei, die Mutterpartei im bevorstehenden Landtagswahlkampf nicht unterstützen werde. Der JU-Vorsitzende ging davon aus, daß Köppler auf der Landesversammlung in Essen eine etwa 18köpfige Mannschaft präsentieren werde. Die Nominierung einer solchen großen Mannschaft, in der kein Vertreter der jungen Generation zu finden sei, wäre „ein Schlag ins Gesicht für die gesamte junge Generation sowie für die Erst- und Jungwähler", sagte Evertz, der betonte, er spreche auch für die JU Westfalen-Lippe. Wie Evertz erklärte, würden es „die Führungsgremien der Jungen Union von dieser Entscheidung abhängig machen, ob eine gemeinsame Linie für den Wahlkampf gefunden werden kann oder nicht". Ergänzend fügte er hinzu, daß es die JU begrüßen würde, wenn Köppler eine Führungsmannschaft herausstelle, die nur acht bis zehn Personen umfasse. Wenn in dieser Kernmannschaft kein Vertreter der JU berücksichtigt werden könne, habe man dafür Verständnis, sagte Evertz. Eine größere Mannschaft ohne einen Vertreter der JU werde die CDU-Jugendorganisation aber nicht hinnehmen. Man könne schließlich Ministerpräsident Kühn nicht mit Recht Führungsschwäche vorwerfen und „gleichzeitig selbst schon die ersten Kompromisse mit der Partei schließen, bevor der Kampf um die Übernahme der Verantwortung überhaupt eröffnet" sei, betonte der rheinische JU-Vorsitzende.

Die Kritik von Evertz, daß kein Vertreter der CDU-Jugendorganisation in der Führungsmannschaft für die Landtagswahl vertreten sei, mochte berechtigt gewesen sein.

---

459 Vgl. Niederschrift über die 4. Landesversammlung der CDU-Landesverbände Rheinland und Westfalen-Lippe am 19.10.1974 in Essen, in: ACDP 03-002-495/1.

460 Geraedts, S. 36.

461 Vgl. Helmut Breuer: „Köpplers Wahlkampf ohne Junge Union?" In: „Rheinische Post" vom 16.10.1974.

Doch mußte sie in dieser Form öffentlich vorgetragen werden? Offensichtlich war Evertz in seiner Eitelkeit zutiefst gekränkt, daß er der Mannschaft von Köppler nicht angehörte.[462] Daß Evertz das Geschäft des politischen Gegners betrieb und Köppler Führungsschwäche unterstellte, veranlaßte die rheinische CDU zur Durchführung einer außerordentlichen Sitzung ihres Landesvorstandes.[463] Im Landesvorstand wurde Evertz für die in der Öffentlichkeit geführte Diskussion über Umfang und Zusammensetzung der Führungsmannschaft – Köppler wurde mit einem Trainer verglichen, der mit der ersten Garnitur gleich auch die Ersatzspieler auf das Feld schickte, nur weil er durch Auslese niemandem weh tun wollte[464] – verantwortlich gemacht. Das Ergebnis der Beratungen im Landesvorstand wurde in der Niederschrift über diese Sitzung wie folgt zusammengefaßt: „Öffentliche Diskussionen über Wahlkampfmaßnahmen schaden und sollen daher in jedem Fall für die Zukunft unterbleiben. Der Landesvorstand stellte übereinstimmend fest, daß die Zusammensetzung der Mannschaft ausschließlich Aufgabe des Spitzenkandidaten sei." Und der Spitzenkandidat ging vor der CDU-Landtagsfraktion auf „das Gerede und Geschreibe über und um die von ihm benannte Wahlmannschaft" ein.[465] „Besser eine größere Mannschaft für die Wahl als jetzt schon eine Art Schattenkabinett, das nur zu unnützen Streitereien geführt hätte", davon war Köppler trotz der Kritik an seiner Entscheidung überzeugt.

Offensichtlich scheute er die innerparteiliche Auseinandersetzung. Mit seiner Entscheidung für eine große Führungsmannschaft war Köppler zweifellos den Weg des geringeren Widerstandes gegangen.[466] Darf man ihm deshalb gleich Führungsschwäche unterstellen?[467] Köppler wollte im Hinblick auf die Landtagswahl 1975 alle Kräfte der CDU in Nordrhein-Westfalen bündeln, weshalb es nicht in seinem Interesse liegen konnte, einzelne Persönlichkeiten, die trotz ihrer Qualifikation in einem Schattenkabinett von lediglich sechs bis acht Personen keinen Platz fanden, zu verprellen. Wie auch immer seine Entscheidung zur Berufung einer 18köpfigen Führungsmannschaft bewertet werden mag, im nordrhein-westfälischen Landtagswahlkampf im Frühjahr 1975 waren diese Auseinandersetzungen vom Herbst 1974 überhaupt kein Thema. Der Wahlkampf war „stark bundespolitisch geprägt",[468] was Köppler nicht nur erwartete, sondern auch gewollt hatte. Er hob die Landtagswahlen von 1975 in den Rang einer Entscheidung von historischer Bedeutung: „Sie werden entweder die Wende für eine neue

---

462 Zeitzeugengespräch mit Thomas Kotzorek (19.3.2004): „Evertz hat von einem Führungsrudel gesprochen wegen enttäuschter Eitelkeit. Wenn er Mitglied dieser Mannschaft gewesen wäre, hätten diesem Kreis auch 25 Personen angehören können." Zeitzeugengespräch mit Helmut Elfring (27.3.2004): „Die beleidigte Schönheit Klaus Evertz".

463 Vgl. Protokoll Sitzung Landesvorstand CDU Rheinland 18.10.1974, in: HStAD RW 277-51.

464 Gerd Goch: „Köppler will niemandem wehe tun". In: „Kölner Stadt-Anzeiger" vom 19.10.1974.

465 Protokoll Sitzung CDU-Landtagsfraktion 29.10.1974, in: HStAD RW 360-379.

466 Zeitzeugengespräche mit Wolfgang Brüggemann (24.1.2004) und Karl Lamers (7.4.2004).

467 Vgl. Zeitzeugengespräche mit Heinz Soénius (4.2.2004), Thomas Kotzorek (19.3.2004), Helmut Breuer (1.4.2004) und Karl Lamers (7.4.2004).

468 Becker/Ruhland, S. 73.

Politik herbeiführen, und zwar durch eine absolute Mehrheit der CDU, oder den mehr schlechten als rechten Fortbestand einer Koalition auf Krücken ermöglichen und damit die Bonner Mißwirtschaft abstützen. Von Nordrhein-Westfalen muß das entscheidende Signal für die richtige und notwendige Neuorientierung in der Politik der Bundesrepublik ausgehen."[469]

Nach seinen Vorstellungen sollte also die nordrhein-westfälische Landtagswahl zu einer Art Vorwahl zur Bundestagswahl von 1976 werden. Die Fronten waren abgesteckt. Köppler und die CDU standen einem geschlossenen sozial-liberalen Block gegenüber. Die Freien Demokraten ließen keinen Zweifel daran, daß sie die Regierungskoalition mit den Sozialdemokraten in der 8. Wahlperiode des Landtags von 1975 bis 1980 fortsetzen wollten.[470] Der Landesparteivorsitzende, Wirtschaftsminister Horst-Ludwig Riemer, sah überhaupt keine Veranlassung, die Pferde zu wechseln. Auf dem Landesparteitag der nordrhein-westfälischen FDP im Januar 1975 unterstrich Riemer die gute Zusammenarbeit mit dem sozialdemokratischen Koalitionspartner in der zurückliegenden Wahlperiode: „Die SPD war stets ein Partner, bei dem der Handschlag noch etwas gilt. Das ist sehr wichtig in der Politik. Die SPD ist eine Partei, die Partnerschaft achtet und ernst nimmt."[471] Die CDU stellte für ihn keine Alternative dar. Im Gegenteil, den Christdemokraten an Rhein und Ruhr sprach er die Regierungsfähigkeit ab. Für die CDU in Nordrhein-Westfalen sei es „wirklich ein Glück, wenn sie nicht regieren muß". Riemer war denn auch der Meinung, „daß die CDU gewinnt, wenn sie verliert".[472]

Nach diesen zum Teil sehr polemischen Äußerungen des FDP-Landesvorsitzenden war für die CDU klar, daß sie die absolute Mehrheit erringen mußte, wollte sie nach neun Jahren in der Opposition auf die Regierungsbänke zurückkehren. Die absolute Mehrheit lag für die CDU im Bereich des Möglichen. Köppler erwartete für den 4. Mai 1975 ein Kopf-an-Kopf-Rennen.[473] Mitte Februar 1975 zeichnete sich laut Untersuchungen verschiedener Meinungsforschungsinstitute ein totes Rennen zwischen dem sozial-liberalen Regierungsblock und der CDU-Opposition in Nordrhein-Westfalen ab.[474] Nur wenige Wochen später änderte sich die Gefechtslage. Aufgrund unvorhersehbarer bundespolitischer Ereignisse geriet die CDU ab März 1975 zusehends in die Defensive. Mitte März 1975 gelangte der Text einer Rede von Franz Josef Strauß in die Öffentlichkeit, die er im November 1974 auf einer Klausurtagung der Bonner CSU-

---

469 Rede des Präsidiumsvorsitzenden der CDU in NRW, Heinrich Köppler, vor der 4. Landesversammlung am 19.10.1974 in Essen, S. 9, in: HStAD RW 277-122.

470 Vgl. Erklärung der nordrhein-westfälischen FDP zur Koalitionspolitik für die Jahre 1975-1980, in: HStAD RW 357-2850.

471 Horst-Ludwig Riemer: „Koalitionsaussage zur Landtagswahl". Rede auf dem Landesparteitag der NRW-FDP am 18.1.1975 in Düsseldorf, S. 12, in: HStAD RWV 49-189.

472 Ebd., S. 7.

473 Vgl. Protokoll Sitzung CDU-Landtagsfraktion 18.2.1975, in: HStAD RW 360-381.

474 Vgl. Lothar Bewerunge: „Das Rennen zwischen Kühn und Köppler in Nordrhein-Westfalen spitzt sich zu". In: FAZ vom 17.2.1975.

Landesgruppe in Sonthofen gehalten hatte.[475] Darin hatte er die Unionsparteien zu einem Kurs der totalen parteipolitischen Konfrontation aufgerufen und verkündet, daß sich die politische und wirtschaftliche Situation noch weiter verschlechtern müsse, um in Bonn einen Machtwechsel herbeiführen zu können. U.a. hatte er erklärt: „Erstens kann man jetzt überhaupt kein Rezept empfehlen, ohne sich in große politische Schwierigkeiten zu begeben, und zweitens ist das Bewußtsein der Öffentlichkeit noch nicht soweit bzw. ist die Öffentlichkeit noch nicht so stark schockiert, daß sie bereit wäre, die Rezepte, die wir zur langsamen Heilung der Krise für notwendig halten, in Kauf zu nehmen. Auch Helmut Schmidt schiebt sie das ganze Jahr vor sich her. Wir würden Gefahr laufen, wenn wir vorschlagen, es muß jetzt konkret geschehen a, b, c, d usw., daß die es nicht tun. Lieber eine weitere Inflationierung, weitere Steigerung der Arbeitslosigkeit, weitere Zerrüttung der Staatsfinanzen in Kauf nehmen, als das anzuwenden, was wir als Rezept für notwendig halten mit der Maßgabe, daß sie sagen: ‚Seht, solange wir da sind, ist unser Leiden ja nicht gar so schlimm. Wenn die aber hinkommen, die muten euch eine Roßkur zu. Soweit sind wir noch nicht.' Es muß wesentlich tiefer sinken, bis wir Aussicht haben, politisch mit unseren Vorstellungen, Warnungen, Vorschlägen gehört zu werden. Es muß also eine Art Offenbarungseid und ein Schock im öffentlichen Bewußtsein erfolgen. ... Wir müssen die Auseinandersetzung hier im Grundsätzlichen führen. Da können wir nicht genug an allgemeiner Konfrontierung schaffen. Ich kenne ja diese Stichworte: Wir kämpfen für die Freiheit, gegen den Sozialismus, für die Person und das Individuum, gegen das Kollektiv, für ein geeinigtes Westeuropa, gegen eine sowjetische Hegemonie über ganz Europa. Da muß man die anderen immer identifizieren damit, daß sie den Sozialismus und die Unfreiheit repräsentieren, daß sie das Kollektiv und die Funktionärsherrschaft repräsentieren und daß ihre Politik auf die Hegemonie der Sowjetunion über Westeuropa hinausläuft. Daß es bei den anderen eine ganze Menge von Leuten gibt, die das nicht wollen, soll uns nicht daran hindern, unter einem Übermaß an Objektivität zu leiden und das hier zu sagen. ... Zur Taktik jetzt: nur anklagen und warnen, aber keine konkreten Rezepte etwa nennen. ... Wir dürfen uns auf keinen Fall aus falschem sachpolitischem Verantwortungsbewußtsein als die ewige Ersatzregierung, die wir darstellen, einspannen lassen."[476]

Für Köppler und die Wahlkämpfer der CDU in Nordrhein-Westfalen wirkte sich diese Rede, die in der Öffentlichkeit den Eindruck erweckte, als sei mit Franz Josef Strauß „ein enthemmter Zyniker der Macht am Werk, der erst den Staat ruiniert, um ihn dann um so leichter übernehmen zu können",[477] katastrophal aus. Ministerpräsident Kühn, der die Sonthofen-Rede des CSU-Vorsitzenden als „ein Geschenk des Himmels"[478] empfand, startete unter der Überschrift „Strauß will die Krise!" eine groß angelegte Zeitungskampagne.[479] Darin erinnerte er daran, daß er bereits im Dezember 1974 seine

475 Wortlaut der Strauß-Rede von Sonthofen vom 18.11.1974 in: Bickerich, S. 336–354.
476 Ebd., S. 337f., 339, 342 u. 345.
477 Bickerich, S. 254.
478 Kühn, S. 342.
479 Wortlaut der Zeitungsanzeige ist überliefert in: HStAD RW 277-1186.

Sorge geäußert habe, daß die Bundesrepublik unregierbar werden könnte, wenn die Konservativen an die Macht kämen. Einige hätten dies seinerzeit für übertrieben gehalten. Jetzt wisse aber jeder, daß er, Kühn, „weder polemisiert noch übertrieben" habe. Schließlich habe es Strauß offen ausgesprochen: „Er will unser Land in den Bankrott treiben, um die CDU/CSU wieder an die Macht zu bringen!" Die Sonthofen-Rede war eine Steilvorlage für den politischen Gegner im nordrhein-westfälischen Landtagswahlkampf. Wie sich Johannes Rau erinnert, habe sie den Sozialdemokraten „richtig Auftrieb" gegeben, insbesondere die Stammwählerschaft habe man aktivieren können.[480] Als dann auch noch CSU-Generalsekretär Gerold Tandler Strauß als möglichen Kanzlerkandidaten für die Bundestagswahl 1976 ins Gespräch brachte, versuchte Köppler im Zusammenspiel mit CDU-Generalsekretär Kurt Biedenkopf das Heft des Handelns wieder in die Hand zu nehmen.[481]

In der Sitzung des CDU-Bundesparteipräsidiums am 21. April 1975 ergriffen sie „zum Schutz der CDU-NRW" die Initiative und schlugen Helmut Kohl als Kanzlerkandidaten für die Bundestagswahl 1976 vor – ein Vorschlag, der die Zustimmung des Präsidiums fand.[482] Köppler bekräftigte diese Entscheidung gegenüber der „NRZ".[483] Der von ihm erhoffte politische Befreiungsschlag blieb aus. Die Lage spitzte sich vielmehr zu. Mitte April 1975 prognostizierten Meinungsforscher für die Regierungsparteien einen Vorsprung von vier Mandaten gegenüber der CDU-Opposition.[484] Die CDU verharrte in der Defensive. Durch die Ereignisse von Stockholm wurde ihr Wahlslogan „Wir schaffen wieder Sicherheit" über Nacht „wahlpolitisch wertlos".[485] Am 24. April 1975 war die Deutsche Botschaft in Stockholm Ziel eines Anschlags der RAF geworden.[486] Ein „Kommando Holger Meins" hatte dort zwölf Geiseln genommen und verlangt, dafür 26 in der Bundesrepublik inhaftierte Terroristen freizulassen. Die Regierung Schmidt hatte dieser Forderung nicht nachgegeben. Die Terroristen zündeten eine Bombe und verwüsteten das Botschaftsgebäude, konnten aber überwältigt werden. Bundeskanzler Helmut Schmidt hatte sich als Krisenmanager bewährt, der die Sicherheit der Bundesrepublik Deutschland gewährleistete.

Neben Strauß sollte der überaus populäre Bundeskanzler zum wichtigsten Wahlhelfer der sozial-liberalen Regierung in Düsseldorf werden. In der heißen Wahlkampfphase nahm Schmidt nicht nur an 15 Großveranstaltungen teil[487], sondern erschien auch gemeinsam mit Heinz Kühn auf Wahlplakaten unter der Überschrift „Den Aufschwung wählen – SPD".[488] Leichte Aufhellungen am Konjunkturhimmel, die es noch nicht erlaubten, von einem wirtschaftlichen Aufschwung in Deutschland zu reden, nahm der

480 Zeitzeugengespräch mit Johannes Rau (2.4.2004).
481 Biedenkopf: Energie, S. 165.
482 Ebd.
483 Vgl. „Köppler: Helmut Kohl wird Kanzlerkandidat". In: NRZ vom 26.4.1975.
484 Düding, S. 295.
485 Zeitzeugengespräch mit Günter Rinsche (12.6.2004).
486 Görtemaker, S. 587.
487 Becker/Ruhland, S. 73.
488 Kühn, S. 341.

Ministerpräsident zum Anlaß, „das zarte Konjunkturpflänzchen im Wahlkampf mit Inbrunst“[489] zu hätscheln. Alle Proteste Köpplers, für den der Wahlkampfslogan der SPD „einer Verhöhnung von fast einer halben Million Arbeitslosen und Kurzarbeiter in Nordrhein-Westfalen“[490] gleichkam, halfen nichts, in der Endphase des Wahlkampfs war die SPD meinungsbildend. Die CDU konnte dem nichts mehr entgegensetzen, sie war „argumentativ ausgeblutet“.[491] Im Endspurt war ihr die Luft ausgegangen. Nach der großen Siegeszuversicht zu Beginn des Jahres 1975 bedeutete das Wahlergebnis vom 4. Mai „eine schwere Enttäuschung“[492] für die CDU. Sie stellte wiederum die stärkste Fraktion im Landtag und erzielte mit 47,1 Prozent der abgegebenen Stimmen ihr zweitbestes Landtagswahlergebnis.[493] Doch mit nur 95 Mandaten im 200 Mitglieder zählenden nordrhein-westfälischen Landtag verfehlte sie den angestrebten Machtwechsel deutlich. Kein Trost konnte sein, daß sie auch bei der am gleichen Tag stattfindenden Kommunalwahl stärkste politische Kraft wurde und mit einem Stimmenanteil von 46,1 Prozent ihr bis dahin bestes Ergebnis bei Kommunalwahlen erreichte.[494] Der Verlust von einem Prozentpunkt, den die SPD bei der Landtagswahl hinnehmen mußte, wurde kompensiert durch die Zugewinne der Freien Demokraten, die ihren Stimmenanteil von 5,5 auf 6,7 Prozent steigern konnten. Von der letztlich doch deutlichen Bestätigung der sozial-liberalen Koalitionsregierung durch den Wähler waren deren Vertreter selbst überrascht. So erklärte Kühn in der SPD-Landtagsfraktion, das Ergebnis für die Koalition von 105 zu 95 Sitzen im Landtag sei besser als man zu hoffen gewagt hätte.[495]

Heinrich Köppler, der sich noch zu Beginn des Jahres 1975 berechtigte Hoffnungen hatte machen dürfen, als dritter Christdemokrat nach Karl Arnold und Franz Meyers in die Düsseldorfer Staatskanzlei einzuziehen, war am Wahlabend sehr deprimiert. Als seine Frau Erika in sein Arbeitszimmer im Landtag kam, meinte er nur zu ihr: „Ich will nicht mehr!“[496] Er warf zwar die Brocken nicht hin, brauchte aber einige Tage und Wochen, um diese Wahlniederlage zu verarbeiten. Daß ihn der Ausgang der Landtagswahl vom 4. Mai 1975 tief getroffen hatte, blieb weder seinen politischen Freunden noch seinen Gegnern verborgen.[497] Natürlich fragte auch Köppler nach den Gründen für die Wahlniederlage. Hatten allein Stockholm und Sonthofen die Wahl entschieden, wie die

489 Düding, S. 294.
490 Lothar Bewerunge: „Streit um den Áufschwung‘“. In: FAZ vom 16.4.1975.
491 Geraedts, S. 38.
492 Windelen, S. 149.
493 Zum Ausgang der Landtagswahl vom 4.5.1975 vgl. ALEMANN, Anhang, S. 246f.
494 Zum Ausgang der Kommunalwahl vom 4.5.1975 vgl. Ebd., S. 256.
495 Vgl. Protokoll Sitzung SPD-Landtagsfraktion 13.5.1975, in: HStAD RW 350-1.
496 Zeitzeugengespräch mit Franz Heinrich Krey (27.1.2004).
497 Vgl. erstes Zeitzeugengespräch mit Klaus Fenske (31.1.2004) und Zeitzeugengespräche mit Heinz-Josef Nüchel (6.3.2004), Heinz-Günther Hüsch (18.3.2004), Wilhelm Lenz (19.3.2004), Albert Falke (20.3.2004), Heinz Hardt (23.3.2004) und Wolfgang Heinz (19.11.2004).

Allensbacher Meinungsforscherin Elisabeth Noelle-Neumann meinte?[498] Daß landesspezifische Faktoren bei dieser Wahl von der allgemeinen politischen Stimmung überdeckt worden waren, wurde durch eine Analyse der Wahlergebnisse bestätigt, die der CDU-Landesverband Rheinland und die CDU-Landtagsfraktion unter Berufung auf Untersuchungen des Sozialwissenschaftlichen Forschungsinstituts der Konrad-Adenauer-Stiftung, des Instituts für angewandte Sozialwissenschaft und des Instituts für Wahlanalysen und Gesellschaftsbeobachtung gemeinsam vorlegten.[499]

Danach hatten 87 Prozent der Wähler ihre Stimme im Hinblick auf die Bundespolitik abgegeben.[500] Franz Josef Strauß war in diesem Zusammenhang ein Thema. In der Wahlanalyse wurde die Sonthofener Rede des CSU-Vorsitzenden als ein Ereignis charakterisiert, das „in überdurchschnittlicher Häufigkeit" die politische Grundstimmung beeinflußt und zur Mobilisierung der SPD-Basis in Nordrhein-Westfalen beigetragen habe. Der Einfluß der Rede sei durch die Interpretation des politischen Gegners noch verstärkt worden, „vor allem bei Neutralen und Randwählern".[501] Als weiterer Grund von Bedeutung wurde die Frage der Kanzlerkandidatur genannt, die ganze Wählergruppen verunsichert habe, zumal die Diskussion dieser Frage unmittelbar vor dem Wahltermin verstärkt worden sei. Neben innerparteilichen Gründen gab es freilich auch unbeeinflußbare Vorgänge, die sich zugunsten der SPD ausgewirkt hatten. So wurde in der Analyse unter Hinweis auf viele Einzelergebnisse eine massive Unterstützung der SPD durch die Gewerkschaften vermutet, die zahlreiche Wähler für die Sozialdemokraten an die Urnen gebracht hätten.[502] Offensichtlich wirkte sich auch die von der SPD relativ kurz vor der Wahl vertretene Aufschwungthese nachteilig für die CDU aus. Noch Anfang März 1975 waren auf die CDU bei den existentiellen politischen Bereichen (wirtschaftliche Zukunftssicherung, Bekämpfung der Inflation, Arbeitsplatzsicherung und Innere Sicherheit) mehr Nennungen entfallen, was sich in der zweiten Märzhälfte ändern sollte.

Offenbar hatten sich zunehmender Optimismus hinsichtlich der wirtschaftlichen Entwicklung und neues Vertrauen in die SPD gegenseitig beeinflußt und gestützt. Hervorgehoben wurde auch die wahlpolitische Bedeutung, die der Person des Bundeskanzlers in diesem Wahlkampf zugekommen war. Nach allen Untersuchungen reichte die Wirkung des Kanzlers „nicht nur voll ins SPD-Lager", sondern zielte „beträchtlich auch auf flexible Wähler der CDU und in die FDP-Anhängerschaft hinein".[503] Die Gründe für die knappe Wahlniederlage lagen in erster Linie in Bonn und waren nicht hausgemacht. Der Wahlkampfkonzeption der CDU stellte die Analyse ein gutes Zeug-

498 Vgl. „Stockholm und Sonthofen – das hat die Wahl entschieden ..." In: „BILD-Zeitung" vom 6.5.1975.

499 Landtagswahl in Nordrhein-Westfalen. Vorläufige Kurzanalyse. Vorgelegt von der CDU Rheinland und der CDU-Landtagsfraktion NRW am 22.5.1975, in: HStAD RW 360-381.

500 Ebd., S. 7.

501 Ebd., S. 9.

502 Ebd., S. 10f.

503 Ebd., S. 8.

nis aus, zumal 18 Prozent der Wähler der Union bescheinigten, am stärksten um ihre Gunst geworben zu haben. Für die SPD urteilten in gleicher Weise nur 11 Prozent. Daß die CDU in Nordrhein-Westfalen in diesem Wahlkampf neue Wege beschritten hatte, wurde abschließend positiv gewürdigt: „Die Entscheidung, die Mobilisierung der Mitglieder und Sympathisanten zu Lasten klassischer Werbemedien zu forcieren, kann als richtig und erfolgreich bezeichnet werden."[504]

Während Köppler und die CDU nach den Ursachen für die Wahlniederlage forschten, machten sich die Wahlsieger daran, ihr Regierungsbündnis zu erneuern. SPD und FDP wurden sich schnell handelseinig. Wie schon 1970 bestimmten bundespolitische Überlegungen die Regierungsbildung. Von Düsseldorf aus sollte auch weiterhin der sozial-liberalen Bundesregierung Flankenschutz gegeben werden. Diesem Ziel verpflichtet, erklärten SPD und FDP im Koalitionsvertrag: „Die Landesregierung und die sie tragenden Fraktionen werden die in der Regierungserklärung der Bundesregierung zum Ausdruck gebrachten sowie die zwischen den Bundestagsfraktionen der SPD und FDP vereinbarten Zielsetzungen fördern und keine Maßnahmen ergreifen oder zulassen, die diese bundespolitischen Zielsetzungen gefährden können."[505] Daß die Koalitionsverhandlungen in „großer Harmonie" abliefen, erklärte der neue Vorsitzende der SPD-Landtagsfraktion, Dieter Haak, damit, daß die neue FDP-Fraktion „mehr auf dem sozial-liberalen Kurs" sei als dies bei der alten Fraktion der Fall gewesen sei.[506] In der zurückliegenden Wahlperiode hatte mit der Abspaltung des national-liberalen Flügels und dem damit verbundenen Austritt der Abgeordneten Lange, Maas und Mader aus der Landtagsfraktion ein Klärungsprozeß innerhalb der FDP stattgefunden, der in der 8. Wahlperiode des Landtags die Zusammenarbeit zwischen SPD und FDP erleichterte.[507] Insofern ging die sozial-liberale Regierungskoalition gestärkt aus der Landtagswahl vom 4. Mai 1975 hervor. Bei seiner Wiederwahl zum Ministerpräsidenten erhielt Heinz Kühn 105 Stimmen[508] und damit vermutlich die Unterstützung aller Mitglieder der SPD- und FDP-Fraktion, die zusammen 105 Abgeordnete im Landtag stellten.

Ob auch die personellen Veränderungen im Landeskabinett zur Stärkung der Regierungsarbeit beitrugen, mußte sich im Verlauf der 8. Wahlperiode zeigen. Im dritten Kabinett Kühn gab es „eine ganz gravierende personelle Veränderung".[509] Der langjährige FDP-Landesvorsitzende Willi Weyer, der seit 1954 mit einer vierjährigen Unterbrechung der Landesregierung angehört hatte, schied auf eigenen Wunsch aus, um sich ganz seiner Aufgabe als Präsident des Deutschen Sportbundes widmen zu können. Der FDP-Bundestagsabgeordnete Burkhard Hirsch, der dem linksliberalen Flügel seiner

504 Ebd., S. 13.

505 „Koalitionsvereinbarung für die 8. Legislaturperiode des Landtags Nordrhein-Westfalen", S. 5, in: HStAD RW 350-2485.

506 Protokoll Sitzung Vorstand SPD-Landtagsfraktion 26.5.1975, in: HStAD RW 350-16.

507 Vgl. Zeitzeugengespräche mit Burkhard Hirsch (27.1.2004), Friedhelm Farthmann (28.1.2004) u. Johannes Rau (2.4.2004).

508 Vgl. LT NRW. 8. Wahlperiode. 2. Sitzung am 4.6.1975, S. 12.

509 Düding, S. 295.

Partei zuzurechnen war, wurde zum neuen Innenminister berufen.[510] Neuer Finanzminister und damit Nachfolger von Hans Wertz wurde der bisherige Chef der Staatskanzlei, Friedrich Halstenberg. Von Bedeutung war auch der Wechsel an der Spitze des Ministeriums für Arbeit, Gesundheit und Soziales, das der SPD-Bundestagsabgeordnete und Gewerkschaftsvertreter Friedhelm Farthmann vom SPD-Landesvorsitzenden Werner Figgen übernahm.

Mit einer auf wesentlichen Positionen veränderten Regierungsmannschaft machte sich Kühn an die Arbeit, die in der zweiten Hälfte der 1970er Jahre durch Nüchternheit gekennzeichnet sein sollte. Wie ein roter Faden zog sich durch die Düsseldorfer Koalitionsvereinbarung die Verpflichtung zu einer „kritischen Überprüfung aller haushaltsrelevanten Staatsaufgaben".[511] Dabei könne es keine Tabus geben. Die Etatsteigerungen müßten wegen der schwierigen Finanzlage dringend begrenzt werden. „In einer Situation weltwirtschaftlicher Bedrängnis" sei „auf vielen Gebieten die Bewahrung des Erreichten das Maximum des Erreichbaren", stellte Kühn in seiner Regierungserklärung ernüchtert fest.[512] Damit ließ der Ministerpräsident nach den Worten seines Biographen Dieter Düding „die Hoffnungen auf eine Konjunkturwende, die er während des Wahlkampfs geweckt hatte, wie eine Seifenblase zerplatzen".[513] Der im Wahlkampf verbreitete wirtschaftliche Optimismus habe sich als Wahlkampfmanöver entpuppt. „Erst mit seiner Regierungserklärung schenkte er den Rheinländern und Westfalen reinen Wein ein", kritisiert Düding seinen Protagonisten.[514]

Mit heftigen Vorwürfen an die Adresse des Ministerpräsidenten reagierte denn auch Heinrich Köppler in seiner Erwiderung auf die Regierungserklärung von Kühn. Köppler, der in der ersten Sitzung der neuen CDU-Landtagsfraktion als Fraktionsvorsitzender wiedergewählt worden war,[515] hatte inzwischen die große Enttäuschung über die Wahlniederlage vom 4. Mai 1975 überwunden und zeigte sich angriffslustig. Der Oppositionsführer warf Kühn vor, daß er mit den durch nichts zu begründenden Parolen von einem wirtschaftlichen Aufschwung die Bevölkerung über Monate hinweg irregeführt habe, und fügte hinzu: „Das verbietet jeden Gebrauch des Wortes ‚Vertrauen' durch Sozialdemokraten auf lange Zeit."[516] Er sprach dem Ministerpräsidenten das Recht ab, noch um Vertrauen und Zusammenarbeit aller gesellschaftlichen Gruppen zu werben. „Die Wechselreiterei mit immer neuen Terminankündigungen für den Aufschwung hat niemand mehr entlarvt als Sie selbst", rief der Oppositionsführer dem Re-

510 Zur Zusammensetzung des dritten Kabinetts Kühn vgl. „Koalitionsvereinbarung für die 8. Legislaturperiode des Landtags Nordrhein-Westfalen", S. 1f., in: HStAD RW 350-2485.
511 Ebd., S. 6.
512 LT NRW. 8. Wahlperiode. 2. Sitzung am 4.6.1975, S. 14.
513 Düding, S. 296.
514 Ebd.
515 Vgl. Protokoll Sitzung Landesvorstand CDU Rheinland 6. 5. 1975, in: HStAD RW 277-51. Die Niederschrift über die konstituierende Sitzung der CDU-Landtagsfraktion in der 8. Wahlperiode des Landtags ist nicht überliefert.
516 LT NRW. 8. Wahlperiode. 3. Sitzung am 12.6.1975, S. 29.

gierungschef zu.[517] Die Wahlkampftechniken der SPD hätten ein Klima der Unaufrichtigkeit in Nordrhein-Westfalen geschaffen, das nur noch zur Zerstörung von Vertrauen führe. Kühn müsse sich nach der Diskreditierung jeder Reformpolitik jetzt zu dem bekennen, was jeder Spieler sich einmal einzugestehen habe: „Nichts geht mehr."[518]

Der Ministerpräsident verwahrte sich gegen diese Vorwürfe. Die moralische Entrüstung der CDU über die angebliche SPD-Lüge vom Aufschwung bestehe zur Hälfte aus Neid über einen strategisch verlorenen Wahlkampf.[519] Kühn gab aber zu, daß „wir uns in der Beurteilung des Tempos der Rezessionsüberwindung geirrt haben", und zwar „zusammen mit vielen Männern der Wirtschaft und der Wissenschaft", deren Herz auf Seiten der Union schlage. Sogar dem Vorwurf, daß er die Lage rosiger dargestellt habe, als sie sei, wolle er sich gern aussetzen, sagte Kühn, „weil es mir darauf ankommt, den Menschen Vertrauen in die Zukunft zu geben, an die ich glaube".[520] Schließlich habe die CDU mit ihrer Philosophie vom „politischen Frühling" auch nur suggerieren wollen, daß im Falle eines Unionssieges alles „wieder sprießen und wachsen und blühen und gedeihen"[521] werde. Dies sei nur ein Synonym für den Aufschwung gewesen.

Der Ton zwischen Regierung und Opposition wurde rauher. Unmittelbar vor der Aussprache über die Regierungserklärung hatte Köppler eine Dokumentation der CDU-Landtagsfraktion über die Wahlkampfmethoden der SPD/FDP-Regierung vorgelegt, mit der der Nachweis zu führen versucht wurde, daß die Wähler mit wissentlich falschen Behauptungen über einen beginnenden konjunkturellen Aufschwung manipuliert worden seien.[522] Diese „Roßtäuscherei" sei vor allem durch millionenschwere, zentral gesteuerte Anzeigenkampagnen betrieben worden. Bereits die ersten beiden Sätze Köpplers im Vorwort zu dieser Dokumentation hatten es in sich: „Die SPD/FDP-Regierung zögert nicht, die Wahrheit zu dosieren und zu frisieren, wenn ihr das zur Machterhaltung dienlich scheint. Im Landtagswahlkampf Nordrhein-Westfalen hat die SPD bis zum letzten Tag versucht, durch Täuschung, Verschleierung, Tatsachenverdrehung und bewußte Unwahrheit die Wähler an der Nase herumzuführen."[523] Die Dokumentation der CDU gab im wesentlichen von Ministerpräsident Kühn selbst unterzeichnete Anzeigentexte wieder, in denen der Aufschwung für wählbar erklärt worden sei. Sie stellte die Reaktionen von Zeitungen in zumeist erwartungsträchtigen Schlagzeilen zusammen und verglich sie mit der wirtschafts- und finanzpolitischen Wirklichkeit nach der Wahl. Auf diese Weise, hieß es in der Dokumentation, habe die SPD „die Lüge als Mittel der Propaganda"[524] eingesetzt. Köppler erwartete, daß „die Strategie der Lü-

517 Ebd., S. 23.
518 Ebd., S. 24.
519 Ebd., S. 56.
520 Ebd., S. 57.
521 Ebd., S. 56.
522 „Den Aufschwung wählen" – Dokumente zum Landtagswahlkampf in Nordrhein-Westfalen 1975. Herausgegeben von der CDU-Landtagsfraktion NRW, Düsseldorf 1975.
523 Ebd., S. 1.
524 Ebd., S. 2.

ge regierungsamtlich fortgesetzt“ werde, weshalb man „die vorgelegten Dokumente in der Erinnerung behalten“ sollte.[525]

Der Oppositionsführer fühlte sich um den Sieg bei der Landtagswahl 1975 betrogen, was ihn allerdings nicht zu irrationalem Handeln verleitete. Eine Oppositionsstrategie im Sinne von Franz Josef Strauß lehnte er entschieden ab. „Die CDU betreibt nicht eine Politik totaler Konfrontation“,[526] stellte er unmißverständlich in der Aussprache über die Regierungserklärung fest, in der er an dieser Stelle weiter ausführte: „Unsere Opposition wird bei sachlicher und nüchterner Betrachtung der landespolitischen Notwendigkeiten dem zustimmen, was dem Lande dient, und wir werden ablehnen, was wir für schädlich halten. Wir machen nicht in Obstruktion, aber wir schauen Ihnen [der Landesregierung] auf die Finger.“[527]

Oppositionspolitik fand in den ersten Wochen und Monaten nach der Landtagswahl nur beschränkt statt, da Köppler und die CDU in Nordrhein-Westfalen zunächst mit sich selbst beschäftigt waren. Wieder einmal sorgte der Landesvorsitzende der Jungen Union Rheinland, Klaus Evertz, für Unruhe, und zwar Anfang Juli 1975 auf der Landestagung der JU Rheinland.[528] In einer Rede, die sich sehr offen und kritisch mit der eigenen Partei und mit dem Verhältnis zwischen CDU und CSU befaßte, stellte Evertz die Trennung von CDU und CSU und das bundesweite Auftreten beider Parteien zur Diskussion. Seinen Vorstoß begründete er mit der Person von Franz Josef Strauß, mit dessen Namen „der eigentliche Grund für die politische Artikulationsunfähigkeit der Union“ verbunden sei. Es sei der Zeitpunkt gekommen, festzustellen, „daß entweder aus Bayern ein Einlenken kommt, oder daß sich unsere Wege trennen“.[529] Unter Hinweis auf das Positionspapier der CSU für die Bundestagswahl 1976 sagte Evertz: „Im Entscheidenden sprechen wir keine gemeinsame Sprache mehr.“[530] So bestehe die CSU in diesem Papier auf einer „unverfälschten sozialen Marktwirtschaft“, führe aber in ihrer Aufzählung der Bestandteile dieser Marktwirtschaft nicht die Sozialbindung des Eigentums und die Mitbestimmung auf, die für die Junge Union Rheinland ebenfalls „unabdingbare Bestandteile“ der sozialen Marktwirtschaft seien. „Es scheint Herrn Franz Josef Strauß, der sich so gerne auf seine Fähigkeit zum Denken in historischen Dimensionen rühmt, nicht aufgegangen zu sein“, so höhnte Evertz, „daß das Zeitalter des Kapitalismus mit dem Zeitalter der Regierungsverantwortung der CDU unter Konrad Adenauer in der Bundesrepublik Deutschland erledigt worden ist.“ Wer wie Strauß meine, die Machtfrage, die mit dem Einsatz großer Kapitalien verbunden sei, lasse sich ohne die großen Arbeitnehmerorganisationen lösen, der habe „die gesellschaftlichen Entwicklungen unserer Zeit nicht begriffen. „Wenn wir also Politik im Sinne der christlich-

525 Ebd., S. 1.

526 LT NRW. 8. Wahlperiode. 3. Sitzung am 12.6.1975, S. 27.

527 Ebd., S. 26f.

528 Vgl. Rede des Landesvorsitzenden Klaus Evertz auf der Landestagung der Jungen Union Rheinland am 5.7.1975 in Bonn, in: HStAD RWV 26-2578.

529 Ebd. S. 5.

530 Ebd., S. 6, auch folgende Zitate.

demokratischen Bewegung machen wollen, müssen wir mit Franz Josef Strauß eine deutliche Sprache sprechen", schlußfolgerte Evertz. Das bedeutete für den rheinischen JU-Vorsitzenden, daß der CSU-Vorsitzende „seine Partei zurückführte auf die einstmals gemeinsame Plattform" und es aufgab, „gegenüber der CDU als eigene Partei mit allen damit verbundenen Ansprüchen aufzutreten". Seiner Meinung nach sollte Strauß wissen, daß es viele in der CDU gebe, die wünschten, daß die CSU bundesweit als Partei auftrete, damit die Fronten und die Machtverhältnisse klar würden. „Wir werden ihm dann allerdings auch in München vorführen, wer in Deutschland die modernere politische Konzeption vertritt", ließ Evertz den CSU-Vorsitzenden wissen. [531]

Innerhalb der CDU sorgte der rheinische JU-Vorsitzende mit seinen Angriffen gegen Strauß und seinen Gedanken über eine Trennung von CDU und CSU für massive Verärgerung. CDU-Generalsekretär Kurt Biedenkopf warf Evertz parteischädigendes Verhalten vor.[532] Der Generalsekretär zeigte sich empört über „die unbedachten Äußerungen" von Evertz, die „die für den Wahlsieg 1976 unverzichtbare Gemeinsamkeit" von CDU und CSU gefährdeten und damit die Politik der CDU schädigten. Die Erklärung des rheinischen JU-Vorsitzenden hatte nach der Darstellung von Biedenkopf weder in der CDU-Führung noch in der Partei selbst irgendeine Grundlage. Sie widerspreche der von der Jungen Union geforderten besseren Zusammenarbeit von CDU und CSU und liefe nicht zuletzt der von der Jungen Union „seit Jahren geforderten Integration der Unionsparteien zuwider". Nicht minder heftig fiel die Reaktion Heinrich Köpplers aus, der Evertz „nachdrücklich" darauf hinwies, daß seine Ausführungen auf der Landestagung der Jungen Union Rheinland „unvereinbar mit der Politik der CDU" seien.[533] Auch er warf Evertz parteischädigendes Verhalten vor, weil „es der Politik der Union außerordentlich schadet, wenn deren Gemeinsamkeit infrage gestellt und damit unseren politischen Gegnern das Geschäft nur erleichtert wird".[534] Wenn in der Öffentlichkeit diese Gemeinsamkeit aufgekündigt und der Vorschlag einer Trennung der beiden Schwesterparteien gemacht werde, müsse dies bei der Bevölkerung den Eindruck einer Zerstrittenheit der Unionsparteien hervorrufen, der für die Politik der Union im Hinblick auf die Bundestagswahl von 1976 „eine unerträgliche Belastung" bedeute.[535]

Die Kritik an dem Auftritt von Evertz auf der Landestagung der JU Rheinland Anfang Juli 1975 war – auch in dieser Deutlichkeit – berechtigt. Politisch hatte sich der rheinische JU-Vorsitzende dilettantisch verhalten. Dies galt bereits für die Strategie. Wer wie er eine Frage mit soviel Brisanz in der Öffentlichkeit anschnitt, mußte sich beizeiten vergewissern, wie seine Auslassungen zumindest in den eigenen Reihen aufgenommen würden. Vor allem hatte Evertz für seinen spektakulären Diskussionsbeitrag den völlig falschen Zeitpunkt ausgesucht, nämlich unmittelbar nach dem Mannheimer

531 Ebd., S. 7.
532 Vgl. Presseerklärung von CDU-Generalsekretär Kurt Biedenkopf vom 7.7.1975, ebd.
533 Schreiben von Heinrich Köppler an Klaus Evertz vom 22.7.1975, in: HStAD RW 277-465.
534 Schreiben von Heinrich Köppler an Günther Kremer aus Bonn vom 15.7.1975, in: HStAD RW 360-537.
535 Ebd.

CDU-Bundesparteitag, auf dem die Einheit der Unionsparteien beschworen worden war,[536] und vor den Bundestagswahlen von 1976. Schlechter hätte die Terminwahl nicht sein können.

Die Empörung über die politisch unklugen Äußerungen des rheinischen JU-Landesvorsitzenden legte sich relativ schnell wieder. Evertz war eben nur ein Politiker aus der zweiten Reihe. Nicht ohne Konsequenzen blieb hingegen der Streit zwischen den beiden CDU-Landesverbänden Rheinland und Westfalen-Lippe, der ebenfalls Anfang Juli 1975 für Aufsehen sorgte.[537] Aus Verärgerung über den CDU-Landesverband Rheinland gab es in der Führung der westfälisch-lippischen CDU ernsthafte Bestrebungen, den Zuschuß ihres Landesverbandes für die von beiden Verbänden gemeinsam finanzierte Geschäftsstelle des CDU-Landespräsidiums zu streichen, was praktisch eine Auflösung dieser Einrichtung bedeutet hätte. Ursache und Ausgangspunkt der Streitigkeiten war das Ergebnis der Vorstandswahlen auf dem CDU-Bundesparteitag in Mannheim. Dort war mit Heinrich Windelen nur ein Vertreter Westfalens in den Bundesvorstand gewählt worden. Daß die anderen vier Kandidaten nicht gewählt wurden, führte der Landesvorstand der CDU Westfalen-Lippe vor allem auf mangelnde Unterstützung des CDU-Landesverbandes Rheinland zurück, der mit Heinrich Köppler, Hans Katzer, Helga Wex und Gerhard Schröder vier Mitglieder ins Präsidium und in den Vorstand entsenden konnte. Die Westfalen rechneten vor, daß drei ihrer Kandidaten weniger Stimmen für sich verbuchen mußten als beide Landesverbände in Mannheim an Delegierten stellten.

Das Wahldebakel von Mannheim ließ alte westfälische Wunden aufbrechen. Seit die beiden Landesverbände im Jahre 1967 ein gemeinsames Präsidium bildeten, glaubten die Westfalen, zu kurz zu kommen. Geteilt werde, so lautete die Erkenntnis, die sie aus der achtjährigen Zusammenarbeit zogen, immer nur bei den Kosten, nicht aber bei den Posten. Verwiesen wurde insbesondere auf die Spitzenfunktionen des Parlaments und der Fraktion, in denen in der Tat die Rheinländer den Ton angaben. Sie stellten mit Heinrich Köppler den Oppositionsführer im Landtag, mit Wilhelm Lenz den Landtagspräsidenten und mit Ottmar Pohl den Fraktionsgeschäftsführer. Es bedurfte der Vermittlung durch das Konrad-Adenauer-Haus, das im Hinblick auf die Bundestagswahl von 1976 kein Interesse daran haben konnte, daß die beiden mitgliederstärksten CDU-Lan-

536 Der CDU-Vorsitzende, der rheinland-pfälzische Ministerpräsident Helmut Kohl, hatte in seiner Rede zum Abschluß des Parteitags u.a. erklärt: „Wenn ich sage ‚wir', dann meine ich selbstverständlich – und das muß noch einmal deutlich gesagt werden, auch hier in Mannheim – die CDU und CSU. Was immer da gewesen sein mag und was immer gesagt und geschrieben wird: wer noch einen Funken von politischem Verstand in unseren Unionsparteien hat, der muß doch wissen, wir werden unser Ziel [den Sieg bei der Bundestagswahl 1976] nur gemeinsam und entschlossen erreichen können." (23. CDU-Bundesparteitag, S. 339).

537 Vgl. WINDELEN, S. 150f.; „CDU-Westfalen geht auf Distanz zu den Rheinländern". In: „Die Welt" vom 3.7.1975; Hans Wüllenweber: „Hauskrach bei der CDU an Rhein und Ruhr". In: „Weser-Kurier" vom 3.7.1975; Wolfram Köhler: „Westfälische CDU über rheinische Schwester verärgert". In: „Frankfurter Neue Presse" vom 3.7.1975; Norbert Iserlohe: „Westfälische CDU fühlt sich von Rheinländern überlistet". In: „Bonner Rundschau" vom 2.7.1975.

desverbände im Clinch lagen, um die Wogen zwischen Rheinländern und Westfalen zu glätten.[538] Die Vermittlerrolle fiel CDU-Generalsekretär Biedenkopf zu, auch wenn dieser von einer Streitschlichtung offiziell nichts wissen wollte. Nach Verhandlungen im Landespräsidium trat Biedenkopf am 11. Juli 1975 mit den beiden Landesvorsitzenden Köppler und Windelen vor die Presse. Einigkeit war Trumpf! Wie der Präsidiumsvorsitzende Köppler vor der Presse mitteilte, habe sich das Präsidium einstimmig und einmütig für eine Fortsetzung und Intensivierung der Zusammenarbeit ausgesprochen. Und Windelen richtete den Blick nach vorn, nämlich auf das wichtigste politische Ziel im Jahre 1976, die Bundestagswahl. Die Zusammenarbeit zwischen Rheinländern und Westfalen unter dem Dach des Landespräsidiums wurde zwar fortgesetzt, doch nach Mannheim war auf westfälischer Seite „jede Bereitschaft zu einer Fusion mit den Rheinländern geschwunden".[539]

Köppler unternahm in der zweiten Hälfte der 1970er Jahre auch keinen Versuch mehr zu einer Fusion der beiden Landesverbände, zumal er nach der verlorenen Landtagswahl von 1975 unter den Christdemokraten in Nordrhein-Westfalen nicht mehr über die ausreichende Autorität zur Durchsetzung eines solchen Projektes verfügte. In der Presse wurde bereits über das Ende seiner landespolitischen Karriere spekuliert; zumindest galt es als sicher, daß es für ihn keinen dritten Anlauf auf die Staatskanzlei in Düsseldorf geben werde.[540] Angeblich strebte er ein Bundestagsmandat an, um nach der Bundestagswahl von 1976 von Düsseldorf nach Bonn zurückzukehren.[541] Doch eine Rückkehr nach Bonn schien wenig verlockend, wenn er nicht bereit war, sich mit einem Platz in der zweiten oder gar dritten Reihe zufrieden zu geben.[542]

Es handelte sich um mehr als nur um Pressespekulationen, daß die Position von Köppler in Nordrhein-Westfalen nach dem 4. Mai 1975 nicht mehr unumstritten war. In beiden CDU-Landesverbänden wurde über seine Ablösung nachgedacht. Während er nach Aussage seines Persönlichen Referenten Klaus Fenske im Rheinland vor allem im Kölner Raum, in dem der Kreisparteivorsitzende Heinz Soénius, der Parlamentarische Geschäftsführer der Landtagsfraktion, Ottmar Pohl, und Landtagspräsident Wilhelm Lenz das Wort führten, „erhebliche Probleme"[543] hatte, galten in Westfalen nach Auskunft des langjährigen Landtagsabgeordneten Albert Falke die Vorsitzenden der Bezirksverbände Ostwestfalen-Lippe und Sauer-/Siegerland, Albert Pürsten und Theodor

538 Vgl. Norbert Iserlohe: „Bruderzwist in der NRW-CDU ist beigelegt". In: „Bonner Rundschau" vom 12.7.1975; Rudolf Bauer: „In der westfälischen CDU klingt die Verstimmung ab". In: „Rheinische Post" vom 12.7.1975.

539 WINDELEN, S. 151.

540 Vgl. Gerd Goch: „Für Köppler kommt jetzt der Herbst". In: WAZ vom 17.5.1975; Bernd Kleffner: „Auch in den Reihen der CDU gibt es Zweifel über die Zukunft von Köppler". In: „Westfälische Rundschau" vom 15.5.1975.

541 Vgl. Norbert Koch: „Geht Köppler 1976 nach Bonn?". In: „Die Welt" vom 7.5.1975.

542 Zeitzeugengespräch mit Helmut Kohl (11.2.2004): „Was hätte Köppler in Bonn machen sollen? Der Anteil der Vertreter aus Nordrhein-Westfalen in Führungspositionen in Bonn war atypisch hoch: Biedenkopf, Katzer usw."

543 Erstes Zeitzeugengespräch mit Klaus Fenske (31.1.2004).

Schwefer, als die diejenigen, „die nach 1975 gegen Köppler schossen"[544]. So fällte beispielsweise Schwefer wenige Tage nach der Landtagswahl ein vernichtendes Urteil über die Wahlkampfführung der CDU. In einem vierseitigen Schreiben an Köppler beklagte er, „daß wir eine hervorragende Wahlchance nicht genutzt haben", was er auf eine „sehr mangelhafte Konzeption" zurückführte, welche „von der Aussagewirksamkeit her und von der Wählermobilisierung und Motivierung her gesehen mit Abstand nicht die Klasse der SPD-Strategie hatte".[545]

Zwar wollte der Sauerländer, der im Falle eines Wahlsieges mit dem Amt des Finanzministers hätte rechnen dürfen, die Wahlniederlage nicht an der Person von Köppler festmachen, doch war dieser als Vorsitzender des Landespräsidiums und Spitzenkandidat für die Konzeption und Durchführung der CDU-Wahlkampagne politisch verantwortlich. Berechtigt war die Kritik des Finanzexperten, daß die CDU in der Endphase des Wahlkampfs der Kampagne der SPD nichts hatte mehr entgegensetzen können. Ansonsten war sie überzogen, ja widersprach den Tatsachen. So waren eine hohe Motivation der Mitglieder und eine große Mobilisierung der Anhängerschaft das besondere Kennzeichen des CDU-Landtagswahlkampfs 1975. Die Nachfrage nach Karten für die Wahlkampferöffnungsveranstaltung in der Düsseldorfer Philipshalle Mitte April 1975 hatte bei weitem nicht erfüllt werden können. „Die Veranstaltung wird restlos überfüllt sein. Die Leute prügeln sich bereits um die Karten", konnte Köppler schon vier Wochen vor dem Veranstaltungstermin feststellen.[546]

Das Nachdenken über eine Ablösung Köpplers erfolgte in erster Linie im Hinblick auf die Spitzenkandidatur für die Landtagswahl 1980.[547] In der CDU-Landtagsfraktion saß niemand, der ihm politisch das Wasser reichen konnte. Von daher erklärt sich auch seine Wiederwahl als Fraktionsvorsitzender. Eine attraktive Alternative zu Köppler mußte von außerhalb der nordrhein-westfälischen Landespolitik kommen. Diese Alternative schien für diejenigen Kräfte in den beiden Landesverbänden, die einen Machtwechsel in Düsseldorf mit Heinrich Köppler nicht mehr für möglich hielten, CDU-Generalsekretär Kurt Biedenkopf zu sein. Der Quereinsteiger Biedenkopf hing in seiner Funktion als Generalsekretär vom Wohlwollen des Parteivorsitzenden ab und bemühte sich deshalb um den Aufbau einer eigenen Hausmacht in der CDU.[548] Aus diesem Grund hatte er bereits Kontakte zum CDU-Landesverband Westfalen-Lippe geknüpft und dabei die Chancen sondiert, den als farblos geltenden Landesvorsitzenden Heinrich Windelen abzulösen.[549] Die Möglichkeit, die sich ihm in diesem Zusammenhang mit seinem Auftritt auf dem Landesparteitag der westfälisch-lippischen CDU in Bünde im März 1976 bot, wußte Biedenkopf zu nutzen. Er hielt eine große Rede, die den Nerv der

544 Zeitzeugengespräch mit Albert Falke (20.3.2004).
545 Schreiben von Theodor Schwefer an Heinrich Köppler vom 9.5.1975, in: HStAD RW 360-543.
546 Schreiben von Heinrich Köppler an Helmut Kohl vom 11.3.1975, in: HStAD RW 360-537.
547 GERAEDTS, S.vg39.
548 WENDT, S. 74.
549 EBD., S. 72.

Parteitagsdelegierten traf. Hans Wüllenweber berichtete in der „Saarbrücker Zeitung" von „orkanartigem Beifall" für Biedenkopf[550], und Norbert Koch stellte in seinem Parteitagsbericht für die Tageszeitung „Die Welt" fest: „Die 391 Delegierten, die auf dem Landesparteitag 115.000 Mitglieder repräsentierten, überschütteten den CDU-Generalsekretär mit Ovationen."[551] Zeitzeugen wie Friedrich Vogel und Günter Rinsche sahen in dieser Rede eine Bewerbung um den Landesparteivorsitz in Westfalen-Lippe.[552]

Auffallend war der landespolitische Akzent in der Rede von Biedenkopf, der die sozial-liberale Regierung von Nordrhein-Westfalen scharf attackierte und ihr dabei vorwarf, das politische Gewicht, das dem größten und wichtigsten Bundesland innerhalb der Bundesrepublik zukomme, verspielt zu haben: „Nordrhein-Westfalen ist in besonderem Maße das Opfer der SPD/FDP-Koalition, der Koalition der Verlierer der letzten Landtagswahl geworden. Auf die Koalition der Verlierer ist eine Politik der Verlierer gefolgt. Vom ersten Tage an fehlte ihr das politische Konzept, die Zukunft dieses Landes, die Zukunft seiner Menschen, zu sichern. Von Anfang an fehlte ihr die Kraft zu führen und zu gestalten. Nordrhein-Westfalen wird nicht regiert – es wird kaum verwaltet. Nordrhein-Westfalen leidet unter der Phantasielosigkeit sozialistischer Mittelmäßigkeit; es leidet unter der Gleichgültigkeit parteipolitisch verfilzter Bürokratien; es leidet unter der Entschlußlosigkeit einer überlebten Koalition, die nicht vom Willen für die Zukunft, nicht von den Ideen ihrer Politik, nicht vom Stolz auf ihre Leistungen, sondern alleine von der Angst zusammengehalten wird, den Zugang zu den Pfründen der Macht zu verlieren."[553] Besonders scharf griff er den nordrhein-westfälischen Ministerpräsidenten Kühn an, „dessen mangelndes Interesse für dieses Land ein Übel, dessen Reiselust ein Ärgernis und dessen Faulheit sprichwörtlich" sei.[554] Biedenkopf betonte, daß Nordrhein-Westfalen eine bessere Politik und eine bessere Regierung verdiene und daß er selbst entschlossen sei, an der Gestaltung einer neuen Politik für Nordrhein-Westfalen mitzuwirken. Aufhorchen ließ er an dieser Stelle, als er von der Verpflichtung sprach, „für dieses Land da zu sein, seinem Wohl zu dienen, an welcher Stelle auch immer".[555] Für Beobachter des Parteitags meldete er damit zumindest eine Führungsrolle in der nordrhein-westfälischen Landespolitik an, wenn er nicht gar Heinrich Köppler als Nr. 1 der CDU in Nordrhein-Westfalen herausforderte.[556]

---

550 Hans Wüllenweber: „Kurt Biedenkopf setzt zum Angriff auf Heinrich Köppler an". In: „Saarbrücker Zeitung" vom 24.3.1976.

551 Norbert Koch: „In Bünde nennt Biedenkopf Kühn ‚sprichwörtlich faul'". In: „Die Welt" vom 22.3.1976.

552 Zeitzeugengespräche mit Friedrich Vogel (15.5.2004) und Günter Rinsche (12.6.2004).

553 Biedenkopf: Bünde, S. 9f.

554 Ebd., S. 10.

555 Ebd., S. 12.

556 Vgl. Wolfram Köhler: „Überraschender Angriff auf die Macht am Rhein". In: „Hannoversche Allgemeine Zeitung" vom 23.3.1976; Siegfried von Beöczy: „Ein ‚General' prescht vor". In: „Stuttgarter Nachrichten" vom 23.3.1976; Hans Wüllenweber: „Kurt Biedenkopf setzt zum Angriff auf Heinrich Köppler an". In: „Saarbrücker Zeitung" vom 24.3.1976; „Biedenkopf

Auf die Schlagzeilen über eine neue Führungsdiskussion in der CDU in Nordrhein-Westfalen reagierte Köppler verärgert. Über seinen Pressesprecher Friedhelm Geraedts ließ er mitteilen: „Die Äußerungen des Generalsekretärs werden, soweit sie sich auf Führungsfragen der nordrhein-westfälischen CDU beziehen, erheblich überbewertet."[557] In der CDU-Landtagsfraktion unterstrich er seinen Führungsanspruch.[558] Er ließ keinen Zweifel an seiner Absicht, auch bei der Landtagswahl 1980 als Spitzenkandidat der CDU in Nordrhein-Westfalen anzutreten. Und im rheinischen Landesparteivorstand forderte er unter dem Beifall der Vorstandsmitglieder, „daß alle Spekulationen [über die Führungsposition der CDU in Nordrhein-Westfalen] sofort gestoppt werden müßten"[559] – und zwar im Hinblick auf die Bundestagswahl 1976. Es müsse alles getan werden, um die zuversichtliche Stimmung in den Reihen der CDU-Mitglieder weiter zu festigen. Personalpolitische Querelen konnten diesem Ziel in keiner Weise förderlich sein.

Nach der schmerzhaften Wahlniederlage vom 4. Mai 1975 galt Köpplers ganze Aufmerksamkeit der Bundestagswahl 1976. „Eine Politik der Unwahrhaftigkeit und der arglistigen Täuschung, wie wir sie hier [in NRW im Landtagswahlkampf 1975] erlebt haben, und wie sie die Links-Koalition bereits für's nächste Jahr wieder vorprogrammiert hat, darf nicht nochmals Erfolg haben", forderte er Anfang November 1975 auf dem rheinischen Landesparteitag der CDU in Oberhausen.[560] Auf diesem Parteitag erhob der rheinische Landesparteivorsitzende die Wahlentscheidung von 1976 in den Rang einer Schicksalswahl: „Im Herbst des kommenden Jahres haben wir die Chance, aber auch die Aufgabe, das endgültige Abgleiten dieser Bundesrepublik Deutschland in den bürokratischen Sozialismus zu stoppen. Man darf sich, meine Freunde, über die von den Sozialdemokraten dargebotene, wohlklingende Formel vom ‚demokratischen Sozialismus' keiner Täuschung hingeben: dieser Sozialismus will eine andere Republik. Er will nicht mehr und nicht weniger, als den bürokratischen staatlichen Zugriff auf nahezu alle Lebensbereiche des Bürgers ausdehnen. Von der Wiege bis zur Bahre soll den Menschen vorgeschrieben und verordnet werden, was ihr Glück zu sein hat und wie viel oder wie wenig an sog. Lebensqualität dem einzelnen von staatlichen und halbstaatlichen Behördenapparaten zugeteilt wird. Selbstverwaltung wird zur Farce, der Bürger wird entmündigt. Leistungswille und Leistungsfähigkeit des einzelnen werden unter Strafe gestellt, die Resignation des Bürgers soll durch Gleichmacherei erzwungen werden. Dem Zugriff auf die Rundfunkanstalten folgt der Zugriff auf die Presse. ... Wir dürfen, meine Freunde, nicht müde werden, die geistige und politische Auseinandersetzung mit diesem Sozialismus zu führen. Wir müssen sie offensiv führen. Es genügt

---

plant neue Karriere". In: „Südwestpresse" vom 22.3.1976; „Biedenkopf als Nachfolger Köpplers?" In: „Schwäbische Zeitung" vom 22.3.1976.

557 Zitiert nach „Köpplers Sprecher reagierte auf Biedenkopf-Rede". In: „Kölnische Rundschau" vom 23.3.1976.

558 Vgl. Protokoll Sitzung CDU-Landtagsfraktion 23.3.1976, in: HStAD RW 360-385.

559 Protokoll Sitzung Landesvorstand CDU Rheinland 26.3.1976, in: HStAD RW 277-54.

560 Heinrich Köppler: „Höchste Zeit für eine neue Politik". Rede auf dem 29. Landesparteitag der CDU Rheinland am 7./8.11.1975 in Oberhausen, S. 2, in: HStAD RWV 26-2014.

nicht, so nötig das ist, den Sozialdemokraten nur ihr katastrophales Versagen in der Innen- und Außenpolitik vorzuhalten. Der sozialistischen Zukunftsvision für unser Volk müssen wir unser Konzept einer freiheitlichen Gesellschaft in sozialer Sicherheit und partnerschaftlicher Leistungsgemeinschaft entgegenstellen. Nur wenn uns der Sieg im Herbst 1976 gelingt – und er wird uns gelingen, wenn wir diese Grundsatzauseinandersetzung in den vor uns liegenden 11 Monaten führen –, werden wir auch den parlamentarischen Ablösungsmechanismus unserer Demokratie und damit die demokratische Freiheit auf Dauer bewahren können"[561] – besser konnte der Wahlslogan „Freiheit statt Sozialismus", mit dem die CDU in den Bundestagswahlkampf 1976 zog, nicht erläutert werden.

Unter besonderer Beobachtung bei der Bundestagswahl 1976 stand CDU-Generalsekretär Kurt Biedenkopf. Im Ruhrgebiet führte er einen auf seine Person abgestimmten Sonderwahlkampf.[562] Für die industrielle Kernregion der Bundesrepublik strebte er einen Stimmenanteil von mindestens 40 Prozent an. Ein gutes Ergebnis im Ruhrgebiet entschied mit darüber, ob CDU und CSU ihr Ziel einer absoluten Mehrheit und damit den Regierungswechsel erreichten. Das Wahlergebnis vom 3. Oktober 1976 war für Biedenkopf und die CDU im Ruhrgebiet „niederschmetternd"[563]. Die CDU kam lediglich auf einen Stimmenanteil von 35,0 Prozent, nur bei der Katastrophenwahl von 1972 und der ersten Bundestagswahl im Jahre 1949 hatte die Partei im Ruhrgebiet weniger Stimmen eingefahren.[564]

Das schwache Abschneiden Biedenkopfs gab Köppler innerparteilich Auftrieb. Als ihm im Herbst 1976 die Kandidatur für das Amt des Präsidenten des Zentralkomitees der deutschen Katholiken angetragen wurde, lehnte er dieses Angebot mit der Begründung ab, sich 1980 in einem dritten Anlauf als Spitzenkandidat der CDU für das Amt des nordrhein-westfälischen Ministerpräsidenten bewerben zu wollen.[565] Trotz der Entschiedenheit, mit der er hier seinen Anspruch auf die Führungsrolle in der CDU in Nordrhein-Westfalen anmeldete, kehrte keine Ruhe unter den Christdemokraten an Rhein und Ruhr ein, wie sich bereits Anfang 1977 zeigen sollte. Zunächst standen für Köppler, Biedenkopf und die CDU in Nordrhein-Westfalen aber keine landespolitischen Themen im Vordergrund, sondern die Bewältigung einer Krise im Verhältnis von CDU und CSU, die die bis dahin tiefste Krise in ihrer Zusammenarbeit seit Gründung der Bundesrepublik Deutschland darstellte.

Bei der Bundestagswahl 1976 hatten die Unionsparteien die „glanzvollste"[566] Niederlage ihrer Geschichte erhalten. Gegenüber den Wahlen von 1972 konnten sie ihren

---

561 Ebd., S. 3f.

562 Vgl. Wendt, S. 73; Geraedts, S. 42f.

563 Geraedts, S. 43.

564 Vgl. 40 Jahre Wahlen in NRW, S. 142, Tab. 93.

565 Vgl. Gerd Goch: „Köppler: Auch 1980 Spitzenkandidat". In: WAZ vom 3.11.1976; Werner Brauksiepe: „Köppler bleibt". In: „Die Glocke" vom 03.11.1976; Lothar Bewerunge: „Köppler nimmt den dritten Anlauf". In: FAZ vom 4.11.1976.

566 Wendt, S. 74.

Stimmenanteil um 3,7 Prozentpunkte steigern und erzielten mit 48,6 Prozent ihr zweitbestes Ergebnis nach der Adenauer-Wahl von 1957, die ihnen die absolute Mehrheit beschert hatte.[567] Die sechs Sitze im Bundestag, die zum Regierungswechsel fehlten, schmerzten sehr. Entsprechend groß war die Enttäuschung in den Reihen der Union. Wie schon 1972 machte der CSU-Vorsitzende Franz Josef Strauß die Schwesterpartei CDU für die Wahlniederlage verantwortlich.[568] Besonders scharf griff er in diesem Zusammenhang den gemeinsamen Kanzlerkandidaten Helmut Kohl an, den er im November 1976 vor dem Landesausschuß der Jungen Union in der Münchener „Wienerwald"-Zentrale als „total unfähig"[569] bezeichnete. Nur bei einer bundesweiten Ausdehnung der CSU und damit ihrer Etablierung als vierte Partei sah Strauß die Möglichkeit, den sozial-liberalen Regierungsblock zu sprengen.[570] Vor diesem Hintergrund ist der Beschluß zu sehen, den der CSU-Vorsitzende am 19. November 1976 auf der Klausurtagung der CSU-Landesgruppe im Bundestag in Wildbad Kreuth herbeiführte, als die Mitglieder der Landesgruppe mit 30 zu 18 Stimmen bei einer Enthaltung die Fraktionsgemeinschaft mit der CDU im Bundestag aufkündigten.[571] „FJS und seine engeren Freunde haben uns alle in eine schlimme Lage gebracht", zeigte sich Köppler entsetzt über diesen Beschluß der CSU-Bundestagsabgeordneten.[572]

Dieses Entsetzen machte ihn und die Mitglieder der CDU-Führung aber nicht handlungsunfähig. Im Gegenteil, auf seiner Sitzung am 22. November 1976 zeigte sich der CDU-Bundesvorstand entschlossen, die Entscheidung der CSU-Landesgruppe nicht hinnehmen zu wollen.[573] Der CDU-Bundesvorstand kritisierte den Beschluß von Kreuth als „eine Absage an die dreißigjährige enge Zusammenarbeit von CDU und CSU und damit [als] eine Absage an die Einheit der Union." Aus diesem Grund forderte er die CSU auf, „ihren Willen zur Aufrechterhaltung der Einheit der Union in einer satzungsmäßig verbindlichen Form zum Ausdruck zu bringen." Sollte dies nicht gelingen, sehe sich die CDU gezwungen, „auch in Bayern zu kandidieren." Um seine Entschlossenheit zu unterstreichen, beauftragte der Bundesvorstand das Parteipräsidium „vorsorglich", Vorbereitungen zur Gründung eines Landesverbandes der CDU in Bayern zu treffen – eine wirkungsvolle Drohung, wie Heinrich Köppler wußte.

Zwei Tage vor dieser Sitzung des Bundesvorstandes hatte ihm der Münchener Politikwissenschaftler Professor Heinz Laufer, ein alter Freund aus der katholischen Jugendarbeit, davon berichtet, daß auch in CSU-Kreisen „Empörung, Unverständnis, ohnmächtige Wut" über den von Strauß initiierten Trennungsbeschluß von Kreuth herrsche.[574] Laufer erklärte seine Bereitschaft, sich für einen CDU-Landesverband in

---

567 Vgl Ritter/Niehuss, S. 74f.
568 Deiss, S. 28.
569 Wortlaut der Rede in: Bickerich, S. 361.
570 Deiss, S. 28.
571 Ebd., S. 27.
572 Schreiben von Heinrich Köppler an Heinz Laufer vom 25.11.1976, in: ACDP 01-258-016/1.
573 Pressemitteilung der CDU Deutschlands vom 22.11.1976, in: ACDP 07-001-973.
574 Schreiben von Heinz Laufer an Heinrich Köppler vom 20.11.1976, in: ACDP 01-258-016/1.

Bayern „voll zu engagieren“. Was für ihn gelte, gelte für viele. „Wissenschaftler, Professoren, Geschäftsleute, Angestellte, Arbeiter, Beamte, Studenten, viele junge Leute würden sofort bei der CDU mitmachen, wenn sie hier in Bayern eine Gelegenheit dazu hätten“, konnte Laufer Köppler mitteilen. Wie das Allensbacher Institut für Demoskopie ermittelte, waren 60 Prozent der CSU-Wähler mit der Aufkündigung der Fraktionsgemeinschaft von CDU und CSU im Bundestag nicht einverstanden und 57 Prozent von ihnen befürworteten die Gründung eines CDU-Landesverbandes Bayern, sollte die CSU an ihrem Trennungsbeschluß festhalten.[575] Von den CSU-Wählern konnten sich 35 Prozent vorstellen, die CDU zu wählen, sollte sie auch in Bayern kandidieren, weitere 25 Prozent hielten dies vielleicht für möglich. Beunruhigen mußte Strauß, daß in der Auseinandersetzung mit der CDU nur 37 Prozent der CSU-Wähler auf seiner Seite standen, dafür aber 39 Prozent Helmut Kohl unterstützten.

Daß die CDU im Herbst 1976 geschlossen hinter ihrem Vorsitzenden Helmut Kohl stand, dazu leisteten Köppler und der rheinische Landesverband ihren Beitrag. Der Parteitag der CDU Rheinland in Ratingen am 27. November 1976 war der erste Parteitag, auf dem Kohl nach dem Beschluß von Kreuth öffentlich auftrat.[576] Auf dieser Veranstaltung wurde er „minutenlang stehend durch Ovationen gefeiert“, wie ein Beobachter des Parteitags feststellen konnte.[577] Ihre Solidarität mit dem Bundesparteivorsitzenden bekundete die CDU Rheinland auch und vor allem in der „Erklärung von Ratingen“, in der es u. a. hieß: „Die Union hat mit Helmut Kohl am 3. Oktober [1976] einen überzeugenden Wählerauftrag für die gesamte Bundesrepublik erhalten. Dieses Votum von 18 Millionen Bürgern verpflichtet die Union, die schleichende Entwicklung zum Sozialismus in der Bundesrepublik und in Europa zu beenden und durch eine freiheitliche Politik zu ersetzen. Diese Aufgabe wird durch die Entscheidung der CSU-Landesgruppe, die Fraktionsgemeinschaft mit der CDU aufzukündigen, erschwert. Die Auseinandersetzungen der Unionsparteien lenken nur von den Schwierigkeiten der Linkskoalition ab, die mit ihrer hauchdünnen Mehrheit unfähig ist, die politischen, wirtschaftlichen und sozialen Schwierigkeiten unseres Landes zu meistern. Ohne die Einheit von CDU und CSU wird die Schlagkraft der Union gemindert und die Gefahr einer Zersplitterung der freiheitlichen, nichtsozialistischen Kräfte in unserem Land heraufbeschworen. In dieser für die gesamte Union geschichtlich bedeutsamen Lage erklärt die CDU Rheinland ihr uneingeschränktes Vertrauen zu Helmut Kohl. ... Die CDU Rheinland richtet an die Freunde in der CSU den eindringlichen Appell, in ihren zuständigen Gremien mit allen Kräften darauf hinzuwirken, daß der Beschluß ihrer Landesgruppe rückgängig gemacht wird, und ihren Willen zur Aufrechterhaltung der Einheit der Union in einer sat-

575 Die Ergebnisse der Blitzumfrage des Instituts für Demoskopie Allensbach in Bayern nach dem Beschluß von Kreuth sind überliefert in: ACDP 07-001-974.

576 Lothar Bewerunge: „Kohl beschuldigt die CSU einer Politik der verbrannten Erde. Ovationen auf dem rheinischen Parteitag“. In: FAZ vom 29.11.1976.

577 Ebd.

zungsmäßig verbindlichen Form zum Ausdruck zu bringen. ... Die Einheit der Union darf als kostbares Erbe Konrad Adenauers nicht verspielt werden."[578]

Bereits im Vorfeld des Parteitags hatte Köppler gefordert, die Zusammenkunft der rheinischen Christdemokraten müsse „eine Demonstration für Helmut Kohl" werden.[579] Köppler war für Kohl in der Auseinandersetzung mit der CSU eine wichtige Hilfe, da er aus seiner Zeit als Bundesführer des Bundes der Deutschen Katholischen Jugend und Generalsekretär des Zentralkomitees der deutschen Katholiken auch in Bayern über ausgezeichnete Kontakte im katholischen Raum verfügte, und zwar zu angesehenen Persönlichkeiten wie dem bereits angesprochenen Politikwissenschaftler Heinz Laufer, die ihm gegenüber ihre Bereitschaft zur Gründung eines CDU-Landesverbandes Bayern erklärten.[580] Die Entschlossenheit der CDU und Widerstände innerhalb der CSU unter Mandats- und Funktionsträgern, die im Falle einer Ausdehnung der CDU auf Bayern um Macht und Einfluß fürchteten, zwangen Strauß und seine Helfer in der CSU-Landesgruppe zum Rückzug und in der Konsequenz zur Fortsetzung der Fraktionsgemeinschaft von CDU und CSU auch in der 8. Wahlperiode des Deutschen Bundestages 1976 bis 1980.[581]

Auch wenn Strauß den Beschluß zur Aufhebung der Fraktionsgemeinschaft nicht durchsetzen konnte, sollte nach Ansicht von Matthias Deiß nicht von einer eindeutigen Niederlage des CSU-Vorsitzenden gesprochen werden, schließlich habe er in den Verhandlungen über die Erneuerung der Fraktionsgemeinschaft der CDU Zugeständnisse abtrotzen können, die die Position der CSU als eigenständige, gleichberechtigte Kraft in der gemeinsamen Bundestagsfraktion stärkten.[582] So entschieden CDU und CSU in einer paritätisch besetzten Kommission über die gemeinsame Oppositionsstrategie; auch durfte die CSU im Bundestag in grundsätzlichen Fragen einen Standpunkt vertreten, der von der Mehrheit der Fraktion nicht geteilt wurde.[583]

Die heftigen Auseinandersetzungen um den gemeinsamen Kanzlerkandidaten der Unionsparteien für die Bundestagswahl 1980, die im Frühjahr/Sommer 1979 ausgetragen wurden, belegen die These von Matthias Deiß, daß der Frieden nach der Rückkehr der CSU in die gemeinsame Bundestagsfraktion nur „ein oberflächlicher Frieden" war, „der die politischen Differenzen zwischen den Parteien sowie die persönlichen Differenzen zwischen Kohl und Strauß nur überdeckte".[584]

Nicht überdeckt werden konnte Köpplers schwierige Lage in der Landes- und Bundespolitik in der zweiten Hälfte der 1970er Jahre. In Kurt Biedenkopf erwuchs Köppler ein ernsthafter Konkurrent um die Führungsposition der CDU in Nordrhein-Westfalen.

578 Aus der Niederschrift über den 30. Landesparteitag der CDU Rheinland am 27.11.1976 in Ratingen, in: HStAD RWV 26-2025.

579 Protokoll Sitzung CDU-Landtagsfraktion 23.11.1976, in: HStAD RW 360-388.

580 Vgl. Geraedts, S. 43f.; Zeitzeugengespräch mit Friedhelm Geraedts (19.11.2003) und erstes Zeitzeugengespräch mit Klaus Fenske (31.1.2004).

581 Vgl. Kleinmann, S. 402f.; Deiss, S. 29f.

582 Vgl. Deiss, S. 30.

583 Ebd., S. 29.

584 Ebd., S. 31.

Im Januar 1977 erklärte Biedenkopf überraschend seinen Verzicht auf eine zweite Amtszeit als Generalsekretär der CDU Deutschlands. Von diesem Schritt wurde nicht zuletzt der CDU-Vorsitzende Helmut Kohl überrascht, der Biedenkopf auf dem CDU-Bundesparteitag in Düsseldorf im März 1977 erneut für das Amt des Generalsekretärs vorschlagen wollte.[585] Auch Köppler wurde von dieser Ankündigung überrascht. Noch im November 1976 hatte er vor der CDU-Landtagsfraktion Presseberichte über einen Wechsel im Amt des Generalsekretärs als „eine reine Spekulation" abgetan und erklärt, Biedenkopf werde von Kohl auf dem Bundesparteitag in Düsseldorf wieder für das Amt des Generalsekretärs vorgeschlagen.[586] Auf die Ankündigung Biedenkopfs reagierte Köppler auf einer Klausurtagung der CDU Rheinland im oberbergischen Morsbach am 21./22. Januar 1977 mit der Erklärung, „daß er seinen derzeitigen Führungsauftrag uneingeschränkt erfüllen werde und auch über 1980 hinaus für NRW zur Verfügung stehe, wenn die Partei dies wolle".[587] Daß der scheidende CDU-Generalsekretär Köppler als Führer der CDU in Nordrhein-Westfalen ablösen wollte, stand für das Nachrichtenmagazin „Der Spiegel" außer Frage. In seiner Ausgabe vom 24. Januar 1977 berichtete es von einem bestimmten „Plan des Professors", der wie folgt aussah: „Übernahme des Vorsitzes im CDU-Landesverband Westfalen-Lippe, dann Ablösung des glücklosen Heinrich Köppler als Spitzenkandidat für die nächste Landtagswahl. Falls es ihm gelinge, die Union im wichtigsten Bundesland wieder an die Regierung zu bringen, dann, so Biedenkopfs Kalkül, habe er eine solide Chance, auch in Bonn Spitzenkandidat der Union zu werden."[588]

Am 11. Februar 1977 gab Kurt Biedenkopf im Landesvorstand der CDU Westfalen-Lippe seine Kandidatur für den Vorsitz dieses Landesverbandes bekannt.[589] Sein Blick reichte über den Vorsitz des zweitgrößten CDU-Landesverbandes hinaus. Er strebte die Führung der CDU in Nordrhein-Westfalen an. Wie er in der Landesvorstandssitzung ausführte, war Köppler für ihn nur bis zur Landtagswahl 1980 unumstrittener Ministerpräsidentenkandidat der CDU. Wegen der Mandatsgebundenheit des nordrhein-westfälischen Ministerpräsidenten konnte sich Biedenkopf, der nicht Mitglied des Landtags war, frühestens mit der Landtagswahl von 1980 um das Amt des Regierungschefs in Düsseldorf bewerben.[590] Da der amtierende Landesvorsitzende Heinrich Windelen erkannt hatte, daß er im Landesverband über keine Mehrheit mehr verfügte, verzichtete er in der Landesvorstandssitzung vom 11. Februar 1977 auf eine erneute Kandidatur für den Landesvorsitz. Damit war der Weg frei für Kurt Biedenkopf, der Anfang Juli 1977 auf dem Landesparteitag der CDU Westfalen-Lippe mit 333 Stimmen bei 45 Gegen-

585 Vgl. KOHL, S. 445f.

586 Vgl. Protokoll Sitzung CDU-Landtagsfraktion 9.11.1976, in: HStAD RW 360-388.

587 Niederschrift über die Klausurtagung des Landesvorstands der CDU Rheinland am 21./22.1.1977 in Morsbach-Lichtenberg, in: HStAD RW 277-54.

588 „Union: Wie lange noch mit Helmut Kohl?" In: „Der Spiegel" vom 24.1.1977.

589 Vgl. Protokoll Sitzung Landesvorstand CDU Westfalen-Lippe 11.2.1977, in: ACDP 03-002-759.

590 Zur Frage der Mandatsgebundenheit des NRW-Ministerpräsidenten vgl. MARX: Meyers, S. 177, Anm. 2.

stimmen und 18 Enthaltungen zum neuen Landesvorsitzenden gewählt wurde.[591] Als Vorsitzender dieses großen CDU-Landesverbandes verfügte er über „ein eigenes politisches Glacis, auf dem er relativ unabhängig und von einer Anhängerschaft gestützt agieren konnte".[592]

Eine erste Niederlage gegen seinen neuen innerparteilichen Herausforderer hatte Köppler bereits im März 1977 auf dem CDU-Bundesparteitag in Düsseldorf erlitten. Bei der Wahl der sieben stellvertretenden Bundesparteivorsitzenden erzielte Biedenkopf mit 602 von 826 abgegebenen gültigen Stimmen nach der rheinland-pfälzischen Kultusministerin Hanna-Renate Laurien und dem schleswig-holsteinischen Ministerpräsidenten Gerhard Stoltenberg das drittbeste Ergebnis, während Köppler bei seiner Wiederwahl zu einem der Stellvertreter Helmut Kohls mit 512 Stimmen das schlechteste Ergebnis aller sieben Kandidaten erhielt.[593] In einem Bericht über den Bundesparteitag zitierte der „Kölner Stadt-Anzeiger" einen nicht namentlich genannten nordrhein-westfälischen Landtagsabgeordneten, für den mit dieser Wahl nach den Mutmaßungen, Biedenkopf werde Köppler 1980 als Spitzenkandidat für das Amt des nordrhein-westfälischen Ministerpräsidenten ablösen, „die zweite Etappe der Demontage Köpplers auf Raten" eingeläutet worden war.[594]

Köppler befand sich in schwerem Fahrwasser. Im Verlauf des Jahres 1977 spitzte sich für ihn die Lage weiter zu. In der CDU-Landtagsfraktion rumorte es. Auf einer Klausurtagung des Fraktionsvorstandes im September 1977 wurde der Führungsstil Köpplers offen kritisiert.[595] So monierte Bernhard Worms den Arbeitsstil der Fraktion. Der Bericht des Vorsitzenden werde nicht zur Kenntnis genommen, dasselbe gelte für die Berichte der Arbeitskreise und Projektgruppen. Die Fraktionssitzungen sollten rationeller gestaltet werden. „Weniger Fraktionssitzungen, weniger Arbeitsberichte, dafür Dinge in der Fraktion behandeln, die einer Fraktionsentscheidung bedürfen", lautete die Forderung des Pulheimer Abgeordneten. Worms stand mit seiner Kritik nicht alleine da. Kritische Töne waren auch von dem stellvertretenden Fraktionsvorsitzenden Christoph Schulze-Stapen und dem Bochumer Abgeordneten Wolfgang Brüggemann zu hören, die für die Vorstandsklausur Thesenpapiere erarbeitet hatten. Schulze-Stapen forderte, künftig auf die Freundlichkeiten nach allen Seiten zu verzichten, eine für unrichtig erkannte Position rechtzeitig aufzugeben und auch politische Irrtümer offen einzugestehen.[596] Was davon auf Köppler gemünzt war, schrieb er nicht.

Schulze-Stapen wollte aber die politischen Gegner, also SPD und FDP, künftig differenzierter behandelt sehen, „weil bei den beiden Koalitionsfraktionen die Scheidelinie zwischen Systemveränderern und Anhängern unseres Staates und seiner Ordnung mit-

591 Wendt, S. 76.

592 Ebd.

593 Vgl. 25. CDU-Bundesparteitag, S. 341f.

594 „Demontage Köpplers auf Raten". In: „Kölner Stadt-Anzeiger" vom 9.3.1977.

595 Vgl. Protokoll Vorstandsklausur CDU-Landtagsfraktion 13./14.9.1977, in: HStAD RW 360-429.

596 Vgl. Christoph Schulze-Stapen: „Strategie-Diskussion und künftige Arbeit der CDU-Landtagsfraktion", S. 1f., in: ACDP 01-258-021/1.

ten durch beide Parteien und Fraktionen verläuft".[597] Wichtiger schien, was er der Düsseldorfer Opposition und ihrer Führung in Erinnerung rief: „Keiner siegt für sich allein."[598] Die Öffentlichkeitsarbeit müsse eine breite Darstellung aller Vorschläge, Initiativen und Aktivitäten der Fraktion darstellen „einschließlich der in ihr und für sie handelnden Personen".[599] Das konnte als Vorwurf verstanden werden, Köpplers routinierte wöchentliche Pressekonferenzen erzeugten keine Wirkung im Lande mehr, und Initiativen der Opposition würden kaum noch systematisch vorgestellt. In die gleiche Richtung zielte die Kritik Brüggemanns. „Das Potential an Sachverstand", schrieb er, „kann nicht allein durch den Fraktionsvorsitzenden in der Öffentlichkeit dargestellt werden."[600] So setze sich Köppler einem Abnutzungseffekt aus, möglicherweise gar nicht bedenkend, daß die Öffentlichkeit wie von der Regierung, so auch von der Opposition ein durch mehrere agierende Politiker darzustellendes Vergleichs- und Identifikationsangebot erwarte.[601] Brüggemann vermißte unter Köpplers Führung, daß Konflikte immer nur als Anzeichen einer Störung und nicht auch als Ausweis politischer Vitalität verstanden würden. „Es gereichte unserer Fraktion nicht zum Schaden, wenn mit schärferen Konturen gedacht und diskutiert würde", meinte der hochschulpolitische Sprecher der Fraktion deshalb auch.[602]

Angesichts der Herausforderung durch Biedenkopf, des offensichtlichen Ansehensverlustes in der Partei, wie das schwache Ergebnis bei seiner Wiederwahl zum stellvertretenden CDU-Vorsitzenden zeigte, und der Kritik an seinem Führungsstil als Fraktionsvorsitzender suchte Köppler den politischen Befreiungsschlag und ging dabei „ein verdammt hohes Risiko"[603] ein, als er sich für die Durchführung eines Volksbegehrens gegen die Einführung der Kooperativen Schule aussprach.

6. Köppler, Biedenkopf und der Kampf um die Führung der CDU in Nordrhein-Westfalen

Die Einführung der Kooperativen Schule in Nordrhein-Westfalen war ein zentrales bildungspolitisches Anliegen von SPD und FDP in der 8. Wahlperiode des Landtags. Im Koalitionsvertrag vom Mai 1975 hieß es: „Zur Verbesserung der Chancengleichheit und Durchlässigkeit im Schulwesen werden Inhalte und Ausleseverfahren der Schuljahre 5 und 6 einander angenähert, um die Auslese der Schüler aus dem 10. in das 12. Lebensjahr zu verlagern. Die für Gymnasium und Realschule geltenden Erprobungsstufenerlasse werden auch auf die Hauptschule ausgedehnt. Die Lehrpläne für die Orientierungsstufe werden so überarbeitet, daß sie vom Schuljahr 1976/77 an für alle 5. und

597 Ebd., S. 4.
598 Ebd., S. 6.
599 Ebd., S. 7.
600 Wolfgang Brüggemann: „CDU-Landtagsfraktion: Weder Resignation noch Illusion (Anmerkungen zur Halbzeit)", S. 5, in: ACDP 01-258-021/1.
601 Ebd.
602 Ebd., S. 2f.
603 Zeitzeugengespräch mit Gerd Ozimek (18.11.2003).

6. Schuljahre gelten. In Schulzentren werden die schulformunabhängige Orientierungsstufe und die drei weiterführenden Schulen in der kooperativen Schule mit einer nach Möglichkeit kollegialen Schulleitung zusammengefaßt."[604]

Am 10. November 1976 legten die schulpolitischen Sprecher von SPD und FDP, Hans Schwier und Jürgen Hinrichs, einen entsprechenden Gesetzentwurf der beiden Koalitionsfraktionen vor.[605] Der Gesetzentwurf sah vor, daß Schulen der Sekundarstufe I zu einer Kooperativen Schule zusammengefaßt werden konnten, wenn die personellen, räumlichen und schulorganisatorischen Voraussetzungen gegeben waren. Dazu gehörte, daß die Kooperative Schule mindestens vierzügig gegliedert war (vier Parallelklassen) und alle Abschlüsse der Sekundarstufe I ermöglichte. Das neue Zentrum sollte die Orientierungsstufe und in der Regel je eine Abteilung Hauptschule, Realschule und Gymnasium beherbergen. Die Abteilungen, so sah es der Gesetzentwurf vor, arbeiteten „schulfachlich zusammen", um die Mannigfaltigkeit des Bildungsangebots zu wahren und sowohl die Durchlässigkeit als auch die unterschiedlichen Abschlüsse zu sichern.

Wie die schulpolitischen Sprecher der Koalitionsfraktionen in einer Pressekonferenz erklärten, werde es durch die Zusammenfassung des Bildungsangebots der verschiedenen Schulformen möglich, die Kinder entsprechend ihren Begabungen und Neigungen besser zu fördern.[606] Zugleich würden die Eltern von der Qual der Wahl befreit, sich für ihre Kinder zu früh und ohne ausreichende Grundlage für eine bestimmte Schule entscheiden zu müssen. Deshalb sei der Bildungsweg durch die schulformunabhängige Orientierungsstufe der einzig richtige. Wie Schwier und Hinrichs weiter ausführten, stärke die organisatorische Zusammenfassung die Verwaltungskraft der Schule, fördere eine optimale Nutzung der Gebäude und Einrichtungen und ermögliche eine langfristige Planung von Schulanlagen durch die Gemeinden als Schulträger. Diese pädagogischen und organisatorischen Vorteile bedeuteten zugleich erhebliche finanzielle Einsparungen – nicht zuletzt durch eine Optimierung des Lehrereinsatzes. In der Kooperativen Schule sollten nämlich die Lehrkräfte nicht mehr nur in ihrer Abteilung – der bisherigen Schulform –, sondern als Stufenlehrer in allen Abteilungen eingesetzt werden.

Obwohl die Einführung der Kooperativen Schule im Koalitionsvertrag zum Regierungsziel erklärt worden war, erfolgte die Vorlage eines entsprechenden Gesetzentwurfs durch die beiden Regierungsfraktionen gegen den erklärten Willen des Ministerpräsidenten. Wie Kühn in seinen Memoiren schreibt, habe er dem Gesetzentwurf von Anfang an „mit Reserve" gegenübergestanden, „nicht weil ich die pädagogischen und gesellschaftspolitischen Absichten mißbilligt hätte, wohl aber weil ich die Mobilisierungskraft vorausahnte, die die gesamte konservative Bildungspolitik weit über die CDU hinaus gegen uns auf den Plan rufen konnte".[607] Daß auch die Koalitionsfraktionen mit Widerstand gegen ihre Pläne rechneten, zeigte sich darin, daß sie den Gesetz-

604 „Koalitionsvereinbarung für die 8. Legislaturperiode des Landtags Nordrhein-Westfalen", S. 8f., in: HStAD RW 350-2485.

605 Vgl. LT NRW. 8. Wahlperiode. Drucksache Nr. 1470.

606 Vgl. Peter Bauermeister: „Die Schule wird wieder reformiert". In: „Rheinische Post" vom 11.11.1976.

607 KÜHN, S. 353.

entwurf erst nach der Bundestagswahl von 1976 vorlegten, so daß die Kooperative Schule in Nordrhein-Westfalen erst mit Beginn des Schuljahres 1977/78 eingeführt werden konnte und damit nicht schon vom Schuljahr 1976/77 an, wie es der Koalitionsvertrag vorgesehen hatte.

Bereits die ersten Stellungnahmen zu den bildungspolitischen Plänen von SPD und FDP ließen massiven Widerstand seitens der CDU-Opposition sowie der Eltern- und Lehrerverbände erwarten. Der stellvertretende Vorsitzende der CDU-Fraktion, Albert Pürsten, bezeichnete den Gesetzentwurf als einen „Anschlag auf unser gegliedertes Schulwesen, eine Verletzung der Landesverfassung (Artikel 10) sowie einen Verstoß gegen das Hamburger Abkommen von 1964 über die Vereinheitlichung des Schulwesens in der Bundesrepublik“.[608] Es laufe alles darauf hinaus, daß Eltern den Bildungsweg ihrer Kinder nicht mehr selbst wählen könnten, während der Staat einen immer größeren Zugriff erhalte. „Eine Bankrotterklärung und Selbstentmachtung des Landtags“ nannte der Präsident des Deutschen Lehrerverbandes, Clemens Christians, die Absicht von SPD und FDP, die Entscheidung über die Einrichtung einer Kooperativen Schule den Schulträgern zu überlassen. Daß die Bezeichnung „integrierte Gesamtschule“ nicht benutzt werde, sah Christians als ein Zeichen dafür, daß man sich scheue, die Diskussion im Land offen zu führen. „Hier soll alles verschleiert, und alle sollen getäuscht werden“, war er überzeugt. Eine Realisierung des Plans werde zu einem völligen Durcheinander an den Schulen führen. Der Deutschen Philologenverband wollte den Plänen von SPD und FDP in Nordrhein-Westfalen „mit aller Entschiedenheit entgegentreten“.[609] Es handele sich um den erneuten Versuch zur „Einführung der Gesamtschule auf Schleichwegen“ sowie einen Anschlag auf Lehrer, Schüler und Eltern des Gymnasiums. Auch die Landeselternschaft der Gymnasien sah in der Kooperativen Schule nichts anderes als einen Vorläufer der integrierten Gesamtschule – zu Recht, wie die 1. Lesung des Gesetzentwurfs im Landtag zeigte, in der Kultusminister Jürgen Girgensohn in aller Offenheit erklärte: „Ich glaube, daß die Kooperative Schule ein Zwischenstadium zur integrierten Gesamtschule sein wird und von diesem Glauben lasse ich mich auch nicht abhalten.“[610] Dagegen hatte der Verband Bildung und Erziehung wohl keine Einwände, der den Gesetzentwurf im Grundsatz begrüßte, aber davor warnte, die Entscheidung den Schulträgern zu überlassen und die Orientierungsstufe überstürzt einzuführen. Die verschiedenen Stellungnahmen zu der geplanten Einführung der Kooperativen Schule in Nordrhein-Westfalen belegten, „daß es unter den Lehrer- und Elternverbänden keine einzige Organisation gab, die sich voll und ganz mit dem Reformplan identifizierte“.[611]

Einen ersten Höhepunkt erreichten die Proteste gegen die bildungspolitischen Pläne der Koalitionsfraktionen im Februar 1977, als an einer von Lehrer- und Elternverbän-

608 Peter Bauermeister: „Die Schule wird wieder reformiert“. In: „Rheinische Post“ vom 11.11.1976; auch folgende Zitate.
609 Zitiert nach ebd.
610 LT NRW. 8. Wahlperiode. 34. Sitzung am 25.11.1976, S. 1826.
611 Weinforth, S. 514.

den in der Essener Grugahalle durchgeführten Veranstaltung mehr als 24.500 Bürger teilnahmen.[612] Lediglich 10.000 Teilnehmer der Protestveranstaltung konnten in der Halle selbst Platz finden, die Mehrheit harrte in der winterlichen Kälte vor der Halle aus. Wenn auch in dieser Größenordnung ohne Beispiel – aber nicht nur in Essen artikulierte sich der Protest gegen die Kooperative Schule: Landesweit fanden Versammlungen statt, die sich eines Zulaufs erfreuten, mit dem selbst die Veranstalter nicht gerechnet hatten.[613]

Die massiven Proteste gegen die Einführung der Kooperativen Schule beeindruckten Ministerpräsident Heinz Kühn nachhaltig. In einem Gespräch mit der „Rheinischen Post" warnte er davor, in Erziehungsfragen „den Eltern Lösungen aufzuzwingen".[614] Die von den Koalitionsfraktionen geplante Einführung der Kooperativen Schule konnte seiner Auffassung nach nur bei „optimaler Übereinstimmung" aller Beteiligten und nur „behutsam" erfolgen. Er hoffte, daß die Anhänger dieser Schulform „ihre Meinung popularisieren" konnten. Kühn selbst zeigte sich „offen für jedes Argument". Er wollte nicht ausschließen, daß sich während der Beratungen im Landtag Meinungsveränderungen in dieser Frage ergeben konnten. Davon wollten in der SPD-Landtagsfraktion vor allem die Bildungspolitiker nichts wissen. Sie drängten auf eine zügige Verabschiedung des Gesetzentwurfs im Landtag, denn „es werde sich erweisen, daß dann die Kampagne gegen die kooperative Schule schnell zu Ende gehe", waren die Abgeordneten Reinhard Grätz, Anke Brunn und Manfred Dammeyer Mitte Februar 1977 überzeugt.[615] Auch in der FDP-Fraktion wurde die Stimmung in der Bevölkerung völlig falsch eingeschätzt. Rückblickend gesteht Wolfgang Heinz, der seinerzeit vehement für die Einführung der Kooperativen Schule geworben hatte, ein, daß es in der FDP-Fraktion „eine Fehleinschätzung des Mobilisierungsgrades und der Mehrheitsstimmung in der Bevölkerung" gegeben habe.[616] Es wurde damals die Meinung vertreten, „daß ein Großteil der Protestwelle gegen den Gesetzentwurf auf Unkenntnis beruhe und von oppositionsfreundlichen Verbänden initiiert werde".[617] Daher glaubte man, den Widerstand in der Bevölkerung durch eine breit angelegte Informationskampagne überwinden zu können. Der FDP-Landesvorsitzende, Wirtschaftsminister Horst-Ludwig Riemer, wußte es besser. Aus zahlreichen Zuschriften kannte er die Einstellung der Parteibasis zur geplanten Einführung der Kooperativen Schule. „Ich erhalte in den letzten Tagen Besuche, Anrufe und Briefe mit der Aufforderung, in Düsseldorf gegen die Kooperative Schule zu intervenieren", schrieb ihm beispielsweise Eckhard Schleifenbaum Anfang Februar 1977.[618] Der Vorsitzende des FDP-Kreisverbandes Siegerland-Witt-

612 Köhler, S. 44.
613 Ebd.
614 Helmut Breuer: „Kühn: Den Eltern nichts aufzwingen". In: „Rheinische Post" vom 8.2.1977.
615 Protokoll Sitzung SPD-Landtagsfraktion 15.2.1977, in: HStAD RW 350-5.
616 Zeitzeugengespräch mit Wolfgang Heinz (19.11.2004).
617 Protokoll Sitzung FDP-Landtagsfraktion 21.1.1977, in: HStAD RW 357-2063.
618 Telegramm von Eckhard Schleifenbaum an Horst-Ludwig Riemer vom 9.2.1977, in: ADL Bestand FDP-Landesverband NRW Nr. 27105 (1).

genstein hatte nicht den Eindruck, daß es sich um „CDU-gesteuerte Aktionen" handelte, auch nicht um Verbandsfunktionäre. Vielmehr hätten sich besorgte Eltern, Gymnasiallehrer und Schulpflegschaftsvorsitzende zu Wort gemeldet, die „Sozialisierung, Herunternivellierung und Gleichmacherei" fürchteten und deshalb auch „ungläubig" fragten, warum die FDP dort mitmache. Schleifenbaum warnte seinen Landesvorsitzenden vor einem „schnellwachsenden Widerstand". In Kenntnis der Stimmung an der Basis äußerte Riemer öffentlich Bedenken gegen den Gesetzentwurf zur Einführung der Kooperativen Schule.[619] Dies sorgte in der nordrhein-westfälischen FDP für erheblichen Streit und führte zu einer Sondersitzung von Landesvorstand und Landtagsfraktion, in der Riemer einlenkte.[620] Die FDP-Führung befürwortete den Gesetzentwurf der Koalitionsfraktionen. Landesvorstand und Landtagsfraktion stellten fest, daß die Kooperative Schule der Forderung der Freien Demokraten nach Förderung individueller Fähigkeiten, Neigungen und Leistungen" entspreche.[621]

Trotz dieses Beschlusses befand sich das sozial-liberale Regierungsschiff in schwerem Fahrwasser. Ende Februar 1977 wurden Planspiele der Opposition bekannt, wonach die CDU-Führung in Nordrhein-Westfalen ernsthaft die Möglichkeit prüfte, diese von der SPD/FDP-Koalition betriebene Schulreform durch ein Volksbegehren zu Fall zu bringen.[622] Treibende Kraft war Heinrich Köppler, der frühzeitig erkannt hatte, daß dieser Schulstreit eine Chance bot, der sozial-liberalen Koalitionsregierung auf einem zentralen landespolitischen Feld eine schwere Niederlage beizufügen und dadurch gleichzeitig seine eigene, nach der Landtagswahl von 1975 nicht mehr unumstrittene Position zu stabilisieren. Nach seiner Überzeugung durfte die CDU aber nicht selbst initiativ werden.[623] Für den Fall, daß sie es täte, würden manche Gegner der Kooperativen Schule abgeschreckt. Es dürfe also nicht der Eindruck entstehen, daß die Gegner dieser geplanten Schulreform im parteipolitischen Interesse der CDU handelten. Aus diesem Grund sollte ein Volksbegehren von einer Bürgerinitiative durchgeführt werden, getragen von Elternverbänden, Lehrern, Schulpflegschaften u. a. Die CDU sollte nach den Vorstellungen Köpplers ein solches Volksbegehren organisatorisch begleiten und damit einer Bürgerinitiative gegen die Kooperative Schule die Unterstützung eines mächtigen Parteiapparats offerieren, die der „Aktion Bürgerwille" in der Auseinandersetzung um die kommunale Neuordnung des Ruhrgebiets gefehlt hatte.

---

619 „Riemer: FDP-Fraktion von Partei isoliert". In: „Rheinische Post" vom 4.2.1977.

620 Klaus Simson: „FDP legt Streit über kooperative Schule bei". In: „Kölnische Rundschau" vom 12.2.1977.

621 Aus dem Beschluß des Landesvorstandes und der Landtagsfraktion der FDP in NRW nach einer gemeinsamen Sitzung am 10.2.1977, in: ADL Bestand FDP-Landesverband NRW Nr. 27105 (1).

622 Vgl. Lothar Bewerunge: „Ein Volksbegehren gegen die Düsseldorfer Schulpläne?" In: FAZ vom 25.2.1977.

623 Vgl. Protokoll Sitzung CDU-Landtagsfraktion 1.3.1977, in: HStAD RW 360-390; Protokoll Sitzung CDU-Landtagsfraktion 27.6.1977, in: HStAD RW 360-392.

In der Sitzung des Landespräsidiums am 7. Juli 1977 faßte die CDU-Führung in Nordrhein-Westfalen einen entsprechenden Beschluß.[624] Sollten SPD und FDP an ihren Plänen zur Einführung der Kooperativen Schule festhalten, würde die CDU in Nordrhein-Westfalen ein von den Bürgern und ihren Verbänden getragenes Volksbegehren unterstützen. Zur Vorbereitung der Unterstützung eines Volksbegehrens leitete das Landespräsidium organisatorische Schritte ein, für die maßgeblich der stellvertretende Fraktionsvorsitzende Albert Pürsten verantwortlich zeichnete. Pürsten, der nicht zum Lager der Köppler-Freunde zählte, erwies sich in der wichtigsten landespolitischen Frage der 8. Wahlperiode als absolut loyal gegenüber dem Oppositionsführer. Die organisatorischen Vorbereitungen waren bereits abgeschlossen, als sich am 1. September 1977 in Düsseldorf eine von verschiedenen Eltern- und Lehrerverbänden gegründete „Bürgeraktion Volksbegehren gegen die Kooperative Schule" konstituierte.[625] In dieser Bürgerinitiative fand sich „eine bunte Opposition"[626] gegen die Kooperative Schule zusammen, nicht „ausnahmslos konservative Eltern- und Lehrer-Organisationen", wie das Nachrichtenmagazin „Der Spiegel" meinte.[627] Mit Grete Schneider, die vor ihrer Pensionierung Leiterin des Schulkollegiums in Münster gewesen war, stand als 1. Vorsitzende eine Frau an der Spitze der Bürgerinitiative, die politisch links einzuordnen war.[628]

Die endgültige Entscheidung über die Einleitung eines Volksbegehrens fiel in der Sitzung des nordrhein-westfälischen Landtags am 26. Oktober 1977. Auf der Tagesordnung stand die dritte und damit abschließende Lesung der Gesetzesinitiative der beiden Regierungsparteien zur landesweiten Einführung der Kooperativen Schule. Noch einmal prallten die unterschiedlichen Standpunkte in der Debatte aufeinander.[629] Zum Auftakt der mehrstündigen und teilweise heftigen Aussprache appellierte Köppler an die Koalitionsparteien, den aus Sicht der Opposition mißratenen Gesetzentwurf zurückzuziehen und nicht „gegen den Widerstand nahezu aller am Schulleben Beteiligter durchpeitschen zu wollen".[630] Der Oppositionsführer formulierte noch einmal schwere Bedenken gegen die Einführung der Kooperativen Schule in Nordrhein-Westfalen. Er wies auf die seiner Ansicht nach schlechten Erfahrungen mit der Orientierungsstufe in anderen Bundesländern hin. In Hessen seien die negativen Auswirkungen so groß, „daß

624 Vgl. Protokoll Sitzung Präsidium der CDU in NRW 7.7.1977, in: HStAD RW 277-39.

625 Zur Struktur dieser Bürgerinitiative und ihren handelnden Personen vgl. KÖHLER, S. 57–82.

626 Zeitzeugengespräch mit Johannes Rau (2.4.2004).

627 „Über den Berg". In: „Der Spiegel" vom 20.2.1978.

628 Zeitzeugengespräch mit Johannes Rau (2.4.2004): „Das Problem in der Auseinandersetzung um die Kooperative Schule bestand darin, daß sich die Freunde und Gegner nicht mehr wie früher identifizieren ließen. Bestes Beispiel hierfür ist Grete Schneider aus Wuppertal. In Wuppertal hieß sie die 'rote Grete´. Sie galt als ganz links außen, sie galt als jemand, der DFU wählte. Philologenverband plus links außen – diese Verbindung innerhalb der Bürgerinitiative bereitete uns Schwierigkeiten, sich mit unseren Gegnern in der Debatte über die Kooperative Schule auseinanderzusetzen."

629 Zum Verlauf der Landtagsdebatte vgl. LT NRW. 8. Wahlperiode. 57. Sitzung am 26.10.1977, S. 3240–3284.

630 Ebd., S. 3243.

Eltern bis zum Bundesverfassungsgericht gingen".[631] Köppler, nach dessen Meinung der Gesetzentwurf „eine weitere Weiche in ein kollektivistisches Bildungssystem stellte",[632] kündigte an, daß seine Partei mit allen Mitteln das von den Bürgern angestrebte Volksbegehren zur Verhinderung der Kooperativen Schule in Nordrhein-Westfalen unterstützen werde. Die Sprecher der Regierungsfraktionen hielten erwartungsgemäß an ihrem Gesetzentwurf fest. Der Vorsitzende der SPD-Landtagsfraktion, Dieter Haak, verteidigte die Kooperative Schule als Angebot zu mehr Chancengleichheit. Die Orientierungsstufe mache für die Schüler die Wahl der weiterführenden Schulform sicherer, sagte Haak, der insbesondere die seiner Meinung nach stark ausgestalteten Mitwirkungsrechte der Eltern hervorhob. Haak betonte, „daß wir mit unserem Gesetzentwurf die Rechte der Eltern verstärken und so stark ausgestalten, wie dies noch nie in einem Schulgesetz der Fall gewesen ist".[633]

Der Düsseldorfer Landtag beschloß schließlich mit 104 Stimmen der Koalitionsabgeordneten in namentlicher Abstimmung gegen die 95 Stimmen der CDU-Opposition das umstrittene Gesetz zur Einführung der Kooperativen Schule in Nordrhein-Westfalen.[634] Die Einleitung eines Volksbegehrens gemäß Artikel 68 der Landesverfassung stand damit fest. Ebenso wie der Vorsitzende der FDP-Fraktion im Landtag, Hans Koch, der davon überzeugt war, daß ein Volksbegehren „keinen Erfolg"[635] haben werde, sahen Haak und seine Fraktionskollegen der Ankündigung der CDU-Opposition, die Bürgerinitiative gegen die Einführung der Kooperativen Schule nachhaltig zu unterstützen, sehr gelassen entgegen, weil sie ein Volksbegehren für „aussichtslos"[636] hielten. Was die Regierungsparteien trotz des erkennbar großen Widerstandes in der Bevölkerung gegen die Kooperative Schule zuversichtlich stimmte, war die Tatsache, daß die Hürde, die es zur erfolgreichen Durchführung eines Volksbegehrens zu überwinden galt, hoch war. Für ein erfolgreiches Volksbegehren mußten sich mindestens 20 Prozent der wahlberechtigten Bevölkerung, ca. 2,4 Millionen Bürger Nordrhein-Westfalens, in öffentlich ausliegende Listen eintragen. Köppler war sich des persönlichen Risikos bewußt, das er mit seiner Zustimmung zur Einleitung eines Volksbegehrens gegen die Kooperative Schule einging.[637] Ihm war klar, daß ein Scheitern des Volksbegehrens für ihn „der Anfang vom Ende seiner politischen Karriere"[638] in Nordrhein-Westfalen bedeuten würde.

Um das hohe Stimmenquorum für ein erfolgreiches Volksbegehren zu erfüllen, hielt es Köppler für unbedingt notwendig, daß die CDU in Nordrhein-Westfalen neben der Unterstützung des Volksbegehrens der Bürgerinitiative eine eigene Kampagne durchführte, die sich nicht nur auf die Thematik der Kooperativen Schule beschränken durfte,

631 Ebd., S. 3244.
632 Ebd., S. 3246.
633 Ebd., S. 3252.
634 Ebd., S. 3284.
635 Ebd., S. 3264f.
636 Ebd., S. 3256.
637 Vgl. Protokoll Sitzung CDU-Landtagsfraktion 27.6.1977, in: HStAD RW 360-392.
638 Köhler, S. 86f.

sondern „ein mit deutlicher Sprache geführter Generalangriff gegen die sozialistische Bildungspolitik“ sein mußte.[639] Er glaubte, daß das Volksbegehren nur erfolgreich sein konnte, wenn es der CDU gelang, ihre Anhängerschaft durch eine breit angelegte Kampagne gegen die (Bildungs-) Politik der Landesregierung zu mobilisieren.[640] Dementsprechend stellte er den Kampf gegen die Einführung der Kooperativen Schule in Nordrhein-Westfalen in einen größeren bildungspolitischen Zusammenhang. Im Oktober 1977 forderte er in einer Rede vor der Landestagung der Jungen Union Rheinland „eine geistig-politische Wende im Schulsystem, im Bildungssystem unseres Landes“, denn „zu lange ist die Schule in diesem Land Nordrhein-Westfalen das Objekt von Polit-Ingenieuren gewesen, die mehr zerstört haben, als sie aufgebaut haben, zu lange ist die Schule das Objekt von Ideologen gewesen, die diese Schule innerlich umfunktioniert haben“.[641]

Der CDU-Kampagne, die die Aktionen der Bürgerinitiative ergänzte, lag eine unter der Leitung von Albert Pürsten erarbeitete Drei-Phasen-Planung einer umfassenden Kampagne zur Information und Mobilisierung der Sympathisanten und Mitglieder der CDU zugrunde, die nach dem Urteil von Wolfram Köhler „ein Konzept von bestechender Klarheit“[642] war. Die Mobilisierung der CDU-Stammwählerschaft sollte wesentlich zur erfolgreichen Durchführung des Volksbegehrens gegen die Kooperative Schule beitragen. Als am 1. März 1978 die vierzehntägige Frist für die Eintragung in die öffentlich ausliegenden Listen endete, hatten mehr als 3,6 Millionen Bürger Nordrhein-Westfalens von der Möglichkeit Gebrauch gemacht, mit ihrer Unterschrift das Volksbegehren zu unterstützen.[643] Das waren 29,8 Prozent der knapp 12,2 Millionen einschreibungsberechtigten Bürger des Landes; das erforderliche Quorum von 20 Prozent war weit übertroffen worden. Nach einer Untersuchung des Frankfurter Instituts „Basis Research“ handelte es sich bei 67 Prozent der Bürger, die ihre Unterschrift geleistet hatten, um CDU-Anhänger.[644] Zugleich war aber auch hervorzuheben, daß immerhin 20 Prozent der Unterschriften aus dem Lager der SPD-Wählerschaft und 7 Prozent aus dem Lager der FDP-Wählerschaft kamen.[645] In der Sitzung des nordrhein-westfälischen Landtags am 13. April 1978 gestanden SPD und FDP ihre Niederlage öffentlich ein und stimmten gemeinsam mit der CDU-Opposition für den Gesetzentwurf der Bürgeraktion, der das Gesetz zur Einführung der Kooperativen Schule in Nordrhein-Westfalen wieder aufhob.[646]

---

639 Protokoll Sitzung Geschäftsführender Landesvorstand CDU Rheinland 1.9.1977, in: HStAD RW 277-78.

640 Vgl. Protokoll Sitzung Landesvorstand CDU Rheinland 2.9.1977, in: HStAD RW 277-54.

641 Köppler: Zukunft, S. 1f.

642 Köhler, S. 89.

643 Ebd., S. 165.

644 Vgl. die Auswertung einer von „Basis Research, Institut für Marketing-, Motiv- und Werbeforschung“ zum Ausgang des Volksbegehrens gegen die Kooperative Schule erstellten Studie durch die Landesgeschäftsstelle der CDU Rheinland im Juni 1978, in: HStAD RW 277-58.

645 Ebd.

646 Vgl. LT NRW. 8. Wahlperiode. 72. Sitzung am 13.4.1978, S. 5129.

Das hohe persönliche Risiko, das Köppler im Zusammenhang mit dem Volksbegehren eingegangen war, zahlte sich für ihn politisch nicht aus. Ein landesweiter Zeitungsstreik Anfang März 1978 sorgte dafür, daß der Ausgang des Volksbegehrens „kein großes publizistisches Echo“[647] fand. Damit war dem Oppositionsführer die Möglichkeit genommen, diesen großen politischen Erfolg – die erfolgreiche Durchführung eines Volksbegehrens war ohne Beispiel in der Geschichte Nordrhein-Westfalens – öffentlichkeitswirksam für sich auszuschlachten. Seine Hoffnungen, durch ein erfolgreiches Volksbegehren gegen die Einführung der kooperativen Schule seine Führungsposition bis zur Landtagswahl 1980 absichern zu können, erfüllten sich nicht, wie die politische Entwicklung in der zweiten Hälfte des Jahres 1978 zeigte. Im Herbst 1978 standen nicht allein im Oppositionslager wichtige personalpolitische Entscheidungen im Hinblick auf die Landtagswahl von 1980 auf der Tagesordnung.

Die Niederlage von SPD und FDP in einer zentralen bildungspolitischen Frage beschleunigte das Ende der Ministerpräsidentschaft von Heinz Kühn, der seit der Poullain-Affäre zu Beginn des Jahres 1978 politisch schwer angeschlagen war. Der Vorstandsvorsitzende der Westdeutschen Landesbank, Ludwig Poullain, war – nach seiner Bestätigung im Amt Anfang Dezember 1977 – am 23. Dezember 1977 von seinem Posten zurückgetreten.[648] Es war bekannt geworden, daß die Staatsanwaltschaft gegen ihn ermittelte, und zwar wegen eines zweifelhaften hochdotierten Beratervertrages mit einem süddeutschen Finanzmakler, dem betrügerischer Konkurs vorgeworfen wurde und der deshalb in Haft saß. Ob und wie die Staatsaufsicht über die öffentlich-rechtliche Westdeutsche Landesbank funktioniert hatte, wurde lebhaft diskutiert. War kein Mitglied des Verwaltungsrates, dem fünf Minister der Regierung Kühn angehörten, über die staatsanwaltschaftlichen Ermittlungen gegen Poullain informiert, als am 2. Dezember 1977 die Amtszeit des Vorstandsvorsitzenden um weitere fünf Jahre verlängert wurde? Kühn, der von einer Mexiko-Reise vorzeitig zurückkehrte, mußte seine Aussage korrigieren, erst nach der Entscheidung am 2. Dezember über die staatsanwaltschaftlichen Ermittlungen gegen den Vorstandsvorsitzenden der Westdeutschen Landesbank informiert worden zu sein.

Für Oppositionsführer Köppler waren politische Konsequenzen unausweichlich. Köppler forderte Heinz Kühn in der Sitzung des Landtags am 18. Januar 1978 zum Rücktritt auf: „Herr Ministerpräsident, die Krise dieser ihrer Landesregierung darf nicht zur Krise des Landes werden. Ich appelliere an Sie als Demokraten mit einer langen, in vielen Kämpfen auch bewährten demokratischen Erfahrung, ich appelliere an Sie in dieser Situation: Tun Sie diesem Land einen letzten Dienst und gehen Sie!“[649] Die Rücktrittsforderung des Oppositionsführers wies Kühn geradezu empört zurück: „In diesem Jahre werde ich den Ideen meiner Jugend und meiner Partei und unserer Demokratie 50 Jahre gedient haben. Ich habe es rechtschaffen nach meinen Kräften getan.

---

647 Köhler, S. 144.

648 Zur Poullain-Affäre vgl. Geraedts, S. 45–48; Düding, S. 305–307.

649 LT NRW. 8. Wahlperiode. 65. Sitzung am 18. 1. 1978, S. 3707.

Ich stürze nicht über eine Affaire Poullain!“[650] So blieb es beim Rücktritt von Finanzminister Friedrich Halstenberg, der zugeben mußte, bereits seit Anfang Oktober 1977 von den Ermittlungen gegen Poullain Kenntnis gehabt zu haben.

Zwei Gründe führt Dieter Düding an, weshalb Kühn die Poullain-Affäre politisch überlebte: Zum einen sollte dem langjährigen Ministerpräsidenten ein ehrenvoller Abschied ermöglicht werden, zum anderen fürchtete man in den Reihen von SPD und FDP um die Geschlossenheit der Regierungskoalition.[651] Die Furcht war groß, in dieser politisch aufgeheizten Atmosphäre ein ähnliches Debakel zu erleben wie zwei Jahre zuvor SPD und FDP in Niedersachsen, als mitten in der Wahlperiode der Wechsel im Amte des Ministerpräsidenten mißlang, weil sich FDP-Abgeordnete der Wahl des Sozialdemokraten Helmut Kasimier zum Nachfolger von Alfred Kubel verweigerten und dadurch den Einzug des Christdemokraten Ernst Albrecht in die Staatskanzlei von Hannover möglich machten.[652] Seinen Rückzug vom Amte des Ministerpräsidenten plante Kühn für das Jahr 1979; nach dem 15. Oktober 1978 wollte er seiner Partei das konkrete Datum seines Rücktritts mitteilen.[653] Doch nach dem Ausgang des Volksbegehrens, das für ihn „ein Desaster ersten Ranges“[654] bedeutete, war Kühn über das Jahr 1978 hinaus in seinem Amt als Ministerpräsident nicht mehr zu halten. Ende April 1978 erklärte er sich vor der SPD-Landtagsfraktion bereit, im November desselben Jahres für einen Nachfolger, der im Oktober bestimmt werden sollte, Platz zu machen.[655] Trotz dieser Erklärung wollte die Diskussion über den Rücktritt des Ministerpräsidenten nicht enden. Mitte Juni 1978 legte der Vorsitzende des SPD-Bezirksverbandes Niederrhein, Hans-Otto Bäumer, nach, der einen Wechsel im Amte des Ministerpräsidenten als „fällig, gar überfällig“ bezeichnete.[656]

In dieser Situation ergriff Heinrich Köppler in Übereinstimmung mit den Führungsgremien der CDU in Nordrhein-Westfalen die Initiative und unterbreitete der FDP ein Angebot zu Koalitionsverhandlungen, „um die Politik in Nordrhein-Westfalen auf ein neues Gleis zu bringen“.[657] Wie er gegenüber dem Vorsitzenden der nordrhein-westfälischen Liberalen, Wirtschaftsminister Horst-Ludwig Riemer, erklärte, war für Köppler „die SPD als führende Regierungspartei verbraucht“, was nicht zuletzt „die immer wieder neuen Vorgänge im Zusammenhang mit der bevorstehenden Ablösung des Mini-

650 Ebd., S. 3712.
651 Düding, S. 307.
652 Jäger, S. 29.
653 Vgl. Protokoll Klausurtagung SPD-Landesverband NRW 27./28.1.1978, in: AdsD SPD-Landesverband NRW Nr. 673.
654 Düding, S. 305.
655 Vgl. Protokoll Sitzung SPD-Landtagsfraktion 25.4.1978, in: HStAD RW 350-8.
656 Düding, S. 310.
657 „Erklärung von Oppositionsführer Heinrich Köppler vor der Landespressekonferenz am 20. Juni 1978 zur Regierungskrise der SPD/FDP-Koalitionsregierung in Düsseldorf“, in: HStAD RW 360-2051.

sterpräsidenten Heinz Kühn“ zeigten.[658] Nur eine neue Landesregierung konnte nach seiner Überzeugung „die nötige politische Handlungsfähigkeit zur Lösung der vor uns liegenden Probleme und zur Entwicklung auch liberaler Politik in Nordrhein-Westfalen gewinnen“. Aufgrund einer seiner Meinung nach „breiten Übereinstimmung“ in der Wirtschafts- und Sozialpolitik sowie auf dem Feld der Bildungspolitik sah Köppler sachliche Voraussetzungen für eine Koalitionsvereinbarung zwischen Christdemokraten und Freien Demokraten gegeben. „Sie wissen wie ich“, schrieb er Riemer, „daß eine Regierungskoalition von CDU und FDP gegenwärtig und seit langem auf einen breiten Grundkonsens der Bürger unseres Landes stoßen wird.“ Am Morgen des 20. Juni 1978 wurde Riemer dieses Koalitionsangebot durch einen Boten überreicht.[659] Ohne vorherige Konsultation der Führungsgremien seiner Partei erteilte Riemer postwendend Köppler eine Absage.[660] Für die FDP gab es nach seinen Worten überhaupt gar keinen Grund, „die mit der SPD bis 1980 vereinbarte politische Zusammenarbeit vorzeitig aufzukündigen“. Mit der SPD sei man sich über die landespolitischen Aufgaben, die es bis zum Ende der 8. Wahlperiode noch zu lösen gelte, einig. Auch war für Riemer entgegen der Darstellung Köpplers „in wichtigen Bereichen eine politische Übereinstimmung mit der CDU nicht überzeugend erkennbar“. Die Erklärung Riemers stieß innerhalb der Führung der nordrhein-westfälischen Liberalen auf uneingeschränkte Zustimmung, weshalb es auch keine Diskussion darüber gab, daß er sie ohne Rücksprache mit den Vorstandsgremien von Partei und Fraktion abgegeben hatte.[661]

Seiner Enttäuschung über die brüske Zurückweisung seines Koalitionsangebotes durch den FDP-Landesvorsitzenden ließ Köppler noch am gleichen Tag in einer Pressekonferenz freien Lauf: „Wenn die FDP unserem fairen und offenen Angebot für Gespräche über alle Fragen der Gestaltung nordrhein-westfälischer Politik mit uns nicht folgt, dann sind die Verantwortlichkeiten klar und dann wird auch der Bürger erkennen,

658 Schreiben von Heinrich Köppler an Horst-Ludwig Riemer vom 19.6.1978, ebd.

659 Aktennotiz von Gerd Ozimek vom 20.6.1978, ebd.

660 Schreiben von Horst-Ludwig Riemer an Heinrich Köppler vom 20.6.1978, ebd.

661 Zeitzeugengespräch mit Burkhard Hirsch (27.1.2004): „Riemers Verhalten war richtig. Ich hätte das auch nicht in den Landesvorstand gebracht, denn eine Erörterung im Landesvorstand hätte nur öffentliche Irritationen befördert, selbst wenn wir das Koalitionsangebot mit 35 zu 1 abgelehnt hätten. Allein schon die Tatsache, daß der Landesvorstand sich mit dieser Frage befaßte, hätte für Spekulationen gesorgt. Weder in der Fraktion noch im Landesvorstand hat es namhafte Stimmen für einen Wechsel der Koalition gegeben, zumal wir auch immer darauf geachtet haben, daß wir mit der Bundesregierung einigermaßen harmonierten, und ein Koalitionswechsel in Nordrhein-Westfalen hätte auch die [sozial-liberale] Bundeskoalition in erhebliche Schwierigkeiten gebracht“. Zeitzeugengespräch mit Wolfgang Heinz (19.11.2004): „1978 gab es keine Tendenz zum Koalitionswechsel zur CDU. Nach meiner Erinnerung hat niemand Riemer ob dieses Verhaltens zur Rede gestellt, nicht in der Fraktion, nicht im Landesvorstand. Die Erklärung hierfür ist ganz einfach: Wir waren damals alle dieser Meinung. Der Koalitionsvertrag war für die gesamte Legislaturperiode geschlossen; trotz gelegentlicher Spannungen und Meinungsverschiedenheiten in Einzelfragen hat er funktioniert!“

daß es sich bei dem politischen Schauspiel von SPD und FDP in Düsseldorf um ein Trauerspiel handelt: Zum Schaden des Landes."[662]

Daß die Reihen von SPD und FDP geschlossen waren, zeigte sich am 20. September 1978 im Landtag, als Heinz Kühn seinen Rücktritt erklärte und die Wahl eines neuen Ministerpräsidenten anstand.[663] Drei Tage zuvor auf einem außerordentlichen Landesparteitag der nordrhein-westfälischen Sozialdemokraten in der Duisburger Mercatorhalle hatte sich bei der Nominierung des SPD-Kandidaten für das Amt des Ministerpräsidenten Wissenschaftsminister Johannes Rau in einer Kampfabstimmung gegen Finanzminister Diether Posser knapp mit 161 zu 150 Stimmen durchgesetzt.[664] Die Wahl von Rau zum neuen Ministerpräsidenten mit allen Stimmen der beiden Koalitionsfraktionen signalisierte, daß die SPD/FDP-Koalition bis zur Landtagswahl 1980 Bestand haben werde. Wer die CDU in diese Wahlauseinandersetzung führen sollte, darüber wurde im Herbst 1978 heftig spekuliert: Wieder Heinrich Köppler oder Kurt Biedenkopf? Anfang November 1978 waren in der Tagespresse Schlagzeilen zu lesen wie „Tritt Biedenkopf gegen Köppler an?"[665], „Biedenkopf oder Köppler – wer soll Rau schlagen?"[666] oder auch „Biedenkopf legt sich mit Köppler an"[667].

Mit der Ablehnung des Koalitionsangebots durch die FDP im Juni 1978 hatte die CDU alle ihre Hoffnungen auf einen vorzeitigen Regierungswechsel in Düsseldorf begraben müssen. Daraufhin wurden die Überlegungen zur Ablösung Köpplers, die es ja in beiden CDU-Landesverbänden seit der verlorenen Landtagswahl von 1975 gab, intensiviert. Mit dem bei den Liberalen angeblich als Berufskatholik verschrienen Köppler schien ein Übereinkommen mit der FDP nicht möglich zu sein, weshalb ein nicht kirchlich gebundener, als liberal geltender Mann wie Kurt Biedenkopf an die Spitze der CDU in Nordrhein-Westfalen treten sollte. Dieser Meinung war auch Bernhard Worms.[668] Das Mitglied im Vorstand der CDU-Landtagsfraktion und des CDU-Landesverbandes Rheinland suchte gemeinsam mit dem Parlamentarischen Geschäftsführer der CDU-Landtagsfraktion, Ottmar Pohl, Kurt Biedenkopf in Bonn auf, um dem west-

662 „Erklärung von Oppositionsführer Heinrich Köppler vor der Landespressekonferenz am 20. Juni 1978 zur Regierungskrise der SPD/FDP-Koalitionsregierung in Düsseldorf", in: HStAD RW 360-2051.

663 Vgl. LT NRW. 8. Wahlperiode. 82. Sitzung am 20.9.1978, S. 5715–5721.

664 Düding, S. 311.

665 NRZ vom 1.11.1978.

666 „Die Welt" vom 1.11.1978.

667 „Süddeutsche Zeitung" vom 2.11.1978.

668 Zeitzeugengespräch mit Bernhard Worms (15.4.2004): „Im Verlauf der 70er Jahre gelangte ich zu der Erkenntnis, daß wir mit Köppler an der Spitze mit der FDP nicht übereinkommen. Ein Problem war das katholische Image Köpplers. Auch wenn das Bild von dem Berufskatholiken falsch war, Köppler und die FDP fanden nicht zusammen. Deshalb war ich der Meinung, Biedenkopf sollte es machen."

fälisch-lippischen Landesparteivorsitzenden die Führungsrolle der CDU in Nordrhein-Westfalen anzutragen.[669]

Diese Bestrebungen blieben Köppler nicht verborgen.[670] Freiwillig wollte er seinen Platz nicht räumen. Im Gegenteil, Biedenkopf ließ er wissen, daß er zu einer Kampfabstimmung um die Spitzenposition für die Landtagswahl 1980 bereit sei.[671] Köppler hatte die Hoffnung nicht aufgegeben, doch noch Hausherr in der Düsseldorfer Staatskanzlei zu werden und damit Politik im Regierungsamt aktiv gestalten zu können. Da auch Biedenkopf dieses Ziel verfolgte,[672] entstand im Herbst 1978 eine Personaldiskussion, die unter den Christdemokraten in Düsseldorf wie in Bonn für große Unruhe sorgte. In der CDU-Landtagsfraktion beklagte Heinz Soénius die „Verwirrung, die wegen der Spitzenkandidatur in Nordrhein-Westfalen unter den Mitgliedern entstanden sei."[673] Der Bundestagsabgeordnete Horst Waffenschmidt unterrichtete Köppler über eine Sitzung der Rheinischen Landesgruppe der CDU/CSU-Bundestagsfraktion, in der die Sorgen zur Sprache kamen, die in der Partei durch die öffentliche Erörterung der Frage entstanden waren, wer die CDU in Nordrhein-Westfalen als Spitzenkandidat in die nächsten Landtagswahlen führen sollte.[674] Wegen der großen Unruhe, die die Diskussion um die Spitzenkandidatur für 1980 auslöste, beauftragten die Mitglieder der Rheinischen Landesgruppe ihren Sprecher Waffenschmidt, Köppler und Biedenkopf „die dringende Bitte mitzuteilen, jede öffentliche Diskussion dieser Frage zu vermeiden, da sonst negative Folgen für unsere gesamte politische Sache zu befürchten seien."

Appelle dieser Art verfehlten ihre Wirkung nicht. In einer gemeinsamen Presseerklärung unterstrichen die beiden Bewerber um die Spitzenkandidatur für die Landtagswahl 1980 ihre Absicht, „diese Frage freundschaftlich miteinander zu erörtern und eine gemeinsame Lösung zu finden, die nach ihrer Überzeugung dem Wohl des Landes

---

669 Vgl. Zeitzeugengespräche mit Kurt Biedenkopf (23.1.2004) und Bernhard Worms (15.4.2004). Biedenkopf und Worms bestätigten den Inhalt eines Berichtes über dieses Treffen, welcher am 30.5.1983 unter der Überschrift „Lieber Steine klopfen" im Nachrichtenmagazin „Der Spiegel" erschienen war, allerdings mit der wichtigen Ergänzung, daß auch Ottmar Pohl an dieser Zusammenkunft teilgenommen hatte.

670 Zweites Zeitzeugengespräch mit Klaus Fenske (8.5.2004): „Köppler wußte, was sich da abspielte. Er war besser informiert, als viele vermuteten. ‚Ich weiß, wie die Menschen sind, ich weiß, daß ich von Lumpen umgeben bin', pflegte er in diesem Zusammenhang zu sagen." Zeitzeugengespräch mit Gerd Ozimek (18.11.2003): „Köppler kannte seine Pappenheimer. Über all das [die Intrigen] war er sehr gut informiert, weil es ihm auch postwendend von anderen angetragen wurde." Zeitzeugengespräch mit Friedhelm Geraedts (19.11.2003): „Köppler wußte von den Intrigen, die gegen ihn gesponnen wurden, und zwar über Klaus Fenske, der überall seine Spione hatte."

671 Vgl. Gerlind Schaidt: „Für die Mehrheit scheint klar: Köppler kommt zum drittenmal". In: „Bonner Rundschau" vom 15.11.1978.

672 Lothar Bewerunge: „Biedenkopf will 1980 in Nordrhein-Westfalen kandidieren". In: FAZ vom 10.11.1978.

673 Protokoll Sitzung CDU-Landtagsfraktion 7.11.1978, in: HStAD RW 360-399.

674 Schreiben von Horst Waffenschmidt an Heinrich Köppler vom 9.11.1978, in: ACDP 01-258-024/3.

Nordrhein-Westfalen und dem politischen Auftrag der Partei entspricht."[675] Zu Beginn des Jahres 1979 wollten sie das Ergebnis ihrer diesbezüglichen Überlegungen der Öffentlichkeit mitteilen. Zugleich versicherten sie, daß es wegen dieser Frage weder zwischen ihnen noch zwischen den beiden CDU-Landesverbänden zu Auseinandersetzungen kommen werde. In diesem Sinne äußerte sich auch Heinrich Köppler in seiner Rede als Landesvorsitzender auf dem rheinischen Parteitag Mitte November 1978.[676] Er räumte ein, daß es in den zurückliegenden Wochen Irritationen gegeben habe. Zu Recht ärgerten sich Anhänger und Mitglieder der CDU, wenn sie in der Presse von „Tauziehen" oder „Rivalität" zwischen Biedenkopf und ihm lesen müßten. Doch davon könne überhaupt nicht die Rede sein. „Es gibt nicht nur keinen Krach zwischen uns, sondern wir arbeiten wie seit Jahren freundschaftlich und verantwortungsvoll zusammen", versicherte Köppler den Parteitagsdelegierten. Gleiches gelte für die Kooperation der beiden Landesparteien. Auch die Zusammenarbeit zwischen dem Landespräsidium und der Landtagsfraktion sei „nahtlos, störungsfrei und gut". In den folgenden Wochen wollte Köppler mit Biedenkopf über die Strategie der CDU an Rhein und Ruhr für die Wahlkämpfe in den Jahren 1979/80 ebenso Gespräche führen wie über die Frage des CDU-Spitzenkandidaten für die Landtagswahl 1980. „Wir werden zu Beginn des neuen Jahres [1979] der Partei einen gemeinsamen Vorschlag machen", versprach er seinen Parteifreunden in Köln.

Auf dem Landesparteitag in Köln zeigte sich Köppler angriffslustig. Die SPD/FDP-Koalition verliere zusehends an Kredit. Der von der CDU erzwungene, von den eigenen Genossen „in miserabelstem Stil" vollzogene Abtritt von Kühn habe keine Erholung gebracht. Schon der Start von Rau als neuer Ministerpräsident habe die Befürchtungen vieler Sozialdemokraten bestätigt: „Hilflos vor den Problemen des Landes, entscheidungsschwach, ein Getriebener, kein Treibender". Und die FDP sei schon längst nicht mehr die Partei von Theodor Heuss und Reinhold Maier. Sie habe sich „bedingungslos an die SPD verkauft" und damit als eigenständige liberale Kraft verabschiedet. Angesichts dieser Ausgangslage gebe es keinen Grund zur Verzagtheit, sondern Grund zu Zuversicht, die ausstrahlen müsse. Der rheinische Landesparteivorsitzende trat sehr gelassen auf, weil er sich in der Auseinandersetzung mit Biedenkopf einer Mehrheit in beiden CDU-Landesverbänden sicher sein konnte, also auch im westfälischen Raum, in dem er insbesondere in den katholisch geprägten Regionen des Münster- und Sauerlandes über starke Bataillone verfügte.[677] Dies erkannte wohl auch Biedenkopf, wofür seine „verkrampften Aktionen"[678], Köppler in andere politische Ämter wegzuloben, ein

675 Anlage zum Protokoll der Sitzung des Landesvorstandes der CDU Westfalen-Lippe vom 10.11.1978, in: ACDP 03-002-762.

676 Vgl. Manuskript der Rede des Landesvorsitzenden Heinrich Köppler vor dem 32. Landesparteitag der CDU Rheinland in Köln am 18.11.1978, in: HStAD RW 277-97.

677 Vgl. Zeitzeugengespräche mit Wilfried Heimes (24.1.2004), Albert Falke (20.3.2004), Peter Giesen (23.3.2004), Heinz Hardt (23.3.2004), Helmut Elfring (27.3.2004), Hansheinz Hauser (1.4.2004), Friedrich Vogel (15.5.2004) und Günter Rinsche (12.6.2004).

678 Zeitzeugengespräch mit Wolfgang Brüggemann (24.1.2004).

Beleg zu sein scheinen. Köppler wurde als Spitzenkandidat für die erste Direktwahl des Europäischen Parlaments im Juni 1979 ins Gespräch gebracht.[679] Ferner schlug Biedenkopf dem Bundesparteivorsitzenden Kohl vor, Köppler als Kandidat der Unionsparteien für das Amt des Bundespräsidenten zu nominieren.[680]

Als „liberaler Katholik" habe Köppler den Vorteil, den konfessionellen Aspekt der Wahl nicht zu betonen und auch die Strömungen im christlichen Bereich mitzurepräsentieren, die keinen Widerspruch zwischen einer christlichen Ausrichtung des eigenen Lebens und der politischen Gestaltung der Gemeinschaft und einer liberalen Öffnung für neue Probleme und Fragestellungen sähen. Von seiner Veranlagung und seinem Alter her sei er „hervorragend prädestiniert", die Diskussion nach Sinngebung und langfristigen Zielen vor allem auch in die jüngere Generation zu tragen. Köppler gehöre einer Generation an, die die Erfahrung der nationalsozialistischen Diktatur und des Zusammenbruchs 1945 mitgemacht hätte, ohne selbst politisch und ideologisch beteiligt gewesen zu sein. In dieser Brückenfunktion der Generation Köpplers sah Biedenkopf eine unverzichtbare Voraussetzung „für die Wiedergewinnung historischer und kultureller Dimension in der Politik".

Wie Biedenkopf Kohl versicherte, dürfe der Parteivorsitzende „selbstverständlich ... davon ausgehen, daß die nordrhein-westfälischen Landesverbände eine solche Kandidatur einhellig unterstützen würden".[681] Doch scheint dieser Vorstoß Biedenkopfs mit den Führungsgremien der CDU in Nordrhein-Westfalen nicht abgestimmt gewesen zu sein, denn dort war eine mögliche Nominierung Köpplers zum Unionskandidaten für das Amt des Bundespräsidenten zu diesem Zeitpunkt kein Thema. Auch in Bonn, wo alles auf eine Nominierung von Bundestagspräsident Karl Carstens hinauslief, stand eine Kandidatur Köpplers nicht zur Debatte. Nicht einmal der Vorgeschlagene selbst war informiert.[682] Es handelte sich offensichtlich um einen spontanen, ja verzweifelten Alleingang Biedenkopfs, der nach Helmut Kohl nur einem Ziel diente: „Er wollte den Rivalen um die Spitzenkandidatur in Nordrhein-Westfalen ins höchste Staatsamt wegloben."

Diese Versuche des westfälischen CDU-Vorsitzenden mußten ins Leere laufen. Köppler strebte in keine anderen politischen Ämter außerhalb Düsseldorfs. Er war vielmehr entschlossen, 1980 die CDU in Nordrhein-Westfalen erneut in den Landtagswahlkampf zu führen. Vor dieser Entschlossenheit mußte Biedenkopf schließlich kapitulieren und seinen Verzicht auf die CDU-Spitzenkandidatur für 1980 erklären, allerdings nur „sehr schweren Herzens"[683] wie er offen eingestand. Wie schwer ihm diese Ent-

679 Vgl. Horst-Werner Hartelt: „Köppler soll 1980 verzichten". In: NRZ vom 6.11.1978; Karlegon Halbach/Dieter von König: „Köppler räumt Platz nicht für Biedenkopf". In: „Kölner Stadt-Anzeiger" vom 7.11.1978; Bernd Kleffner: „Köppler: Ich stehe auch für die Landtagswahl 1980 zur Verfügung". In: „Westfälische Rundschau" vom 7.11.1978.

680 Schreiben von Kurt Biedenkopf an Helmut Kohl vom 6.11.1978, in: ACDP 03-002-1056/2.

681 Zitate, ebd.

682 Kohl, S. 506, auch folgendes Zitat.

683 Manuskript der Ausführungen Biedenkopfs auf der Kreisgeschäftsführerkonferenz der CDU Westfalen-Lippe am 1.2.1979 in Dortmund, S. 9, in: ACDP 01-446-032.

scheidung gefallen war, ließ er am 13. Januar 1979 die Kreisvorsitzenden seines Landesverbandes wissen: „Ich habe mich persönlich auf die Aufgabe gefreut, die mit einer Auseinandersetzung in Nordrhein-Westfalen verbunden gewesen wäre, und ich hatte mir persönlich auch eine ganze Menge Chancen ausgerechnet, sie zu bestehen.“[684] Am Tag zuvor hatten die Vorstände der beiden CDU-Landesverbände in getrennten Sitzungen der Spitzenkandidatur Heinrich Köpplers für die Landtagswahl 1980 einstimmig zugestimmt.[685] Dabei hatte Biedenkopf erklärt, er werde „Seite an Seite mit Heinrich Köppler den Landtagswahlkampf 1980 gestalten“. Seite an Seite waren sie bereits am vorausgegangenen Tag im CDU-Bundesvorstand marschiert, als das berühmte Biedenkopf-Memorandum auf der Tagesordnung gestanden hatte.

1978 und damit in der Mitte der 8. Wahlperiode des Deutschen Bundestages befand sich Oppositionsführer Helmut Kohl in schwerem Fahrwasser. Die Stimmung in der CDU war schlecht, fast schon resignativ. Dazu trug auch das Ergebnis der Landtagswahl in Hessen im Oktober 1978 bei. Der Sprung auf die Regierungsbank wurde erneut verfehlt. Die Partei stellte zwar nach wie vor die stärkste Fraktion im Wiesbadener Landtag, mußte aber gegenüber der Wahl von 1974 einen Stimmenverlust von 1,3 Prozentpunkten hinnehmen.[686] In allen Parteigliederungen war „Ratlosigkeit und Unzufriedenheit“[687] über den Kurs der Partei in der Opposition zu spüren. Kohls alter Rivale Rainer Barzel höhnte in einem Gespräch mit dem Nachrichtenmagazin „Stern“: „Ich finde, daß ein Kanzler – was die Opposition betrifft – nie so gemütlich regiert hat wie der jetzige.“[688]

Vor diesem Hintergrund machte sich Biedenkopf im Dezember 1978 Gedanken über die Mehrheitsfähigkeit der Union im Hinblick auf die Bundestagswahl 1980, die er in einer 24 Seiten umfassenden Denkschrift zusammenfaßte.[689] Das Ziel, bei der nächsten Bundestagswahl den Regierungswechsel zu schaffen, war nach seiner Einschätzung seit 1976 „nicht leichter, sondern schwieriger“[690] geworden. In allen wesentlichen Fragen, die die Wähler bewegten, genieße die Regierung unter Bundeskanzler Helmut Schmidt das größere Vertrauen. Die wirtschaftliche Entwicklung im Inneren habe sich entspannt, die Arbeitslosigkeit ihre singuläre Bedeutung als Bedrohung verloren und die Rentenfinanzierung sich stabilisiert. Relativ stabil schien auch die europa- und außenpolitische Lage zu sein. Die Zufriedenheit der Bevölkerung mit diesen Lebensbedingungen spiegele sich in der Bewertung der Bundesregierung wider, mit deren Arbeit fast 60 Prozent der Bevölkerung zufrieden seien. Demgegenüber sei das Bild der Union seit Beginn des Jahres 1977 ungünstiger geworden. „Die CDU/CSU hat in der Mitte der

---

684 Manuskript der Ausführungen Biedenkopfs auf der Kreisvorsitzendenkonferenz der CDU Westfalen-Lippe am 13.1.1979 in Dortmund, S. 8, ebd.

685 Vgl. Protokoll Sitzung Landesvorstand CDU Rheinland 12.1.1979, in: HStAD RW 277-57; Protokoll Sitzung Landesvorstand CDU Westfalen-Lippe 12.1.1979, in: ACDP 03-002-762.

686 Ritter/Niehuss, S. 143.

687 Kleinmann, S. 427.

688 „Rainer Barzel: ‚Ein Mann wie ich hat vieles aushalten müssen‘“. In: „Stern“ vom 28.9.1978.

689 Wortlaut des Memorandums in: ACDP 01-446-223.

690 Ebd., S. 1.

Legislaturperiode nicht den Vorsprung vor der Regierung, der für die Halbzeit der Legislaturperiode typisch ist", stellte Biedenkopf erschreckt fest.[691] Auch Kohl sah er im Stimmungstief. Daß selbst CDU-Stammwähler in Baden-Württemberg Helmut Schmidt gegenüber Helmut Kohl für den besser geeigneten Bundeskanzler hielten, stimmte den ehemaligen CDU-Generalsekretär nachdenklich, ließ ihn aber nicht resignieren. Keineswegs könne davon gesprochen werden, „daß die Bundestagswahlen 1980 in keinem Fall von der Union gewonnen werden könnten".[692] Nur sei die Aufgabe „wesentlich schwieriger geworden, aber nicht unmöglich", schließlich zeigten beide Regierungsparteien wie auch Bundeskanzler Schmidt Schwächen, die die Unionsparteien als Opposition ausnützen müßten. Wichtige Ansatzpunkte seien der abnehmende innere Zusammenhalt der Sozialdemokraten, die Entwicklung der SPD zu einer „Gewerkschaftspartei"[693] und die Krise der FDP, in der „die für ihre Existenz entscheidende Integrationskraft Genschers"[694] abgenommen habe. Auch die Person Helmut Schmidts sei „keineswegs unangreifbar". Er sei „ein glänzender Administrator und ein guter Koordinator", aber unfähig, „ordnungspolitisch zu denken und die aus einer Gesamtschau der politischen Teilbereiche gewonnenen Erkenntnisse über einen längeren Zeitraum politisch gestaltend zu verwirklichen". Ein „Generalangriff auf Schmidt" könne nur auf dieser Ebene geführt werden. Biedenkopf warnte seine Parteifreunde eindringlich davor, Schmidt „in den Augen der Bevölkerung persönlich zu disqualifizieren".[695] Angesichts der enormen Popularität des Kanzlers seien solche Versuche zum Scheitern verurteilt und müßten zu einer Gegenreaktion der Bevölkerung führen und damit zu seiner Stabilisierung. Nutzten CDU und CSU die Schwächen des politischen Gegners konsequent aus, bestand für sie nach Einschätzung von Biedenkopf „eine reelle Aussicht", bei der Bundestagswahl eine regierungsfähige Mehrheit zu gewinnen, sei es durch eine absolute Stimmenmehrheit, sei es durch eine relative Mehrheit bei gleichzeitigem Ausscheiden der FDP aus dem Bundestag. Voraussetzung dafür sei jedoch die Überwindung der Schwächen in der Führung der Union. Diese Schwächen, die von vielen Mandats- und Funktionsträgern in der Partei, der Fraktion und wachsenden Teilen der Mitgliedschaft und der CDU-Wähler „als Führungskrise empfunden"[696] würden, hätten ihre Ursache in der Verbindung der Führung der CDU und der Führung der CDU/CSU-Bundestagsfraktion in einer Person, weil „zwei Aufgaben in Personalunion miteinander verbunden (seien), die sich sowohl von der Funktion wie von der Zielrichtung her grundsätzlich voneinander unterscheiden".[697] Die unterschiedliche Aufgabenstellung und Zielrichtung dieser Ämter mache eine bestmögliche Wahrnehmung beider Aufgaben durch eine Person unmöglich. Auch „die Institution eines de facto – Kanzlerkandi-

691 Ebd., S. 5.
692 Ebd., S. 6.
693 Ebd., S. 8.
694 Ebd., S. 9, auch folgende Zitate.
695 Ebd., S. 12
696 Ebd., S. 16.
697 Ebd., S. 17, auch folgende Zitate.

daten während der gesamten Legislaturperiode" habe sich nicht bewährt. „Sie paßt nicht in den deutschen Parlamentarismus", stellte Biedenkopf lapidar fest. Die Überwindung der vorhandenen Schwächen müsse an diesen Ursachen ansetzen, weshalb er „klare Entscheidungen"[698] forderte, die zu einer Neugestaltung der Führungsspitze der Union führen müßten. Wie er sich die Umgestaltung der Führungsspitze vorstellte, legte er in drei Punkten dar:

1. Personelle Trennung der Ämter des Bundesvorsitzenden der CDU und des Vorsitzenden der CDU/CSU-Bundestagsfraktion,
2. Verzicht Helmut Kohls auf den Fraktionsvorsitz unter Beibehaltung des Parteivorsitzes und
3. Bildung eines Führungstriumvirats mit dem Vorsitzenden der CDU, dem Vorsitzenden der CSU und dem Vorsitzenden der Unionsfraktion im Bundestag. Dabei sollte sich der Vorsitzende der CDU auf „die politische Führung der Partei, ihre Stabilisierung und Integration und die Reaktivierung ihrer Mitglieder und Wähler"[699] konzentrieren, während der Vorsitzende der CSU, also Kohls Widersacher Franz Josef Strauß, die Stimmführerschaft für die Union im Bundesrat übernähme. Der Vorsitzende der gemeinsamen Bundestagsfraktion würde den „Angriff gegen die Regierung im parlamentarischen Raum" führen. Die Frage der Kanzlerkandidatur sei im Frühjahr 1980 zu entscheiden und bleibe bis dahin „ausdrücklich offen".

Bei seinen Vorschlägen zur Neugestaltung der Führungsstruktur der Union berief sich Biedenkopf ausdrücklich auf sein Memorandum vom 7. September 1971, in dem er im Vorfeld des Bundesparteitages von Saarbrücken ebenfalls für eine Ämtertrennung eingetreten war.[700] „Allerdings mußte die Stoßrichtung dieser Argumentation auf dem Hintergrund der personellen Konstellation zwangsläufig eine andere sein", bemerkt hierzu Bernhard Vogel.[701] In der Tat hätte eine Realisierung der Vorschläge von Biedenkopf die politische Entmachtung von Helmut Kohl bedeutet, was dieser natürlich erkannte und sie deshalb auch als „Provokation"[702] empfand. Besonders empörte ihn Biedenkopfs Ankündigung, „sollte Helmut Kohl sich außerstande sehen auf die Fraktionsführung zu verzichten, um damit durch die Neubesetzung der Fraktionsführung eine Ämtertrennung zu ermöglichen, ... müßte auf dem kommenden Wahlparteitag in Kiel die Frage der Vereinbarkeit der Funktionen des Fraktionsvorsitzenden und des Parteivorsitzenden durch den Parteitag entweder in Form eines gesonderten Beschlusses oder aus Anlaß der Personalwahlen entschieden werden".[703] Diese Ankündigung verstand Kohl als ein „Ultimatum"[704], von dem er sich allerdings nicht beeindrucken ließ. Am 9.

698 Ebd., S. 18.
699 Ebd., S. 22f., auch folgende Zitate.
700 Im Wortlaut ist Biedenkopfs Memorandum vom 7.9.1971 überliefert auch in: ACDP 01-258-010/3.
701 B. VOGEL, S. 131.
702 KOHL, S. 502.
703 Biedenkopf-Memorandum vom Dezember 1978, S. 23, in: ACDP 01-446-223.
704 KOHL, S. 504.

Januar 1979 machte er Biedenkopf und Köppler im Beisein von CDU-Generalsekretär Heiner Geißler klar, daß er die personelle Trennung der Ämter des Bundesparteivorsitzenden und des Fraktionschefs im Bundestag „kategorisch ablehnte".[705]

Köppler unterstützte im Hinblick auf die nordrhein-westfälische Landtagswahl von 1980 die Pläne Biedenkopfs. 1975 hatte er erfahren müssen, wie sehr die ungeklärte Frage des Kanzlerkandidaten der Unionsparteien für die Bundestagswahl 1976 seinen Landtagswahlkampf belastet hatte. Ihm mußte deshalb an einer Überwindung der „Krise Kohls"[706] und damit an einer Beendigung der Querelen in der CDU-Führung in Bonn gelegen sein. Daran war er auch als stellvertretender Bundesparteivorsitzender interessiert. So war denn auch die schwierige Lage der CDU und ihres Vorsitzenden Gegenstand der Gespräche, die Köppler im Dezember 1978 mit Biedenkopf über die strategischen und personellen Fragen des Landtagswahlkampfs 1980 führte. Beide Politiker stimmten darin überein, „daß wir eine Straffung von Partei- und Fraktionsarbeit und die dringend notwendige Entlastung des Spitzenmanns der Union brauchen".[707] Mochte Biedenkopf auch weitergehende, machtpolitische Interessen verfolgt haben – der Journalist Heinzgünter Klein wollte erfahren haben, daß der ehemalige CDU-Generalsekretär Interesse an der Übernahme des Vorsitzes der CDU/CSU-Bundestagsfraktion bekundet hatte,[708] und für Wolfgang Jäger las sich Biedenkopfs Memorandum wie „ein Strategiepapier persönlicher Ambitionen, mit dem er den Fraktionsvorsitz und vielleicht sogar, wie der späte Terminvorschlag vermuten ließ, die Kanzlerkandidatur anpeilte"[709] –, Köppler ging es allein um eine wichtige sachpolitische Frage.

Keinesfalls sollte mit der Forderung nach einem Verzicht auf den Fraktionsvorsitz Kohl politisch beschädigt werden. „Im Gegenteil, der Parteivorsitzende wäre in seiner Arbeitsökonomie für wesentliche und wichtige Tätigkeiten beweglicher und freier geworden", rechtfertigte er sich in einem Zeitungsinterview mit Jochen Jurettko von den „Westfälischen Nachrichten" Mitte Januar 1979.[710] Aus diesem Grund war er auch massiv verärgert, daß das für eine vertrauliche Behandlung in den Führungsgremien der Partei gedachte Memorandum an die Öffentlichkeit drang, weil dadurch die Erörterung der anstehenden Fragen zur Führungsstruktur der Union mit Kohl „in einem fairen und offenen Gespräch"[711] nicht mehr möglich gewesen wäre. „In dem Moment, wo eine öffentliche Auseinandersetzung entstanden war, in der die Fetzen flogen und die Scherben dalagen – nicht durch meine oder Kurt Biedenkopfs Schuld –, da war der Entscheidungsspielraum des Parteivorsitzenden über unseren Vorschlag außerordentlich redu-

705 Ebd., S. 505. Vgl. Heinzgünter Klein: „Ämterstreit bei Union geht weiter". In: „Weser-Kurier" vom 10.1.1979; „Nur eine Galgenfrist für Helmut Kohl". In: „Der Spiegel" vom 15.1.1979.
706 Kleinmann, S. 427.
707 Köppler: Das Thema ist nicht vom Tisch.
708 Heinzgünter Klein: „Ämterstreit bei Union geht weiter". In: „Weser-Kurier" vom 10.1.1979.
709 Jäger, S. 132.
710 Köppler: Führungsdiskussion.
711 Ebd.

ziert, wenn überhaupt noch vorhanden", beklagte sich Köppler bei Peter Weigert von der Tageszeitung „Die Welt".[712]

Die Indiskretionen dürften dem Kohl-Lager zuzuschreiben sein. So berichtete beispielsweise Heinzgünter Klein, daß „nach Auskunft aus der Umgebung von Kohl" Biedenkopf in schriftlichen Mitteilungen an mehrere Adressaten zu bedenken gegeben habe, ob nicht der Vorsitz der CDU/CSU-Fraktion und der CDU voneinander getrennt werden sollten.[713] Daß sein Memorandum öffentlich bekannt wurde, schadete Biedenkopf, zumal sich die Veröffentlichungen auf seine Vorschläge zur Neugestaltung der Führungsstruktur der Union beschränkten. Mit seiner Forderung, Kohl solle den Fraktionsvorsitz niederlegen, erschien der westfälische CDU-Chef in der Rolle des Königsmörders. Damit stand Biedenkopf am Pranger. Vermeintliche Bundesgenossen wie der niedersächsische CDU-Vorsitzende Wilfried Hasselmann, der als ausgewiesener Kohl-Kritiker galt,[714] wandten sich von ihm ab. Dies zeigte sich insbesondere am 11. Januar 1979, als sich der CDU-Bundesvorstand in einer mehrstündigen Sitzung mit dem Memorandum Biedenkopfs befaßte.[715] Kohl eröffnete die Sitzung. Nachdem er sein Konzept zur Straffung und Effektivierung der Fraktionsarbeit im Bundestag vorgestellt hatte, rief er die Vorstandsmitglieder zu einer offenen Diskussion über den „gewaltigen Scherbenhaufen" auf, der im Zusammenhang mit dem Memorandum entstanden sei.

Zunächst ergriff Köppler das Wort, der seinen Kollegen im Bundesvorstand Ausgangslage, Inhalt und Zielsetzung des Memorandums, das seine ungeteilte Unterstützung fand, erläuterte. Die Vorschläge für eine Verbesserung der Partei- und Fraktionsarbeit gingen von der Erkenntnis aus, daß für einen Erfolg bei der nordrhein-westfälischen Landtagswahl im Jahre 1980 die bundespolitische Situation und deren Ausstrahlung auf Nordrhein-Westfalen ausschlaggebend sei. Der schlechte Zustand, in dem sich die Bundespartei befinde, könne von niemandem geleugnet werden, weshalb er seine Parteifreunde zu einer ehrlichen Diskussion über das Biedenkopf-Memorandum aufrief: „Wenn ich Gespräche mit fast allen hier am Tisch Versammelten führe zu Strategien vor Landtagswahlen, dann heißt es, ‚wir werden die Landtagswahlen optimal gestalten können, aber es darf um Gottes Willen aus Bonn nichts passieren.'" Vor diesem Hintergrund seien die Vorschläge zur Verbesserung der Partei- und Fraktionsarbeit zu sehen, die – und darin seien sich Biedenkopf und er einig gewesen – in einem Gespräch mit Helmut Kohl erörtert werden sollten, denn „diese Überlegungen waren nur unter der Bedingung realisierbar, daß sie mit Helmut Kohl und nicht gegen ihn realisiert werden könnten". Mit der Vorlage dieser Denkschrift habe man also keineswegs Kohl in den Rücken fallen wollen. Vielmehr seien Biedenkopf und er der Auffassung gewesen, „man sollte überlegen, ob er [Helmut Kohl] nicht ebenso wie in der Partei durch den Generalsekretär auch in der Fraktion entsprechend entlastet werden könnte".

---

712 KÖPPLER: Das Thema ist nicht vom Tisch.

713 Heinzgünter Klein: „Ämterstreit bei Union geht weiter". In: „Weser-Kurier" vom 10.1.1979.

714 „Nur eine Galgenfrist für Helmut Kohl". In: „Der Spiegel" vom 15.1.1979.

715 Für diese Sitzung liegt im ACDP im Bestand Bundespartei nur ein noch nicht transkribierter Tonbandmitschnitt vor!

Biedenkopf, der sich den Ausführungen im wesentlichen anschloß, zeigte sich bitter enttäuscht darüber, daß seine Denkschrift aufgrund von Indiskretionen öffentlich bekannt geworden sei. Eine sachliche Diskussion über seine Vorschläge sei damit praktisch unmöglich geworden. Nach Meinung von Generalsekretär Heiner Geißler, der zusätzliche Schärfe in die Debatte brachte, war Biedenkopf dafür selbst verantwortlich. Dieser habe es versäumt, eine „Frage von so hohem politischen Rang" zunächst mit dem Parteivorsitzenden unter vier Augen zu besprechen. Auch sah Geißler in den Vorschlägen zur Neugestaltung der Führungsstruktur einen persönlichen Angriff gegen Kohl, denn „der Inhalt dieser Forderungen bestand ja nicht darin zu erwägen, eine Ämtertrennung vorzunehmen, sondern der Parteivorsitzende ist in einer sehr ultimativen Form aufgefordert worden, diesem Verlangen zu entsprechen". Im übrigen hielt Geißler die von Biedenkopf und Köppler vorgetragene Begründung für „absolut nicht stichhaltig". Die Mitglieder des Bundesvorstandes sahen dies auch so und stellten sich auf die Seite von Helmut Kohl, der sich nach dieser eindeutigen Unterstützung in der CDU-Führung generös zeigen konnte. „Zur Politik gehört, daß man sich auch erträgt. Ich werde auch mit Kurt Biedenkopf und Heinrich Köppler weiter gut zusammenarbeiten", erklärte er in seinem Schlußwort. Dazu waren auch die Vorsitzenden der beiden mitgliederstärksten CDU-Landesverbände bereit. Dementsprechend versöhnlich fiel das Ergebnis der Bundesvorstandssitzung aus. Kohl wurde einstimmig das Vertrauen ausgesprochen und in allen seinen Ämtern bestätigt. Gleichzeitig vermied es der Bundesvorstand, Kritik an der Vorgehensweise von Biedenkopf und Köppler zu äußern.

Doch der Schein trog. Von einer Versöhnung konnte keine Rede sein. Es gab keine Basis mehr für eine vertrauensvolle Zusammenarbeit zwischen der CDU-Spitze in Bonn und der Führung der CDU in Nordrhein-Westfalen. Nur wenige Tage nach der Erörterung des Biedenkopf-Memorandums im Bundesvorstand sollen Kohl und Geißler sogar den Versuch unternommen haben, die Mitarbeiter der CDU-Landesverbände Rheinland und Westfalen-Lippe gegen Köppler und Biedenkopf aufzubringen. Dieser Eindruck war jedenfalls unter den hauptamtlichen Mitarbeitern der CDU in Nordrhein-Westfalen entstanden, die sich am 17. Januar 1979 auf Einladung des CDU-Bundesvorsitzenden in Köln versammelten.[716] In Abwesenheit der Landesvorsitzenden Köppler und Biedenkopf, die terminlich verhindert waren, referierten Kohl und sein Generalsekretär Geißler zunächst über die politische Lage der Partei. Als sie im Anschluß daran den hauptamtlichen Mitarbeitern beider Landesverbände anboten, die Vorgänge um den Vorstoß von Köppler und Biedenkopf in der Bonner Parteispitze noch einmal zu disku-

716 Vgl. erstes Zeitzeugengespräch mit Klaus Fenske (31.1.2004) und Zeitzeugengespräch mit Thomas Kotzorek (19.3.2004). Ein Protokoll über den Verlauf dieser Versammlung ist nicht überliefert. Dafür liegen drei inhaltlich gleiche Zeitungsberichte zu dieser Veranstaltung vor, und zwar von Lothar Bewerunge: „Kohl und Geißler vor der nordrhein-westfälischen CDU", in: FAZ vom 18.1.1979; Helmut Breuer: „Im CDU-Kreis gab es für Kohl nur spärlichen Beifall", in: „Rheinische Post" vom 18.1.1979; Peter Weigert: „Kohl trifft in Köln auf eine schweigende Front", in: „Die Welt" vom 18.1.1979. Von den Zeitzeugen Klaus Fenske und Thomas Kotzorek wurden diese Berichte über den Verlauf der Veranstaltung als zutreffend bezeichnet.

tieren, ergab sich ein von allen Sitzungsteilnehmern als peinlich empfundenes Schweigen. Die Sitzung wurde kurz unterbrochen, doch kam auch danach die von Kohl gewünschte Aussprache nicht zustande. Der Landesgeschäftsführer der CDU Rheinland, Gerhard Pietsch, erklärte schließlich, die hauptamtlichen Mitarbeiter der Partei in Nordrhein-Westfalen stünden loyal zu ihren Vorsitzenden. Im übrigen sei es ihre Aufgabe, für die CDU zu arbeiten und nicht über sie zu reden.

Kohl und Geißler hatten die Stimmung unter den Mitgliedern und Anhängern der CDU an Rhein und Ruhr offensichtlich falsch eingeschätzt. Nach ihrem mißglückten Vorstoß in Bonn mußten sich Köppler und Biedenkopf an der Heimatfront mancherlei Kritik gefallen lassen, doch reichte diese Kritik nicht soweit, daß sie um ihre Stellung an der Spitze der rheinischen bzw. westfälisch-lippischen CDU fürchten mußten. Der Kritik, der er sich im Zusammenhang mit seiner Unterstützung für das Biedenkopf-Memorandum ausgesetzt sah, begegnete Köppler offensiv. So wies er den Vorwurf einer Teildemontage des CDU-Vorsitzenden Kohl entschieden zurück. Ein Verzicht auf den Fraktionsvorsitz hätte sich für Kohl vielmehr politisch ausgezahlt, denn „der Parteivorsitzende wäre in seiner Arbeitsökonomie für wesentliche und wichtige Tätigkeiten beweglicher und freier geworden“.[717]

Auch gegen den vielfach geäußerten Vorwurf eines politischen Tauschgeschäftes – Unterstützung für das Biedenkopf-Memorandum als Gegenleistung für den Verzicht des westfälischen CDU-Vorsitzenden auf die Spitzenkandidatur für die Landtagswahl 1980 – wehrte er sich vehement. In einer Gegendarstellung zu einem entsprechenden Bericht im „Kölner Stadt-Anzeiger“[718] stellte er fest, „daß zwischen der Vereinbarung über den Vorschlag meiner erneuten Spitzenkandidatur bei der Landtagswahl 1980 und dem Vorschlag für eine Veränderung der Führungsstruktur der Union im Sinne der Straffung der Führungsarbeit und der Entlastung des Parteivorsitzenden inhaltlich kein Zusammenhang besteht. Auch der rein zeitliche Zusammenhang bedeutet nicht, daß diese Vorschläge Bestandteil der Übereinkunft in der Frage des nordrhein-westfälischen Spitzenkandidaten für 1980 zwischen Professor Biedenkopf und mir waren“.[719] Abgesehen davon bestand für Köppler überhaupt keine Notwendigkeit, sich auf einen politischen Kuhhandel mit Biedenkopf einzulassen, da er sich in der Auseinandersetzung um die Spitzenkandidatur aufgrund seines großen Rückhalts in beiden CDU-Landesverbänden eindeutig in der stärkeren Position befand.

In der angesprochenen Gegendarstellung wandte sich Köppler auch gegen die Darstellung des „Kölner Stadt-Anzeigers“, in der CDU-Bundesvorstandssitzung vom 11. Januar 1979 sei Biedenkopf völlig isoliert gewesen, niemand habe für ihn Partei ergriffen. „Richtig sei vielmehr“, war Köppler um eine Klarstellung des Sachverhalts bemüht, „daß ich von Anfang bis Ende der Beratungen mit Professor Dr. Kurt Biedenkopf

717 KÖPPLER: Führungsdiskussion.
718 Heinz-Joachim Melder/Wolfgang Mauersberg: „Dem Sieger steht die nächste Probe bevor“. In: „Kölner Stadt-Anzeiger“ vom 13.1.1979.
719 Abgedruckt in der Ausgabe des „Kölner Stadt-Anzeigers“ vom 27.1.1979.

eine gemeinsame Position vertreten habe".[720] Die uneingeschränkte Solidarität, die Köppler ihm gegenüber zeigte, hinterließ bei Biedenkopf einen bleibenden Eindruck. In einer Ansprache auf der Kreisgeschäftsführerkonferenz der CDU Westfalen-Lippe am 1. Februar 1979 erklärte er zu den Auseinandersetzungen um das von ihm verfaßte Memorandum u. a.: „Ich habe eine Menge persönlicher Erfahrungen in dem Zusammenhang gemacht. Gute und schlechte. Ich habe festgestellt, daß eine ganze Reihe von Telefongesprächen, die ich mit Präsidiumsmitgliedern geführt habe, nach der Veröffentlichung des Vorganges plötzlich als nicht mehr geführt galten. Das ist eine interessante Feststellung, darauf kann man sich in der Zukunft einrichten. Da habe ich auch eine Reihe von persönlichen Erfahrungen gemacht, die ich sicher so schnell nicht vergessen werde. Ich habe aber auch eine hervorragende positive Erfahrung gemacht. ... Ich habe die hervorragende positive Erfahrung der Freundschaft von Heinrich Köppler gemacht. Heinrich Köppler hat in den ganzen sehr schwierigen Beratungen nie auch nur den geringsten Zweifel daran gelassen, daß das, was wir gemeinsam vorhatten, von ihm voll mitgetragen wird. Er hat in der Präsidiums- und in der Bundesvorstandssitzung, und das war eine kritische Sitzung am 11. Januar, den wesentlichen Inhalt unserer Vorschläge vorgetragen, nicht ich. Und ich habe dann anschließend ergänzende Bemerkungen gemacht. Aber Heinrich Köppler hat gegenüber dem Bundesvorstand nicht den geringsten Zweifel daran gelassen, daß die Diskussion über die Sachfragen dringend notwendig ist, und er ist, wie man so schön sagt, gestanden."[721]

Anfang Januar 1979 rückten nicht nur die beiden CDU-Landesverbände Rheinland und Westfalen-Lippe zusammen, wie die angesprochene Mitarbeitertagung in Köln am 17. Januar 1979 gezeigt hatte. Auch zwischen den beiden Landesvorsitzenden Köppler und Biedenkopf entwickelte sich eine vertrauensvolle Zusammenarbeit, was im Hinblick auf die Landtagswahl von 1980 von großer Bedeutung war. Auf einer gemeinsamen Sitzung der Landesparteivorstände Anfang Mai 1979 in Essen schätzte Köppler die landespolitische Ausgangslage für die Landtagswahl als gut ein.[722] Gleiches könne er aus Bonn nicht berichten. Was ihn beunruhigte, war die nach wie vor ungeklärte Führungsfrage.

Auf dem CDU-Bundesparteitag in Kiel Ende März 1979 hatte Helmut Kohl „persönlich den ersten wirklich zählbaren Rückschlag seit Übernahme des Vorsitzes der Bundespartei 1973"[723] erlitten. Bei seiner Wiederwahl zum Bundesvorsitzenden mit lediglich 617 von 740 Stimmen hatte es 82 Gegenstimmen und 41 Enthaltungen gegeben – mehr als nur einen Denkzettel. Dieses Votum war „ein unübersehbares Zeichen des Mißtauens" gegenüber Kohl,[724] der selbst wußte, „daß es für eine erneute Kanzlerkan-

720 Ebd.

721 Manuskript der Ausführungen Biedenkopfs auf der Kreisgeschäftsführerkonferenz der CDU Westfalen-Lippe am 1.2.1979 in Dortmund, S. 8, in: ACDP 01-446-032.

722 Vgl. Niederschrift der gemeinsamen Landesvorstandssitzung der CDU Rheinland und der CDU Westfalen-Lippe am 4.5.1979 in Essen, in: HStAD RW 277-57.

723 Kleinmann, S. 430.

724 Jäger, S. 133.

didatur von mir weder in den CDU-Gremien noch in der gemeinsamen Bundestagsfraktion eine Mehrheit gab".[725] Die Kanzlerkandidatenfrage war offen. Nach den Erfahrungen im Landtagswahlkampf 1975 lag es daher im Interesse der CDU in Nordrhein-Westfalen, auf eine zügige Klärung dieser Frage zu drängen – „und zwar vor der Sommerpause", wie Köppler in Essen betonte. Eine Klärung der Kanzlerkandidatenfrage konnte tatsächlich noch vor der Sommerpause erreicht werden, allerdings erst nach heftigsten Auseinandersetzungen innerhalb des Unionslagers. Die Union erlebte zwischen Mai und Juli 1979 ihre schwerste Krise seit Kreuth 1976.[726]

Am 24. Mai 1979, also nur einen Tag nach der Demonstration der Geschlossenheit der Unionsparteien bei der Wahl von Karl Carstens zum neuen Bundespräsidenten, eröffnete die CSU das Duell um die Kanzlerkandidatur. Ihr Vorsitzender, der bayerische Ministerpräsident Franz Josef Strauß, erklärte seine Bereitschaft zur Übernahme der Kanzlerkandidatur. Vier Tage später antwortete der CDU-Bundesvorstand, der sich auf Vorschlag Kohls, der die Unionsparteien mit einem Spitzenkandidaten Strauß auf der Verliererstraße sah,[727] bei nur zwei Enthaltungen für den niedersächsischen Ministerpräsidenten Ernst Albrecht als Kanzlerkandidaten aussprach. Auch Köppler hatte für Albrecht gestimmt, lehnte es aber ab, diesen Beschluß auf Biegen oder Brechen durchzusetzen, denn „in 1. Linie gehe es darum, die Einheit von CDU und CSU zu retten, in 2. Linie erst um die Aufstellung eines Kanzlerkandidaten", machte er Anfang Juni 1979 seine Haltung in der Auseinandersetzung um den gemeinsamen Kanzlerkandidaten von CDU und CSU deutlich.[728] Die viel beschworene Einheit der Union war für ihn kein „Fetisch", sondern „Kraftquell und Speerspitze für eine Politik, die nach wie vor dem Willen der Mehrheit unseres Volkes entspricht".[729]

Die Sorge um die Einheit der Union veranlaßte Köppler und die Führung der CDU in Nordrhein-Westfalen, einer Kanzlerkandidatur des bayerischen Ministerpräsidenten zuzustimmen, wenn sich dadurch der Weg in die Spaltung der Union vermeiden ließ, die sie für den Fall einer Zurückweisung des CSU-Vorsitzenden befürchteten.[730] Doch welches Gremium sollte über die Nominierung des Kanzlerkandidaten der Union entscheiden? Da sich die Parteivorstände von CDU und CSU auf keine Verfahrensregeln

725 KOHL, S. 524f.

726 Zu den Auseinandersetzungen um die Nominierung des Kanzlerkandidaten der Union für die Bundestagswahl 1980 vgl. JÄGER, S. 133–138.

727 Vgl. KOHL, S. 525f. Nach Überzeugung des CDU-Vorsitzenden konnte Strauß wie kein anderer Politiker der Unionsparteien die eigene Anhängerschaft begeistern. Aber er sei „nur bedingt attraktiv" gewesen für Wechselwähler, für Wähler in der politischen Mitte und damit einem wichtigen Teil der Wählerschaft. Auch – und dies war Kohls „größter Vorbehalt" gegen eine Kanzlerkandidatur von Strauß – sah er keine Möglichkeit, mit dem CSU-Vorsitzenden eine Mehrheit im Deutschen Bundestag zu erreichen. „Die Liberalen würden eher auf Macht und Einfluß in Bonn verzichten, als eine Regierungskoalition mit einem Bundeskanzler Strauß einzugehen", war sich Kohl sicher.

728 Protokoll Sitzung CDU-Landtagsfraktion 5.6.1979, in: HStAD RW 360-403.

729 KÖPPLER: Einheit.

730 Helmut Breuer/Heinz Schweden: „Lieber Strauß als Bruch der Union". In: „Rheinische Post" vom 28.6.1979.

zur Wahl des Kanzlerkandidaten verständigen konnten, mußte am 2. Juli 1979 die Bundestagsfraktion als die einzige gemeinsame Einrichtung von CDU und CSU eine Entscheidung in dieser Frage herbeiführen, die zugunsten von Strauß ausfiel, der sich mit 135 zu 102 Stimmen gegen Albrecht durchsetzte.[731] Auch Köppler hatte an dieser Fraktionssitzung teilgenommen und unter den Mitgliedern der Rheinischen Landesgruppe für Strauß geworben.[732]

Die Entscheidung für einen Kanzlerkandidaten Strauß war dem liberalen CDU-Politiker Heinrich Köppler nicht leicht gefallen, wie er zwei nach Tage nach dem Votum der Bundestagsfraktion gegenüber einem Gründungsmitglied der CDU in Aachen erklärte: „Was meine Haltung in den quälenden Wochen der Auseinandersetzung um die Kanzlerkandidatur angeht, habe ich ... alles getan, um einen gemeinsamen Kanzlerkandidaten Ernst Albrecht zu erreichen und die Einheit der Union zu wahren. Die Chancen, dieses Ziel zu erreichen, wurden allerdings in diesen Wochen von Tag zu Tag geringer. Für mich – daraus mache ich kein Hehl – galt es, unter allen Umständen die Einheit der Union zu erhalten, weil wir sonst die historische Aufgabe der Union in der Nachkriegszeit verspielt und damit auch die Stabilität unserer Bundesrepublik gefährdet hätten."[733]

Die Nominierung des bayerischen Ministerpräsidenten Franz Josef Strauß zum gemeinsamen Kanzlerkandidaten von CDU und CSU löste unter den Sozialdemokraten in Nordrhein-Westfalen Jubelstimmung aus. Führende Repräsentanten der SPD wie Ministerpräsident Rau und Arbeitsminister Farthmann empfanden einen Kanzlerkandidaten Strauß als ein „Geschenk des Himmels"[734]. Sie sahen die Möglichkeit, die Landtagswahl von 1980 zu einer vorgezogenen Bundestagswahl und damit zu einem Plebiszit über Bundeskanzler Helmut Schmidt umzufunktionieren. Auf diese Weise hofften sie, von eigenen, also landespolitischen Schwächen ablenken zu können. Köppler war sich bewußt, daß bundespolitische Themen den Landtagswahlkampf im Frühjahr 1980 bestimmen würden. Wenige Monate vor der Bundestagswahl im Oktober 1980 sei „ein Wahlkampf ohne bundespolitische Aspekte nicht denkbar".[735] Darauf müsse die CDU offensiv reagieren.

Allen Überlegungen, die Bundespolitik im Landtagswahlkampf auszuklammern, erteilte er eine Absage, weil ein solcher Versuch „uns nur unnötig in die Defensive" brächte, wie Landtagswahlkämpfe in anderen Bundesländern zeigten. Köppler sehnte die „persönliche Konfrontation" zwischen Strauß und Schmidt geradezu herbei, weil sie dazu beitrüge, daß sich die Bürger ein objektives Bild von „den besonderen Qualitäten und hervorragenden politischen Fähigkeiten von Franz Josef Strauß machen kön-

731 Jäger, S. 138.
732 Vgl. Zeitzeugengespräche mit Hansheinz Hauser (1.4.2004) und Paul Hoffacker (24.7.2004).
733 Schreiben von Heinrich Köppler an Franz Paffen aus Herzogenrath vom 4.7.1979, in: ACDP 01-258-026/3.
734 Zeitzeugengespräche mit Friedhelm Farthmann (28.1.2004) und Johannes Rau (2.4.2004).
735 Schreiben von Heinrich Köppler an Fritz Haeger aus Lennestadt vom 9.7.1979, in: ACDP 01-258-025/4.

nen".[736] Dies würde die Wahlchancen der Union noch verbessern, war er überzeugt. Die SPD stehe 1980 vor dem Problem, nicht wieder ein Phantom bekämpfen zu können, wie sie es bei der Landtagswahl 1975 oder bei der Bundestagswahl 1976 versucht habe. Statt dessen müsse sie sich 1980 konkret mit der Politik von Strauß auseinandersetzen. Was bei Auftritten des Kanzlerkandidaten der Union im Landtagswahlkampf zu erwarten war, wurde bereits im Kommunalwahlkampf im September 1979 erkennbar, als es auf Großveranstaltungen mit Strauß in Essen und Köln zu tumultartigen Ausschreitungen kam.[737] Linke Krawallmacher und Berufsdemonstranten warfen nicht nur mit Eiern um sich, sondern schleuderten auch Pflastersteine und andere gefährliche Gegenstände gegen die Repräsentanten der Union.

Daß ein Kanzlerkandidat Strauß der CDU in Nordrhein-Westfalen offensichtlich nicht schadete, zeigte der Ausgang der Kommunalwahlen am 30. September 1979. Die Christdemokraten konnten ihren Stimmenanteil landesweit um 0,2 Prozentpunkte steigern und erreichten mit 46,3 Prozent ihr bis dahin bestes Ergebnis bei Kommunalwahlen an Rhein und Ruhr.[738] Der Stimmenanteil der Sozialdemokraten, die Verluste von 0,6 Prozentpunkten hinnehmen mußten, ging auf 44,9 Prozent zurück. Auch die Freien Demokraten verloren 0,6 Prozent und landeten landesweit bei 6,5 Prozent. Auf einer gemeinsamen Landespressekonferenz mit Kurt Biedenkopf am Tag nach der Wahlentscheidung warnte Köppler vor einer Überbewertung des Ergebnisses.[739] Von einer „Testwahl" für 1980 wollte er nichts wissen, bezeichnete aber dieses Wahlergebnis im Hinblick auf die Landtagswahl als „eine sehr gute Ausgangsposition für die CDU in Nordrhein-Westfalen".

Für die Wahlauseinandersetzung im Frühjahr 1980 setzte Köppler auf die volle Unterstützung Kurt Biedenkopfs. „Deine Freundschaft und Solidarität sind mir das wichtigste Wahlkampfkapital", ließ er Ende Dezember 1979 den westfälischen CDU-Vorsitzenden wissen.[740] Unter dem Eindruck der Solidarität Köpplers im Zusammenhang mit den Auseinandersetzungen über das von ihm verfaßte Memorandum hatte Biedenkopf im Januar 1979 versprochen, „alles zu tun, was in meiner Kraft steht, und wenn ich will, kann ich eine ganze Menge auf die Wege bringen, daß Heinrich Köppler Ministerpräsident wird und wir deutlich machen, daß die 40 % der CDU-Mitglieder, die hier in Nordrhein-Westfalen wohnen, die also Nordrhein-Westfalen sind, in ihrer Verantwortung für dieses Land und für die Bundesrepublik Deutschland die politische Wende herbeiführen wollen".[741] Dazu konnte er als Wahlkampfleiter einen wesentlichen Beitrag

---

736 Zitiert nach Helmut Breuer: „Strauß verbessert Chancen der CDU an Rhein und Ruhr". In: „Rheinische Post" vom 31.7.1979.

737 Lothar Bewerunge: „Erschreckende Szenen bei Krawallen gegen Strauß". In: FAZ vom 17.9.1979.

738 Zum Ausgang der NRW-Kommunalwahl 1979 vgl. Alemann, Anhang, S. 256.

739 Vgl. „Analyse der Kommunalwahlergebnisse. Landespressekonferenz, 1.10.1979", in: HStAD NW 583-2965.

740 Schreiben von Heinrich Köppler an Kurt Biedenkopf vom 26.12.1979, in: ACDP 01-446-132.

741 Manuskript der Ausführungen Biedenkopfs auf der Kreisgeschäftsführerkonferenz der CDU Westfalen-Lippe am 1.2.1979 in Dortmund, S. 11, in: ACDP 01-446-032.

leisten. Köppler hatte Biedenkopf um die Übernahme der Wahlkampfleitung gebeten, „da er eine bestimmte Wählerschaft anspricht, die westfälisch-lippische Landespartei repräsentiert [und] als Wahlkampfleiter einiges mehr und deutlicher sagen kann als der Spitzenkandidat dies klugerweise tun könnte".[742] Er war sich sicher, daß es Biedenkopf gelingen werde, das gesamte Spektrum der CDU in Nordrhein-Westfalen für die Wahlen 1980 zu mobilisieren. „Wenn uns dies ähnlich gut oder besser gelingt wie bei den gerade hinter uns liegenden Kommunalwahlen, werden wir die [Landtags-]Wahlen gewinnen", zeigte sich Köppler im November 1979 zuversichtlich.[743]

Für den Fall eines Wahlsieges 1980 sollte Biedenkopf auch am Kabinettstisch Platz nehmen, und zwar als Wirtschaftsminister und stellvertretender Ministerpräsident, wie es in einer Erklärung des Präsidiums der CDU in Nordrhein-Westfalen vom 23. November 1979 hieß, in der der westfälische CDU-Vorsitzende zugleich ankündigte, sich um ein Landtagsmandat bewerben zu wollen.[744] Biedenkopf beteiligte sich also in einer herausragenden Stellung am Landtagswahlkampf 1980, in dem der Eindruck einer doppelten Spitzenkandidatur entstehen konnte. So durften sich die Wähler an Wahlplakaten erfreuen, die doppelte Energie für Nordrhein-Westfalen versprachen und Heinrich Köppler und Kurt Biedenkopf gemeinsam zeigten.

Hatte Köppler in seinem Bemühen, alle Kräfte für seine letzte große Wahlschlacht zu bündeln – im Falle einer erneuten Wahlniederlage stand für ihn der Rückzug vom Fraktionsvorsitz und damit der Verzicht auf die Rolle des Oppositionsführers fest[745] –, zu große Zugeständnisse gegenüber Biedenkopf gemacht? Er sah dies offensichtlich nicht so, sondern vertraute auf die gewachsene Zusammenarbeit mit dem Vorsitzenden der CDU Westfalen-Lippe und zweifelte daher nicht an dessen Loyalität. Und das Gespann Köppler/Biedenkopf schien nicht nur den politischen Gegner zu beunruhigen, sondern auch bei den Wählern anzukommen. Die christdemokratische Doppelspitze sei „insofern gefährlich", hieß es im November 1979 in einem Entwurf der nordrhein-westfälischen SPD über die Wahlkampfkonzeption für 1980, weil der Versuch unternommen werde, „eine attraktive Arbeitsteilung darzustellen: Biedenkopf wird als der sachkompetente Kämpfer und Köppler als freundlicher Landesvater und Volkstribun angeboten werden".[746] Die Führungsmannschaft Köppler/Biedenkopf lag gegenüber dem Führungsduo des sozial-liberalen Regierungslagers, Johannes Rau und Burkhard Hirsch, „eine große Nasenlänge" voraus, wie der CDU-Oppositionsführer Mitte Januar

742 Schreiben von Heinrich Köppler an Martin Bittner, Schriftführer der CDA-Betriebsgruppe der Schachtanlage Walsum, vom 26.11.1979, in: ACDP 01-258-024/4.

743 Ebd.

744 Vgl. Pressemitteilung des Präsidiums der CDU in NRW vom 23.11.1979, in: ACDP 01-258-057/2.

745 Vgl. Zeitzeugengespräch mit Franz Josef Köppler (8.11.2003); erstes Zeitzeugengespräch mit Klaus Fenske (31.1.2004); BIEDENKOPF: Energie, S. 172.

746 „Grundzüge der Konzeption für den Wahlkampf zur Wahl des Landtags am 11. Mai 1980". Entwurf vom 12.11.1979, S. 6, in: HStAD RW 350-2379.

1980 unter Berufung auf Umfrageergebnisse mehrerer Meinungsforschungsinstitute zufrieden feststellen konnte.[747]

Hirsch war im November 1979 an die Spitze des FDP-Landesverbandes gewählt worden und im Landeskabinett zum Stellvertreter des Ministerpräsidenten aufgerückt, nachdem die FDP-Landtagsfraktion Horst-Ludwig Riemer gestürzt hatte.[748] Der Gegensatz zwischen Riemer und der FDP-Fraktion war unüberbrückbar geworden, insbesondere das Verhältnis zwischen dem FDP-Landesvorsitzenden und dem Vorsitzenden der FDP-Landtagsfraktion, Hans Koch, war seit Anfang 1977, als Riemer öffentlich Bedenken gegen den Gesetzentwurf der Regierungsfraktionen zur Einführung der Kooperativen Schule geäußert hatte, nachhaltig gestört. Vor der SPD-Landtagsfraktion bewertete Ministerpräsident Rau den Führungswechsel innerhalb der FDP positiv. Hirsch sei „immer ein Garant für die sozial-liberale Koalition" gewesen, und die Zusammenarbeit mit der neuen Wirtschaftsministerin, der Hagener Bundestagsabgeordneten Liselotte Funcke, werde „ausgezeichnet", war er sich sicher.[749] Funcke hatte 1956 zu jener Gruppe jüngerer nordrhein-westfälischer FDP-Politiker um Wolfgang Döring, Willi Weyer und Walter Scheel gehört, die über ein konstruktives Mißtrauensvotum die Regierung Arnold gestürzt hatte, an deren Stelle erstmals in der Geschichte des Landes Nordrhein-Westfalen eine von Sozialdemokraten und Liberalen gebildete Landesregierung getreten war.[750]

Daran erinnerte auch Köppler in der CDU-Landtagsfraktion.[751] Der neuen Wirtschaftsministerin sprach er die landespolitische Kompetenz ab. Funcke sei seit ihrem Wechsel in den Bundestag im Jahre 1961 nicht mehr politisch im Land tätig gewesen und könne schon aus diesem Grunde über keinerlei Erfahrung in der Landespolitik verfügen. Sie würde ständig als Steuerexpertin der FDP-Bundestagsfraktion dargestellt, habe jedoch in Bonn keine Meriten aufzuweisen, im Gegenteil, sie habe alles getan, ein Gesetz zur Herbeiführung der Steuergerechtigkeit zu verhindern. Zu Hirsch erklärte er vor der CDU-Fraktion, daß es kein Fettnäpfchen gebe, in das dieser nicht hineingetreten sei. Unter Führung eines Landesvorsitzenden Hirsch könne man „mit Garantie" annehmen, „daß die FDP noch weiter nach links abrutschen werde". Damit stand für Köppler fest, daß kein Koalitionspartner in Sicht war, also nur eine absolute CDU-Mehrheit die Wende in Nordrhein-Westfalen bringen konnte.

In der Tat stand die FDP als Koalitionspartner für die Zeit nach der Landtagswahl von 1980 nicht zur Verfügung. In seiner Rede auf dem außerordentlichen Landesparteitag der Freien Demokraten am 26. Januar 1980 in Duisburg hob Hirsch die partnerschaftliche Zusammenarbeit mit der SPD hervor. Die Sozialdemokraten hätten sich als

747 Protokoll Sitzung CDU-Landtagsfraktion 15.1.1980, in: HStAD RW 360-1930.

748 Vgl. „Sprüche im Schloßturm". In: „Der Spiegel" vom 12.11.1979; Zeitzeugengespräch mit Burkhard Hirsch (27.1.2004).

749 Protokoll Sitzung SPD-Landtagsfraktion 13.11.1979, in: HStAD RW 350-14.

750 Vgl. Papke.

751 Vgl. Protokoll Sitzung CDU-Landtagsfraktion 12.11.1979, in: HStAD RW 360-405.

„faire Partner" erwiesen, die bereit seien, „liberale Forderungen zu akzeptieren".[752] Dieser partnerschaftlichen Zusammenarbeit mit der SPD habe die CDU in Nordrhein-Westfalen „nichts Gleichwertiges" entgegenzusetzen".[753] In ihrem Wahlaufruf, den Hirsch in seiner Rede verlas, bekannten sich denn auch die nordrhein-westfälischen Liberalen zur Fortsetzung der „bewährten Zusammenarbeit mit der SPD"[754] über den Wahltag 1980 hinaus. „Eine solche Koalition in Düsseldorf wird auch Garant für liberale Politik in Bonn mit dem Bundeskanzler Helmut Schmidt und mit dem Vizekanzler Hans-Dietrich Genscher sein", unterstrichen sie die bundespolitische Bedeutung der Landtagswahl. Bundespolitisch begründete die FDP in Nordrhein-Westfalen auch ihre Absage an die CDU: „Die CDU/CSU hat sich für einen Kanzlerkandidaten entschieden, der mitunter von Freiheit redet, der seine wirklichen Vorstellungen darüber aber oft genug dargestellt hat. Strauß ist nicht wählbar, wenn man will, daß die Politik der Bundesrepublik als des drittgrößten Industriestaates dieser Erde berechenbar bleibt. Darum dürfen auch seine Statthalter in Nordrhein-Westfalen nicht zum Zuge kommen: Der Kanzlerkandidat ist nicht die Ursache, sondern die Folge des politischen Zustandes seiner Partei."[755]

Bei seinem Streben nach einer absoluten Mehrheit durfte Köppler nicht mit einer besonderen Unterstützung durch die Bonner Parteiführung rechnen. Während der Auseinandersetzungen um die Nominierung von Franz Josef Strauß zum Kanzlerkandidaten der Unionsparteien war das Verhältnis zwischen ihm und Kohl und Geißler weiter abgekühlt. Der CDU-Generalsekretär hatte Köppler in Verdacht, an Rhein und Ruhr Stimmung gegen Kohl und ihn zu machen, „weil wir [angeblich] aktiv die Spaltung der Union betrieben".[756] Auch wenn er keine massive Unterstützung von der Parteiführung in Bonn erwarten konnte, sah Köppler dem Landtagswahlkampf 1980 mit Zuversicht entgegen. Hoffnung schöpfte er aus der Tatsache, daß Rau als Ministerpräsident zu diesem Zeitpunkt über keinen Amtsbonus verfügte. Der Nachfolger von Heinz Kühn kam nicht richtig in Tritt. Waren die Schuhe des Regierungschefs eine Nummer zu groß für ihn? „Sie sehen nach 24 Monaten in etwa so aus, wie Heinz Kühn nach 12 Jahren ausgesehen hat", hielt Köppler im Februar 1979 dem neuen Ministerpräsidenten am Ende der Beratungen des Haushalts für das Jahr 1979 vor.[757] Kritik an der Amtsführung von Rau kam nicht nur aus den Reihen der Opposition. Auch im Regierungslager wurde über mangelnde Tatkraft und Entschlossenheit des Ministerpräsidenten geklagt.[758]

752 Rede des Landesvorsitzenden Burkhard Hirsch auf dem außerordentlichen Landesparteitag der FDP-NRW am 26.1.1980 in Duisburg, S. 8, in: HStAD RWV 49-2122.

753 Ebd., S. 10.

754 Ebd., S. 17.

755 Ebd., S. 16.

756 Schreiben von Heiner Geißler an Heinrich Köppler vom 28.6.1979, in: ACDP 01-258-025/3.

757 LT NRW. 8. Wahlperiode. 99. Sitzung am 21.2.1979, S. 6888.

758 Vgl. Lothar Bewerunge: „Der neue Mann schafft wenig Neues". In: FAZ vom 1.3.1979; „Warten wir's ab". In: „Der Spiegel" vom 12.3.1979; „Ist die SPD unzufrieden mit Rau?". In: FAZ vom 22.3.1979; „Mit heißer Nadel". In: „Der Spiegel" vom 10.12.1979.

Zu Beginn des Jahres 1980 sah Köppler eine reelle Siegeschance. Im Landtag zeigte er sich während der abschließenden Beratungen des Landeshaushalts 1980 „zuversichtlich, daß ... eine 13½jährige Epoche im Lande zu Ende geht, die dem Land wenig Nutzen gebracht hat, die dem Land denkbar schlecht bekommen ist".[759] Diese Landtagsdebatte nutzte er zu einer Generalabrechnung mit der sozial-liberalen Landesregierung. In der „Organisationsunfähigkeit und Konzeptionslosigkeit des Gesamtkabinetts"[760] sah er die Ursache für eine verantwortungslose Finanzpolitik, die „ein Himalaja-Gebirge von Schulden in unserem Lande aufgerichtet" habe und deshalb „mit Volldampf hinein in den Staatsbankrott"[761] führe, für steigende Arbeitslosigkeit und Bürokratisierung, für eine „miserable Schulpolitik dieses Landes in den letzten Jahren"[762] und für eine Wohnungsbaupolitik, die dazu geführt habe, „daß die Schere zwischen Neubauten von Wohnraum und von Wünschen der Bürger nach dringend notwendigen Wohnungen immer weiter auseinanderklafft und das Defizit immer größer wird"[763]. Besonders scharf griff er seinen Gegenspieler, Ministerpräsident Rau, an: „Sie, Herr Ministerpräsident, haben auf Ihrem Parteitag in Bochum an ihre Genossen appelliert, Sie so zu nehmen, wie Sie sind. Sie selbst haben ja auch einmal vor diesem Hause erklärt, es sei ihre Eigentümlichkeit, auf leisen Sohlen daherzukommen. Das findet seinen besonderen Niederschlag in Ihrer Unfähigkeit, Entscheidungen zu treffen. Sie versuchen mit dieser von Ihnen selbst als Politik der Zuwendung charakterisierten Regierungs- und Führungsverweigerung, den Wähler zu überreden. Ein guter Politiker soll den Wähler nicht überreden, sondern er soll ihn überzeugen, und daran, meine Damen und Herren, mangelt es."[764]

Im Wahljahr 1980 ging Heinrich Köppler sehr früh in die Offensive, weshalb er aufpassen mußte, nicht zu früh sein Pulver zu verschießen. Die heiße Wahlkampfphase sollte erst nach der Osterpause Mitte April beginnen. Zuvor wollte er mit seiner Ehefrau Erika im geliebten Nordenau im Hochsauerland Kraft tanken. Nach seinem Wechsel von Bonn nach Düsseldorf war für ihn Nordenau zu einem zweiten Zuhause geworden. Köppler mochte die Sauerländer, und die Sauerländer mochten ihn. „Im katholischen Sauerland wurde Heinrich Köppler wie ein regierender Monarch in jedem Dorf begrüßt, Bürgermeister mit Amtskette erschienen. Im Grunde war er für die Leute in dieser Region der Ministerpräsident", erinnert sich Helmut Breuer an eine Wanderung Köpplers mit Journalisten durch das Sauerland.[765]

Es sollte Köpplers letzte Reise in das Hochsauerland sein. Am Morgen des 3. April 1980, es war Gründonnerstag, erlitt Köppler auf seinem Hotelzimmer einen Herzin-

759 LT NRW. 8. Wahlperiode. 128. Sitzung am 27.2.1980, S. 8708f.
760 Ebd., S. 8711.
761 Ebd., S. 8712.
762 Ebd., S. 8721.
763 Ebd., S. 8720.
764 Ebd., S. 8726.
765 Zeitzeugengespräch mit Helmut Breuer (1.4.2004).

farkt.[766] Noch am selben Tag konnte er mit einem Rettungshubschrauber nach Düsseldorf geflogen werden, wo er auf die Intensivstation des Gerresheimer Krankenhauses eingeliefert wurde. Einen Tag später hieß es in einem ärztlichen Bulletin, dem Politiker gehe es „den Umständen entsprechend gut". Für Köppler wurde die bei Infarkten übliche strengste Bettruhe angeordnet. Auch bei günstigstem Heilungsverlauf war es ausgeschlossen, daß er noch einmal aktiv in den Wahlkampf eingreifen konnte.

Daß der Oppositionsführer noch vor Beginn der heißen Wahlkampfphase in Nordrhein-Westfalen überraschend einen Herzinfarkt erlitten hatte, war für ihn persönlich, aber auch für die CDU ein schwerer Schlag. Da er als Spitzenkandidat der CDU im Wahlkampf nicht mehr zur Verfügung stand, mußte sich die Partei möglichst schnell darüber klar und einig werden, wie sie die Auseinandersetzung mit Rau und der Regierungskoalition weiter führen wollte. Einen anderen Spitzenkandidaten, in Frage kam eigentlich nur Biedenkopf, an Köpplers Stelle zu setzen, war organisatorisch noch möglich, wurde aber nicht ernsthaft in Erwägung gezogen. Es wäre auch Köppler gegenüber nicht fair gewesen, solange davon auszugehen war, daß er nach seiner Genesung wieder an seinen Platz zurückkehrte. Biedenkopf war als Wahlkampfleiter und Stellvertreter Köpplers ohnehin voll im Geschäft. Die Doppelkonstruktion in der Führungsspitze erwies sich nunmehr als günstig, auch um den Wahlkampf, für den praktisch alles vorbereitet war, wie vorgesehen abzuwickeln.

Nach dem Ausfall Köpplers lastete die Verantwortung nahezu allein auf den Schultern Biedenkopfs, der sich gegenüber dem Erkrankten absolut loyal verhielt: „An Konzeption, Aussagen und Strategie unseres Wahlkampfes ändert sich durch die Erkrankung Heinrich Köpplers nichts. Heinrich Köppler bleibt Spitzenkandidat, und wenn die CDU die Wahl gewinnt, wird sie ihn zum Ministerpräsidenten wählen", ließ der westfälische CDU-Vorsitzende die Öffentlichkeit wissen.[767] Einen entsprechenden Beschluß faßte das Landespräsidium der CDU in einer Sondersitzung am 5. April 1980.[768] Die heiße Phase des Landtagswahlkampfs begann, und Biedenkopf zeigte sich zuversichtlich. Vor der CDU-Landtagsfraktion beurteilte er die Ausgangssituation der CDU günstig, warnte aber davor, „daß ein Wahlsieg der CDU in den Schoß fallen könnte".[769] Es müßten alle Anstrengungen unternommen werden, um diesen Wahlsieg zu erreichen. Zuversichtlich zeigte sich zur selben Zeit auch Erika Köppler. Alle Zeichen standen günstig für eine rasche Genesung. „Mein Mann fühlt sich schon wieder viel besser, ich bin zufrieden mit dem Verlauf und sehr, sehr erleichtert", erklärte sie gegenüber Horst-

766 Vgl. Gert Lahmann: „Der Mann, der Heinrich Köppler das Leben rettete". In: „Bild" vom 8.4.1980; Wolfgang Mauersberg: „Köppler fällt für den Wahlkampf aus". In: „Kölner Stadt-Anzeiger" vom 5.4.1980; „Köppler auf der Intensivstation". In: „Ruhr-Nachrichten" vom 5.4.1980; „Heinrich Köppler – Hotelgast rettet ihn vor Herztod!" In: „Express" vom 5.4.1980.

767 Zitiert nach Hans Wüllenweber: „Köpplers Infarkt weckt Biedenkopfs Solidarität". In: „Münchner Merkur" vom 8.4.1980.

768 Vgl. Protokoll Sondersitzung Präsidium der CDU in NRW 5.4.1980, in: ACDP 03-002-737/2.

769 Protokoll Sitzung CDU-Landtagsfraktion 15.4.1980, in: HStAD RW 360-407.

Werner Hartelt von der NRZ.[770] Ihre positive Einschätzung des Gesundheitszustandes ihres Mannes, wiederholte sie in einem Gespräch mit der „Bild am Sonntag", das am 20. April 1980 erschien.[771] Daß es Köppler besser ging, konnte auch der Chefinternist und Ärztliche Direktor des städtischen Krankenhauses in Düsseldorf-Gerresheim, Prof. Robert Mürtz, bestätigen, der deshalb von den dramatischen Ereignissen an diesem Sonntag völlig überrascht wurde.[772]

Bei einem zweiten Herzinfarkt, den Köppler am 20. April 1980 im Beisein seiner Frau erlitt, trat der akute Herztod ein. Obwohl innerhalb einer Minute einer der drei Ärzte, die an diesem frühen Sonntagabend im Bereich der Inneren Medizin Dienst hatten, am Krankenbett war, habe es in diesem Fall praktisch keine Chance mehr gegeben, versicherte Mürtz, nach dessen Darstellung es in fast 80 Prozent der Fälle gelinge, eingelieferte Patienten mit Herzinfarkt in der Klinik durchzubringen. Bei einem zweiten Infarkt verringerten sich die Möglichkeiten allerdings auf 20 Prozent.

Die Nachricht vom Tode Heinrich Köpplers löste landesweit und über die Parteigrenzen hinaus tiefe Betroffenheit aus. Bundespräsident Karl Carstens sprach von der Trauer um „einen Freund und einen Politiker, dem unser Land viel zu verdanken hat".[773] Sein auf christlicher Überzeugung beruhendes politisches Handeln habe ihm „Zuneigung und Anerkennung in allen Teilen der Bevölkerung eingetragen". Bundeskanzler Helmut Schmidt schrieb an Frau Köppler, er habe in ihrem Mann einen „immer fairen Kollegen" erlebt, der das Amt des Oppositionsführers im Düsseldorfer Landtag ein Jahrzehnt lang „mit großem persönlichen Einsatz" ausgefüllt habe.[774] Der Vorsitzende der Deutschen Bischofskonferenz, Joseph Kardinal Höffner, würdigte Köpplers „Redlichkeit, seine Grundsatztreue, seinen mannhaften Einsatz und seine Klugheit".[775] Diese Eigenschaften entstammten der Kraft des Glaubens, in dem sein ganzes Leben tief verwurzelt gewesen sei. Auch Finanzminister Diether Posser, mit dem sich Köppler sehr oft im Landtag duelliert hatte, war betroffen: „Vor zwei Jahren habe ich mit Heinrich Köppler und seiner Frau in dem gleichen Hotel Urlaub gemacht, in dem er am Gründonnerstag den Herzinfarkt bekam. Wir sind zusammen gewandert, was unser gutes persönliches Verhältnis belegt. Er war der beste Mann der CDU-Landtagsfraktion. In grundsätzlichen demokratischen Fragen waren wir uns immer einig. Sein Tod ist für die CDU ein großer Verlust."[776]

Mitten in die Trauer hinein entwickelte sich eine – nicht zuletzt für die Familie – unwürdige Diskussion über die Frage, ob Heinrich Köppler nicht doch noch zu retten ge-

770 Horst-Werner Hartelt: „Erika Köppler zur NRZ: Mein Mann kann schon wieder lachen". In: NRZ vom 19.4.1980.

771 Ernst Lütcke: „Erika Köppler: ‚Ich kann sehr froh sein!'" In: „Bild am Sonntag" vom 20.4.1980.

772 Alfons Houben: „Köpplers Arzt Prof. Mürtz erklärte: Es gab keine Chance". In: „Westdeutsche Zeitung" vom 22.4.1980.

773 Zitiert nach „Sein Leben war im Glauben verwurzelt". In: „Die Welt" vom 22.4.1980.

774 Ebd.

775 Ebd.

776 „Minister Posser: Köppler war der beste CDU-Mann". In: WAZ vom 22.4.1980.

wesen wäre.[777] Es war bekannt geworden, daß die hochspezialisierten Düsseldorfer Universitätskliniken nach Köpplers erstem Infarkt am Gründonnerstag 1980 auf seine Einweisung eingestellt waren, zur Verwunderung der dort Tätigen jedoch nicht in Anspruch genommen wurden. Arbeits- und Sozialminister Friedhelm Farthmann, in dessen Zuständigkeitsbereich auch die Gesundheitspolitik fiel, zeigte sich empört über die ärztliche Kontroverse um den Tod von Köppler: „Da streiten jetzt plötzlich die Ärzte um den Tod unseres Kollegen Köppler. Dies fand ich unerhört, dafür habe ich kein Verständnis! Ich gehe davon aus, daß alle ihr Bestes gegeben haben, um das Leben Heinrich Köpplers zu retten! Keinem, schon gar nicht den Angehörigen, ist damit gedient, wenn jetzt eine öffentliche Diskussion darüber stattfindet, ob Herr Köppler in einem anderen Krankenhaus oder von einem anderen Arzt hätte behandelt werden sollen."[778]

Für erhebliche Unruhe sorgte auch ein angeblich „letztes Interview mit CDU-Chef Köppler", das einen Tag nach dessen Tod in der Düsseldorfer Ausgabe der „Bild"-Zeitung erschien.[779] Darin erfuhr der Leser, daß Köppler „mehr denn je" an einen Wahlsieg glaubte. „Nach den jüngsten Umfragen steht die CDU gut da. Es sieht im Augenblick nach einem Kopf-an-Kopf-Rennen der Union und der Koalition aus. Ich bin sicher: Die CDU hat die größeren Reserven, weil wir die besseren Leute haben", erklärte er zum Wahlausgang. Wie sich herausstellte, hatte die „Bild"-Zeitung schriftliche Fragen gestellt, die Biedenkopf bei einem Besuch an Köpplers Krankenbett zwei Tage vor dessen Tod weitergab.[780] Wie Biedenkopf erklärte, habe er mit Köppler über den Inhalt der Antworten gesprochen und in seiner Eigenschaft als CDU-Wahlkampfleiter diese dann für ihn formuliert.[781] Aus Empörung über die Veröffentlichung dieses Interviews einen Tag nach dem Tod ihres Mannes soll Erika Köppler dafür gesorgt haben, daß Kurt Biedenkopf nicht auf dem Trauerakt im Düsseldorfer Landtag sprach.[782]

Mit einem Trauerakt im Düsseldorfer Landtag und einem Pontifikalrequiem im Kölner Dom nahmen am 24. April 1980 das Land Nordrhein-Westfalen und führende Vertreter der Bundesrepublik Deutschland Abschied von Heinrich Köppler.[783] Zu den Trauergästen im Landtag zählten Bundespräsident Karl Carstens, Bundestagspräsident

777 Vgl. „Wäre Köppler zu retten gewesen?" In: „Neue Westfälische" vom 23.4.1980; „Mediziner fragen: Wäre Köppler zu retten gewesen?" In: „Westfälische Nachrichten" vom 23.4.1980; „Mediziner-Streit um Köpplers Behandlung". In: „Kölner Stadt-Anzeiger" vom 23.4.1980; „Medizinerstreit: Wäre Köppler zu retten gewesen?" In: „Kölnische Rundschau" vom 23.4.1980.

778 Zitiert nach Horst-Werner Hartelt: „Gesundheitsminister Farthmann zur NRZ: Schluß mit dem Ärzte-Streit um Köpplers Tod". In: NRZ vom 24.4.1980.

779 „Letztes Interview mit CDU-Chef Köppler: CDU gewinnt die Wahl". In: „Bild" vom 21.4.1980.

780 „Biedenkopf half mit bei ‚Bild'-Interview". In: „Kölner Stadt-Anzeiger" vom 30.4.1980.

781 Ebd.

782 Zeitzeugengespräch mit Johannes Rau (2.4.2004).

783 Vgl. Gerlind Schaidt: „Gemeinsamkeit in der Trauer". In: „Bonner Rundschau" vom 25.4.1980; Karlegon Halbach: „Landtag würdigt Heinrich Köppler". In: „Kölner Stadt-Anzeiger" vom 25.4.1980; Helmut Breuer: „Seine Tugenden hat er nie auf den Markt getragen". In: „Rheinische Post" vom 25.4.1980.

Richard Stücklen, der Präsident des Bundesverfassungsgerichts Ernst Benda, der Bundesvorsitzende der FDP, Außenminister Hans-Dietrich Genscher, der Vorsitzende der SPD-Fraktion im Bundestag Herbert Wehner, Alt-Bundeskanzler Kurt Georg Kiesinger, der ehemalige Ministerpräsident Heinz Kühn, das nordrhein-westfälische Landeskabinett, alle von der Union gestellten Ministerpräsidenten und der Vorsitzende der Deutschen Bischofskonferenz Joseph Kardinal Höffner. Vor dieser großen Zahl prominenter Trauergäste würdigte Landtagspräsident Wilhelm Lenz das Wirken Heinrich Köpplers, der fast zehn Jahre eine Führungsfunktion in Nordrhein-Westfalen ausgeübt habe.[784] In der schweren Zeit der Opposition habe er sich zu einem „echten politischen Führer mit großer Autorität" entwickelt, der dem in Deutschland unterbewerteten Amt des Oppositionsführers Glaubwürdigkeit und Überzeugungskraft verliehen habe.

Ministerpräsident Johannes Rau betonte: „Das ganze Land trauert um diesen trefflichen Mann."[785] Er schilderte Köppler als einen „Mannschaftsführer, der die Seinen mitriß". Der Schmerz durch den plötzlichen Tod Köpplers sei nicht auf seine politischen Freunde begrenzt, sondern ergreife auch alle Vertreter anderer politischer Kreise. Er werde den Toten nicht zum „Mann aller Parteien" machen, doch auf Heinrich Köppler treffe das Wort Maxim Gorkis zu: „Es tut wohl, sich an ihn zu erinnern." Der CDU-Bundesvorsitzende Helmut Kohl sprach den Dank seiner Partei aus: Köppler habe zu den „ganz Jungen" gehört, „die die Union mitgebaut haben". Jahrzehntelang habe er ihr in verschiedenen Funktionen gedient und sich in seinem politischen Wirken keine Feinde erworben. „Das Unerbittliche, das Ätzende, das Gehässige – es war ihm nicht nur fremd, er hat es auch bei anderen nicht verstanden", betonte Kohl.[786]

Nach der sehr schlichten Feier im Landtag, die auf eine musikalische Umrahmung verzichtete, hatte die Bevölkerung die Möglichkeit, an einem Pontifikalrequiem für Köppler im Kölner Dom teilzunehmen. Das Requiem wurde vom Erzbischof von Köln, Joseph Kardinal Höffner, zelebriert. Die Predigt hielt der Bischof von Aachen, Klaus Hemmerle, ein guter Freund Köpplers.[787] In einer engagierten Ansprache vor den Trauernden im Dom nannte der Bischof den Laien Köppler einen Mann, der seine „Verantwortung für diese Welt aus christlichem Geist selber in die Hand genommen" habe. Auch was Selbstbewußtsein eines christlichen Laien, was richtiges Maß nach innen und außen, was Ausgleich und vor allem was christliche Ehe und Frömmigkeit bedeute, habe er von Heinrich Köppler erfahren. Er habe „verschwiegen getan, was Glaube ist".

---

784 Trauerakt des Landtags und der Landesregierung Nordrhein-Westfalen zu Ehren des verstorbenen Vorsitzenden der CDU-Fraktion Heinrich Köppler am 24. April 1980 in Düsseldorf, Haus des Landtags, hier: Ansprache Landtagspräsident Wilhelm Lenz, in: LTA NRW Biographisches Kompendium A 0208/406.

785 Ebd., Ansprache von Ministerpräsident Johannes Rau.

786 Ebd., Ansprache des CDU-Bundesvorsitzender Helmut Kohl.

787 Predigt von Bischof Dr. Klaus Hemmerle beim Pontifikalrequiem für Heinrich Köppler am 24.4.1980 im Kölner Dom, in: ACDP 01-258-003/4.

Am Nachmittag dieses Tages wurde Heinrich Köppler in Niederbachem bei Bonn, wo seine politische Karriere begonnen hatte, beigesetzt.[788] Der Bischof von Essen, Franz Hengsbach, ein langjähriger Weggefährte Köpplers im Zentralkomitee der deutschen Katholiken und in der Katholischen Arbeitsgemeinschaft für Soldatenbetreuung, segnete das Grab, das von unzähligen Kränzen umgeben war.

788 Jürgen Budach: „Ruhrbischof Hengsbach segnete das Grab". In: NRZ vom 25.4.1980.

Zusammenfassung

„... daß wir bereitstehen, das Schicksal dieses Deutschlands mitzuformen“[1] – diese Aufforderung an die katholische Jugend Deutschlands aus seiner Schlußrede auf dem Führerschaftstreffen des BDKJ, Pfingsten 1953 in Augsburg, galt nicht zuletzt für Heinrich Köppler selbst. Geprägt durch das Elternhaus, das in Gegnerschaft zum Nationalsozialismus stand, und die Erfahrungen, die er als ganz junger Soldat an der Ostfront sammelte, entfaltete er nach 1945 ein vielfältiges Engagement in Kirche und Politik. Hierzu fühlte sich Heinrich Köppler, der am 26. November 1925 in Hattenheim im Rheingau geboren wurde, moralisch verpflichtet. Er gehörte einer Generation an, die aufgrund ihres Alters nicht in der Gefahr gestanden hatte, sich in der Zeit des Nationalsozialismus schuldhaft verstricken zu können, diese Jahre aber noch bewußt miterlebt hatte, „insbesondere die Konsequenz des Nationalsozialismus in Gestalt des Krieges“[2]. Ohne die Erfahrung des Nationalsozialismus und des Krieges ist nach Köpplers eigener Aussage sein (politischer) Lebensweg nach 1945 nicht zu verstehen: „Ich meine, jeder, der diese Zeit mitgemacht hat, kommt von ihr einfach nicht los. Das schafft bleibende Erinnerungen und auch bleibende Richtpunkte für politische Entscheidungen. Ich empfinde auch durchaus die schwere politische Hypothek, die uns dieser unselige Abschnitt deutscher Geschichte aufgeladen hat, und ich betrachte es auch als meine Aufgabe, diese Hypothek mit abtragen zu helfen.“[3]

Seinen raschen Aufstieg in kirchliche und politische Führungsfunktionen verdankte Köppler nicht allein seinen Leistungen, Fähigkeiten und Gaben. Auf seinem Weg in die Bundesführung des Bundes der Deutschen Katholischen Jugend 1952, in das Generalsekretariat des Zentralkomitees der deutschen Katholiken 1956, in den Deutschen Bundestag 1965 und an die Spitze der CDU in Nordrhein-Westfalen 1969/70 waren ebenso wichtig Persönlichkeiten wie Willy Bokler, Josef Rommerskirchen, Franz Hengsbach, Karl Fürst zu Löwenstein, Josef Hermann Dufhues, Rainer Barzel und auch Karl Lamers, die sein Talent erkannten und es entsprechend förderten.

Köpplers Tätigkeit als Bundesführer des BDKJ von 1952 bis 1956 fiel in die „Blütezeit“[4] der katholischen Jugendorganisation. Daran hatte er einen nicht geringen Anteil. Das Führerschaftstreffen in Augsburg Pfingsten 1953 und vor allem das Bundesfest in Dortmund im Sommer 1954, für deren Durchführung er als Bundesführer verantwortlich zeichnete, förderten das Bundesbewußtsein. Der Bund der Deutschen Katholischen Jugend erschien in jener Zeit als *der* Repräsentant der katholischen Jugend Deutschlands. Auch gelang es Köppler, die politische Verantwortung des Bundes, die schon Josef Rommerskirchen so stark und mit Erfolg betont hatte, wachzuhalten. Dabei ging es ihm nicht nur um Jugendpolitik im engeren Sinne. Es ging ihm um das politische Enga-

1 Christus – Deutschland – Europa, S. 34.
2 Köppler 1, S. 14.
3 Ebd., S. 14f.
4 Schwab, S. 80.

gement der jungen katholischen Generation in Deutschland schlechthin und nicht zuletzt darum, dieses Engagement im politischen Bereich auch wirksam werden zu lassen, wie das in der Mitarbeit beim Aufbau der Bundeswehr gelang. Große Beachtung fand in diesem Zusammenhang die Stellungnahme des BDKJ zur Frage der inneren Struktur deutscher Streitkräfte, die eine wichtige Unterstützung der Reformkräfte im Amt Blank um Graf von Baudissin und damit des Konzepts der „Inneren Führung" darstellte. Dabei konnte sich auch Köppler wirkungsvoll in Szene setzen, als er diese Stellungnahme im November 1953 auf einer Pressekonferenz der Öffentlichkeit vorstellte. Sein Kommunikationstalent fiel auf, sein unbefangener Umgang mit der Presse. Nicht nur Erfolge kennzeichneten seine vierjährige Amtszeit an der Spitze des BDKJ. So blieb trotz vieler Gespräche und Verhandlungen das Verhältnis zur Deutschen Kolpingsfamilie gespannt. Auch wurde das Ziel verfehlt, das Jugendhaus in Düsseldorf zu einer Zentrale katholischer Jugendarbeit zu machen. Hier versagte selbst die viel gepriesene Integrationskraft Köpplers, der lediglich die Deutsche Pfadfinderschaft St. Georg zum Einzug in das Jugendhaus Düsseldorf bewegen konnte, wohin 1954 der BDKJ seine Hauptstelle verlegte.

Die zahlreichen Kontakte in den kirchlichen Raum hinein, die er als Bundesführer des BDKJ in ganz (West-)Deutschland knüpfte, konnte er in seiner neunjährigen Amtszeit als Generalsekretär des Zentralkomitees der deutschen Katholiken von 1956 bis 1965 ausbauen, so daß ein Netz von persönlichen Kontakten entstand, auf die er während seines hauptberuflichen Engagements in der Politik immer zurückgreifen konnte. Ein Beispiel hierfür sind die Überlegungen innerhalb der CDU, auf die Herausforderung von Kreuth im Jahre 1976, als die CSU die Fraktionsgemeinschaft im Bundestag aufkündigte, mit der Gründung eines CDU-Landesverbandes Bayern zu antworten. Als Geburtshelfer stand Köppler zur Verfügung, der vor allem im fränkischen Raum zahlreiche Ansprechpartner aus dem katholischen Bereich hatte.

Während seiner Amtszeit als Bundesführer des BDKJ beschränkten sich seine Kontakte freilich nicht auf den katholischen Bereich. Über seine gleichzeitige Mitarbeit im Deutschen Bundesjugendring ergaben sich weitere – und wie sich zeigen sollte – dauerhafte Kontakte überkonfessioneller und überparteilicher Art, die nicht selten freundschaftlicher Natur waren. In dieser Zeit entwickelte sich beispielsweise eine engere Beziehung zu Heinz Westphal, in den 1950er Jahren Vorsitzender der Sozialistischen Jugend Deutschlands „Die Falken", später langjähriger SPD-Bundestagsabgeordneter und zeitweise Vizepräsident des Deutschen Bundestages. Wie hoch Westphals Wertschätzung für Köppler war, belegt ein Schriftwechsel zwischen Westphal und Elisabeth Gies aus dem Jahre 1989, in dem der SPD-Politiker u. a. ausführte: „Heinrich Köpplers Tod liegt im kommenden Jahr schon 10 Jahre zurück. Daß ein solches Talent und eine so ehrliche Haut so früh gehen mußte, ist tragisch."[5]

5 Schreiben von Heinz Westphal an Elisabeth Gies vom 11. 9. 1989, in: AdsD NL Heinz Westphal 1/HWAG 000425.

Die vergeblichen Bemühungen um gesamtdeutsche Kontakte standen im Zentrum der einjährigen Amtszeit Köpplers an der Spitze des Deutschen Bundesjugendrings 1954/55. Die Aufrechterhaltung der Kontakte über die Zonengrenze hinweg zu den Landsleuten in Ostdeutschland war Köppler ein besonderes Anliegen. Auf den Bau der Berliner Mauer im August 1961 reagierte er in seiner Eigenschaft als Generalsekretär des Zentralkomitees der deutschen Katholiken mit einem Brandbrief an die Mitglieder des ZdK.[6] Die infolge des Mauerbaus „nahezu vollständige Abschnürung unserer Brüder in der SBZ und Ostberlin von jedem persönlichen Kontakt mit uns und der nichtkommunistischen Welt" legte nach Köppler den Organisationen und Institutionen der deutschen Katholiken in der Bundesrepublik eine schwere Verantwortung auf. „An Ihnen wird es liegen", mahnte er die Mitglieder des Zentralkomitees, „ob sich unter den deutschen Katholiken eine unfruchtbare und auf die Dauer selbstmörderische Resignation verbreitet, oder ob diese neue Herausforderung des politischen Atheismus sie anspornt, zu tun, was christliche Solidarität in dieser Weltstunde von uns fordert." In fünf Punkten legte er dar, in welcher Weise die Glaubensschwestern und -brüder in Ostberlin und der DDR unterstützt werden konnten:

1. Durch Briefe und Pakete könne Anteilnahme von Mensch zu Mensch, von Familie zu Familie bekundet werden. Jeder Katholik in Ostdeutschland sollte möglichst oft einen Beweis – und sei es nur eine Postkarte – erhalten, daß es eine Person, eine Familie im freien Teil Deutschlands gebe, die an ihn denke. Der Generalsekretär des ZdK bat die katholischen Verbände, die Diözesan-, Dekanats- und Pfarrausschüsse, „nicht müde zu werden, immer wieder in diesem Sinne zu wirken, die Trägen zu ermahnen und die Unbeholfenen zu beraten".
2. Köppler wünschte sich, daß Pfarrgemeinden in der Bundesrepublik Patenschaften für Gemeinden in der DDR in der Weise übernahmen, daß einzelne Angehörige der Pfarre in der Bundesrepublik den Kontakt mit einer bestimmten Pfarrgemeinde in der DDR besonders pflegten.
3. Er forderte die führenden Repräsentanten aller katholischen Organisationen und Institutionen auf, keine Gelegenheit vorübergehen zu lassen, sich selbst über die Situation in der DDR zu informieren und diese Informationen in ihrem Bereich zu verbreiten. Gleichzeitig sollten alle internationalen Kontakte katholischer Verbände für eine bessere Information der katholischen Glaubensschwestern und -brüder in der freien Welt genutzt werden. Konkret schlug er vor, auf internationalen Tagungen und Konferenzen „das Wort für ein kurzes, gut vorbereitetes Referat über die Not der Christen in der Zone" zu erbitten und aufklärendes Material zu verbreiten.
4. Nachdrücklich bat er die katholische Verbands- und Kirchenpresse, auf alle Unterdrückungsmaßnahmen des SED-Regimes immer wieder hinzuweisen, denn „wie jedes, auf Welteroberung ausgehendes, diktatorisches Regime wird auch das der Kommunisten unsicher, wenn seine Maßnahmen außerhalb seines Machtbereichs

6 Vgl. Schreiben von Heinrich Köppler an die Mitglieder des ZdK vom 26. 9. 1961, in: StAWt-R NL 8 – Ordner „ZdK, Allgemeine Schreiben an Mitglieder 1958–1963".

empörte Proteste wachrufen". Aus diesem Grund sah er sich und die Mitglieder des ZdK in der Pflicht, „die Bedrückung unserer Brüder um des Glaubens willen nicht lediglich zur Kenntnis zu nehmen, sondern mit Entschiedenheit in aller Öffentlichkeit mit Protesten darauf zu reagieren".

5. Auch die Katholiken in Westberlin seien auf Unterstützung angewiesen. Viele katholische Einrichtungen, die vor dem 13. August 1961 segensreich gewirkt hätten, seien durch den Bau der Mauer „ernstlich" in ihrem Bestand bedroht. Deshalb sollten alle Verbände und sonstigen Zusammenschlüsse nach Möglichkeit Tagungen, Arbeitskreise und dergleichen in Berlin abhalten.

Heinrich Köppler in der von Bernhard Hanssler beschriebenen Rolle des *unermüdlichen Anregers* – in diesem Fall trifft diese Rollenbeschreibung zu. Gleiches gilt für die Einführung von Delegiertenversammlungen der katholischen Verbände auf Katholikentagen. Auf eine Initiative Köpplers hin fand erstmals 1962 auf dem Katholikentag in Hannover eine entsprechende Delegiertenversammlung der katholischen Verbände statt. Dagegen erwies er sich bei der schwierigen Annäherung zwischen Katholizismus und Sozialdemokratie nicht als ein unermüdlicher Anreger im Sinne einer treibenden Kraft. Er war zwar auf katholischer Seite an den entsprechenden Gesprächen mit den Vertretern der Sozialdemokratie beteiligt, stand aber zunächst dem Erneuerungsprozeß der SPD äußerst skeptisch gegenüber. Er hielt ihn für parteitaktisch motiviert, wie auch die mit dem damaligen Referenten im Kulturreferat des ZdK, Alois Schardt, verfaßte Analyse des Godesberger Programms zeigte. Erst durch den Impuls, der von der Enzyklika „Mater et magistra" im Jahre 1961 ausging, und damit einem innerkatholischen „mainstream" folgend, schwenkte Köppler auf den Kurs einer Annäherung gegenüber der Sozialdemokratie ein, ohne ihn allerdings in besonderer Weise zu befördern. Hier zeigte sich, daß der Generalsekretär des Zentralkomitees der deutschen Katholiken in parteipolitischen Fragen nicht unbefangen agierte. Köppler gehörte seit 1946 der CDU an, für die er im Jahr 1965 über die nordrhein-westfälische Landesliste der Partei in den Deutschen Bundestag einzog, ohne zuvor ein Parteiamt oder ein Mandat für die CDU auf kommunaler oder Landesebene ausgeübt zu haben. Dazu hatte ihm sein hauptberufliches Engagement im kirchlichen Raum keine Zeit gelassen.

Auch nach seinem Ausscheiden als Generalsekretär blieb er dem ZdK eng verbunden. Bis 1968 leitete er nebenberuflich das Außenamt des Zentralkomitees, danach nahm er bis zu seinem Tode im Frühjahr 1980 die Funktion des Vizepräsidenten im ZdK wahr. Als Leiter des Außenamtes machte er sich um die deutsch-polnische Verständigung verdient. Seine Kontakte nach Polen konnte er in den 1970er Jahre über den katholisch-kirchlichen Raum hinaus erweitern. Dabei entwickelte er zu dem damaligen stellvertretenden polnischen Außenminister eine engere Beziehung – eine Beziehung, auf die er in humanitären Angelegenheiten zurückgreifen konnte. So sah er sich Anfang 1974 in der Lage, dem nordrhein-westfälischen Innenminister Willi Weyer in der Frage einer Familienzusammenführung – Angehörigen der deutschen Minderheit in Polen sollte die Übersiedlung nach Deutschland ermöglicht werden – seine Unterstützung anzubieten. Bei seinem Besuch in Warschau im Sommer 1972 habe ihm der stellvertretende polnische Außenminister zugesichert, „daß ich mich in besonderen Härtefällen gern persönlich an ihn wenden könne“, ließ Köppler den Innenminister wissen.[7]

Bei seinen Kontakten zu staatlichen Stellen in Osteuropa – seine politischen und kirchlichen Verbindungen beschränkten sich nicht allein auf Polen – war sich Köppler stets bewußt, daß er mit Vertretern diktatorischer Regime verhandelte. Deshalb bestand er auch darauf, bei Reisen in diese Länder die dortige prekäre Menschenrechtslage zur Sprache zu bringen. So machte er 1979 seine Zustimmung zu einer Parlamentarierreise des nordrhein-westfälischen Landtags in die damalige Tschechoslowakei von der Bedingung abhängig, „daß bei dieser Reise über die von tschechischer Seite vor allem gewünschten wirtschaftspolitischen Kontaktgespräche hinaus auch deutlich gemacht wird, welche Forderungen wir hinsichtlich der Nichtachtung der Menschenrechte in der CSSR anzumelden haben“.[8] Dies war auch die Erwartung der (kirchlichen) Opposition in der Tschechoslowakei, wie Köppler in einem Vier-Augen-Gespräch mit Kardinal Tomasec, das er anläßlich dieser Parlamentarierreise führen konnte, erfuhr. Der Oberhirte der tschechischen Katholiken bat den katholischen Laienführer aus Deutschland nachdrücklich, „jeden möglichen Kontakt wahrzunehmen und in aller Deutlichkeit bei solchen Kontakten die Verweigerung von Menschenrechten, insbesondere der Religionsfreiheit, anzusprechen“.[9] Von der langfristigen Wirkung solcher Interventionen war der Kardinal überzeugt. Zu solchen Interventionen war Köppler stets bereit. Als jemand, der die Arbeit von Amnesty International unterstützte, fühlte er sich verpflichtet, auf die Einhaltung der Menschenrechte weltweit aufmerksam zu machen.[10]

Nach seinem Wechsel in die Politik blieb er nicht nur über das ZdK eng mit dem katholisch-kirchlichen Raum verbunden. Im Herbst 1966 berief ihn das Bundesparteipräsidium der CDU zu seinem Verbindungsmann zur katholischen Kirche. Er wurde offiziell beauftragt, „für die CDU die erforderlichen Kontakte zu den deutschen Bischöfen herzustellen und zu pflegen“.[11] Ein besonders enger Kontakt entstand zu dem Beauftragten der katholischen Kirche beim Bund, Weihbischof Heinrich Tenhumberg, der Köppler zu seinen „treuesten Beratern“[12] zählte.

Nicht zuletzt durch den intensiven Meinungsaustausch mit kirchlichen Würdenträgern nahm Köppler an der kirchlichen Entwicklung im nachkonziliaren Prozeß teil, die er kritisch begleitete. So stellte er im Dezember 1971 anläßlich einer Veranstaltung des Diözesanrates im Erzbistum Köln die Frage nach dem richtigen Verständnis des konziliaren Schlüsselwortes „aggiornamento“: „Haben wir uns nicht mit einer zu einfachen

7 Schreiben von Heinrich Köppler an Willi Weyer vom 23. 1. 1974, in: HStAD RW 360-515.
8 Schreiben von Heinrich Köppler an MdB Walter Becher vom 14. 3. 1979, in: ACDP 01-258-024/4.
9 Schreiben von Heinrich Köppler an Joseph Kardinal Höffner vom 8. 5. 1979, in: ACDP 01-258-026/1.
10 Vgl. Schreiben von Heinrich Köppler an Carola Stern vom 24. 7. 1974, in: HStAD RW 360-526.
11 Schreiben von Bruno Heck an Heinrich Köppler vom 21. 10. 1966, in: ACDP 07-004-119/3.
12 Schreiben von Heinrich Tenhumberg an Heinrich Köppler vom 10. 10. 1969, in: HStAD RWV 26-798/1.

Übersetzung des Begriffes im Sinne von ‚Anpassung' begnügt, anstatt ‚aggiornamento' als eine Aufgabe zu verstehen, nämlich die Aufgabe, diese Kirche und ihre Glieder auf die Höhe und in die Problematik der Zeit zu bringen? Wir wissen und spüren es doch täglich, daß wir in einer geschichtlichen Phase des Umbruchs leben, daß neue geschichtliche und gesellschaftliche Entwicklungen nicht nur bei uns in Europa, sondern weltweit heranreifen und auf uns zukommen. Die Frage drängt sich auf: Wie sieht es in dieser Welt aus? Das ist kaum eine Frage und eine entsprechende Aufgabe, die ein rein disziplinäres Problem beträfen. Gerade wir deutschen Katholiken haben Anlaß zu fragen, wieviel von der hohen Autorität der Kirche in dieser Welt – die angesammelt worden ist in einer Zeit, in der es galt, trotz aller Schwäche und trotz allen Versagens standzuhalten gegen den Ungeist der Zeit – ein Vierteljahrhundert nach 1945 verbraucht ist oder verbraucht zu sein scheint"[13] – Fragen, die auch heute nicht überholt sind.

Als Köppler 1965 sein Amt als Generalsekretär des ZdK aufgab und Mitglied des Deutschen Bundestages wurde, haftete ihm das Image des „Berufskatholiken" an, der angeblich so schwarz war – schwarz im Sinne von katholisch –, daß er selbst im Kohlenkeller Schatten warf. Dieses Problem hatte der langjährige Präsident des Zentralkomitees der deutschen Katholiken, Karl Fürst zu Löwenstein, bereits zu Beginn der 1960er Jahre vorausgesehen, als die Frage einer Gehaltserhöhung für Köppler als Generalsekretär des ZdK anstand: „Hätte er [Köppler] uns rechtzeitig wieder verlassen, dann wäre er wahrscheinlich schon lange Abgeordneter. Jetzt dagegen ist er so katholisch abgestempelt, daß er für die Politik schon fast abqualifiziert ist. Umso mehr müssen wir dann dieses uns gebrachte Opfer auch honorieren."[14] Köppler war zwar für ein (erfolgreiches) Engagement in der Politik noch nicht „abqualifiziert", aber seine berufliche Vergangenheit als Bundesführer des BDKJ und Generalsekretär des ZdK stellte vor allem im Verhältnis zur FDP ein Problem dar, in deren Reihen man mit der Person Köppler das Bild eines tiefkatholischen, ja klerikalen Politikers verband.[15] Dabei widerlegten seine liberalen Positionen in den Fragen der Reform des Ehescheidungsrechts sowie der Novellierung des § 175 StGB („einfache Homosexualität"), die er als Mitglied in dem Bundestagssonderausschuß für die Strafrechtsreform in der zweiten Hälfte der 1960er Jahre vertrat, genau dieses Bild.

In der Unionsfraktion im Bundestag galt er als ein aufstrebender junger, liberaler Politiker, dem in den 1970er Jahren eine große Karriere in Bonn bevorzustehen schien. Mit der Übernahme des Vorsitzes der CDU Rheinland im November 1969 und damit des mitgliederstärksten CDU-Landesverbandes hatte er sich eine entsprechende Hausmacht verschafft. Doch er sollte seine politische Karriere, die mit seiner Berufung zum Parlamentarischen Staatssekretär beim Bundesminister des Innern 1968 und mit seiner Wahl zu einem der Parlamentarischen Geschäftsführer der CDU/CSU-Bundestagsfraktion nach der Bundestagswahl 1969 so verheißungsvoll begonnen hatte, nicht in Bonn,

13 Zitiert nach Geraedts, S. 71.

14 Schreiben von Karl Fürst zu Löwenstein an Franz Hengsbach vom 6. 10. 1962, in: StAWt-R NL 8-4.

15 Vgl. Zeitzeugengespräch mit Burkhard Hirsch (27. 1. 2004).

in der Bundespolitik, sondern nach der nordrhein-westfälischen Landtagswahl von 1970 in Düsseldorf, in der Landespolitik fortsetzen – ein Opfergang, wie auch Bernhard Vogel meint, der mit Köppler sowohl im politischen als auch im kirchlichen Bereich enger zusammenarbeitete.[16]

Köppler ließ sich also in die Pflicht nehmen, als er 1970 in die nordrhein-westfälische Landespolitik wechselte. Mit seiner Person verband sich die Hoffnung, die seit dem Verlust der Regierungsmacht in Düsseldorf im Dezember 1966 währenden personalpolitischen Querelen in der CDU an Rhein und Ruhr beilegen zu können – Hoffnungen, die er nicht enttäuschen sollte. Seine beschriebenen besonderen menschlichen Fähigkeiten und Gaben, also seine Aufrichtigkeit, seine Liebenswürdigkeit, seine Fähigkeit, auf Menschen zugehen zu können, prädestinierten ihn, die Rolle einer Integrationsfigur auszufüllen. Eine Person mit großer Integrationskraft war gerade in Nordrhein-Westfalen mit den damals noch zwei CDU-Landesverbänden und den sich daraus ergebenden Schwierigkeiten gefragt.

„Köppler kommt!" hieß es im Landtagswahlkampf 1970 – und Köppler kam. Unter seiner Führung wurde die CDU wieder stärkste politische Kraft in Nordrhein-Westfalen. Bei der Landtagswahl 1975 konnte Köppler als Spitzenkandidat die Position der CDU als stärkste Partei ausbauen. Doch selbst ein Ergebnis von 47,1 Prozent – das zweitbeste Ergebnis der CDU in der Geschichte nordrhein-westfälischer Landtagswahlen – reichte nicht aus, den Machtwechsel in Düsseldorf herbeizuführen. Da die FDP an Rhein und Ruhr fest an der Seite der SPD stand, fehlte der Koalitionspartner. Das katholische Image Köpplers mag dafür ebenso ein Grund gewesen sein wie das gestörte Verhältnis des CDU-Oppositionsführers zu dem Vorsitzenden der FDP-Landtagsfraktion, Hans Koch, auf dessen frühere Mitgliedschaften in der NSDAP und der SPD Köppler mit einer kurzen Bemerkung in einer erregten Landtagsdebatte wenige Monate vor der Landtagswahl 1975 angespielt hatte.[17] Schließlich dürften Vorbehalte bei den Freien Demokraten gegenüber Christdemokraten wie Wilhelm Lenz und Albert Pürsten, die im Herbst 1966 mit Heinz Kühn über die Bildung einer Großen Koalition verhandelt und damit die Auflösung der christlich-liberalen Landesregierung unter Ministerpräsident Franz Meyers betrieben hatten,[18] eine Rolle gespielt haben, weshalb CDU und FDP in den 1970er Jahren keine Basis für eine vertrauensvolle Zusammenarbeit fanden. Ausschlaggebend dafür, daß es in diesem Jahrzehnt zu keinem Regierungswechsel in Düsseldorf kam, war allerdings, daß ein Koalitionswechsel der FDP im be-

16 Zeitzeugengespräch mit Bernhard Vogel (27. 2. 2004): „Meiner Ansicht nach war in dem Gang nach Düsseldorf mehr Opfer als Ehrgeiz. Aus Pflichtbewußtsein wegen der außerordentlich schwierigen Situation der CDU in Nordrhein-Westfalen hat er Ja gesagt zu einem Wechsel von der Bundes- in die Landespolitik."

17 LT NRW. 7. Wahlperiode. 124. Sitzung am 27. 2. 1975, S. 5231: „Ich [Köppler] gebe offen zu, daß ich auch hin und wieder meine politischen Meinungen ändere, so wie sich die Politik ändert. Ich pflege nur – im Unterschied zum Kollegen Koch – immer bei derselben Partei zu bleiben. Das ist der Unterschied zum Wechsel."

18 Vgl. erstes Zeitzeugengespräch mit Klaus Fenske (31. 1. 2004) und Zeitzeugengespräche mit Bernhard Worms (15. 4. 2004) und Gerd Ludwig Lemmer (28. 10. 2004).

völkerungsreichsten Bundesland die sozial-liberale Regierung in Bonn, deren Vaterschaft die Sozialdemokraten und Freien Demokraten in Nordrhein-Westfalen für sich reklamierten, in ihrem Bestand erschüttert hätte. Letztlich ist Heinrich Köppler – und darin ist Joachim Sobotta, dem langjährigen Chefredakteur der „Rheinischen Post", zuzustimmen – „am sozial-liberalen Zeitalter gescheitert".[19]

Zehn Jahre nordrhein-westfälische Landespolitik bedeuteten für Heinrich Köppler zehn Jahre Oppositionspolitik. Es gehört viel innere Stabilität dazu, wenn man die beste Zeit seines (Politiker-)Lebens – Köppler war 44 Jahre alt, als er nach Düsseldorf kam – als Oppositionsführer verbringen muß, wo die politischen Gestaltungsmöglichkeiten doch verhältnismäßig gering sind im Vergleich zu dem Amt eines Ministerpräsidenten. Daß er sich in seiner Rolle als Oppositionsführer nicht angemessen gewürdigt fühlte, gab er im Herbst 1979 auf einem Kongreß zur politischen Bildungsarbeit in Leverkusen zu erkennen: „Wenn die Opposition im Einzelfall Fehlentscheidungen, Mißbrauch in der Personalpolitik, Fälle von Korruption oder ähnliches aufdeckt, dann kann sie einer gewissen Zustimmung sicher sein. Sie übt jedoch auch Kritik, die in einem grundlegenden Sinn die Richtlinien der Politik betrifft. Sie formuliert Alternativen, die das Konzept des politischen Gegners, hier also der Regierung oder der Regierungsmehrheit, in Frage stellen und verdeutlicht auf diese Weise, daß es eben auch noch andere Lösungsmöglichkeiten gibt. Eine solche Kritik ist bei uns zulande nicht besonders beliebt. Wir Deutsche haben offensichtlich nach wie vor ein gestörtes Verhältnis zur Kritik. Sie wird allzu oft als Beckmesserei verstanden und nicht als ein Abwägen in der Sache, als ein notwendiger Beitrag, um auch politische Meinungsbildungsprozesse in Gang zu setzen, ja um die Vielschichtigkeit bestimmter politischer Problemstellungen deutlich zu machen."[20]

Der Schwerpunkt seines politischen Wirkens lag im Landtag von Nordrhein-Westfalen. Doch Köppler hat sich nie ausschließlich als Landespolitiker verstanden. Als Vorsitzender des CDU-Landesverbandes Rheinland sowie des Präsidiums der CDU in Nordrhein-Westfalen konnte er bundespolitisch Einfluß nehmen. Von Bedeutung war sein Beitrag zur Konsolidierung der CDU Deutschlands in der ersten Hälfte der 1970er Jahre. Sein Wort hatte Gewicht, als Rainer Barzel 1971 zum neuen Bundesvorsitzenden der CDU gewählt wurde. Eine wichtige Rolle kam ihm auch 1973 beim Wechsel im Bundesparteivorsitz von Barzel zu Helmut Kohl zu. Bei der Wahl des Bundesparteivorsitzenden sowohl 1971 als auch 1973 übte Köppler unbestreitbar großen Einfluß aus, doch ihn deshalb zum „Königsmacher" zu erklären,[21] scheint – und an dieser Stelle sei Bernhard Vogel zitiert – „ein Ton zuviel"[22] zu sein, weil seine Einflußmöglichkeiten nicht unerheblich von dem Zusammenspiel der beiden CDU-Landesverbände in Nord-

19 Zeitzeugengespräch mit Joachim Sobotta (28. 1. 2004).

20 Heinrich Köppler: „Politische Bildung und die Rolle der Opposition im demokratischen System", S. 3f. Rede auf dem Kongreß „Politische Bildung in Nordrhein-Westfalen" am 23./24. 11. 1979 in Leverkusen, in: ACDP 01-258-046/4.

21 Vgl. Kaff, S. 221; Geraedts, S. 24.

22 Zeitzeugengespräch mit Bernhard Vogel (27. 2. 2004).

rhein-Westfalen abhing. Funktionierte die Zusammenarbeit mit der CDU Westfalen-Lippe wie 1973, als er mit dem damaligen Vorsitzenden der westfälisch-lippischen Landespartei, Heinrich Windelen, Hand in Hand arbeitete und damit Barzel zum Verzicht auf eine erneute Kandidatur für den CDU-Vorsitz zwingen konnte, war Köpplers Einfluß in der Bundespartei groß.

Der erzwungene Verzicht Barzels auf den CDU-Vorsitz im Frühjahr 1973 ist ein seltenes Beispiel für Köpplers Härte in der Politik. Dabei hielt er es für einen Politiker für nützlich, über Härte zu verfügen und sie auch zu zeigen. Ein Politiker müsse „auch die Härte haben", erklärte er 1970 gegenüber dem Journalisten Paul Rohde, „die in der politischen Tagesarbeit notwendig ist, um Entscheidungen zu fällen. Entscheidungen sind ja meist unbequem. Und häufig sind sie verbunden mit einer sachlich bedingten Notwendigkeit, anderen wehe zu tun".[23] Diese Härte ließ Köppler aber oft vermissen. Härte hätte er beispielsweise gegenüber dem Landesvorsitzenden der Jungen Union Rheinland, Klaus Evertz, zeigen müssen, der vor der Landtagswahl 1975 und unmittelbar danach durch öffentliche Äußerungen Köppler und der CDU geschadet hatte, und zwar im Sinne eines parteischädigenden Verhaltens. Er beließ es bei Appellen und mahnenden Worten, anstatt Härte zu zeigen, die bis zur Ablösung von Evertz als Vorsitzender der Jungen Union Rheinland gereicht hätte – auf welchem Weg auch immer. Doch die in der Politik notwendige Härte ging dem Menschenfreund Köppler ab. Karl Lamers hat ihn in diesem Zusammenhang treffend charakterisiert: „Er hatte in der Politik nicht die Härte, die über Leichen ging, was ihn menschlich auszeichnete, aber nicht immer in die Politik paßt."[24] Nicht daß er über kein Machtbewußtsein verfügt hätte. Er wäre, wie Karl Fischer, der seinen Weg in Düsseldorf journalistisch begleitet hatte, zu berichten wußte, „nur allzu gern Regierungschef im bevölkerungsreichsten Bundesland geworden. ... An den Schalthebeln der Macht wollte er sich bewähren, wollte solide Politik treiben".[25] Sein Machtbewußtsein hatte allerdings Grenzen, die der Zeitzeuge Günter Rinsche wie folgt beschrieben hat: „Heinrich Köppler wäre nie auf die Idee gekommen, einen Grad abzuweichen von einer ethisch-moralischen Linie um der Macht willen – in diesem Sinne war er kein Anhänger von Machiavelli."[26]

Die Erfüllung von Aufgaben auf der landes- wie der bundespolitischen Ebene schränkten Köpplers Möglichkeiten für seine ehrenamtliche Arbeit im katholisch-kirchlichen Raum erheblich ein. Dies galt nicht nur für seine Tätigkeit im Zentralkomitee der deutschen Katholiken, sondern auch und vor allem für sein Engagement in der Katholischen Arbeitsgemeinschaft für Soldatenbetreuung. Die Arbeit für die KAS war ihm ein persönliches Anliegen, begründet in seiner Biographie. 1943 im Alter von noch nicht einmal 18 Jahren meldete er sich freiwillig zum Dienst in der Wehrmacht, um sich einer Dienstverpflichtung durch die HJ zu entziehen und damit größtmögliche Distanz

---

23 KÖPPLER 1, S. 33.
24 Zeitzeugengespräch mit Karl Lamers (7. 4. 2004).
25 Karl Fischer: Heinrich Köppler, Anmerkungen vom 15. 10. 1980, S. 1, in: LTA NRW Biographisches Kompendium A 0208/406.
26 Zeitzeugengespräch mit Günter Rinsche (12. 6. 2004).

gegenüber dem NS-Regime zu wahren. Vor diesem Hintergrund ist auch seine Empörung über eine Erklärung von Norbert Blüm im Jahre 1978 zu verstehen, wonach die Frontsoldaten des Zweiten Weltkrieges auf der gleichen Stufe standen wie KZ-Aufseher. Im Zusammenhang mit der Filbinger-Affäre[27] hatte der damalige CDA-Vorsitzende in einem Beitrag für das Nachrichtenmagazin „Der Spiegel" die Frage gestellt, ob Frontsoldaten des Zweiten Weltkrieges nicht ebenso mitverantwortlich für das Geschehen seien wie die KZ-Aufseher.[28] Köppler hielt diesen Beitrag, wie er Blüm im Juli 1978 schrieb, für „absolut unmöglich", der dort angestellte Vergleich habe ihn „empört".[29] Er habe „hohen Respekt vor denen, die sich der Wehrpflicht in der Nazizeit durch Emigration oder Wehrpflichtverweigerung entzogen haben". Für Letztere habe dies in vielen Fällen das Opfer des Lebens bedeutet.

Er verlange jedoch „auch Respekt für diejenigen aus meiner Generation, die in jenen Jahren nichts als ihre Pflicht getan haben, unter Hitler wahrhaft eine bittere Pflicht." Diese Pflicht habe mit den Verbrechen in den Konzentrationslagern nichts zu tun gehabt. Er forderte Blüm deshalb auf, seine Ausführungen in diesem Beitrag für das Nachrichtenmagazin „Der Spiegel" entsprechend zu korrigieren. Da es sich hier nach seiner Überzeugung um keine private Meinungsverschiedenheit zwischen ihnen beiden handelte, sondern in hohem Maße das Ansehen ihrer Partei, der CDU, betraf, glaubte Köppler, auf einer solchen öffentlichen Erklärung bestehen zu müssen. „Ich würde mich sonst gezwungen sehen", ließ er Blüm unmißverständlich wissen, „entsprechende Beschlüsse im Parteivorstand zu beantragen." In der überlieferten Korrespondenz Köpplers läßt sich kein Schreiben finden, in dem er sich derart empört und zugleich zum Handeln entschlossen zeigte. Daß sich Blüm in einer Presseerklärung für seinen unsäglichen Vergleich in dem besagten Beitrag entschuldigte[30], schrieb er auch sich zugute.[31]

„Was wäre aus der KAS ohne Sie geworden", fragte Prälat Ludwig Steger, der während seiner langjährigen Tätigkeit im Katholischen Militärbischofsamt die Entwicklung der KAS aktiv begleitete, Heinrich Köppler an dessen 50. Geburtstag im November 1975.[32] Die Entstehung und Entwicklung der KAS ist auf das engste mit dem Namen von Köppler verbunden. Darüber darf aber, und daran erinnerte er selbst immer wieder, die große Bedeutung des CSU-Bundestagsabgeordneten Emil Kemmer und die nachhaltige Unterstützung durch das Katholische Militärbischofsamt nicht vergessen wer-

27 Vorwürfe wegen seiner Tätigkeit als Marinerichter während des Zweiten Weltkrieges veranlaßten Hans Filbinger im August 1978, als Ministerpräsident von Baden-Württemberg zurückzutreten. Im Frühjahr desselben Jahres war bekanntgeworden, daß Filbinger als Marinerichter noch kurz vor Ende des Zweiten Weltkrieges an Todesurteilen gegen Soldaten mitgewirkt hatte.

28 Vgl. Norbert Blüm: „Die Zeit der Schuldlosen ist Utopie". In: „Der Spiegel" vom 10. 7. 1978.

29 Schreiben von Heinrich Köppler an Norbert Blüm vom 12. 7. 1978, in: ACDP 01-258-021/3.

30 Die Presseerklärung Blüms vom 14. 7. 1978 ist überliefert, ebd.

31 Vgl. Protokoll Sitzung CDU-Landtagsfraktion 5. 9. 1978, in: HStAD RW 360-398.

32 Schreiben von Ludwig Steger an Heinrich Köppler vom 10. 11. 1975, in: HStAD RW 360-2250.

den. Auch darf nicht übersehen werden, daß Köpplers Beitrag zum Erneuerungsprozeß der KAS in den 1970er Jahren aufgrund seiner zeitraubenden hauptberuflichen politischen Tätigkeit eher gering war, auch wenn er sich stets bemühte, alle Termine im Zusammenhang mit der Katholischen Arbeitsgemeinschaft für Soldatenbetreuung wahrzunehmen[33], und Prälat Steger immer wieder überrascht war, wie viele Einzelheiten er im Kopf und rasch im Griff hatte und klug entschied, wenn er in den Sitzungen der KAS erschien.[34] Der entscheidende Impuls zur Erneuerung der KAS ging vom Katholischen Militärbischofsamt aus. Die Rahmenbedingungen für die Soldatenbetreuung hatten sich seit Mitte der 1950er Jahre, als die KAS gegründet worden war, grundlegend gewandelt. Die wachsende Mobilität der Soldaten infolge zunehmender Motorisierung in Verbindung mit einer Tendenz zur Individualisierung und der Entwicklung von Pflicht- und Akzeptanzwerten hin zu Selbstentfaltungswerten führte dazu, daß sie sich in ihrer Freizeit, insbesondere am Wochenende, nur noch selten in einem Soldatenheim aufhielten.

Der grundlegende gesellschaftliche Wandel im Übergang von den 1960er zu den 1970er Jahren bereitete Köppler große Sorgen, da er angesichts der großen innenpolitischen Herausforderung der 1970er Jahre, der Herausforderung durch den Linksterrorismus, der von der RAF ausging, befürchtete, daß sich in der Bevölkerung eine gefährliche Staatsvergessenheit dergestalt breitmachte, daß sich die Verantwortung des einzelnen Bürgers gegenüber dem Staat in der Pflicht zur Zahlung von Steuern erschöpfte – wenn überhaupt. Abhilfe konnte, ja mußte nach seiner Überzeugung die Bildungspolitik leisten. In einer Rede auf der Landestagung der Jungen Union Rheinland am 1. Oktober 1977 forderte er „die Neubesinnung auf die geistig-politischen Ziele unseres Bildungs- und Erziehungswesens".[35] Was er darunter verstand, führte er im weiteren Verlauf seiner Rede vor der CDU-Nachwuchsorganisation aus: „Wichtiger als alles Herumbasteln an Schulorganisationen, als alles Gängeln mit Erlassen und Bestimmungen ist die Besinnung auf die Erziehungsaufgabe und den Erziehungsauftrag unseres Bildungswesens. Wenn wir uns fragen, wie diese Demokratie mit der Herausforderung fertig wird, die der verbrecherische Terrorismus für sie bedeutet, dann kommen wir sehr schnell, auch wenn wir uns nicht nur in Tagespolitischem erschöpfen wollen, auf die geistigen Voraussetzungen für diesen Terrorismus und das Sympathisantenumfeld, das dies ermöglicht hat. Wir können auf die Dauer nicht erwarten, daß Bürger diesen Staat als ihre Sache begreifen, wenn im Bildungswesen unserer Schule vorrangig nur Konfliktstrategien indoktriniert werden und wenn individuelle Ansprüche an diesen Staat ausschließlich Gegenstand unseres Bildungswesens sind und nicht mehr davon die Rede ist, daß unser Staat auch ein Recht hat auf die Mitarbeit aller für ihren Staat. ... Die Sicherheitsorgane in diesem Staat können ihre Aufgabe nur erfüllen, wenn alle Bürger diesen Staat als ihre Aufgabe ansehen und auch ihren Beitrag dazu leisten, daß die Sicherheit durch die dafür zuständigen Organe gewährleistet werden kann. Alle brauchen

33 Erstes Zeitzeugengespräch mit Klaus Fenske (31. 1. 2004).
34 Schreiben Ludwig Steger an Heinrich Köppler vom 10. 11. 1975, in: HStAD RW 360-2250.
35 KÖPPLER: Zukunft, S. 2.

den Rückhalt der Bürger, alle sind aber auch angewiesen auf die Hilfe der Bürger, die ganz konkrete Hilfe der Bürger, und auch dies müssen wir in unserem Bildungswesen gerade jungen Menschen wieder klarmachen. Wir müssen ihnen klarmachen, daß dieser Staat nicht irgendein abstraktes Unternehmen ist, das man ohne Schaden auf Dauer ununterbrochen in den Anklagezustand versetzen kann, dessen Symbole man in den Dreck ziehen kann. Wo sind wir hingekommen, wenn angebliche Repräsentanten der deutschen Studentenschaft die Bundesflagge als Fußabtritt für ihre Landes- oder Bundestagung benutzen!"[36]

Die Bildungspolitik war ein zentrales Thema der landespolitischen Auseinandersetzungen in Nordrhein-Westfalen in den 1970er Jahren. Auf diesem Gebiet feierte Köppler 1978 mit der erfolgreichen Durchführung eines Volksbegehrens gegen die Einführung der Kooperativen Schule seinen größten landespolitischen Erfolg. In der Auseinandersetzung um die Kooperative Schule zeigte er Führungskraft und Stehvermögen – zwei wichtige Eigenschaften in der Politik, die er bisweilen vermissen ließ. Erinnert sei nur an den Streit über die Bewertung des Viermächte-Abkommens über Berlin im August/September 1971. Hier ließ er die Möglichkeit ungenutzt, sich auf der Ebene der Bundespolitik zu profilieren. Daß er im allgemeinen Bewußtsein der Bevölkerung in den 1970er Jahren nicht zu den führenden Repräsentanten der Christlich Demokratischen Union Deutschlands zählte, obwohl er von 1973 bis 1980 einer der zunächst fünf, später sieben Stellvertreter Helmut Kohls im Bundesparteivorsitz war, hing auch mit der Rolle der Integrationsfigur zusammen, die er ausfüllte. Das ständige Integrieren, das Ausgleichen, das Zusammenführen unterschiedlicher Kräfte und Positionen ging auf Kosten von Köpplers Profil. Ihm fehlten die Ecken und Kanten eines Alfred Dregger.

Der mit der erfolgreichen Durchführung des Volksbegehrens gegen die Einführung der Kooperativen Schule von Köppler erhoffte politische Befreiungsschlag blieb aus. Seit der verlorenen Landtagswahl von 1975 war seine Führungsposition in der CDU in Nordrhein-Westfalen nicht mehr unumstritten. Kurt Biedenkopf, ein Mann von hoher politischer Potenz, war ein ernsthafter Konkurrent um die Spitzenkandidatur für die Landtagswahl 1980. Dennoch blieb Köppler gelassen, und dies nicht nur, weil er trotz des Autoritätsverlustes, den er seit der verlorenen Landtagswahl von 1975 erlitten hatte, bei einer Kampfabstimmung gegen Biedenkopf auf eine Mehrheit unter den Christdemokraten an Rhein und Ruhr rechnen durfte. Hier zeigte sich auch die Gelassenheit des Christen in der Politik. Wer Gott zutraut, daß er eingreift, wo es ihm notwendig erscheint, dem wird der Trubel des politischen Alltags die Besinnung so schnell nicht rauben können.

In dem Duell mit dem Vorsitzenden des CDU-Landesverbandes Westfalen-Lippe blieb er nicht nur gelassen, sondern er beachtete auch das Gebot der Fairneß, das Gebot des politischen Anstandes. Köppler lehnte es ab, die Angriffsflächen, die Biedenkopf als Privatperson bot – er hatte Frau und Kinder verlassen, um eine neue Beziehung ein-

36 Ebd.

gehen zu können, was innerhalb seines Landesverbandes für Unruhe sorgte[37] –, auszunützen, was dieser ihm bis heute hoch anrechnet.[38] Obwohl er aus seiner katholischen Grundhaltung heraus die Entwicklungen im Privatleben von Biedenkopf nicht gutheißen konnte, wußte Köppler zwischen dem Politiker und der Privatperson zu differenzieren und sah daher keinen Anlaß für dessen Rücktritt vom westfälisch-lippischen Landesparteivorsitz. Gegenüber einem Bürger aus Aachen erklärte er: „Sie dürfen sicher sein, daß weder ich noch die CDU in dieser alles andere als angenehmen Sache Kurt Biedenkopf im Stich lassen werden."[39]

Solidarität mit Biedenkopf übte Köppler auch Anfang 1979 im Zusammenhang mit der Kontroverse um dessen Memorandum zur Frage einer Neustrukturierung der CDU-Führung in Bonn. Auf dieser Basis konnte sich eine vertrauensvolle Zusammenarbeit zwischen Heinrich Köppler und Kurt Biedenkopf entwickeln. Diese Form der Zusammenarbeit wirkte sich auch auf die Kooperation der beiden CDU-Landesverbände Rheinland und Westfalen-Lippe aus, die im Verlaufe des Jahres 1979 eine neue Qualität des Miteinanders annahm. Bereits auf dem CDU-Bundesparteitag in Kiel im März 1979 kam es bei den Wahlen zum Bundesvorstand zu der vom Präsidium der CDU in Nordrhein-Westfalen erhofften „Demonstration der Einheit".[40] Ein politisches Grundanliegen Köpplers, die Fusion der beiden CDU-Landesverbände, die er seit 1970 erstrebte, dabei aber nicht entscheidend vorangekommen war, schien greifbar nahe. Mit Biedenkopf vereinbarte er, die Gründung eines CDU-Landesverbandes Nordrhein-Westfalen nach der Landtagswahl 1980 in Angriff zu nehmen.[41]

1980 nahm Heinrich Köppler seinen dritten Anlauf auf die Staatskanzlei in Düsseldorf. Daß er im Falle einer erneuten Niederlage nicht mehr als Oppositionsführer zur Verfügung stand, stand fest, unklar war allerdings, was er in diesem Fall im einzelnen plante. Ein Thema war ein Promotionsstudium.[42] Bereits in der zweiten Hälfte der 1950er Jahre hatte er promovieren wollen und deshalb bei Paul Mikat angefragt. Er

---

37 Der frühere Bundesfamilienminister Franz-Josef Wuermeling hielt es für untragbar, daß ein Mann, der in Scheidung lebte bzw. geschieden war, an der Spitze eines CDU-Landesverbandes stand. Der Landtagsabgeordnete Wolfgang Brüggemann, der ebenfalls an Biedenkopfs Lebenswandel Anstoß nahm, warnte diesen davor, „das Ausmaß der Mißstimmung, Empörung, Enttäuschung und Verständnislosigkeit, das im Landesverband [Westfalen-Lippe] herrscht, nicht zu unterschätzen." Wuermeling sei nur die berühmte Spitze des Eisbergs. Und Brüggemanns Landtagskollege Helmut Elfring erfuhr an der Basis im CDU-Kreisverband Coesfeld, daß Biedenkopfs Privatleben ein Thema war, das die Parteimitglieder durchaus beschäftigte. Vgl. Klaus Hoffmann: „Wuermelings Geschoß auf Biedenkopf". In: „Die Rheinpfalz" vom 23. 9. 1977; Wolfram Köhler: „Skandal um Kurt Biedenkopf". In: „Bremer Nachrichten" vom 24. 9. 1977; Schreiben von Wolfgang Brüggemann an Kurt Biedenkopf vom 11. 9. 1977, in: ACDP 01-446-414; Zeitzeugengespräch mit Helmut Elfring (27. 3. 2004).

38 Zeitzeugengespräch mit Kurt Biedenkopf (23. 1. 2004).

39 Schreiben von Heinrich Köppler an Wilhelm Gerlach aus Aachen vom 5. 10. 1977, in: ACDP 01-258-026/1.

40 Protokoll Sitzung Präsidium der CDU in NRW 2. 3. 1979, in: ACDP 03-002-737/2.

41 Biedenkopf: Energie, S. 167f.

42 Vgl. Zeitzeugengespräch mit Gerd Ozimek (18. 11. 2003).

wollte über „Rechtsfragen des Holografischen Testaments" promovieren, was sich damals allerdings aus zeitlichen bzw. beruflichen Gründen nicht realisieren ließ.[43]

Die Frage nach seiner Zukunft nach der Landtagswahl 1980 wurde gegenstandslos, als Köppler am 20. April 1980 der Herztod ereilte. Das Land trauerte, das politische Leben in Nordrhein-Westfalen ruhte für einige Tage. Bischof Klaus Hemmerle erinnerte in seiner Predigt beim Pontifikalrequiem für Heinrich Köppler im Kölner Dom am 24. April 1980 daran, daß ein hauptberufliches Engagement in der Politik nicht möglich ist ohne einen starken, verläßlichen Partner an der Seite, der viel Entgegenkommen, viel Verständnis aufbringen muß, zumal wenn es sich um einen Spitzenpolitiker handelt, dessen Arbeitstag nicht nach acht, neun oder zehn Stunden endet: „Ich habe – und das sage ich mit besonderer Scheu und Ehrfurcht aus meinem Stand des Priesters und Bischofs – von Heinrich Köppler eine tiefe, leise und kostbare Sicht dessen gelernt, was christliche Ehe heißt. Er hat nicht jenem Idyll einer glücklichen Ehe angehangen, in der man viel Zeit füreinander hat und in der nach außen hin alles wunderbar läuft. Er ist an die Grenzen der Belastbarkeit gestoßen, ja über sie hinausgegangen. Aber er hatte die Bereitschaft, und nicht er allein hatte sie: der Mensch, der zu ihm gehört, seine Frau, hatte mit ihm die Bereitschaft, daß man einander dient und miteinander dient. Glück bestand für sie darin, daß man im Ja zum Ungewöhnlichen des Auftrags und des Maßes einander dient und miteinander dient. Ich glaube, das ist ungeheuerlich wichtig, und es ist nicht die unbedeutendste Lehre, die ich aus seinem Leben mitnehme und weitergebe. Und deshalb soll gesagt werden, daß in dieser Stunde in den Dank noch jemand hinzugehört."[44]

Was bleibt von Heinrich Köppler in Erinnerung? Kann von einer Ära Köppler in Nordrhein-Westfalen gesprochen werden? Die große Tragik des Politikers Heinrich Köppler bestand darin, daß er die CDU in den 1970er Jahren wieder zur stärksten politischen Kraft in Nordrhein-Westfalen machte, aber er blieb in der Opposition und war damit nie in eine Position gekommen, in der er wirklich Politik gestalten konnte. Ihm blieb also die Möglichkeit verwehrt, seine alternativen Vorstellungen zur Politik der sozial-liberalen Landesregierungen unter den Ministerpräsidenten Heinz Kühn und Johannes Rau in der Bildungspolitik, in der Wirtschafts-, Sozial- und Arbeitsmarktpolitik oder auch in der Frage der inneren Sicherheit in die Praxis umzusetzen. Deshalb ist es auch schwierig, von einer Ära Köppler in Nordrhein-Westfalen zu sprechen, versteht man unter Ära einen Zeitabschnitt in der Geschichte, dem eine Person ihren Stempel aufdrückt.

Auch wenn er nicht über diese Möglichkeiten aktiver politischer Gestaltung verfügte, hat Köppler Spuren seines politischen Wirkens in Nordrhein-Westfalen und darüber hinaus hinterlassen. Friedhelm Geraedts erwähnt in diesem Zusammenhang Köpplers „wesentlichen und dauerhaften Beitrag zur politischen Kultur unseres Landes",[45] der

43 Vgl. erstes Zeitzeugengespräch mit Paul Mikat (22. 6. 2004).

44 Predigt von Bischof Klaus Hemmerle beim Pontifikalrequiem für Heinrich Köppler am 24. 4. 1980 im Kölner Dom, S. 4, in: ACDP 01-258-003/4.

45 Geraedts, S. 67.

darin bestand, Gegnerschaften offen zu bekennen und auszutragen, ohne aus diesen Gegnerschaften Feindschaften werden zu lassen. Dies können Konrad Grundmann und Wilhelm Lenz bezeugen, die Köppler im rheinischen CDU-Landesvorsitz bzw. als Spitzenkandidat der CDU für die Landtagswahl 1970 ablöste. Dank seiner großen Integrationskraft gelang es ihm, seine ehemaligen Rivalen in die politische Alltagsarbeit der CDU in Nordrhein-Westfalen einzubinden. Wenn ihm Konrad Grundmann anläßlich seines 50. Geburtstags versicherte, „daß ich wie bisher an Ihrer Seite sein werde, und daß sie sich auch dann auf mich verlassen können, wenn dies nicht mehr bei jedem selbstverständlich ist“,[46] waren dies nicht nur schöne Worte. So erfuhr Köppler im Juni 1979, als der Streit um die Kanzlerkandidatur für die Bundestagswahl 1980 die Unionsparteien erschütterte und er selbst auch in der Kritik stand, daß ihn Grundmann vor einer CDA-Betriebsgruppe in Schutz genommen hatte. Der Vorsitzende dieser Betriebsgruppe teilte Köppler, ohne daß davon Grundmann Kenntnis hatte, folgendes mit: „Nun möchte ich Ihnen aber verraten, daß Sie auch noch gute Freunde haben, Freunde, auf die Sie sich verlassen können. Konrad Grundmann hat für Sie ganz überzeugend Position bezogen und den Mannen eine ganz schöne Lektion erteilt. Anschließend war Sendepause.“[47]

Aus Gegnerschaften keine Feindschaften werden zu lassen, dieser Satz galt nicht zuletzt in bezug auf den politischen Gegner. Köppler konnte den politischen Gegner im Landtag hart attackieren, sehr polemisch sein, sah darin aber keine Vergiftung des politischen Klimas, denn „wir sind schließlich dazu da, auch politische Gegensätze und politische Praktiken in aller Öffentlichkeit hart auszutragen, die Bevölkerung erwartet von uns nicht, daß wir uns zu einer Art Harmonisierungsverein auf Gegenseitigkeit in allen politischen Fragen und in den politischen Parteien entwickeln, sondern sie erwartet, daß diese Gegensätze, auch die tiefer liegenden, die in der Tagespolitik nicht immer greifbaren, herausgearbeitet und offen beim Namen genannt werden“.[48] Bei aller Notwendigkeit bisweilen harter Auseinandersetzungen zwischen Regierung und Opposition blieb bei Köppler zu keinem Zeitpunkt die (Mit-)Menschlichkeit in der Politik auf der Strecke. „Ihr Brief und Ihre Blumen waren die ersten“, unterstrich Ministerpräsident Heinz Kühn im Juni 1976 in einem Dankesschreiben an den CDU-Oppositionsführer, „die mir Genesungswünsche in die Klinik brachten. ... Sie haben mir in Ihrem Brief, und mehr noch durch mündliche Wunschübermittlung, Zeichen warmherziger Anteilnahme bekundet. Es tut gut, dies über die Barrieren, die uns trennen, gelegentlich spüren zu dürfen“.[49]

46 Schreiben von Konrad Grundmann an Heinrich Köppler vom 25. 11. 1975, in: HStAD RW 360-2249.

47 Schreiben von Theo Rangs, Vorsitzender der Betriebsgruppe Bayer in Krefeld-Uerdingen an Heinrich Köppler vom 24. 6. 1979, in: ACDP 01-258-026/3.

48 KÖPPLER: Selbstverwaltung, S. 16.

49 Schreiben von Heinz Kühn an Heinrich Köppler vom 16. 6. 1976, in: ACDP 01-258-015/3.

Anhang

Tabellarischer Lebenslauf von Heinrich Köppler

26. 11. 1925	in Hattenheim/Rheingau geboren
1932–1943	Volksschule in Oppenheim, Adam-Karillon-Gymnasium in Mainz, Staatliches Gymnasium in Wiesbaden, Abitur
1943–1945	Soldat
1946	Mitglied der CDU
1946–1947	Stadtjugendführer in Wiesbaden
1946–1948	Jurastudium in Erlangen und Mainz
16. 10. 1948	Erste juristische Staatsprüfung
1949	Ausschußassistent beim Wirtschaftsrat der Bizone in Frankfurt am Main
1949–1950	Persönlicher Referent des Bundestagspräsidenten Erich Köhler, Ausschußassistent beim Deutschen Bundestag in Bonn
1949–1952	Diözesanjugendführer im Bistum Limburg
1950–1952	Vorsitzender des Ausschusses für Jugendrecht und Jugendpolitik im Bund der Deutschen Katholischen Jugend
1950–1953	Rechtsreferendar in der Justizverwaltung des Landes Hessen
1952–1956	Bundesführer des Bundes der Deutschen Katholischen Jugend
17. 4. 1953	Große Juristische Staatsprüfung
16. 5. 1953	Heirat mit Erika Therese Dernbach (1927-1996)
1954–1955	Vorsitzender des Deutschen Bundesjugendringes
1954–1956	Präsident des Weltbundes der Katholischen Jugend
1956–1965	Generalsekretär des Zentralkomitees der deutschen Katholiken
1965–1968	Leiter des Außenamtes beim Zentralkomitee der deutschen Katholiken
1968–1980	Vizepräsident des Zentralkomitees der deutschen Katholiken
1965–1970	Mitglied des Deutschen Bundestages
1968–1969	Parlamentarischer Staatssekretär beim Bundesminister des Innern
1969–1970	Parlamentarischer Geschäftsführer der CDU/CSU-Bundestagsfraktion
1969–1980	Vorsitzender des CDU-Landesverbandes Rheinland
1970–1980	Mitglied des Landtags von Nordrhein-Westfalen
1970–1980	Vorsitzender der CDU-Fraktion im Landtag von Nordrhein-Westfalen
1970–1980	Vorsitzender des Präsidiums der CDU in Nordrhein-Westfalen
1971–1973	Mitglied des Bundesvorstandes der CDU Deutschlands
1973–1980	Stellvertretender Bundesvorsitzender der CDU Deutschlands
20. 4. 1980	in Düsseldorf gestorben

Abkürzungsverzeichnis

ABDKJ	Archiv des Bundes der Deutschen Katholischen Jugend
ACDP	Archiv für Christlich-Demokratische Politik der Konrad-Adenauer-Stiftung
ADL	Archiv des Deutschen Liberalismus der Friedrich-Naumann-Stiftung
AKMB	Archiv des Katholischen Militärbischofs
APO	Außerparlamentarische Opposition
AdsD	Archiv der sozialen Demokratie der Friedrich-Ebert-Stiftung
AZdK	Archiv des Zentralkomitees der deutschen Katholiken
BA	Bundesarchiv Koblenz
BA-MA	Bundesarchiv – Militärarchiv Freiburg im Breisgau
BAM	Bistumsarchiv Münster
BAS	Bundesarbeitsgemeinschaft für Soldatenbetreuung
BDKJ	Bund der Deutschen Katholischen Jugend
BRH	Bundesrechnungshof
BT	Deutscher Bundestag
CDA	Christlich-Demokratische Arbeitnehmerschaft
CDU	Christlich-Demokratische Union Deutschlands
CSU	Christlich-Soziale Union
CSSR	Ceskoslovenska socialisticka republika
DDR	Deutsche Demokratische Republik
DFU	Deutsche Friedensunion
DBJR	Deutscher Bundesjugendring
DGB	Deutscher Gewerkschaftsbund
DKP	Deutsche Kommunistische Partei
DPSG	Deutsche Pfadfinderschaft St. Georg
EAS	Evangelische Arbeitsgemeinschaft für Soldatenbetreuung
EVG	Europäische Verteidigungsgemeinschaft
FAZ	Frankfurter Allgemeine Zeitung
FDJ	Freie Deutsche Jugend
FDP	Freie Demokratische Partei
GG	Grundgesetz
HHStA	Hessisches Hauptstaatsarchiv
HJ	Hitler-Jugend
HStAD	Hauptstaatsarchiv Düsseldorf
JU	Junge Union
KAS	Katholische Arbeitsgemeinschaft für Soldatenbetreuung
KNA	Katholische Nachrichten-Agentur
KPV	Kommunalpolitische Vereinigung von CDU und CSU
KZ	Konzentrationslager

LSD	Liberaler Studentenbund Deutschlands
LT NRW	Landtag Nordrhein-Westfalen
LTA NRW	Archiv des Landtags Nordrhein-Westfalen
MBl. NW.	Ministerialblatt für das Land Nordrhein-Westfalen
MdB	Mitglied des Deutschen Bundestages
NATO	North Atlantic Treaty Organization
NLA	National-Liberale Aktion
NPD	Nationaldemokratische Partei Deutschlands
NRW, NW	Nordrhein-Westfalen
NRZ	Neue Rhein-(Ruhr-) Zeitung
NS	Nationalsozialismus / nationalsozialistisch
NSDAP	Nationalsozialistische Deutsche Arbeiterpartei
OLG	Oberlandesgericht
OVG	Oberverwaltungsgericht
PA	Parlamentsarchiv des Deutschen Bundestages
RAF	Rote Armee Fraktion
RIAS	Rundfunk im amerikanischen Sektor in Berlin
SAPMO	Stiftung Archiv der Parteien und Massenorganisationen der DDR im Bundesarchiv
SBZ	Sowjetische Besatzungszone
SED	Sozialistische Einheitspartei Deutschlands
SPD	Sozialdemokratische Partei Deutschlands
StAWt-R	Staatsarchiv Wertheim, Abteilung Rosenbergsches Archiv
StGB	Strafgesetzbuch
UNO	United Nations Organization
WAY	World Assembly of Youth
WAZ	Westdeutsche Allgemeine Zeitung
WDR	Westdeutscher Rundfunk
ZdK	Zentralkomitee der deutschen Katholiken
Z.K.	Zentralkomitee zur Vorbereitung der Generalversammlung der Katholiken Deutschlands

Quellen- und Literaturverzeichnis

1. Ungedruckte Quellen

Archiv des Bundes der Deutschen Katholischen Jugend, Düsseldorf (ABDKJ)

A 526	Hauptversammlungen 1947–1952
A 562/20	Entschließung „Arbeitskreis katholischer Jugend gegen die Wiederaufrüstungspolitik“
A 562/22	DBJR – Wehrkommission
A 562/31	Wehrdienst
A 867	Veröffentlichungen von und über Heinrich Köppler
A 1727	FDJ - BDKJ - DBJR
A 2059	DBJR
A 2753	Protokolle der Sitzungen der Bundesführung 1949–1963

Herbert Klein: Jugendrecht und Jugendpolitik. Ein wichtiger Ausschuß der Hauptversammlung des BDKJ, o.O., 2001. Unveröffentlichtes Manuskript.

Archiv für Christlich-Demokratische Politik der Konrad-Adenauer-Stiftung, Sankt Augustin (ACDP)

01-258	Nachlaß Heinrich Köppler
01-446	Depositum Kurt Biedenkopf
01-447	Nachlaß Erich Köhler
02-039	CDU-Kreisverband Euskirchen
03-002	CDU-Landesverband Westfalen-Lippe
03-016	Präsidium der CDU in Nordrhein-Westfalen
04-014	Junge Union Westfalen-Lippe
07-001	CDU: Bundesvorstand, Bundesausschuß, Präsidium
07-004	CDU: Bundesgeschäftsstelle
08-001	CDU/CSU-Bundestagsfraktion

Pressedokumentation

Archiv des Deutschen Liberalismus der Friedrich-Naumann-Stiftung, Gummersbach (ADL)

FDP-Landesverband Nordrhein-Westfalen

Archiv des Katholischen Militärbischofs, Berlin (AKMB)

Akten Werthmann

AR 096 (Az. 36-01-03-51)	Bundesarbeitsgemeinschaft für Soldatenbetreuung
AR 097 (Az. 36-01-03-54)	Katholische Arbeitsgemeinschaft für Soldatenbetreuung

AR 098 (Az. 36-01-03-54)	Katholische Arbeitsgemeinschaft für Soldatenbetreuung
AR 101 (Az. 36-01-03-56)	Katholische Arbeitsgemeinschaft für Soldatenbetreuung
AR 103 (Az. 36-01-03-58)	Katholische Landesarbeitsgemeinschaft für Soldatenbetreuung in Nordrhein-Westfalen
AR 172 (Az. 69-16)	Soldatenheime
AR 173 (Az. 69-16)	Soldatenheime
AR 174 (Az. 69-16)	Soldatenheime

Archiv des Landtags Nordrhein-Westfalen, Düsseldorf (LTA NRW)

A 0208/245	Biographisches Kompendium Konrad Grundmann
A 0208/406	Biographisches Kompendium Heinrich Köppler
A 0208/582	Biographisches Kompendium Ottmar Pohl

Pressedokumentation

Archiv der sozialen Demokratie der Friedrich-Ebert-Stiftung, Bonn (AdsD)

Nachlaß Adolf Arndt
Nachlaß Heinz Westphal
SPD-Landesverband Nordrhein-Westfalen

Archiv des Zentralkomitees der deutschen Katholiken, Bonn (AZdK)

2202/1	Geschäftsführender Ausschuß, Sitzungen 1948–1965
2202/2	Geschäftsführender Ausschuß, Sitzungen 1966–1970
2306/2	Vollversammlung, Sitzungen 1958–1966
2306/4	Vollversammlung, Sitzungen Juni 1967–November 1968
3211	Staatspolitischer Arbeitskreis 1956–1965
3424	Arbeitskreis für Wehrfragen 1955/56
4100	Bischofsberichte 1952–1963
6101	CDU und Bundesregierung, Korrespondenz des Generalsekretärs 1959–1963
6105	SPD: Kontakte durch Pater Eberhard Welty und Prälat Wilhelm Böhler 1953–1958

Bistumsarchiv Münster (BAM)

GV NA A02-815	Schreiben von Bischof Michael Keller an Josef Kardinal Wendel vom 12.4.1957

Bundesarchiv, Koblenz (BA)

B 268	Deutscher Bundesjugendring
N 1371	Depositum Rainer Barzel

Bundesarchiv – Militärarchiv, Freiburg (BA-MA)

BW 1	Bundesministerium der Verteidigung
BW 35	Evangelisches Kirchenamt für die Bundeswehr

Hauptstaatsarchiv Düsseldorf (HStAD)

NW 280	Staatskanzlei
NW 400	Staatskanzlei
NW 583	Landespresse- und Informationsamt
RW 180	SPD-Fraktion im Landtag von Nordrhein-Westfalen
RW 277	CDU-Landesverband Rheinland
RW 350	SPD-Fraktion im Landtag von Nordrhein-Westfalen
RW 357	FDP-Fraktion im Landtag von Nordrhein-Westfalen
RW 360	CDU-Fraktion im Landtag von Nordrhein-Westfalen
RWN 207	CDU-Fraktion im Landtag von Nordrhein-Westfalen
RWN 251	Nachlaß Willi Weyer
RWV 26	CDU-Landesverband Rheinland
RWV 49	FDP-Landesverband Nordrhein-Westfalen

Hessisches Hauptstaatsarchiv, Wiesbaden (HHStA)

Abteilung 429/5 Realgymnasium Wiesbaden / Gutenbergschule

Parlamentsarchiv des Deutschen Bundestages, Berlin (PA)

Ausschuß für Verteidigung, 3. Wahlperiode
Innenausschuß, 5. Wahlperiode

Staatsarchiv Wertheim, Abteilung Rosenbergsches Archiv (StAWt-R)

NL 8 Nachlaß Fürst Karl zu Löwenstein-Wertheim-Rosenberg (1904-1990)

Stiftung Archiv der Parteien und Massenorganisationen der DDR im Bundesarchiv, Berlin (SAPMO)

DY 24 Freie Deutsche Jugend, Zentralrat

Standesamt Eltville am Rhein

Geburtsurkunde von Heinrich Köppler

Standesamt Wiesbaden

Heiratsurkunde von Heinrich Köppler

Materialien aus Privatbesitz

Franz Josef Köppler
Heinz Josef Massenkeil
Paul Sellmann

2. Zeitzeugengespräche

Dr. Rainer Barzel (2.12.2003, schriftliche Auskunft)
Dr. Paul Becher (2.4.2004, Bonn)
Prof. Dr. Ernst Benda (26.2.2004, schriftliche Auskunft)
Prof. Dr. Kurt Biedenkopf (23.1.2004, Dresden)
Helmut Breuer (1.4.2004, Düsseldorf)
Prof. Dr. Wolfgang Brüggemann (24.1.2004, Bochum)
Karin Buhl-Schäfer (6.5.2004, Bonn)
Helmut Elfring (27.3.2004, Dülmen)
Albert Falke (20.3.2004, Schmallenberg)
Prof. Dr. Friedhelm Farthmann (28.1.2004, Düsseldorf)
Klaus Fenske (31.1.2004 und 8.5.2004, Köln)
Friedhelm Geraedts (19.11.2003, Düsseldorf)
Elisabeth Gies (1.5.2004, Bonn)
Peter Giesen (23.3.2004, Jüchen)
Friedhelm Görgens (9.1.2004, Düsseldorf)
Heinz Hardt (23.3.2004, Düsseldorf)
Horst-Werner Hartelt (26.2.2004, Berlin)
Hansheinz Hauser (1.4.2004, Düsseldorf)
Dr. Wilfried Heimes (24.1.2004, Essen)
Wolfgang Heinz (19.11.2004, Siegburg)
Dr. Burkhard Hirsch (27.1.2004, Düsseldorf)
Dr. Paul Hoffacker (24.7.2004, Essen)
Dr. Heinz-Günther Hüsch (18.3.2004, Neuss)
Dr. Hans-Ulrich Klose (6.2.2004, Düsseldorf)
Franz Josef Köppler (8.11.2003, Hofheim/Taunus)
Dr. Helmut Kohl (11.2.2004, Berlin)
Thomas Kotzorek (19.3.2004, Köln)
Franz Heinrich Krey (27.1.2004, Bergisch Gladbach)
Dr. Friedrich Kronenberg (4.3.2004, Bonn)
Karl Lamers (7.4.2004, Kircheib)
Dr. Hanna-Renate Laurien (19.1.2004, schriftliche Auskunft)
Gerd Ludwig Lemmer (28.10.2004, Remscheid)
Dr. Wilhelm Lenz (19.3.2004, Köln)
Hans-Georg Marohl (10.7.2004, Köln)
Prof. Dr. Günther Massenkeil (3.6.2004, Bad Honnef)
Dr. Heinz Josef Massenkeil (27.4.2004, Mönchengladbach)
Prof. Dr. Paul Mikat (22.6.2004 und 27.11.2004, telefonische Auskunft)
Heinz-Josef Nüchel (6.3.2004, Eitorf/Sieg)
Gerd Ozimek (18.11.2003, Düsseldorf)
Dr. Felix Raabe (15.4.2004, Bonn)

Dr. h. c. Johannes Rau (2.4.2004, Bonn)
Dr. Horst-Ludwig Riemer (10.2.2004, Düsseldorf)
Prof. Dr. Günter Rinsche (12.6.2004, Wesseling)
Josef Schneider (31.7.2004, Köln)
Paul Sellmann (24.6.2004, schriftliche Auskunft)
Dr. Joachim Sobotta (28.1.2004, Meerbusch)
Heinz Soénius (4.2.2004, Köln)
Prof. Dr. Bernhard Vogel (27.2.2004, Berlin)
Friedrich Vogel (15.5.2004, Warendorf)
Dr. Heinrich Windelen (29.12.2003, Warendorf)
Dr. Bernhard Worms (15.4.2004, Königswinter)

3. Aufsätze, Reden und Interviews von Heinrich Köppler (Auswahl in chronologischer Reihenfolge)

Die künftige Arbeit des Deutschen Bundesjugendringes. In: deutsche jugend 2 (1954), S. 307–310.

Die katholischen Verbände im deutschen Katholizismus. In: Glauben, Danken, Dienen. 79. Deutscher Katholikentag, 1962, S. 89–98.

Unsere Zusammenarbeit in der erneuerten Kirche. In: Auf Dein Wort hin. 81. Deutscher Katholikentag, 1966, S. 112–136.

Todesstrafe für Triebverbrecher?. In: „Mann in der Zeit“ vom 1.10.1967.

Reformen in der Rechtspflege. In: Dietrich Rollmann (Hg.): Die Zukunft der CDU. Christlich-Demokratische Konzeption für die Zukunft. Hamburg 1968, S. 137–148.

Kirche – Staat – Gesellschaft. In: ZdK, 82. Deutscher Katholikentag, 1968, S. 465–479.

Mißverständnisse, Spannungen, Rivalitäten? Zum Verhältnis von Parlament und Regierung. In: Der Bundestag von innen gesehen. Hg. von Emil Hübner, Heinrich Oberreuter, Heinz Rausch. München 1969, S. 173–183.

Selbstverwaltung in Gefahr! Referat vom 10. Oktober 1970 in Hamm vor der Delegiertenversammlung der KPV Nordrhein-Westfalen. 3. Aufl. Recklinghausen 1971.

Soziale Marktwirtschaft und Strukturpolitik. In: Soziale Marktwirtschaft: Gebot der Vernunft, Motor des Fortschritts. Wirtschaftstag der CDU/CSU 1971; Protokoll. Bonn 1971, S. 139–144.

Berufsbildung und Hochschuldpolitik. Köln 1971.

Landes- und Bundespolitik. Die Zukunft des Föderalismus. Hg.: Staatsbürgerliche Vereinigung 1954 (19. Tagung 1970). 1972, S. 81–97.

Es darf nicht zu einem Riß kommen. In: „C-inform“. CDU-Informationen in Nordrhein-Westfalen 31 (1972), S. 1.

Neue Wege, neue Marksteine für den Ausbau unserer freiheitlichen Ordnung. Köln 1973.

Heinrich Köppler, Vorsitzender von 1954–1955. Beitrag aus Anlaß des 25jährigen Bestehens des DBJR. In: Deutscher Bundesjugendring (Hg.): Jahrbuch 1974. Bonn 1974, S. XX.

Mehr bürgerliche Selbstverwaltung durch CDU-Landespolitik. In: Kommunale Selbstverwaltung = Staatsbürgerliche Mitbestimmung. Forum '73 – Delegiertenversammlung der KPV Nordrhein-Westfalen in Düsseldorf. Recklinghausen 1974, S. 141–147.

Die Zukunft des Föderalismus. In: Ottmar Franz (Hg.): Die Zukunft der Bundesrepublik Deutschland. Stuttgart 1975, S. 194–209.

Kühns Regierung hat abgewirtschaftet. In: Deutschland-Magazin 7 (1975), Nr. 2, S. 16.

Sichere Arbeitsplätze durch gesicherte Energie. Rede in der 47. Sitzung des Landtags von Nordrhein-Westfalen am 12. Mai 1977. Köln 1977.

Es geht um unsere Zukunft, Rede vom 8. Oktober 1977 in Köln vor der Landestagung der Jungen Union Rheinland. Düsseldorf 1977.

Millionen Bürger stoppen Koop. Rede zur Aufhebung des Koop-Gesetzes am 13. April 1978. Köln 1978.

Die Zukunft gehört der Union. Rede auf dem 32. Landesparteitag der CDU Rheinland am 18. November 1978 in Köln. Hg.: CDU-Rheinland. Köln 1978.

Einheit als Kraftquell. In: „Westfälische Nachrichten" vom 9.6.1979.

Testwahl für die Bonner Koalition (Interview). In: „Der Spiegel" vom 9.2.1970.

Köppler sagt, Rainer Barzel kommt (Interview). In: „Rundschau am Sonntag" vom 5.7.1970.

CDU-Ruhrkonferenz: Hilfe zur Selbsthilfe (Interview). In: Kommunalpolitische Blatter 31 (1979), H. 6, S. 521f.

Führungsdiskussion durch Indiskretionen (Interview). In: „Westfälische Nachrichten" vom 13.1.1979.

Das Thema ist nicht vom Tisch (Interview). In: „Die Welt" vom 15.1.1979.

Rohde, Paul: Gefragt: Heinrich Köppler. Bonn 1970 (zitiert: Köppler 1).

Klein, Heinzgünter: Gefragt: Heinrich Köppler. Bornheim 1975 (zitiert: Köppler 2).

4. Gedruckte Quellen und Literatur

Alemann, Ulrich von (Hg.): Parteien und Wahlen in Nordrhein-Westfalen (Schriften zur politischen Landeskunde Nordrhein-Westfalens, 2). Köln 1985.

Andernach, Norbert: Jederzeit für die freiheitliche demokratische Ordnung? – Radikale im öffentlichen Dienst. In: Reinicke/Romeyk: Nordrhein-Westfalen, S. 472–475.

Aretz, Jürgen: Katholizismus und deutsche Sozialdemokratie 1949–1963. In: Langner: Katholizismus, S. 61–81.

Arndt, Adolf: Kafkas falsche Sicht. In: Die Neue Gesellschaft 8 (1961), S. 83–94.

„Den Aufschwung wählen" – Dokumente zum Landtagswahlkampf in Nordrhein-Westfalen 1975. Hg. von der CDU-Landtagsfraktion Nordrhein-Westfalen. Düsseldorf 1975.

BARING, Arnulf: Machtwechsel. Die Ära Brandt – Scheel. 4. Aufl. Stuttgart 1983.

BARZEL, Rainer: Ein gewagtes Leben. Erinnerungen. Stuttgart-Leipzig 2001.

BECKER, Horst/RUHLAND, Walter: Die Landtagswahlen in Nordrhein-Westfalen von 1947 bis 1990. In: Die Landtagswahlen in Nordrhein-Westfalen von 1947 bis 1990 (Schriften des Landtags Nordrhein-Westfalen, 6). Düsseldorf 1993, S. 21–105.

BEWERUNGE, Lothar: Ob Köppler noch kommt? Die CDU-Opposition in Düsseldorf. Köln 1972.

BICKERICH, Wolfram: Franz Josef Strauß. Die Biographie. Düsseldorf 1996.

BIEDENKOPF, Kurt: Mit doppelter Energie für NRW. In: KRONENBERG/VOGEL: Heinrich Köppler, S. 163–173.

– Rede des Generalsekretärs der CDU Deutschlands, Prof. Dr. Kurt Biedenkopf, auf dem Landesparteitag der CDU Westfalen-Lippe am 20. März 1976 in Bünde, o.O., o.J. *(Zit.:* BIEDENKOPF: Bünde).

BLASCHKE, Peter H./OBERHEM Harald: Militärseelsorge. Grundlagen, Aufgaben, Probleme. Regensburg 1985.

BOKLER, Willy (Hg.): Katholische Jugend und der Verteidigungsbeitrag. Stellungnahme des Bundes der Deutschen Katholischen Jugend zu Fragen der Wiederbewaffnung und Soldatenbetreuung. Düsseldorf 1956.

BORIES-SAWALA, Helga: Erinnerung – Göttin, Liebesdienerin, Kronzeugin? Zum Stand der Oral History in Europa. in: Francia 24/3 (1997), S. 117–132.

BREHM, Thomas: SPD und Katholizismus 1957–1966. Jahre der Annäherung (Erlanger Historische Studien, 14). Frankfurt/M. u. a. 1989.

BUCHSTAB, Günter: Adenauer und die Wiedervereinigung. In: Die politische Meinung, Heft 373 (2000), S. 47–54.

Bürger – Armee – Staat. Forderung des Liberalen Studentenbundes Deutschlands zu einer künftigen Wehrverfassung. Bonn 1952.

CARL-NEISINGER, Heidi: Vom Eigenweg zur gemeinsamen Verantwortung. Die katholische Frauenjugend nach 1945. In: KRONENBERG/VOGEL: Heinrich Köppler, S. 47–60.

CDU-Bundesgeschäftsstelle (Hg.): 19. Bundesparteitag der CDU 4./5. 10. 1971 in Saarbrücken. Bonn o.J.

– 21. Bundesparteitag der CDU 12. 6. 1973 in Bonn. Bonn o.J.

– 23. Bundesparteitag der CDU 23.–25. 6. 1975 in Mannheim. Bonn o.J.

– 25. Bundesparteitag der CDU 7.–9. 3. 1977 in Düsseldorf. Bonn o.J.

Christus – Deutschland – Europa. Dokumentation des ersten Deutschlandtreffens der Führerschaft von Mannes- und Frauenjugend im Bund der Deutschen Katholischen Jugend in Augsburg zu Pfingsten 1953, o.O., o.J.

DEISS, Martin: Die Führungsfrage. CDU und CSU im zwischenparteilichen Machtkampf (Schriftenreihe der Forschungsgruppe Deutschland, 14). München 2003.

Der deutsche Soldat in der Armee von morgen. Wehrverfassung, Wehrsystem, Inneres Gefüge (Veröffentlichungen des Instituts für Staatslehre und Politik, 4). München 1954.

Deutscher Bundesjugendring (Hg.): Gesellschaftliches Engagement und politische Interessenvertretung – Jugendverbände in der Verantwortung. 50 Jahre Deutscher Bundesjugendring. Berlin 2003.

Deutscher Katholikentag s. Zentralkomitee

DIRKS, Walter: Ein „anderer" Katholizismus? Minderheiten im deutschen Corpus catholicorum, in: GREINACHER, Norbert/RISSE, Heinz Theo (Hg.): Bilanz des deutschen Katholizismus. Mainz 1966, S. 292–310.

DOERING-MANTEUFFEL, Anselm: Katholizismus und Wiederbewaffnung. Die Haltung der deutschen Katholiken gegenüber der Wehrfrage 1948–1955 (Veröffentlichungen der Kommission für Zeitgeschichte, Reihe B, 32). Mainz 1981.

Dokumente zur Berlin-Frage 1967–1986. Hg. von Hans Heinrich MAHNKE (Dt. Gesellschaft für Auswärtige Politik; Internationale Politik und Wirtschaft 52/2). München 1987.

DÜDING, Dieter: Heinz Kühn 1912–1992. Eine politische Biographie (Düsseldorfer Schriften zur Neueren Landesgeschichte und zur Geschichte Nordrhein-Westfalens, 60). Essen 2002.

EHLERS, Dieter: Technik und Moral einer Verschwörung. 20. Juli 1944. Frankfurt/M., Bonn 1964.

EHLERT, Hans: Innenpolitische Auseinandersetzungen um die Pariser Verträge und die Wehrverfassung 1954 bis 1956. In: Militärgeschichtliches Forschungsamt: Anfänge westdeutscher Sicherheitspolitik, Bd. 3, S. 235–560.

FABRITIUS, Georg: Wechselwirkungen zwischen Landtagswahlen und Bundespolitik (Politik und Wähler, 19). Meisenheim am Glan 1978.

FLECHTHEIM, Ossip K. (Hg.): Dokumente zur parteipolitischen Entwicklung in Deutschland seit 1945. Bd. 3: Programmatik der deutschen Parteien. Berlin 1963.

FORSTER, Karl (Hg.): Christentum und Demokratischer Sozialismus (Studien und Berichte der Katholischen Akademie in Bayern, 3). München 1958.

GAULY, Thomas M.: Katholiken. Machtanspruch und Machtverlust. Bonn 1991.

Gelöbnis von Dortmund. Den Herrn bekennen – der Wahrheit leben – die Freiheit wagen. Dokumentation des ersten Bundesfestes des Bundes der Deutschen Katholischen Jugend in Dortmund vom 30.7.–1. 8. 1954, o.O., o.J.

GERAEDTS, Friedhelm: Die vergessenen Jahre. Heinrich Köppler und zehn Jahre Oppositionspolitik in Nordrhein-Westfalen. Köln 1987.

GERLACH, Irene: Brauksiepe, geb. Engels, Aenne, in: KEMPF, Udo/MERZ, Hans-Georg (Hg.): Kanzler und Minister 1949–1998. Biographisches Lexikon der deutschen Bundesregierungen. Wiesbaden 2001, S. 180–183.

GNISS, Daniela: Der Politiker Eugen Gerstenmaier 1906–1986. Eine Biographie (Beiträge zur Geschichte des Parlamentarismus und der politischen Parteien, 144). Düsseldorf 2005.

GÖRTEMAKER, Manfred: Geschichte der Bundesrepublik Deutschland. Von der Gründung bis zur Gegenwart. Frankfurt/M. 2004.

GORSCHENEK, Günter (Hg.): Katholiken und ihre Kirche in der Bundesrepublik Deutschland (Geschichte und Staat, 200–202). München-Wien 1976.

GOTTO, Klaus: Wandlungen des politischen Katholizismus seit 1945. In: OBERNDÖRFER, Dieter/RATTINGER, Hans/SCHMITT, Karl (Hg.): Wirtschaftlicher Wandel, religiöser Wandel und Wertewandel. Folgen für das politische Verhalten in der Bundesrepublik Deutschland (Ordo politicus, 25). Berlin 1985, S. 221–235.

GOTTO, Klaus/HOCKERTS, Hans Günter/REPGEN, Konrad: Nationalsozialistische Herausforderung und kirchliche Antwort. Eine Bilanz. In: GOTTO, Klaus/REPGEN, Konrad (Hg.): Die Katholiken und das Dritte Reich. 3. Aufl. Mainz 1990, S. 173–190.

GRAU, Andreas: Gegen den Strom. Die Reaktion der CDU/CSU-Opposition auf die Ost- und Deutschlandpolitik der sozial-liberalen Koalition 1969–1973 (Forschungen und Quellen zur Zeitgeschichte, 47). Düsseldorf 2005.

GROSSMANN, Thomas: Zwischen Kirche und Gesellschaft. Das Zentralkomitee der deutschen Katholiken 1945–1970 (Veröffentlichungen der Kommission für Zeitgeschichte, Reihe B, 56). Mainz 1991.

GRUBER, Ludger: Die CDU-Landtagsfraktion in Nordrhein-Westfalen 1946–1980. Eine parlamentarische Untersuchung (Forschungen und Quellen zur Zeitgeschichte, 31). Düsseldorf 1998.

HANSSLER, Bernhard: Stand und Aufgabe katholischer Laienarbeit heute. In: ZdK, Arbeitstagung 1958, Paderborn 1958, S. 10–21.

– Der Pluralisierungsprozeß im deutschen Katholizismus und seine gesellschaftlichen Auswirkungen. In: LANGNER: Katholizismus, S. 103–121.

– Vielfalt der Wege und Formen der Laienarbeit in der Kirche nach 1945. In: ZdK, Kehrt um und glaubt, S. 293–303.

– Neues Selbstverständnis – mangelnde Gestaltungskraft? Das Zentralkomitee der deutschen Katholiken in der Adenauer-Ära. In: KRONENBERG/VOGEL: Heinrich Köppler, S. 69–78.

HELLER, Edith: Macht Kirche Politik. Der Briefwechsel zwischen den polnischen und deutschen Bischöfen im Jahre 1965. Köln 1992.

HENGSBACH, Franz: Die Katholische Kirche und die Frage der Arbeiterschaft. In: KRONENBERG/VOGEL: Heinrich Köppler, S. 99–107.

HENRICH, Franz: Katholische Akademien. In: GORSCHENEK: Katholiken, S. 278–281.

HERMS, Michael: Hinter den Linien. Westarbeit der FDJ 1945–1956 (Die Freie Deutsche Jugend. Beiträge zur Geschichte einer Massenorganisation, 8). Berlin 2001.

HILDEBRAND, Klaus: Von Erhard zur Großen Koalition 1963–1969 (Geschichte der Bundesrepublik Deutschland, 4). Stuttgart-Wiesbaden 1984.

– Das Dritte Reich (Oldenbourg, Grundriß der Geschichte, 17). 4. Aufl. München 1991.

– Das vergangene Reich. Deutsche Außenpolitik von Bismarck bis Hitler 1871–1945. Stuttgart 1995.

HITZE, Guido: Anatomie eines Niedergangs. Eine Untersuchung über die nordrhein-westfälische CDU in den Jahren 1980–1995. In: Geschichte im Westen 17 (2002), S. 202–235.

HOLTZ, Axel: Der politische Entscheidungsprozeß zu den Strafrechtsreformen in der Zeit von 1962 bis 1975. Freiburg i. Br. 1989.

HÜRTEN, Heinz: Michael Keller (1896–1961). In: Zeitgeschichte in Lebensbildern, Bd. 4, S. 208–224.

JÄGER, Wolfgang: Die Innenpolitik der sozial-liberalen Koalition 1974–1982. In: JÄGER, Wolfgang/LINK, Werner: Republik im Wandel 1974–1982. Die Ära Schmidt (Geschichte der Bundesrepublik Deutschland, 5/II). Stuttgart-Mannheim 1987, S. 9–272.

KAFF, Brigitte: Heinrich Köppler (1925–1980). In: Zeitgeschichte in Lebensbildern, Bd. 10, S. 211–224.

KAFKA, Gustav E.: Christliche Parteien und katholische Kräfte. In: DERS. (Hg.): Die Katholiken vor der Politik. Freiburg i. Br. 1958, S. 133–146.

– Lagebericht. In: ZdK, Arbeitstagung 1962, S. 249–263.

– Der freiheitliche Sozialismus in Deutschland. Das Godesberger Grundsatzprogramm der SPD in katholischer Sicht. 2. Aufl. Paderborn o.J.

KLAGES, Helmut: Traditionsbruch als Herausforderung. Perspektiven der Wertewandelsgesellschaft. Frankfurt/M., New York 1993.

KLEINMANN, Hans-Otto: Geschichte der CDU 1945–1982. Stuttgart 1993.

KÖCHER, Renate: Religiös in einer säkularisierten Welt. In: NOELLE-NEUMANN, Elisabeth/KÖCHER, Renate: Die verletzte Nation. Über den Versuch der Deutschen, ihren Charakter zu ändern. Stuttgart 1987, S. 164–281.

KÖHLER, Wolfram: Annahme verweigert. Das Volksbegehren gegen die Kooperative Schule in Nordrhein-Westfalen. Düsseldorf 1978.

KÖSTERING, Heinz/BÜNERMANN. Martin: Die Gemeinden und Kreise nach der kommunalen Gebietsreform in Nordrhein-Westfalen. Ein Handbuch zur kommunalen Neugliederung (Kommunale Schriften für Nordrhein-Westfalen, 36). Köln 1975.

KOHL, Helmut: Erinnerungen 1930–1982. München 2004.

KOLB, Eberhard: Die Weimarer Republik (Oldenbourg, Grundriß der Geschichte, 16). 2. Aufl. München 1988.

KRONENBERG, Friedrich: Zum Profil katholischer Verbände heute. In: KRONENBERG/VOGEL: Heinrich Köppler, S. 89–98.

KRONENBERG, Friedrich/VOGEL Bernhard (Hg.): Heinrich Köppler. Christ und Politiker 1925–1980. Düsseldorf 1990.

KÜHN, Heinz: Aufbau und Bewährung. Die Jahre 1945–1978 (Ullstein-Buch Nr. 27528). Frankfurt/M. u. a. 1984.

Landesamt für Datenverarbeitung und Statistik Nordrhein-Westfalen (Hg.): 40 Jahre Wahlen in Nordrhein-Westfalen. Dokumentation in Schaubildern zu Themen des Wahlgeschehens von 1947 bis 1987. Düsseldorf 1987.

LANGNER, Albrecht (Hg.): Katholizismus im politischen System der Bundesrepublik 1949–1963. Paderborn u. a. 1978.

LAUFER, Heinz: Der Parlamentarische Staatssekretär. Eine Studie über ein neues Amt in der Bundesregierung (Münchener Studien zur Politik, 12). München 1969.

LINN, Heinrich: 20 Jahre Rhein-Sieg-Kreis – die kommunale Neugliederung des Raumes Bonn/Siegburg im Jahre 1969. In: Jahrbuch des Rhein-Sieg-Kreises 1989, S. 105–116.

MAIER, Hans: Kirche, Religion und Kultur. In: BROSZAT, Martin (Hg.): Zäsuren nach 1945. Essays zur Periodisierung der deutschen Nachkriegsgeschichte (Schriftenreihe der Vierteljahrshefte für Zeitgeschichte, 61). München 1990, S. 131–139.

MARX, Stefan: Franz Meyers 1908–2002. Eine politische Biographie (Düsseldorfer Schriften zur Neueren Landesgeschichte und zur Geschichte Nordrhein-Westfalens, 65). Essen 2003.

– Die Entstehung der Gemeinde Windeck im Rahmen der nordrhein-westfälischen Gebietsreform. In: Heimatblätter des Rhein-Sieg-Kreises 72 (2004), S. 165–193.

MAYER, Hans: Der Widerruf. Über Deutsche und Juden. Frankfurt/M.

MEYER, Georg: Zur inneren Entwicklung der Bundeswehr 1960/61. In: Militärgeschichtliches Forschungsamt, Anfänge westdeutscher Sicherheitspolitik, Bd. 3, S. 851–1162.

Militärgeschichtliches Forschungsamt (Hg.): Anfänge westdeutscher Sicherheitspolitik 1945–1956. Bd. 3: Die NATO-Option. München 1993.

OCKENFELS, Wolfgang: Eberhard Welty (1902–1965). In: Zeitgeschichte in Lebensbildern, Bd. 4, S. 240–249.

OPPELLAND, Torsten: Gerhard Schröder (1910–1989). Politik zwischen Staat, Partei und Konfession (Forschungen und Quellen zur Zeitgeschichte, 39). Düsseldorf 2002.

PAILER, Wolfgang: Stanislaw Stomma. Nestor der polnisch-deutschen Aussöhnung. Bonn 1995.

PAPKE, Gerhard: Unser Ziel ist die unabhängige FDP. Die Liberalen und der Machtwechsel in Nordrhein-Westfalen 1956. Baden-Baden 1992.

PESCH, Otto Hermann: Das Zweite Vatikanische Konzil (1962–1965). Vorgeschichte – Verlauf – Ergebnisse – Nachgeschichte. 2. Aufl. Würzburg 1994.

PLATO, Alexander von: Zeitzeugen und die historische Zunft. Erinnerung, kommunikative Tradierung und kollektives Gedächtnis in der qualitativen Geschichtswissenschaft – ein Problemaufriß. In: BIOS 13 (2000), S. 5–29.

Pohl, Ottmar: Die CDU-Landtagsfraktion 1970–1980. Opposition ohne Chance? In: KRONENBERG/VOGEL: Heinrich Köppler, S. 185–209.

POSSER, Diether: Für Recht und Gerechtigkeit. In: Konflikt und Konsens. 50 Jahre Landesverfassung Nordrhein-Westfalen (Schriften des Landtags Nordrhein-Westfalen, 12). Düsseldorf 2000, S. 76–98.

RAABE, Felix: Das Zentralkomitee der deutschen Katholiken 1952–1964. Katholische Laienarbeit in Kirche und Gesellschaft. In: SAUER, Thomas (Hg.): Katholiken und Protestanten in den Aufbaujahren der Bundesrepublik. Stuttgart u. a. 2000, S. 65–88.

RAHNER, Karl/VORGRIMLER, Herbert: Kleines Konzilskompendium. Sämtliche Texte des Zweiten Vatikanums. 7. Aufl. Freiburg i. Br. 1971.

REINICKE, Christian/ROMEYK, Horst (Red.): Nordrhein-Westfalen. Ein Land in seiner Geschichte. Aspekte und Konturen 1946–1996 (Veröffentlichungen der staatlichen Archive des Landes Nordrhein-Westfalen, Reihe C, 36). Münster 1996.

RITTER, Gerhard A./NIEHUSS, Merith: Wahlen in der Bundesrepublik Deutschland. Bundestags- und Landtagswahlen 1946–1987 (Statistische Arbeitsbücher zur neueren deutschen Geschichte). München 1987.

RÖDDER, Andreas: Die Bundesrepublik Deutschland 1969–1990 (Oldenbourg, Grundriß der Geschichte, 19a). München 2004.

ROMMERSKIRCHEN, Josef: Den Frieden sichern. Die Kirche in den Auseinandersetzungen um den Verteidigungsbeitrag in den fünfziger Jahren. In: ZdK, 87. Deutscher Katholikentag, S. 165–176.

– Neuorganisation und Selbstverständnis der katholischen Jugend nach 1945. In: KRONENBERG/VOGEL: Heinrich Köppler, S. 31–45.

RÜSCHENSCHMIDT, Heinrich: Gründung und Anfänge der CDU in Hessen (Quellen und Forschungen zur hessischen Geschichte, 42). Marburg 1981.

SCHEWICK, Burkhard van: Wilhelm Böhler (1891–1958). In: Zeitgeschichte in Lebensbildern, Bd. 4, S. 197–207.

SCHMOECKEL, Reinhard: Eine Regierung der Reformen. Auf dem Wege zu einer Modernisierung der Bundesrepublik Deutschland. In: SCHMOECKEL, Reinhard/KAISER, Bruno: Die vergessene Regierung. Die große Koalition 1966 bis 1969 und ihre langfristigen Wirkungen (Bouvier Forum, 6). Bonn 1991, S. 267–288.

SCHÖNBOHM, Wulf: Die CDU wird moderne Volkspartei. Selbstverständnis, Mitglieder, Organisation und Apparat 1950–1980 (Forschungen und Quellen zur Zeitgeschichte, 7). Stuttgart 1985.

SCHWAB, Martin: Kirche leben und Gesellschaft gestalten. Der Bund der Deutschen Katholischen Jugend (BDKJ) in der Bundesrepublik Deutschland und der Diözese Würzburg 1947–1989 (Quellen und Forschungen zur Geschichte des Bistums und Hochstifts Würzburg, 51). Würzburg 1997.

SCHWAN, Alexander: Katholische Kirche und deutsche Sozialdemokratie. In: GORSCHENEK: Katholiken, S. 205–217.

SCHWARZ, Hans-Peter: Adenauer. Der Aufstieg: 1876–1952, 3. Aufl. Stuttgart 1991.

STANGIER, Michael: Zur Entstehungsgeschichte der Katholischen Arbeitsgemeinschaft für Soldatenbetreuung e.V. 2. Aufl. Bonn 1988.

Stöss, Richard: Die Aktionsgemeinschaft Vierte Partei. In: Ders. (Hg.): Parteien-Handbuch. Die Parteien der Bundesrepublik Deutschland 1945–1980. Bd. I: AUD bis EFP (Schriften des Zentralinstituts für sozialwissenschaftliche Forschung der Freien Universität Berlin, 38). Opladen 1983, S. 336–366.

Streibl, Max: Stellungnahme vom 10.7.1970 zu den Erklärungen des rheinischen CDU-Landesparteivorsitzenden Heinrich Köppler. Hg. von der CSU-Landesleitung. München 1970.

Vogel, Alois: Der Landtag Nordrhein-Westfalen. Schlaglichter aus fünf Jahrzehnten. In: 50 Jahre Landtag Nordrhein-Westfalen. Das Land und seine Abgeordneten (Schriften des Landtags Nordrhein-Westfalen, 9). Düsseldorf 1996, S. 9–104.

Vogel, Bernhard: Die Erneuerung einer Volkspartei – Heinrich Köppler und der Weg der CDU. In: Kronenberg/Vogel: Heinrich Köppler, S. 121–135.

Voss, Friedrich: Den Kanzler im Visier. 20 Jahre mit Franz Josef Strauß. Mainz-München 1999.

Weinforth, Friedhelm: Ein „Schulkampf" – Die Kooperative Schule, in: Reinicke/Romeyk: Nordrhein-Westfalen, S. 514–516.

Weiskirch, Willi: Ein guter Freund. In: Kronenberg/Vogel: Heinrich Köppler, S. 11–16.

Weißbuch 1970. Zur Sicherheit der Bundesrepublik Deutschland und zur Lage der Bundeswehr. Hg. vom Bundesminister der Verteidigung. Bonn 1970.

Westphal, Heinz: Jugend braucht Demokratie – Demokratie braucht Jugend. Mein jugendpolitisches Engagement 1945–1974. Erinnerungen. Rostock 1994.

Windelen, Heinrich: Die Union in Rheinland und Westfalen: Ein schwieriger Weg. In: Kronenberg/Vogel: Heinrich Köppler, S. 137–162.

Worms, Bernhard: Heinrich Köppler als Fraktionsvorsitzender. In: Kronenberg/Vogel: Heinrich Köppler, S. 175–184.

Wendt, Alexander: Kurt Biedenkopf. Ein politisches Porträt. Berlin 1994.

Winkelmann, Petra: Die Entstehung und Entwicklung des Kreises Neuss 1970 bis 1990. Eine Studie zur kommunalen Neugliederung im Lande Nordrhein-Westfalen (Schriftenreihe des Stadtarchivs Neuss, 15). Essen 1994.

Winkler, Heinrich August: Der lange Weg nach Westen. Deutsche Geschichte vom Ende des Alten Reiches bis zum Untergang der Weimarer Republik. 5. Aufl. München 2002.

Zeitgeschichte in Lebensbildern. Aus dem deutschen Katholizismus des 19. und 20. Jahrhunderts. Hg. von Jürgen Aretz, Rudolf Morsey, Anton Rauscher. Bd. 4, Mainz 1980; Bd. 10, Münster 2001.

Zentralkomitee der deutschen Katholiken (Hg.): Arbeitstagung Saarbrücken 16.–19. April 1958. Paderborn 1958, S. 10–21 (*Zit.:* ZdK, Arbeitstagung 1958).

– Arbeitstagung Freiburg 10.–14. April 1962. Paderborn 1962 (*Zit.:* ZdK, Arbeitstagung 1962).

– Glauben, Danken, Dienen. 79. Deutscher Katholikentag vom 22. August bis 26. August 1962 in Hannover. Paderborn 1962 (*Zit.:* ZdK, 79. Katholikentag).
– Auf Dein Wort hin. 81. Deutscher Katholikentag vom 13. Juli bis 17. Juli 1966 in Bamberg. Paderborn 1966 (*Zit.:* ZdK, 81. Katholikentag).
– Mitten in dieser Welt. 82. Deutscher Katholikentag vom 4. bis 8. September 1968 in Essen. Paderborn 1968 (*Zit.:* ZdK, 82. Katholikentag).
– Kehrt um und glaubt – erneuert die Welt. 87. Deutscher Katholikentag vom 1. September – 5. September 1982 in Düsseldorf. Paderborn 1982 (*Zit.:* ZdK, 87. Katholikentag).
– Statut des Zentralkomitees der deutschen Katholiken von 1953. Paderborn 1953 (*Zit.:* ZdK, Statut 1953).
– Statut des Zentralkomitees der deutschen Katholiken von 1967. In: Berichte und Dokumente 1, hg. vom ZdK. Bad Godesberg 1969, S. 3–8 (*Zit.:* ZdK, Statut 1967).

Personenregister

Kursiv gesetzte Seitenangaben verweisen auf Fußnoten.

Forschungen und Quellen zur Zeitgeschichte

Im Auftrag der Konrad-Adenauer-Stiftung

herausgegeben von
Günter Buchstab, Klaus Gotto, Hans Günter Hockerts,
Rudolf Morsey und Hans-Peter Schwarz

1 Hans Günter Hockerts: *Sozialpolitische Entscheidungen im Nachkriegsdeutschland.* Alliierte und deutsche Sozialversicherungspolitik 1945 bis 1957. Stuttgart 1980, 463 S., ISBN 3-12-912910-3

2 *Die CDU/CSU im Parlamentarischen Rat.* Sitzungsprotokolle der Unionsfraktion. Eingeleitet und bearbeitet von Rainer Salzmann. Stuttgart 1981, XLIV + 701 S., ISBN 3-12-912930-8

3 Franz J. Bauer: *Flüchtlinge und Flüchtlingspolitik in Bayern 1945-1950.* Stuttgart 1982, 444 S., ISBN 3-608-91066-2

4 *Bibliographie zur Geschichte der CDU und CSU 1945-1980.* Erstellt von Gerhard Hahn. Stuttgart 1982, LXVIII + 961 S., ISBN 3-12-912940-5

5 Christian Hacke: *Die Ära Nixon-Kissinger 1969-1974.* Konservative Reform der Weltpolitik. Stuttgart 1983, 319 S., ISBN 3-608-91228-2

6 Ulrich Reusch: *Deutsches Berufsbeamtentum und britische Besatzung.* Planung und Politik 1943-1947. Stuttgart 1985, 419 S., ISBN 3-608-91231-2

7 Wulf Schönbohm: *Die CDU wird moderne Volkspartei.* Selbstverständnis, Mitglieder, Organisation und Apparat 1950-1980. Stuttgart 1985, 343 S., ISBN 3-608-91233-9

8 *Adenauer: "Es mußte alles neu gemacht werden."* Die Protokolle des CDU-Bundesvorstandes 1950-1953. Bearbeitet von Günter Buchstab. Stuttgart 1986, 1. u. 2. Aufl. XXIX + 730 S., ISBN 3-608-91426-9

9 *Der Weg in die Soziale Marktwirtschaft.* Referate, Protokolle, Gutachten der Arbeitsgemeinschaft Erwin von Beckerath 1943-1947. Bearbeitet von Christine Blumenberg- Lampe. Stuttgart 1986, 633 S., ISBN 3-608-91399-8

10 Wolfgang Krieger: *General Lucius D. Clay und die amerikanische Deutschlandpolitik 1945-1949.* Stuttgart 1987, 560 S., ISBN 3-608-91443-9

11 *Im Zentrum der Macht.* Das Tagebuch von Staatssekretär Lenz 1951-1953. Bearbeitet von Klaus Gotto, Hans-Otto Kleinmann und Reinhard Schreiner. Düsseldorf 1988, XLIV + 800 S., ISBN 3-7700-0763-8

12 Horstwalter Heitzer: *Die CDU in der britischen Zone 1945-1949.* Gründung, Organisation, Programm und Politik. Düsseldorf 1988, 814 S., ISBN 3-7700-0755-7

13 *Die CDU/CSU im Frankfurter Wirtschaftsrat.* Protokolle der Unionsfraktion 1947-1949. Bearbeitet von Rainer Salzmann. Düsseldorf 1988, 481 S., ISBN 3-7700-0756-5

14 Margaret Lavinia Anderson: *Windthorst.* Zentrumspolitiker und Gegenspieler Bismarcks. Aus dem Amerikanischen von Christa Dericum und Hildegard Möller. Düsseldorf 1988, X + 466 S., ISBN 3-7700-0774-3

15 *Bibliographie zur Geschichte der CDU und CSU 1981-1986.* Mit Nachträgen 1945-1980. Erstellt von Brigitte Krähe und Michaela Seibel. Düsseldorf 1990, XIX + 687 S., ISBN 3-7700-0798-0

16 *Adenauer: " Wir haben wirklich etwas geschaffen."* Die Protokolle des CDU-Bundesvorstands 1953-1957. Bearbeitet von Günter Buchstab. Düsseldorf 1990, XXXVII + 1380 S., ISBN 3-7700-0799-9

17 *Die Unionsparteien 1946-1950.* Protokolle der Arbeitsgemeinschaft der CDU/CSU Deutschlands und der Konferenzen der Landesvorsitzenden. Bearbeitet von Brigitte Kaff. Düsseldorf 1991, XXXII + 845 S., ISBN 3-7700-0796-4

18 Karl-Ulrich Gelberg: *Hans Ehard.* Die föderalistische Politik des bayerischen Ministerpräsidenten 1946-1954. Düsseldorf 1992, XIII + 600 S., ISBN 3-7700-0976-2

19 Michael Richter: *Die Ost-CDU 1948-1952.* Zwischen Widerstand und Gleichschaltung. Düsseldorf 1991, 2., korr. Auflage, 488 S., ISBN 3-7700-0916-9; Paperback, ISBN 3-7700-0917-7

20 Günther Schulz: *Wiederaufbau in Deutschland.* Die Wohnungsbaupolitik in den Westzonen und der Bundesrepublik von 1945 bis 1957. Düsseldorf 1994, 400 S., ISBN 3-7700-0975-4

21 Michael Gante: *§218 in der Diskussion.* Meinungs- und Willensbildung 1945-1976. Düsseldorf 1991, XIII + 417 S., ISBN 3-7700-0956-8; Paperback, ISBN 3-7700-0963-0

22 Günther Schulz (Hg.): *Wohnungspolitik im Sozialstaat.* Deutsche und europäische Lösungen 1918-1960. Düsseldorf 1993, 360 S., ISBN 3-7700-0974-6

23 Horst Osterheld: *Außenpolitik unter Bundeskanzler Ludwig Erhard 1963-1966.* Ein dokumentarischer Bericht aus dem Kanzleramt. Düsseldorf 1992, 420 S., ISBN 3-7700-0996-7

24 *Adenauer: "... um den Frieden zu gewinnen".* Die Protokolle des CDU-Bundesvorstands 1957-1961. Bearbeitet von Günter Buchstab. Düsseldorf 1994, XXVIII + 1117 S., ISBN 3-7700-1870-2

25 *Bibliographie zur Geschichte der CDU und CSU 1987-1990.* Bearbeitet von Thomas Schaarschmidt und Hildegard Krengel. Düsseldorf 1994, 660 S., ISBN 3-7700-1873-7

26 Daniel Kosthorst: *Brentano und die deutsche Einheit.* Die Deutschland- und Ostpolitik des Außenministers im Kabinett Adenauer 1955-1961. Düsseldorf 1993, 459 S., ISBN 3-7700-1871-0

27 Martin Rißmann: *Kaderschulung in der Ost-CDU 1949-1971.* Zur geistigen Formierung einer Blockpartei. Düsseldorf 1995, 346 S., ISBN 3-7700-1874-5

28 Heinrich Krone: *Tagebücher.* Erster Band 1945-1961. Bearbeitet von Hans-Otto Kleinmann. Düsseldorf 1995, XXVII + 600 S., ISBN 3-7700-1876-1

29 York Dietrich: *Eigentum für jeden.* Die vermögenspolitischen Initiativen der CDU und die Gesetzgebung 1950-1961. Düsseldorf 1996, 484 S., ISBN 3-7700-1877-X

30 Wilfried Mausbach: *Zwischen Morgenthau und Marshall.* Das wirtschaftspolitische Deutschlandkonzept der USA 1944-1947. Düsseldorf 1996, 438 S., ISBN 3-7700-1878-8

31 Ludger Gruber: *Die CDU-Landtagsfraktion in Nordrhein-Westfalen 1946-1980.* Eine parlamentshistorische Untersuchung. Düsseldorf 1998, 513 S., ISBN 3-7700-1879-6

32 *Adenauer: "Stetigkeit in der Politik".* Die Protokolle des CDU-Bundesvorstands 1961-1965. Bearbeitet von Günter Buchstab. Düsseldorf 1998, XXXVII + 1040 S., ISBN 3-7700-1881-8

33 Sven Olaf Berggötz: *Nahostpolitik in der Ära Adenauer.* Möglichkeiten und Grenzen 1949-1963. Düsseldorf 1998, 527 S., ISBN 3-7700-1880-X

34 Ursula Reucher: *Reformen und Reformversuche in der gesetzlichen Krankenversicherung (1956-1965).* Ein Beitrag zur Geschichte bundesdeutscher Sozialpolitik. Düsseldorf 1999, 284 S., ISBN 3-7700-1882-6

35 Michael Borchard: *Die deutschen Kriegsgefangenen in der Sowjetunion.* Zur politischen Bedeutung der Kriegsgefangenenfrage 1949-1955. Düsseldorf 2000, 349 S., ISBN 3-7700-1883-4

36 Ralf Thomas Baus: *Die Christlich-Demokratische Union Deutschlands in der sowjetisch besetzten Zone 1945 bis 1948.* Gründung – Programm – Politik. Düsseldorf 2001, 590 S., ISBN 3-7700-1884-2

37 Alexander Troche: *"Berlin wird am Mekong verteidigt".* Die Ostasienpolitik der Bundesrepublik in China, Taiwan und Süd-Vietnam 1954-1966. Düsseldorf 2001, 520 S., ISBN 3-7700-1885-0

38 Niels Hansen: *Aus dem Schatten der Katastrophe.* Die deutsch-israelischen Beziehungen in der Ära Konrad Adenauer und David Ben Gurion. Ein dokumentierter Bericht. Düsseldorf 2002, 891 S., ISBN 3-7700-1886-9

39 Torsten Oppelland: *Gerhard Schröder (1910-1989).* Politik zwischen Staat, Partei und Konfession. Düsseldorf 2002, 810 S., ISBN 3-7700-1887-7

40 Guido Hitze: *Carl Ulitzka (1873-1953)* oder *Oberschlesien zwischen den Weltkriegen.* Düsseldorf 2002, 1.447 S., ISBN 3-7700-1888-5

41 Bernhard Forster: *Adam Stegerwald (1874-1945).* Christlich-nationaler Gewerkschafter, Zentrumspolitiker, Mitbegründer der Unionsparteien. Düsseldorf 2003, 748 S., ISBN 3-7700-1889-3

42 Winfried Herbers: *Der Verlust der Hegemonie.* Die Kölner CDU 1945/46-1964. Düsseldorf 2003, 666 S., ISBN 3-7700-1890-7

43 Dagmar Nelleßen-Strauch: *Der Kampf um das Kindergeld.* Grundanschauungen, Konzeptionen und Gesetzgebung 1949-1964. Düsseldorf 2003, 317 S., ISBN 3-7700-1891-5

44 Heinrich Krone: *Tagebücher.* Zweiter Band 1961-1966. Bearbeitet von Hans-Otto Kleinmann. Düsseldorf 2003, XXX + 575 S., ISBN 3-7700-1892-3

45 Guido Hitze: *Verlorene Jahre.* Die CDU-Opposition in Nordrhein-Westfalen 1975-1995. Düsseldorf 2006, 2 Bde. ca. 1.600 S., ISBN 3-7700-1894-1 (im Druck)

46 Matthias Stickler: *"Ostdeutsch heißt Gesamtdeutsch".* Organisation, Selbstverständnis und heimatpolitische Zielsetzungen der deutschen Vertriebenenverbände, 1949-1972. Düsseldorf 2004, 512 S., ISBN 3-7700-1896-6

47 Andreas Grau: *Gegen den Strom.* Die Reaktion der CDU/CSU-Opposition auf die Ost- und Deutschlandpolitik der sozial-liberalen Koalition 1969-1973. Düsseldorf 2005, 556 S., ISBN 3-7700-1897-0

48 Rainer Moltmann: *Reinhold Heinen (1894-1969).* Ein christlicher Politiker, Journalist und Verleger. Düsseldorf 2005, 373 S., ISBN 3-7700-1898-2

49 Birgit Ramscheid: *Herbert Blankenhorn (1904-1991).* Adenauers außenpolitischer Berater. Düsseldorf 2006, 460 S., ISBN 3-7700-1901-6

50 Kiesinger: "Wir leben in einer veränderten Welt." Die Protokolle des CDU-Bundesvorstands 1965-1969. Bearbeitet von Günter Buchstab. Düsseldorf 2005, XL + 1.566 S., ISBN 3-7700-1899-0

51 Stefan Marx: *Heinrich Köppler (1925-1980).* Politik aus christlicher Verantwortung. Düsseldorf 2006, 348 S., ISBN 3-7700-1902-4